지식공동체 한국경제시스템을 꿈꾸며

배재수

박영사

/ 차 / 례 /

제 I 부 경제발전 새롭게 보기

한국경제의 성과가 외환위기 이후 뚜렷이 악화되고 있다. 이 문제를 해결하기 위해 여러 학자들이 다양한 처방을 제시한 바 있고, 역대 정부도 백방으로 노력하였다. 그러나 그 결과는 2000년대 이후의 성장률 하락과 소득 불평등 확대 추세에서 나타나듯이 양적 측면에서나 질적 측면에서나 만족스럽지 못하다.

역사적으로 보면 경제가 발전함에 따라 경제성장 속도가 낮아지는 것이 일반적이다. 선진국인 영국, 미국은 물론이고 일본도 그러하였다. 그럼에도 불구하고 외환위기 이후 한국경제는 미국, 일본, 서유럽과 같은 선진국의 문턱에 미처 도달하기 전인데도(이들 선진국보다 상당히 낮은 소득 수준에서) 성장률이 빠르게 하락하는 추세를 보이고 있다. 최근에는 제조업과 주요 서비스업의 고용과 투자가 둔화되면서 소비·투자의 선순환 구조가 약화되어 경제 활력 및 좋은 일자리 창출 능력이 소진되고 있다. 게다가 대기업의 시장 독과점과 재벌로의 경제력 집중이 심화되고, 소득과 부의 불평등이 높아지는 등 경제구조도 악화되고 있어 향후의 성장 가능성을 낙관할 수 없다. 지표상으로는 세계 최고 수준의 연구개발 투자를 지속함에도 불구하고, 독자적 원천 기술개발 및 상품 혁신 능력이 여전히 취약하다. 그 결과 자생적 동력에 의한 생산성 향상이 정체되고 있다.

1960, 70년대 우리 사회는 정치 및 경제적 역량은 물론, 과학기술, 사회윤리 등의 문화적 역량을 포함한 사회시스템 전반의 역량을 총동원하여 경제개발에 노력하였고, 결국 제조업 기반 구축 및 높은 경제성장률로 대표되는 '한강의 기적'을

이룩하였다. 그러나 민주화와 뒤이은 경제의 시장화로 우리는 경제발전과 관련한 사회시스템 관점을 상당 부분 잃어버렸다. 민주화된 정치체제에 걸맞은 경제체제와 문화, 시장화·지식화된 경제구조에 걸맞은 정치체제와 문화를 정립하지 못함에 따라 정치체제, 경제체제, 문화가 서로 조화되지 못하는 경우가 자주 발생하였다. 그리고 이것이 점차 국가 발전 방향을 둘러싼 혼선과 사회 갈등 증가, 경제성장 둔화로 이어졌다.

현실 속의 경제는 경제 논리만으로 작동하지 않는다. 정치에서 창출된 제도, 문화에서 나오는 가치관과 행위 규범, 학문에서 나오는 지식 및 기술 등과 긴밀하게 연계되어 상호작용을 주고받는다. 특히 경제발전은 경제만이 아니라 정치, 문화 등 사회 제 분야가 연관된 통섭적 현상이고 과학기술 및 자연 환경과도 연관되어 있다. 따라서 경제 논리적 타당성만이 아니라 정치 및 문화적 관점의 검토, 과학기술과 자연 환경의 변화 방향에 대한 고려도 아울러 이루어져야 한다. 또한 사회나 경제계의 지도층만이 아니라 노동자, 중소기업인 등 여러 경제주체가 동참하여야 하는 과제다. 그러므로 한국경제가 의미 있는 발전을 재개하기 위해서는 정치·경제·문화를 포괄하는 사회시스템 관점에 바탕한 비전과 전략이 갖추어져야 한다. 더불어 그러한 통섭적 전략이 각 사회계층이 공감하고 동참한 가운데 일관성 있게 추진되어야 한다. 주류 경제 이론은 사회시스템 전체보다는 경제 분야에 집중하고, 또 경제의 발전 과정보다는 균형 성립 과정에 주목한다는 점에서 당면한 한국경제의 성과 악화 문제를 규명하고 실효성 있는 대책을 제시하는 데는 미흡하다.

진화론은 생태계 속의 각 생물이 짝짓기에 의한 유전자 교차, 돌연변이 등을 통해 새로운 유전자를 창출, 변화하는 환경에 시의적절하게 적응함으로써 생존·번성해가는 과정을 잘 설명한다. 경제의 발전은 이러한 생태계의 진화 과정과 매우 비슷하다. 경제발전 역시 기업 등의 각 경제주체가 변화하는 자연 및 사회 환경 속에서 끊임없이 새로운 지식과 기술을 개발하여 보다 유용한 상품을 생산·판매하고, 그 결과로 각 경제주체가 더 많은 이익과 물질적 편의(소비자 후생)를 누림은 물론 경제시스템 전체의 물질적 풍요가 높아지는 과정이기 때문이다. 비록 경제 속에는 인간이라는 자유의지를 가진 존재가 활동하고 있지만 인간 또한 여타 동식물과 마찬가지로 생태계의 한 구성 요소이고, 경제 역시 생태계라는 더 큰 시스템에 속해 있다. 경제시스템 역시 생태계처럼 정보 처리와 정보 저장의 특성을 갖는 분야이므로, 이러한 분야에서 질서를 창출하는 공식인 진화알고리즘을 좇아 진화한다. 그러므로 한국경제의 역사적 발전 과정을 진화론에 입각해 분석함으로써 그간 한국경제가 발전해온 과정을 더욱 입체적이고 동태적으로 규명할 수 있을 것으로 생각한다.

이 책에서는 '경제시스템의 진화'라는 관점, 즉 경제의 시스템적 특성과 경제 발전의 진화적 특성에 착안하여 한국경제의 발전 과정을 살펴보았다. 이를 통해 한국경제의 역사적 발전 과정을 통섭적으로 이해하고 더욱 현실성 높은 발전 방향을 모색하고자 하였다. 한국경제의 성과가 악화될 수밖에 없는 근본 원인을 총체적인 시각에서 짚어보고, 장기적인 시계(視界)에서 향후 한국경제시스템의 진화를 촉진하기 위한 방안을 제시하고자 한다.

1. 경제시스템 진화론 소개

이 책에서는 외환위기 이후 한국경제의 성과가 경제성장률의 하락과 독자적 혁신 능력의 부진 등 양적·질적 측면에서 악화되고 있는 원인을 알아보고 대응 방향을 제시하고자 했다. 이를 위해 경제의 시스템적 특성과 경제발전의 진화적 특성에 착안하여 경제시스템의 진화라는 관점에서 한국경제의 발전 과정을 살펴보고 향후 발전 방안을 도출하였다.

시스템진화론의 관점에서 보면 경제시스템은 독자적으로 떨어져 있는 것이 아니라 상위 시스템인 생태시스템 및 사회시스템의 하위(부분) 시스템이자 여타 하위 사회시스템인 정치시스템 및 문화시스템의 병렬 시스템으로서 존재한다. 또한 생물학적 진화와 유사한 원리에 따라 상위 시스템의 영향을 받으면서, 여타 하위 사회시스템과 상호작용하면서 진화한다. 경제시스템도 생태시스템의 진화와 동일한 진화알고리즘, 즉 차별화(다양한 변이의 생성) ― 선택(다양한 변이 중 경쟁을 통해 적합한 대안을 선별) ― 증식(선택된 대안의 증폭/복제)의 과정을 통해 진화한다. 생물의 진화에서 자연 환경이 진화에 적합한 유전자를 지닌 생물 종(개체)을 선택하듯이 경제시스템에서는 경제를 둘러싼 환경(진화경제학에서는 이를 진화의 적합성을 결정하는 기능을 한다는 점에서 '적합도함수'라고 하며, 자연 환경, 사회 환경, 세계 정치경제 상황, 국내외 경쟁 상황 등으로 구성)이 그 역할을 한다. 또 생물의 유전자에 해당하는 진화의 요소가 경제시스템에서는 물리적 기술(PT, Physical Technology), 사회적 기술(ST, Social Technology), 사업계획(BD, Business Design) 등의 진화 인자이다. 곧, 주어진 국내외 경제 환경(적합도함수)하에서 기업을 비롯한 각 경제주체가 물리적 기술(지식공동체), 사회적 기술(ST), 사업계획(BD) 등 3가지 진화 인자를 차별화하여 환경에 적합한 상품을 개발함으로써 경제시스템이 진화해나간다.

다만, 경제시스템은 사회시스템의 일부이기 때문에 인간이 그 진화의 목적을 설정하고 진화 인자 및 상품의 창조자로 기능한다는 점(즉, 인간의 욕망과 행동양식, 기술과 지식의 발전 논리가 중요한 역할을 한다는 점)에서 생태시스템과는 차이가 있다. 생태시스템의 진화 공간이 '자연 환경 – 생물체 – 유전자'로 구성되어 있는 반면, 경제시스템의 진화 공간은 '경제 환경 – 경제주체 – 상품 – 진화 인자'로 구성되어 있다.

이 책에서는 한국경제시스템의 진화(발전) 과정을 적합도함수와 경제시스템의 특성 등을 기준으로 기반조성기(1945~1961년), 발전연대(1961~1987년), 이행기(1987~현재)로 구분하였다. 먼저 각 시대별로 진화의 방향과 내용을 결정하는 경제 환경(적합도함수)이 어떠한지 살펴보고, 이에 대응해 PT, ST, BD 등 진화 인자가 진화하는 과정을 진화알고리즘을 바탕으로 분석하였다. 또한 진화의 동태적인 과정을 살피기 위해 3개 진화 인자의 기초 조건(각 시대 초기에 전기로부터 물려받은 3개 진화 인자의 상태)을 고려하였다. 경제주체가 이러한 기초 조건에서 출발하여 시대별 적합도함수의 제약하에서 어떻게 새로운 진화 인자를 '**차별화–선택–증식**'해나가는지 볼 수 있었다.

생물학적 진화론의 경제시스템 진화에 대한 적용			
	차별화(변이 생성)	**선택**(적자 선택)	**증식**(적자 복제)
진화 발생 조건	변이 조건	적합도 차이 조건 및 경쟁 조건	대물림 조건
진화 행위 내용	다양한 3가지 진화 인자 (PT, ST, BD) 또는 상호작용자(상품, 정책 등)의 생성	시장 또는 사회에 적합한 진화 인자와 상호작용자의 선택	선택된 진화 인자와 상호작용자의 증식
담당 경제주체(조직)	개인, 기업 또는 사회(정부)	시장 또는 사회 (정부)	주로 기업 또는 사회 (정부)
주된 상호 관계	협력(개인 간, 기업 내, 기업 간, 사회 간)	경쟁(경제주체 간, 상호작용자 간)	협력(개인 간, 기업 내, 기업 간, 사회 간)

다음에는 진화알고리즘을 통해 진화한 진화 인자 각각의 특징을 '진화의 촉진' 프레임으로 평가하였다. 우선 PT의 경우 진화의 발생 분야(농업, 제조업, 서비스업 등으로 구분), 진화의 주체(개인, 기업, 정부), 그리고 PT의 전문성·복합성 수준 등에 대해 검토하였다. ST의 경우 정치·경제·문화 등 각 영역별 사회시스템이 경제시스템의 진화를 촉진하는 데 도움이 되는지를 중점적으로 평가하였다. '차별 없는 인센티브 부여', '강한 상호주의(인간이 타인과 협력하고자 하는 성향과 동시에 협력 규칙을 위반하는 자에 대해서는 응징하려는 성향이 있음을 말함) 원칙'에 기반하여 시스템 구성원들의 자발적 경제활동 참여와 상호 간 경쟁/협력을 강화하는 방향으로 기능하는지를 점검하였다. 특히 사회적 참여와 경쟁/협력 촉진에 가장 이상적인 형태인 정치 분야의 민주주의, 경제 분야의 시장경제체제, 문화 분야의 변화 친화성을 각 분야별 핵심 기준으로 삼았다. BD(사업계획)는 PT와 유사하게 진화의 중심 분야와 주체, 그리고 BD의 위험도(성공 여부 예측 가능성)를 기준으로 살펴보았다.

진화 인자의 개량·창출은 결국 생산요소(자연 자원, 자본 및 노동 등)의 투입 증대와 생산성 향상으로 귀결되며, 이 두 가지가 종합된 지표인 경제성장률로 그 진화 성과를 최종 측정할 수 있다. 다만 이 책에서는 연구 방법의 특징을 살려 시대별로 한국경제시스템이 시스템 및 진화의 원리에 맞게 작동함으로써 경제 환경의 변화에 부합하는 새로운 진화 인자를 시의적절하게 창출할 수 있는 역량을 갖추고 실제로 그러하였는지를 주로 살펴보았다. 구체적으로는 한국경제시스템의 대내적 포용성과 대외적 개방성(경제시스템의 경제 환경과의 정합 정도), PT와 BD의 진화 잠재력과 실제 진화 정도, ST의 경제주체별 경쟁/협력 역량의 향상 유인 정도와 실제 경쟁/협력의 증진 정도, 진화 인자 사이의 정합 정도 등을 분석하였다.

요컨대 경제시스템의 진화에 있어서는, 우리 경제의 역사적 진화 과정을 되짚어볼 때도 단순히 PT의 진화에 집중하기보다는 ST의 중요성을 강조할 필요가 있다. 특히 경제가 성숙할수록 자연 환경보다는 인간의 욕구와 행태가 중요해지므로 경제 수준에 적합하게 ST를 개선함으로써 다양한 경제주체들의 경제활동 역량을 향상하고, 이들의 자발적 경제활동 참여와 상호 간 경쟁/협력을 강화하는 것이 중요해진다. 적절한 ST가 밑받침되었을 때에야 비로소 적합도함수에 걸맞으면서 진화 역량 내지 생산성이 높은 PT와 BD를 더 많이 창출할 수 있고, 경제발전과 인간 행복이 선순환하는 경제시스템으로 진화할 수 있기 때문이다.

2. 한국경제시스템의 진화 과정 짚어보기

한국경제시스템은 건국(정부 수립) 이후 100년이 안 되는 기간에 산업혁명을 완성하였고 현재는 지식혁명을 경험하고 있다. 한국에서 산업혁명은 기반조성기(1945~1961년)에 태동하여 발전연대(1961~1987년) 중 본격적으로 전개되었다. 발전연대의 산업혁명은 제조업과 대기업이라는 진화 잠재력이 큰 PT·BD를 선진국으로부터 도입, 복제해 정착시켰고, 자본주의 시장경제체제라는 ST를 본격 활용하여 경제주체의 경제활동 참여를 확대하고 상호 간 경쟁/협력을 강화한 데 주로 힘입었다. 이를 통해 생산요소의 투입을 크게 늘리고 생산성을 빠르게 향상할 수 있었고 결국 한국경제시스템이 산업(제조업)경제시스템으로 대진화하였다.

그러나 발전연대의 PT 진화는 선진국 PT의 복제에 주로 기반하고 있었고, ST는 배제성이 강해 사회적 포용성이 크게 낮았다. 이처럼 발전국가 패러다임은 후발자의 이익과 다수 경제주체들에 대한 억압에 기초하고 있었기 때문에, '스스로의 성공과 함께 사라질 운명(victim of its own success)'이었다. 한국경제시스템이 발전연대에 거둔 눈부신 성과에 힘입어 점차 지식경제로 진화하고 국민의 관계 욕구가 높아짐에 따라 그 유효성이 급격히 낮아진 것이다. 특히 1987년의 정치 민주화와 이의 경제·문화 분야로의 파급, 1980년대부터 시작된 세계경제의 지식화 및 신자유주의적 세계화의 진전, 외환위기 이후의 경제시스템 개혁에 따라 발전국가 패러다임은 더 이상 효과적으로 작동하지 못하였다.

이행기 한국경제시스템이 당면한 도전은 정치 민주화의 완성, 경제 시장화·세계화 및 지식화의 신속한 추진, 저출산·고령화 및 G2 체제의 부상에 대한 대응 등을 들 수 있다. 그러나 불행하게도 이행기 중 한국경제시스템은 이러한 도전을 극복하고 지식경제로 전환하는 데 사실상 실패하였다. 발전국가 패러다임의 유산인 독과점 재벌 대기업과 사회지도층의 강한 반발로 정치 민주화에도 불구하고 다양한 계층의 조직화를 통한 사회구조의 다원화는 크게 진전되지 못하였다. 경제의 시장화가 오히려 대기업의 시장 독과점 강화 및 경제 이익의 독차지로 이어지면서 광범위한 대중의 참여와 공동 번영에 기반한 진정한 의미의 시장경제체제를 확립하지 못하였다. 사회 문화의 수직성, 획일성이 지속되면서 개인의 전문성과 사회적 다양성이 순조롭게 높아지지 못하였고, 경제주체 간 자발적 경쟁/협력의 질서가 확립되지 못하였다. 이로 인해 지식경제에 필수적인 진화 인자의 독자적 차별화-선택에 기반한 자생적 진화 역량 축적이 정체되었으며, 투자·고용(생산요소 투입) 및 생산성 향상의 둔화와 이에 따른 경제성장률 하락이 초래되었다.

가. 시대별 진화 여건과 적응 노력

1) 기반조성기(1945~1961년)

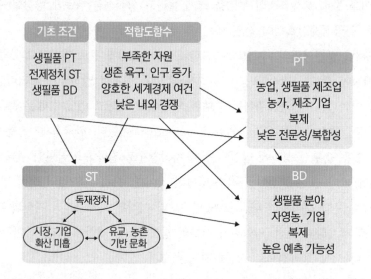

기반조성기 중 한국경제시스템의 진화

주: '→'는 영향을 미치는 방향.

　　기반조성기의 기초 조건은 PT의 경우 농업 및 소수의 생활필수품 관련 제조업 중심이었다. 당시 주요 제조업의 PT는 일제 식민지 정책의 결과 대부분 북한 지역에 집중되어 있었기 때문에 남북분단과 함께 거의 상실되고 말았다. ST의 경우 조선시대와 일제강점기의 정치경제제도와 문화를 중심으로 구성되어 있었다. 정치 분야는 민주주의와 거리가 먼 전제정치, 경제 분야는 민간 주도의 시장경제체제와 거리가 먼 정부 주도 경제체제, 문화는 수직적·획일적 문화를 유산으로 물려받았다.

적합도함수, 즉 경제시스템을 둘러싼 환경을 보면 우선 자연 환경의 경우 자연 자원과 토지가 크게 부족하였고, 이는 현재까지도 변함없는 숙명적 제약 조건이다. 사회 환경의 경우 인구가 과밀한 가운데 사회 구성원의 욕구(소비자의 상품 선호, 경제주체의 행위 규칙과 추구 가치 등)가 생존 욕구에 집중되어 있었다. 세계 경제환경을 보면 미국을 선두로 서유럽과 일본이 빠르게 성장하면서 자본주의의 황금기를 구가하기 시작하였고, 국제 통상 질서도 자본주의와 공산주의 간 냉전으로 자본주의 국가끼리는 비교적 개방적이었다. 다만 한국경제시스템의 지정학적 고립과 국제 시장 참여 미미로 이러한 조건을 활용할 여지가 적었다. 한편 세계 정치 환경의 경우 냉전질서가 한국경제시스템의 기본 틀인 민주주의와 자본주의의 도입에 결정적 영향력을 행사함과 동시에, 한국전쟁과 이후의 첨예한 남북 대립의 원인이 되었다. 국내외 경쟁은 한국경제시스템의 낮은 대외 개방성, 자급자족적인 농업 중심 산업구조 등으로 높지 않았다.

이제 3개 진화 인자(PT·ST·BD)가 어떻게 진화하였는지 진화알고리즘을 기초로 살펴본다. 우선 PT의 진화는 전반적으로 부진하였다. 당시의 정부와 대학은 과학기술 연구개발 여력이 거의 없었고, 기업의 자체 연구개발 역량도 매우 부족하였기 때문이다.

중심 분야는 전통적인 농림어업과 생활필수품을 생산하는 제조업 등이었다. 그 이유는 기초 PT가 전통적 농업과 생활필수품 생산에 제한되어 있었고, PT 수요도 절대 빈곤 해소와 밀접한 농림어업, 경공업 등에 집중되었기 때문이다.

PT의 진화 방식은 주로 기존 기술의 모방, 복제에 기반하였으며, 연구개발을 통한 PT의 차별화와 시장에 의한 선택은 최소한에 그쳤다. 대학과 기업 등이 독자적인 연구개발을 통해 PT를 차별화하는 역량이 부족하였고, 시장제도의 확산이 미흡하여 경쟁메커니즘을 통한 우수 PT 선택도 제대로 이루어지지 않았기 때문이다.

중심적인 PT 개발 주체는 농업 및 생활필수품 제조업 분야의 가계와 기업이었다. 농가는 전통적 농경 PT를 단순 복제하거나 소폭 개량하여 사용하였다. 특히 신생 정부가 실시한 농지 개혁으로 대다수 농민이 농지를 소유하게 됨에 따라 이들의 PT 개발 욕구가 크게 향상되었다. 다만 농업의 자연 의존적 특성과 영세한 경작 규모 등으로 농업 관련 PT의 진화 잠재력은 한계가 있었다.

생활필수품 제조 기업은 일제강점기로부터 물려받은 PT를 복제하는 수준에서 출발하였다. 따라서 대체로 PT 개발 역량이 높지 않았다. 다만 한국전쟁에 따른 전쟁 물자 조달 및 전후 복구, 원조 물자 가공 등에 힘입어 관련 기술을 습득하고 학습함에 따라 일부 경공업에서 외국의 PT를 모방 또는 차별화할 수 있을 정도가 되었다. 특히 제분, 제당, 면방직 등 3백산업은 후반기 들어 수출에 나설 정도로 PT 수준을 향상하였다.

ST는 포용적인 방향으로 진화하지 못하였다. 우선 정치제도의 진화 과정을 보자. 정치제도는 배제적인 기초 ST가 비포용적인 사회 환경과 ST의 경로 의존성에 기대어 고착되었다. 민주주의와 자본주의가 헌법에 의해 도입되었으나, 오랜 전통 속에 뿌리내린 전제왕정 가치관, 유교의 가족·국가 중심 집단주의 가치관이 더 큰 영향력을 미치고 있었다. 일제강점기부터 지속된 절대 빈곤과 한국전쟁 등으로 대다수 국민들이 사회 참여 등 관계 욕구보다는 생존 욕구에 집중하고 있었던 점도 비포용적 정치제도에 대한 국민의 반감을 줄였다. 생존이 불안한 상황에서는 자유보다는 빵이 더 시급하기 때문이다. 정치역학 면에서 노동조합 등 사회 세력이 적절히 조직화되지 못한 반면 이승만 정부는 금융·원조 자금에 대한 통제권, 남북 대립을 이용한 국민 억압 등을 바탕으로 정권의 이익을 자율적으로 관철할 수 있는 능력을 가졌다. 결국 기반조성기 중 정치제도는 비포용적인 독재정치로 이어졌고, 정치제도의 책임성 결여(다수 국민 의사와 이익 대신 정권·지배층의 이익 중시), 연고주의와 부정부패로 인한 법치주의의 미확립, 낮은 정부 효율성 등이 초래되었다.

당시의 경제제도도 종전의 배제성이 유지, 강화되는 방향으로 진화하였다. 앞서 본 PT와 적합도함수의 특성, 그리고 정치의 배제성이 이에 영향을 미쳤다. 우선 주요 PT가 자급자족적 촌락 공동체 기반의 농업 위주로 구성되어 있음에 따라 경제 ST의 배제성이 쉽게 용인되었다. 더욱이 정부는 전쟁 물자의 조달, 귀속 재산 불하, 금융산업 및 원조 자금에 대한 통제를 바탕으로 사실상 경제 전반을 지배할 능력이 있었다. 이에 따라 기업 설립이 사실상 정부와의 연고에 좌우되었다. 기업 지배구조는 유교와 일제강점기의 수직적 질서, 노동의 만성적 초과 공급에 따른 사용자 우위의 노사관계에 영향받아 소유자가 기업을 독단적으로 지배하는 집권적 구조와 수직적 운영 원리를 갖게 되었다. 농업 중심의 경제구조, 기업 설립의 부진 등으로 사회 내 광범위한 분업 및 전문화와 생산물 교환을 위주로 하는 시장경쟁 메커니즘도 활발하게 작동하지 못하였다.

　문화 역시 예외가 아니었다. 기초 조건인 일제강점기와 유교의 수직적·획일적 집단주의(국가·가족 중심주의)가 유지되는 가운데 대다수 국민들이 농업(PT)에 주로 종사하면서 생존 욕구를 충족하는 데 급급하였고, 사회적 참여 및 관계 욕구는 가족 또는 촌락 공동체에 국한되어 있었기 때문이다. 그 결과 개인의 존엄성·다양성 존중, 구성원 간의 활발한 경쟁과 폭넓은 협력을 통해 새로운 질서와 혁신을 창출하는 문화가 발전할 수 없었다. 다만 현세적 성공을 강조하는 유교 전통이 물질 지향적 자본주의 가치와 정합하면서 물질적 부와 사회적 성취를 추구하는 경향이 자리 잡았고, 이를 위해 장기적 시계를 갖고 교육에 투자하는 문화가 자연스럽게 형성되었다. 이는 발전연대 들어 국민들의 경제적 성취 동기 폭발로 이어졌다.

　PT와 ST의 미흡한 진화는 BD(사업계획)의 진화 부진으로 직결되었다. BD는 전반적으로 일제강점기 수준에서 벗어나지 못하였다. 농업 관련 BD는 농지 개혁에도 불구하고 당시 농업의 높은 자연 의존성과 한국 농지의 산간 지형적 특성, 일본인 전문가의 철수 등으로 인해 새로운 BD를 창출하기보다 기존 BD를 다수 가계에 증식하는 방식에 국한되었다. 제조업 분야 BD의 경우 당초 매우 진화 잠재력이 취약한 상태에서 출발하였으나 수요가 큰 생활필수품 분야를 중심으로 점진적으로 진화 잠재력이 축적되고, 3백산업 등에서는 새로운 BD를 창출하기 시작하였다. 이 시기 BD의 진화 방식을 보면 생활필수품 분야에서 소수의 대기업과 중소기업이 나서 기존 BD를 모방·복제하는 수준에 머물렀다. 이에 따라 기반조성기 BD의 예측 가능성은 비교적 높았다. 한편 이 시기 BD의 중심 주체는 농업의 경우 자영농이 중심이었고 제조업 등에서는 대기업과 중소기업으로 양분되었다.

2) 발전연대(1961~1987년)

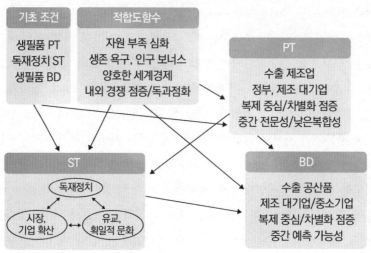

발전연대 중 한국경제시스템의 진화

기초 조건
생필품 PT 독재정치 ST 생필품 BD

적합도함수
자원 부족 심화 생존 욕구, 인구 보너스 양호한 세계경제 내외 경쟁 점증/독과점화

PT
수출 제조업 정부, 제조 대기업 복제 중심/차별화 점증 중간 전문성/낮은복합성

ST
독재정치 시장, 기업 확산 ↔ 유교, 획일적 문화

BD
수출 공산품 제조 대기업/중소기업 복제 중심/차별화 점증 중간 예측 가능성

주: '→'는 영향을 미치는 방향.

발전연대는 정부가 국가 경제발전(부국강병)을 최고 목표로 삼아 사회 전 부문을 동원하는 사회 운영 체제, 즉 발전국가 패러다임을 운용함으로써 한국경제시스템이 산업혁명을 이룬 시기이다. 정부가 발전국가 패러다임에 맞는 ST의 도입 및 PT의 제조업화, 대기업 중심 BD 확대 등을 강력히 추진하였고, 이로써 한국경제시스템은 농촌 사회 기반 농업경제 시스템에서 도시 사회 기반 제조업(또는 산업) 경제시스템으로 대진화하였다.

발전연대의 기초 조건은 PT·BD의 경우 여전히 열악한 수준에 머물러 있는 가운데 농업·경공업 등 생활필수품 산업 중심이었다. ST의 경우 기반조성기의 독재정치, 정부 주도 경제, 수직적·획일적 문화가 지배적이었다.

경제 환경의 경우 객관적 상황은 크게 변하지 않았으나, 한국경제시스템 내부로부터의 변화에 따라 적합도함수로서의 기능은 크게 변화하였다. 우선 자연 환경 측면에서는 국내적으로 인구 증가, 도시화와 공업화의 진전으로 토지와 물 수요가 증가하였고, 국제적으로는 공업화와 수출 증대 정책으로 공업용 원료·에너지와 곡물 등에 대한 수요가 크게 늘었다. 사회 환경 측면에서는 인구의 급속한 증가와 인구 구조의 개선으로 경제시스템의 진화에 매우 유리한 조건이 형성되었다. 한편 사회 구성원의 욕구는 여전히 생존 욕구에 집중되어 있었으나, 국민의 성취동기 폭발로 경제활동 의욕이 크게 높아진 점에 주목할 필요가 있다. 사회구조의 다원화는 기반조성기의 정부 우위 구조가 그대로 유지되면서 크게 진전되지 못하였다. 국내외 경쟁은 초기에는 국내 산업의 발전 미흡, 세계경제의 호조 등으로 높지 않았으나 경제발전과 더불어 기업 설립이 급증하고 수출 중심 공업화의 추진으로 세계시장에 편입됨에 따라 점차 높아졌다. 한편 정부의 수출 주도 공업화정책 채택에 따라 세계경제 상황과 통상 질서가 한국경제시스템에 매우 중요한 적합도함수의 하나로 부상하였다. 세계경제의 성장세는 초기에는 자본주의의 황금기가 지속되면서 양호한 편이었으나, 후기에는 석유파동과 미국의 경기 후퇴 등으로 점차 둔화되었다. 통상 질서는 냉전으로 인해 자본주의 국가끼리 우호적인 정책이 유지되면서 양호하였다.

　발전연대 중 각 진화 인자의 진화 과정을 살펴본다. 우선 PT·BD는 유리한 경제 환경, 개인·정부·기업 등 경제주체의 치열한 노력, 적절한 진화 전략이 잘 어우러지면서 급속히 진화하였다. 우선 세계경제 호조와 냉전질서로 선진국 시장이 개발도상국에 개방되어 한국이 선진국의 PT·BD를 모방하여 도입하는 데 유리하였다. 국내의 기존 PT·BD 수준이 매우 낮았기 때문에 선진국 PT·BD 모방 전략은 불가피한 것이기도 했다. 정부가 제조업 PT·BD를 개발 대상으로 선정한 것은 동 PT·BD의 진화 잠재력이 크다는 점, 당시의 통상 여건이 제조업 제품 수출에 유리했다는 점 등에서 시의적절했다. 풍부한 노동력과 부족한 자본 축적이라는 생산요소의 부존 상황을 고려하여 초기에는 수출 지향적 경공업, 중기부터는 수출 지향적 중화학공업을 순차적으로 개발한 것도 적절했다. 특히 1970년대 일본 등 선진국에서 인건비 상승 등으로 중후장대형 중화학공업이 사양화되어가자 이에 적극 진출함으로써 한국은 용이하게 외국의 전문성 높은 PT를 복제할 수 있었다. 그 결과 제조업 중심의 완결성 높은 산업연관구조를 구축하게 되었고, 관련 PT를 획기적으로 다각화·전문화하여 한국경제시스템은 세계의 몇 안 되는 제조업 기반을 갖추게 되었다.

　PT의 진화는 주로 공공 연구기관이 외국 제조업 PT를 학습·복제하여 국내

기업들에 전달하는 방식으로 이루어졌다. 제조업 부문 기업들은 이들이 제공하는 PT를 생산 현장에서 활용해 BD로 구체화하였다. 이러한 복제 기반 PT 진화 방식은 시간과 비용이 많이 소요되는 '차별화와 선택' 과정을 최소화함으로써 단시일 내에 PT를 획기적으로 향상할 수 있는 장점이 있었다. 한편 1980년대 들어 중화학공업의 성장과 더불어 수출품의 품질 고급화를 위한 기술개발의 필요성이 높아짐에 따라 많은 기업들이 자체적인 기술개발에도 노력하기 시작하였다. 기업들의 독자적인 연구개발 활동도 크게 강화되었고 전자, 자동차, 조선 등 몇몇 산업 부문에서 성과도 이루었다.

정부가 세계시장을 목표로 대규모 자본과 노동을 투자해 표준화된 기능성 상품을 대량생산하는 방식(즉, 규모의 경제와 가격 경쟁력을 기반으로 국제경쟁력을 획득하는 방식)을 주로 선택함에 따라, 이에 유리한 대기업이 PT·BD 진화의 중심 주체로 부상하였다. 대기업은 선진국 PT·BD의 복제에 기반해 대규모의 노동과 자본을 투입하여 생산 공정을 정교하게 관리하고 제품을 대량으로 생산·수출(규모의 경제 효과)하는 데 대단히 효율적이었다. 대기업은 대량생산 및 엄격한 공정·품질 관리에 적합한 집권적 조직 지배구조를 채용하였다. 일부 대기업가는 우수한 BD를 창출해 상품을 대량생산·수출하는 데 탁월한 능력을 발휘하였고, 다양한 업종에 진출하여 기업집단(재벌)을 형성하기도 하였다. BD 창출의 주체는 주요 산업에서는 대기업이 중심이었으나, 여타 산업에서는 중소기업도 적극적이었다.

BD의 성공 가능성 예측은 초기에는 비교적 용이하였으나 중화학공업화, 국제 경쟁 증가와 BD의 규모 확대 등으로 점차 어려워졌다. 다만 정부가 주요 분야 및 기업별 BD를 적극 지원하였기 때문에 기업 입장에서는 자본 조달 부담과 사업 위험을 상당 부분 덜 수 있었다. 한편 이는 기업가들이 정부에 기대어 과잉 투자하는 사업 행태를 갖는 계기가 되었고 외환위기의 원인으로도 작용했다.

발전연대에 PT·BD가 새로운 영역으로 급속히 확장된 데 비해 ST는 기반조성기의 배제적 ST를 연장하거나 이를 심화하는 방향으로 퇴화하였다. 경제발전을 지상 목표로 정부가 권위적으로 정치·경제 운영을 주도하는 발전국가 패러다임이 기초 ST의 배제성을 한층 강화, 고착시키는 데 큰 역할을 했다. 사회 구성원들의 욕구가 여전히 생존 욕구에 치우쳐 있었고 사회구조가 다원화되지 못해 정부가 자율성을 상당 수준 가진 것, 복제 중심·규모의 경제 지향적 PT·BD 구성 등도 이에 기여했다.

우선 정치 분야를 보면 정치가 더욱 독재화되어 책임성과 법치주의가 약화되었다. 다만 당시 국민들에게 절실했던 생존 욕구의 충족에 집중하였다는 점에서는 책임성을 갖고 있었으며, 경제발전계획을 기반으로 산업정책을 효과적으로 추진해 큰 성과를 거두었던 만큼 기능적인 측면에서는 정부의 효율성이 높았다고 볼 수 있다.

경제 분야에서는 정부 주도의 계획경제에 가까워졌다. 다수 기업의 설립과 개인의 경제활동 참여가 늘었으나, 정부가 경제 운영 전반을 주도함에 따라 시장 메커니즘에 기반한 민간 주도의 경제 운영은 이루어지지 못했다. 특히 주요 육성 대상 산업의 선정, 자본과 노동의 동원·배분 등에 정부가 적극 개입하였다. 기업 지배구조 역시 기반조성기 이래의 수직적 구조와 운영 원리가 심화되었다. 기업 내 협력과 사회적 활동은 강제적 규칙과 억압의 질서에 주로 의존하였다. 다만 정부의 경제발전 노력과 개인의 성취 동기가 맞물리면서 기업의 설립이 크게 늘었고, 이에 따라 시장에서의 경쟁도 높아지면서 시장메커니즘이 확산되었다.

문화는 사회에 대한 정부의 우위 강화와 더불어 더욱 수직화·획일화되었다. 사회적 협력은 여전히 연고주의에 바탕한 좁은 범위의 인격적 협력에 머물렀다. 다만 1960년대 중반부터 경제발전이 가시화되면서 개인의 행위 문화가 더욱 현세적·물질적 성취를 중시하게 되었고, 미래 지향적 태도도 확산되었다.

3) 이행기(1987~현재)

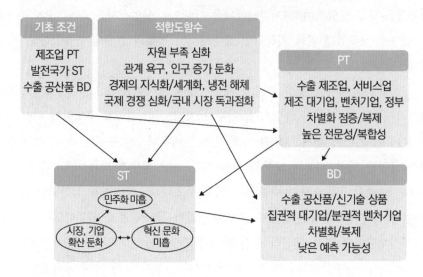

이행기 중 한국경제시스템의 진화

기초 조건	적합도함수
제조업 PT 발전국가 ST 수출 공산품 BD	자원 부족 심화 관계 욕구, 인구 증가 둔화 경제의 지식화/세계화, 냉전 해체 국제 경쟁 심화/국내 시장 독과점화

PT
수출 제조업, 서비스업
제조 대기업, 벤처기업, 정부
차별화 점증/복제
높은 전문성/복합성

ST
민주화 미흡
시장, 기업 확산 둔화
혁신 문화 미흡

BD
수출 공산품/신기술 상품
집권적 대기업/분권적 벤처기업
차별화/복제
낮은 예측 가능성

주: '→'는 영향을 미치는 방향.

이행기는 경제 환경(적합도함수)과 PT 등이 크게 변화함에 따라 한국경제시스템이 발전국가 패러다임을 넘어 새로운 차원으로 전환을 모색하는 시기였다.

이행기의 기초 조건은 발전연대 진화의 동력이자 결과인 발전국가형 ST(발전국가 패러다임), 제조업 중심 PT, 수출 대기업 중심 BD이며, 특히 발전국가형 ST가 매우 공고한 상황이었다.

경제 환경은 국민의 관계 욕구 분출, 신자유주의적 세계화 및 국내외 경쟁 심화, 국내외 경제의 정보화 및 지식화라는 세 가지 트렌드가 확산되면서 종전과 크게 달라졌다. 우선 국민의 관계 욕구가 팽창하면서 정치의 민주화, 민간 주도 시장 경쟁 경제체제로의 전환, 조직 지배구조의 분권화, 문화의 수평화·다양화가 요구되었다. 그런데 이는 발전국가형 ST와 정면으로 충돌하는 것이었다.

한국경제시스템의 PT·BD는 발전국가형에서 선진국형 PT·BD로 전환되어야 했다. 한국경제의 선진국 근접, 국내외 경제의 지식화, 선진국의 첨단기술 보호 강화 등의 환경 변화로 선진국 PT의 복제에 기반한 진화가 어려워졌다. 세계화에 따

른 국내외 경쟁의 증가로 중진국형 제조업을 축으로 하는 한국경제시스템 PT·BD
의 경쟁력도 크게 낮아졌다. 한국의 PT·BD가 선진국 수준에는 여전히 미치지 못
하는 가운데 중국 등이 과거 우리의 장기였던 복제 기반 PT·BD 개발을 통해 급
속히 추격하였기 때문이다.

이제 새로운 PT·BD는 선진국 모델의 복제가 아니라 한국경제시스템 스스로
차별화와 선택의 과정을 거쳐 육성·발전시켜야 했다. PT·BD의 자생적 차별화와
선택이 순조롭게 이루어지려면 경제주체(개인, 기업 및 대학·연구소 등)의 전문성·다양
성 증진 및 상호 협력 강화, 시장경쟁 기반 선택 메커니즘 확립 등이 전제되어야
한다. 이에 따라 종전의 발전국가형 ST, 특히 집단주의 기반 수직적·획일적 사회
질서와 문화가 정반대로 바뀌어야 했다.

그러나 이행기의 한국은 새로운 시대에 요구되는 ST와 기존의 발전국가형 ST
사이의 상충을 발전적으로 해소하지 못하였고, 이는 결국 새로운 PT·BD의 창출
부진과 경제시스템의 진화 부진으로 이어졌다.

이를 각 진화 인자의 진화 과정을 통해 살펴본다. 우선 PT·BD의 진화를 보
면, 정부와 대기업은 이행기에도 발전국가형 PT·BD, 즉 조립 가공 생산 방식 기
반 중후장대형·대기업 주도 제조업 그리고 선진국 모방 기반 PT·BD 개발 방식에
서 탈피하지 못하였다. 산상품 창출 기반 벤처기업 중심의 지식산업, 독자적 차별
화−선택 기반 PT·BD 개발 역량을 적절히 육성하지 못하였다. 게다가 기존 대기
업의 지식화도 전반적으로 부진하였다. 특히 내수 기반 대기업들은 2000년대 들어
국내시장에서의 독과점 등 시장 지배력에 안주한 채 새로운 PT·BD의 차별화와
혁신에는 소홀하였다. 다만 ICT, 자동차 산업 등 주력 수출산업에서는 신기술의
창출 및 기존 기술의 개선을 통해 세계시장에서 선도자로 부상하는 기업이 몇몇
나타났다.

시대적 상황에 부응하는 ST 전환의 실패가 PT·BD의 진화를 저해하였다. 발
전국가 패러다임에 기반한 평균주의 교육 체제, 수직적·획일적 사회질서와 조직
문화가 유지되었고, 이에 따라 지식산업 PT 개발에 적합한 전문성과 협력 역량을
갖춘 각 분야별 전문가의 육성이 지체되었다. 새로운 PT·BD의 창출에 적합한 자
율적이고 분권적인 조직 구조, 개방적 협력 태세를 갖춘 기업(벤처기업 등) 또는 조
직(연구소 등)이 순조롭게 발전하지 못했다. 배제적 ST의 부작용으로 노사 협력, 거

래 기업 간 협력, 관련 전문 기업과 외부 전문가 사이의 상호 보완적 협력이 확산되지 못함에 따라 융합형 PT·BD의 진화가 부진하고 연구개발의 효율성도 낮았다. 반면 발전국가의 장점이었던 장기적 시계에서의 일관성 있는 정책 추진 체제와 유능한 정부는 오히려 약화되어 장기적·일관적 정책에 기반한 PT의 개발이 지체되고 PT·BD의 확산과 공유를 위한 인프라의 구축도 미흡하였다.

ST 자체와 관련해서는 신·구 ST 간에 상충되는 특성이 강하였는데, 바람직한 해결책은 발전국가형 ST를 지양하고 개방적·포용적 ST로 전면 전환하는 것이었다. 정치가 민주화되고 외환위기 이후 신자유주의 경제 운영 방식이 전격 도입되면서 새로운 변화가 시도되었다. 그러나 이는 발전연대에 형성된 기득권 계층의 저항이 완강한 데다 정치 지도자와 관료의 인식 부족이 겹치면서 대부분 실패로 돌아가고 말았다. ST 영역 중에서는 유일하게 정치가 민주화되어 형식적으로는 개방적·포용적인 시스템을 갖추었으나, 노동자 등 다양한 사회계층의 조직화와 정치 참여가 여전히 부진하여 내실이 부족하였다.

경제구조와 기업 운영 방식에서는 재벌 대기업의 사회적 영향력 강화로 성장 우선주의(또는 국제경쟁력 논리) 및 주주 중심주의가 강조되면서 여전히 발전국가의 그것에 가까운 모습을 유지하였다. 외환위기 이후의 경제구조 개혁과 시장 개방에도 불구하고 국내 주요 산업에서 소수 재벌 대기업이 시장을 독과점하고 있음에 따라 진정한 의미의 시장경쟁 메커니즘과 민간 주도의 경제체제가 성숙하지 못하였다. 기업 지배구조 역시 재벌 대기업을 중심으로 발전연대의 집권적·권위적 형태가 유지되었다. 자본시장 개방은 단기 이익 지향의 주주 중심주의의 확산을 가져와 기업의 인재·기술개발 및 장기적 성장을 저해하였다. 지식화에 발맞추어 기업 등의 각종 조직이 자율과 다양성에 기반한 '생각하고 창조하는 사람들의 집단'으로 진화하지 못하였다.

문화 역시 진화 친화성을 높이는 데 실패했다. 신자유주의의 자유경쟁 논리가 시장의 독과점을 더욱 공고하게 하면서 공정한 거래 및 성과 분배 규칙, 사회적 투명성과 비인격적 신뢰가 확산되지 못하였고, 경제주체 간 상호 존중과 다양성이 수용되지 못하였다. 승자 독식 경제 질서와 경제적 양극화에도 불구하고 최후 피난처인 사회안전망이 제대로 갖추어지지 못한 데다, 경쟁 심화 등으로 창업 여건이 악화되면서 개인의 도전 정신 및 개척 의지, 혁신과 변화에 대한 수용적 자세도 후퇴할 수밖에 없었다. 정권의 단명화, 시장의 단기주의적 특성과 주주 중심주의 간 결합, 사회안전망 미흡 등으로 미래 지향적 태도가 위축되었다.

나. 시대별 진화 성과

시대별 경제시스템의 진화 성과를 경제시스템의 대내적 포용성과 대외적 개방성, PT·BD의 진화 정도, ST의 사회 내 경쟁/협력 유인 정도, 세 진화 인자 간 정합성 정도 등 4가지 척도로 살펴보자.

기반조성기의 한국경제시스템은 자급자족적 농업경제 시스템에 가까웠는데 농지 개혁을 통해 농업의 기반을 강화하는 등 시대 상황에 적합한 PT를 육성하였고, 이를 통해 당면 과제였던 국민의 생존 기반 확립에 약간의 성과를 거두었다. 따라서 그만큼의 포용성을 가졌다고 할 수 있다. 이 시기의 대외적 개방성은 매우 낮았다. 세계 냉전체제에의 편입과 일본과의 외교 단절 등의 정치적 고립과 정부의 수입 대체 공업화 정책, 농업 중심의 자급자족형 산업구조 등의 경제적 고립이 겹쳤기 때문이다.

진화 인자의 진화 잠재력은 매우 취약한 수준에 머물렀다. 우선 농업의 특성과 농지 개혁에 따른 가구당 경지 면적의 축소 등으로 새로운 PT·BD 개발과 생산성 향상은 제한될 수밖에 없었다. 정부와 민간 부문의 역량 부족 등으로 일부 생활필수품 관련 경공업 및 건설업이 발전하기 시작한 것 외에는 PT·BD의 발전이 전반적으로 제한되었다.

ST 역시 정체 상태를 벗어나지 못하였다. 정당·노동조합 등 각종 사회조직의 결성과 사회구조의 다원화, 기업과 여타 경제 조직의 증가 및 시장메커니즘의 확산이 미미하였으며, 구성원 간 경쟁/협력을 활성화하고 민주주의적·자본주의적 발전을 추구할 수 있는 ST를 창출하는 데 사실상 실패했다. 독재 정권, 유교 및 일제의 유산과 남북 대치 등으로 수직적 문화가 온존되었다.

다만 개인을 중심으로 경제주체의 진화 잠재력은 다소 향상되었다. 농지 개혁과 자본주의의 도입을 바탕으로 경제적 이익 추구에 대한 사회적 이해가 확대되었다. 한국전쟁 후 인구가 증가하고, 의무교육의 확립으로 국민의 교육 수준이 향상되었다. 이에 따라 경제발전 과정에서 최고의 자산이었던 양질의 풍부한 노동력이 축적되기 시작했다. 한편 기업의 경우 비록 절대수가 작기는 했지만 생활필수품 제조업을 중심으로 늘어나기 시작했고, 3백산업 등에서는 기업의 진화 잠재력이 상당히 축적되어 수출에 나설 정도로 성장하였다.

마지막으로 경제시스템 내 진화 인자 사이의 정합성은 상당 수준 확보되었으며, 이에 따라 경제시스템의 운영과 유지에 큰 어려움은 없었다. 당시의 배제적 ST는 기초 ST의 연장선에 있어 서로 크게 어긋나지 않았고, 자급자족적 농업 중심 PT·BD나 사회 구성원의 생존 욕구와 상충되는 측면도 그리 크지는 않았다. 독재정치, 정부 주도 경제, 수직적·획일적 문화 등 영역별 ST들은 '배제적 특성'을 공유했고, 상호 정합했다.

결론적으로 기반조성기 한국경제시스템은 PT·BD의 진화 잠재력이 제한적이었던 데다 독재정치와 개방성 부족 등으로 ST의 배제성이 높아 진화 인자의 진화가 제한되었고 경제 성과도 보잘것없었다. 주된 PT였던 농업이 현상유지적이었고 ST는 지배층의 이익에 중점을 둔 것이었기 때문에 다양한 사회계층이나 다수 구성원의 사회적 참여를 이끌어내고 상호 간 경쟁/협력을 촉진하는 데에는 적합하지 않았다.

발전연대 들어 한국경제시스템은 산업혁명에 성공하면서 자본주의적 산업경제시스템으로 대진화하였다. 발전연대의 한국경제시스템은 포용성이 높지 않았다. 발전국가 패러다임의 정부－대기업 주도적 성격, 선성장·후분배 정책에 따라 노동자 등 다수 구성원이 사회적 의사결정 및 이익 배분에서 배제되었기 때문이다. 그럼에도 불구하고 기업 및 고용의 증가로 국민의 경제활동 기회가 늘고 소득이 빠르게 증대되어 생존 욕구를 충족할 수 있었기 때문에 그만큼의 포용성을 가졌다고 볼 수 있다. 대외 개방성을 보면, 외국 PT·BD의 적극적 도입과 수출 지향적 성장을 추진하였다는 점에서 기반조성기에 비해 진일보하였다. 다만 국내시장의 폐쇄성이 높았기 때문에 절반의 개방에 머물렀다.

발전연대 중 PT·BD의 진화 잠재력은 크게 높아졌다. PT의 발전을 위한 정부의 적절한 지원과 기업들의 자체 역량 강화가 두드러지면서 초기에는 경공업 PT가, 중기 이후에는 중화학공업 PT 및 대기업 기반 BD가 빠르게 발전하였다. PT·BD의 진화 방식이 선진국 모방에 초점을 둠으로써 신속히 성과를 거둘 수 있었다. 개인과 기업의 전문성이 빠르게 높아지는 등 경제주체의 진화 잠재력도 순조롭게 향상되었다. 국민들의 교육열이 폭발하고, 정부와 대기업의 교육 및 기술 훈련 시스템 확충 노력이 활발하였다. 기업들은 외국 기술 도입과 학습으로 기술 역량을 빠르게 축적하였다. 특히 1980년대 들어 국제 경쟁이 심해지면서 기업들의 독자적 연구개발 노력이 크게 강화되었다.

이 시기에는 경제시스템 전반에 걸쳐 경쟁/협력이 크게 확산되었다. 정부의 세제·금융 지원 강화, 수출 급증 등에 따라 기업 수가 빠르게 늘었다. 정부가 중점 육성한 수출 제조업 등 전략 산업은 물론 관련 서비스업에서도 기업 설립이 급증했다. 기업이 늘어나면서 수출을 둘러싼 대기업끼리, 수출과 내수를 둘러싼 중소기업끼리의 경쟁이 치열해졌다. 한편 정부의 대기업 육성 정책 등으로 주요 산업에서 대기업의 독과점이 진전되었다. 사회 구성원들의 물질적·사회적 성취 욕구 폭발로 기업 등 조직 내부의 협력도 활발하게 이루어졌다. 그러나 정부가 경제개발계획 등을 기반으로 경제 운영은 물론 사회 전반을 주도하고 정부와 기업 등 제 조직이 중앙집권적·수직적으로 운영됨에 따라 신뢰와 자발적 참여에 기반한 협력 보다는 강제적 동원에 기반한 협력이 중심이 되었다. 사회집단 사이나 조직 내부의 갈등도 점차 커져 사회의 신뢰가 저하되었다.

발전연대 경제시스템 진화 인자들의 상호 정합성은 어느 때보다 양호하였다. 선진국으로부터 제조업 PT를 도입·복제하는 진화 방식은 발전국가 패러다임의 정부 주도 ST 및 평균주의적 통제 기반 ST와 정합하였다. 획일적 동원과 수직적 통제를 경제 및 조직의 기본 운영 원리로 하는 발전국가 패러다임과 대중적·기능적 제품의 대량생산을 목표로 하는 중진국형 제조업 PT·BD 사이에는 상호 정합성이 높았다. 정치가 사회 전반을 주도한 데 힘입어 정치·경제·문화 등 사회 각 영역별 ST 사이에도 일관성 및 정합성이 높았다. 박정희 정부는 국민의 생존 욕구 충족을 위한 경제발전을 최상의 목표로 제시하고, 이를 위해서라면 시장경쟁 기반 경제 운영과 평등한 소득 분배는 물론 국민의 자유와 민주주의까지도 일정 정도 희생할 수 있다고 보았다. 이에 따라 국가(집단)주의에 기반해 정치적 독재, 정부 및 대기업 주도의 경제운영질서, 수직적 지배구조의 조직과 획일적 문화를 일원적으로 정착시켜나갔다.

한편 BD는 선진국에서 이미 검증된 것을 복제하는 데 치중하였고, 그 예측 가능성이 높았다. 따라서 BD의 성패는 상품의 소비자 선호 발견 및 충족 능력보다는 BD 추진 과정의 치밀한 기획 및 실천 능력에 주로 좌우되었다. 대기업들은 전문인력과 자본 동원 능력을 바탕으로 상대적으로 규모가 크고 정교한 BD를 추진할 수 있었다. 이에 따라 대기업은 중소기업보다 우위에 설 수 있었는데 바로 이것이 발전연대에 대기업이 크게 성공한 이유 중 하나이다.

그러나 발전국가 패러다임은 복제 중심 PT·BD의 진화 방식, 배제적 ST에 기초하고 있다는 근본적 한계를 안고 있었다. 정권과 재벌 대기업의 이익을 주로 반영하고 중소기업, 노동자 등의 이익과 관계 욕구를 억압한다. 후발자의 이익을 활용해 차별화와 선택의 과정을 최소화하고, 선진국 진화 인자를 모방·복제하는 방식으로 진화를 추구한다. 따라서 경제시스템 진화의 초기에는 효율적으로 작동할 수 있지만 시스템이 진화할수록 자체 모순에 빠진다. 소득 증가와 더불어 경제시스템 구성원 다수의 획일적 통제가 어려워지거나, 경제 수준이 높아져 기존의 진화 인자의 단순 모방이 아니라 새로운 진화 인자의 자생적 창출이 필요해진 경우에는 효과적으로 작동하지 않는다. 특히 1990년대 들어 중국·인도와 같은 후발 신흥국이 부상하고 한국경제가 선진국에 근접하면서 후발자 이익은 빠르게 약화되어갔다. 요컨대 발전국가 패러다임은 선진국 '따라잡기'를 하는 시기, 그리고 사회 구성원들의 관계 욕구가 억제되는 시기에만 유효한 것이며, 성공을 거둘수록 스스로가 새로운 진화 방식을 필요로 할 수밖에 없다는 점에서 과도기적이며 '자기 파괴적'이다(victim of its own success). 이것이 발전국가 패러다임이 이행기에 들어 한국경제시스템의 자생적 혁신과 진화 잠재력을 정체시키고 어느 시점부터는 더 이상 작동할 수 없었던 원인이다.

이행기 한국경제시스템에서는 다수 국민의 관계 욕구 고양, 지식혁명의 진전 등으로 적합도함수가 크게 변화하였다. 국민의 관계 욕구 팽창에 따른 민주화의 추진, 세계경제의 통합 진전에 따른 신자유주의적 시장화·세계화의 추진, 세계경제의 지식화 추세·한국경제의 고도화에 따른 한국경제의 지식화 필요성이라는 3가지의 새로운 움직임이 부상하였다. 그러나 독과점적 산업구조, 집권적 기업 지배구조, 수직적·획일적 문화 등 발전국가의 유산이 새로운 흐름과 충돌하였다. 새로운 흐름에 대한 대응 방안을 놓고 기득권층과 여타 사회계층이 대립하였고, 한국경제시스템은 기본 가치, 장기적 비전과 일관성 있는 전략을 상실한 채 표류하였다. 경제 성과도 뚜렷이 악화되었다. 점차 대기업 등 강자 중심의 질서가 강화되면서 시대적 과제인 경제시스템의 포용성 증대가 후퇴하는 모습을 보였다. 세계무역기구(WTO) 출범, 외환위기 이후의 경제 개방, 주요국과의 자유무역협정(FTA) 체결에 따른 국내시장 개방과 수출 확대로 경제의 대내외 개방성은 전반적으로 높아졌다. 다만 재벌 대기업이 국내 주요 산업에 대한 독과점적 지배를 유지, 강화함에 따라 대내 개방성은 부분적으로 개선되는 데 그쳤다.

지식경제에 적합한 경제운영 패러다임을 창출하지 못하면서, 진화 인자의 진화 잠재력도 원활하게 축적되지 못하였다. 우선 PT·BD의 경우 ICT 산업 등을 중심으로 지식경제로 이행하기 시작하였다. 지식산업은 진화 잠재력이 매우 높으나 이의 실현을 위해서는 복제가 아닌 차별화와 선택이 매우 중요하고, 과학기술의 전문성과 복합성을 갖추어야 한다. 그러나 잦은 정권 교체로 인해 정부의 정책 시계가 짧아지고, 주주 중심주의 도입과 시장 독과점화로 일부 수출 대기업 이외 대다수 기업의 연구개발 노력이 약화됨에 따라 자생적 차별화 및 선택 역량이 원만하게 확충되지 못하였다. ICT 산업, 자동차산업 등 소수의 예외를 제외하고는 PT 진화가 전반적으로 둔화되었다. 대다수 중소기업의 시장 입지와 수익성이 악화되면서, 한국경제시스템의 산업연관관계 강화와 자생적 PT·BD 창출 역량을 위해 필수적인 소재부품 장비 분야 PT·BD의 차별화·선택 역량이 후퇴하였다. BD는 1990년대 말의 ICT 붐을 타고 다수의 벤처기업이 성장하면서 다양성이 높아지고 차별화 기반 진화 역량도 확대되었다. 그러나 이 붐은 여타 제조업과 서비스업으로 확산되지 못했고, 2000년대 초의 ICT 버블 붕괴와 더불어 침체되고 말았다.

경제주체의 전문성과 다양성 증진을 통한 진화 잠재력(경쟁력) 향상 노력도 효율적이지 못했다. 집단주의 기반 수직적·획일적 사회질서가 온존됨에 따라 지식경제에 적합한 자율적 사고와 비인격적 협력 태도를 갖춘 유능한 인재가 크게 부족해졌다. 학교 교육은 양적 확대에도 불구하고 산업계의 요구(needs)에 맞는 전문성 및 창조적 차별화 역량을 갖춘 인재를 적절히 육성하는 데 미흡하였고, 전문 이공계 인재 공급은 만성적으로 부족한 반면 문과계 졸업생은 남아도는 등 노동력의 수급 불일치가 커졌다. 신자유주의적 주주 중심주의 경영, 대기업의 아웃소싱 증가, 고용의 유연성 확대 등으로 기업의 자체 인재 육성 노력도 크게 약화되었다. 수출 대기업 등의 연구개발 투자가 확대되었으나 첨단기술과 상품을 창출하지 못하는 등 경제적 성과는 기대에 못 미쳤으며, 무엇보다 혁신기업의 창업 부진으로 기업의 전문성 및 다양성 향상이 정체되었다.

사회적 투명성 및 상호주의적 거래/성과 분배 규칙이 확립되지 못하여 다양한 전문 인재의 자발적 참여와 상호 신뢰에 기반한 경쟁/협력이 활성화되기 어려웠다. 특히 시장화와 더불어 정부의 통제가 사라지자 공정한 거래 규칙과 경쟁이 아니라 시장 지배력을 가진 재벌 대기업에 유리한 약육강식 내지 승자 독식 경제질서가 확산되었으며, 그 결과 대기업과 여타 부문 사이의 양극화와 상호 대립이 심각해져 사회적 신뢰·협력이 순조롭게 확산되지 못하였다.

경제주체 간 상호작용이 원활하게 증가하지 못하면서 기업의 설립과 시장경쟁 메커니즘의 확산이 부진해졌다. 국내시장에서는 주요 산업 부문에서 소수의 재벌 대기업이 시장을 독과점한 채 지배력을 공고히 함에 따라 경쟁이 약화됨은 물론 거래의 불공정성이 높아지고, 신규 기업의 설립과 시장 진입이 어려워졌다. 이에 따라 경제시스템 내 경쟁/협력이 전반적으로 위축되었고 진화 인자의 자생적 진화 역량이 신속하게 향상되지 못하였다.

또한 경제시스템 내 진화 인자 사이의 정합성이 전반적으로 낮아졌다. 우선 PT와 ST 사이의 정합성이 크게 낮아졌다. 발전국가 ST의 영향으로 지식산업 PT에 적합한 수평적·자율적 ST가 확산되지 못하였고, 이로 인해 PT의 자생적 차별화를 뒷받침할 개인·기업의 전문성·다양성 배양과 협력적 태도의 형성이 부진하였다. 정치·경제·문화 등 영역별 ST 사이에도 충돌이 발생하였다. 특히 발전국가형 산업·시장 구조와 수직적·권위적 ST가 민주화·시장화·지식화된 경제시스템에 적합한 수평적·자율적 ST의 정착을 방해하였다. 신·구 ST가 갈등하는 상황에서 점차 재벌 대기업 등 주도 계층이 자기 이익 위주의 결합을 만들어내는 경향이 나타났는데, 이는 노동자 등 사회적 약자의 반발을 불러오는 등 ST 사이의 상충, PT와 ST 간의 상충을 유발한 가장 큰 원인이었다.

끝으로 이행기 한국경제가 점차 지식화되면서 차별화와 선택에 바탕한 진화가 불가피해짐에 따라 BD의 예측 가능성은 크게 낮아졌다. 대다수 국내 기업들의 BD 창출 방식은 종전의 관행에서 벗어나지 못한 채 복제 중심에 머물렀다. 이로 인해 ICT 분야 등을 제외한 다수의 산업에서 새로운 BD의 창출이 현저히 둔화되었다.

결론적으로 이행기에는 지식화된 PT·BD 수요, 국민의 관계 욕구 증대에 적합한 ST가 정착하지 못하면서 경제 환경·PT와 ST 간 상충 및 경제시스템 내 혼란이 커졌다. 정치의 민주화가 경제적·문화적 민주화로 확산되어 국민 자유의 실질적 증진으로 열매 맺지 못함에 따라 ST 사이의 부조화가 심각하였다. 변화에 대한 기득권층의 저항과 사회 제도·문화의 인습적 특성 때문에 과거의 방식에서 벗어나지 못하는 '진화의 경로 의존성'이 강하게 나타난 것이다. 이는 한국경제시스템의 진화 잠재력을 약화시키고 진화 성과도 악화시키는 결과를 가져왔다.

지금까지 논의한 한국경제시스템의 시대별 진화 성과와 적합성 평가를 종합하면 다음 표와 같다.

한국경제시스템의 시대별 진화 성과 평가

	기반조성기(농업사회)	발전연대(공업사회)	이행기(산업사회)
① 대내적 포용성			
– 다수 이익 지향성	중간 • 생존 욕구 지향 및 관계 욕구 배제, • 정부 우위 사회구조	중간 • 생존 욕구 지향 및 관계 욕구 배제, • 정부 우위 사회구조	낮음 • 관계 욕구 지향/배제 • 지도 계층 우위의 사회구조
– 파괴적 혁신 수용성	1회적	1회적	낮은 수용성
② 대외적 개방성			
– 외부 에너지 유인 정도	낮은 개방성 낮은 참여도	낮은 개방성 높은 참여도	높은 개방성 높은 참여도
– 글로벌 기준과의 정합성	낮음 (전통적 기준)	낮음 (후발국 기준과 정합)	미흡 (정합성 제고 미흡)
③ PT·BD의 진화 적합성			
– PT·BD의 발전 잠재력	낮음	중간	높음
– 중심 진화 과정	복제 중심	복제 중심	차별화로의 진화 미흡
④ 경제주체 진화 잠재력			
– 경쟁 역량 향상	낮음 • 전문성·성취 동기 부족 • 다양성 부족	중간 • 전문성·성취 동기 향상 • 다양성 부족	낮음 • 전문성·성취 동기 및 다양성 향상 부진
– 협력 역량 향상	낮음 • 시민성 향상 미미 • 상호주의적 규칙·비인격적 신뢰 부족	중간 • 시민성 향상 미흡 • 상호주의적 규칙·비인격적 신뢰 향상	낮음 • 시민성 약화 • 상호주의적 규칙·비인격적 신뢰 정체 (파벌 심화)

⑤ 상호작용 증진			
- 시장화(경쟁 정도)	낮음	활발(정부 주도)	약화(독과점화)
(민간 주도)	낮음	낮음	중간
- 조직화(기업 설립)	부진	활발(정부 주도)	약화(민간 주도)
(지배구조 적합성)	낮음 (수직적, 신뢰·다양성 부족)	낮음(수직적, 신뢰·다양성 미흡)	낮음 (수직적, 신뢰·다양성 미흡)
⑥ 진화 인자 정합성			
- PT-ST 간	높음 • 복제 중심 PT -수직적 ST	높음 • 복제 중심 PT -수직적 ST	낮음 • 차별화 중심 PT -수직적 ST
- ST 하위 부문 간 (정치·경제·문화)	중간 • 독재-시장 미흡-수직	높음 • 독재-계획-수직	낮음 • 민주-독과점-수직
- BD의 미래 가측성 및 추진 전략 간	높음 • 복제-공정 중심 간 정합	높음 • 대기업-공정-복제 중심 간 정합	낮음 • 대기업-공정-차별화 중심 간 부정합 (벤처기업-제품-차별화 중심 간 정합)

3. 지식공동체 한국경제시스템 만들기

앞으로 한국경제시스템을 둘러싼 환경(적합도함수)은 다소 불리하게 변화할 것으로 보인다. 중국·인도 등 인구 대국의 경제발전과 G2 간 대치로 인해 자연 환경(자원) 및 지정학적 여건이 악화되고, 세계시장에서 미·일 등의 선진국은 물론 후발 신흥국과의 경쟁도 심화될 것으로 예상된다. 인구가 고령화되고 증가세도 정체되어 그간의 인구 보너스가 이제부터는 인구 오너스(onus)로 바뀔 것이다.

무엇보다 중요한 것은 지금 한국 및 세계경제시스템에서 지식혁명이 진행되고 있다는 점이다. 이에 따라 생산 활동의 주된 내용이 '제조에서 창조로' 패러다임 전환하는 등 경제시스템을 비롯한 사회 전반에 걸쳐 근본적 변화가 일어나고 있으며, 특히 앞으로 더욱 큰 변화가 진행될 전망이다. 경제의 지식화 진전으로 한국경제시스템 PT의 진화 잠재력은 높아지겠으나, 차별화와 선택이라는 고위험·고비용 과정과 범세계적 경쟁을 거쳐야 하기 때문에 잠재력의 실현이 쉽지 않을 것이다.

따라서 한국경제시스템은 지식경제에 걸맞은 패러다임으로의 전환과 제2의 대진화가 필요하다. 진화의 기본 방향은 '보편적 인센티브 제공'과 '강한 상호주의'

원칙에 기반해 경제주체의 진화 역량과 참여 및 경쟁/협력을 확충하고 이를 통해 시스템의 시너지와 집단지성(대중의 지혜)을 극대화하는 것이다. 진화 잠재력이 높은 진화 인자의 자생적 창출과 경제시스템의 진화를 촉진하는 것이다. 이를 위해 이행기부터 시작된 민주화, 시장화, 지식화를 신속히 완성, 진전시키는 것이 가장 중요하다. 이것이 제대로 실현된다면, 한국경제시스템은 적응적 효율성이 높고 대중 혁신 및 공동 번영이 달성되는 중층적(소집단, 중소기업, 단체, 대기업, 지역사회, 국가 등 다양한 층위별로 조직화된) '지식공동체'로 거듭나게 될 것이다. 지식공동체는 민주화와 시장화를 통해 전문성·다양성 높은 제 사회 구성원의 참여와 상호 간 경쟁/협력이 활발한 공동체를 형성하고, 이를 바탕으로 급변하는 환경에 적합한 새로운 지식 내지 진화 인자를 끊임없이 창출하는 경제시스템을 말한다.

민주화는 사회 지배의 대중화라고 할 수 있는데, 이를 위해 ST의 포용성 제고가 필요하다. 정치의 포용성 제고는 모든 사회 구성원의 평등한 참여를 보장하고, 각계각층의 의사와 이익에 민감한 정치체제를 구축하는 것이다. 따라서 중소기업인, 노동자 등 사회적 약자의 조직화를 통한 사회구조의 다원화를 기반으로 한다. 다원적·다층적 사회구조가 형성된 후에는 정당 구조 및 투표 제도의 개선을 통해 다양한 계층의 의사와 이익을 공화주의적으로 수렴하여 정치의 책임성을 확보하여야 한다. 나아가 법치주의와 효율적 정부를 정립함으로써 계층 간 경쟁/협력을 활성화하고 사회 시너지의 창출이라는 민주주의의 장점을 극대화할 수 있다.

민주주의의 기초인 전문성·다양성과 시민적 덕성을 갖춘 국민(즉, 독립적 시민)이 더 많아져야 한다. 이를 위해 국민의 자유가 대폭 확대될 필요가 있다. 사회안전망 확충 등을 통해 빈곤, 질병 등으로부터 자유(소극적 자유)가 모든 국민에게 보장됨은 물론, 교육, 고용의 확충을 통해 사회적 참여 및 활동 역량(적극적 자유)도 획기적으로 증진되어야 한다. 사상과 양심의 자유, 결사의 자유 등이 실질적으로 확대되어야 다양한 가치와 관용, 사회적 참여와 경쟁/협력이 더욱 폭넓게 확산된다. 특히 국립대학 등록금 면제 등을 통해 이공계대학(원) 교육을 보편화하고 직업 및 기술 훈련 강화, 평생교육 체제 확충 등을 통해 국민들의 정치경제적 참여 역량·진화 잠재력을 높이고 고용을 보장하는 것이 바람직하다. 우리 사회에 강하게 뿌리내리고 있는 집단주의를 개인주의적 요소를 강화하는 방향으로 개혁하는 것도 중요하다. 이를 통해 개인의 자유와 다양성 그리고 전문성 발현을 촉진하여야 한다.

지식공동체 확립 방안

정치적 민주화 완성	민주주의 기반 시장화 증진	민주주의와 시장경제 기반 지식화 가속	문화의 전환	인구 대책과 남북통일 노력 강화
• 사회 구조의 다원화 • 자유의 확대 • 포용적 정치 체제의 확립	• 경제적 자유의 확대 • 시장 메커니즘의 정착 • 기업 소유와 지배의 대중화 • 정부의 시장 유지·조성 강화 • 세계화의 부작용 완화	• 포용적 거버넌스 정착 • 지식 창출 역량 강화 –지식 창출 기반 및 환경 개선 –연구개발 투자의 효율성 제고 –지식산업 육성	• 기본 인식의 전환 • 분야별 문화의 전환 –개인의 자율성 증진 –신뢰와 협력 증진 –변화 친화적 문화 확충	• 인구 오너스 완화 • 남북통일 촉진

　둘째, 민주주의를 기반으로 '시장화'를 추진하여야 한다. 시장화는 경제 운영의 기본 원리로서 대중이 자원 배분에 관한 의사결정을 지배하게 하는 것이며, 경제 분야의 민주화라고 할 수도 있다. 특히 강한 상호주의에 기반해 경제주체들이 자발적으로 경쟁/협력하는 수평적 사회질서와 문화를 정착해 생산 활동의 시너지를 극대화하는 것이 중요하다. 이를 위해 독과점 해소와 규제 완화를 통해 기업 설립의 자유를 실질적으로 확대하여야 한다. 아울러 계약과 거래의 자유를 보장하는 한편, 공정한 거래 및 성과 분배 규칙을 확립해 시장에서의 경쟁과 기업 등 각종 경제 조직 내 협력을 촉진할 필요가 있다. 정부는 물론 기업 등 경제 조직에 대한 정보를 적극 공개하여 사회적 투명성을 높이는 것도 사회적 신뢰와 거래/협력을 증진하는 데 기여한다. 한편 시장화는 경제활동의 궁극적 목적, 즉 소비자의 후생 증진을 위해 생산 또는 상품의 고객 최적화(customization)를 촉진하는 것이기도 하다. 민주화와 지식화로 소비자의 욕구가 다양해지고 이를 뒷받침할 생산 역량도 확보된 만큼 소수의 고객 또는 각 고객별로 맞춤화된 상품의 생산이 이루어지는 경제체제를 갖추어야 한다. 경제정책의 초점을 발전연대의 특정 기업 또는 산업 육성 중심에서 벗어나 소비자의 다양한 욕구를 발견, 충족하는 역량을 갖춘 다수의 생산자를 각 분야별로 양성하는 데 맞출 필요가 있다.

기업 등 경제 조직의 소유와 지배의 대중화, 즉 보다 많은 개인이 기업을 소유하고 기업의 의사결정에 참여하도록 할 필요가 있다. 이는 다수 개인의 기업 설립 촉진, 기업 주식(지분) 보유와 경영 감시의 대중화, 경영자 혁명과 종업원 등 이해관계자의 기업 경영 참가, 분권적 조직 구조와 자율적 조직 운영 원리를 갖는 기업 지배구조의 확립, 공동 지배구조를 갖는 협동조합형 조직의 확대 등을 통해 이루어진다. 특히 기업 설립 확대 및 이해관계자 지주제 등으로 기업의 소유를 대중화하고, 다수의 구성원들이 충분한 결정 권한을 갖고 소비자 또는 시장 상황 변동에 능동적으로 대처하되 권한에 합당한 책임을 지는 자율적·분권적인 기업 지배구조를 구축하는 것이 중요하다. 한편 시장화는 다수 경제주체 간 경쟁을 증진하기 때문에 이에 대응한 경제주체 간 협력을 촉진하기도 한다. 경쟁에서 살아남기 위해 각 기업 조직은 내부적 협력을 강화하며 플랫폼, 클러스터, 블록체인 등을 이용한 기업 간 열린 협력에도 보다 적극적으로 나선다. 재벌의 전문화 및 거래 기업과의 협력 촉진 등도 이끌어낼 수 있다. 따라서 시장화와 경쟁을 강화하는 것이 한국경제시스템 내 협력을 증진하는 길이다.

정부가 시장을 조성·유지하고 시장화·세계화의 부작용을 최소화하는 것도 중요하다. 신규 기업의 진입 촉진, 독과점 및 기업끼리의 담합 억제 등을 통해 시장에서 경쟁이 유지되도록 정부가 적극적으로 노력하여야 한다. 강한 상호주의 원칙에 합당하게 공정한 거래와 성과 분배 규칙을 확립하여야 한다. 특히 대기업−중소기업 간 거래나 하청 거래에서 협상력 격차에 따른 불공정 거래나 승자 독식이 발생하지 않도록 유의할 필요가 있다. 주요 산업에서의 과도한 독과점을 완화하기 위해 재벌의 업종 전문화, 기업 분할도 검토할 수 있을 것이다. 신시장 창출 또는 시장 확장적 관점에서 정부가 각종 신성장산업을 육성하는 데에도 더욱 노력해야 한다. 다만 그 방식은 특정 부문 또는 주체의 선별·지원보다는 인프라 확충, 여건 조성을 중심으로 하는 것이 바람직하다.

세계화가 가져오는 여러 가지 부작용을 관리하는 것도 중요하다. 한국경제의 조립 가공품 수출 의존적 특성, 국제경쟁력 우열에 따른 부문 간 격차의 확대, 금융 부문의 불안정성 증대 등 고질적인 문제에 대한 해결책을 모색해야 한다. 정부와 민간이 협력하여 부품소재장비 산업 육성, 유망 중소기업의 기술개발·자금 조달 지원, 금융산업의 투자안 선별 및 벤처기업 지원 기능 확충, 금융산업의 국제경쟁력 향상 등에 꾸준히 노력하는 것이 중요하다. 다만 관련 정부부처의 전문성, 정책의 효율성을 높여 그간의 실패를 반복하지 말아야 한다.

　민간 부문이나 시장메커니즘만으로 해결하기 어려운 사회·경제 인프라 부족 문제를 정부가 적극 나서 해소·보완해야 한다. 우선 전문기술 인재의 육성, 과학 및 기반 기술 연구, 사회적 수요를 충족하기 위한 대규모 인프라 건설, 고위험·대규모 자금을 필요로 하는 혁신 프로젝트의 추진 등에 정부가 노력할 필요가 있다. 발전연대에 그랬던 것처럼 정부 역시 기업가적 관점으로 신산업을 육성하고 전문 인력을 양성해야 한다. 경쟁시장의 독과점화 경향과 부·소득의 집중이나 버블 등의 쏠림 현상과 이에 따른 거시경제적 불안정을 완화하기 위한 정부의 역할도 중요하다. 특히 지식경제에서는 지식의 공공재성과 수확체증성으로 신지식·신산업에 대한 과소 투자 경향 및 선발자 독점 경향이 우려되므로 이를 교정하는 정부의 역할이 더욱 중요해진다.

　한편 정치 민주화와 경제 시장화는 서로를 강화하는 특성, 즉 공진화하는 경향이 있다. 정치적 민주화에 기반해 대중의 정치 지배가 이루어지면 대중의 경제적 참여와 지배가 확대되면서 경제의 시장화를 촉진한다. 경제 시장화는 대중의 정치 참여 능력 강화와 사회계층별 조직의 확대로 이어져 다시 정치 민주화를 촉진한다. 이러한 상호 강화(피드백)를 통해 정치 민주화와 경제 시장화가 선순환하는 구조가 구축된다. 포용적 경제체제를 갖춤으로써 포용적 정치체제가 경제적 기반을 마련하고 현실적으로 존속·발전할 수 있다. 정치와 경제의 민주화가 병행되어야 할 시점이다.

　셋째, 민주화와 시장화를 바탕으로 하여 경제시스템 및 PT의 '지식화'를 한층 가속하여야 한다. 이를 위해서는 우선 지식의 인간적 특성, 지식산업의 과소 투자(공공재 특성) 및 선발자 독점(수확체증적 특성) 경향, 지식경제에서 혁신의 급증 경향 등 경제의 지식화가 가져올 영향에 효과적으로 대처할 수 있는 지배구조의 확립이 필수 전제조건이다. 사회 또는 조직 구성원 모두의 자발적 참여와 경쟁/협력을 유발해 개인의 전문성·다양성과 상호 간 경쟁/협력, 경제시스템의 진화 역량을 극대화하는 지배구조, 즉 포용적 거버넌스가 이에 해당한다.

　포용적 거버넌스를 확립해 지식화의 토대가 마련되면, 자생적 '차별화─선택'을 통한 진화 인자의 창출이 활성화되도록 한국경제시스템 전반의 지식 창출 역량을 강화하여야 한다. 우선 개인과 기업 등 경제주체의 전문지식과 협력 역량을 개발하고 사회적 지식 인프라를 확충하는 것이 중요하다. 개인과 기업이 각자 전문적인 지식과 기술을 평생에 걸쳐서 그리고 편리하게 습득, 축적할 수 있도록 대학과 정부가 핵심 지식 기관으로 기능해야 한다. 또한 사회적으로 충분한 수준의 지식 생산을 위해 정부가 대학·연구소 등과 협력해 과학기술 인재의 양성, 기반 기술의 개발 등에 더욱 적극적으로 투자하는 것이 바람직하다.

지식경제에서는 다양한 지식의 결합을 촉진할 수 있도록 사회적 투명성과 공정한 거래/성과 분배 규칙을 확립하고, 협력 인프라를 강화할 필요가 크다. 기업 등의 조직은 분권화된 구조, 수평적인 운영 규칙을 도입하여 구성원의 적극적인 참여와 조직 내 잠재 혁신 역량의 극대화를 도모하며, 새로운 연구 조직 또는 개인의 끊임없는 진입을 유도해 다양한 정보와 관점을 수렴하는 것이 바람직하다. 지식경제에서는 소비자와 관련 전문가, 거래 기업 및 동종·연관 기업 등과의 열린 협력을 강화하는 것이 새로운 기술·상품 개발에 필수적인 요소이므로 기업은 스스로의 투명성 확대와 공정한 성과 분배 규칙을 시행하고 이를 바탕으로 플랫폼, 클러스터, 블록체인 등 '열린 협력 네트워크'를 확충할 필요가 있다. 정부가 나서서 대학·기업·연구소 등 다양한 연구개발 주체들의 유기적이고 유연한 협력 네트워크를 마련하고, 매개자·조정자로서 상호 소통과 신뢰 및 협력을 높여야 한다. 온·오프라인 기반 지식 창고의 확충, 주요 지식의 표준화와 특허권 거래 증진 등 지식 공유 인프라를 확충하는 것도 중요하다. 궁극적으로는 지역 혁신 시스템 나아가 국가 혁신 시스템이 활발하게 작동하여야 한다.

또 지식산업의 특성에 맞는 경제 환경과 경제정책을 구축, 실시하는 것도 중요하다. 지식경제의 선발자 독점 경향 등에 대응한 경쟁 증진 노력, 지식산업의 공공재성에 적합한 정부의 개입과 지원, 지식노동의 자동화에 따른 고용 감소 극복, 소득 불평등 및 경제 불안정화 교정 등이 필요하다. 무엇보다 지식화 관련 인적·물적 투자의 증대, 즉 지식산업을 육성하고 기존 산업의 지식화를 촉진하는 것이 가장 구체적·직접적인 대책이다. 경제의 지식화를 선도하고 있는 ICT 및 인공지능 산업, 바이오 및 나노 기술 산업 등 신성장 지식산업을 우선적으로 육성해야 한다. 정부가 대학·연구소·기업 등과 협력해 관련 인력 육성과 자금 지원 그리고 기술·상품의 개발에 나서야 한다. 부품·소재·장비 산업의 첨단화를 통한 국내 산업의 연관관계를 강화하는 것도 긴요하다. 특히 이는 우리 경제의 자생적 혁신 역량 확보에 필수적인 요소인바 정부와 민간이 힘을 모을 필요가 크다.

연구개발 투자의 효율성도 높여야 한다. 최근 한국경제시스템에서 공공 및 민간 연구개발 투자가 활발히 이루어지고 지식재산권 등록도 늘어나고 있으나, 경제적 성과는 만족스럽지 못하기 때문이다. 투자의 효율성을 높이기 위해서는 정부가 개별 연구개발 프로젝트에 대한 직접 개입을 최소화하는 등 혁신 생태계가 잘 운영되도록 도와주는 조정자로 역할을 전환하여야 한다. 여러 부처에 분산되어 있는 투자 재원을 종합 관리하는 체제를 구축하되 장기적 시계에서 연구가 진행되도록 할 필요가 있다. 개별 기업 차원에서도 연구개발 전략의 패러다임적 전환이 필요하다. 그간의 '재빠른 추격자(fast follower) 전략'에서 벗어나 '선발자(first mover) 전략'으로 진화하는 것이 시급하다. 이를 위해 자생적 PT·BD 창출 역량의 강화가 선행되어야 한다. 전문성·다양성과 이의 창의적 결합에 능숙한 인재와 조직을 늘려야 한다. 한편 성공 가능성, 발전 방향을 가늠하기 어려운 새로운 지식과 기술을 효과적으로 개발하기 위해서는 미래의 여러 가지 상황을 가정한 시나리오 경영 방식의 도입이 필요하다. 기획보다는 시행착오적 실험을 위주로 하는 경영 전략이 자생적 진화에 보다 효율적이다.

넷째, 지식공동체에 걸맞은 문화를 정립하여야 한다. 우선 인간과 사회 그리고 경제에 대한 기본 인식의 전환이 필요하다. 각 개인의 존엄성을 상호 동등하게 인정하고, 개인의 적성과 가치관의 차이를 존중하는 인간관이 사회 전반에 확립되어야 한다. 이로써 수평적·자율적 상호 관계와 경쟁/협력의 기반이 마련될 수 있다. 아울러 집단주의(가족·국가 중심주의) 문화도 개방적·포용적 시스템에 맞게 개인과 집단을 아울러 존중하는 방향, 즉 공동체(시스템)주의적으로 개혁하여야 한다. 이러한 인간관과 사회관의 변화는 지식경제를 위해서도 꼭 필요하다. 새로운 지식의 생산은 광대하고 불확실한 지식의 공간을 상상력과 창의력으로 탐구하는 과정이자 수많은 실패를 거쳐 이루어진다. 따라서 자유로운 사고와 차이를 수용하는 문화, 시행착오와 실패를 배우는 과정으로 당연시하고 도전을 격려하는 분위기, 미래 지향적인 문화에서 지식경제가 순조롭게 발전할 수 있다.

이러한 기본 인식의 전환을 바탕으로 4개 분야별 문화를 혁신하여야 한다. 우선 개인의 행위 관련 규범이 개인의 자율성, 책임성을 대폭 허용하는 방향으로 바

꿰어야 할 것이다. 발전연대 이래 이어져온 엘리트주의적, 중앙집권적 시각에서 벗어나 개개인 각자가 스스로에 대해 책임지고 독자적으로 결정하는 동시에, 각 구성원이 서로를 대등한 존재로 인정하고 존중하는 문화가 긴요하다. 이는 사회의 다양성 증대, 수평적인 사회 문화로 이어져 민주화, 시장화, 지식화를 촉진하는 기초가 된다.

사회 구성원 간 상호작용과 관련해 상호 신뢰하고 협력하는 문화가 정착되어야 한다. 특히 지식 창출을 촉진하기 위해서는 다양한 경제주체 사이의 광범위한 신뢰와 자발적 협력을 촉진하는 것이 매우 중요하다. 이를 위해 공정한 거래 및 성과 분배 규칙 정립, 정보 공개 등에 기반한 투명성 제고, 구성원의 협력 역량 향상 및 협력 지향적 문화 육성, 분권적 지배구조에 기반한 기업 경영 및 각계각층의 정치적·경제적 참여 확대 등이 긴요하다.

지식경제의 정착을 위해서는 변화 친화적인 문화를 확립하여야 한다. 현상을 합리적·과학적으로 이해하려는 자세, 다양한 관점과 차이에 대한 존중, 시행착오와 실험에 대한 관용 등을 통해 변화와 혁신을 수용하고 경제의 진화를 앞당길 수 있다.

장기적 안목 또는 미래 지향적 태도도 강화하여야 한다. 이와 관련하여 정부는 물론 정당·국회의 다양한 사회계층별 의사수렴 및 정책 기획 기능을 강화해 경제정책의 책임성과 객관성을 높임으로써 장기적 시계에서 정책의 일관성과 효율성을 향상시키는 것이 매우 중요하다. 대중의 기업 소유·지배를 확대하고 경영을 혁신하여 기업 경영의 시계가 장기화되도록 유도하는 것이 바람직하다. 또한 사회 안전망 확충과 정부의 사업 위험 분담 등을 통해 장기 투자와 발전을 중시하는 개인적 태도와 기업 문화를 확충할 필요도 있다.

위와 같은 문화 변화의 방향을 지식경제와 연결지어 종합하면, 자기표현적 가치를 중시하는 문화, 관계 및 성장 욕구의 충족을 중시하는 문화를 우리 사회 전반에 확산시켜나가는 것이라고 할 수 있다. 지식공동체는 다양한 가치와 사고방식의 공존, 이를 통한 사회적 다양성의 증대, 여러 전문 영역 간 결합을 확대하는 데에서 혁신과 진화의 동력을 찾기 때문에 관계 욕구 및 성장 욕구를 중시하는 사회가 생존 욕구에 집착하는 사회보다 더 빠르게 진화할 수 있다는 점에서 더욱 그러하다.

다섯째, 인구 오너스를 완화하고 남북 간 통합을 앞당기는 노력이 필요하다. 인구의 양과 질은 경제의 진화 정도를 가름하는 근본적 요소이며, 따라서 인구 오너스는 매우 심각한 진화 저해 요소가 될 수 있다. 향후 심화될 수 있는 인구 오너스를 최소화하기 위하여 가장 중요한 것은 '사람 살기 좋은 세상'을 만드는 것이다. 그간 우리 사회는 경제성장, 특히 기업 중심의 가치에 지나치게 기울어져 있었다. 이로 인해 노동자로서의 대다수 국민이 느끼는 삶의 질이 너무 나빠졌고 이것이 급속한 출산 감소로 이어지면서 인구 문제를 악화시키고 있다. 이제는 '기업하기 좋은 세상' 이전에 '사람 살기 좋은 세상', 삶의 질이 높은 사회를 만들어야 한다. 여성의 경제활동 참여 증대, 우수 외국 인재의 유치 등도 이것이 전제되지 않으면 불가능할 것이다. 한편 남북 간 경제 통합 내지 남북통일은 소요될 비용이 적지 않겠지만 얻을 수 있는 이득은 그보다 몇 배, 몇십 배 더 큰 과제이다. 경제적 이득은 물론이고 정치적·문화적 이득이 더할 나위 없이 크며, 특히 지식화와 민주화의 촉진·완성을 위해서도 선결되어야 할 과제이다. 보다 열린 생각과 자세로 전 국민의 뜻을 모아 남북 통합을 이루고 융성하는 한반도를 창조하여야 한다.

요컨대 지식공동체는 진정한 민주주의 및 시장경제체제, 변화 친화적인 문화를 확립하여 우리 사회 내에 다양한 층위와 종류의 공동체를 생성하고, 이를 기반으로 한국경제시스템의 지식화를 촉진함으로써 달성된다. 이를 위해서는 인간 본성에 대한 이해와 인간의 꿈에 대한 상상력을 키우는 한편, 시스템 진화의 근본 잠재력인 개별 경제주체의 전문성을 높이고, 이들 간의 광범위한 자발적 경쟁/협력을 증진하여 사회적 시너지를 극대화하여야 한다. 결국 지식공동체는 모든 사회 구성원이 '보편적 인센티브'를 누리는 가운데 '강한 상호주의'(또는 롤스의 '정의의 원칙')에 기반하여 서로 긴밀하게 상호작용(경쟁/협력)하여 경제 환경에 적합하고 진화 잠재력이 높은 새로운 진화 인자(또는 지식)를 끊임없이 창출하고, 인간의 꿈을 달성해가는 것이다. 현실에 굳게 발을 디디되, 미래에 대한 낙관과 용기를 가지고 쉼 없이 함께 나아가는 것이다. 우리 스스로와 대한민국 그리고 인류의 꿈을 위하여!

제Ⅰ부

경제발전
새롭게 보기

01 | 경제발전 이론 둘러보기

전통 경제학의 관점에서 볼 때 경제발전(또는 경제성장)은 흔히 국민소득(1인당 GNP 등)의 증가로 표현된다. 엄밀한 학문적 정의에 따르면 경제성장이 소득 또는 소비 수준의 양적 증가를 주로 의미하는 개념인 반면, 경제발전은 소득 수준의 향상뿐 아니라 소득을 생산하고 분배하는 경제시스템의 질적 개선으로서 산업구조와 교육 수준의 향상, 사회 구조와 제도의 발전 등 사회·경제의 구조적 측면까지 포괄한다.[1] 그러므로 경제발전은 사회 발전 또는 정치·문화 발전과 불가분의 관계를 가지며,[2] 이에 대한 분석은 사회시스템 또는 경제시스템 관점에 바탕하는 것이 적절하다.[3]

경제성장은 생산요소의 양적 투입의 증가와 더불어 제도 개선과 기술 발전에 의한 생산성의 향상을 통해서도 이루어지기 때문에, 현실적으로 경제발전과 경제

---

1) 김인철(2013), ≪경제발전론≫, 박영사; 박승(2009), ≪경제발전론≫, 박영사.
2) 김인철(2013), 위의 책, p. 3 인용.
3) 이처럼 발전의 개념이 다양한 요소를 포괄하는 것으로 확장되면 그 구성 요소 간에 상충하는 변화가 발생할 경우, 발전 여부를 판단하기 어려워질 수 있다. 예를 들어 센(Amartya Sen)의 자유의 확대로서의 발전이라는 관점에서 보면 경제발전은 소득의 증대(또는 경제적 자유의 확대)를 의미할 뿐 아니라 이를 통한 정치적 자유, 사회적 기회 등 여타 자유의 증진에의 기여라는 측면도 포함한다. 그러므로 소득의 증대를 위해 사회적 기회와 같은 다른 자유를 희생하는 것은 '자유의 확대'로서의 발전이라는 관점에서는 발전이라고 보기 어렵다.

성장은 긴밀하게 연관되어 있다. 따라서 현대 주류 경제학은 양자를 엄격히 구분하지 않은 채 경제성장의 요인을 분석하는 데 집중하고 있다.

다른 한편으로는 주류 경제학의 환원론적 관점, 합리적 경제인과 시장 균형 등의 가정에 의문을 제기하고 현실에 부합한 이론을 개발하려는 시도도 이루어지고 있는데, 대표적으로 복잡계경제론과 진화경제론을 들 수 있다. 이하에서 주요 경제발전 이론에 대해 간단히 살펴본다.

1. 주류 이론

현대 주류 경제학은 경제성장을 결정하는 요인을 지속적으로 탐구해왔다. 이에 따르면 경제성장은 생산요소의 축적과 생산성의 향상을 통해 이루어진다. 또한 생산성의 향상은 기술의 발전과 효율성의 증진을 통해 이루어진다.[4]

동 이론의 발전 과정을 보면 성장에 영향을 미치는 요소가 점차 늘어나는 추세를 보여왔다. 초기에는 노동과 물적·인적 자본, 즉 생산요소 투입의 증대가 경제성장에 미치는 영향을 주로 연구하였다가, 점차 기술 발전과 이에 따른 생산성 향상이 성장에 미치는 영향으로 연구의 범위가 확대되었다. 최근에는 기술 이외의 생산성 향상 방안, 즉 제도의 개선, 경제 개방을 통한 경제 운영의 효율성 증대 등에 주목하고 있다. 기술 발전은 규모의 수익 체증과 투자·고용 기회의 증가(새로운 생산요소 투입 기회의 창출)를 통해 지속적 성장을 이끌어낼 수 있다. 제도의 개선 역시 비슷한 효과가 있다. 이에 따라 기술 발전과 제도 개선 등의 메커니즘과 원리를 규명하는 것이 현대 경제발전 이론의 최대 과제가 되고 있다.

최근 주류 경제학은 관심의 범위를 더욱 넓혀 생산요소의 축적과 경제 운영의 효율성에 영향을 미치는 보다 근본적인 요인에 대해서도 탐구하고 있다. 이러한 요인은 정부의 활동, 소득 불평등, 문화, 지리적 특성, 기후와 천연자원 등 매우 다양하다. 이러한 이론의 확장은 선진국의 경우 생산요소 투입의 확대가 점점 어려워지고 있음에 따라 정책의 초점이 기술개발과 제도 개선 등의 근원적인 처방을 필요로 하는 현실을 반영한다. 다만 그간의 노력에도 불구하고, 주류 이론은 여전

---

4) Weil, David N.(2013), 《경제성장론》, 백웅기 외(역), 시그마프레스.

히 발전이 어떠한 과정을 거쳐 이루어지는지에 대해 명확하게 설명하지 못하고 있다. 어떠한 과정을 거쳐 새로운 기술이 창출되고 또 새로운 제도가 만들어지는지, 즉 발전의 동태적 과정에 대한 분석이 부족하다.

주류 경제학에서 경제성장을 설명하는 주요 모형으로 솔로(Solow) 경제성장 모형이 있다.[5] 동 모형은 주어진 노동량과 기술 수준(생산함수)하에서 자본의 투입량을 늘릴 때 경제가 성장하는 정도를 생산량의 변화를 통해 잘 보여준다. 다만 자본 이외의 생산요소인 노동과 기술 변동의 영향을 명시적으로 살펴보기 어렵고, 자본량 변화의 근본 원인에 대한 설명이 누락되어 있으며, 현실에서는 경제가 정상 상태를 벗어나 장기적으로 성장할 수 있다는 점을 간과하였다는 한계가 있다.

슘페터(J. A. Schumpeter)는 주류 경제학에서 기술 변화가 외생적 요인으로 간주되는 것에 문제를 제기하고, 기업가가 주도하는 혁신을 통해 경제가 발전한다고 주장하였다. 그는 시장경제시스템의 발전이 외생적 충격에 의해서가 아니라 기업가의 혁신 행위, 즉 시스템 자체의 내생적 동력에 의해 불연속적으로 발생하며 그 과정은 경기 파동적 변화를 거친다고 주장하였다.[6] 또한 혁신이란 기존의 것들을 새로운 방식으로 재조합하는 것으로서 신상품(물질) 개발, 신생산 방식 도입, 신시장 개척, 신원재료·소재부품 공급선 확보, 독점의 형성과 해체 등의 5가지로 나뉜다고 보았다.

로머(P. M. Romer)는 기술혁신과 이에 바탕한 경제성장이 기업의 의도적인 기술개발 및 인적 자본 투자의 결과라고 주장하는 내생적 경제성장 이론을 처음으로 제시하였다.[7] 그는 기술이나 아이디어에 대한 연구개발 및 인적 자본 투자가 일정 기간 동안 독점 수익을 창출하므로 기업들이 연구개발에 투자할 유인이 충분하다고 설명하였다. 또한 자본은 투입할수록 한계생산성이 떨어지지만, 지식은 비경합적이어서 규모에 대한 한계생산이 체증하는 특성이 있으며 이를 통해 지속적인 경제성장을 달성할 수 있다고 주장하였다. 그는 지식의 축적과 혁신 및 경제성장이

---

5) Solow, Robert M.(1956), "A Contribution to the Theory of Economic Growth", *the Quarterly Journal of Economies*, 70(1), Harvard University Press.

6) 박길성 외(2007), 《경제사회학 이론》, 나남출판, pp. 94~101 참조.

7) Romer, Paul M.(1990), "Endogenous Technological Change", *Journal of Political Economy*, 98(5), The University of Chicago Press.

연구개발과 인적 자본 투자에 달려 있으며, 결국은 기업 및 가계의 선택 그리고 정부의 관련 정책에 의해 내생적으로 결정됨을 보였다. 또한 그는 기술의 공공재적 특성(비경합성)과 한계수익 체증(수확체증)적 특성 때문에 시장메커니즘에만 의존하는 경우 새로운 기술과 아이디어에 대한 보상이 적절하게 이루어지지 않으므로, 기술이 사회적으로 필요한 수준보다 과소하거나 과다하게 개발된다고 보았다. 그리고 정부가 균형적 특허 규제와 연구개발 보조금 등을 통해 개입함으로써 사회적으로 최적인 수준의 기술개발이 이루어지도록 할 필요가 있다고 주장하였다.8) 로머는 슘페터와 달리 장기적인 성장의 원천을 기업가의 영웅적인 행위인 혁신보다는 기술 그 자체에서 찾았다. 즉, 경제의 장기적 성장이 기술의 수확체증적 특성과 이에 따른 생산성 향상 그리고 기술에 대한 누적적 투자의 확대에서 나온다고 주장하였다.9) 이는 기술이 성장의 원천임을 강조한 것으로 슘페터가 혁신적 기업가의 노력, 즉 사람이 성장의 원천이라고 한 점과 대비된다. 다만 혁신적 기업가는 주로 새로운 기술개발에 투자한다는 점에서 혁신적 기업가와 새로운 기술은 매우 긴밀하게 연관되어 있다고 할 수 있다.

최근의 신제도주의학파는 인센티브 체계로서의 제도가 경제발전에 중요하다고 주장하여 경제발전 이론을 진일보시켰다. 특히 노스(D. C. North)는 경제 변화의 세 가지 요소로서 인적 자원의 양과 질, 지식 총량, 제도 등을 제시하였는데,10) 이는 경제발전을 위해서는 인적 자원의 양과 질을 확충하는 것뿐 아니라 지식 총량을 늘리고 제도를 개선하는 것이 중요함을 시사한다. 노스는 경제의 발전과 관련해 제도의 중요성을 지적한 선구적 학자이다. 아세모글루(D. Acemoglu) 등은 이에서 한 발 더 나아가 '포용적' 제도의 중요성을 부각시켰다.11) 이들은 민주주의와 같은 포용적 제도가 사회 내 다수의 구성원에게 인센티브를 제공하여 이들의 노력을 촉진함으로써 혁신과 경제발전에 기여한다고 주장하였다.

---

8) Romer, Paul M.(1986), "Increasing Returns and Long-Run Growth", *Journal of Political Economy*, 94(5), The University of Chicago Press.

9) Beinhocker, Eric(2007), ≪부의 기원≫, 안현실 외(역), Random House, p. 90 참조.

10) North, Douglass C.(2007), ≪경제변화과정에 관한 새로운 이해≫, 조석곤(역), 도서출판 해남, p. 3.

11) Acemoglu, Daron 외(2012), ≪국가는 왜 실패하는가≫, 최완규(역), 시공사.

2. 새로운 이론

주류 경제학은 경제성장 또는 경제발전에 영향을 미치는 여러 가지 요인들과 각 요인들이 성장률에 미치는 영향을 계량화하여 분석하는 데 성공적이었다. 그러나 발전이라는 현상이 가진 동태적 특성 등을 적절히 설명하는 데 미흡한 점이 있다. 이는 주류 경제학이 기본 공리로서 완전 정보, 합리적 개인, 효용 및 이윤 극대화를 추구하는 개인과 기업을 전제하고 있고, 나아가 동질적 개인과 기업들로 이루어진 시장에서의 균형 달성을 당연시하기 때문이다. 그러나 현실 속의 개인과 기업은 각각이 모두 고유한 존재로서 서로 상이하고, 정보 및 판단력의 부족 등으로 시행착오를 범하면서 학습을 통해 진화한다. 이에 따라 경제시스템은 늘 균형 상태에 있는 것이 아니며 오히려 불균형과 불안정이 일반적이다. 특히 경제발전은 불균형과 변화를 본질로 한다. 그러므로 경제성장이나 발전을 있는 그대로 이해하기 위해서는 균형을 전제로 하는 주류 경제학의 방법론으로는 한계가 크다.

또한 주류 경제학의 경제발전 분석에서는 여러 가지 성장(또는 발전) 요소 간의 상호작용이나 상호 관계에 대해 아직 제대로 설명하지 않고 있다. 예를 들어 동일한 개별 경제주체들이라 하더라도 그들 간에 경쟁/협력과 같은 상호작용이 얼마나 활발한지에 따라 전체, 즉 경제시스템[12] 차원의 시너지가 달라지고 경제 성과가 달라질 수 있다. 아울러 생산요소 사이에도 긴밀한 상호 관계가 존재한다. 생산요소의 축적이 기술 발전에 영향을 미칠 수 있고 반대로 기술 발전이 생산요소의 축적에 큰 영향을 미친다. 정부의 활동도 기술 발전이나 생산요소의 축적에 영향을 미치게 된다. 경제시스템의 성과가 각 부분의 단순한 합이 아니라 상호 관계의 긴밀도와 시너지 창출 정도에 따라 크게 달라지는 것이다. 이러한 주류 경제학의 문

---

12) 시스템은 하나의 전체로서 기능하는 상호작용하는 부분들의 집단(통합체)을 말한다. 세상은 시스템의 중첩으로 이루어져 있다. 물질은 여러 원소들의 결합으로 이루어져 있고, 식물은 뿌리, 줄기, 잎으로 구성되어 있으며, 사회는 여러 사람들과 집단들로 구성되어 있으며 따라서 모두 시스템이다. 시스템은 독자성과 상호 보완성을 아울러 가진 각 부분이 보다 큰 자기 이익을 위해 독자성을 부분적으로 포기하면서 서로 관계를 맺고 상호작용함으로써 공동 이익, 즉 시너지(plus sum)를 획득한다. 예를 들면 시장경제시스템 속에서 각 기업은 상호 간의 경쟁을 통한 기술 발전 촉진, 각 기업 내 구성원 간 협력을 통한 제품의 효율적 생산이라는 시너지를 향유한다.

제는 환원주의적 접근 방식에서 연유하는데, 주류 경제학이 이 접근법에서 벗어나기는 매우 어려운 것으로 보인다.

주류 경제학의 접근법에서 벗어난 새로운 경제발전 이론으로는 복잡계경제학과 진화경제학이 대표적이다. 이 중에서도 복잡계경제학은 최근 빠르게 발전하고 있는데, 미국의 산타페연구소, 일본 교토대학교 경제연구소의 복잡계연구센터 등에서 발전을 주도하였다.13) 국내에서도 이에 대한 연구가 복잡계학회 등을 중심으로 이루어지고 있다. 이들은 주로 개별 미시경제 또는 사회현상을 중심으로 복잡성의 출현 과정과 이에 힘입은 개체의 적응과 진화에 주목하고 있다. 다만 거시적 경제시스템에 대한 연구는 아직 활발하지 않은 편이다.

복잡계경제학은 주류 경제학의 기본 가정인 합리적인 인간14)과 경제의 균형15)을 수용하지 않는다. 복잡계경제학은 현실 속의 인간이 정보의 부족, 능력의 한계 속에서 활동하기 때문에 합리적으로 행동할 수 없다고 본다. 인간이 제한적 합리성만 가진다는 것이다. 또한 주류 경제학이 경제가 균형에 이르는 전제조건으로 삼는 한계수확체감의 법칙이 오늘날의 지식산업 중심 경제에서는 성립하지 않는다고 본다. 지식산업은 지식 개발 비용이 대규모로 소요되는 반면 재생산 비용은 거의 없고, ICT 산업과 같이 네트워크 효과가 발생하여 한계수확체증의 특성이 강하게 나타나기 때문이다. 경제 현상은 피드백(되먹임) 효과, 시너지 효과 등이 발생하는 역동적인 과정이기 때문에 경제시스템은 본질적으로 안정적이지 않고(동태적이며) 불균형하다는 것이다.

아울러 복잡계경제학은 사회의 구성 요소들이 독립적으로 존재하는 것이 아니라 서로 관계를 맺고 영향을 주고받는다는 점에 주목한다. 이러한 사회 구성원 및 구성 요소 사이의 상호작용이 창발함에 따라 새로운 질서가 자기조직화하고,16)

---

13) Arthur, Bryan W. 외(1997), ≪복잡계경제학≫, 김웅철(역), 평범사; 요시노리 시오자와 (1999), ≪왜 복잡계 경제학인가≫, 임채성(역), 푸른길.
14) 인간은 이기적 존재로서 경제적 유인에 좌우되며, 어떤 의사결정을 할 때 관련된 모든 정보들을 바탕으로 비용과 수익을 정확히 계산한 후 효익을 극대화하는 대안을 선택한다.
15) 합리적 인간이 극대화 가정에 따라 행동할 경우 생산의 수확체감법칙과 소비의 한계효용체감법칙이 작동하는 상황에서는 경제시스템 전체가 항상 균형을 이루게 된다.
16) 어떤 시스템이 외부로부터의 충격이나 정보 입력 없이 시스템 안에 있는 구성 요소들 스스로 새로운 상호 관계나 상호작용을 창발하여 시스템을 재구성해나가는 현상을 말한다.

그 결과로서 시스템의 복잡성이 증가함을 중시한다. 또한 경제시스템 내에서는 양성 피드백(되먹임) 현상[17]이 자주 발생함에 따라 경제시스템은 불균형한 것이며, 시장 기능은 실패할 수밖에 없다고 본다. 지식의 누적적 축적이나 지식산업 발전으로 생산의 수확체증적 특성이 증가하고 있으며, 이로 인해 시장 가격 메커니즘이 약화됨에도 유의한다.

요컨대 복잡계경제학은 현대 경제의 복잡성 증가와 지식화에 따른 생산의 특성 변화로 신고전파경제학의 기계론적 세계관과 환원주의 접근법의 유효성이 저하되었으며, 복잡계경제학이야말로 이러한 경제구조의 변화와 경제 작동 방식의 전환을 설명하는 유용한 분석 틀(frame)이라고 본다. 경제 현상을 경제뿐 아니라 정치, 문화, 자연 환경들 간의 복잡한 상호작용의 결과로서 파악하여, 복잡한 경제 현상을 단순한 구성 요소로 환원하는 것이 아니라 있는 그대로 반영하여 이론화해야 한다고 주장한다. 이는 복잡계경제학이 환원주의 접근법이 아니라 이른바 시스템 접근법에 기초하고 있음을 뜻한다. <참고 Ⅰ-1>에서 이 둘을 비교하였다.

프리고진(Ilya Prigogine)이 점균류 곰팡이를 관찰하여 자기조직화 이론을 도출하였다. 경제적 사례를 보면, 어떤 기업이 이익 증대를 위하여 자체적 연구개발을 통해 새로운 기술을 발명하거나 새로운 상품을 개발하는 것, 우연한 계기로 시작되는 부동산 버블의 발생과 또 다른 계기에 의한 버블의 소멸 등이 이에 해당한다.

17) 상호작용의 순환적 강화 현상이다. 다시 말해 시스템의 한 구성 요소가 내린 의사결정(입력)이 다른 구성 요소나 시스템 전체의 상태(출력)를 변화시키고 그 결과가 구성 요소의 다음 의사결정(입력)에 영향을 미치는 현상을 말한다. 예를 들어 미국과 중국 간 무역 분쟁으로 우리나라의 미래 경기에 대한 소비자의 신뢰가 하락하였을 경우를 생각해보자. 이 경우 신뢰의 하락은 소비 지출의 감소를 가져오고, 이는 기업들의 매출 감소로 이어진다. 이에 대응하여 기업은 생산을 줄이고 고용도 줄이게 된다. 실직한 노동자는 미래에 대한 신뢰를 낮추고, 그 결과 소비를 더욱 줄이게 된다. 이러한 과정이 바로 피드백이다. 피드백 과정을 통해 우연한 계기로 발생한 특정 사건의 효과가 매우 크게 증폭될 수 있다(나비효과). 이 사례의 경우 약간의 소비자 신뢰의 하락으로도 국민경제 전체가 크게 부진해질 수 있는 것이다.

환원주의 접근법은 16세기의 과학혁명 이후 오늘날까지 과학계에서 지배적인 위치를 차지하고 있으며, 흔히 부분론 또는 기계론으로 불린다. 부분론에 따르면 "유일하게 실재하는 것은 부분이지 전체가 아니다. 전체는 각 부분의 집합체이고 전체의 모든 성질은 각 부분 성질의 조합 또는 모임에 불과하다."[18] 부분론은 흔히 뉴턴 패러다임,[19] 즉 우주는 여러 부속들로 만들어진 대형 시계와 같다는 '기계론적 세계관'에 근거하고 있다. 시스템의 구성 요소가 상호 독립적이며, 시스템은 항상 질서정연하고 따라서 예측성과 안정성을 갖고 있다고 본다. 그러므로 부분들의 성질 및 시스템과의 인과관계를 알 경우, 구성 요소의 변화를 통해 시스템 전체의 결과를 예측할 수 있게 된다.

예를 들면 '1 + 1 = 2'의 관계가 성립하는 경우이다. 전근대의 농경사회에서는 이러한 관계가 지배적이었다. 농업은 개별 농가가 자신 소유의 농지에 가족 노동력을 투입해 농작물을 생산한다. 농경사회의 경우 둘 이상의 농가 간에 생산 과정(씨 뿌리기-김매기-수확하기)을 나누어 가구별로 특정 단계를 분담하거나, 농가별로 특정 농산물(쌀, 보리, 콩, 옥수수, 조 등)에 특화, 생산하여 그 산물을 서로 교환하는 경우가 많지 않다. 달리 말해 생산 과정에서 분업과 특화에 기반하여 사회 구성원 간에 상호 협력하거나 경쟁하는 경우가 거의 없다. 따라서 전체 국민경제의 생산량은 농가 수가 늘어남에 비례해 산술급수적으로 늘어난다. 개별 농가의 생산 행태와 국민경제의 생산 행태 간에 선형적인 관계가 성립하고, 개별 농가의 생산량과 농가 수를 알면 국민경제 전체의 생산량을 알 수 있다.

환원주의 접근법은 사회과학에서는 방법론적 개인(개체)주의로 나타났다. 이 접근법에서는 실재하는 것은 독립적 개인(개체)이고 사회현상은 개인

---

18) 박창근(1997), 《시스템학》, 범양사출판부, p. 13.

19) 패러다임이란 쿤(Thomas Kuhn)이 《과학혁명의 구조》에서 제시한 용어인데, 어떤 한 시대 사람들의 견해나 사고를 지배하는 이론적 틀이나 개념의 집합체를 의미한다. '두산백과' 참조.

또는 조직 간 선형적 상호작용의 결과이므로 개인(개체)의 특성을 설명함으로써 사회현상을 인과적으로 설명할 수 있다고 본다. 그러므로 환원주의 접근법은 어떤 문제를 시스템 구성 요소 차원에서의 현상으로 보고 해결을 시도하며, 시스템의 구성 요소를 변화시킴으로써 시스템 전체를 바꿀 수 있다고 생각한다. 현실의 복잡한 현상을 부분으로 쪼개어 파악함으로써 복잡한 문제를 단순화하여 다루는 데에 유용하다. 그러나 이 접근법은 현실의 사회시스템, 경제시스템이 선형적이 아니고 복잡성을 갖고 있다는 점에서 타당성이 낮아진다. 상대성 이론, 엔트로피 법칙의 등장으로 자연과학계서도 동접근법이 특수한 경우에만 타당한 것으로 재평가되고 있다.

시스템 접근법에 따르면 자연현상이나 사회현상은 전체 또는 부분 하나만 실재하는 것이 아니라 전체와 부분 모두 실재한다. "전체는 상호 연관된 부분으로 구성된 통합체로서, 각 부분의 성질과는 별도로 전체성을 가지고 있다. 이러한 전체성은 부분과 완전히 독립된 것이 아니라 부분 간 상호연관 및 상호작용에 의해 창발한 것으로, 전체는 부분의 단순한 합과 다르다."[20] 한편 시스템의 구성 요소(성분)인 부분은 개별적 주체로서 독립성을 가지는 동시에 타 부분과의 상호작용 등에 있어서는 전체 시스템에 의존하는 의존성도 가지고 있다. 시스템의 각 부분은 전체(시스템)와 분리될 수 없는 구성 요소이며, 전체는 부분의 단순한 합이 아니라 각 부분(구성 요소) 간 상호 의존의 결과인 창발로 존재하는 별개의 실체인 것이다.

예를 들면 '1 + 1 = 5'의 관계가 성립하는 경우이다. 산업혁명 이후 탄생한 산업사회에서는 이러한 관계가 지배적이다. 대표적으로 제조업은 분업과 전문화, 기계화를 통해 1 + 1 = 5의 생산 관계를 창출하였다. 산업사회에서 각 개인은 스스로의 생존과 번영에 필요한 여러 가지 상품을 스스로 생산하지 않고 기업 등의 생산 조직에 참여하여 특정한 상품을 특화해 생산하고, 이를 자신이 필요한 물건과 시장에서 교환해 획득한다.

또한 상품을 생산하는 주체인 각 기업은 상품 생산 과정을 여러 단계(공정)로 나누고 노동자를 공정별로 배치하여 각 노동자가 특정 생산 활동에 전문화하도록 한다. 스미스(Adam Smith)가 핀 제조공장의 사례에서 말한 대로

20) 박창근(1997), 위의 책, p. 15.

핀 제조 공정을 적절히 분할하여 생산한 결과 10명의 사람이 하루에 4만 8,000개, 1인당 하루 4,800개의 핀을 만들어낼 수 있었다. 이는 이들이 개별적으로 핀을 만들 경우보다 생산량이 수십 수백 배에 이른다. 이러한 노동의 분업에 더해 기업은 생산에 필요한 기계를 도입하여 생산 과정이 능률적으로 이루어지도록 한다. 기계는 단순 반복적인 작업을 수행하는 능력이 인간보다 훨씬 뛰어나 생산의 효율성을 크게 높인다. 이와 같이 분업과 전문화, 기계화를 통해 산업사회에서는 더욱 효율적으로 제품을 생산할 수 있게 되었다. 국민경제의 전체 생산량이 노동자 수에 비례하여 산술급수적으로 늘어나는 것이 아니라 노동자들 간의 협력, 인간과 기계의 협업을 통해 기하급수적으로 늘어나는 것이다. 한편 산업사회에서는 각 산업별, 분야별로 동종의 상품을 생산하는 회사가 여럿 있는 경우가 대부분이어서 기업끼리 치열하게 경쟁한다. 이에 따라 기업은 소비자의 선호를 보다 잘 만족시키는 상품을 보다 싼 비용으로 생산하기 위해 노력한다. 이 과정에서 새로운 기술이 발전하고 새로운 상품이 창출되면서 생산량은 더욱 늘어나게 된다.

요컨대 산업사회에서는 농업사회와 달리 분업, 기계화, 기술혁신 등을 통해 국민경제의 생산량을 개별 주체별 생산량의 단순 합 이상으로 증가시킬 수 있게 되었다. 이는 생산 과정에서 전문화 및 협업에 바탕한 협력의 조직화, 그리고 시장에 바탕한 경쟁의 조직화를 통해 이루어진다. 바로 이것이 경쟁/협력의 조직화를 통한 생산성의 향상이자 시스템적 시너지의 창출이며, 바로 이 때문에 개별 생산 주체의 생산과 국민경제의 생산 사이에 비선형적인 관계가 성립한다. 인류는 자급자족적 농업 경제에서 산업혁명을 통해 제조업 중심의 시장경제로 이행함으로써 지속적인 경쟁/협력에 바탕한 끊임없는 신기술·신상품 개발과 생산성 향상을 이룰 수 있었으며, 오늘날과 같은 경제성장과 물질적 풍요를 누릴 수 있게 되었다. 맬서스(Thomas R. Malthus)의 덫21)에서 벗어나 풍요한 사회를 이루게 된 것이다.

---

21) 식량 생산은 산술급수적으로 늘어나는데 인구는 기하급수적으로 늘어남에 따라 인류가 기아선상에서 벗어나기 어렵다는 맬서스의 주장을 말한다. 이는 전근대적 농경 사회에서 있었던 농업의 생산성 향상 부재의 상황을 설명한 것이다. 인류는 산업혁명을 통해 분업과 협업을 강화하고 지속적으로 기술을 개발하여 생산성을 향상함으로써 이 덫에서 벗어날 수 있게 되었다.

시스템 접근법에 따르면 전체 시스템의 변화를 정확히 파악하기 위해서는 시스템 각 부분의 성질과 변화를 알아야 할 뿐만 아니라 시스템 자체의 성질과 변화를 알아야 한다. 특히 사회시스템을 정확히 파악하기 위해서는 전체로서의 시스템 자체와 그 구성 요소인 개인이나 개별 조직 등 개별 행위 주체를 동시에 분석해야 한다. 사회시스템 속에서는 수많은 개인 또는 조직들이 독자성을 갖되 마치 하나의 덩어리처럼 얽혀 끊임없이 상호작용하고, 그 결과 사회시스템 차원에서는 '행위 주체의 단순한 총합' 이상의 새로운 질서가 독자적 행태로 창발하기 때문이다.

진화경제학은 생물학의 진화론을 경제 분야에 적용한 이론이다. 기업, 시장 등과 같은 제도와 각종 생산 기술의 변화, 그리고 경제의 발전을 진화의 관점에서 설명한다. 경제의 진화를 경제뿐 아니라 정치, 문화, 자연(현상) 사이의 복잡한 상호작용의 결과로서 파악하고, 진화의 과정을 '차별화－선택－증식(복제)'의 진화알고리즘을 바탕으로 설명한다. 진화경제학은 합리적 가정하에 최선의 해결책을 찾는 전통 경제학의 비현실적 가정과는 달리 주어진 현실 상황에서 살아남기 위해 직관, 학습 등을 통해 문제를 해결해나가는 인간 또는 경제주체의 행동을 있는 그대로 설명하고자 하며, 이러한 과정이 곧 경제발전 또는 진화의 과정이라고 보았다. 따라서 진화경제학은 경제시스템 차원의 균형을 상정하지 않으며, 경제주체인 인간이 완전한 합리성이 아니라 제한적 합리성을 갖는다고 본다. 새로운 지식 탐구와 관련된 불확실성과 이에 따른 진화의 우연성 등을 명시적으로 고려하기 때문에 경제시스템의 불균형 및 시장 기능의 불완전성에 주목한다.

진화경제학의 대표적 이론으로 넬슨(Richard R. Nelson)과 윈터(Sidney G. Winter)의 기업진화론이 있다. 이들은 기업을 '진화의 당사자'로 보고, 기업이라는 유기체에서 생물의 유전자에 해당하는 것으로 '루틴(routine)'이라는 개념을 제시하였다.[22] 루틴은 기업 또는 조직이 어떤 일을 하는 방식과 무엇을 할 것인가를 결정하는 일련의 규칙이다. 탐색은 기업들이 불확실성과 불완전 정보의 상황에서 시장환경의 변화에 대응해 기존의 루틴을 수정하여 새로운 루틴을 수립해가는 과정이다. 기업들은 스스로 보다 나은 루틴을 찾아내는 혁신과 성공한 주변 기업들의 루틴을 모방하는 두 가지 탐색 방법을 통해 새로운 루틴을 개발하면서 진화하게 된다. 한편

---

22) Nelson, Richard R. 외(2014), ≪진화경제이론≫, 이정동 외(역), ㈜지필미디어.

넬슨과 윈터는 여러 기업의 상태와 루틴을 바탕으로 모델을 만든 다음 자신의 모델이 예측한 결과가 현실에서도 재현되는지 시뮬레이션해보았는데, 대체로 모델의 예측이 현실에 부합한 것으로 나타났다.

바인하커(Eric Beinhocker)는 생물학적 진화론을 적극적으로 차용한 진화경제론을 제시하였다.[23] 그는 생물의 유전자에 해당하는 것으로 물리적 기술(Physical Technology), 사회적 기술(Social Technology), 사업계획(Business Design) 등 3가지 진화인자를 제시하고 이것이 상품으로 구현되어 차별화 – 선택 – 복제의 진화알고리즘을 거쳐 진화한다고 보았다.[24] 넬슨과 윈터가 진화의 주요 당사자로 루틴과 기업을 부각시켰다면, 바인하커는 루틴은 보다 포괄적이고 구체적인 3가지의 지식으로, 기업은 상품과 경제주체로 재정리하였다. 이를 통해 바인하커는 경제의 진화가 경제 분야만이 아니라 인간 사회 전반에 관련되어 있고 따라서 경제시스템 내 제 요소들 간 상호 연결 관계를 중시하는 시스템 관점이 중요함을 시사하였다. 이 책에서는 바인하커의 방법론을 좇아 연구 방법의 기본 틀을 구성하였음을 밝혀둔다.

국내에서는 좌승희가 진화경제학에 의거해 박정희 정권 시대 한국의 경제발전과 여타 선진국의 초기 경제발전 과정에 대해 설명한 바 있다.[25] 좌승희는 미국, 일본, 영국, 독일, 프랑스 등 선진국의 초기 경제발전이 시장에서의 자연스러운 진화 과정에 맡겨둔 결과가 아니라, 정부가 나서서 우수한 경제주체를 선별하여 차별적으로 지원하고 이를 통해 자연적(생태계적) 진화 과정의 실패를 극복했기 때문에 가능했다고 본다. 반면 선진국 정부가 이러한 선별적 지원을 폐기하면서 성장이 둔화되었다고 주장하였다. 좌승희의 주장은 '차별화'가 특정 경제주체에 대한 정책적 우대라기보다는 다양한 상품과 진화 인자를 창출하는 과정이라는 점, 그의 주장이 사회적 다원주의로 이어질 수 있다는 점 등에서 논란의 소지가 크다. 또한 선진 경제에서는 비교할 수 있는 선례가 없기 때문에 정부가 나서서 사전적으로 환경에 적합한 진화 인자와 경제주체 또는 유망 산업 등을 선별하는 것이 사실상 불가능하다는 점, 현실적으로 선진 경제에서는 정부의 개입 없이도 시장메커

---

23) 바인하커와 아래의 좌승희는 복잡 적응 시스템의 관점에서 경제를 분석하고 있다. 따라서 복잡계경제학과 진화경제학의 특성을 아울러 포함하고 있다.

24) Beinhocker, Eric(2007), 앞의 책.

25) 좌승희(2008), ≪진화를 넘어 차별화로≫, 지평.

니즘에 기반해 진화가 계속되고 있다는 점도 설명하기 어렵다.

복잡계경제학과 진화경제학은 진화론을 채용해 경제시스템의 진화 과정을 분석한다는 점이 공통적이다. 양자는 공통적으로 시스템 내의 개별 구성 요소 간 상호작용과 피드백 등에 따른 새로운 질서의 조직화, 개별 구성 요소의 변이에 의한 적응과 시스템(또는 전체)의 진화를 주된 연구 과제로 다룬다. 둘 사이에 차이도 있다. 우선 진화경제학은 생물학에 기원을 두고 있다. 이에 따라 기업을 비롯한 여타 개별 진화 인자의 변이와 적응 등에 주목한다. 반면 복잡계경제학은 물리학에 기원을 두고 있어 경제시스템 및 구성 부분들의 비선형적 변동에 연구의 초점을 두었다. 다만 최근에는 복잡계경제학도 주된 연구 대상을 복잡계[26]에서 복잡적응계[27]로 전환하고 있다. 물리적 세계에서와 달리 인간 사회에서는 적응이 매우 중요한 변화의 계기가 되며 아울러 이러한 적응과 진화가 시스템의 복잡성을 낳는 원천임을 인식하게 된 것이다.

진화경제학은 자연선택과 비슷한 시장의 선택, 조직의 유전자로서의 루틴 등 진화의 개념을 차용한다. 하지만 경제 현상을 설명할 수 있는 이론들만 차용할 뿐 인간의 본성에 관한 생물학적 관점이나 여타 경제 현상과 관련 없는 개념들은 차용하지 않는다. 복잡계경제학 역시 진화론을 적극적으로 수용하기 시작한 지 얼마 되지 않았다. 그러나 내가 생각하건대 최근의 진화론과 심리학의 발달로 인간 문명의 진화적 측면이 더욱 잘 규명되고 있어, 경제학에서도 진화 관련 개념이나 이론을 더 적극적으로 차용하는 것이 유용할 것으로 보인다. 예를 들어 진화론의 관점에서 보면 인간의 목적은 스스로의 생존과 번영이다. 생존과 번영에는 물질적 자원과 상품이 반드시 필요하므로 진화론에서도 경세 문세는 핵심적인 역할을 한

---

26) 복잡계(complex system)란 서로 역동적으로 상호작용하는 수많은 요소들로 구성된 시스템으로서 구성 요소 사이의 상호작용을 통해 시스템 차원의 새로운 질서(행태)가 나타나고 (emerge) 바로 이것이 시스템의 복잡성의 원천이 된다. 복잡계는 개방되어 있을 경우 훨씬 더 다양한 상호작용이 가능해지고 따라서 그 역동성이 높아진다. 복잡계경제학은 경제시스템이야말로 복잡계의 전형이라고 본다.

27) 복잡적응계(complex adaptive system)란 정보를 처리하고 환경의 변화에 적응하는 능력을 가진 요소나 입자들, 즉 행위자들이 상호작용하는 시스템을 말한다. 요소들이 스스로 적응하는 능력을 가졌다는 점에서 복잡계와 다르다. Beinhocker Eric(2007), 앞의 책, p. 51 참조.

다. 또한 인간의 본성과 인간 간의 상호작용 및 사회 형성도 진화론적 관점에서 더욱 잘 설명할 수 있다. 인간은 스스로의 생존과 번영을 가장 중요한 목적으로 삼기 때문에 이기적 본성(이기성)을 갖는다. 이와 동시에 자연의 위협이나 다른 인간, 집단으로부터의 위협에 대응하기 위해 그리고 보다 많은 재화와 서비스의 생산을 위해 동료 인간과의 협력이 필수적이기 때문에 사회적 본성(사회성)도 아울러 갖는다.

따라서 진화론의 관점에서 또는 인간의 이기성과 사회성에 적합한 원리를 바탕으로 사회를 구성한다면 각 개인끼리 다양한 호혜적 상호 관계가 맺어지고, 이를 바탕으로 더 많은 재화와 서비스를 생산하여 더 많은 인간의 생존과 번영을 이룩할 수 있을 것이다. 이것이 곧 경제와 인류 문명의 발전 과정이기도 하므로, 향후 경제학은 진화론을 더 적극적으로 도입할 필요가 있다.

3. 이 책에서 쓰는 이론

현재 주류 경제발전 이론과 새로운 발전 이론은 발전의 요인에 대해서는 점차 합의하는 부분이 커지고 있는 것으로 보인다. 주류 이론이 발전 요인을 종래의 생산요소에 더하여 기술, 사회 제도 등으로 점차 확대해나가면서 복잡계경제학이나 진화경제학에서 발전의 요인으로 간주하고 있는 진화 인자(PT · ST · BD 또는 기업의 루틴 등)를 포괄해나가는 추세이기 때문이다.

이러한 주류 이론의 변화는 경제가 사회의 일부분으로서 사회와 불가분하게 연계되어 작동하고 있는 현실을 반영하지 않을 수 없기 때문이다. 특히 생산성에 큰 영향을 미치는 기술과 제도 등이 정치와 문화 영역에서 생성되기 때문에 경제의 발전을 분석함에 있어 정치와 문화를 검토하지 않을 수 없다. 경제 문제를 경제적 시각만이 아니라 정치와 문화의 관점도 아울러 고려할 필요가 커진 것이다. 나아가 인류 문명의 발전과 세계화의 진전으로 개별 인간 또는 기업이 전 세계와 생태계 전반에 매우 큰 영향을 미칠 수 있게 되었다. 이에 따라 경제 문제를 국가적·인간적 시각만이 아니라 세계적·생태계적 시각에서 살펴볼 필요성도 높아졌다. 세상은 기업 시스템, 경제시스템, 사회시스템, 세계시스템, 생태시스템 등 다양한 시스템이 중층적으로 겹쳐져 있다. 세상이라는 관점에서 사회(또는 생태계) 내 여러 분야의 상호 관계에 대해 분석하는 것이 필수적이다.

이와 함께 분야 간 상호작용의 과정과 이를 통한 경제발전의 과정에 대한 분석을 강화할 필요성도 제기되었다. 경제의 발전과 더불어 경제의 복잡성이 커지고, 특히 지식과 기술의 누적적 발전으로 경제의 변화가 가속됨에 따라 변화의 결과뿐 아니라 그 과정을 분석하는 것이 매우 중요해졌다. 이에 대한 분석이야말로 현실의 경제정책 또는 기업 경영 등에 매우 중요한 시사점을 줄 수 있기 때문이다. 그러나 주류 이론에서는 합리적 인간 및 경제의 균형 등과 같은 가정으로 인해 경제시스템에 고유한 역동성, 무엇보다 경제의 발전이 이루어지는 동태적 과정이 적절히 분석되지 못하고 있다.

이러한 두 가지 주류 이론의 부족한 부분을 보완하기 위해 시스템적 관점과 진화론적 관점이 유용하며, 그것이 최근 복잡계경제학이나 진화경제학이 각광받는 이유일 것이다. 다만 새로운 이론들이 아직은 초기 단계여서 미흡한 점이 많다는 점에 유의할 필요가 있다.

이 책에서는 한국경제의 발전 과정을 경제시스템의 진화라는 관점에서 분석하고자 한다.

시스템 접근법을 채용한 이유는 무엇보다 경제 부문이 시스템, 그중에서도 복잡적응 시스템이기 때문이다. 경제시스템에서는 다수의 구성 주체가 주어진 환경 속에서 스스로의 이익을 확대하기 위해 서로 경쟁/협력하면서 지속적으로 학습하고 시스템의 변화에 적응해간다. 그리고 이 과정에서 새로운 질서가 창발하고 경제시스템 자체도 끊임없이 진화한다. 특히 오늘날에는 지식과 기술이 급격히 발전하고 있어 자연에 대한 인간의 영향력이 크게 증가하는 한편, 인간과 인간, 인간과 사회, 사회와 사회 사이의 상호작용이 급속히 확대되고 있다. 온라인 공간, 블록체인의 출현 등으로 하나의 조직, 사회와 국가 내에서는 물론 지구 차원의 정보와 상품의 교류가 증가하고 세계가 하나의 시장, 하나의 네트워크로 연결되고 있다. 이에 따라 현대 사회에서는 다양한 주체들 간 경쟁/협력 등 상호작용이 획기적으로 늘어나고, 새로운 과학 지식 및 상품의 창출 등 새로운 질서의 창발이 급증하고 있다. 과학기술의 발전과 더불어 경제시스템의 역동성과 창발성이 크게 높아지고 있는 것이다.

한편 우리의 삶을 개선하기 위해서는 과학기술은 물론 정치제도, 경제제도와 문화 등이 아울러 발전해야 한다. 경제시스템은 사회시스템의 한 부분으로서 정치시스템 및 문화시스템과 하나로 융합되어 움직이고 있다. 정치 부문, 경제 부문, 문화 부문이 별도로 존재하는 것이 아니라 밀접하게 맞물려 존재하고 있다. 요컨대 주체 간의 상호작용뿐만 아니라 사회 내 주요 영역 간의 상호 연관 또는 상호 침투도 많아지고 있다.

반면에 민주주의와 자본주의의 세계적 보편화, 주권 국가 기반 세계체제의 확립, 기업과 민간 비영리단체와 같은 조직의 확대에 힘입어 세계를 구성하는 부분들의 자율성 및 중요성에 대한 인식은 오히려 높아지고 있다. 문명의 발전과 함께 각 나라의 국민 개개인과 집단들이 스스로의 주체성과 고유성을 보다 명확히 인식하면서 더욱 자유롭고 평등하게 사회 활동을 하고 있다. 자연 자원과 깨끗한 환경의 중요성에 대한 인식도 날로 높아지고 있다.

이처럼 사회 구성원 또는 경제주체 간 경쟁/협력의 상호 관계가 증가하는 반면, 개별 인간과 집단의 고유성 및 주체성에 대한 존중도 아울러 강조되면서 우리가 사는 사회와 국가, 세계의 시스템적 특성이 더욱 높아지고 있다. 현대 사회는 사실상 지역사회와 국가는 물론 세계가 하나의 시스템으로 기능하게 되었으며, 생태시스템을 밑바탕으로 하는 다양한 층위의 시스템으로 구조화되고 있다. 특히 경제 부문은 인간의 일상생활과 관계가 가장 밀접한 탓에 여타 부문보다 훨씬 더 빠르게 시스템화되고 있다.

이처럼 더욱 시스템화되고 가속적으로 진화하는 경제의 작동과 변화를 살펴보려면 시스템 접근법이 적합하다고 생각된다. 시스템 관점은 부분론이나 전체론의 일방적 시각에서 벗어나 부분과 전체를 통합적으로 파악할 수 있게 해준다. 각 주체와 분야별로 분산되어 지식과 정보를 집적하고 이를 시스템이라는 경로를 통해 통합함으로써 분산과 통합의 이익을 아울러 살리는 방법론이다. 요컨대 시스템 접근법은 사회 속의 각 개인들을 그 자체로 존중하면서 사회 전체도 중시하는 통합적 관점이다. 인류 문명의 발전과 더불어 더욱 시스템화되고 있는 우리의 현실을 정확히 반영할 수 있을 뿐만 아니라 가치 판단 측면에서도 더욱 타당하다고 할 수 있다. 아울러 시스템 접근법은 경제시스템이 정치시스템 및 문화 분야와 긴밀하게 상호작용하는 현실 속의 과정, 즉 사회시스템 내 하위 영역별 상호작용의 과정을 잘 보여줄 것으로도 기대된다.

| 그림 Ⅰ-1 | 중층적 시스템 구조 속 경제시스템의 위치 |

다음으로 진화 관점은 생태시스템의 하위 부문인 사회시스템 나아가 그 하위 부문인 경제시스템의 변화와 발전 과정을 동태적으로 설명할 것으로 기대된다. 진화 관점이 가진 환경－생물체－유전자로 구성된 생태시스템 관점, 그리고 차별화－선택－증식(복제)이라는 진화알고리즘을 이용해 경제시스템 내에서의 새로운 지식 및 질서의 창발 과정, 나아가 시스템의 진화 과정을 구체적으로 분석할 수 있기 때문이다. 누차 지적했듯이 과학기술의 누적적 발전과 더불어 오늘날 경제시스템이 더욱 빠르게 변화하고 있다. 경제 이론은 이러한 과학기술의 혁신과 신상품의 창출 과정, 그리고 경제시스템의 동태적 변화와 발전 과정을 적절히 설명할 수 있어야 한다. 이러한 과정을 설명하는 데 진화 관점만큼 유용한 접근법은 현재로서는 없는 듯하다. 게다가 진화 관점은 시스템 관점과 긴밀하게 연결되어 있고 서로 잘 조화된다. 따라서 경제발전 또는 경제시스템의 진화를 설명하기 위해서는 진화 관점이 필수적이다.

이 책에서는 '시스템의 진화' 관점, 즉 복잡계경제학의 시스템 관점과 방법론, 진화경제학의 진화 관점과 방법론을 결합하여 한국경제시스템의 진화를 분석하고 미래 진화 방향을 모색하였다. 한국경제시스템이 하위 구성 요소들의 집합일 뿐 아니라 상위의 사회시스템이나 더 상위의 세계시스템 및 생태시스템 등의 부분시스템이라는 점을 반영하여 경제시스템의 진화 과정을 다양한 층위와 차원에서 분석하고자 했다. 이를 통해 경제시스템 내에서의 각 진화 인자와 경제주체의 상호작용에 따른 새로운 질서의 창발에 주목하였을 뿐 아니라 정치시스템 등 병렬 시스템과의 상호작용, 한국경제시스템과 세계시스템 등 상위 시스템과의 상호작용, 그리고 이에 따른 한국경제시스템의 진화 과정에 대해서 포괄적으로 분석한다. 3단계 진화알고리즘(차별화-선택-증식)과 4가지 생물학적 진화 발생 요건(변이 조건, 적합도 차이 조건, 경쟁 조건, 대물림 조건)을 연결해 한국경제시스템에서 진화가 추동되는 과정을 동태적으로 설명하고자 했다. 아울러 시스템의 고유한 구성 원리에 입각해 시스템의 진화가 촉진될 수 있는 4가지 원리(시스템의 포용성과 개방성, 경제주체와 진화 인자의 진화 잠재력 향상 정도, 경제주체 간 상호작용 증진 정도, 진화 인자 사이의 정합성)를 도출하고,[28] 이를 기준으로 한국경제시스템의 진화 성과를 평가하였다. 이러한 접근법은 복잡적응계 접근법과 유사하지만, 거시적 시스템 차원에서의 분석에 중점을 두고 있다는 점이 다르다. 이는 이 책의 연구 대상이 한국경제라는 거시경제 시스템을 대상으로 하고 있는 데에 기인한 것이다.

한편 기술(또는 3가지 진화 인자)을 제외한 노동, 자본, 자연 등 3가지 생산요소의 투입 확대와 이에 따른 생산성 향상과 경제성장은 진화 인자의 진화가 가져온 성과로 볼 수 있기 때문에 이 글의 진화 과정 논의에서는 깊게 다루지 않았음을 미리 밝혀둔다. 이는 생산요소 자체는 스스로 진화할 수 있는 진화 인자가 아니라는 점, 진화 인자의 진화 없이 이들의 축적이 장기간 지속되기 어려운 점을 고려한 것이며, 무엇보다 이 글의 논의를 진화에 집중하려는 의도를 반영한 것이다.

---

28) 시스템은 정의상 상호작용하는 부분(구성 요소)들의 통합체이다. 따라서 시스템의 생존 가능성은 시스템의 구성 요소의 잠재력, 구성 요소 간 상호작용의 정도, 시스템과 환경 간 그리고 시스템과 구성 요소 간 정합성 정도에 의해 결정된다. 한편 특정 시스템 또는 주체의 진화는 환경 변화에 대응해 해당 주체 또는 시스템이 새로운 진화 인자를 차별화-선택-증식의 과정을 통해 적절히 창출함으로써 달성된다. 이 두 가지를 결합하면 본문과 같은 4가지 시스템의 진화 원리가 도출된다.

02 | 경제시스템 진화론 소개

1. 기본 틀

가. 진화 과정 개요

진화는 어떤 주체가 환경이라는 제약 조건 및 기회의 집합(적합도함수)하에서 스스로의 생존과 번영을 위해 상상할 수 있는 모든 대안들을 검토해서 적합한 대안을 찾아가는 과정이다. 이 과정은 많은 대안들을 시험해보면서 어떻게 작동하는지 보고, 그중 좋은 것은 더 많이 채택하고 그렇지 못한 것은 버리는 일을 반복하는 일종의 '시행착오'다. 특히 자연계의 진화 과정에는 어떤 예측, 합리성, 의도된 디자인 같은 것들은 없으며 그저 기계적으로 움직이는 시행착오 기빕, 즉 차별화―선택―증식의 진화알고리즘만 있을 뿐이다.

바인하커에 따르면, 자연 생태계에서 진화의 알고리즘이 작동하여 진화가 일어나는 데 필요한 기본 요소들은 아래와 같다.[29]

우선 시행착오의 과정이 일어날 수 있는 진화의 공간이 형성되어야 하는데 이는 다음 요소들로 구성된다.

ⅰ) 디자인 공간(상상 가능한 모든 디자인들을 담고 있는 공간)이 있고, 이 속에 다양한

---

29) Beinhocker, Eric(2007), 앞의 책, p. 352 참조하여 정리.

도식, 즉 디자인 공간 내의 디자인들 중에서 선별되어 진화 인자로 신뢰성 있게 코드화된 디자인 체계(생물체가 가진 유전자)가 있다. ii) 도식 식별자(코드화되어 있는 도식을 해독해 상호 작용자를 생성하는 주체, 즉 생태계에 존재하는 모든 생물)가 도식을 이용해 다양한 상호작용자(모듈 또는 모듈의 시스템, 예를 들면 생태계에서 직접 활동하는 각 동식물 개체)를 만들어낸다. 따라서 생태계에서는 각 동식물 개체와 같은 도식 식별자가 곧 상호작용자가 된다. iii) 환경(개별 상호작용자가 당면하는 물리적 법칙, 기후 등 여러 가지 제약 조건)이 모여 진화 인자의 적합성을 평가하는 하나의 적합도함수[30])를 생성한다.

진화의 요소들로 구성된 진화 공간에서는 진화알고리즘이 작동하게 된다. 다시 말해 특정 상호작용자가 주어진 제약 조건 속에서 진화알고리즘에 바탕해 적합한 디자인을 찾아서 디자인 공간을 탐색하는 과정이 진행된다. 이러한 진화알고리즘을 통해 생물 또는 생태계가 진화하게 되는데, 이 과정을 자세히 보면 아래와 같다.[31])

i) 차별화(유전자의 변이)가 발생한다. 즉, 각 생물체가 짝짓기를 통한 염색체 교차, 돌연변이 등을 일으킴으로써 기존의 유전자에 변이가 발생하고, 이 유전자에 의해 차별화된 생물 개체들이 생성되어 하나의 집단을 구성한다. ii) 선택(적합한 유전자의 선별)이 이루어진다. 즉, 자연 환경(적합도함수)에 보다 적합한 생물 개체가 선별되고, 적합도가 낮은 개체는 집단에서 도태된다. 이는 환경(적합도함수)에 적합한 유전자가 선택됨을 뜻한다. iii) 복제(적합한 유전자의 증식)가 진전되어 적자가 집단 내에서 늘어난다. 적합한 개체들이 보다 많이 복제되고, 나아가 보다 많은 변종을 산출한다. 그 결과 상호작용자의 환경 적합도를 높이는 유전자들이 보다 빈번히 복제되어 확산된다.

이러한 차별화-선택-증식(복제)의 3단계로 구성된 일련의 프로세스가 바로 진화알고리즘이다. 생태계에서 진화알고리즘이 작동하여 진화가 일어나기 위해 필요한 조건은 다음과 같은 네 가지로 정리할 수 있다.[32])

---

30) 진화 당사자의 진화 적합성 정도를 결정하는 함수이다. 이 함수는 주로 진화 당사자를 둘러싼 환경에 의해 결정되는데, 생물이나 인간의 적합도 함수에는 물리나 화학 법칙처럼 고정적인 요소와 더불어 사회 환경이나 다른 경쟁자처럼 가변적인 요소도 포함되어 있다.

31) Beinhocker, Eric, 앞의 책, pp. 352~353 참조하여 정리.

첫 번째, 변이 조건이 있다. 진화가 일어나기 위해서는 다양한 유전자가 창출되어 폭넓은 선택의 여지가 제공되어야 한다. 다양한 유전자는 변이에 의해 창출되는데 이 과정이 바로 차별화이다. 차별화, 즉 변이의 생성은 주로 유성생식에 의한 유전자의 재조합, 돌연변이, 지리적 격리 등에 의해 일어난다. 보다 다양한 유전자를 가진 집단(또는 종)일수록 미래의 발생 가능한 여러 환경별로 그에 적합한 유전자(생물 개체)를 보유할 가능성이 높다. 따라서 어떤 생물 개체 집단 내 유전자의 다양성은 진화의 기초 잠재력이라고 할 수 있다.

두 번째, 세 번째로 적합도 차이 조건과 경쟁 조건이 있다. 적합도 차이 조건은 다양한 유전자를 가진 개체들 간에 여러 환경별로 적합도가 달라야 한다는 것이다. 경쟁 조건은 태어나는 개체의 수가 주어진 환경이 부양할 수 있는 수(현실적으로 생존할 수 있는 수)보다 더 많아야 한다는 것이다. 이러한 두 가지 조건이 결합되어 선택이 일어난다. 한편으로는 여러 가지 유전자가 있고 이들 중 다른 유전자보다 당면 환경에 적합한 유전자가 있어 진화가 촉발되며, 다른 한편으로는 비슷한 유전자를 가진 다수의 개체 가운데 다른 개체보다 더 우월한 육체적·지적 능력(경쟁력)을 갖춘 개체(즉, 적자)가 선택되어 생존·증식하게 되는 것이다. 이 선택의 과정을 통해서 다양한 유전자를 가진 수많은 개체 중에서 보다 환경에 적합하고 경쟁력이 강한 소수의 개체만이 살아남고, 그 결과 환경 변화에 개별 개체가 적응해 가면서 시스템 차원의 진화도 실현된다.

마지막으로 대물림 조건은 적자로 선택된 개체의 유전자가 대물림될 수 있어야 한다는 것이다. 유전자의 변이가 과다해 선택된 유전자가 충분히 복제·증식될 수 없게 되면, 적자 유전자가 후손에게 대물림되지 못하고 따라서 적자의 유지를 보장할 수 없게 된다. 대물림 조건이 충족되었을 때 적자 유전자와 개체가 해당 환경 속에서 번성하고 지배 종으로 자리잡을 수 있다.

진화알고리즘은 '개략적으로 상호 연관된 적합도 지형'[33]을 가진 광활한 디자

---

32) 장대익(2010), 《다윈의 식탁》, 바다출판사, pp. 29~30 참조하여 정리.

33) 어떤 시스템의 구성 요소가 완전히 독립적이어서 그 분포가 완전히 임의적인 것이 아니라 약간의 상호작용 또는 상호 의존하는 관계를 가지고 있어서 그 분포가 상당한 정도로 연관되어 있는 경우를 말한다. 예를 들면 자연계의 생물들은 이른바 먹이사슬로 서로 연관되어 있다. 인간 사회도 개개인이 완전히 독립되어 있지 않고 서로 영향

인 공간에서 환경에 잘 적응해 번성할 수 있는 디자인, 즉 적합 디자인을 찾아내는 데 매우 유용하다. 진화알고리즘이 적절히 작동하면 단순한 임의의 디자인에서 출발하더라도 복잡한 디자인을 만들어내며, 환경에 적합한 새로운 질서가 자생적으로 창발하게 된다. 그 결과, 진화알고리즘은 적합도함수의 변화에 적합한 디자인을 꾸준히 생산해내어 생물의 연속적인 적응을 가능하게 한다. 또한 유전자에 진화 과정에 관한 정보가 축적되어 지식의 축적이 이루어진다.[34]

표 I - 1	생물학적 진화론의 주요 내용		
	차별화(변이 생성)	선택(적자 선택)	증식(적자 복제)
진화 공간	디자인(도식) 공간	도식(상호작용자) 공간	상호작용자(도식) 공간
진화 발생 조건	변이 조건	적합도 차이 조건 및 경쟁 조건	대물림 조건
진화 행위 내용	유성생식, 지리적 격리, 돌연변이 등을 통한 새로운 유전자와 상호작용자(생물체)의 생성	환경에 적합하거나 타 생물과의 경쟁에 유리한 유전자와 상호작용자(생물체)의 선택	선택된 유전자와 상호작용자(생물체)의 증식(복제)
담당 주체	개별 생물체 또는 집단	자연 환경	개별 생물체 또는 집단

나. 경제시스템 진화 과정의 분석 틀

시스템의 진화라는 관점에서 보면 각 나라의 경제시스템은 생태계와 세계경제시스템의 하위 시스템으로서, 생태계에서 각 생물종이 진화하는 것과 비슷한 과정을 거치면서 진화한다. 앞 절의 내용을 참조하여 경제시스템의 진화 과정을 분석하는 틀을 구성하고자 한다.

먼저 경제시스템에서 진화가 일어나는 데 필요한 기본 요소들, 즉 진화 공간을 구성하는 요소들을 살펴보면 다음과 같다.[35]

을 주고받으면서 경쟁/협력하고 상호 모방하며, 이로 인해 군집행동을 하기도 한다.
34) Beinhocker, Eric(2007), 앞의 책, pp. 353~354 참조.
35) Beinhocker, Eric(2007), 앞의 책, pp. 352~353 참조.

　ⅰ) 디자인 공간: 경제시스템의 진화 인자(생물체의 유전자에 해당. PT, ST, BD 등이 있음)가 될 수 있는 모든 가능한 디자인을 포괄한 공간. 이는 진화알고리즘을 거쳐 어떤 기업이나 개인이 보유한 구체적인 기술, 조직 문화 등으로 전환될 수 있는 모든 상상 가능한 디자인들이 모인 공간이다.

　ⅱ) 도식(진화 인자): 경제시스템의 디자인 공간에서 선별되어 신뢰성 있게 코드화된 디자인. 이는 어떤 기업이나 개인이 실제로 보유, 사용하는 PT, ST와 같이 디자인 공간에서 선별되어 진화 인자로 구체화된 디자인 체계를 말한다. 경제시스템의 도식은 PT, ST, BD의 3가지로 분류할 수 있다.

　ⅲ) 도식 식별자: 도식을 해독해 상호작용자를 생성하는 주체. 경제시스템 속에서 활동하는 모든 경제주체들이 도식 식별자라고 할 수 있다.

　ⅳ) 상호작용자: 도식이 모듈 또는 모듈의 시스템으로 구조화(조직)된 것. 경제시스템에서 거래, 사용되는 모든 상품 또는 정책 등이 이에 속한다.

　ⅴ) 적합도함수: 물리적 법칙, 기후, 소비자, 다른 상호작용자 등의 모임. 이는 개별 진화 인자 또는 상호작용자의 적합도를 판정하는 심판자로 기능하는데, 흔히 경제주체 또는 상호작용자가 당면하는 여러 가지 환경, 즉 자연 환경, 사회 환경, 세계경제 여건 등이 이에 속한다. 여타 경제주체나 상품도 각 경제주체와 상품의 입장에서는 경쟁/협력을 유발하여 행위를 바꾸게 만들기 때문에, 중요한 적합도함수 구성 요소가 될 수 있다.

　경제시스템의 진화 공간은 생태계의 진화 공간과 대체로 비슷하다. 다만 생태계의 경우 도식 식별자와 상호작용자가 모두 생물체로서 동일한 주체이지만 경제시스템의 경우 도식 식별자는 경제주체이고 상호작용자는 상품으로서 서로 다르다는 점이 가장 큰 차이점이다. 이는 경제시스템의 상호작용자가 상품이라는 객체, 즉 스스로 도식을 식별하고 개선하는 주체가 될 수 없는 물건이기 때문에 나타나는 현상이다. 따라서 생태계의 진화 공간이 '자연 환경(적합도함수)−생물체(도식 식별자이자 상호작용자)−유전자−디자인 공간'으로 구성되는 반면 경제시스템의 진화 공간은 '경제 환경(적합도함수)−경제주체(도식 식별자)−상품(상호작용자)−진화 인자(PT, ST, BD)−디자인 공간'으로 구성된다. 또한 경제시스템에서는 경쟁/협력의 상호작용이 상품(상호작용자)에서만 아니라 경제주체(도식 식별자) 간에도 나타난다는 점에서, 그리고 경제주체가 경제 환경의 일부로서 진화의 방향에 큰 영향을 미친다는 점에서 자연이 주된 진화 방향을 결정하는 생태계의 진화와 다르다.

경제시스템의 진화는 생태계에서와 마찬가지로 경제시스템의 진화 공간에서 앞서 언급한 네 가지 진화 발생 조건이 충족되었을 때 시작된다. 이는 개인, 기업 등의 경제주체가 당면한 적합도함수(경제 환경)의 제약하에서 경쟁/협력을 통해 세 가지 진화 인자를 차별화−선택−복제하는 과정이며 이러한 과정에서 진화 인자를 변화시키거나 새로이 창출함으로써 달성된다. 이러한 경제시스템의 진화 과정을 생물체의 진화 과정에 빗대어 구성해 보면 아래 표 I−2와 같이 나타낼 수 있다.

표 I−2   생물학적 진화론의 경제시스템 진화에 대한 적용

	차별화(변이 생성)	선택(적자 선택)	증식(적자 복제)
진화 발생 조건	변이 조건	적합도 차이 조건 및 경쟁 조건	대물림 조건
진화 행위 내용	다양한 진화 인자(PT, ST, BD) 또는 상호작용자 (상품, 정책 등)의 생성	시장 또는 사회에 적합한 진화 인자와 상호작용자의 선택	선택된 진화 인자와 상호작용자의 증식
담당 경제주체 (조직)	개인, 기업 또는 사회(정부)	시장 또는 사회 (정부)	개인, 기업 또는 사회(정부)
주된 상호 관계	협력(개인 간, 기업 내, 기업 간, 사회 간)	경쟁(경제주체 간, 상호작용자 간)	협력(개인 간, 기업 내, 기업 간, 사회 간)

경제시스템은 각 경제주체가 주어진 환경 속에서 경쟁/협력을 통해 진화 인자를 개선하거나 새로이 창출함으로써 진화한다. 여기서 경제주체란 개인, 기업, 정부 등으로서 이들은 경제시스템의 구성 요소 내지 부분이 된다.

다음으로 경제 환경이란 경제시스템 또는 경제주체를 둘러싼 자연 환경과 국내외의 사회 환경으로서 경제주체와 경제시스템의 존재 기반이자 진화의 방향과 가능성을 제약하는 조건이기도 하다. 이러한 경제 환경은 생물의 진화에서 자연이 하는 역할, 즉 우수한 진화 인자를 걸러내어 증식하고 그렇지 못한 진화 인자는 도태되게 하는 적합도함수의 기능을 한다. 우리가 사는 현실 세계는 그림 I−1과 같이 중층적 시스템 구조를 이루고 있는데, 이런 측면에서 보면 경제시스템의 환경은 주로 생태계, 세계시스템, 사회시스템과 같은 상위 시스템이며 정치시스템과 문화시스템 등의 병렬 시스템들도 이에 해당한다.

세 번째로, 경제시스템의 진화 인자는 실제로 진화하는 당사자로서 PT(물리적 기술, physical technology), ST(사회적 기술, social technology), BD(사업계획, business design)로 구성된다.[36] 이들은 생물의 유전자, 또는 넬슨과 윈터가 말한 '기업의 루틴'에 해당하는데, 아이디어 유전자, 즉 밈(meme)[37]이라고 할 수 있다. 이들은 특정한 청사진(디자인) 또는 도식으로 구성되어 있으며, 경제주체에 의해 식별되어 학습되고 전달된다.

한편 진화 인자는 경제주체에 의해 상품으로 구체화되며, 상품은 진화 인자의 표현형(phenotype)이라고 할 수 있다. 정부나 기업 등의 조직이 만드는 정책도 다른 형태의 표현형이다. 자연계의 개별 동식물은 유전자가 생명체로 구현된 것이며, 따라서 표현형에 해당한다. 표현형은 실제 경제시스템에서 경쟁 등을 통해 상호작용한다. 상호작용자로 기능하는 것이다.

각 경제주체들은 주어진 경제 환경 속에서 차별화−선택−복제의 과정을 거쳐 진화 인자를 변화시키거나 새로이 창출한다. 이 과정에서 경제주체들은 보다 나은 진화 인자와 상호작용자를 생성하기 위해 서로 경쟁/협력한다. 또한 개별 경제주체와 경제시스템 자체도 적응, 진화하며 경제 환경이 함께 공진화하기도 한다. 이러한 경제시스템의 진화 과정은 자연 생태계에서 생물이 진화하는 과정과 거의 비슷하다. 다만 경제시스템의 진화는 몇 가지 점에서 생태계의 진화와 다르다.

우선 앞에서도 언급한 바와 같이 경제시스템의 진화에서는 자유의지와 지성을 가진 인간이 중요한 역할을 하기 때문에 생태계의 진화와 다르다. 생태계에서 진화의 표현형은 인간을 포함한 개별 동식물이다. 반면 경제시스템에서의 진화의 표현형은 인간 자체가 아니라 인간이 만들어낸 상품이나 정책이나. 인간은 상품과 정책을 만들어내고 수요하는 존재이다. 상품 등에 내포되어 있는 진화 인자의 도식을 식별하여 차별화된 새로운 상품(정책)을 만들어내는 한편 각자 선호하는 도식

---

36) Beinhocker, Eric(2007), 앞의 책 참조.
37) 사람이나 집단들에게 기억되거나 이들 간에 전달, 모방될 수 있는 정보의 단위·요소, 즉 문화의 전달 단위이다. '두산백과' 참조. 유전자와 밈은 변이, 선택, 복제의 과정을 거치면서 진화한다는 공통점이 있다. 그러나 전자가 생물학적 유전의 단위로서 생식을 통해 전달되는 반면 후자는 문화적 정보의 전달 단위로서 모방이라는 사회적 방법을 통해 전파된다는 차이가 있다. '위키백과' 참조.

과 상품(정책)을 선택, 소비함으로써 특정 진화 인자와 상품(정책)의 증식과 도태를 결정한다. 따라서 경제시스템의 진화와 관련하여 인간은 고유한 선호와 욕구를 가진 상품과 정책의 수요자(선택하는 주체)로서 적합도함수의 기능을 하는 한편, 이익 획득 및 효용 충족을 목적으로 진화 인자를 변경, 창출하여 새로운 상품과 정책을 생산하는 공급자(선택받는 주체)로서도 기능하는 이중적 존재이다. 생태계가 자연 환경 – 동식물 – 유전자라는 3가지로 구성되어 있다면 경제시스템은 경제 환경 – 상품 (정책) – 진화 인자에 더해 인간이 3가지 부문 모두에 관여하는 주체로서 존재한다고 할 수 있겠다. 따라서 경제시스템의 진화에서는 인간의 의도와 욕망이 진화를 추동하는 주된 동기로 작용한다. 또한 인간의 역량, 즉 학습에 바탕한 지식(능력)의 발전이 진화를 이끌어가는 중요한 동력원이 된다.

이러한 차이점 때문에 경제시스템의 진화는 환경의 우연한 변화와 변화한 환경에 적합한 생물의 자연선택과 증식(즉, 적응)에 의해 추동되는 생태계의 진화와 다르다. 즉, 경제시스템의 진화는 환경 변화와 지식 탐색·발전 방향의 불확실성에 따라 우연성이 상당한 영향을 미친다는 점이 생태계의 진화와 유사하나, 인간의 욕구 충족이라는 진화의 목적과 이를 달성하기 위한 인간의 의도적 노력 역시 상당한 영향을 미친다는 점이 생태계의 진화와 다르다. 경제시스템의 진화에는 환경 변화의 우연성과 지식 탐색·발전 방향의 불확실성 등으로 인한 '진화의 우연성'과 더불어, 진화의 목적(인간의 욕구 충족) 달성을 위한 인간의 의도적 노력 등에 따른 '진화의 목적 지향성(필연성)'이 동시에 작용하는 것이다.

둘째, 경제시스템의 진화는 협력이 중요한 역할을 한다는 점이 생태계의 진화와 다르다.[38] 협력은 플러스섬의 시너지 효과를 가져오고 이를 통해 협력 당사자 또는 협력 조직의 경쟁력을 향상하는 효과가 있기 때문에 유용하다. 또한 인간은 관계 욕구 등 사회적 본성을 갖고 있기 때문에 협력 그 자체가 인간의 욕구를 충족하는 데 기여한다. 이러한 두 가지 특성에 힘입어 인간은 여타 대다수 생물과 달리 상호 협력하는 본성과 능력이 발달하였다. 이에 따라 주로 경쟁만이 작동하는 자연계의 진화 과정과는 달리 경제시스템의 진화 과정에서는 인간의 협력이 중요한 역할을 한다. 각종 조직과 제도가 주로 인간의 협력을 강화하기 위한 것으로

---

38) 생태계에도 꿀벌, 개미 등 사회성 곤충과 늑대, 사자, 침팬지 등 일부 포유류에서 협력이 이루어지고 있다. 그러나 인간만큼 광범위하고 유연하게 협력하는 종은 없다.

서 문명이 발전하는 데 중요한 역할을 했다. 이에 따라 이 책에서는 각 경제주체 간 상호작용의 대표적 형태로서 그간 경제 이론에서 중시되어왔던 경쟁과 더불어 종전에 소홀히 다루어졌던 협력에도 주목한다. 이는 경쟁의 조직화 장치인 시장메커니즘은 물론, 협력의 조직화 장치인 기업, 정당 등의 조직이 진화 과정에서 수행하는 역할에 주목하는 것이기도 하다.

셋째, 경제시스템의 진화는 동식물의 몸과 같은 하드웨어가 아니라 소프트웨어인 지식(밈)이 진화의 중심이 된다는 점이 생태계의 진화와 다르다. 소프트웨어는 물리적 제약이 상대적으로 적고 학습, 모방이 가능하기 때문에 진화의 속도가 빠르다. 상품의 경우 자원과 에너지를 사용하여 물리적 형태로 구현되기 때문에 하드웨어라고 할 수 있다. 그러나 기본적으로 그 제조 방법인 PT 등이 소프트웨어로서 비교적 자유롭게 변경 가능하고, 상품 자체도 용이하게 변경될 수 있다. 또한 과학과 ICT의 발달로 예측과 사전 모의 실험이 가능해 상품의 개량이 더욱 용이해졌다. 생태계의 진화가 유전자와 몸체라는 하드웨어에서 일어나는 다윈식 진화인 반면, 경제시스템의 진화는 주로 지식이라는 소프트웨어에서 일어나는 라마르크식 진화이다. 이에 따라 경제시스템의 진화는 생태계의 진화보다 매우 빠른 속도로 이루어진다. 또한 시장경제체제는 경쟁/협력을 강화하여 경제시스템의 진화를 촉진하는 데 탁월하다. 게다가 현대의 지식경제에서는 지식의 창출과 혁신이 급증하고 있어 경제시스템의 진화가 더욱 빨라지고 있다.

이러한 경제시스템의 진화 과정을 우리나라를 대상으로 하여 그림으로 나타내보면 그림 I-2와 같다.

2. 주요 내용

이하에서는 앞에서 설명한 경제시스템의 진화 관련 주요 개념과 진화 메커니즘을 보다 자세히 알아보고 경제시스템이 시의적절하게 진화하기 위해 갖추어야 할 요건에 대해서 설명한다.

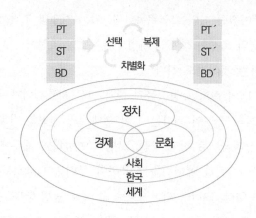

가. 적합도함수

경제시스템의 적합도함수는 주로 경제 환경이라고 할 수 있다. 경제 환경은 경제시스템이 존재하는 기반이자 진화의 제약 조건으로서, 생태계에서 자연 환경이 하는 역할을 수행한다. 경제주체와 진화 인자가 생존하는 기반을 제공하는 동시에, 이들이 경제 환경에 적합하게 진화하도록 하거나 부적합한 진화 인자와 경제주체를 경제시스템으로부터 걸러내는 역할을 한다. 경제 환경을 시스템 관점에서 정의하면 경제시스템의 상위 시스템 및 병렬 시스템이라고 할 수 있으며 개별 경제주체의 입장에서는 여타 경제주체들도 이에 포함된다.

경제 환경을 크게 분류하면 ⅰ) 토지·기후·자연 자원 등의 자연 환경, ⅱ) 인구의 양과 질, 사회 구성원의 주된 욕구와 소비자 및 사회의 선호 등 사회 환경, ⅲ) 국제 정치경제 상황, ⅳ) 국내외 다른 경제주체들과의 경쟁 상황 등으로 구성된다.

자연 환경은 토지·광물 및 산림·수산물 등의 자연 자원, 기후와 수자원 등이 대표적이다. 이는 경제시스템에서 사용하는 자원과 에너지의 원천으로서 경제시스템이 존재하는 기반인 동시에 경제시스템의 진화를 물리적으로 제약하는 요인이다.

사회 환경, 그중에서도 인구의 수와 구성, 사회 구성원의 주된 욕구(경제적으로는 소비자 선호나 상품 거래와 조직 내 상호작용의 규칙으로 표현된다) 등은 경제시스템의 진화를 위한 가장 중요한 잠재력이자 제약 조건이다. 사람이야말로 새로운 지식과 아이디어를 창출하는 유일한 원천이며 경제활동의 결과물(상품 등)을 소비하는 존재이기 때문이다. 또 사람들은 서로 다른 개성과 능력을 갖고 있기 때문에 아이디어 다양성의 원천이기도 하다. 따라서 인구가 많을수록, 경제활동이 활발한 연령대의 인구가 많을수록, 또한 사람들의 건강과 교육 수준이 높을수록, 소비자 선호가 다양할수록 경제시스템의 진화 잠재력이 높다. 이에 대해서는 경제성장 연구자들 간에 상당한 컨센서스가 이루어져 있다.

한편 인간의 욕구 내지 욕구 향상은 경제발전과 사회의 변화를 추동하는 가장 근본적인 동력이다. 매슬로(A. Maslow) 등은 인간의 욕구가 풍족하고 안전하게 살고 싶어 하는 생존 욕구, 다른 사람들과 상호 존중 속에서 소통하고 공감하고자 하는 관계 욕구, 스스로 설정한 이상을 사회 속에서 실현하고자 하는 성장 욕구(자기실현욕구) 등으로 구성되어 있으며, 이들은 대체로 순차적으로 나타난다고 설명하였다. 인간의 욕구는 끊임없이 발현, 고양되면서 인류 문명의 발전과 (그 일부로서의) 경제발전을 이끌어왔다. 경제발전은 새로운 진화 인자(기술과 제도)를 통해 자원 배분의 효율성을 높여 생산량과 물질적 풍요를 늘림으로써 인간의 생존 욕구를 보다 잘 충족시킨다. 따라서 경제발전으로 생존 욕구가 어느 정도 충족되면 인간의 욕구는 보다 상위의 관계 욕구와 성장 욕구로 확산되어 소속감, 존경, 자아 성취를 보다 중시하게 되는 것이 일반적이다. 선진 사회에서는 구성원 상호 간의 관계와 상호작용이 보다 확대되고 다양해지며, 다양한 질서가 자기조직화되어 사회의 복잡성이 높아지고 사회가 보다 시스템화된다. 결과적으로 경제발전, 넓게 보면 경제시스템의 진화는 인간의 욕구에 의해 추동되는 동시에 인간 욕구의 향상을 추동하는 상호 강화적 관계(피드백)를 갖는다.(<보론 Ⅰ-1 인간의 욕구와 사회> 참조)

세계경제 환경이나 지정학적 여건도 경제시스템의 진화에 중대한 영향을 미친다. 세계경제가 높은 성장세를 보이느냐 침체하느냐 또는 세계 통상 질서가 자유무역에 가까우냐 보호무역에 가까우냐와 국제 시장에서의 경쟁이 얼마나 치열한지 등은 한 나라의 대외 거래 수준과 외국 기술 및 상품의 학습 가능성을 좌우한다. 우리나라의 경우 지정학적으로 과거에는 자본주의와 공산주의 세력의 충돌 지점, 현재는 미국 등 해양 세력과 중국 등 대륙 세력의 충돌 지점에 위치하고 있는바, 이것이 경제시스템의 진화 방향에 큰 영향을 미치고 있다.

국내외 경쟁 상황도 개별 경제주체의 입장에서는 매우 중요한 진화 환경이다. 경쟁의 정도가 높으냐 낮으냐는 개별 기업과 개인 등의 행위에 직접적인 영향을 미치는 요소이다. 동일한 자연 자원이 주어져 있다 하더라도 유사한 물질적 필요와 능력을 가진 경제주체의 수가 얼마나 많으냐에 따라 경쟁의 압력이 크게 달라질 수 있다. 경쟁 압력이 강해질수록 각 경제주체들은 살아남기 위해 새로운 진화 인자를 창출해야 할 필요성을 강하게 느끼게 되고 이는 결국 경제의 진화를 촉진하는 효과를 가져온다. 자본주의 경제체제는 시장이라는 경쟁 장치를 도입해 의도적으로 경쟁을 촉진하고 이를 통해 기술·제도 발전, 즉 새로운 진화 인자의 창출과 경제시스템의 진화를 촉진하는 체제이며, 바로 이 점이 자본주의 시장경제체제를 도입한 나라들의 경제가 빠르게 발전하게 된 근본 원인이다. 나아가 경쟁은 개별 경제주체의 살아남기 위한 노력의 일환으로 특정 주체들 간의 협력을 유발한다. 경쟁이 협력을 이끌어내는 수단도 되는 것이다. 자본주의 경제체제가 시장경쟁을 강화한 결과 다양한 기업, 단체 등이 조직되고 사회적 협력이 발전했다. 이 중에서도 기업은 경제적 이득을 목적으로 여러 개인이 모인 집단(또는 조직)으로서 자본주의 경제시스템 내 협력의 진화에 크게 기여하였다. 요컨대 경쟁과 협력은 경제시스템 내 각 경제주체 사이 상호 관계의 핵심 요소로서 ST의 주요 내용이 바로 경제주체 간 경쟁과 협력을 얼마나 원활하게 이루어지게 하느냐와 관련된다.

나. 진화 인자

경제시스템의 진화 인자는 기술과 제도, 구체적으로는 물리적 기술(PT), 사회적 기술(ST), 사업계획(BD) 3가지이다. 이들은 모두 기업, 개인, 정부 등의 경제주체에 의해 창출되고 진화하는데, 각각의 공간, 즉 물리적 기술 공간, 사회적 기술 공간, 사업계획 공간이라는 세 공간에서 별도로 또는 서로 연관되어서 진화한다.[39] 진화 인자는 이의 구현물인 상품·정책 등의 상호작용자, 이를 식별·개선·창출하는 개인·기업·정부 등의 도식 식별자(또는 경제주체)와 이들 사이의 경쟁과 협력을 통해 상호작용하며, 이 과정에서 차별화─선택─복제의 진화알고리즘을 거

---

39) 이 절의 진화 관련 기본 개념은 Beinhocker, Eric(2007), 앞의 책을 참조하여 저자의 의견을 추가, 정리한 것임.

처 진화한다.

1) PT

가) 의의

PT(Physical Technology)는 흔히 우리가 기술이라고 부르는 것으로 "물질, 에너지, 정보 등을 한 상태에서 다른 상태로 변환하는 디자인과 방법"[40]으로 정의할 수 있다. 경제적 측면에서는 인간의 물질적 편의를 위해 원재료, 자본, 노동을 인간이 수요하는 용도에 맞게 상품으로 전환하는 방법과 디자인이라고 할 수 있다. 이에는 일반 지식으로서의 과학, 경험 지식으로서의 기술 등이 주 요소로 포함되며, 우리가 흔히 생각하는 기술에 더해 과학 지식까지 포함하는 개념이라고 할 수 있다. 참고로 이를 굳이 물리적 기술이라고 표현한 것은 뒤의 사회적 기술과 구별하기 위해서이다. 물리적 기술이 물리적 영역에서 질서를 구현하는 방법이라면, 사회적 기술은 사회적 영역에서 질서를 구현하는 방법이라는 의미를 살린 표현이다.

개별 PT는 도식화되어 있어 이를 식별할 수 있는 전문가 및 기업, 즉 도식 식별자에게 전달된다. 식별자는 학습을 통해 다양한 도식을 알게 되고 이를 바탕으로 새로운 도식을 창안할 수 있다. 식별자에 의해 새로운 PT가 연구개발되면서 PT가 진화하는 것이다. 한편 PT는 여러 가지 하위 기술의 결합으로 구성되어 있으며, 스스로 새로운 발명의 가능성과 필요성을 창출하고 기하급수적으로 증가한다. 이는 PT가 모듈화된 빌딩 블록의 특성을 가지고 있어 그 공간이 매우 큰 데다 기술혁신이 이 공간을 기하급수적으로 확대시키기 때문이다.[41] 새로운 PT가 창조될 때마다 새로운 PT 공간이 창조되며 이 공간은 종전보다 확대되는 것이다. 따라서 PT의 진화 잠재력은 무한하며 경제시스템의 지속적 진화를 추동하는 가장 큰

---

40) Beinhocker, Eric(2007), 앞의 책, p. 394 인용.

41) 몇 가지 형태로 구성된 레고 블록으로 만들 수 있는 무한한 물체들을 상상해보라. PT의 공간은 무수한 종류의 레고 블록과 이들이 만들어낼 수 있는 무한한 종류의 물체들이다. 게다가 새로운 PT가 만들어질 때마다 만들 수 있는 물체의 종류는 기하급수적으로 늘어난다.

원천이 된다. 예를 들어 산업혁명 초기 증기기관이라는 PT가 발명되자 이를 바탕으로 원동기 PT라는 광대한 PT 영역이 창출되어 오늘날 수많은 종류의 동력기계가 만들어지고 있다. 그리고 원동기는 공장과 기계화 그리고 제조업이라는 새로운 산업을 창출하는 원동력이 되기도 했다. 이처럼 PT가 발전할수록 새로운 PT 공간이 더욱 확장될 수 있다.

　　PT가 고유한 전문성, 복합성 및 확장성을 가지고 있기 때문에 그 진화에서 다음과 같은 특성이 나타난다. 첫째, 기술의 진화 패턴이 S 자 곡선을 그린다. 포스터(R. Foster)는 기술의 자연적 생명주기론에서 연구개발 투자에 따른 기술 성과의 패턴이 S 자와 유사(시험기─성장기─성숙기)하다고 말했다.[42] 그에 따르면 신기술은 도입 초기에는 여러 가지 발전 가능성을 테스트하고 이 과정에서 산발적으로 투자가 이루어지면서 기술의 성과가 부진하고 발전 속도도 더디다. 다음으로 시험기가 지나 기술 발전 방향이 분명해지면 해당 방향으로 집중적 연구와 투자가 이루어지면서 기술의 성과가 급속히 늘어난다. 이 기간 중에는 연구개발 투자가 기술의 성과를 개선하는 데 매우 효과적이다. 이후 기술이 성숙 단계에 접어들면 새로운 기술의 개발이 더뎌지면서 성과 곡선이 완만해진다. 결국 기술개발 투자의 수익성이 체감하면서 투자 자체도 둔화된다. 이와 같은 기술의 S 자형 발전 행태는 PT 진화의 공간이 '개략적으로 연관된 지형', 즉 자연계에서 생물이 진화하는 경우의 적합도 지형과 같음을 시사한다. 왜냐하면 완전히 임의적인 지형에서는 S 자 곡선 패턴이 나타날 수 없기 때문이다. PT는 물론 ST를 포함한 제반 지식의 진화 공간은 이처럼 개략적으로 연관된 지형을 갖고 있는 것으로 보인다. 이는 기반 기술 또는 기초과학과 이와 관련된 여러 부문의 지식이 하나의 묶음 형태의 클러스터나 모듈로 이루어져 있는 경우가 대부분이기 때문이다.[43]

　　한편 매우 광범위한 분야를 포괄하는 기술─경제 패러다임이 변하는 경우 경제 전반에 걸쳐 변화가 일어나면서 한 나라 경제의 성과도 변화하게 되는데 이러한 변화 또한 S 자 곡선 형태를 띠게 된다. 즉, 새로운 패러다임은 도입 초기 기존 패러다임과의 상충, 기득권자의 저항 등으로 혼선이 발생하면서 특정 분야에 국한

---

42) Foster, Richard.(1986), ≪Innovation: The Attacker's Advantage≫, Summit Books.
43) Nelson, Richard R. 외(2014), 앞의 책, p. 251 참조.

되는 경우가 많다. 그 결과 시스템의 변화가 더디게 이루어지고 그 경제적 성과도 기존 패러다임과의 부조화 등으로 낮은 수준에 머문다. 그러다가 새로운 패러다임의 타당성 및 유용성이 인정되면서 점차 가속적으로 경제시스템 전반으로 수용되고 새로운 기술 또는 조직을 도입하기 위한 투자가 늘어나면서 경제 성과가 높아진다. 새로운 패러다임의 정착과 더불어 경제가 빠르게 성장하는 시기에 진입하는 것이다. 이후 새로운 변화 대상 영역이 점차 줄어들고 변화의 폭도 좁아지면서 경제 전반에 걸쳐 점차 변화가 줄어들고 경제 성과도 둔화되는 성숙기에 진입한다. 패러다임과 경제 성과의 변화가 동시에 S 자형 단계적 변화 패턴을 가지게 되는 것이다. 요컨대 PT와 ST의 S 자형 변화 패턴은 산업이나 국가 경제의 발전 단계(준비기-도약기-성숙기)와 연관되어 있다. 예를 들면 한국경제에서는 발전국가 패러다임과 그에 따른 경제 성과의 변화가 이러한 S 자형 패턴을 보였다.

둘째, 현실 경제시스템의 진화 과정에서는 기술의 점진적인 개선과 변화가 흔히 발생하지만, 때로는 파괴적 기술, 즉 기존 기술을 대체하는 새로운 기술이 출현하며 이에 기반해 이른바 파괴적 혁신이 이루어질 수 있다.[44] 파괴적 기술은 산업구조 자체의 변화를 초래할 수도 있다. 예를 들어 마차에서 자동차와 철도로의 발전, 범선에서 증기선으로의 발전과 같은 구조(아키텍처)의 혁신이 이에 해당한다. 자동차와 철도의 등장은 해당 제품과 관련 소재부품 및 생산 장비 등은 물론 도로 철도, 교통신호 체계와 같은 사회간접자본까지 많은 것들을 동시에 변화시키며 따라서 통상적인 기술혁신(주로 제품의 일부 내지 부품의 혁신)보다 훨씬 파괴적이다. 따라서 파괴적 기술이 확산될 때 선도적 기업의 교체가 일어나기 쉽다. 왜냐하면, 기존 기술로 성공한 기업일수록 기존 기술에 집착하게 되어 새로운 기술로 갈아타기 어려워지기 때문이다. 경제시스템이 고도화할수록 PT, ST, BD 등의 기존 진화 인자를 대체·파괴하는 진화 인자의 창출, 즉 파괴적 혁신도 자주 일어난다. 최근의 파괴적 혁신의 예로 스마트폰을 들 수 있다. 스마트폰과 애플 사는 기존의 휴대폰과 제조회사들을 순식간에 도태시키면서 새로운 지배자로 자리 잡았다. 나아가 이에 기반한 다양한 애플리케이션을 개발, 보급해 카메라, 음반, MP3 등의 시장에도 파괴적 변화를 가져왔다.

---

44) Beinhocker, Eric(2007), 앞의 책, pp. 414~415 참조.

셋째, 과학이 PT 진화의 효율성을 크게 향상시킨다.[45] 왜냐하면 PT의 탐색에 있어 과학적 이론에 근거한 연역적 탐색이 임의적 탐색이나 실험적 추론에 비해 성공 확률이 더 높기 때문이다. 새로운 PT는 무한한 가능성의 디자인 공간에서 인간이 연역적 추론을 바탕으로 유용한 PT를 성공적으로 탐색한 데 따른 결과이다. 과학의 발달에 힘입어 인류는 더욱 정확한 추론을 바탕으로 PT 공간을 매우 효율적으로 탐색할 수 있게 되었다. 이에 따라 16세기의 과학혁명 이후 PT는 급격하게 발전하고 있으며, 특히 PT의 획기적인 발전에 힘입은 18세기 산업혁명과 현대의 정보혁명 또는 지식혁명은 우리 사회와 지구 전체를 바꾸어놓았다.

마지막으로 자본주의 체제 내지 시장경제체제, 민주주의 체제 등 새로운 ST의 도입도 PT의 탐색과 창출을 크게 늘리는 데 기여하였다. 왜냐하면 이러한 제도들이 기업 또는 정부 등에 이윤 획득과 국민 생활의 향상을 위한 PT 탐색을 적극적으로 추진할 유인을 제공하였기 때문이다.

나) 종류

PT는 여러 가지 측면에서 분류할 수 있다. 우선 생산 과정에서 주로 적용되는 영역에 따라 공정기술(process technology)과 제품기술(product technology)로 분류할 수 있다.[46] PT가 경제적 유용성을 갖기 위해서는 상품의 생산과 관련한 효율성(생산성) 향상 잠재력과 더불어 인간의 욕구와 선호에 대한 적합성을 갖추어야 한다. 제품기술은 인간의 욕구에 적합한 상품을 창안해내는 것과 관련되며, 공정기술은 상품 생산 과정의 능률 또는 효율성을 높이는 것과 주로 관련된다. 윤석철 전 서울대학교 교수가 창안한 상품의 생존부등식(상품의 가치>상품의 가격>상품의 원가)[47]을 기준으로 보면 '상품의 가치(상품이 소비자의 욕구를 충족하는 능력)>상품의 가격' 부분이 제품기술과 주로 관련되며, '상품의 가격>상품의 원가' 부분이 공정기술과 주로 관련된다.

역사적으로 보았을 때 증기기관 발명, 전기 발명 등 새로운 동력을 이용한 생

---

45) Beinhocker, Eric(2007), 앞의 책, pp. 416~417 참조.
46) 윤석철의 '생존부등식 개념'과 Nelson, Richard R. 외(2014), 앞의 책 등을 참조하여 분류.
47) 윤석철(1991), ≪Principia Managementa≫, 경문사, p. 20 인용.

산 공정의 자동화·기계화와 일관 조립 공정, 3D 프린팅과 같은 새로운 방식의 공정 설계가 대표적인 공정기술이라고 할 수 있다. 이러한 공정기술은 기계 설비 도입 및 작업 재배치 등을 통해 생산성을 높이고 생산 원가는 낮추며, 이를 바탕으로 기존 제품을 저렴하게 대량생산하거나 새로운 제품을 개발·판매할 수 있게 해준다. 제품기술은 소비자의 선호를 파악하여 이에 적합한 제품을 새로 만들거나 기존 제품을 개선하는 기술이다. 역사적으로 보면 기차, 자동차, 비행기 등 새로운 수송 수단의 발명, 플라스틱, 합성섬유 등 새로운 소재의 발명, 게임, 예술작품 등 새로운 지적 구성물의 제작 등 매우 다양한 분야에 걸쳐 있다.

현실적으로 공정기술과 제품기술은 서로 밀접하게 연관되어 공진화하는 경우가 많다. 예를 들어 산업혁명 당시 증기기관이라는 공정기술이 발명됨으로써 기존 면제품의 생산비가 낮아져 이에 대한 소비와 생산이 크게 늘어나기도 했지만, 이것이 기관차, 증기선, 내연기관과 자동차 등의 새로운 제품의 발명으로 이어지기도 했다. ICT 발전도 또 다른 예이다. ICT는 인쇄술 혁명에 버금가는 지식 교류 관련 PT의 혁명으로서 산재해 있는 지식의 교류 및 공유를 획기적으로 증진하였다. 이를 통해 개개인들의 지식을 증진함은 물론 상호 협력과 지식의 융합을 촉진함으로써 새로운 지식과 상품을 대거 창출할 수 있게 해주었다. 스마트폰 등 새로운 통신 제품은 물론 SNS 온라인 사이트 등 새로운 서비스가 끊임없이 만들어지고, 사회 내 각종 지식 상품의 유통·활용·생산이 크게 증가하였다. 생산 공정의 자동화도 획기적으로 진전되었다. 스마트팩토리, 3D 프린팅을 이용한 제조 자동화, 각종 소프트웨어를 이용한 사무 자동화 등이 대표적이다.

또한 ICT에 기반해 창조된 인터넷은 특정 조직이나 집단의 경계를 넘어 함께 일하는 방법, 즉 '열린 협력'이라는 새로운 일하는 방법(공정기술)을 제공했다.[48] 인터넷을 이용해 외부 자원을 활용함으로써, 생산자들은 훨씬 더 많은 사람들이 훨씬 더 많은 정보를 가지고 함께 일할 수 있는 작업 체제를 구축할 수 있게 되었다. 이로써 새로운 지식 생산과 혁신이 급속히 늘어나고 있다. 다른 한편으로, 인터넷은 생산자와 소비자 간 소통을 더욱 저렴하고 신속하게 할 수 있는 수단을 제공하여 생산자가 소비자의 욕구를 보다 정밀하게 파악, 충족할 수 있게 함으로써 소비

---

48) 이준기(2012), ≪오픈 콜라보레이션≫, 삼성경제연구소 참조.

자 맞춤형 제품의 창출과 생산을 진전시킨다. 이는 크게 두 가지 방향으로 이루어 지는데 i) 자율주행차, 스마트 선박과 같이 기존 제품에 ICT를 적용하여 보다 소비 자 선호에 맞게 개선하거나 기능을 향상시키는 것과, ii) 네트워킹과 고객 맞춤형 솔루션 제공과 같이 제품과 연계한 부가 서비스를 제공하는 것으로 나뉜다. 이에 따라 이른바 다양한 소비자 집단별로 최적화된 롱테일 경제[49]와 제조업의 서비스 화가 진전된다. 결과적으로 ICT라는 PT가 자동화와 열린 협력을 통한 생산 공정 의 효율화(공정기술)에 그치지 않고, 시장 세분화를 통한 소비자 맞춤 상품의 생산, 그리고 제품과 연관 서비스의 융·복합을 통한 제품의 다양화(제품기술)에도 기여하 고 있는 것이다.

참고로 공정기술과 제품기술을 경제 성과와 연관지어 살펴보자. 경제발전은 자원 배분의 효율성 제고에 의해 주로 이루어지는데, 이는 크게 두 가지 방향에서 추진될 수 있다. 제품기술을 바탕으로 새로운 재화와 서비스를 창출하여 소비자 의 미충족 욕구를 충족해주는 방법, 그리고 새로운 공정기술로 기존 재화와 서비 스의 생산에 투입되는 자원과 노동 및 자본을 감축하여 생산의 능률을 높이는 방 법이다. 전자는 제품의 소비자 효용 충족 능력인 상품의 가치를 높임(더 큰 부가가치 의 획득)으로써 경제적 효율성을 높인다. 새로운 상품의 창출 가능성이 무한대로 크고 부가가치의 규모 자체를 키우는 것이기 때문에 이 방법은 확장 가능성이 크 다. 다만 소비자의 미충족 욕구를 발견하는 것이 어렵고 개발 관련 위험이 크다는 것이 단점이다. 후자는 주어진 제품을 생산하는 공정을 개선하여 생산 원가를 줄 이고 이윤을 확대함으로써 더 높은 경제적 효율성을 달성한다. 이 방법은 생산 원 가의 규모가 제한되어 있기 때문에 확장 가능성이 크지 않다는 단점이 있으나 개 발 관련 위험이 적다는 장점이 있다. 적용 대상 상품의 범위가 넓을 수도 있다. 또한 전자는 자연 자원에 대한 이해뿐 아니라 인간의 욕구나 사회의 필요에 대한 이해에 바탕하므로 신기술의 상당 부분은 인문학이나 사회과학으로부터 나올 수

---

49) ICT 발전에 힘입어 온라인 시장이 발달하고 낮은 비용으로 다양한 제품을 생산할 수 있 게 됨에 따라, 종전에 시장에서 배제되었던 소수 소비자가 선호하는 제품이나 틈새시장 에서 선호되는 제품 등 매우 다양한 상품이 활발하게 생산, 거래되는 경제를 일컫는다. 주류 상품의 매출 규모가 매우 큰(통계적으로 발생 확률이 높은 중심 부분에 위치) 반면, 틈새 상 품의 경우 구매자 수가 많지 않아 매출 규모가 작기(통계적으로 발생 확률이 낮은 꼬리 부분에 위 치하고 있기) 때문에 이러한 명칭이 붙었다.

있다. 반면 후자는 기계와 에너지의 이용에 바탕한 자원의 가공 변형을 주 목적으로 하기 때문에 신기술이 주로 자연과학과 공학으로부터 나온다. 다만 생산 과정의 구성이 기업 등 생산 조직의 구성과 관련된다는 점에서 사회과학도 부분적으로 관련된다.

외환위기 이후 경제구조조정 과정에서 우리나라는 공정기술의 혁신과 이를 통한 제조원가 절감에 치중한 바 있는데, 이는 장기적으로 생산요소 활용의 둔화, 제품기술의 혁신 지체와 이에 따른 신기술·신제품 창출의 둔화로 이어져 한국경제의 고부가가치화 역량과 성장 잠재력을 약화하는 요인이 되었다.

PT는 경제적 영역에 따라 농업 등 1차산업 PT, 제조업 등 2차산업 PT, 서비스업 등 3차산업 PT 등으로 나눌 수도 있다. 이러한 산업 분야별로 PT의 생산성 향상 잠재력이나 새로운 상품 창출 잠재력이 크게 달라진다. 예를 들면 농업 PT의 경우 생산에 있어 자연에의 의존도가 높기 때문에 제품의 다양화 및 생산 공정의 전문화 가능성이 크게 제한되고 지식·기계의 투입을 통한 생산성 향상 여지도 낮다. 반면 제조업이나 서비스업 PT의 경우 발전 가능성이 무한대에 가까운 지식에 주로 의존하기 때문에 제품의 다양화와 생산 공정의 효율화 여지가 매우 큰 편이다. 또 농업과 달리 기본적으로 자급자족이 아닌 시장 생산을 추구하기 때문에 기업별 전문화와 분업이 촉진되고, 사회적 경쟁/협력을 확산하여 경제시스템의 차별화−선택−복제 역량이 증진되며, 결국 진화가 촉진된다. 특히 규모의 경제, 범위의 경제, 네트워크 효과 등에 기반한 수확체증 효과가 있는 PT의 경우 생산성 향상 가능성이 매우 크다.

우리나라의 경우 해방 후부터 1950년대까지는 농업을 주된 PT로 삼았으나, 1960~90년대 중반까지 제조업, 1990년대 후반부터는 지식산업을 각각 중심적 PT로 선택해왔다. 이처럼 생산성 향상 잠재력이 높은 PT로 생산요소를 꾸준히 이동시킴으로써 한국경제시스템은 다양한 생산요소를 더 많이 활용하고 생산의 효율성도 높일 수 있었다.

PT는 학습 특성에 따라 과학과 기술로도 구분할 수 있다. 과학은 대학 등에서의 이론적 연구를 통해 창출된 일반적·형식적 지식이다. 따라서 적용 범위가 넓고 명시적 특성이 강하다. 반면 기술은 과학을 상품 생산에 활용하는 과정 또는 생산 현장에서 작업자가 창출한 지식으로서 실용적·암묵적 특성이 강하고 적용

범위가 대체로 좁다. 그러나 사실 양자는 서로 긴밀하게 연관되어 공진화하고 있어 구분하기 어려운 경우도 많다.

2) ST

가) 의의

ST는 "목표를 추구하면서 사람들을 조직하는 방법 및 디자인"[50]으로 정의할 수 있다. 즉, ST는 인간이 스스로를 조직하기 위해, 또는 여러 경제주체 사이의 상호 관계 및 상호작용을 정형화하기 위해 필요로 하는 규칙 혹은 제도이다. PT가 물질과 에너지에 관련된 기술인 데 비해 ST는 사람과 관련된 기술이라고 할 수 있다. ST는 시스템 내 구성원들의 더 많은 참여와 보다 활발한 상호작용(경쟁/협력 등)을 유도하는 것이 가장 중요한 목적이다. 구체적으로는 사회의 각 영역, 즉 정치·문화·경제 영역에서 구성원 또는 경제주체들의 상호 관계와 상호작용을 포함한 질서를 구현하는 방법이다. 이에는 각종 법률, 도덕, 규범 등 사회적 게임의 규칙은 물론 시장메커니즘, 가족·정부·기업 등과 같은 사회조직, 제도와 조직의 구성·운영에 관련된 공식·비공식 절차와 관행, 가치관, 종교, 도덕 등의 문화가 포괄된다.

한편 사회 또는 조직 구성원 사이의 상호 관계 및 상호작용의 종류는 강제성의 유무에 따라 수직적 관계와 수평적 관계로, 그리고 당사자들 간 이해의 합치 여부에 따라 협력과 경쟁으로 나눌 수 있다. 물론 관계의 강도에 따라 학습 및 모방 등의 약한 상호작용과 협력과 경쟁 등의 강한 상호작용으로 나눌 수도 있다. 수직적 관계란 강제적 명령과 복종의 관계로서 정부, 군대, 대기업과 같은 계층적 조직에서 상위자와 하위자 간에 주로 형성된다. 수직적 관계는 인류가 씨족 내지 부족 사회에서 벗어나 국가를 형성한 시기부터 근대에 이르기까지 대형 집단에서 주로 사용한 관계의 양식이었다. 이러한 관계는 집단 간(또는 국가 간) 경쟁과 갈등이 격화되어 무력에 바탕한 투쟁이 지배적이었던 시기에 집단의 생존을 확보하기 위한 노력의 결과로 형성되었다. 한편 개인의 입장에서는 생존을 위해 자유를 양

---

50) Beinhocker, Eric(2007), 앞의 책, p. 420 인용.

보하는 것이었기 때문에 인센티브를 저하하는 고유한 문제점이 있다.

수평적 관계는 국가 형성 이전부터 가족이나 씨족집단 구성원들끼리 형성한 관계로서 상호 간의 친밀성과 공동의 이해 그리고 자발성을 바탕으로 한다. 산업혁명 이후 자본주의와 민주주의가 정착되면서 사회 구성원 모두가 법 앞에 평등한 지위를 갖게 됨에 따라 일반적 사회 관계가 이에 근거하게 되었다. 수평적 관계는 원시 상태에서부터 사람들 사이에서 형성되었다는 점에서 인간의 본성에 맞는 자연스러운 관계라고 할 수 있다. 다만 정부를 비롯해 대기업에 이르기까지 상당한 규모를 가진 조직들은 수평적 관계에 상당 부분 의존하면서도 여전히 목적의 효율적 달성이나 수단의 효과적 실행 등을 위해서는 수직적 관계에 기반하고 있다. 대규모 집단에서는 무임승차자 문제 등 여러 가지 도덕적 해이가 발생할 수 있고, 이의 해소를 위해 강제 규칙과 수직적 관계에 기반한 사회 관계와 구조가 필요하기 때문이다.

ST의 진화 적합성, 즉 특정 ST가 진화를 촉진하는 데 유효한 정도는 각 구성원들에게 적절한 인센티브와 공정한 상호작용 규칙을 부여하여 이들이 사회나 조직에 적극 참여하도록 하고, 여타 구성원과 활발하게 경쟁/협력하도록 하는 정도에 달려 있다. 한편 적절한 인센티브와 공정한 상호작용 규칙은 인간의 본성, 구체적으로는 인간의 '강한 상호주의적 본성'에 합치되는 것이어야 하므로 ST의 유효성은 궁극적으로 해당 ST가 '강한 상호주의'의 원칙에 얼마나 합치되는가에 주로 달려 있다.

이를 구체적으로 검토해보자. 진화론의 관점에서 보면 인간의 목적은 스스로의 생존과 번영이며 이는 곧 '스스로'의 유전자를 많이 남기는 것이다. 따라서 인간은 본성적으로 이기적이다. 인간의 이기성은 생존과 번영에 필요한 물질, 배우자, 권력 등을 둘러싼 경쟁으로 이어진다. 이러한 맥락에서 경쟁은 자연스러우며 불가피한 경우가 많다. 그러나 다른 한편으로 인간은 협력 또는 이타적(사회적) 본성도 발전시켜왔다. 이는 각 개인의 목적, 즉 스스로의 생존과 번영에 필수적인 의식주 등 생활필수품의 생산, 물리적 안전의 확보를 위해 타인과의 협력(또는 사회적 본성)이 꼭 필요했기 때문이다. 집단을 이루어 서로 협력했을 때 비로소 대형 동물의 사냥이 가능했다. 각 지역에서 나오는 특산물을 서로 교환함으로써 훨씬 더 쉽게 필요한 물품을 획득할 수 있었다. 집단을 이루었을 때 다른 동물이나 다른 집단의 위협으로부터 더욱 안전해질 수 있었다. 이러한 생산의 사회성(둘 이상의 구성원 간 협력을 통한 생산성 향상 효과) 또는 협력의 시너지 효과(즉, 생산의 시스템적 조직화를 통한 시너지 창출) 때문에 인류는 원시사회에서부터 사회생활을 하면서 서로 협력할 줄 알았던 것이다. 인간의 이기성과 생산의 사회성이 인류 사회에서 경쟁과 협력으로 나타나게 된 것이다.

한편 인간의 이기성과 사회성이 결합하면 개인들 간의 상호작용 및 상호 관계에 있어 공정성을 요구하게 된다. 특히 개인 간 사회적 상호작용의 대표적 형태인 경쟁/협력의 절차와 경쟁/협력에 따른 성과의 분배에 있어 공정성을 요구하게 된다. 이는 흔히 말하는 강한 상호주의적 성향[51]—긴티스(Herbert Gintis) 등에 따르면 인간은 조건부 협력자이자 이타적인 응징자로서, 타인과 협력하려는 성향이 있되 협력의 규범을 위반한 자에 대해서는 어떠한 대가를 치르더라도(개인적인 희생을 치르더라도) 응징하려고 한다—이라고 할 수 있다. 따라서 ST가 사회 구성원의 참여와 경쟁/협력을 촉진하기 위해서는 그것이 강한 상호주의 원칙, 나아가 롤스(John Rawls)의 정의의 원칙[52]에 부합하느냐에 의해 결정된다고 할 수 있다.(자세한 설명은 <보론 I-1 인간의 욕구와 사회> 참조)

강한 상호주의 원칙이나 정의의 원칙은 ST의 포용성과 긴밀히 연관되는데, 이를 기준으로 ST를 구분하면 포용적 ST와 배제적 ST로 나눌 수 있다. 포용적 ST는 광범위한 구성원에게 인센티브를 제공하여 자발적 참여와 경쟁/협력을 유도한다. 이에 따른 시너지를 당사자 간에 공정하게 분배한다. 정치제도에서는 민주주의, 경제제도에서는 시장경제, 문화에서는 수평적·자율적 문화를 들 수 있다. 반대로 배제적 ST는 소수 주체의 주도와 여타 다수 주체의 추종, 그리고 이를 통한 주도층 중심의 이익 분배를 이끌어내는 ST이다. 독재, 계획경제, 수직적·타율적 문

---

51) Beinhocker, Eric(2007), 앞의 책, p. 655 인용.

52) 롤스는 《정의론(Theory of Justice)》에서 정의의 두 가지 원칙을 제시하였다. 이는 사회 구성원 각자는 가장 광범위한 기본적 자유를 평등하게 가지며(정의의 제1원칙), 사회적·경제적 불평등은 최소 수혜자에게 최대 이득이 되고 모든 사람들에게 공정하게 직책과 직위를 가질 기회를 제공하는 한도 내에서 허용되어야 한다(정의의 제2원칙)는 것이다. 그리고 정의의 두 원칙은 기본적 자유를 위해서만 제한될 수 있으며, 제2원칙은 효율성의 원칙이나 이득 총량의 극대화에 우선한다고 주장하였다. Rawls, John(2003), 《정의론》, 황경식(역), 이학사 참조.

화가 이에 속한다.

ST 진화 과정의 특성을 보면, 우선 ST의 이론적인 디자인 공간은 PT 공간과 마찬가지로 자급자족적이며 기하급수적으로 확대된다.[53] 따라서 ST가 비약적으로 발전할 때마다 그다음의 발전을 위한 더 많은 디자인 공간이 만들어진다. 둘째, ST 역시 모듈형 빌딩 블록적 특성이 있다. 예를 들어 대기업의 조직 디자인은 사업부를 조직하는 디자인, 회계 및 통제 시스템 디자인, 문화적인 행동 규범의 디자인 등이 포함된 모듈의 집합체이다. 이는 일군의 연관된 ST는 상호 보완적인 특성이 있어 일관성 있는 원칙하에 결합되어야 적절히 기능할 수 있음을 뜻한다. 셋째, ST 공간의 적합도 지형은 PT 공간과 같은 '개략적으로 상호 연관된' 지형일 가능성이 높다. 따라서 적합한 ST를 찾아내는 효과적인 방법은 진화알고리즘이며, 진화 과정은 PT에서와 마찬가지로 S 곡선의 모습을 가질 수 있다. 다만 ST의 탐색에서는 PT에 비해 연역적 추론이 적고 귀납적(실험적) 추론이 많이 활용된다. 이는 ST의 경우 과학 외에도 인간과 사회에 관한 여러 종류의 학문, 지식이 관련되기 때문이다.

PT와 ST에 무한한 발전 가능성이 있는 점은 같지만 현실적으로 PT에 비해 ST는 다양성이나 발전 가능성 등이 크게 작다고 할 수 있다. 이는 ST가 PT와 달리 인간의 본성과 사회적 상호작용 증진 등에 적합해야 한다는 제약을 강하게 갖고 있기 때문이다. 역사적으로 보더라도 PT는 흔히 기존의 분야 이외에 새로운 분야가 등장하거나 전문성이 높아지면서 누적적으로 발전하는 경향이 높은 반면, ST는 새로운 분야보다는 기존 분야에서 종전과 특성이 다른 ST가 기존의 ST를 대체하는 형태로 발전하는 경향이 있다. ST의 발전 가능성이 제한되는 또 하나의 이유는 ST가 사회 구성원 또는 계층 간 상호작용과 이익의 분배에 직접적으로 관련된다는 점이다. ST의 변화로 인해 이득을 보는 구성원과 피해를 입는 구성원이 필연적으로 발생하며, 피해를 입게 될 계층이 변화에 저항하게 된다. 따라서 ST의 변화는 더디거나 제한될 가능성이 높다. 특히 기존의 경제시스템하에서 이득을 누리던 계층이 사회의 지배 계층일 경우 경제시스템 내 혼란과 진화의 정체가 커질 수 있다. 예를 들어 이행기 중 우리 경제가 겪은 혼란의 상당 부분이 바로 발전국가 패

---

53) Beinhocker, Eric, 앞의 책, p. 423 참조.

러다임과 민주주의·신자유주의 패러다임의 상충, 그리고 기득권층의 발전국가 패러다임에 대한 집착으로 발생하였다. 이에 따라 ST의 진화에서는 '경로 의존성'이 강하게 나타나게 된다.

대부분의 사람들은 경제발전을 주로 새로운 PT의 개발과 관련된 문제로 인식한다. 그러나 ST를 통해 경제주체 간의 상호작용 및 상호 관계의 방향과 강도가 결정되고, 진화의 방향과 속도도 영향을 받게 된다. 따라서 진화 과정에서 ST의 중요성에 더욱 주목할 필요가 있다. 특히 지식경제와 같은 새로운 PT가 등장했을 경우 이에 적합한 ST가 뒷받침되어야 경제시스템이 순조롭게 진화할 수 있다.

사회시스템 그리고 그 하위 시스템인 경제시스템에서 특히 중요한 경제주체 사이의 상호작용은 경쟁과 협력이라고 할 수 있다. 이와 관련된 ST로는 경쟁 장치로서 시장·투표·시험 등의 각종 경쟁메커니즘, 협력 장치로서 기업·정부 등의 각종 조직이 가장 중요하다고 할 수 있다. 이러한 ST가 효과적으로 기능하기 위해서는 '보편적 인센티브의 제공 원칙', '강한 상호주의 원칙'에 기반해 설계되어야 한다. 그래야 구성원 최다수에게 적절한 인센티브를 부여하고 이들 사이에 최선의 경쟁/협력을 이끌어낼 수 있기 때문이다.

시장은 강한 상호주의 원칙을 잘 구현하고 있다. 시장은 자본주의 경제시스템의 대표적인 경쟁/분배 장치로서 가격이라는 신호를 바탕으로 여러 생산자와 소비자 간 경쟁을 통해 소비자 선호를 보다 잘 충족하는 진화 인자와 상품 및 경제주체를 선별해내어 보상한다. 진화 인자와 상품 등의 선택 과정이 강한 상호주의 원칙에 따라 이뤄지게 하는 데 핵심적 역할을 수행하는 것이다. 나아가 시장과 그것이 부과하는 경쟁은 경제시스템 내 자원 배분의 효율성을 높이고 새로운 혁신과 경제시스템의 진화를 압박하는 데 최선의 효과를 발휘한다.

기업은 자본주의 시장경제체제의 대표적인 협력 장치로서 이 역시 강한 상호주의 원칙을 잘 구현하고 있다. 기업은 이윤을 목표로 상품 등을 생산하기 위해 일군의 사람들이 협력하는 장치로서 제 구성원이 투입한 노력에 합당하게 보상받는 것을 가장 중요한 조직 원리로 삼는다. 기업은 진화 인자와 상품 등의 차별화와 증식 과정에서 핵심적 역할을 수행한다. 또한 정부는 경제시스템 내 경쟁/협력을 조장하기 위해 법률과 같은 규칙을 제정하는 등 진화를 촉진하기 위한 여러 시스템 차원의 역할을 수행한다. 이러한 규칙의 수립, 집행 역시 보편적 인센티브의 제공과 강한 상호주의 원칙을 기반으로 할 때 효과적으로 실행될 수 있다.

한편 경쟁은 각 경제주체의 경쟁력 향상을 압박하는데, 이는 개인 간 협력뿐 아니라 이의 조직화된 형태인 기업의 창출, 나아가 기업 간 협력을 촉진한다. 즉, 경쟁에서 이기기 위해 개별 경제주체들이 서로 협력하게 되며 이러한 경쟁과 협력이 순환 고리(feedback loop)를 형성해 점증적으로 심화된다. 경쟁과 협력이 포괄 범위나 내용 면에서 순환적으로 확장, 공진화하는 것이다.(<보론 I−2 경쟁과 협력, 그리고 시장과 기업> 참조)

ST를 영역별로 보면 정치 관련 ST, 경제 관련 ST, 문화 관련 ST로 나눌 수 있다. 다만 이들은 사회시스템 속에서 서로 긴밀하게 연계되어 상호작용하고 있으며 따라서 불가분의 관계하에서 공진화함을 미리 밝혀둔다.

나) 종류

(1) 정치 관련 ST(정치제도)

인류가 발명한 정치 관련 ST는 크게 독재 체제(또는 전제 체제)와 민주 체제로 나눌 수 있다. 전자는 한 정치 공동체에 참여하는 구성원 중에서 독재자나 전제군주 또는 소수 지배계급의 이익을 주로 반영하는 배제적 정치 의사결정 제도이다. 후자는 정치 공동체에 참여하는 구성원의 의사와 이익을 두루 반영하고자 하는 의사결정 제도, 즉 포용성이 높은 의사결정 체제이다.

정치 관련 ST가 적절히 기능하여 시스템의 진화를 촉진할 수 있는지 평가하는 기준은 민주주의 원리이다. 민주주의는 모든 구성원에게 평등한 자유와 기회를 제공함을 기본 원칙으로 하며, 보편적 인센티브 제공 원칙과 부합한다. 민주주의를 구현하기 위한 사회적 전제조건은 사회가 충분히 중앙집권화되어 있고 다수 사회계층이 두루 조직화되어 다원적인 사회구조가 형성되어 있어야 한다는 점이다. 중앙집권 체제가 효과적으로 구축되지 못하면 하나의 국가로서 통일된 사회, 안정적·보편적 사회질서를 형성하기 어렵다. 또한 다원적 사회구조는 다수 계층 또는 사회 구성원의 이익과 의사를 효과적으로 결집하기 위해 반드시 필요하다. 여러 사회계층 사이의 견제와 균형을 바탕으로 다수 사회 구성원의 자유와 평등을 보장하고 이들 간의 경쟁/협력을 촉진하며, 나아가 파괴적 혁신을 용이하게 수용할 수 있다. 각 계층의 조직화가 이루어지지 못할 경우 조직을 통한 각계각층의 의사 표현과 이익 관철이 사회적으로 원활하지 못하게 된다. 그러므로 이러한 전제조건들이 충족되어야 민주주의를 실천할 사회적 기반이 마련되었다고 할 수 있다.

민주주의 원리의 실현 정도는 정치와 정부가 국민과 사회의 수요를 효과적으로 충족했느냐, 구체적으로는 정치의 책임성, 법치주의 및 정부 효율성 등을 어느 정도 달성했느냐로 평가할 수 있다.[54] 정치의 책임성은 다수 계층 또는 국민의 의사를 두루 수렴하여 정책을 결정하고 이를 효과적으로 실행하는 정도를 말한다. 독재는 다수 국민이 아니라 독재자, 집권 계층의 필요와 의사를 주로 반영한다는 점에서 정치의 책임성이 낮다고 할 수 있다. 법치주의는 공정한 분배 규칙 또는 상호주의 규칙에 따라 사회적 상호작용이 이루어지고 성과가 분배되는 정도를 말한다. 인적 네트워크, 뇌물 수수, 독과점, 경제적 지대 등에 기반한 성과 분배는 다수 구성원이 이룩한 성과를 빼앗아 소수에게 몰아주는 것으로 법치주의에 어긋난다. 이러한 불공정한 성과 분배는 다수 구성원의 경제적 참여, 협력 및 혁신 노력을 저해한다. 정부 효율성은 정부가 시의적절한 정책의 수립, 집행을 통해 국민의 수요나 의사를 효과적으로 충족하는 정도를 말한다. 정치가 책임성 있게 정책을 수립해야 할 뿐만 아니라 이러한 정책을 경제 논리와 국민의 행태에 맞게 집행해야 정부와 정책의 효율성이 보장된다. 이를 위해 적절한 인력 충원과 조직 구성을 통해 효과적으로 기능할 수 있는 정부를 조직하는 것이 중요하다.

(2) 경제 관련 ST(경제제도)

경제 행위는 물질적 가치의 생산, 분배와 관련되기 때문에 경제제도는 강한 상호주의 원칙에 기초해 구성될 때 보다 효율적으로 작동할 수 있다.

경제 관련 ST는 사회 내 자원의 배분을 결정하는 주된 기제가 전통, 정부(계획), 시장이냐에 따라 전통경제체제, 계획경제체제, 시장경제체제로 나눌 수 있다. 전통경제체제는 적합도함수와 PT 등의 변화가 적은 소규모 공동체에서 주로 채택, 사용하던 경제체제이다. 따라서 오늘날은 거의 존재하지 않는다. 계획경제체제는 자원 배분 또는 경제 운영 관련 의사결정을 주로 정부(계획)가 담당하는 경제체제

---

54) Fukuyama, Francis(2012), ≪정치 질서의 기원≫, 함규진(역), 웅진지식하우스 참조.

로서 공산주의 국가에서 사용하며, 일부 개발도상국이 초기 경제발전을 위해 사용한다. 우리나라도 발전연대 중 경제발전계획 등을 통해 계획경제체제의 요소를 활용한 바 있다. 시장경제체제는 경제 운영 관련 의사결정이 시장메커니즘에 의해 이루어지는 경제체제로, 오늘날 대다수 국가가 주된 경제 의사결정 방식으로 사용하고 있다.

경제 관련 ST는 해당 ST가 인간의 강한 상호주의적 본성에 부합하는 원칙을 구현한 정도로 평가할 수 있다. 즉, 광범위하고 공정한 인센티브 제공 등을 통해 구성원 다수가 최대한의 경제적 능력을 발휘하도록 얼마나 효과적으로 유인하는가이다. 구체적으로는 사적 소유권과 공정한 거래 규칙 등을 통해 각 경제주체의 경제활동 인센티브를 적절히 제공하는지의 여부, 생산물 시장과 생산요소 시장에서 경쟁 메커니즘의 효과적인 작동 정도, 가장 대표적인 협력 및 생산 조직인 기업의 설립 촉진 정도와 기업 지배구조의 효율성 등이라고 할 수 있다.

경제활동의 자유와 사적 소유권의 확립은 개인이 스스로의 이익 획득을 위해 경제활동에 참가하고 혁신을 추구하도록 하는 가장 중요한 인센티브이자 전제조건이다. 사적 소유권 확립 없이는 개인들에게 경제활동 참여 인센티브를 효과적으로 제공하기 어렵다. 공산체제가 실패한 가장 중요한 이유가 바로 이익과 재산의 공유로 인한 개인적 참여 인센티브의 부족, 그리고 경제활동의 자유 제한에 따른 창의와 혁신의 부족 등이었다. 또한 공정한 거래 규칙은 경제주체 간 거래가 원활하게 이루어지기 위한 가장 근본적인 인프라이다. 거래가격과 생산의 성과가 대등한 주체 사이의 공정한 경쟁과 협상에 의해 결정, 분배될 때 구성원 간의 상호작용과 거래가 원활해질 수 있다.

시장경쟁은 적정 거래가격의 발견, 각 생산 주체의 신제품 발굴 및 효율적 제품 생산을 위한 혁신 노력 등을 촉진, 압박하는 가장 중요한 메커니즘이다. 시장경쟁이 있기 때문에 상품의 거래가격이 특정 기업의 자의가 아니라 다수 생산자와 소비자가 합의한 수준에서 결정된다. 또한 시장 가격을 신호로 생산자들은 더 품질 좋은 제품을 보다 효율적인 생산 기술로 싸게 생산하는 데 노력하게 되며, 이 과정에서 경제시스템의 효율성이 높아지고 진화가 촉진된다. 경쟁이야말로 시장경제체제가 계획경제체제 등에 비해 더 효율적이게 된 핵심 요인이라고 할 수 있다.

경제 진화를 위해서는 경쟁과 더불어 협력도 중요하다. 협력은 시너지 효과를 통해 3대 진화 인자의 차별화 공간을 확장해주며, 이것이야말로 인류가 문명을 진화시킨 근본 원천이다. 공정한 거래 및 성과 분배 규칙도 결국 사회와 조직 내 협력을 보다 원활하게 이끌어내는 데 목적이 있다고 할 수 있다. 오늘날 경제적 협력에 가장 큰 영향을 미치는 조직으로는 무엇보다 기업이 있으며 이외에도 협동조합, 사회적 기업을 비롯한 민간 단체를 들 수 있다. 이러한 조직이 사회 구성원들의 자발적 합의를 통해서 충분히 증가하고 있는지, 그리고 적절한 지배구조를 바탕으로 효과적으로 기능하는지가 경제적 협력과 혁신을 결정짓는 중요한 척도가 된다.

기업 지배구조는 기업의 제 활동과 관련한 의사결정 권한을 각 조직 구성원 사이에 배분하는 구조, 즉 기업의 의사결정 구조라고 할 수 있다. 이는 각 구성원이 제품 및 공정 등과 관련한 창의적 아이디어를 얼마나 생각해내느냐, 즉 '생각하는 사람들의 조직'[55]을 만들어내는 정도에 따라 그 효율성이 주로 결정된다. 이를 위해서는 제 구성원에 대해 적절히 인센티브를 제공하여 이들이 자발적으로 조직 활동에 참여하고, 상호 원활한 의사소통, 신뢰 및 협력을 통해 다양한 차별적 대안을 생성하는 한편, 이 대안들 중에서 최선의 것을 선택할 수 있는 의사결정 구조를 구축해야 한다. 따라서 강제적 규칙에 기반하는 집권적 조직보다는 자율과 창의에 기반하는 분권적 조직이 진화에 더 유리하다. 특히 지식화한 기업은 분권적 지배구조를 구축해 '생각하는 사람들의 조직'을 갖추어야 한다.[56]

이 밖에 정부도 스스로 사업계획을 창출하거나 진화 인자 창출과 관련한 지원을 실시하기 때문에 경제시스템의 진화에서 중요한 역할을 담당한다.

(1), (2)에서 논의한 바와 같이 현존하는 가장 이상적인 정치·경제제도는 민주주의와 시장경제체제라고 할 수 있다.[57] 민주주의는 모든 국민의 자유와 평등을 보

---

55) Beinhocker, Eric, 앞의 책, p. 599 '사고하는 사람들의 사회'를 참조하여 명명.

56) 박진수는 1800년대 초 독일 군대의 개혁 사례를 통해 사회 또는 조직의 분권적 지배구조가 구성원들의 적극적 참여와 협력, 환경 변화에 대한 시의적절한 대응을 이끌어냄으로써 사회나 조직 전체의 역량을 극대화할 수 있음을 잘 설명하였다. 한국은행 홈페이지 한은금요강좌 788회 "역사에서 배우는 우리 경제의 미래 전략(2019. 5. 24)" 참조.

57) Beinhocker, Eric, 앞의 책 참조.

장함으로써 다양한 분야의 정치 및 경제 활동에 누구나 참여할 기회와 인센티브를 부여한다. 이를 통해 경제시스템 내 개별 주체의 다양성과 전문성을 높일 수 있으며, 이는 곧 진화의 잠재력, 즉 진화를 위한 차별화 공간의 확대 효과를 가져온다. 또한 민주주의는 법치주의에 의거해 국민 또는 경제주체 사이의 공정한 상호작용을 보장함으로써 사회 내 여러 경제주체 간 경쟁/협력을 증진하고 다양한 의사의 수렴과 새로운 질서의 창출(혁신)을 촉진한다. 시장경제체제 또한 사유재산권, 경제 활동의 자유, 그리고 평등한 참여 기회의 보장을 통해 경제주체에게 차별 없는 인센티브를 보편적으로 제공함으로써 참여 의지와 혁신 노력을 부추긴다. 법률 등과 같은 객관적 규칙을 통해 거래의 비용과 불확실성을 최소화함으로써 거래를 활성화하고 사회 내 분업과 전문화를 촉진한다. 공정한 경쟁을 촉진함으로써 기업 등 생산자의 상품 차별화 및 생산(복제) 효율화를 유인하고 소비자의 선호를 최소의 비용으로 충족하는 제품 및 기업을 선별한다. 사회 구성원들의 신뢰와 협력을 유도하고, 특히 기업 등 각종 조직의 형성을 촉진한다. 이에 따라 각 경제주체의 차별화 활동 증진 및 복제의 효율성 향상, 사회 내 다수의 필요에 기반한 선택이 달성된다.

결론적으로 민주주의와 자본주의는 모든 사회 구성원의 정치적 자유와 평등한 사회적 참여, 즉 보편적 인센티브 부여를 통해 한 사회가 가진 자본과 노동 등의 생산요소를 최대한으로 동원하는 한편, 강한 상호주의 원칙에 기반해 사회 또는 경제시스템 내 경쟁/협력을 촉진함으로써 기술혁신 및 생산성을 향상하고 경제 시스템의 진화를 촉진하는 데 가장 효과적인 제도라고 할 수 있다.

한편 민주주의와 시장경제체제(자본주의)가 불가분의 관계인 것에서 드러나듯이 징치제도와 경제제도는 서로 밀접하게 연관되어 있으며 따라서 공진화한다. 자유와 평등의 민주주의 가치는 자본주의에서도 그대로 수용, 존중되고 있으며, 양 제도 모두 구성원 간 경쟁/협력을 최대한 이끌어내기 위해 노력하고 있다. 또한 효율적 경제제도를 유지하기 위해서는 포용적 정치제도가 필요하다. 왜냐하면 다원적 사회계층 간 연합과 견제로 이루어진 포용적 정치제도만이 사회 내 다수 구성원의 이익이 적절히 반영되는 인센티브 구조, 즉 포용적 경제제도를 수립해 다수 경제주체에게 효과적으로 동기를 부여하고 최대한의 능력을 발휘하도록 이끌기 때문이다. 한편 포용적 경제제도는 사회 내 자원 배분과 이를 바탕으로 한 정치적 협상력의 배분을 공정하게 함으로써 역으로 정치제도가 포용적으로 유지되게 이끌기도 한다. 특정 시점의 실질적인 정치권력의 분배는 상당 부분 사회 내 자원 배분에 영향을 받고 이 자원 배분은 경제제도의 영향을 받으며, 경제제 도는 정치제도에 의해 결정되므로 경제제도와 정치제도는 서로 영향을 주고받는 다.[58] 쉽게 말해 경제제도는 정치권력이 결정하지만 정치권력은 경제력에서 나 옴에 따라 경제적 힘이 있는 계층이 정치권력 또는 정치제도를 지배한다. 따라서 정치제도와 경제제도는 서로 불가분리의 관계 속에서 공진화하는 것이다. 문화 역시 정치·경제제도와 밀접하게 연결되어 있다. 민주주의와 자본주의는 스스로에 적합한 문화를 가지고 있으며, 적합한 문화의 뒷받침 없이는 적절히 작동할 수 없다.

(3) 문화

복잡계경제학 등은 경제시스템의 발전에 문화가 중요함을 강조해 왔으며, 주 류 경제학에서도 신제도주의학파 등이 이에 대해 활발히 연구하고 있다. 문화의 유 효성은 대체로 정치체제 및 경제체제와 연관되어 있는 것으로 보인다.

바인하커에 따르면 문화 관련 ST는 개인 행동, 협력, 혁신, 미래의 네 가지 차 원의 규칙(또는 가치관, 신념 등을 포함한 사회적 규칙의 체계를 의미)으로 나눌 수 있다.[59] 경제와 같은 복잡적응 시스템에서는 개별 주체의 행동 규칙과 선호(취향)가 양의 피드백을 통해 시스템 전체의 거시적 성과에 매우 크고 또 예상치 못한 영향을 미 친다. 따라서 개인의 취향, 문화적 규범 등과 같은 미시적 행위 규칙이 거시경제적 문제의 근원인 경우가 많다. 특히 문화는 개인들이 준수하는 미시적 규칙들의 결 과로 나타나는 창발적 현상으로서 조직의 성과나 국가의 성과 결정에 매우 중요한 역할을 한다.

어떤 문화 내지 사회 규범이 경제발전을 보다 잘 뒷받침하는지와 관련하여 다양한 주장이 제기되고 있는데, 경제시스템의 진화에 친화적인 문화를 살펴보면 다음과 같다. 우선 개인 행동의 범주에서는 개인의 주체성과 책임성 및 근면을 강 조하는 노동 윤리, 낙관주의, 내세주의 및 현실주의 간 균형 등을 강조하는 문화가

---

58) Acemoglu, Daron 외(2012), 앞의 책, <제11장> 참조.
59) Beinhocker, Eric, 앞의 책, pp. 672~673 참고.

진화에 친화적이다. 즉, 자신이 인생의 주역이며 신(운명)이나 통치자의 뜻에 얽매이지 않고 자기의 일은 자기가 책임진다는 신념, 열심히 일하고 도덕적인 삶을 살면 내세뿐 아니라 현세에서도 반드시 복을 받는다는 세계관이 도움이 된다. 단순한 운명주의는 개인의 성취 동기를 훼손하는바, 내세주의와 더불어 현재 상황을 정확하게 인식하는 현실주의를 균형 있게 고려하는 문화가 진화에 친화적이다. 예를 들면 프로테스탄티즘, 유교 문화나 자본주의적 세속 윤리가 이러한 특성이 강하다.

둘째로, 협력의 범주에서는 사회적 협력의 긍정적 시너지에 대한 믿음과 강력한 상호주의 규범의 정립이 중요하다. 여기서 중요한 것은 사회적 상호작용과 생산 활동 등이 제로섬 게임이 아니라는 것, 즉 사회 또는 조직 구성원 간에 협력하면 시너지가 창출되고 보상이 따른다고 믿는 것이다. 구성원 간 상호작용의 시너지 효과를 부인하고 부의 파이가 고정되어 있다고 믿는 사회는 구성원 간 협력을 이끌어내기 어렵고 상호 신뢰도도 낮은 경향이 있다.

또한 서로 모르는 사람끼리 원활히 협력하려면 정부와 법률 등 사회조직과 제도를 신뢰하는 등 사회 구성원 간의 비인격적 신뢰(non-personal trust)가 정착되어 있어야 한다. 특정 지역 내에서 혈연으로 형성된 전통 농경사회에서는 좁은 범위의 인격적 신뢰에 의존한 협력만으로도 생산의 시너지를 얻는 데 충분하였다. 그러나 시장과 기업 중심의 현대 산업사회에서는 광범위한 지역에 흩어져 있는 다수의 구성원들이 협력해야 하므로 비인격적 신뢰에 기반한 협력이 불가피하다. 흔히 이를 사회적 자본이라고 하는데, 특히 지식경제에서는 지적·정신적 협력이 원활히 이루어져야 하기 때문에 사회적 자본이 사회 전반에 충분히 축적되어 있어야 한다. 아울러 사회 전반에 걸쳐 관용과 타협, 공정성을 중시하는 규범을 정착하는 것도 중요하다. 구성원 각자가 서로의 인격과 개성, 이익을 존중하고 객관적이고 공정한 규칙, 절차를 준수하여야 한다. 이러한 조건들이 갖추어졌을 때 공정한 거래 및 성과 분배 규칙에 따라 다양한 거래가 촉진되고 기업 등 협력체의 설립 그리고 투자가 활발해진다. 다만 관용과 공정성이 조화되는 것도 중요한바, 이를 위해서는 무임승차 행위, 규칙 위반 및 배반 행위를 응징하는 규범도 잘 정립되어 있어야 한다.

셋째로, 혁신과 관련된 규범으로서는 현상을 합리적, 과학적으로 분석하고 상이한 이론과 차이를 관용하는 태도가 중요하다. 과학적 추론과 실험 등에 바탕한 합리주의 내지 실용주의 사고가 혁신에 유리하다. 정통성을 중시하여 변화나 차이를 경시하거나 다양한 가치와 사고방식을 수용하지 못하면 새로운 아이디어나 상품이 창출되기 어려워진다. 이데올로기나 이론적 보편타당성에 치우쳐 현실적 적합성을 경시하는 것도 새롭고 다양한 아이디어의 창출과 진화를 저해한다. 또한 과도한 평등주의는 성과의 차이를 용납하지 못하게 하여 기업가의 위험 부담에 바탕한 새로운 사업 추진 의욕을 감소시킬 수 있다. 다양한 아이디어와 기술, 상품 사이의 경쟁을 용인하고 성과를 높이 사는 실용주의 문화가 진화에 도움이 된다.

마지막으로, 사회 구성원들의 시간에 대한 시각도 중요하다. 경제주체가 과거에 매달리거나 오늘에 집착하기보다는 미래를 긍정하면서 장기적 시계를 가져야 진화에 유리하다. 미래에 대한 낙관에 기초하여 단기적 희생을 감수하고 미래를 위해 저축하고 투자하는 태도가 발전 가능성을 높인다. 오늘보다는 내일을 위해 투자하는 문화에서는 노동을 중히 여기고, 세대 간 저축률이 높으며, 장기적인 이득을 위해 단기적인 쾌락을 희생할 줄 알 뿐 아니라 서로 활발하게 협력한다.

요약하면 자주적이고 열심히 일하며, 서로 믿고 협력하며, 변화를 적절히 수용하고, 미래 지향적인 문화를 가진 사회가 진화에 유리하다.

3) 사업계획(BD)

사업계획(BD)은 특정 상품을 생산하는 하나의 독립된 사업 단위, 즉 사업체라고 할 수 있다. 이는 기업에서는 사업부라고 흔히 불리는바, 기업의 경우 여러 가지 상품을 생산하는 사업부서를 가질 수 있고 또한 지역별, 국가별로 여러 개의 독립된 사업부서를 가질 수도 있다는 점에서 BD와 기업은 다르다. 바인하커는 BD를 "사업(이윤을 획득하기 위해 물질, 에너지, 정보를 하나의 상태에서 다른 상태로 전환하는 개인 혹은 다수가 조직화된 집단)의 성공을 위해 개별 단위의 PT와 ST가 결합된 모듈들이 전략적으로 조합된 것"으로 보았다.[60] 모듈은 PT와 ST의 결합으로 이루어진 BD의 구성 요소 내지 부분 계획으로서, 다수의 BD들 중 특정 BD를 선택하는 근거가 되는 부분이다. 전략이란 주어진 조건하에서 더 많은 이익을 거두기 위해 모듈

---

60) Beinhocker, Eric, 앞의 책 참조.

들을 어떻게 결합하는 것이 좋을지에 대한 가설로서, 모듈들을 결합시키는 접착제라고 할 수 있다.

현대 경제에서 BD는 주로 기업에 의한 재화나 서비스의 생산, 판매로 구체화되는데 실제 BD의 내용은 시장 환경, 전략, 제품 및 서비스, 운영, 마케팅과 판매, 조직 등으로 구성되어 있다. BD는 PT, ST를 인간과 사회의 필요에 따라 융합하여 상품을 생산하는 진화 인자로서, PT와 ST라는 도식을 상품이라는 경제적 현실로 바꾸어주는 것이다. 기업은 BD를 창출하는 가장 중요한 주체로서 가능한 PT, ST별 디자인을 두루 탐색하고, 소비자 선호 적합도 검증 등을 통해 사업 목적에 적합한 디자인을 찾아내(선택) 증식(복제)하는 한편, 부합하지 않은 디자인은 도태시킨다.

BD는 특성에 따라 여러 가지로 분류할 수 있다. PT의 특성에 따라 농업, 제조업, 서비스업 등으로, 또 적용 영역에 따라 신제품기술 기반, 신공정기술 기반으로 구분할 수 있다. BD의 상품화 시 활용하는 조직의 규모에 따라 중소기업 기반, 대기업 기반으로 구분할 수도 있다. 이 밖에 BD 창출 시 주로 활용하는 진화알고리즘의 특성에 따라 모방(복제) 중심이냐, 차별화(창조) 중심이냐로 구분할 수도 있다. 이러한 특성들에 따라 BD의 성공 여부 예측 가능성이 달라진다. 즉, 복제 중심의 BD는 이미 상품화 가능성이 검증되었으므로 예측 가능성이 높다. 반면 차별화 기반 BD는 상품으로 구현되어야 하며 시장의 검증도 거쳐야 하므로 예측 가능성이 낮다. 또한 새로운 공정기술에 기반해 종전과 비슷한 상품을 생산하는 경우보다는 새로운 제품기술로 종전에 없던 상품을 생산하는 경우 BD의 예측 가능성이 낮아진다.

BD는 진화 과정에서 세 단계 진화알고리즘이 가장 분명하게 적용되는데, 이하에서 이를 각 단계별로 살펴보자.[61]

우선 BD 공간에서 차별화는 사업가가 연역적 추론을 통해 다양한 대안을 만들어 소비자 등이 선택할 수 있는 여지를 제공해주고, 시장 등에서 이들을 실험하는 과정이다. 따라서 성공적 BD의 탐색은 사업가의 연역적 추론에 기반한 기획보다는 예측하기 힘든 소비자의 선호 또는 사회적·경제적 상황에 좌우될 수 있다.

---

61) Beinhocker, Eric, 앞의 책 참조.

그렇기 때문에 BD의 수정 또는 혁신 과정은 PT보다는 ST에 더 가까우며, 과학보다는 기예(art)에 가깝다. 한편 BD의 혁신에는 기업가뿐 아니라 중간관리자도 참가한다. 기업가가 주로 새로운 PT나 ST를 가미하거나 BD 모듈들을 새로운 방법으로 결합해 새로운 BD를 도출하는 반면, 중간관리자는 주로 자기가 맡은 사업 활동의 일부분을 합리적으로 기획하고 새로운 활동 방법을 시도해 개선한다.

두 번째, 선택 과정은 기업 등이 제공한 다수의 BD들 중에서 사회적으로 적합한 것을 선별하는 과정이다. 선택 방법에는 역사적으로 통치자(전제 왕정 체제 또는 계획경제체제)와 시장(시장경제체제)이 있다. 통치자가 BD를 선별하는 경제시스템의 적합도함수는 사회 전체의 경제적 부의 증진보다는 통치자의 부와 권력을 극대화하는 방향으로 편향되어 있다. 그러나 시장경제체제에서는 통치자가 아니라 대중의 선호가 BD의 선택에서 가장 중요한 역할을 한다. 여기서 BD의 사회적 선택 과정은 기업과 시장의 두 단계로 구성되어 있다. 대부분의 의사결정은 계층 조직, 특히 기업에 의해 이루어지는데, 기업들은 다양한 BD의 도출 및 시험을 통해 BD를 차별화한 후 이를 시장에 선보인다. 다음으로 시장에서는 여러 기업이 제공하는 다수의 BD 중에서 대중의 선호에 가장 적합한 것을 선택하는 과정이 진행된다. 즉, 시장은 사회 구성원의 광범위한 수요를 반영하는 적합도함수인바 기업들이 제공한 여러 BD 중에서 가장 적합한 BD를 선정하여 자원을 몰아준다. 그 결과 시장의 선택을 받은 BD는 더욱 번성하고 그렇지 못한 BD는 도태되는 시장의 선별 기능이 수행된다.

생물의 진화에서 증식(복제)은 세포분열이나 짝짓기에 의해 일어난다. 하지만 경제시스템에서는 성공적인 BD의 모듈이 복제되기보다는 증폭되는 형태, 즉 특정 BD의 규모 및 투입 자원량이 최초 창안 기업에서 더 커지는 방식으로 많이 나타난다. 물론 여타 경쟁 기업이 해당 BD의 모듈을 모방하기도 한다. 결과적으로 성공적인 모듈은 보다 많은 자원의 유치로 보상받는다. 보상은 우선 선택된 BD가 조직 내부에서 더 많은 사람과 자원을 분배받아 실행되는 단계, 다음으로 동 BD의 모듈이 시장에서 인정받아 고객과 자본시장으로부터 더 많은 자원을 제공받는 단계로 이루어진다.

위와 같은 BD의 진화는 매우 동태적인 과정으로서 환경 변화 등과 더불어 수시로 승자(적자)가 바뀐다. 그래서 경제의 진화 과정은 끊임없이 계속되면서 새로운 모듈들이 부침하고 시장 수요에 맞게 진화한다. 시장은 시장 참여자들의 광범위한 수요를 반영하는 분산 정보처리 시스템으로서 적합도함수와 선택 과정을 제공하고 다수의 참여자들이 선택한 BD로 자원을 몰아준다. 역사적으로 자유로운 시장은 탁월한 혁신 제조기였으며, 현대 산업사회의 대다수 PT와 ST의 혁신은 시장경제의 산물이다. 다만 시장경제체제도 오작동하거나 부작동할 수 있다. 시장메커니즘은 사유재산권 보장과 공정하고 경쟁적인 거래 질서 등의 조건을 필요로 하며, 정부의 개입이 없을 경우 독과점, 거시적 불안정, 소득 격차와 같은 여러 가지 문제를 유발하기도 한다.

시장이 유능한 진화 기계이자 탁월한 혁신 메커니즘인 반면, 핵심 플레이어인 기업은 대부분의 경우 그렇지 않다. 기업은 인간의 단점과 편견을 지닌 기업가가 좌우한다. 무엇보다 기업은 현실에서 시장이 가지고 있는 다양한 BD를 결코 갖지 못하며 실제 시장의 선택 압력을 완벽하게 반영하지 못한다. 성공적인 BD를 확장하는 데 필요한 자본을 조달하는 데도 한계가 크다. 이는 미국 기업들의 사례에서도 잘 드러나는데, 수십 년 동안 탁월한 성과를 유지하는 기업은 매우 드물었다.[62] 시장에서는 막대한 양의 혁신과 변화가 일어나는 반면 개별 기업의 수준에서는 변화가 훨씬 적다. 결과적으로 시장경제체제의 발전은 개별 기업의 적응에 의해서라기보다는 기업들의 시장 진입과 퇴출에 의해서 주로 일어난다.[63] 이로 볼 때 다수의 기업들이 끊임없이 시장에 진입함으로써 시장메커니즘이 원활하게 작동하도록 하는 것이 경제시스템이 진화하는 데 가장 중요한 요건이다.

한편 경제의 진화는 세 가지 진화 인자(PT, ST, BD)의 합동적인 진화의 산물로서 이들은 별개로 진화하기도 하지만 서로 긴밀하게 연계되어 함께 진화한다.

다. 경제시스템의 진화알고리즘 작동 과정

경제시스템의 진화알고리즘이 작동하는 과정, 즉 진화 과정을 구체적으로 살

---

62) ≪포브스≫지에 따르면 1917년 미국의 100대 기업 중 21개 기업만이 1987년까지 남아 있었으며, 시티뱅크 등 단 18개 기업만이 우량 기업 집단에 속해 있었다.

63) Hannan, M. T. et al.(1989), ≪Organization Ecology≫, Harvard University Press.; Hannan, M. T. et al.(1992), ≪Dynamics of organizational populations: Density, legitimation, and competition≫, Oxford University Press 참조.

펴보자. PT, ST, BD 등의 개별 진화 인자는 그 자체로 진화하기도 하지만, 주로 상품, 정책, 제도 속에 구현되어 차별화－선택－증식(복제)의 과정을 거치면서 진화한다.

우선 차별화는 개인, 기업, 정부 또는 여타 조직(연구소, 대학 등)이 연구개발 등을 통해 기존 진화 인자(또는 이의 구현물인 상품, 정책)를 개선하거나 새로운 진화 인자를 창출하는 과정이다. 이 과정에서는 인간의 욕구와 새로운 기술 등에 대한 이해를 바탕으로 여러 가지 선택지(대안)를 충분히 마련(idea generation)함으로써 더 큰 이득을 얻거나 미래의 불확실한 경제 환경 변화에 효과적으로 대응할 가능성을 높이는 것이 과제이다. 따라서 대안의 다양성 증진이 가장 중요한 목표라고 할 수 있다. 개인이나 조직은 독자적으로 또는 여타 개인이나 조직과의 협력을 통해 새로운 진화 인자(상품)를 창출한다. 진화 인자와 상품이 매우 복합화하고 전문화한 현대 경제에서 차별화 과정은 한 개인보다는 다수 개인들의 협력에 의해 이루어지거나, 기업, 연구소 등의 조직 또는 이들의 협력에 의해 주로 수행된다. 특히 기업은 경제적 이득을 목적으로 다수 구성원이 협력하는 조직으로서 전문화된 특정 분야에서 진화 인자(또는 상품)의 차별화에 매우 중요한 역할을 한다.

차별화는 다양한 대안의 창출을 목표로 하기 때문에 이 과정에서는 다양한 관점 및 지식, 기술이 요구된다. 그러므로 다양한 분야의 전문지식과 독자적 관점을 가진 주체 내지 전문가 사이의 지적 협력이 중요한 역할을 한다. 지적 협력은 육체노동에 기반한 협력과 달리 심리 상태에 큰 영향을 받는다. 따라서 강제적 동원이나 관리가 불가능하거나 비효율적이며, 그보다는 자발적인 동의와 신뢰가 기반이 되어야 한다. 또한 차별화는 다수의 참가자와 이들 간의 자율적 소통, 협력을 통해 원활하게 이루어질 수 있다. 따라서 차별화와 관련된 연구개발 등의 조직은 구성원들이 서로 신뢰하고 자발적으로 소통, 협력할 수 있도록 수평적으로 조직되는 것이 바람직하다. 분권적이고 수평적인 지배구조와 조직 문화를 가진 조직이 집권적이고 수직적인 지배구조와 조직 문화를 가진 조직보다 차별화에 더 효과적인 것이다.

선택은 개인, 기업이나 정당이 제시한 여러 진화 인자와 상품, 정책들 중에서 소비자나 사회 구성원들의 선호와 욕구에 적합한 대안이 선별(idea screening)되는 과정이다. 선택은 주로 시장이나 선거 등에서의 경쟁을 거쳐 이루어진다. 세계시

장이나 자연 환경 등 여타 경제 환경도 선택에 영향을 미친다. 개인이나 기업 등
은 다양한 상품이나 진화 인자를 창출하여 시장에서, 정당은 다양한 정책을 창출
하여 선거에서 각각 다수 소비자(수요자)나 유권자의 선택을 받기 위해 서로 경쟁
한다. 이처럼 선택의 주체가 생산자와 무관한 개별 소비자 또는 사회집단이기 때
문에 선택 과정에서는 의사결정 권한이 분산되어 있다. 경쟁에 참가하는 소비자는
서로 대등한 관계이며 생산자의 경우도 마찬가지이다. 한편 수많은 대안이 경쟁하
여 가장 적합한 대안이 선별되는 선택 과정에서는 진화 인자 및 상품, 정책의 소
비자 선호 또는 환경 적합성이 매우 중요하며, 이를 통해 진화 인자가 수요자 욕
구(또는 소비자 후생)를 더욱 잘 충족하게 되고 결국 경제의 효율성이 향상된다. 또한
상호작용의 형태에 있어, 선택 과정에서는 여러 진화 인자나 상품 간 그리고 다수
경제주체 간의 경쟁이 중요한 역할을 한다. 이러한 경쟁에서는 개별 수요자에게
의사결정권이 분산되어 있으며 각 수요자 간의 관계는 수평적이다.

증식(복제) 과정은 경쟁을 거쳐 선택된 진화 인자(즉, 적자 진화 인자) 및 상품, 정
책을 이를 창출한 개인이나 기업, 정당 등의 조직이 확대 재생산하는 과정이다. 물
론 다른 경쟁 기업 등이 적자 진화 인자를 모방해서 재생산할 수도 있다. 증식을
통해 우수한 진화 인자가 경제시스템 내에 확산되고, 그만큼 경제시스템의 효율과
경제주체의 복지가 향상된다. 증식 과정에서는 최소의 비용으로 더 많은 진화 인
자를 복제하는 증식의 효율성이 가장 중시되며, 이를 위해 생산요소의 조화로운
투입과 관련 주체 간 협력이 중요하다. 따라서 증식을 담당하는 조직은 수직적 지
배구조를 가질 가능성이 상대적으로 높다. 특히 현대 제조업 또는 대기업은 길고
복잡한 생산 공정과 엄격한 품질관리가 필요한 제품을 생산하는 경우가 많아 증식
과정의 정교한 관리, 통제가 필요하고 이에 따라 수직적 지배구조를 갖출 필요성
이 높다. 물론 이 경우에는 생산 담당자끼리 긴밀한 협력이 필요하다.

한편 대부분의 물리적 상품을 생산하는 데는 자원과 에너지가 필요하기 때문
에 증식에 상당한 비용이 소요된다. 반면 새로운 지식은 미지의 세계를 탐구하여
창출되기 때문에 최초의 창출에는 큰 비용과 시간이 소요되지만, 증식(재생산)을 위
한 물적 자원 및 생산요소의 소요량은 매우 적다. 이 때문에 정보통신업, 제약업
등 지식산업에서는 상품 증식의 효율성이 아주 높고 수확 체증성이 매우 강하게
나타난다. 따라서 지식경제에서는 선발자의 독점 가능성이 높고, 경쟁메커니즘이

적절히 기능하기 어려운 측면이 있다.

표 I-3		진화알고리즘의 단계별 특징	

	차별화	선택	증식
목표(추구 가치)	다양성(전문성, 독립성)	적합성(수요·환경 적합성)	효율성(규모·범위의 경제)
참여 단위(주체)	개인, 조직	개인, 사회	개인, 조직
주된 상호 관계	수평적(조직화)	수평적(분산)	수직적(조직화)
주된 상호작용	협력	경쟁	협력

라. 경제시스템의 진화 적합성

경제시스템이 효과적으로 진화하기 위해서는 진화 인자가 차별화─선택─증식의 진화 과정을 원활히 전개할 수 있어야 한다. 무릇 시스템은 그 구성 원리에 적합하게 조직되었을 때 원활하게 작동한다. 그러므로 진화 메커니즘과 시스템의 원리를 결합해 특정 경제시스템의 진화 적합도를 평가할 수 있다. 즉, 경제시스템의 구성 요소(독립적 개체로서의 자율성과 여타 시스템 구성 요소와의 상호 의존성을 아울러 보유)인 경제주체들이 스스로 높은 진화 잠재력을 갖추는 한편 시스템 내 타 부분들과 활발하게 상호작용하면서 경제 환경에 걸맞고 경제적 잠재력이 큰 진화 인자를 시의적절하게 창출하여, 사회 구성원의 욕구[64]를 더욱 잘 충족할 수 있는 경제시스템이 진화 적합성이 높다.

이와는 별도로 모든 시스템의 진화는 기존의 시스템을 주어진 조건으로 삼아 새로운 환경에 적응해나갈 수밖에 없다. 따라서 진화의 경로는 기존 시스템의 특성, 즉 기초 조건에 영향을 받는데, 이를 진화의 경로 의존성이라고 한다.

경제시스템의 진화 적합성을 구체적으로 알아보자.

---

64) 매슬로 등에 따르면 인간의 욕구는 생존·관계·성장 욕구로 나눌 수 있는데, 경제적 측면에서는 상품의 소비를 통한 생존 욕구의 충족이 주된 요소이다. 그러나 인간은 다른 사람과 교류하고자 하는 관계 욕구를 가지고 있어, 이것이 상품에 대한 선호를 기호품으로 확산하고, 사회적 상호작용의 규칙도 강한 상호주의를 중시하는 방향으로 바꾸도록 요구한다.(자세한 내용은 <보론 I-1 인간의 욕구와 사회> 참조)

1) 시스템의 포용성과 개방성(환경 정합성)

경제시스템이 존속하고 진화하기 위해서는 우선 그 존립 기반인 환경과 조화될 수 있도록 적절히 개방되어 있어야 한다. 이를 통해 시스템이 환경과 정합한 상태를 유지하고 나아가 환경이 가진 정보(지식), 물질, 에너지를 시스템 안으로 원활하게 유입할 수 있다. 또한 내부적으로는 시스템의 포용성이 높아야 한다. 이를 통해 시스템 내 각 구성 주체에게 적합한 인센티브65)를 제공함으로써 다수의 참여를 이끌어내어 시스템의 잠재 에너지를 최대한 활성화할 수 있다. 요컨대 경제시스템은 충분히 개방적이어서 환경이 제공하는 기회를 최대한 활용하고 환경이 부과하는 제약에 민감하게 대응하는 동시에, 충분히 포용적이어서 구성원의 욕구를 효율적으로 충족할 수 있어야 한다. 그런 후에야 비로소 외부 자원의 유입과 내부 자원의 동원을 극대화하여 시스템이 효과적으로 진화할 수 있다. 이는 노스의 표현을 빌리면 경제시스템이 '적응적 효율성'66)을 갖추었을 때, 즉 외부 환경 변화와 내부 경제주체들의 욕구 변화를 정확히 파악해 이에 걸맞게 효과적으로 조정되었을 때 적절히 진화할 수 있음을 뜻한다.

예를 들어 한국경제시스템의 경우 1960년대 이후 개방성을 꾸준히 높여 진화 잠재력을 향상해왔다. 1960년대 이후 국내 상품과 생산요소의 해외 시장 진출을 확대하는 한편 1980년대부터는 국내 상품 시장과 생산요소 시장의 대외 개방을 확대하였다. 이를 통해 외국의 새로운 기술과 상품에 대한 이해를 높이고 국내시장경쟁을 촉진함으로써 한국경제시스템의 진화를 촉진할 수 있었다. 또한 민주주의와 시장경제체제의 도입으로 경제시스템의 포용성을 높임으로써 각 경제주체의 적극적 경제활동 참여와 활발한 경쟁/협력을 이끌어내어 새로운 진화 인자를 효과적으로 창출하고 한국경제시스템의 진화를 촉진할 수 있었다.

---

65) 인센티브는 인간의 욕구를 충족시켜주는 것들로 구성된다. 주로 생존 욕구(물질적 편의, 보호적 안전), 관계 욕구(정치적 자유, 사회적 참여, 투명성)를 충족시켜줄 수 있는 물질(부), 권력(지위), 후손 증식(배우자) 등이 이에 해당한다.

66) 주어진 충격에 대하여 유연하게 조정해가며, 변화된 '현실'을 효율적으로 다루어나갈 제도를 발전시킬 수 있는 한 사회의 능력, 다시 말하면 의도한 바로부터 벗어난 결과가 나왔을 때 그것을 순발력 있게 수정할 수 있는 능력을 말한다. North, Douglass C.(2007), 앞의 책, 용어 해설 p. xii 인용.

2) 구성 요소의 진화 잠재력

경제시스템 구성 요소의 역량은 두말할 필요 없이 시스템의 가장 기본적인 잠재력이며 따라서 시스템의 진화 적합성에 큰 영향을 미친다. 구성 요소의 진화 잠재력은 우리가 흔히 말하는 개인과 기업의 경제적 역량인바, 경제시스템이 이의 향상을 최대한 유도할 수 있을 때 진화 적합성이 높다고 할 수 있다.

이를 위해 경제시스템은 무엇보다 개인과 기업 등의 각 경제주체에게 적절한 인센티브를 부여하여 경제적 역량을 향상하는 데 노력하도록 이끌어야 한다. 이러한 측면에서 볼 때, 민주주의와 시장경제체제는 보편적 인센티브의 제공, 강한 상호주의 원칙에 기반한 상호작용 등을 보장하며, 따라서 진화 적합성이 높은 ST라고 할 수 있다.

한편 인간의 제한적 합리성, 사회의 시스템적 속성 등으로 개인적 차원의 노력만으로는 구성 요소의 진화 잠재력을 충분히 높이기 어려운 경우가 많기 때문에 사회와 정부가 나서서 이를 지원해야 한다. 각급 학교별 학생은 물론 기업 경영자, 노동자, 각 분야별 전문가 등에 대한 교육과 훈련을 강화하여 이들의 전문지식 및 기술개발 능력을 높이고 개인의 개성, 자율성을 기르는 교육을 실시하여 사회 내 다양성을 증진하는 것이 바람직하다. 개인뿐 아니라 경제시스템과 시스템 내 제 조직의 진화 잠재력을 높이는 것도 중요하다. 각 조직의 전문성과 다양성을 높이는 동시에 개별 조직 구성원들이 보유한 다양한 지식을 효과적으로 결합할 수 있도록 경제시스템 자체를 다원적으로 구성하고 기업, 정부 등 경제시스템 내 제 조직을 분권화할 필요가 있다. 또한 기업, 협동조합, 노동조합 등의 설립을 늘려 경제시스템의 구성을 다원화하고 조직의 분권화를 통해 각 구성원의 자율성을 높이는 것도 경제시스템의 다양성을 향상한다.

개인과 조직의 진화 잠재력 향상을 통해 개인과 개별 조직 나아가 경제시스템의 차별화 공간을 확대할 수 있다. 생물의 진화 잠재력이 유전자의 다양성에 의해 결정되는 것처럼 경제시스템의 진화 잠재력도 개인이나 조직이 가진 지식, 관점의 다양성과 전문성에 좌우된다고 할 수 있다.

다음으로 경제시스템이 진화 잠재력이 큰 진화 인자를 가급적 늘릴 수 있도록 구성되어야 한다. 진화 인자는 종류별로 진화 잠재력이 다를 수 있다. PT와

BD를 예로 들면 농업 PT와 BD는 생산 과정에서 자연에 대한 의존도가 높아 인간의 지식과 기술을 투입할 여지가 상대적으로 적고 진화 잠재력이 크지 않은 경우가 일반적이다. 반면 제조업 PT와 BD는 자연 자원에 대한 의존도가 낮고 대신 인간의 지식과 기술에 많이 의존하기 때문에 진화 잠재력이 상대적으로 크다. 특히 지식산업 PT와 BD는 자연 자원에 대한 의존도는 매우 낮은 대신 인간의 지식과 기술에 크게 의존하므로 진화 잠재력이 매우 크다. 예를 들어 한국경제시스템은 발전연대 초기 농업에서 제조업으로 이행함으로써 진화 잠재력이 큰 PT와 BD를 채용하였고, 이를 통해 급속한 생산성 향상과 경제시스템의 진화를 이룩할 수 있었다.

ST도 종류에 따라 진화 잠재력이 상이하다. 정치, 경제, 문화 분야별로 두 가지 대립되는 ST가 병존하는데, 대체로 포용적인 ST 집단, 즉 민주주의 정치체제, 시장경제체제, 수평적 문화가 배제적인 ST 집단(독재정치체제, 계획경제체제, 수직적 문화)에 비해 더 많은 경제주체의 참여와 자발적 상호작용을 이끌어내는 데 적합하고, 이에 따라 진화 잠재력이 더 큰 경우가 많다. 한편 새로운 진화 인자의 도입은 필연적으로 관련 당사자들에게 이득과 손해를 끼치기 마련이다. 이러한 경우 사회 전체의 관점에서 보다 유용한 진화 인자를 순조롭게 도입, 정착시킬 수 있어야 하며 이로써 이른바 '파괴적 혁신'을 촉진할 수 있다. 민주주의와 시장경제체제는 다수의 이익 또는 소비자 후생을 가장 잘 반영하는 체제로서 파괴적 혁신이 원활하게 이루어지도록 한다.

3) 구성 요소의 상호작용(관계)

경제시스템이 구성 요소와 진화 인자 사이의 다각적 상호 관계 형성과 이에 바탕한 상호작용을 촉진하는 정도는 그 진화 적합성에 매우 중요한 영향을 미친다. 개별 구성 요소가 가지고 있는 잠재력을 다양한 상호 관계와 상호작용을 통해 조직화함으로써 그 잠재력을 효과적으로 발현할 수 있기 때문이다. 이는 주로 ST와 관련된 문제이다. 한편 경제주체나 진화 인자 간의 상호 관계는 기본적으로 경쟁 관계와 협력 관계로 양분되며 이러한 관계는 다양한 경쟁 장치의 도입 및 협력체의 설립과 같이 제도를 조직함으로써 발전한다.

조직화는 보편적 인센티브 제공, 즉 구성원 최대 다수에게 이익이 되는 방향으로 경제시스템을 구성하여 이들이 보다 많이 참여하도록 유인하는 것이 출발점이다. 강한 상호주의 원칙을 정립하여 구성원 사이의 활발한 상호작용을 이끌어내는 것도 중요하다. 이를 위해 소유권 보호, 공정한 거래 및 성과 분배 규칙 등을 확립하고, 경제 분야의 시장 및 정치 분야의 선거와 같은 경쟁메커니즘이 원활히 작동하도록 보장해야 한다. 한편 기업, 협동조합, 시민단체, 정당, 정부 등 각종 조직체가 활성화되고 효율적으로 운영되도록 힘써야 한다. 이를 구체적으로 살펴보자.

　　우선 경제시스템이 다원적으로 구성되어야 한다. 산업사회의 경제시스템은 다양한 계층으로 구성되어 있다. 크게는 자본가와 노동자로 양분되고, 자본가는 대기업가와 중소기업인, 자영업자 등으로, 노동자는 지식노동자, 육체노동자 또는 정규직 노동자와 비정규직 노동자 등의 다양한 집단으로 구성되어 있다. 소유한 부와 소득 수준에 따라서도 매우 다양한 계층으로 나뉜다. 그리고 이러한 계층들은 대체로 상이한 이해관계와 생각을 갖고 있으며 시너지 창출을 위해 서로 협력하지만, 창출된 시너지의 분배를 둘러싸고 서로 갈등하는 경우가 많다. 따라서 다양한 계층의 경제주체들이 조직 또는 사회의 의사결정에 평등하게 참여하고 책임/이익을 공정하게 나누는 것이 중요하다. 이를 통해 각 사회계층의 의사와 이익이 원만하게 조직되어 사회적 의사결정에 적절하게 반영될 수 있기 때문이다. 이러한 사회구조의 다원화는 민주주의의 기초가 될 뿐 아니라 제 경제주체의 참여와 상호 간 원활한 경쟁/협력을 위한 밑바탕이 된다.

　　다음으로 원활한 조직화를 위해서는 공정하며 객관적인 상호작용 또는 거래 및 성과 분배 규칙이 전제되어야 한다. 현대 국가에서 공정한 규칙의 수립과 운용은 흔히 법치주의 또는 경쟁 질서로 표현된다. 모든 사회 구성원이 '인간의 천부적 존엄성에 기반한 포용적 도덕과 강한 상호주의에 기반한 법률'이라는 사회적 상호작용의 기본 규칙을 동등하게 준수하는 것이 그 시작이다. 또한 상호 관계의 지속과 상호작용의 촉진을 위해서는 시너지 창출이라는 공통의 이익이 창출될 수 있어야 한다. 그런데 인간 사이의 경쟁/협력은 대부분의 경우 시너지를 가져오기 때문에 사회에서 시너지 기회는 사실상 무한하다. 한편 사회와 조직 내 경쟁/협력의 상호작용을 증진하기 위해서는 관련 당사자 간의 원활한 의사소통과 굳건한 상호 신뢰가 밑바탕이다. 소통과 신뢰를 증진하기 위해서는 관련 정보의 공개와 원활한 유통 등 사회 내 투명성이 보장되어야 한다.

셋째, 분권적 조직 및 제도 구성을 통해 전 계층의 구성원이 골고루 자기의 의사를 표현하고 조직의 의사결정에 참여할 수 있게 하는 것도 사회와 조직 내 협력을 증진하는 데 매우 중요하다. 특히 민주 자본주의 체제 속의 현대 사회에서는 각 개인 및 기업 간의 질서와 이들과 정부 간의 질서가 전근대적인 지배·복종·갈등 관계보다는 대등한 경쟁/협력 관계일 때 상호작용이 더 원활해질 수 있다.

정부나 기업 등 개별 조직의 지배구조도 예외가 아니어서, 권위적·집권적 조직 구조와 운영 방식보다는 자율적·분권적 조직 구조와 운영 방식이 조직 구성원 사이의 상호작용과 관계의 증진, 그리고 협력에 유리할 가능성이 크다. 개인의 자유와 평등을 기반으로 하는 관계 욕구 지향의 민주주의에서는 지배/복종 대신 수평적 협력의 질서가 정착되어야 비로소 원활한 사회 및 조직 운영이 가능하다. 또한 시장경제체제 역시 광범위한 다수의 경제주체 또는 조직·사회 구성원 간의 대등한 이익의 상호 교환과 거래에 기반하고 있다. 그러므로 기업 등의 경제 조직이 강한 상호주의를 기본 원칙으로 하여 공정한 성과 배분을 정착하였을 때 구성원 사이의 신뢰 및 자발적 참여와 경쟁/협력이 촉진될 수 있다.

참고로 경제시스템 또는 개별 조직의 구성 요소 간 주된 상호작용인 경쟁과 협력에 대해 좀 더 살펴보자. 경쟁 관계란 동일한 목표 또는 제한된 자원, 재화, 정보 등을 둘 이상의 주체가 동시에 추구하는 상태에서 형성되는 관계이다. 따라서 관련 주체들은 대체 관계에 있고 이해가 서로 충돌하게 된다. 협력 관계는 둘 이상의 주체가 공동의 목표를 달성하기 위해 힘을 모으는 상황에서 형성되는 관계이다. 협력하는 주체 간에 서로 보완하는 관계가 맺어지므로 이해가 서로 합치한다.

시스템 구성 요소 간 경쟁/협력을 촉진하기 위해서는 우선 각 경제주체의 자유가 보장되어야 한다. 자유는 시스템 구성원이 스스로의 목적을 추구할 수 있도록 허용하기 때문에 최선의 인센티브를 제공하며, 따라서 자유에 바탕한 경쟁/협력이 강도와 지속성 면에서 강제에 의한 것보다 우수하다. 민주주의 시장경제는 개인의 자유와 평등을 기본 가치로 삼아 다수 구성원에게 평등한 인센티브를 제공하고 자발적 참여를 부추긴다. 나아가 강한 상호주의에 기반한 공정한 거래 규칙을 제공함으로써 구성원 간의 자발적 경쟁/협력을 이끌어낸다. 한편 지식경제는 인간의 지적 능력과 혁신을 가장 중요한 생산요소이자 경쟁력의 원천으로 삼으며, 자유로운 개인과 기업 간의 지적 협력을 중요한 진화의 동력으로 한다. 그러므로 오늘날 지식경제에서는 자유에 기반한 수평적 경쟁/협력의 질서가 자발적 상호작용을 촉진하고 이를 통한 새로운 질서의 자기조직화와 혁신을 극대화한다.

다음으로 관련 경제주체 사이의 상호 대등한 역량 보유가 경쟁/협력 지속의 기본 전제조건이다. 만약 경쟁/협력 당사자 간에 역량의 격차가 크다면 경쟁/협력을 통한 시너지 창출이 어려워지고 경쟁/협력이 지속되기 어렵다. 그러므로 현대 사회에서는 각 경제주체의 전문성, 창의성 등과 같은 경쟁력이 일정 정도 갖추어지도록 기본적인 자유, 교육, 보건 등이 사회적으로 보장될 필요가 있다. 아울러 협력의 촉진을 위해서는 각 사회 구성원의 협력 역량을 강화하여야 한다. 이를 위해 공교육 과정, 기업 등에서 협력 친화적 태도를 교육하고, 사회와 조직 속에서 협력의 시너지 기회를 간파할 수 있는 능력을 확충하여야 한다. 사회적 신뢰를 높이는 것도 협력 증진을 위해 매우 중요하다. 공정한 거래 규칙, 협력 성과의 공정한 배분 규칙 및 배반자에 대한 징계 체제의 확립, 공공기관 및 기업 등 제 분야의 투명성 제고 등이 신뢰하는 문화가 발전하는 데 필수적인 요소이다. 각 주체의 전문적 능력과 시각의 다양성에 더해 구성원 상호 간 신뢰와 협력적 태도가 어우러졌을 때 사회적 협력이 활성화될 수 있다.(<보론 I-2 경쟁과 협력, 그리고 시장과 기업> 참조)

참고 Ⅰ-2   집단의 지혜를 발휘하느냐, 집단 사고의 덫에 빠지느냐?

　　사회나 조직이 다수의 협력과 경쟁을 통해 소수일 경우보다 나은 대안을 만들어내기 위해서는 몇 가지 조건이 충족되어야 한다. 서로위키(James Surowiecki)는 ≪대중의 지혜(The Wisdom of Crowds)≫[67]에서 대중 또는 조직이 현명한 판단(의사결정)을 내리기 위해 갖추어야 할 조건으로 아래 네 가지를 제시하였다. 즉, ⅰ) 구성원들 각자의 고유한 정보(지식)와 관점에서 나오는 의견의 '다양성', ⅱ) 구성원들이 다른 사람들의 의견에 의존하지 않고 스스로만의 생각을 갖고 판단하는 데서 나오는 의견의 '독립성', ⅲ) 구성원들이 각자의 전문적, 개별적 지식에 의존하여 의사결정할 수 있는 전체(조직) 의사결정 구조, 즉 '분권화 또는 분산화'된 의사결정 구조, ⅳ) 개인의 판단이나 의사결정을 집단적 결정으로 전환시키는 '종합 또는 통합'의 과정 등이다. 달리 말하면 어떤 사회나 조직이 전문적이고 다양한 구성원으로 구성되어 있고 이들이 독립적으로 판단할 수 있게 보장하는 분권적 절차, 그리고 동 판단들을 객관적이고 평등한 절차를 거쳐 통합하는 절차를 가질 경우, 구성원 전체의 지식과 정보가 최선으로 모이고 조정되어 사회 또는 조직 차원에서 최선의 의사결정 또는 대안 마련이 가능하다. 집단의 지혜 또는 대중의 지혜가 발휘되는 것이다. 이러한 의사결정 기제로는 경쟁적 시장과 민주주의적 선거 등이 대표적이다. 시장이나 선거 등이 위의 네 가지 조건에 맞게 작동할 경우 사회와 조직은 '집단의 지혜'를 발휘하여 당면 과제에 대해 최선의 판단을 내리고 사회적 시너지를 극대화할 수 있다.

　　그러나 이러한 조건이 충족되지 못할 경우 대중 또는 조직이 '집단 사고'에 빠지고 군집행동(쏠림 현상)이 나타나면서 대중의 단순성, 폭력성이 커질 수 있다. 예를 들어 구성원들의 다양성과 독립성이 부족할 경우, 즉 구성원들이 동질적이어서 같은 생각을 하거나 다른 구성원의 생각을 무조건적으로 모방할 경우에는 다수의 생각을 모아도 새로운 정보(지식)나 다양한 관점을 제시하지 못하고 창조적 대안을 만들어내지도 못한다. 또한 구성원들이

---

67)　Surowiecki, James(2004), ≪대중의 지혜≫, 홍대운 외(역), 랜덤하우스중앙 참조.

의사결정이나 판단을 내리고 이를 종합하는 절차가 분권적이고 평등한 것이 아니라 집권적이고 수직적일 경우 상위자 의사의 일방적 관철 또는 구성원의 무조건적 모방 등이 발생하기 쉽다. 그러므로 동질적 구성원, 집권적 지배구조가 중심이 되는 사회 또는 조직에서는 대중의 지혜가 발휘되는 것이 아니라 집단 사고의 덫에 빠질 수 있다.

주식 시장이나 부동산 시장에서 나타나는 가격 거품과 뒤이은 파열, 히틀러와 같은 포퓰리스트의 득세 등이 집단 사고의 대표적 사례이다. 자산 가격 거품은 각 시장 참가자가 고유의 정보가 부족한 가운데 탐욕으로 인해 독립적 판단력을 잃고 다른 사람의 의견을 추종하면서, 즉 집단 사고의 함정에 빠지면서 발생한다. 거품의 파열은 각 시장 참가자가 고유의 정보가 부족한 가운데 공포로 인해 독립적 판단력을 잃고 다른 사람의 의견을 무조건적으로 추종하면서 발생한다. 한편 히틀러의 득세는 독일 국민들이 나치당의 선전·선동과 경기 침체에 따른 불만 등으로 인해 국내외 정세와 국가 정책 방향에 대한 독립적 판단력을 잃고 나치당의 주장을 맹목적으로 추종하면서 시작되었다.

집권적 조직의 경우에도 집단의 지혜를 얻어내기가 어렵다. 집권적 조직은 조직 내 다수 구성원의 정보와 지식을 모으기보다는 상위자의 의사와 지식을 일방적으로 반영하고 여타 구성원의 무조건적 추종을 강요한다. 이 때문에 상위자의 지식과 의견이 조직 전체를 지배하며 여타 구성원의 지식과 의견은 무시된다. 구성원 판단의 독립성도 사라진다. 이처럼 조직의 의사결정이 다수 구성원의 지식과 판단보다는 상위자의 그것에 좌우될 경우, 상위자의 지식과 관점이 낡았거나 오류가 있다면 조직 전체의 판단이 잘못될 수 있다. 오늘날처럼 복잡하고 전문성이 높은 지식과 기술이 요구되는 사회나 경제의 경우 상위자 개인의 역량에 주로 의존하는 집권적 조직이 올바른 의사결정을 내리기는 어렵다. 특히 지식경제는 다수 개인의 전문적 지식과 다양한 정보를 원활히 통합하여 새로운 지식 또는 혁신을 끊임없이 창출하는 것을 경제발전과 진화의 원동력으로 삼는다. 따라서 현대 사회 또는 지식경제에서 집권적 의사결정 방식은 적합성이 크게 낮다.

4) 여러 차원의 정합성

경제시스템의 진화는 시스템 구성 요소끼리, 시스템 구성 요소와 시스템 사이에, 그리고 시스템과 환경 사이에 정합성과 상호 보완성이 높을 때 원활하게 이루어진다. 시스템의 여러 차원에서 상호 배척적·모순적인 관계보다는 상호 보완적·정합적인 관계가 형성되어야 하는 것이다. 이를 통해 시스템의 통합성(전체성)과 시너지가 향상될 수 있고 구성 요소와 시스템 간, 시스템과 환경 간의 조화와 공생이 가능함은 물론 공진화가 촉진될 수 있다. 예를 들면 사회가 경제시스템의 환경으로서 기능함을 고려할 때 개인들의 경제적 목적 간에, 사회의 목적과 개인의 목적 간에, 그리고 사회의 목적과 기업의 목적 간에 정합적 관계가 형성되어야 상호 조화가 이루어진다. 개인이 사회의 발전이나 존립에 기여하거나 반대로 사회가 개인의 자유와 행복을 증진한다면 그 사회의 진화가 빨라질 수 있다. 또한 기업 등의 특정 조직이나 집단이 개인과 사회의 목적 달성에 기여한다면 해당 기업과 사회 모두 빠르게 진화할 수 있을 것이다. 반대로 특정 개인이나 기업이 여타 개인과 기업의 자유 행복 그리고 발전을 저해할 경우, 개인과 기업의 발전은 물론 사회의 진화도 지체될 수 있다. 이 밖에 사회시스템과 환경 간의 조화와 상호 보완적 관계 형성도 사회의 진화를 위해 매우 중요하다. 자연을 가꾸고 보존하는 사회는 오래갈 것이다. 특히 현대 문명 사회처럼 환경 영향력이 큰 기술을 가진 사회일수록 자연과의 조화에 유의해야 한다.

경제시스템의 정합성은 시스템의 여러 차원별로 다양하게 요구되는데 시스템의 환경 적합성, 진화 인자의 경제시스템 및 적합도함수 정합성, 진화 인자 사이의 정합성 등 세 가지로 정리할 수 있다. 이하에서는 각 차원별 정합성에 대해 구체적으로 검토하고자 한다. 정합성은 경제시스템이 시스템으로서의 본래 의미를 잘 살려 진화를 촉진하는 데 매우 중요하기 때문에 보다 자세히 알아볼 필요가 있다.

우선 경제시스템이 경제 환경인 적합도함수에 정합하여야 한다. 경제시스템은 보다 개방적일 경우 상위 시스템인 사회시스템 및 생태시스템이 부과(제공)하는 제약(기회)에 더욱 기민하게 대응할 수 있다. 아울러 경제시스템이 포용적이어야 하위 시스템 또는 구성 부분이 수요하는 바를 적절히 충족할 수 있다. 예를 들면 경제시스템은 가급적 자원을 덜 사용하여 자연 환경을 보전하고 사회 구성원들의 물질적 욕구를 효과적으로 충족해주었을 때 정상적으로 기능하면서 진화할 수 있다. 에너지나 광물을 과다 사용하거나, 유해 폐기물 배출로 환경을 해치는 PT는 부존 자원의 제약 등으로 존속할 수 없다. 노예제도나 독재 체제처럼 다수 구성원의 수요를 충족하지 못하는 ST 역시 평등을 지향하는 현대 사회에서는 오래 유지될 수 없다. 그러므로 경제시스템은 개방성과 포용성을 갖출 수 있도록 조직되어야 한다. 특히 적합도함수가 끊임없이 변화하기 때문에 이에 맞추어 경제시스템자체도 끊임없이 변화하여야 포용성을 유지할 수 있다.

다음으로는 진화 인자의 적합도함수 및 경제시스템과의 정합성 문제를 살펴보자. 경제시스템의 목적은 주어진 적합도함수하에서 보다 많은 물질적 편의를 보다효율적으로 생산하는 것이다. 그러므로 PT, ST, BD는 주어진 자원과 환경의 제약속에서 사회 구성원(소비자 등)의 선호에 적합한 재화와 서비스를 가급적 적은 비용으로 생산할 수 있어야 한다. 예를 들면 동일한 생산성을 갖는 두 PT 중에서도 비싼생산요소를 적게 투입하는 PT, 자연 환경을 파괴하지 않는 PT를 선택해야 이윤 극대화, 자연 환경 보전에 정합한 기술 발전이 이루어지고 지속가능할 수 있다. 또한같은 생산성과 자연 환경 친화도를 가진 PT 중에서는 인간의 관계 욕구에 보다 적합한 PT가 선택될 것이다. 결국 경제시스템에서는 경제적 효율성이 높은 PT, ST, BD가 선택된다. 한편 선택된 진화 인자들은 환경 변화에 맞추어 진화한다. 특히경제시스템 내에는 경쟁하는 진화 인자들이 다수인 데다 인간의 개선 욕구가 무한하기 때문에 진화 인자는 끊임없는 경쟁에 노출되어 있다. 수많은 새로운 진화 인자가 만들어지고 이들이 기존의 진화 인자와 경쟁하면서, 인간의 욕구에 보다 부합하고 욕구를 효율적으로 충족하는 진화 인자가 계속 등장한다. 따라서 진화 인자는끊임없이 변화하며, 이를 통해 경제 환경 및 경제시스템에 더욱 정합해진다.

진화 인자 간에도 서로 정합하여야 한다. 우선 PT는 스스로에 정합한 ST를요구한다. PT는 자체의 특성에 따라 예측하기 어려운 방향으로 변화하지만 그럼에도 불구하고 적절한 ST를 필요로 한다. 예를 들면 농업은 주된 생산 단위로서가족 제도와 자급자족적 특성을 갖는 사회라는 ST를 기반으로 한다. 제조업은 기업이라는 생산 주체, 시장메커니즘이라는 상품·자원의 생산·배분 ST를 기반으로한다. 농업에 필요한 사회조직과 가치관, 제조업에 필요한 사회조직과 노동 윤리, 지식산업에 필요한 사회조직과 직업윤리 등은 크게 상이하다. 주요한 기반 기술은 그에 적합한 사회적 기술을 필요로 하며, 양자가 부조화하면 사회 또는 경제에 근본적 불안이나 장기 정체가 발생할 수 있다. 이처럼 PT가 달라지면 ST도 달라져야 하며, 새로운 PT가 수요하는 새로운 제도와 조직이 시의적절하게 개발되어야 경제시스템의 진화가 원활해질 수 있다.

따라서 ST는 적합도함수와 정합함은 물론 PT와도 정합하여야 한다. 우선 ST는 적합도함수의 구성 요소인 자연 환경과 인간의 욕구, 행태 등에 정합할 필요가 있다. 동시에 ST는 PT가 요구하는 제도와 조직을 제공하여야 한다. 예를 들면 시스템 구성원의 관계 욕구가 높을 경우 수직적 조직 구조와 집권적 지배구조는 원활히 기능하지 못하고 효율성이 낮아질 것이다. PT가 전문성과 복합성이 높은 지식집약형 기술일 경우 다양한 전문가의 참여와 상호 협력이 필요하고 이를 달성하기 위해서는 자율적이면서도 상호 신뢰하는 조직이 적합하다.

ST는 정치, 경제, 문화 영역 간에 서로 모순되지 않아야 원활히 작동할 수 있다. 민주주의는 독재 체제와 양립 불가능하며 독점 자본주의와도 상충되는 측면이 많다. 또한 민주적 정치제도와 비민주적 기업 조직, 수직적 문화 역시 상충된다. 만약 정치적으로 자유와 평등에 기반한 민주주의가 정착되어 있는데 경제적으로는 독과점적 산업구조와 집권적 기업 지배구조, 문화적으로는 수직적 가치관이 지배적일 경우 3자 간 모순과 충돌이 불가피하고, 이는 경제시스템과 경제주체들의 혼란과 효율 저하로 이어질 것이다. 후술하겠지만 이행기 한국경제시스템에서 바로 이런 현상이 나타났다.

BD는 그 특성상 주어진 적합도함수와 PT, ST를 반영하여 수립되기 때문에 본래적으로 적합도함수와 여타 진화 인자에 정합적이다. 그렇지 못한 BD는 존속할 수 없는 것이다.

마. 진화의 경로 의존성

진화 공간의 구성 요소들과 별도로 진화알고리즘의 작동 과정에 큰 영향을 미치는 요소로 진화의 경로 의존성이 있다. 생태계에서 진화는 "생명의 나무"[68] 개념에서 보듯이 조상으로부터 물려받은 유전자라는 조건에서 출발하여 변화한

---

68) 장대익(2010), 앞의 책, pp. 24~25 인용.

환경에 보다 적합하게끔 기존의 유전자를 개량하거나 새로운 유전자를 창출하는 과정이다. 따라서 기존의 유전자가 가진 특성이 진화를 시작하는 기초 조건이 된다. 진화된 유전자는 종전의 유전자의 특성을 대부분 물려받는 가운데 일부 새로운 특성을 부가하거나 기능을 개선하는 경우가 많다. 어류, 파충류, 포유류의 특성을 대부분 가진 채 호모사피엔스로 진화한 인간의 진화 과정에서 보듯이 모든 생물은 조상이 가진 유전자의 특성을 내재한 경우가 많다.[69] 이는 진화가 완전히 임의적이지 않으며 경로에 의존하는 특성, 즉 경로 의존성을 가짐을 의미한다.

경제시스템의 진화 과정도 예외가 아니기 때문에 기초 조건을 고려해야 한다. 특히 경제시스템은 역사적·사회적 현실 속에서 작동하기 때문에 과거 진화의 결정체인 기존 진화 인자의 특성과 경제시스템의 구조, 기존 사회 제도와 경제주체의 계층 구조 등에 강하게 구속받을 수밖에 없으며, 이에 따라 경로 의존성이 매우 높을 수 있다.

진화의 경로 의존성을 고려할 경우 경제시스템의 다차원적 정합성과 관련하여 앞에서 설명한 적합도함수에 대한 경제시스템·진화 인자의 정합성, PT에 대한 ST 등의 정합성, ST 간의 정합성 외에도 기초 조건과 새로운 적합도함수 사이의 정합성도 고려하여야 한다. 즉, 진화가 촉진되기 위해서는 적합도함수뿐 아니라 기초 조건도 고려한 PT가 창발되고, 적합도함수와 PT에 정합한 ST가 창발되어야 한다. 그러나 진화 인자, 특히 ST는 인간 행동의 관습성, 기득권층의 형성 등으로 인해 지속성이 높은 특징이 있다. 이 때문에 기초 ST가 새로운 적합도함수 및 PT 등과 상충할 경우에도 새로운 ST가 시의적절하게 창출되지 않을 수 있고, 그 결과 경제시스템의 정합성을 낮추고 진화를 지연시킬 수 있다. 한편 진화의 경로 의존성은 앞에서 설명한 파괴적 혁신의 수용 정도와 긴밀하게 연관된다. 경제시스템 진화의 경로 의존성이 높다는 것은 기존의 진화 인자를 대체하는 혁신, 즉 파괴적 혁신을 경제시스템이 수용하는 정도가 낮다는 것을 의미하는 경우가 많기 때문이다.

---

[69] 이는 인간의 뇌 구조에서도 잘 드러난다. 인간의 뇌는 생명 유지에 필요한 기능을 담당하는 파충류의 뇌(후뇌), 감정을 담당하는 포유류의 뇌(중뇌), 이성을 담당하는 인간의 뇌(전뇌)로 구성되어 있어서, 인간이 생명의 역사적 진화와 더불어 단계적으로 진화해온 과정을 내포하고 있다.

| 그림 Ⅰ-3 | 경제시스템의 다차원적 정합성 |

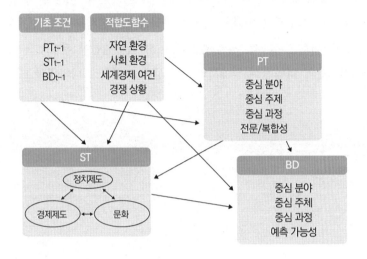

주: '→'는 영향과 정합성의 방향, 't-1'은 직전 기간을 뜻함.

그림 Ⅰ-3에서는 나타내지 않았지만, 경제시스템의 다차원적 관계에서는 '피드백'(원인과 결과 간 되먹임 현상)이 있는 경우가 대부분이다. 즉, 경제 환경 내지 적합도함수가 진화 인자에 영향을 미치지만, 반대로 PT와 ST가 경제 환경 또는 자연환경에 영향을 미칠 수 있는데 최근에는 이런 현상이 두드러진다. 인간에 의한 자연 파괴와 개조의 사례가 무수히 많으며, 이는 인간이 만들어낸 PT와 ST를 바탕으로 이루어진 것이다.

진화 인자 상호 간에도 피드백이 발생할 수 있다. 즉, PT는 자체 논리에 의해 주로 발전하기 때문에 ST, BD에 일방적으로 영향을 미치는 것이 일반적이다. 그러나 반대로 ST가 PT에 영향을 미칠 수도 있다. 예를 들면 한 사회의 가치관 또는 사회의 조직 방식 등이 PT 종류의 선택에 영향을 미치기도 하며, 역사적으로 국가, 기업, 시장 등의 제도(ST)가 탄생함으로써 PT의 발명이 엄청나게 증가하는 등 ST가 PT의 변화 속도에 영향을 미치기도 한다. 이른바 '기술의 사회적 형성'[70]이

---

70) 기술(또는 학문)은 그 자체의 논리적 전개 또는 자연 원리를 바탕으로 형성, 발전하는 경향이 있다. 하지만 기술은 기본적으로 인간의 필요와 욕구를 충족하기 위해 생성된다는

라는 개념이 이러한 현상을 잘 설명하고 있다. 한편 피드백은 경제시스템이 불균형 상태에서 동태적으로 변화하는 데 중요한 역할을 한다. 이른바 나비효과를 통해 구성 요소 일부의 작은 변화가 피드백 과정을 거치면서 시스템 전체에 큰 영향을 미치고 또 새로운 질서를 창발(복잡성이 증가)하는 원천이 된다.

경제시스템의 다양한 차원에서의 정합성을 그림으로 나타내면 I−3과 같다.

점에서 사회적 수요를 반영하며, 따라서 기술은 사회적 필요에 의해 창출, 발전되기도 한다.

인간의 욕구와 사회

1. 인간 본성에 관한 이론

인간 본성을 이기적이냐 이타적이냐로 보느냐에 따라서 인간 사이의 상호작용에 대한 이해와 사회의 조직 원리가 크게 달라질 수 있다. 따라서 유사 이래 이에 대한 철학적 논란이 끊이지 않고 있다. 그런데 다수의 현대 심리학 이론은 인간의 본성이 이기적이냐 이타적이냐 여부가 아니라 인간의 본래적 욕구 또는 동기가 무엇인가의 측면에서 인간을 이해하려고 시도하고 있다. 또한 대체로 인간의 욕구가 두 개 이상의 종류로 구성되거나 계층적으로 구조화되어 있다고 보고 있다. 이러한 입장의 대표자가 매슬로라고 할 수 있다. 그는 인간의 욕구를 원초적인 생리적 욕구, 안전 욕구, 애정과 소속의 욕구, 존경의 욕구, 자아실현의 욕구 등 5개로 분류하였다. 또한 이들이 대체로 위계적(저차원→고차원)으로 구성되어 있어, 하위 욕구가 어느 정도 충족되면 상위 욕구가 나타난다고 보았다.

앨퍼더(Clayton P. Alferder)는 매슬로의 이론을 보완하여 인간의 욕구 동기를 존재(생존)-관계-성장의 3단계로 통합한 ERG 이론을 제시하였다. 생존 욕구(existence needs)는 매슬로의 생리적 욕구와 안전 욕구 중 물리적 안전 욕구를 포함한다. 안전 욕구 중에서 물리적 안전과 관련된 부분은 생존과 직결되는 것으로 보고 생존 욕구로 분류한 것이다. 관계 욕구(relatedness needs)는 안전 욕구 중에서 정신적 안정 욕구와 사회적 욕구 그리고 존경욕구 중 외적 자존심 욕구를 포함한다. 마지막으로 성장 욕구(growth needs)에는 존경 욕구 중 내적 자존심 욕구와 자아실현 욕구가 해당된다. 이 밖에도 성취 동기 이론, 2요인 이론 등이 인간의 행위 동기를 설명하고 있는데 대체로 매슬로의 이론과 합치하는 면이 많다.

최근 이론들은 매슬로가 제시한 욕구의 내용들은 대체로 수용하지만 욕구의 발현이 위계적이라기보다는 중첩적으로 나타난다고 보는 경우가 많다. 이에 따르면 사람들은 사회적 생산 활동을 통해 삶에 유익한 물건을 가능한 한 많이 생산하고 소비할 수 있기를 바라지만, 물질적 유용성 외에도 사회적 인정, 명성, 정의 등의 정신적 즐거움을 비롯한 여러 가지 목적을 아울러 추구한다.

예를 들어 직업적 노동을 생각해보면, 일차적으로는 경제적 수입을 목적으로 한다. 그러나 사람들이 직업을 통해 추구하는 것이 경제적 수입만은 아니다. 직장이라는 사회에서의 생활을 통해서 좋은 사람들과 만나 함께 교류하는 것도 중요한 목적이 된다. 또 직업을 통해 스스로 원하는 바를 성취하기 위해 노력하기도 한다. 과학자가 되고자 하거나 선생님이 되고자 하는 등 대다수 사람들의 꿈은 직업이라는 활동을 바탕으로 실행되는 것이다. 요컨대 대부분의 경제 행위가 경제적 동기 또는 물질적 욕구로부터만 비롯되는 것은 아니며, 관계 욕구 심지어 성장 욕구와 중첩되어 나타난다. 이처럼 인간의 개별 행동에는 인간의 여러 욕구가 중층적으로 연관되기 때문에 욕구가 각 단계별로 분리되어 나타나기보다는 여러 욕구가 한꺼번에 나타난다고 보는 것이 타당하다.

나아가 최근 진화심리학에서는 이러한 인간의 욕구가 서로 선순환하면서 상호 강화하는 특성도 있는 것으로 보고 있다. 예를 들면 어떤 사람이 생존 욕구를 잘 충족하는 능력을 갖추면 다른 사람들이 그와 함께하기를 원하고 그에 따라 서로 협력하면서 관계 욕구를 더 잘 충족하게 된다. 나아가 관계 욕구가 충족되면서 배신의 염려 없이 서로 잘 협력해 생산을 더 많이 할 수 있게 되어 생존 욕구도 보다 잘 충족하게 된다. 이런 식으로 두 욕구가 서로를 강화하면서 선순환하게 된다.

표 보론 I-1   **인간 본성에 대한 주요 이론**

		욕구 단계설		ERG 이론	성취 동기 이론[71]
욕 구 수 준	고차적	자아실현 욕구		성장 욕구	성취 욕구
		존경 욕구	내적 자존심		권력 욕구
			외적 자존심	관계 욕구	
		애정과 소속(사회적) 욕구			친교 욕구
		안전 욕구	정신적 안정		
			물질적 안전	생존 욕구	
	저차적	생리적 욕구			

경제학의 비조인 스미스는 신이 인간에게 자애심(self-love)과 연민 또는 공감(pity or compassion)이라는 두 가지 본능을 주었다고 생각했다. 자애심은 인간이 자

---

71) '네이버 지식백과 심리학 용어 사전' 중 욕구 단계 이론 참조.

기 자신의 상태에 대하여 가장 관심이 깊다는 것을 의미하며, 바로 이 때문에 인간은 항상 자기 자신의 상태를 보다 더 좋게 하려고 노력하게 된다. 이타심이라고 할 수 있는 연민 또는 공감은 인간이 타인의 입장을 생각하고 타인의 일을 걱정하는 본능이다. 여기서 상대방에 대한 배려와 존중이 나온다. 스미스는 이 두 가지 본능 가운데 더 기본적이고 강한 것은 자애심이라고 보았다. 또한 자애심이 결코 에고이즘, 즉 타인을 밀어제치고 타인에게 해를 끼치면서 자기 욕망만 채운다는 뜻이 아니라 양심에 따라 제3자에게 공감을 얻을 수 있는 한도 내에서 행동(자기 이익을 추구)한다는 뜻이라고 생각했다. 그는 자기 자신의 상태를 개선하겠다는 본능인 자애심에 따라 행동하는 인간을 경제학적 인간으로 상정하였으며, 그러한 인간은 사회적으로도 바람직하다고 보았다.

또한 사람들이 자애심이라는 본능에 따라서 가능한 한 자유롭게 활동할 수 있게 되면, 그리고 그러한 개인들의 사익 추구 활동이 사회 차원에서 시장(경쟁메커니즘)이라는 보이지 않는 손에 의해 조정된다면, 경제가 조화를 이루면서 질서 있게 발전하고 국민의 부가 향상될 것이라고 보았다. 이처럼 스미스는 어떻게 이기심이 시장이라는 경쟁메커니즘의 역할을 통해 사회적 편익에 기여하는지를 잘 보여주었다. 아울러 인간 행태에 대하여 좀 더 중도적인 시각을 가지고 인간 본성에 이기적인 면과 이타적인 면이 공존한다는 점을 통찰하였다는 점에서도 선구적이다.

한편 1980년대 이후 여러 연구와 긴티스 등의 최근 연구에 의하면 인간은 본성적으로 이타적이지도 이기적이지도 않다. 인간의 사회적 본성에 초점을 맞춘 이러한 연구자들의 말을 빌리면 인간은 조건부 협력자이자 이타적인 응징자라고 할 수 있다. 긴티스 등은 이러한 인간의 행태를 '강한 상호주의'라고 이름 짓고, 이를 "타인과 협력하고자 하는 성향과 협력의 규범을 위반하는 자에 대해서는 어떠한 대가를 치르더라도 응징하려는 성향"이라고 정의했다.[72] 이는 기본적으로 사람들이 황금률을 따르는 것으로 보되, 여기에 약간의 변칙을 가미한 것이다. 즉, '남이 자기에게 하기를 원하는 것처럼 남에게 하라'(즉, 조건부 협력) 그리고 '만약 남이 그렇게 하지 않으면 개인적인 비용을 치르더라도 응징하겠다'(즉, 이타적 응징)는 의미

---

72) Beinhocker, Eric, 앞의 책, p. 655 인용.

이다. 상호적 인간은 남이 자기에게 하기를 원하는 것처럼 자기도 남에게 똑같이 대우하는 조건부 협력자로서 협동에는 협동으로, 배반에는 배반으로 맞대응(tit for tat)한다. 또한 사회 내에서의 개인적 이익 추구와 관련해 필연적으로 공평한 성과 분배를 요구하며, 그것이 배반으로 침해받을 때에는 손해를 감수하면서까지 응징하려고 한다. 무임승차자나 배반자를 상당한 대가를 치르더라도 굳이 응징하는 성향을 갖는다.

강한 상호주의는 사람들이 경제적 상호작용 과정에 대한 관심(과정의 정당성에 대한 관심)을 갖는다는 점, 손해가 되더라도 부당한 행동을 응징한다는 점에서 전통 경제학의 이기주의적 인간과는 상이하다. 이러한 인간의 강한 상호주의적 행태는 여러 문화권에서 공통적으로 확인되었고, 다른 영장류에서도 비슷한 행태가 관찰되었다. 생물학적 증거(옥시토신 호르몬은 인간에 대한 신뢰감을 느끼게 하고 협력을 유도하는 역할을 한다)도 뒷받침되고 있다. 특히 최근에 발견된 '거울 뉴런'은 인간의 협력 및 공감 본성에 대한 인식을 드높였다.

최근 심리학의 행복론 중에는 진화론의 관점에서 인간의 사회적 욕구를 설명하는 이론도 있다. 각 개인이 스스로의 생존과 번영을 위해 타인과 함께할 때 행복을 느끼도록 유전자가 진화하여 인간의 협력 본성을 발전시켰다는 것이다.[73] 진화론적 관점에서 개별 인간의 목적은 다른 모든 생물들과 마찬가지로 자기의 생존과 번영(또는 번식)이며 이를 달성하는 데 필요한 가장 중요한 자원은 식량과 안전이다. 그런데 스스로의 노력만으로는 이를 확보하기가 매우 어려우며 다른 사람과 협력해야 하는 경우가 많다.

원시시대 인간들은 동물의 사냥이나 농경을 위해 서로 협력해야 했다. 맹수의 위협으로부터 벗어나기 위해서, 그리고 식량이 부족한 상황에서 비상식량을 제공받기 위해서 인간은 집단을 이루어야 했다. 또한 짝짓기라는 번식의 과제를 달성하기 위해서 다른 사람이 필요함은 두말할 나위가 없다. 이는 현대에도 마찬가지다. 식량, 안전 등 인간이 필요로 하는 물건이나 서비스를 생산하기 위해 인간은 기업, 시장, 국가 등의 제도를 만들어 서로 협력하며, 이를 통해 더 많은 생산과 복지를 향유하고 더 많은 후손을 부양할 수 있게 되었다.

---

73) 서은국 저(2014), ≪행복의 기원≫, 21세기북스, <제5장> 참조.

예나 지금이나 동료의 존재는 생존과 번영이라는 과제를 해결하는 데 매우 중요한 요소이며, 인간은 다른 인간과의 만남을 통해 가장 큰 행복을 느끼도록 진화했다. 진화론적 심리학에 따르면 인간의 뇌가 다른 동물보다 유달리 발달한 이유가 바로 다른 사람의 마음을 이해하고, 설득하고, 속이는 등의 복잡한 사회적 활동을 하기 위해서이다.[던바(Robin Dunbar)의 사회적 뇌 가설, 1998][74] 즉, 생존 욕구와 사회적 욕구는 불가분리의 것으로 사회적 욕구 역시 생존 욕구의 충족을 위한 진화적 방편이며, 인간의 사회적 욕구는 타고난 것이다. 그리고 이러한 사회적 욕구는 경제적 측면에서 재화와 서비스의 생산을 위해 매우 중요한 역할을 하게 된다. 요컨대 인간의 사회 관계 또는 사회 형성은 생존을 위해 필수적이기 때문에 인류는 그 진화 과정에서 사회적 본성을 갖게 된 것이다.

2. 인간의 상호주의적 본성과 사회

이상의 인간 본성에 대한 이론들을 사회 형성과 연결지어 생각해보자. 인간의 욕구를 크게 세 가지로 나누었을 때, 생존 욕구는 각 개인이 스스로의 생존을 목표로 하여 발동되는 개인적 욕구라고 할 수 있다. 또한 이것은 각 개인들의 생존에 필요한 음식물, 의복, 주거, 안전 등이 비슷하다는 점에서 개인 간 경쟁뿐 아니라 사회 차원의 경쟁을 유발하는 기본 원인이 된다. 관계 욕구는 각 개인이 스스로의 생존에 대한 집중에서 벗어나 타인이나 사회와 연결하고자 하는 사회적 욕구이다. 이러한 욕구는 인간이 사회적 본성을 갖고 서로 협력할 수 있음을 의미한다. 한편 관계 욕구 중에서도 명예욕이나 권력욕 등의 외적 자존감에 대한 욕구는 생존 욕구와 마찬가지로 사회적으로 경쟁을 유발한다. 특히 권력은 특정 집단 내의 다른 사람에 대한 지배를 목표로 하기 때문에 제로섬의 속성과 강제적 속성을 강하게 갖고 있다. 따라서 절대량의 증가가 어렵고, 상대방의 반발로 이어지는 경우가 많기 때문에 (사회 내) 권력투쟁이나 (국가 간) 전쟁으로 이어질 수 있다.

성장 욕구는 내적 동기에서 시발되는 것으로서 내적 자존감의 추구에서 시작

---

74) 서은국(2014), 앞의 책, <제5장>, p. 86에서 인용.

해, 이의 사회적 실현이라고 할 수 있는 자기실현의 욕구로 발전해나간다. 이는 나의 성장은 물론 나와 사회의 조화와 공진화를 목표로 하여 발동되는 사회적 욕구이다. 따라서 성장 욕구는 개인의 행복에 지속적으로 기여할 뿐 아니라, 사회적으로도 타 구성원과의 이타적 협력 등 다양한 형태의 관계 형성과 긍정적 상호작용을 창출한다.

인간의 본성적 욕구를 개인과 사회라는 관점에서 분류해보면 생존 욕구에서 외적 자존감 욕구까지는 이기적 본성 또는 개인성과 가깝다고 할 수 있다. 사회적 욕구와 외적 자존감 욕구가 사회적인 것이기는 하지만 타인보다는 스스로의 필요와 자유 그리고 만족감을 충족하는 데 초점이 있다는 점에서 이기성과 관계 깊다고 볼 수 있다. 이기적 욕구가 지배적인 사회는 구성원 간의 경쟁과 갈등이 높은 경우가 많다. 반면 내적 자존감에서 자기실현 욕구까지는 사회적 또는 이타적 특성이 강하다고 할 수 있다. 이들 욕구는 인격적 성숙과 타인에 대한 공감과 존중, 긍정적 상호작용을 통한 스스로와 타인의 동반 성숙을 지향한다. 따라서 이러한 욕구가 지배적인 사회는 구성원 간의 협력과 조화가 높을 것이다. 결론적으로 인간은 본성적으로 개인성과 사회성을 동시에 가지고 있고, 개인성은 이기성과 통하고 사회성은 이타성과 통한다고 볼 수 있으며, 이들 각각은 경쟁과 협력이라는 두 가지 형태의 사회적 상호작용으로 나타나게 될 것이다.

한편 이기성을 에고이즘이 아니라 스미스가 말한 자애심으로 이해한다면, 이기성이 사회 구성원 간에 함께 더 큰 이익을 추구하는 방향으로 발현할 수 있고, 그럴 경우 사람에게 이타성이 없다고 가정하더라도 사회 내에서 개인들의 협력을 도출해낼 수 있다. 즉, 개인 차원에서 이기성의 자연스러운 발현이 사회 차원에서는 상호성(reciprocity) 또는 호혜주의로 이어질 수 있고, 이 상호성에 기반해 사람들이 서로 협력하게 됨으로써 사회적 시너지를 거둘 수 있다. 스미스의 말대로 자애심이 공감보다는 훨씬 더 강한 본성이라 하더라도, 인간이 상호적인 한 사회 속에서 개인 간 협력과 조화는 이루어질 수 있는 것이다. 나아가 최근의 일부 이론대로 인간이 강한 상호주의적 본성을 갖고 있다면 이것이 사회적으로 시사하는 바는 명백하다. 사회는 시스템으로서 구성원 상호 간의 경쟁/협력을 통해 시너지, 즉 플러스섬을 창출한다. 이와 같은 사회라는 플러스섬 게임의 세계에서 강한 상호주의적 조건부 협력자의 집단은 구성원들의 공정한 경쟁/협력을 창출함으로써 사회적 시너지를 극대화할 수 있다. 따라서 이 경우 순전히 이타적이거나 이기적인 인간의 집단보다 더 좋은 성과를 낼 수도 있다.

다른 한편으로 인간의 이기성과 사회성을 결합할 경우 강한 상호주의가 된다고 볼 수 있다. 왜냐하면 이기성이 사회적으로 상호주의로 이어지고 사회성이 이타주의로 이어지는바, 상호주의와 이타주의의 결합은 강한 상호주의로 발현되기 때문이다. 한편 강한 상호주의를 협력 이론의 관점에서 본다면 단순 맞대응 전략 또는 관대한 맞대응 전략(GTFT, generous tit for tat)에 가깝다고 하겠다.

강한 상호주의는 사회 차원에서 '공정의 원칙'이라고 할 수 있다. 공정은 미시적으로 대등한 개인, 기업 등 제 거래 당사자 간의 공평한 거래와 성과 분배를 의미하며, 이를 통해 거시적으로 사회 주체들 사이의 경쟁/협력을 활성화하여 사회적 성과 내지 시너지를 향상한다. 공정은 롤스의 '정의의 원칙'에 잘 표현되어 있다. 모든 사회 구성원에게 폭넓은 기본적 자유를 우선적으로 보장하고, 차등적 성과 분배는 최소 수혜자에게 최대 이익이 되게 한다는 두 원칙이 '공정'의 핵심 요소이다. 이러한 강한 상호주의 내지 공정의 원칙을 잘 살리는 제도(ST)는 인간의 본성에 부합하는 인센티브와 경쟁/협력 규칙을 사회 제 구성원에게 제공하여 사회적 생산과 혁신을 증진하고 개인의 행복과 사회의 성과를 극대화할 수 있을 것이다. 우리가 아는 한 민주주의와 시장경제가 이러한 제도에 가장 근접한 것이다.

현대 사회에서는 강한 상호주의가 각종 거래, 경쟁과 협력, 성과 분배 등 인간의 사회활동 전반에 걸쳐서 기초 원리로 작용하고 있다. 특히 경제 분야에서는 시장 등에서의 일시적·단속적인 거래, 지속적인 교류가 이루어지는 조직 내에서의 협력 등 모든 활동에서 강한 상호주의가 근본 원리가 되고 있다. 이러한 맥락에서 볼 때 '인간 간 상호작용의 규칙 또는 틀'인 사회 제도와 정책은 상호주의의 가치를 위배하지 않아야 하며, 오히려 이를 잘 활용할 수 있도록 설계되어야 한다. 이는 '사회가 모든 죄악의 근원'이라는 루소(Jean Jacques Rousseau)의 견해에서 벗어나 사회에 대한 개인의 책임성을 인정하는 것이며, 동시에 '인간의 본성은 사악하다는 전제하에 사회 제도를 구축해야 한다'는 흄(David Hume)의 견해와 달리 '인간 본성에는 너그러운 측면도 있음을 인정하여 사회 제도를 구축해야 한다'는 것을 의미한다. 인간의 이기성이 초래하는 부작용에 대한 주의를 게을리해서는 안 되겠지만, 인간의 본성적 사회성 내지 이타성을 살릴 수 있는 방향으로 제도와 정책을 설계하는 것이 필요하다.

3. 인간의 욕구 고양과 사회 발전

가. 인간의 욕구 고양과 사회 관계의 변화

매슬로 등의 주장대로 개별 인간의 욕구가 순차적으로 고양·확산되어간다고 전제할 경우, 이는 인간의 집합인 사회의 욕구나 구성원의 상호작용에도 상당한 영향을 미치게 된다.

우선 생리적 욕구는 매우 개인적인 것이나, 이의 충족을 위한 물질적 재화인 의식주 등 생활필수품들은 모든 인간이 공통적으로 수요하는 것이다. 따라서 구성원들이 이를 충족하는 데 집중하는 사회에서는 관련 재화를 획득하기 위한 개인 간 경쟁이 높아질 가능성이 높다. 제한되어 있는 생활필수품을 획득하기 위해 각 개인끼리 경쟁해야 하는 환경인 것이다. 물론 이를 생산하기 위한 기업 등 생산조직에서 협력이 강화될 수 있겠으나, 생존을 위한 경쟁이 중심적 관계가 될 수밖에 없을 것이다.

한편 안전 욕구, 즉 치안 및 안보 욕구는 사회나 국가 차원의 공공적 수단에 의해서만 충족 가능하므로 이를 위한 사회적 협력이 필수적이다. 다만 치안 및 국방 서비스는 공공재로서 이의 생산을 위한 협력이 구성원들의 무임승차 욕구 등으로 인해 깨지기 쉽다. 이 때문에 법률 등의 규칙과 위계에 의한 지배 등 강제적 수단을 동원할 필요성이 높다. 요컨대 생리적 욕구, 안전 욕구 등 생존 욕구가 지배적인 사회에서는 생활필수품을 둘러싼 경쟁과 안전 확보를 위한 강제적 협력이 사회 관계의 중심이 된다고 볼 수 있다.

생존 욕구가 어느 정도 충족되면 구성원의 욕구가 관계 욕구와 성장 욕구 쪽으로 점차 확산된다. 이러한 사회에서는 개인의 소통과 공감 확대 욕구가 사회 전반으로 확산되기 시작하며, 이에 바탕한 조직 또는 단체의 설립에 대한 요구, 사회적 기여 등을 통한 사회적 명성과 권력 획득에 대한 욕구, 새로운 것의 창조와 자아실현에 대한 욕구 등도 점차 늘어난다. 이러한 욕구는 주로 개인의 사회적 인정, 상호 존중과 신뢰, 그리고 이에 기반한 평등한 사회적 상호작용의 증가로 나타나며, 이는 사회적 공감과 협력의 증가로 이어진다.

　협력 등 상호작용의 내용도 강제적이기보다 자발적인 것으로 바뀐다. 또한 이는 사회 네트워크의 확산, 지식 교류와 조직화의 증가 등을 유발해 기술혁신과 사회적 시너지를 늘리는 데 기여한다. 한편 이러한 사회적 협력의 증진은 상응한 경쟁의 변화(심화)도 가져올 것이다. 경쟁과 협력은 서로 연계되어 공진화하기 때문이다. 다양한 종류의 협력 관계가 맺어져 있는 관계 욕구 중심의 사회에서는 경쟁이 개인보다는 네트워크화 또는 조직화된 집단 사이에서, 그리고 생존 욕구보다는 관계 욕구를 둘러싸고 주로 이루어질 것이다. 경쟁/협력의 상호작용이 이처럼 양적·질적으로 향상됨에 따라 사회 구성원들의 연결 정도가 증가하면서 사회의 시스템적 특성도 강화될 것이다.

　결론적으로 인간의 욕구 고양은 사회적 상호작용의 질과 양을 증가시킨다. 무엇보다 협력의 양적 증가를 가져오며, 뿐만 아니라 질적 심화도 가져온다. 한편 이러한 협력의 향상은 이에 상응한 경쟁의 진화를 초래한다. 그리고 이러한 경쟁과 협력의 확대는 곧 사회의 시스템화가 진전되는 것을 의미한다.

나. 인간의 욕구 고양과 경제 및 사회 제도의 진화

　인간의 욕구 변화는 정치, 경제, 문화 등 사회 전반에 큰 영향을 미친다.

　인간의 욕구는 경제시스템 내 소비자의 선호나 경제 조직의 구조와 운영 원칙 등을 결정하며 따라서 경제활동 전반에 큰 영향을 미친다. 반대로 경제발전 수준이 그 사회 구성원이 주로 발현하는 욕구의 종류에 영향을 미치기도 한다. 소득 내지 경제 수준이 높아질수록 사회 구성원의 욕구가 보다 높은 차원으로 이동하는 경향이 있다. 따라서 한 사회의 경제발전 수준과 중심적 욕구는 긴밀하게 연동되어 있다.

　예를 들어 경제발전이 미흡해 물리적 생존이 시급한 상황에서는 사회 구성원(소비자)의 선호가 생리적 욕구 및 안전 욕구를 충족하는 데 집중된다. 즉, 국민소득 수준이 낮은 국가에서의 소비자 선호는 인간의 생존에 필수적인 식품, 의류, 주택 등에 집중된다. 그리고 산업도 생활필수품을 생산하는 농업, 의류 및 식료품 제조업, 주택 건설업 등을 중심으로 형성된다. 그러므로 식료품 및 섬유의류 제조업,

주택 건설업 등이 빠르게 발전하는 경우가 많다. 또한 농업에서도 생산성 향상을 위한 노력이 전개되면서 종자 개량, 노동시간 증가 등이 나타난다. 한편 상품의 주된 역할은 인간의 생리적 욕구를 효율적으로 충족하는 데 있으므로 제품의 기능성이 무엇보다 중시된다. 이 때문에 저발전된 사회의 경우 소비자의 개성에 맞춘 다양한 상품보다는 다수 대중의 필수적 욕구를 충족하는 소수의 상품을 주로 생산하게 된다. 한편 안전을 확보하기 위한 노력은 경제적 측면에서 신무기 개발과 무기 생산 증대 등 방위산업의 발전으로 나타난다.

이처럼 사회가 생존 욕구를 충족하기 위해 노력하는 시기에는 사회적 역량이 경제발전과 국방력 강화 등에 모이고 결과적으로 경제가 빠르게 발전할 가능성이 높다. 대표적으로 우리나라의 경제개발 초기, 즉 발전국가 초기가 이에 해당한다. 이러한 경제 단계에서 생산의 중심 목표는 인간의 보편적 생존 욕구를 충족하는 획일적인 종류와 품질의 상품을 낮은 가격에 대량생산하는 것이 된다. 그러므로 시장경쟁은 상품의 다양성이나 품질보다는 가격을 중심으로 이루어진다. 각 생산주체들은 효율적인 공정기술개발과 이를 통한 생산비 절감 및 생산량 확대에 주로 힘쓴다. 이에 따라 생산 방식은 표준화된 기능성 제품을 저가에 대량으로 생산하여 규모의 경제를 달성하는 형태가 유효하며, 이에 적합한 대기업이 중소기업보다 지배적인 기업 형태가 될 가능성이 높다. 특히 생산품이 세계시장을 대상으로 하는 경우 규모의 경제 효과가 가격 경쟁력의 중요한 요소가 됨에 따라 대기업에 유리한 점이 많다.

생산 조직의 구성, 즉 지배구조도 표준화된 소품종 대량생산에 적합한 집권적 계층 조직이 주요 형태가 된다. 대량생산 조직은 대체로 새로운 생산 방식이나 새로운 제품의 개발보다는 기존 제품을 낮은 가격으로 균질하게 반복 생산하는 것이 주된 활동이 될 가능성이 높다. 따라서 이러한 경제 단계에서 생산 조직은 종업원들의 창의적 아이디어나 혁신보다는 작업 규칙 준수를 더 중시하게 되고 위계적 조직 구조가 더 적합한 형태가 된다. 특히 중화학공업처럼 생산 과정에 대한 정밀한 통제가 요구되는 산업의 경우 위계적 성격이 더욱 강해진다. 제2차 세계대전 이후 1970년대까지의 세계경제, 발전연대의 한국경제가 바로 대량생산을 위주로 하는 대중 소비 경제로서 이러한 경제 단계에 해당한다. 그리고 이 경제 단계에서는 위계적 대기업이 지배적인 기업 형태로 부상하였다.

경제와 사회가 발전하여 소비자들이 생존 욕구를 상당 수준 충족할 수 있게되면 소비자의 선호는 생리적 욕구를 넘어서 개성 표현, 소속 및 존경 등의 관계욕구, 내적 자존심 및 자아실현 등의 성장 욕구와 같은 고차적 욕구로 확산, 이동한다. 먼저 소비나 생산 활동에서 관계 욕구가 분출된다. 소비 활동에서는 인간의생리적 욕구를 충족하는 기능적 제품을 소비하는 데에서 나아가 자기의 개성과 차별성을 드러낼 수 있는 제품, 예를 들면 기능이 같더라도 품질이나 디자인 등이고급화되고 차별화된 상품을 선호하게 된다. 또한 단순한 생존이 아닌 스스로의개성 및 자존감을 표현하거나 내면적 성숙에 기여할 수 있는 상품을 선호한다. 이에 따라 교양, 오락 및 여가와 관련된 상품, 학습 및 의료 등 개인별로 맞춤화된서비스 등에 대한 수요가 늘어난다. 소득 증가와 더불어 엥겔계수가 낮아지는 것이 그 증거라고 할 수 있다.

이러한 소비자 선호의 변화에 따라 상품의 종류와 산업 구성도 서비스업 중심으로 점차 변화한다. 상품 구성에서는 생활필수품보다는 교양, 오락, 여가 및 안전과 관련된 서비스의 비중이 상승하고 같은 상품이라도 품질이 더 좋거나 개성을살리는 다양한 제품이 생산된다. 이에 따라 산업구조도 제조업 위주에서 다양한서비스 산업으로 다각화된다. SNS, 각종 동호인 단체, 사회 서비스 공동체 등 구성원들의 사회적 상호작용을 지원하는 산업도 발전한다. 시장경쟁은 가격보다는 품질, 소비자 개성과 취향의 만족도를 중심으로 이루어진다. 따라서 차별화된 상품을 소량 생산하는 다양한 중소기업들도 종전 단계에 비해 상당한 시장을 점유하게된다.

한편 생산 활동에서의 관계 욕구 분출은 기업 지배구조의 분권화를 요구한다.각 구성원이 상당한 자율성과 책임을 갖고 기업 의사결정에 참여하고 구성원 사이에도 서로 신뢰하는 가운데 자발적으로 협력하기를 원한다. 따라서 수평적·자율적조직 지배구조와 문화가 구성원의 역량을 최대한 이끌어낼 수 있다. 그러므로 관계 욕구 중심의 경제시스템에서 기업은 소비자의 다양한 욕구를 시의적절하게 파악하고 종업원의 현장 지식과 아이디어를 적절히 활용할 수 있도록 분권화되고 수평적인 조직 구조를 갖게 된다. 차별화된 소비자의 선호, 그리고 종업원의 의사결정 참여 욕구를 충족해야 하는 경제 환경에서는 동질적 상품의 반복 생산에 적합한 위계적 조직보다는 다양한 상품의 차별적 생산에 적합한 수평적·분권적 조직이 더 효율적인 것이다.

경제발전에 따른 인간 욕구의 고양은 경제뿐 아니라 정치에도 큰 영향을 미친다. 이는 우리나라의 사례에서도 명확히 나타난 바 있다. 우리나라는 일제강점기와 한국전쟁을 겪으면서 경제가 거의 파탄 나, 1950년대부터 60년대 초반까지는 대다수 국민들이 자신과 가족의 생존을 위해 무엇이든 해야 하는 절박한 상황에 내몰렸다. 게다가 지정학적으로 세계적 냉전의 최전선에 위치하게 되면서 한국전쟁과 격렬한 남북 대치를 경험하는 등 국가와 개개인의 안전도 보장받지 못하는 상황이었다. 이처럼 물질적 궁핍을 극복하고 안전하게 생존하는 것이 최우선 과제인 사회에서는 개인의 자유나 이상의 추구보다는 국가의 보전과 국민의 물질적 필요를 충족하는 데 몰입하게 된다. 그리고 이 과정에서 다양한 의견의 자유로운 제시와 토론을 통해 대중의 의견을 수렴하기보다 지도자 중심의 일사불란한 단결을 강조하기 쉽다. 정치적 자유가 억압되기 쉬운 것이다. 특히 우리나라는 국민의 생존 욕구 충족이 어려웠던 시대적 상황에 유교 및 민족주의의 집단주의 가치관이 가세하면서 여러 독재자를 경험했다. 이승만 전 대통령의 경우 국가 안보에 초점을 두었고, 박정희 전 대통령의 경우에는 반공 이데올로기를 강조하고 국민들의 물질적 결핍을 해소하는 데 초점을 두었다는 차이는 있지만, 국민의 생존 욕구 충족을 명분으로 독재정치를 자행한 점은 동일하다. 헌법상의 민주주의와 시장경제를 제대로 실행하지 않았으며, 다수 국민의 정치적 자유와 사회 참여 기회를 억압함으로써 국민들의 자유로운 상호작용을 억압하는 결과를 낳았다.

그러나 한국경제가 빠르게 발전해 국가와 국민의 안전이 확보되고 물질적 결핍에서 벗어나면서 국민 개개인들의 관계 욕구가 높아지기 시작하였다. 이제 국민들의 욕구는 정치적 자유와 사회적 참여의 확대를 통한 자기표현과 평등한 사회관계 형성에 초점을 두었고, 이는 민주화 열망으로 분출되었다. 이러한 열망에 힘입어 우리나라는 여러 번의 좌절을 극복하고 마침내 1987년 정치적 민주화를 달성하였다. 국민의 욕구 고양이 경제발전의 결과였지만, 이는 역으로 경제 그 자체를 바꾸었을 뿐만 아니라 정치도 바꾸었던 것이다.

경제발전 수준은 문화에도 큰 영향을 미친다. 일제강점기부터 1970년대 초까지 우리 국민은 절대 빈곤에 시달렸으며 이 과정에서 이른바 '결핍의 기억'과 '예방(회피)적 동기'[75]에 기반한 문화와 사회심리적 특성이 형성되었다. 생산요소 투입 증가를 통한 생산의 효율성 증대와 소수 엘리트의 다수 대중 지배가 관철되었다. 경제 발전과 국가 안보라는 가치를 명분으로 정부−대기업 연합이 주도하는 권위주의적 사회 및 생산 관계가 고착되었다. 정부와 기업의 지배구조가 집권적으로 구성되고 강제와 규율을 중심으로 하는 획일적·타율적 문화를 갖게 되었다. 그러나 1980년대 들어 절대 빈곤에서 벗어나면서부터는 많은 사회 구성원들이 예방적 동기에서 벗어나 '향상적 동기'[76]를 점차 중요시하게 되었다. 이에 따라 사회 운영이나 조직 원리가 타율적·수직적 관계보다는 자율적·수평적 관계로 점차 변화했고, 개인의 다양성과 개성이 발현되는 문화가 젊은 세대를 중심으로 확산되었다.

다만 우리 사회는 정치적 민주화 이후에도 경제 영역이나 문화 영역 등 다양한 사회 영역에서의 민주화(관계 욕구를 충족할 수 있는 경제제도와 문화의 확산)는 부진하였다. 대표적으로 기업 지배구조는 소유 경영자 중심의 권위주의적이고 위계적인 형태를 유지하였고, 산업 조직도 대등한 다수 기업의 경쟁/협력보다는 대기업−중소기업 하청 관계로 계층화되었다. 문화도 기성세대를 중심으로 예방적 동기에 기반한 수직적·획일적 문화가 뿌리박혀 있다. 국민의 인식이 아직은 정치 이외 사회 영역에서의 관계 욕구 충족에는 소홀했던 점에도 원인이 있었지만, 그보다는 기득권층의 기존 조직 구조 고수와 제도·문화의 경로 의존성 때문에 변화가 더딘 것이 주요 원인으로 보인다.

인간 욕구의 단계적 고양을 고려할 때, 정치 및 경제체제는 물론 문화 역시 사회 구성원들의 욕구 단계에 맞추어 시의적절하게 진화해야 한다. 그렇지 못할 경우 사회적 갈등과 대립이 증가하고 그로 인해 경제발전도 저해된다. 2000년대 이후 우리 사회의 갈등 급증과 성장 잠재력 약화는 국민의 욕구 고양에도 불구하고 사회가 이를 정치·경제·문화적으로 적절히 수용하지 못하고 있는 데 근본 원인이 있다. 특히 경제와 사회가 발전하면서 형성된 기득권 계층은 기존의 체제가 유리하기 때문에 개혁 등에 반대하는 성향이 있어, 변화를 원하는 계층이나 기존의 가치관을 부정하는 신세대와 대립하게 된다. 이것이 오늘날 우리 사회가 갈등과 혼란을 겪는 가장 큰 원인이라고 할 수 있다.

---

75) 허태균(2015), ≪어쩌다 한국인≫, 중앙 books, p. 266 인용.
76) 허태균(2015), 위의 책, p. 266 인용.

1. 경쟁과 협력

가. 경쟁과 협력의 의의

오늘날의 인류 사회는 협력과 경쟁을 씨줄과 날줄로 하여 정교하게 조직되어 있다. 협력이 시너지를 창출함으로써 한 조직과 사회의 차별화·증식 역량을 확대하고 나아가 사회의 발전과 진화를 촉진하는 햇빛과 같다면, 경쟁은 사회적 선택 과정을 제공함으로써 사회 내 각 주체의 향상 노력을 이끌어 진화를 압박하는 소금과 같다. 따라서 한 사회의 역량은 빛과 소금인 협력과 경쟁을 얼마나 잘 조직하고 활성화하느냐에 달려 있다고 해도 과언이 아니다.

사회 구성원 및 집단들은 이해관계의 합치 여부에 따라 경쟁 관계를 맺을 수도 있고 협력 관계를 맺을 수도 있다. 경쟁 관계란 동일한 목표, 제한된 자원(재화, 정보) 등을 둘 이상의 주체가 동시에 추구할 때 형성되는 관계이다. 따라서 경쟁의 주체들은 서로 대체 관계에 있고 이해가 충돌하게 된다.

자연 상태에서는 경쟁이 일반적이다. 대부분의 경우 자원은 제약되어 있는 반면 이를 필요로 하는 동물이나 식물은 많기 때문에 먹이나 서식지 또는 짝 선택과 번식을 위한 경쟁이 벌어진다. 특히 같은 종끼리는 먹이나 서식지 선호가 비슷하기 때문에 경쟁이 치열해지기 마련이다. 더 나은 짝을 갖기 위한 경쟁이 때로는 생존상의 불리함에도 불구하고 수컷의 건강이나 능력의 과시로 이어지기도 한다. 숫사슴의 낭비적인 뿔과 장끼의 화려한 깃털 등 다양한 과시적 기관의 진화 사례를 통해, 생태계에서 짝을 둘러싼 경쟁이 얼마나 치열한지 알 수 있다.

인류 사회에서도 경쟁은 일상적으로 일어난다. 인간의 욕망은 무한하고 자원은 제한되어 있기 때문이다. 사람은 태어나서 죽을 때까지 각종 시험, 배우자 선택, 선거, 직장 그리고 시장에서 치열하게 경쟁하면서 살고 있다.

협력 관계는 둘 이상의 주체가 공동의 목표를 달성하기 위해 힘을 모을 때 형성되는 관계이다. 협력의 주체들은 서로 보완 관계를 맺으므로 이해가 합치한다.

경쟁이 자연계에서 일상적인 데 비해, 협력은 매우 드물게 나타난다. 인류를 제외한 동물들 중에서 협력 관계는 꿀벌, 개미 등 진사회성 곤충들, 사자나 늑대 등의 소수 포유류에서 주로 발견된다.

그러나 인간처럼 광범위하고 다양한 협력 관계를 창출한 동물은 전혀 없다. 인류 사회에서 협력은 가정, 기업, 협동조합, 학교, 국가를 비롯한 각종 공동체 및 조직에서 일상적으로 일어나며, 지역사회나 동호인 단체 심지어 일시적 모임에서도 많이 나타난다. 이 중에서도 대기업이나 국가와 같은 대형 조직은 통상 구성원 간의 지배와 복종이라는 수직적 형태의 상호작용을 내포하고 있다는 점에서, 수평적 관계에 기반하여 이루어지는 경쟁이나 협력과는 사뭇 다르다.

나. 기능

경쟁과 협력은 인간 상호작용의 가장 중심적 형태로서 중요한 사회적 기능을 수행한다. 특히 관련 당사자들이 개별적으로 이룰 수 없는 플러스섬 효과 또는 시너지를 창출한다.

우선 경쟁은 경쟁 당사자의 경쟁 능력 향상을 압박하여 여러 가지 어려움을 안겨주는 요소이지만, 다른 한편으로는 개체의 발전과 진화를 촉진하는 긍정적 역할을 한다. 경쟁은 흔히 비교우위에 따른 특화, 즉 전문화와 분업을 유발해 기술의 혁신과 생산성 향상을 촉진한다. 또한 사회적으로는 우수한 조직이나 개체가 생존하게 하여 사회 전체의 발전을 촉진한다. 특히 경제 분야에서 경쟁은 소비자의 선호를 잘 충족하는 상품, 기술, 기업만이 살아남도록 함으로써 경제의 효율화와 진화를 촉진하며, 소비자 후생을 증진한다. 자본주의 시장경제체제가 고도의 경제발전을 이룩할 수 있었던 가장 중요한 원천이 바로 경제 분야에 시장이라는 경쟁 장치를 도입하여 경쟁의 장점을 적극 활용하였기 때문이다.

인간의 협력은 사회적 시너지의 창출을 통해 인류가 문명을 창출하고 오늘날 지구를 지배하게 만든 가장 중요한 동력이었다. 협력은 개인이나 개별 동물들이 혼자서는 할 수 없는 일을 가능하게 한다. 특히 인간은 언어와 문자라는 의사소통 수단과 공정한 거래 규칙을 개발해 고유의 정교하고 광범위한 협력을 발전시켜왔다. 이러한 협력의 심화와 발전이야말로 종전에 상상할 수 없었던 새로운 것을 창출해내고 인류 문명을 진화시킨 가장 생산적인 힘이었다. 협력의 범위와 단위가 커질수록 더 큰 성과와 시너지를 창출할 수 있다. 인류는 가정, 사회, 국가 등 추상적인 개념을 구체화하여 제도를 형성함으로써 문명의 발전을 가속화할 수 있었으며, 특히 생산의 주체인 기업을 창출해냄으로써 비약적인 생산 증가를 이룩하였다. 또한 협력은 그 자체로도 인간의 관계 욕구와 성장 욕구를 실현하는 데 기여한다. 즉, 협력이 인간의 본성적 욕구도 충족하여 행복을 증진하는 것이다.

오늘날 대표적인 경쟁 장치로는 선거 제도, 각종 시험 제도 그리고 시장이 있으며, 대표적인 협력 기구로는 가정, 국가, 기업 등의 여러 조직체와 정당, 노동조합, 연구소를 비롯한 각종 단체를 들 수 있다. 이러한 조직들은 그 구성원의 긴밀한 협력을 이끌어내며, 새로운 상품이나 서비스를 보다 효율적으로 생산하기 위해 노력한다. 한편 각 조직이 생산한 상품이나 서비스는 소비자(또는 수요자)의 선택을 받기 위해 시장(또는 사회)에서 서로 경쟁하며, 그 결과 소비자나 구성원들이 가장 선호하는 상품과 서비스가 선택된다. 이러한 과정이 각 분야에서 지속적으로 이루어지면서 인류의 생산 능력과 문명이 발전하고, 인류는 또한 수요자로서 그 혜택을 누릴 수 있게 된다.

다. 경쟁과 협력의 연쇄

경쟁은 제한된 자원을 더 많이 차지하기 위해 여러 주체가 다투는 자연계는 물론 사회에서도 자연스럽게 발생한다. 개인, 기업, 국가 간에는 기본적으로 경쟁 관계가 형성되는 것이다. 한편 경쟁은 협력을 압박하기도 한다. 공통되는 목적을 가진 주체들이 더 큰 차원에서의 이익 또는 경쟁력을 높이기 위해 상호 협력하는 것이다. 물론 공동의 목적을 가진 주체들이 그들의 목적을 효과적으로 달성하기 위해 자발적으로 협력할 수도 있다. 다만 이 경우에도 협력 단위 내 구성원끼리는 협력하지만 협력 단위들 사이에서는 여전히 경쟁이 지배적인 상호작용의 형태가 된다.

이러한 단위 내 협력과 단위 간 경쟁은 꼬리에 꼬리를 물고 그 범위가 커진다. 당초 가족끼리 협력하면서 여타 가족 단위와는 경쟁하던 인류는 점차 씨족 내 협력과 씨족 간 경쟁, 부족 내 협력과 부족 간 경쟁, 소규모 군장사회 내 협력과 군장사회 간 경쟁, 나아가 국가 내 협력과 국가 간의 경쟁으로 협력 및 경쟁의 범위를 지속적으로 확대해왔다. 이처럼 협력과 경쟁이 연쇄되어 그 단위가 커지면서 이에 따른 시너지가 커지고, 인류의 문명도 그만큼 향상되어왔다.

협력과 경쟁은 각 조직 내부에서도 연쇄적으로 일어난다. 조직은 여러 계층으로 구성되어 있고 각 계층별로 몇 개씩의 하위 단위가 있는 것이 보통이다. 예를 들어 회사는 여러 개의 사업부로 구성되며, 각 사업부는 몇 개의 부서로, 각 부서는 몇 개의 과로, 각 과는 다시 몇 개의 팀으로, 각 팀은 수 명의 구성원으로 이루어진다. 회사라는 조직 속의 구성원은 조직 전체의 목적 달성을 위해 모두가 협력한다. 각 사업부는 회사 전체의 이익을 위해 유기적으로 협력하고, 각 부서는 자기 사업부의 실적 향상을 위해 협력하며, 각 팀은 자기 부서의 실적 향상을 위해, 각 팀원들은 자기 팀의 실적 향상을 위해 서로 협력한다. 한편 이러한 전체 조직을 위한 협력 속에서도 각 계층별로 동일한 위계에 속하는 조직 단위, 즉 각 사업부 간, 각 부서 간, 각 과 간, 각 팀 간, 그리고 각 팀원 간에는 업무 실적·승진·성과급 등을 둘러싼 경쟁 관계가 형성된다. 조직 내부에서조차 협력과 경쟁이 연쇄적으로 발생하는 것이다.

조직의 위계별 경쟁과 협력의 연쇄는 더 광범위한 차원으로 확대될 수 있다. 즉, 개인이나 기업 등의 개별 경제주체는 여러 계층별 조직에 중층적으로 속해 있다. 이를테면 한 개인은 어떤 기업에 속해 있고, 기업은 지역사회에, 지역사회는 국가에, 국가는 국제 사회에 각각 속해 있다. 여기서 개인은 다른 개인과 경쟁하지만 소속 기업을 위해서는 다른 개인과 협력하며, 기업은 다른 기업과 경쟁하지만 지역사회 또는 소속 산업을 위해 서로 협력한다. 지역사회는 다른 지역사회와 경쟁하지만 국가를 위해서는 서로 협력한다. 국가는 다른 국가들과 국익을 위해 경쟁하지만 인류 공동의 문제 해결을 위해서는 서로 협력한다.

결론적으로 경쟁과 협력은 프랙털(fractal)한 반복과 외연 확대를 통해 개인, 기업, 산업, 국가로 확대되어왔다고 볼 수 있으며, 각 단계별로 같은 차원의 구성 단위끼리는 경쟁하되, 상위 차원의 목적 달성을 위해서는 소속 구성 단위끼리 서로 협력하는 방식으로 교차되어 나타난다. 경쟁과 협력은 목표와 기대 이익의 '범위'에 따라 변화하면서 서로 연쇄되어 있는 것이다. 이러한 맥락에서 경쟁과 협력은 사회생활의 전반에 걸쳐 편재하면서 서로 긴밀하게 연계되어 인간사회의 다양한

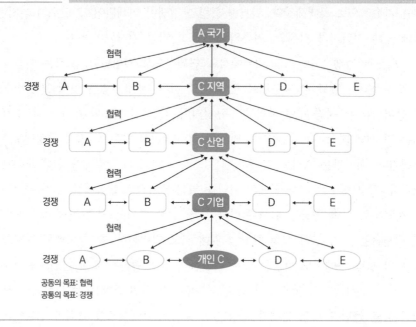

상호작용을 결정하고 있으며, 이는 어떤 사회나 국가의 발전이 경쟁과 협력을 얼마나 잘 조직하고 활용하느냐에 달려 있음을 의미한다.

라. 유지 조건

경쟁 및 협력 관계는 지적·육체적 능력을 포함한 제반 역량이 비교적 평등한 주체들이 수평적이고 자발적으로 관계를 맺을 때 지속성을 갖는다. 이는 경제학의 완전 경쟁 조건, 사회학의 협력 진화 조건에서도 명백히 드러난다. 우선 경쟁 관계가 성립되기 위해서는 경쟁 당사자 간에 경쟁력이 비슷한 상태가 지속되어야 하며, 새로운 경쟁자가 계속 진입함으로써 다수의 경쟁자가 존재해야 한다. 그렇지 않고 경쟁자 간에 경쟁력의 차이가 커지거나 새로운 진입자가 없어질 경우, 강한 주체가 약한 주체를 도태시켜 이익의 전부를 독점하거나 기존 기업들이 담합하여 경쟁을 소멸시키기 때문이다. 이처럼 경쟁이 승자 독식으로 귀결되면 승자에 대한 향상 압박이 없어져 차별화를 통한 혁신과 같은 사회적 시너지를 얻지 못하게 되고 이는 곧 사회의 정체로 이어질 가능성이 크다.

한편 협력이 유지되기 위해서는 경쟁보다 더 까다로운 조건이 충족되어야 한다. 협력이 이루어지려면 기본적으로 협력을 통한 시너지가 발생해 참가자 모두 이득을 얻을 수 있어야 한다. 또한 공정한 이익 분배 규칙과 배반자에 대한 징벌 수단도 확보되어야 한다. 그러므로 협력 관계 역시 참가자 간의 역량이 크게 차이 나면 지속되기 어렵다. 일방의 역량이 크게 우수할 경우 해당 주체는 협력의 유인이 줄어든다. 독자적으로 문제를 해결하여 기대 이익을 독점하려 하기 때문이다. 또한 협력 관계에 있어 일방의 힘이 약하여 상대방의 배반에 대해 보복할 역량이 부족하면 강자는 보복의 우려 없이 약자를 지배하게 된다. 이에 따라 강자가 약자를 착취하는 구조(하청 관계가 이러한 경우가 많다)가 형성되며, 이는 결국 협력의 붕괴 내지는 강제적 협력(지배/복종)의 관계로 타락하게 된다. 강제적 협력은 흔히 다수 참가자의 인센티브 저하와 참여의 감소를 초래하여 사회적 협력의 저하와 협력의 시너지 상실로 이어지며, 이는 곧 사회경제적 혁신이 저하되고 사회의 진화가 정체되는 결과로 이어진다.

2. 시장과 기업

가. 기업의 발전

역사적으로 경쟁과 협력은 참가자, 지리적 범위나 내용적 다양성이 증가하는 방향으로 발전해왔다. 먼저 문명의 발달 및 인구 증가 등으로 경쟁이 더 넓은 지역과 보다 다양한 분야로 확산되었다. 교통·통신기술의 발달과 이에 따른 개인 및 사회의 활동 범위 확대는 경쟁의 범위가 확대됨을 의미했다.

한편 경쟁 확대에 대응하기 위해 각종 조직, 공평한 거래와 이익 배분 규칙 등 사회의 협력 장치 또한 지속적으로 발달하여왔다. 특히 인류 사회의 경제 측면에서의 경쟁과 협력은 산업혁명을 전후해 '기업'이라는 새로운 협력 조직이 탄생하고 이와 더불어 시장이라는 경쟁 장치가 확산되면서 획기적으로 발전하였다.

기업은 산업혁명의 주역으로서 기업가(하나 또는 소수의 개인)가 이윤 획득을 목표로 새로운 제품을 생산하기 위해 다수의 사람을 모아 만든 조직 내지 협력체이다. 기업의 탄생은 인류 사회 내 경제적 협력을 획기적으로 향상하였다. 기업은 분산된 협력 조직이자 경제적 협력 조직이다. 이에 따라 종전 가족과 국가에 제한되었던 협력이 기업과 유사 사회집단으로 확대되었다. 본능적 협력체로서의 가족과 신체적 안전을 위한 협력체로서의 국가 외에, 경제적 이득을 목적으로 한 협력체로서의 기업과 유사 집단들이 추가되었다. 그 결과 인류 사회 내 협력의 목적과 관련 조직체가 크게 다양화되었다. 기업이 탄생함으로써 인류사회 내 협력의 내용이 더욱 풍부해지고 그 강도도 훨씬 높아진 것이다.

나. 기업 발전에 따른 시장메커니즘의 진화

기업이라는 협력 장치의 발전으로 인류 사회에 여러 가지 중요한 현상이 연쇄적으로 발생하였다. 우선 다수 기업이 각 분야의 다양한 상품을 시장에서 판매할 목적으로 생산하게 되었다. 이에 따라 생산 활동의 분업과 전문화가 진전되어 생산기술의 혁신과 생산성의 향상이 빨라졌다. 사회의 생산량과 고용 그리고 소득이 연쇄적으로 늘어났다.

한편 기업의 발전과 더불어 농경시대 내내 자가 생산과 자가 소비 방식으로 거의 통합되어 있던 생산과 소비가 분리되었다.

기업들이 각각의 전문 분야에서 특정 상품을 판매 목적으로 대량생산하여 시장에 내놓고, 소비자는 시장에서 자기가 선호하는 상품을 선택해 소비하게 된 것이다. 이에 따라 기업들이 특화해 생산한 다양한 제품들을 다수의 소비자에게 중개하는 장치인 시장이 본격적으로 발전하게 되었다. 당시 국가가 자유로운 기업활동을 통한 이윤 추구를 누구에게나 허용했기 때문에 많은 사람들이 이윤을 목표로 기업을 설립하여 매우 다양한 상품을 생산하기 시작했고, 이들은 더 많은 이익을 얻기 위해 서로 치열하게 경쟁했다.

또한 산업혁명과 더불어 성장한 제조업은 자연에 대한 의존도가 농업에 비해 크게 낮은 대신 인간의 지식과 기술에 대한 의존도가 높았기 때문에 지속적인 기술 발전과 생산성 향상이 가능했다. 이에 따라 끊임없는 혁신과 생산성 향상을 통한 경제발전이 실현될 수 있었다.

결과적으로 이윤이라는 인센티브가 기업이라는 협력 메커니즘의 증가를 가져오고 기업의 증가가 시장과 경쟁의 발전으로 이어졌으며, 시장에서의 경쟁은 기술

혁신을 촉진하였다. 이제 혁신은 기업이라는 분산된 협력 단위에 의해, 시장에서의 경쟁 압력에 의해, 그리고 이윤 증대라는 기업가의 욕망에 의해 지속적으로 발생하게 되었다. 시장경쟁 메커니즘이 작동하게 된 것이다. 이러한 경쟁과 협력의 상호 강화와 이것이 촉발하는 지속적 혁신에 힘입어 생산성 향상과 생산 증가가 지속되었고 경제발전도 지속되었다. 나아가 생산이 늘어난 데 힘입어 인구가 꾸준히 증가하고 인류 사회의 지식과 기술도 끊임없이 발전하게 되었다.

다. 시장경제체제의 진화

기업의 증가에 따른 시장메커니즘의 발전은 인류 사회의 경쟁을 획기적으로 진전시켰다. 시장메커니즘이 초래한 경쟁 양식의 진화는 크게 두 가지 측면에서 파악할 수 있다

우선 진화의 내용 변화이다. 기업의 발달과 시장메커니즘의 확립에 따른 경쟁의 진화는 그간 정치 등과 통합되어 있던 경제 분야를 독립된 경쟁의 영역으로 격상시켰다. 이는 경쟁의 내용이 분화되는 방식의 진화였다. 과거 경쟁은 국가 간의 전쟁이라는 파괴적 형태로, 그리고 정치 엘리트 간의 정권 획득을 위한 권력투쟁의 형태로 주로 일어났다. 경제 분야는 대체로 자급자족적이고 생산성 향상이 어려운 농업이 중심 산업이었기 때문에 경쟁이 매우 제한되어 있었다. 산업혁명을 전후하여 시장과 기업이 발달함으로써 비로소 경제 분야에서 경쟁이 본격화되었다.

경쟁 진화에 있어 시장이 가져온 두 번째 특징은 인류가 처음으로 경쟁의 사회경제적 유용성과 중요성을 인식하고, 각국 정부가 경쟁을 의도적으로 조장하기 시작했다는 점이다. 종전에 인류는 경쟁을 바람직하지 않지만 생존을 위해 피할 수 없는 필요악으로 생각했다. 대부분의 종교와 도덕률이 사람들끼리 서로 경쟁하지 말고 화합, 협력할 것을 권장했다. 그러나 산업혁명을 거치면서 다수의 기업이 나타나 여러 가지 특화된 상품을 대량으로 생산할 수 있게 되었고, 생산품을 소비자에게 효과적으로 전달할 장치가 필요해졌다. 바로 이때 시장이라는 장치가 생산자 간, 생산자와 소비자 간 경쟁을 유발하고 가격이라는 신호를 만들어내어 거래를 활성화하는 좋은 수단임이 드러났다. 특히 시장메커니즘은 자유 기업 제도와 결합해 시장경제체제라는 새로운 경제 운영 방식을 창출하였다. 다수 기업들의 기술혁신과

신제품 개발 경쟁을 유발하고, 이를 통해 한 사회가 생산하는 상품의 종류와 생산량을 획기적으로 늘려주는 한편, 소비자는 시장에서 자기가 원하는 상품을 싼값으로 구매할 수 있게 해주었다.

이제 인류는 기업 수 증대와 시장경쟁 메커니즘의 활성화를 기반으로 하는 시장경제체제가 경제시스템의 진화를 획기적으로 증진하는 체제임을 알게 되었다. 시장경쟁의 효익을 알게 된 각국 정부는 시장의 확대와 이를 통한 경쟁을 촉진하기 위해 적극적으로 노력하기 시작하였다. 사유재산권과 계약 및 거래의 자유를 보장하고 자유 기업 제도를 구축하여 기업의 설립을 촉진하는 한편, 해운 및 철도 등의 교통 인프라를 확충하여 시장의 발전과 확산을 위해 노력하였다. 시장은 가격신호를 통해 소비자의 상품 선호에 대한 정보와 생산자의 효율적 생산 능력에 대한 평가를 제공함으로써 자원 배분이 사회적으로 효율적으로 이루어지게 하는 최선의 메커니즘으로 자리 잡았다.

역사적으로 보더라도 분산된 경제적 협력체인 기업을 자유롭게 설립할 수 있는 자유 기업 제도와 이들 기업 간 경쟁을 촉진하는 시장메커니즘, 즉 시장경제체제는 기술혁신을 통한 자원의 효율적 분배, 생산성 향상과 경제성장을 달성하는 최적의 수단으로 평가된다. 다만 시장경제체제에서는 생산과 소비의 주체가 분리되어 있기 때문에 독과점이나 정보 부족 등으로 시장메커니즘이 제대로 작동하지 못할 경우, 생산이 소비자의 선호를 제대로 반영하지 못하거나 생산과 소비의 양이 일치하지 않는 등 경제적 불균형과 이로 인한 자원의 낭비가 초래될 수 있다. 따라서 경쟁메커니즘의 활성화와 경기변동 완화는 시장경제체제에서 가장 중요한 정책 과제가 되었다.

제Ⅱ부

한국경제시스템의 진화 과정 짚어보기

　　제 II 부에서는 제 I 부에서 설명한 이론을 바탕으로 한국경제의 역사적 발전 과정을 '경제시스템의 진화'라는 관점에서 분석하였다. 한국경제시스템의 발전 과정을 경제 환경과 경제시스템의 제반 특성에 의거하여 기반조성기(1945~1961년), 발전연대(1961~1987년), 이행기(1987~현재)로 구분하였다. 이러한 시대 구분은 기술 또는 경제의 S 자형 발전주기론(준비기-도약기-성숙기-포화기)에 바탕을 둔 것인데, 이 책에서는 주로 발전국가 패러다임의 발전 주기와 궤를 같이한다. 이어 각 시대별로 한국경제시스템의 진화 여건과 진화 메커니즘의 작동 상황을 살펴보고 그에 따른 진화 성과를 시스템의 진화 원리를 바탕으로 평가하였다.

　　먼저 진화의 여건은 한국경제시스템의 환경, 즉 적합도함수의 경제시스템 진화에 대한 유불리 정도, 진화 인자인 PT와 BD, ST의 특성(진화 잠재력)을 중심으로 살펴보았다. PT·BD의 진화 잠재력은 중심 분야, 중심 주체, 중심 과정, 전문성·복합성(PT와 연관)과 예측 가능성(BD와 연관)을 기준으로 분석하였다. BD를 PT와 유사한 기준으로 분석한 이유는 BD가 PT와 ST의 결합체로서 이와 유사한 특성을 가진 가운데 ST의 경우 국가 차원에서 형성됨에 따라 BD 분류 기준으로 사용하기 어려워 PT를 기준으로 삼았기 때문이다. ST는 정치, 경제, 문화 3가지 영역의 제도에 대해 민주주의, 시장경제체제, 문화의 변화 친화성 등을 기준으로 특성(진화 잠재력)을 분석하였다.[1] 이는 각 시대의 제도를 당시의 기준이 아니라 현존하는 가장 이상적인 ST 기준으로 평가하는 기법이다. 구체적으로 민주주의는 정치제도의

---

1)　적합도함수가 불확실하게 변화하고 진화의 방향이 예정되어 있지 않기 때문에 ST의 판단 기준을 설정하는 것이 어려울 수 있다. 그러나 오늘날 인류가 합의하는 최선의 ST가 있다는 점, 그리고 각 시대별로 당시의 경제 환경과 PT 특성하에서 어떤 종류의 ST가 시스템의 진화 잠재력을 극대화하는 데 더 적합한지 어느 정도는 알 수 있다는 점을 감안하여 평가를 시도하였다.

책임성, 법치주의, 정부 효율성을, 경제제도는 기업 설립의 자유, 기업 지배구조의 효율성, 시장메커니즘의 확산도를, 문화는 개인 행동 규칙, 협력 친화성, 변화 친화성, 미래 지향성 등을 각각의 분석 기준으로 삼았다.

둘째, 진화의 여건을 바탕으로 경제시스템 진화 인자의 차별화, 선택, 복제가 실제로 어떻게 이루어졌는지 분석하였다. 이것은 경제주체가 해당 시대의 적합도 함수에 부응하여 차별화-선택-복제의 과정을 통해 기초의 진화 인자를 변경하거나 새롭게 창출해나가는 과정이다.

셋째, 한국경제시스템의 진화 성과를 경제시스템의 진화 적합성을 기준으로 평가하였다. 진화 성과가 최종적으로는 경제성장률, 사회의 질 등으로 나타남에도 불구하고 그 중간 단계에 있는 시스템의 진화 적합성을 주로 분석한 이유는 경제시스템의 진화 과정을 더욱 충실하게 살펴보기 위해서이다. 시스템의 진화 적합성은 각 시대별 경제시스템이 시스템의 진화 원리에 맞게 조직, 작동한 정도로 파악할 수 있는데, 이 책에서는 제 I 부에서의 논의에 기초하여 4가지 측면을 살펴보았다. 즉, i) 경제시스템의 대내적 포용성(시스템과 구성 요소 간 정합성 등에 기여)과 대외적 개방성(시스템과 환경 간 정합성 등에 기여) 정도, ii) 개인, 기업 등 각 경제주체의 전문성 및 다양성, 즉 진화 잠재력 향상 정도, iii) 각 경제주체 간 상호작용, 즉 협력/경쟁 역량 및 실제 협력/경쟁의 향상 정도, iv) PT, ST 등 진화 인자의 상호 정합성 등이다.

한 가지 미리 밝혀둘 것은 한국경제시스템의 역사적 진화 과정에서는 경제발전(기술 발전)곡선 주기에서 나타나는 준비기(기반조성기가 이에 해당), 성장기(발전연대가 이에 해당)는 있었지만, 성숙기가 매우 짧았다는 점이다.[2] 발전연대 중 확립한 제조업 기반을 바탕으로 민주화를 이룩하여 대다수 국민들이 경제발전의 성과를 향유하기 시작하고 경제의 차별화 기반 선진화를 시작할 즈음에, 세계경제의 세계화와 지식화가 급진전되었고, 특히 중국이 공업화를 바탕으로 수출 시장 진출을 확대해 한국경제시스템을 추격하였다. 불행하게도 1997년 외환위기까지 겹치면서 한국경

---

2) 1987년의 민주화 이후 1997년 외환위기 이전까지를 민주화 등에 따른 임금 및 소득 증가와 이에 힘입은 중산층 증가 등이 뚜렷했다는 점에서 성숙기로 볼 수 있다. 그러나 일반적으로 성숙기(포화기 포함)가 가장 길다는 점을 감안했을 때 이는 거의 없었던 것과 마찬가지라고 할 수 있다.

제시스템은 기존의 산업경제에서 자생적 차별화 기반 진화를 주요 동력으로 하는 지식경제로의 이행을 강요받았다. 아래 그림에서 보다시피 S2 곡선[발전국가 패러다임과 산업혁명(제조업)의 성과 곡선]의 기울기가 이른 시점에서 급속히 낮아지는 가운데 신속히 새로운 진화 주기 곡선 S3[새로운 패러다임과 지식혁명(지식산업)의 성과 곡선]로 이행해야 했다. 선진 경제시스템의 요체인 자생적 PT 진화 역량, 포용적 민주정치, 자유롭고 공정한 시장경제 질서, 다양한 문화를 미처 정착하지 못한 상황에서 지식경제라는 새로운 시대적 과제가 제기되었다. 그러나 지식경제의 정착은 쉽지 않은 일이다. 최근 지식산업이 성장하고 있으나 성장력의 절대 규모 부족, 성장의 일부 산업에의 편중과 산업 연관 효과 부족 등으로 아직 제조업을 대체해 경제시스템 전체의 진화 동력으로 기능하기에는 크게 부족한 상태이다.

현재 한국경제시스템은 안정적 성장과 진화, 다수 경제주체의 소득과 복지 향상을 가져오는 데에 어려움을 겪고 있다. 지식경제에 걸맞은 기술과 제도의 창출, 고용 및 소득 향상 역량이 부족한 가운데 향후 진로에 대한 사회계층 간 갈등과 국가적 혼선을 겪고 있다. 그 결과 새로운 경제 여건에 적합한 경제운영 패러다임의 정착이 지체되면서 이행기가 길어지고 있다.

그림 Ⅱ-1 우리나라 주요 산업 및 경제시스템의 진화 주기

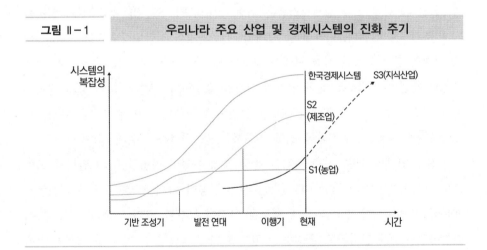

01 | 시대별 진화 여건과 적응 노력

진화는 변화의 과정이므로 동태적 관점에서의 분석이 필수적이라고 할 수 있다. 여기서 동태적 관점이라 함은 각 시대별로 직전의 PT, ST, BD 등의 진화 인자를 기초(期初) 조건으로 고려함을 의미한다.

기초 조건을 포함하여 경제시스템의 진화 과정을 요약하면 그림 II-2와 같다. 우선 각 시대 초의 경제시스템은 직전 시대의 PT, ST, BD 등의 진화 인자를 기초 조건으로 갖는다. 또한 해당 시대의 경제 환경이 적합도함수로 기능한다. 해당 시대의 경제 환경은 직전 시대의 것과는 달라진 것으로서 이러한 변화가 기초 조건의 개선이나 새로운 진화 인자의 창출을 요구한다. 개인과 기업 등의 경제주체는 기초 조건의 바탕 위에서 새로운 환경이 요구하거나, 또는 새로운 환경에서 스스로가 번영하는 데 적합한 진화 인자를 개량, 창출하기 위해 힘쓴다.

진화 인자의 개량, 창출 과정은 통상 경제 환경에 적합한 PT의 발명과 도입으로부터 시작된다. 적합한 PT 없이는 이에 상응한 ST나 BD를 모색하기 어렵기 때문이다. 연구개발 활동을 통해 새로운 환경에 부합한 PT가 창출되면, 동 PT에 적합하면서 경제 환경과도 양립할 수 있는 ST가 모색된다. PT가 기초 조건과 경제 환경에의 적합성을 주로 고려하는 반면, ST는 이 두 가지에 더해 PT와도 정합하여야 한다. 새로운 PT와 ST가 창출되면 기업(생산자)은 동 진화 인자에 기초해 시장이나 소비자가 가장 선호할 것으로 예상되는 BD를 창출한다. 그리고 상품을 생산,

출시하여 시장의 검증을 받는다. BD와 상품은 PT, ST를 바탕으로 한 것이므로 당연히 이들과 정합한다. 또한 시장에서 소비자 선호에 적합하고 자연 환경과도 양립해야 하기 때문에 경제 환경에도 정합하다.

이러한 과정은 여러 경제주체의 손에서 동시다발적으로 일어난다. 이들이 창출한 다양한 상품 중에서 소비자(수요자)가 가장 선호하는 소수의 상품이 시장에서의 경쟁을 거쳐 선택되고, 선택된 상품을 창출한 기업이 이를 증식한다. 경쟁 기업이 유사한 상품을 모방, 복제할 수도 있다. 해당 상품에 사용된 PT, ST, BD 역시 보다 널리 확산된다. 보다 소비자 선호에 적합하면서 생산비가 적은 새로운 상품이 생산되면서 경제시스템의 생산량이 증가하고 경제시스템도 진화한다.

이후 경제 환경이 바뀌면 이러한 진화의 과정이 새롭게 재개, 반복된다. 지금부터 각 시대별 한국경제시스템을 대상으로 이러한 과정을 구체적으로 살펴보자.

그림 Ⅱ-2 **경제시스템의 진화 과정**

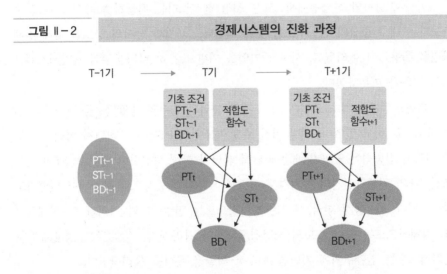

주: '↪'는 영향을 미치는 방향, 'T-1'기는 전기, 'T기'는 금기, 'T+1'기는 차기를 각각 의미함.

1. 기반조성기

가. 개황

기반조성기는 한국경제시스템의 틀을 형성하고 진화 잠재력을 구축하기 위해 노력하던 시기이다. 이 시기의 한국경제시스템은 기본적으로 국민들의 생존 욕구 충족을 위한 생활필수품의 생산을 주 목적으로 하는 농림어업 및 경공업 중심의 경제시스템이라고 할 수 있다. 대다수의 경제주체들은 농업에 종사하면서 자급자족형 경제활동을 영위하였고, 기업별 분업과 시장 거래에 기반한 생산 활동은 널리 확산되지 않았다. 다만 일제강점기의 경험 등을 바탕으로 일상생활 영위에 필수적인 의복 및 식료품 생산 경공업, 주택 및 사회간접자본 건설을 위한 건설업 등이 발전하기 시작하였다.

따라서 당시의 한국경제시스템은 시장 생산보다는 자급자족 중심 그리고 수출보다는 내수 중심의 산업구조를 갖게 되었다. 그 결과 당시의 양호한 국제 경제 환경을 활용하기 어려웠고, 시장과 기업을 기반으로 하는 자본주의 경제시스템으로의 진화가 미흡하였다.

기반조성기의 기초 조건은 PT의 경우 농업과 소수의 생활필수품 관련 제조업을 중심으로 하고 있었다. 해방 이전 주요 제조업의 PT는 일제식민지 정책으로 북한 지역에 집중되어 있었기 때문에 남북 분단과 함께 상실하고 말았다. ST의 경우 조선시대와 일제강점기의 정치경제 시스템과 문화를 중심으로 구성되어 있었다고 할 수 있다. 즉, 당시 한국 사회는 정치적으로는 민주주의와 거리가 먼 전제정치를, 경제적으로는 민간 주도의 시장경제체제와 거리가 먼 정부 주도 경제체제를, 문화적으로는 집단주의에 기반한 수직적·획일적 문화를 물려받았다.

적합도함수인 경제 환경을 보면 먼저 자연 환경의 경우 자연 자원과 토지 등이 크게 부족한 수준이었고 이는 현재까지도 이어지고 있는 숙명적 제약 조건이다. 사회 구성원의 욕구는 생계의 불안정 등으로 생존 욕구에 집중되어, 경제적 내지 물질적 측면을 중시하는 경향을 내재하고 있었다. 인구는 여타 국가들과 비교해 보았을 때 상당히 과밀한 상태인 가운데, 한국전쟁 이후 점차 증가하고 있었다. 세계 정치·경제 환경을 보면 경제 환경의 경우 미국을 선두로 서유럽과 일본이 빠르게 성장하면서 자본주의의 황금기를 구가하기 시작하였고, 국제 통상 질서도 자본주의와 공산주의 간 냉전으로 자본주의 국가끼리는 비교적 개방적이었다. 그러나 한국경제시스템의 지정학적 고립과 국제 시장 참여 미미로 이러한 조건을 활용할 여지가 적었다. 한편 세계 정치 환경의 경우 냉전질서가 한국경제시스템의 기본 틀인 민주주의와 자본주의의 도입에 결정적 영향력을 행사함과 동시에, 남북분단 및 한국전쟁과 이후의 첨예한 남북 대립의 원인이 되었다. 국내외 경쟁은 자급자족적 농업 중심 경제의 특성상 낮은 수준이었다.

3개 진화 인자의 진화 과정을 보면 우선 PT의 경우 생활필수품을 생산하는 농림어업, 경공업 등에 노력이 집중되었다. 그 이유는 기초 PT 수준이 낮았고, 새로운 PT 개발 능력이 전통적 농업과 생활필수품 부문에 국한되어 근현대 산업 관련 PT를 개발할 능력이 크게 낮은 수준이었던 데다, PT 개발 수요도 대다수 국민의 절대 빈곤으로 생활필수품과 밀접한 농림어업, 경공업 등에 집중되었기 때문이다.

PT의 진화 방식을 보면 새로운 기술의 연구개발을 통한 차별화와 시장에 의한 선택이 최소한에 그치는 대신 기존 기술의 복제에 주로 기반하고 있었다. 농업의 경우 기존 또는 전통적 농경기술의 복제와 소폭 개량에 머물렀다. 한편 생활필수품 제조업 등의 PT는 일제강점기로부터 물려받은 PT를 복제하는 수준에서 출발하였으며, 한국전쟁과 더불어 전쟁 물자 조달 및 원조 물자 가공 등을 중심으로 본격적으로 발전하기 시작하였다.

중심적인 PT 개발 주체는 농업 및 생활필수품 제조업 분야의 가계와 기업이었다. 농가는 이전부터 보유하고 있던 전통적 농경 PT를 단순 복제하거나 소폭 개량하여 사용하였다. 신생 정부가 실시한 농지 개혁은 농업 관련 PT의 진화에 새로운 전기를 마련하였는데, 대다수 농민이 농지를 소유하게 됨에 따라 이들의 개발 의욕이 크게 향상되었다. 다만 농업의 자연 의존적 특성과 영세한 경작 규모 등으로 농업 관련 PT의 진화 잠재력은 한계가 있었다. 나아가 농업은 가계의 자급자족적 생산과 소비, 좁은 범위(인격적) 협력 기반의 촌락 공동체 등 전통경제체제에 머물러 있었기 때문에 시장경제체제(사회적 경쟁/협력을 통한 분업과 전문화, 생산물의 교환을 기반으로 함)와 달리 차별화와 선택을 통한 진화가 근본적으로 제한되었다. 당시의 정부와 대학은 과학기술 연구개발 여력이 거의 없었으며, 기업의 자체 연구개발 역량도 매우 부족하여 여타 제조업이나 서비스업에서의 PT 진화는 거의 없었다.

결과적으로 기반조성기 중 PT의 진화는 전반적으로 제한적 수준에 그쳤다.

예외적으로 생활필수품 제조업 관련 기업에서 약간의 PT 진화가 있었다. 이들은 일제강점기로부터 물려받은 PT를 복제하는 수준에서 출발하였으나, 한국전쟁에 따른 전쟁 물자 조달 및 전후 복구, 원조 물자 가공 등에 힘입어 관련 기술을 습득하고 학습함에 따라 외국의 PT를 모방 또는 차별화할 수 있을 정도가 되었다. 특히 제분, 제당, 면방직 등 3백산업은 후반기 들어 수출에 나설 정도로 PT 수준을 향상하였다.

ST는 시대적 여건상 배제적 특성이 강화되는 방향으로 진화하였다. 비포용적 특성이 강한 기초 ST, 다원적 사회구조의 미확립과 정부의 사회에 대한 우위, 국민의 생존 욕구 지향, 농업 위주 PT, 그리고 이승만 정부의 집권 욕망 등이 어우러지면서 점차 정치가 독재화되고 정부 주도의 경제 운영이 정착되었으며 수직적 문화가 확산되었다.

이 과정을 구체적으로 보자. 우선 전제왕정과 일제강점기의 유산으로 초기 ST가 배제적 특성을 가졌다. 비록 민주주의와 자본주의가 헌법에 의해 도입되었으나, 그보다는 오랜 전통 속에 뿌리내린 전제왕정적 가치관이 팽배해 있었다. 무엇보다 중요한 것은 기업가 단체나 노동조합 등 사회 세력이 적절히 조직화되지 못하여 정부에 대항해 민주주의와 시장경제체제의 가치를 지킬 능력이 부족하였다. 게다가 정부는 한국전쟁, 귀속재산 불하, 금융 및 원조 자금에 대한 통제권 등을 바탕으로 사회로부터 자율성을 가지고 정치와 경제를 지배할 능력을 갖고 있었다. 극심한 남북 간 대립으로 정권의 국민 통제도 용이하였다. 유교의 수직적 사회관이 이어지면서 다양성과 수평적 상호 존중의 질서가 미흡하였으며 광범위한 신뢰와 협력의 문화가 형성되지 못하였다. 한편 대다수 국민들은 농업이라는 자급자족적 PT에 주로 종사하면서 생존 욕구를 충족하는 데 급급하였고 사회적 참여 및 관계 욕구는 가족 또는 촌락 공동체에 집중되었다. 유교의 가족 중심 몰사회적 가치관과 시장경제의 발전 미흡은 다양한 사회계층별 조직화를 지연하고 정부의 민간(사회)에 대한 우위를 지속시키는 데 기여하였다.

이러한 여건하에서 이승만 정부는 비교적 용이하게 정권을 연장하고, 스스로에게 유리하도록 배제적 ST를 확산시킬 수 있었다. 요컨대 기반조성기의 배제적 ST는 기초 ST의 연장선에 있어 상호 크게 어긋나지 않았고, 당시의 PT 및 환경 요소와 상충되는 측면도 크지 않았다. 각 영역별 ST는 독재정치, 정부 주도 경제, 수직적·획일적 문화라고 할 수 있고, 이들은 상호 간에 배제적 특성을 공유함에 따라 서로 정합하였다. 독재정치체제가 정부의 민간에 대한 우위를 토대로 한 정부 주도의 경제체제와 수직적 문화를 수요, 확산하였기 때문이다.

PT와 ST의 진화 미흡은 BD(사업계획)의 진화 부진으로 직결되었다. BD는 전반적으로 일제강점기 수준에서 벗어나지 못하였다. 농지 개혁으로 자영농가가 늘어나고 이들의 생산 의욕이 크게 높아졌으나, 농업 관련 BD는 농업의 높은 자연 의존성과 낮은 기술 투입 여지로 새로운 BD를 창출하기보다 기존 BD를 다수 가계에 증식하는 방식에 국한되었다. 한국 농지의 산간지형적 특성, 농지 개혁에 따른 가구당 영농 면적의 소규모화, 일본인 전문가의 철수 등으로 인해 영농 기술의 발전이 미흡하고 육종 기술도 후퇴하여 BD의 진화를 저해하였다.

제조업 분야 BD의 경우 당초 진화 여력이 매우 취약한 상태에서 출발하였고, 이후에도 전반적으로 진화가 부진하였다. 다만 수요가 큰 생활필수품 분야를 중심으로 점진적으로 진화 잠재력이 축적되고, 3백산업(제분업, 제당업, 면방직업) 등에서는 차별화를 통한 새로운 BD를 창출하기 시작하였다. 이 시기 BD의 진화 방식을 보면 생활필수품 분야에서 소수의 대기업과 중소기업이 나서 기존 BD를 모방, 복제하는 수준에 머물렀다. 이처럼 기존 BD를 복제하는 데 초점이 맞추어짐에 따라 기반조성기 BD의 예측 가능성은 비교적 높았다고 할 수 있다. 한편 이 시기 BD의 주체는 자영농과 중소기업이 주를 이루었지만, 귀속 기업 등 일부 대기업이 시장을 장악하고 다수의 기업을 거느린 기업 집단이 나타나면서 BD의 중심 주체는 대기업과 중소기업으로 양분되었다.

나. 기초 조건

기반조성기 초의 PT와 ST 상황을 보면 우선 PT는 매우 열악한 수준이었다. 농업 관련 기술은 일본인의 철수에 따른 육종 개량 기술 등 일부 부문의 약화에도 불구하고 큰 폭의 후퇴를 경험하지는 않았다. 일본인 지주 등의 부재에도 불구하고 다수의 농민이 있었던 데다 오랜 기간 농경사회를 이어온 탓이다. 그러나 제조업이나 여타 현대적 산업과 관련된 PT는 일제강점기보다 상당 폭 위축되었다. 일제강점기

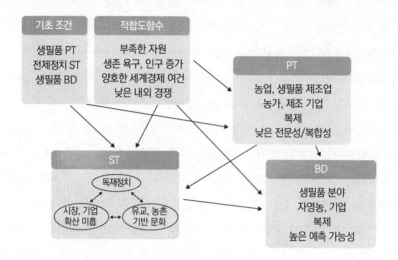

| 그림 II-3 | 기반조성기 중 한국경제시스템의 진화 |

주: '→'는 영향을 미치는 방향.

중 북한에 주로 구축되었던 제조업 시설이 남북 분단으로 거의 상실되었다. 공업 중심의 북한과 농업 중심의 남한이라는 보완적 경제구조가 해체되고 공업 관련 PT가 약화되었다. 일본인 기술자 등의 귀국과 일본과의 외교 관계 단절 등으로 주요 과학과 기술 인력이 크게 줄었다. 이에 따라 기반조성기 초 한국경제시스템의 PT는 사실상 농업 사회의 수준, 기껏해야 공업화 초기의 수준에 머물렀다.

다음으로 기초 ST는 PT와 마찬가지로 열악한 수준을 면치 못하였다. 조선시대 이래 전제왕정의 문화와 가치관이 일부 이어지는 가운데 일제강점기 말의 전시 무단통치의 영향, 배일주의에 따른 폐쇄적 민족주의 등이 남아 있었기 때문이다. 비록 임시정부의 민주주의 전통, 일제강점기의 자본주의 경험, 유교 문화의 현세 지향적 특성 등 긍정적인 측면이 없지는 않았으나, 부정적인 측면에 비해 그 영향력이 뚜렷이 작았다고 할 수 있다. 그러므로 기반조성기 초의 ST는 정치적으로는 민주주의와 거리가 먼 전제정치, 경제적으로는 민간 주도의 시장경제체제와 거리가 먼 정부 주도의 농업 중심 경제체제, 문화적으로는 현상 유지 위주의 수직적·획일적 문화를 물려받아, 혁신 및 진화와는 조화되기 어려운 상태였다.

다. 적합도함수

1) 자연 환경

기반조성기 중 적합도함수를 먼저 자연 환경 측면에서 보면 인구의 과밀화, 부존 자연 자원의 부족, 국토 면적 협소 등으로 경제의 진화에 매우 불리하였다.

| 표 Ⅱ−1 | | | | | 기반조성기 중 주요국의 인구밀도 | | | | | | |

(단위: 명/㎢)

연도	1950	1951	1952	1953	1954	1955	1956	1957	1958	1959	1960	1961
네덜란드	298	302	305	309	314	318	322	326	331	335	340	344
타이완	215	223	231	238	246	255	264	273	282	292	302	313
한국	198	200	204	209	215	221	229	237	245	253	261	268
일본	227	231	235	238	241	244	247	250	252	255	257	259
미국	148	153	160	167	174	181	188	195	203	212	222	234
영국	209	209	210	210	211	211	212	213	214	215	217	218
독일	201	202	203	204	204	205	206	207	208	209	211	212
프랑스	77	77	77	78	79	80	80	81	82	83	84	85
중국	59	61	62	63	64	65	66	67	68	69	70	71

자료: United Nations, World Population Prospects: The 2017 Revision.

그리고 이는 현재까지도 계속되고 있는 숙명적 조건이다. 불리한 자연 환경은 식량과 자원의 해외 의존도를 높이고 경상수지 적자를 초래하는 요인이 되었다. 또한 토지와 부동산의 가격 상승을 유발해 경제주체들이 가격 상승 차익이라는 지대를 추구하도록 유도하는 등 우리 경제시스템의 진화를 제약하거나 왜곡하는 요인으로 기능하였다.

반면 열악한 자연 환경은 생존 기반의 확보를 위한 개인들의 교육과 노동력의 질 향상 노력을 촉발하고, 기업들로 하여금 기술개발에 노력하게끔 압박하는 등 경제시스템의 진화에 도움이 되는 측면도 있었다.

2) 사회 환경

소비자로서의 국민과 사회의 수요는 생존 욕구에 집중되었다. 남북 분단에 따른 사회적 혼란, 제조업의 약화 등으로 국민들의 생계가 더욱 곤란해지고 국가 안보도 불안해져 물질적 기반과 국가 방위력을 확보하는 것이 우선 과제가 된 것이다. 따라서 의식주와 밀접한 관련이 있는 농림어업, 경공업, 건설업과 방위산업에 대한 수요가 높았다고 할 수 있다.

도시화는 현대적 기업과 시장이 중심적 경제제도가 되게 함으로써 자본주의 경제체제의 기반을 제공한다. 기반조성기 도시화 정도는 절대적으로 낮은 수준에 머물렀다. 다만 해방에 따른 외국 이주민의 귀국, 한국전쟁 중의 북한 주민 유입 등에 힘입어 도시화율이 1946년의 17.0%에서 1960년에는 39.2%로 높아지는 등 도시화의 속도가 매우 빨랐다. 따라서 제조업과 서비스업 관련 기업의 설립 확대와 시장메커니즘의 확충 필요성이 급속히 높아지고 있었다. 요컨대 자본주의 경제체제를 구축할 수 있는 기반이 확대되고 있었던 것이다.

| 표 II-2 | 기반조성기 중 인구수 증감률 및 연령별 인구 구성비 추이 |

(만 명, %)

연도	인구수				인구수 증감률[1]				연령별 인구 구성비			
	총인구	14세 이하	15~64세	65세 이상	총인구	14세 이하	15~64세	65세 이상	총인구	14세 이하	15~64세	65세 이상
1940	2,355	n.a	n.a	n.a	6.0	n.a	n.a	n.a	n.a	n.a	n.a	n.a
1944	2,512	n.a	n.a	n.a	6.7	n.a	n.a	n.a	n.a	n.a	n.a	n.a
1949	2,017	n.a	n.a	n.a	-19.7	n.a	n.a	n.a	n.a	n.a	n.a	n.a
1955	2,150	n.a	n.a	n.a	6.6	n.a	n.a	n.a	n.a	n.a	n.a	n.a
1960	2,499	1,058	1,369	73	16.2	n.a	n.a	n.a	100.0	42.3	54.8	2.9

주: 1) 직전 조사 연도 대비 증감률
자료: 통계청, 인구총조사

한편 농지 개혁과 함께 한국전쟁 종식으로 대다수 농민의 생계 기반이 구축되고 사회가 안정되면서 인구가 빠르게 늘었다. 해방 직전인 1944년 2,500만여 명이었던 인구는 한국전쟁 후인 1955년 2,150만 명으로 줄었으나 이후 빠르게 늘어 1960년에는 2,500만 명 선을 거의 회복하였다. 또한 국민의 교육열이 폭발하여 초

중등 학생이 급속히 확대되었다. 1945년 137만 명이었던 초등학생 수는 1960년 362만 명으로 3배 가까이 늘었고 중·고등학생 수도 빠르게 증가하였다. 이에 따라 인구의 양과 질이 크게 개선되었다. 이는 한국경제시스템의 진화 잠재력이 크게 확충되고 있음을 의미한다.

표 Ⅱ-3	기반조성기 중 각급 학교별 학생 수 추이		

(천 명)

연도	초등학생	중학생	고등학생
1945	1,373	10	−
1950	2,658	381	−
1955	2,947	480	268
1960	3,621	529	273

자료: 한국경제 60년사 편찬위원회(2010), ≪한국경제 60년사 Ⅴ. 사회복지·보건≫ 표 5-1, 2, 3.

3) 세계 정치경제 환경과 국내외 경쟁 상황

기반조성기 중 세계경제 여건을 보면 이른바 '자본주의의 황금기'로서 미국을 선두로 서유럽과 일본 등이 빠르게 발전하고 있었다. 각국의 전후 복구 투자와 소비 급증으로 세계경제 성장률이 5% 내외의 높은 수준을 유지하였다. 그러나 기반조성기에는 국내 기업의 국제 시장 참여도가 낮았다. 냉전체제와 배일주의의 영향으로 지리적으로 가까운 무역 상대국이 부족해져 무역 활동에 종사하는 기업이 많지 않았던 데다, 정부도 사회간접자본 확충 그리고 수입 대체 산업 육성이 시급하다는 판단하에 자립적 경제구조를 확립하는 데 치중하였기 때문이다. 이처럼 우리 경제의 개방도가 낮음에 따라 당시의 유리한 통상 및 경제 여건을 효과적으로 활용하지 못했다.

지정학적 여건은 기반조성기 한국경제시스템의 진화에 큰 영향을 미쳤다. 냉전체제 속에서 한반도가 남북한으로 분단되어 동아시아 지역에서 자본주의 진영과 공산주의 진영의 최전선에 위치하게 되었고, 남북한 간의 이데올로기적 대립과 경쟁이 첨예해졌기 때문이다. 특히 한국전쟁과 이에 따른 냉전의 심화는 한국경제시스템의 ST 발전에 심각한 악영향을 미쳤다. 냉전 상황을 빌미로 이승만 정부가 반공 정책을 국민의 양심의 자유와 결사의 자유를 제한하는 수단으로 악용하였고,

비포용적인 독재정치체제를 유지할 수 있었다. 정부 주도의 권위주의적 사회구조와 질서가 형성되어 개인들의 자유로운 정치적 참여와 기업인 단체, 노동조합 등의 설립을 통한 사회적 조직화가 제한되었다.

열악한 지정학적 여건에 비민주적인 기초 ST까지 가세하면서 사회 전반에 걸쳐 수직적·갈등적 사회 관계 및 조직 지배구조가 형성되고 사회적 신뢰와 협력이 확산되지 못하는 결과를 빚었다. 냉전체제와 남북 대립이라는 지정학적 여건이 한국경제시스템의 포용성을 낮추는 요인으로 작용한 것이다.

기반조성기의 국내외 경쟁 조건을 보자. 국내 경쟁은 전반적으로 낮은 수준에 머물렀다. 우선 산업구조에 있어 자급자족형 농업이 주를 이루었다. 이에 따라 시장 판매를 중심으로 하는 기업의 설립과 기업 간 경쟁이 제한되었다.

| 그림 II-4 | 기반조성기 중 세계경제 성장률[1] |

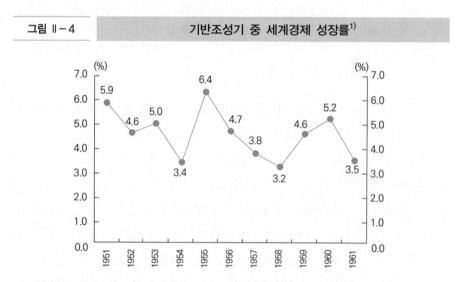

주: 1) 1979년 이전 성장률은 Maddison Project에 의해 산출된 성장률 추정치.
자료: Groningen Growth and Development Center, Maddison Historical Statistics.

제조업과 서비스업 등에서의 현대적 기업과 시장은 북한 지역의 상실, 한국전쟁 등의 충격을 극복하고 발전하기 시작하는 단계에 머물렀다. 또한 국내시장의 규모가 작았기 때문에 외국 기업의 국내 진출이 많지 않았다. 국제 경쟁도 그리 높지 않았다. 세계경제가 높은 성장세를 보였고, 냉전체제에 따른 세계시장의 양분과 선진국의 정치적 목적을 위한 자국 시장 개방 등으로 미국 등 세계 주요 시장에서의 국제 경쟁 정도도 크게 높지 않았다. 다만 기반조성기에는 국내 기업의 국제 시장 참여도가 낮았기 때문에 낮은 국제 경쟁도가 우리 기업에 큰 의미가 있었다고 볼 수는 없다.

결론적으로 기반조성기 국내외 경쟁은 비교적 낮은 수준에 머물렀다고 할 수 있다. 다만 인구 증가, 농업 기반의 구축, 그리고 생활필수품 제조업의 발전으로 국내시장의 규모가 점차 커지고 기업 수도 늘어나면서 1950년대 중반 이후 국내 시장에서의 경쟁 압력이 점차 높아지기 시작하였다.

라. 진화 메커니즘 작동과 진화 인자의 진화 현황

1) PT

기반조성기 PT와 관련한 진화 메커니즘의 작동 상황과 진화 현황을 산업용 PT(기술)와 과학으로 나누어 살펴보자. 기초의 산업용 PT는 전통 농업을 제외하고는 보잘것이 없었다. 물론 농업조차도 기계보다는 노동에 전적으로 의존하는 수준이었다. 제조업이나 서비스업 관련 PT는 일제강점기에도 못 미치는 수준이었다. 다음으로 PT의 적합도함수에서 가장 중요한 역할을 하는 소비자 선호는 생계 확보에 집중되어 있었다. 해방과 한국전쟁으로 사회가 혼란한 상황에서 국민들은 생존을 위한 의식주의 해결과 국방 및 치안 확보가 시급하였기 때문이다. 물론 농업이나 생활필수품 경공업보다 생산성 수준이 높고 진화 잠재력이 높은 중화학공업, 서비스업 등을 선택해 발전시킬 수도 있었으나, 당시의 소비자 선호에 맞지 않았고 PT 역량이나 자본 동원 능력 등의 부족으로 매우 어려웠다.

따라서 기반조성기 PT의 진화는 의식주 등 생존 욕구를 충족하는 산업인 농림어업, 생활필수품 중심의 경공업과 건설업 관련 기술에서 주로 나타났다. 이는 기반조성기의 특성상 자연스러운 현상이기도 하다. 구체적인 PT 개발 활동은 주로 농업 및 생활필수품 제조업 분야에서 가계와 기업이 개별적으로 진행했다. 농가와 기업들은 이전부터 보유하고 있던 전통적 농경 PT와 초보적인 상품 제조 PT를 복제하거나 소폭 개량하여 사용하였다. 특히 신생 정부가 실시한 농지 개혁은 농업 관련 PT의 진화에 새로운 전기를 마련하였는바, 대다수 농민이 농지를 소유하게 됨에 따라 이들의 개발 의욕이 크게 향상되었다. 다만 농업의 자연 의존적 특성과 영세한 경작 규모 등으로 농업 관련 PT의 진화 잠재력은 한계가 있었다.

제조업 관련 PT는 체계적으로 개발되지 못하였다. 일본인의 철수 등으로 사회 내 부존량이 워낙 적었고, 개발을 위한 정부, 대학과 기업의 역량이 크게 부족하였기 때문이다. 그럼에도 불구하고 귀속 기업 불하에 따른 기업인의 활동 증가 및 정부의 수입 대체 공업화 추진 등으로 수요가 큰 경공업에서 PT의 진화가 비교적 빠르게 이루어졌다. 생활필수품 경공업이나 건설업 등은 중화학공업과 같은 현대적 산업에 비해 관련 PT의 전문성이나 복합성이 낮지만, 농업에 비해서는 전문성이 높기 때문에 진화 잠재력이 컸고 실제 진화 속도도 빨랐다.

이를 통계를 통해서 보자. 기반조성기 중에는 농림어업의 비중이 매우 컸다. 농림어업 종사자가 전체 취업자의 80% 수준을 유지하고 농림어업 생산액이 전체 GDP의 40%를 차지하였다.

표 II-4	기반조성기 중 농수산업 취업자의 비중 추이		

(%)

연도	1953	1956	1960
취업자 비중	79	78	80

자료: 한국경제 60년사 편찬위원회(2010), ≪한국경제 60년사 II. 산업≫ p. 14 내용 참조.

한편 농지 개혁으로 대부분의 농지가 자작농에게 분배되어 인센티브가 높아짐에 따라 각 농가는 생산성 향상을 위한 농업 기술의 개선 및 노동 투입량 증대에 노력하였다. 이에 따라 1955~60년 중 단위 농지당 곡물 생산량이 단보당 0.927석으로 1936~40년 중의 0.845석에 비해 높아졌다. 다만 농업은 기본적으로 생산 방식이 육체노동과 자연에 주로 의존하는 데다 생산물의 분배 방식도 자급자족적이고 비시장적이어서 기술 향상과 사회적 경쟁/협력의 확산을 가져오기 어렵다. 기술의 낮은 전문성과 복합성 때문에 진화 잠재력이 낮은 것이다.

제조업은 GDP 비중이 10%대에 머물러 절대 비중이 작았으나 매우 빠르게 성장하였다. 제조업 중에서는 국민의 생활필수품 수요와 미국의 원조에 기반해 발전한 비내구 소비재 제조업의 비중이 컸다. 의류 및 식료품 제조업, 주택건설업 등과 여타 생활필수품 관련 산업은 농업에 비해 기술의 복합성과 전문성이 높고, 무

표 II-5			농지 개혁 전후 소작지 면적의 변화			

(천 정보, %)

연도	총 농지	자작지	소작지			소작지 비율
			조선인 소작지	일본인 소작지	총 소작지	
농지 개혁 전						
1945. 12	2,226	779	1,174	273	1,447	65.0
1947. 12	2,193	868	1,052	273	1,325	60.4
1949. 6	2,071	1,400	597	74	671	32.6
농지 개혁 후						
1951. 12	1,958	1,800	159		159	8.1
1957	2,015	1,924	91		91	4.5
1960	2,041	1,798	243		243	11.9

자료: 한국경제 60년사 편찬위원회(2010), 《한국경제 60년사 II. 산업》 표 2-2.

엇보다 시장화가 용이하다. 이 때문에 차별화 등의 진화 메커니즘이 효과적으로 작동한다. 따라서 기반조성기 동 분야에 새로운 기업이 활발히 진입하고 경쟁도 심해지면서 PT의 차별화와 복제가 크게 늘어났다. 특히 후반기로 진입하면서 3백산업3) 등의 경우 국제 시장 진출을 도모하는 기업들이 나올 정도에 이르러, 일제 강점기 당시의 수준을 넘어섰다.

정부는 휴전 이후의 외국 원조 자금을 전후 복구에 필요한 시멘트 및 판유리 공장 건설, 방적 생산 시설 및 염색 가공 공장 건설에 투자하였다. 동 산업 소속 일부 기업들은 외국의 기술을 도입하여 공장을 건설하고 가동하면서 생산과 운영에 관한 기술력을 축적해나갔다. 특히 화학산업에서는 한국전쟁 이후 제당, 제지, 합성섬유 등 소비재 공업을 중심으로 PT 개발이 진전되어 1960년대 초에는 염산, 황산, 가성소다 등 기초 화학 제품과 도료, 화약, 농약 등이 생산되기 시작하였다. 1957년, 1958년에는 문경시멘트공장과 인천판유리공장, 충주비료공장이 각각 건설되어 발전의 계기를 맞았다. 이러한 노력에 힘입어 1954~60년 중 광공업은 연

---

3) 제분, 제당, 면방직의 3가지 산업을 말한다. 한국전쟁 이후 미국은 우리나라의 식량 부족 등을 완화하기 위한 구호 원조 물자로 밀, 설탕, 면화 등의 농산물을 대규모로 제공하였는데, 3백산업은 이들 원료를 가공하는 대표적인 산업이다.

평균 11% 정도 성장하였다. 국내총생산(GDP)에서 차지하는 제조업의 비중도 1953년의 7.8%에서 1960년에는 12.1%로 크게 높아졌다.

| 표 II-6 | 기반조성기 중 산업별 GDP 구성비 추이 |

(%)

연도	1953	1954	1955	1956	1957	1958	1959	1960	1961
농림어업	48.2	41.0	45.8	48.5	46.7	42.5	35.8	39.0	40.8
광업	1.1	1.0	1.1	1.2	1.6	1.7	2.0	2.4	2.1
제조업	7.8	10.3	10.2	10.3	9.6	10.9	11.9	12.1	12.5
(경공업)[1]	(n.a)	(n.a)	(n.a)	(n.a)	(n.a)	(n.a)	(n.a)	(n.a)	(n.a)
(중화학공업)[2]	(n.a)	(n.a)	(n.a)	(n.a)	(n.a)	(n.a)	(n.a)	(n.a)	(n.a)
전기, 가스 및 수도업	0.4	0.4	0.4	0.2	0.5	0.8	0.6	0.6	1.0
건설업	2.2	2.7	3.1	2.9	3.5	3.3	3.5	3.3	3.2
서비스업	40.3	44.6	39.3	36.9	38.1	40.8	46.2	42.6	40.5
(전통적 서비스)[3]	(16.3)	(17.0)	(17.1)	(17.3)	(16.7)	(16.9)	(19.3)	(16.9)	(16.9)
(현대적 서비스)[4]	(24.0)	(27.5)	(22.2)	(19.7)	(21.5)	(23.9)	(26.9)	(25.7)	(23.6)
합계	100.0	100.0	100.0	100.0	100.0	100.0	100.0	100.0	100.0

주: 1. 음식료품 및 담배, 섬유 및 가죽 제품, 목재, 종이, 인쇄 및 복제, 기타 제조.
    2. 석탄 및 석유 제품, 화학 제품, 비금속광물 제품, 1차 금속 제품, 금속 제품, 기계 및 장비, 전기 및 전자기기, 정밀기기, 운송 장비.
    3. 도소매 및 음식숙박, 운수 및 보관, 문화 및 기타 서비스.
    4. 금융보험, 부동산 및 임대, 정보통신, 사업 서비스, 공공행정 및 국방, 교육, 보건 및 사회복지.
자료: 한국은행(국민계정, 경제활동별 명목 GDP).

산업용 PT의 기초가 되는 과학은 기반조성기 중 매우 낮은 수준에 머물렀다. 특히 해방 직후에는 일본인 과학자의 귀국 등으로 해방 이전보다 더 열악한 상태였다. 문과 중심의 대학 구성, 민간 및 정부 연구소 설립 부진 등으로 기초과학과 공학이 거의 황무지 상태인 가운데 정부의 과학기술 진흥 정책 추진 역량도 미흡하였다. 다만 국방부 과학연구소 등 소수의 국가 연구기관과 원자력연구소의 설립, 서울대학교 등 일부 대학의 이공계 설치와 해외 이공계대학 유학 등으로 과학 발전을 위한 노력이 시작되었다.

정부나 대학교 등의 과학 교육 여건 역시 매우 열악했다. 광복 직후 우리나라의 유일한 이공계 정규 대학은 경성제국대학 이공학부(1947년에 서울대학교로 통합)뿐이었으며, 한양대학교와 연희대학교 정도가 이공계 대학을 갖고 있었다. 1950년대 들어 사정이 조금 나아지기 시작했다. 1952년 국립경북대학교 등 지방 국립대학들이 설립되면서 이학부가 신설되었고 이후 서울 소재 대학들이 이학부를 설치하였다. 1961년까지 20개가량의 종합대학교가 이학부를 설치하였다. 이 밖에 이공계 교수와 학생들의 미국 유학 붐이 일어 1953년부터 3년간 1,700여 명의 자연과학계 학생이 미국 유학을 떠났다. 그러나 과학기술 인력 양성의 핵심 요소인 교수와 연구 기자재는 여전히 매우 부족한 수준에 그쳤다.[4]

결론적으로 기반조성기에는 과학, 특히 산업과 관련 깊은 공학의 발전이 지체되어 PT의 자체적 연구개발 능력은 고사하고 외국의 것을 학습, 복제할 능력조차 부족한 형편이었다. 중반기 들어 정부의 주도로 점차 대학 등의 교육 체제가 갖추어지고 해외 유학도 시작되면서 선진국 PT를 학습하고 도입할 수 있는 기반을 마련해나갔다.

2) ST

기반조성기의 기초 ST는 조선시대와 일제강점기에 형성된 정치제도와 규범, 국가 주도 자본주의 경제, 수직적·국가 중심 집단주의 문화 등이 중심이 되었다. 임시정부의 민주주의 전통, 미군정이 이식한 민주주의와 자본주의가 혼재하였으나 영향력이 미약하였다. 이 밖에 일제에 의한 국권 상실의 경험에 따른 민족주의 또는 국가주의 의식, 즉 집단주의가 강해져 있었다. 한편 기반조성기의 ST 변화에 가장 큰 영향을 미친 적합도함수 요소는 냉전체제와 극심한 남북한 대립이라는 지정학적 여건, 절대 빈곤과 국방 불안으로 인한 국민의 생존 욕구에 대한 집중이라고 할 수 있다. 한편 앞서 본 것처럼 농업과 생계형 제조업 중심의 PT도 ST의 진화에 큰 영향을 미쳤다.

가) 정치제도

기반조성기 초의 역사적 상황에 비추어, 정치제도는 두 가지의 차별화된 진

---

4) 한국경제 60년사 편찬위원회(2010), 《한국경제 60년사 Ⅱ. 산업》, p. 518 참조.

화 경로를 대안으로 가지고 있었다. 상하이 임시정부와 미군정에서 경험한 민주주의 정치체제, 그리고 전제왕정 시대와 일제강점기에 경험한 독재정치체제가 그것이다. 다만 당시의 남북 분단 상황에 따른 체제 경쟁과 미국의 후원 등으로 볼 때 우리 정치제도는 사실상 미국식의 민주주의로 귀결될 수밖에 없었다. 이는 정치 소비자인 다수 국민들의 선호에도 합치되었다. 이에 따라 한국은 민주주의 정치체제를 도입하였다. 이로써 한국은 형식적으로는 국민들 모두에게 인센티브를 제공하는 포용적이고 진화 친화적인 국가 지배 체제를 갖추었다. 정부가 여러 사회계층에 골고루 정치경제적 참여의 기회를 제공하고, 공정한 절차에 기반한 구성원 간 경쟁/협력을 촉진하며, 다양한 사회 세력의 의사를 두루 반영한 정책을 수립하여 집행할 책임을 지게 되었다.

그러나 현실은 이와 상당히 다르게 전개되었다. 우선 민주주의의 기반인 기업 설립, 노동조합 및 각종 시민단체 결성 등 여러 사회계층별 조직화를 통한 사회구조의 다원화가 미흡하였다. 특히 한국전쟁과 이후 냉전적 남북 갈등의 여파로 반공 사상이 사회를 지배함에 따라 사상과 결사의 자유가 제한되어 폭넓은 스펙트럼을 갖는 다양한 정당과 사회단체의 설립이 제한되었다. 이에 따라 정부가 민간에 대해 우위를 점하게 되었고, 제반 정치경제적 의사결정을 주도할 수 있게 되었다. 정치가 광범위한 다수 계층의 필요와 의사보다는 집권 세력의 의사와 이익을 주로 반영하게 되었고, 국민의 반발 속에 경찰 등 공권력에 수시로 의존하면서 포용성 또는 책임성 있게 운영되지 못하였다.

시간이 경과하면서 정치제도는 집권 세력의 수요에 맞추어 점차 독재 체제로 변화했다. 집권 세력은 정치군사적·경제적 자주독립을 최우선 목표로 내걸고 거의 조직화되어있지 못했던 여타 사회 분야를 지배하였다. 남북한 간 대립과 체제 경쟁을 악용하여 야당을 포함한 국민의 정치적 자유와 사회적 참여를 억압하였다. 정부의 지배구조도 유교적 문화와 일제강점기의 지배구조 등을 답습하여 수직적 구조를 유지, 강화하였다. 이승만 정부가 일제강점기의 관료 체제와 관료 집단을 승계한 데다, 유교적 전제정치 가치관을 자신의 입지를 강화하기 위해 악용했었다는 점이 이를 부추겼다. 또한 당시 국민의 주된 선호가 생존 욕구에 치우쳐 있고, 주요 PT가 농업이어서 정치적 상황이 국민의 일상생활과 경제활동에 미치는 영향이 적었던 것도 독재 체제에 대한 거부감을 줄이는 요인으로 기능하였다. 집권세력이 실시한 농지 개혁이 농민의 지지를 유지하는 데 기여하기도 하였다.

독재 체제의 성립에 따라 정치 분야에서의 진화 메커니즘 작동은 크게 제한되었다. 이념과 정책 노선이 다양한 다수 정당·단체의 설립이 제한되었고 이는 곧 제 사회계층의 수요를 두루 반영한 정책의 차별화와 선택을 저해하였다. 다수 계층의 의사와 이익이 정책에 적절히 반영되지 못하였으며, 이는 곧 국민의 자유와 참여의 제한 그리고 이에 따른 반정부 세력의 저항 증가 및 정치적 불안으로 이어졌다. 정치의 책임성이 약화된 것이다. 공권력을 사유화하고 사회정의를 훼손하는 독재 체제가 성립하여 정부가 법률과 규칙을 준수하지 않게 되어 법치주의의 원칙이 무너졌다. 이는 부정부패의 증가, 공정한 거래와 소유권의 보호 미흡, 그리고 사회적 투명성과 신뢰의 악화를 초래하였다. 사회 내 구성원 간 자발적 경쟁/협력이 약화되고 기업 설립 및 시장 거래의 확산이 저해되었으며 결국 자본주의 경제 체제의 기반을 약화하는 요인이 되었다.

독재 체제의 등장은 정부의 효율성을 크게 낮추었다. 국민의 정치인 및 관료에 대한 불신 나아가 정부 정책에 대한 불신이 높아져 정책 기반을 훼손하였다. 독재 체제의 유지를 위한 관료의 동원 역시 관료의 인센티브 약화와 정부 지배구조의 혼선을 불러와 정책의 효율성을 낮추는 요인이 되었다.

나) 경제제도

기반조성기의 기초 경제제도는 일제가 도입하고 미군정이 유지한 정부 주도 자본주의 시장경제체제라고 할 수 있다. 한편 기반조성기 초 경제제도의 진화와 관련하여 실현 가능성이 없는 전통경제체제를 논외로 할 경우 한국경제시스템은 크게 자본주의 시장경제체제, 공산주의 계획경제체제라는 두 가지 선택지를 갖고 있었다. 전자는 이미 일제강점기에 정부의 개입이 심한 형태이긴 하나 경험한 바 있었다. 후자는 당시 다수 개발도상국들이 관심을 갖고 있었고 인근 국가인 러시아, 중국 등에서 채택하였으며, 무엇보다 대치 관계에 있는 북한이 선택한 체제였다. 그러나 우리 사회는 경제체제의 선택에서 자유가 거의 없었다. 남북 분단과 냉전체제 그리고 미국의 후견인 역할 등으로 자본주의 시장경제체제를 선택할 수밖에 없었다. 특히 대한민국 정부 수립을 주도한 세력 중에는 친미, 친자본주의자들이 많았다. 이들이 정치를 주도하는 가운데 경제체제의 선택에 영향력을 행사하였다.

결과적으로 당시 우리가 자본주의 시장경제체제를 선택한 것은 한국경제시스템의 진화를 촉진하는 중요한 계기가 되었다. 동 체제가 광범위한 경제주체에 대한 인센티브 제공, 대중 주도의 의사결정, 다수 경제주체의 경쟁/협력 촉진 등의 장점을 갖고 있어 공산주의 계획경제체제보다 진화 잠재력이 우수하기 때문이다.

기반조성기 경제제도의 진화를 구체적으로 보자. 우선 기업 설립의 자유는 두 가지가 엇갈렸다. 당시 주요 경제 단위의 구성을 보면 생계 확보의 시급성, 농지 개혁 등에 힘입어 농림어업을 영위하는 자급자족형 가계가 주요 생산 단위로 기능하였다. 특히 농지 개혁은 자영 농가를 확산, 정착하는 데 획기적 전기가 되었다. 그러나 자본주의적 기업의 설립은 부진하였다. 자유 기업 제도와 시장경쟁 메커니즘을 기반으로 하는 자본주의 시장경제체제의 도입에도 불구하고 수요의 부족과 PT의 발전 미흡으로 기업이 사회 전반으로 확산되지는 못하였다. 시장도 널리 확산되지 못하였다. 따라서 이 당시 경제시스템은 자급자족적 농업경제 시스템에 가까웠다고 할 수 있다.

현대적 산업 부문에서의 기업 설립 상황을 구체적으로 보면 우선 기업의 증가가 생활필수품 관련 산업에 국한되었다. 농업 중심의 경제구조와 도시화 미흡으로 시장 수요가 부족하여 기업의 활동 기반이 넓지 않았다. PT 수준이 낮은 것도 기업 설립이 부진한 중요한 원인이었다. 국내 과학과 기술은 생활필수품 관련 산업을 제외하고는 거의 황무지 수준이었다. 따라서 새로운 PT를 바탕으로 새로운 BD를 구상하고 기업을 설립할 수 있는 경제주체의 역량이 크게 부족했다. 사회 내 공정한 거래 및 성과 분배 규칙이 정립되지 못하고, 비인격적인 신뢰가 부족한 것도 기업가와 전문기술자 간의 협력에 바탕한 기업의 설립을 제한했다. 귀속 기업 등 일부 대기업이 있었지만 이들은 대부분 정경유착을 통한 독점을 추구하였다. 이처럼 기업의 설립과 성장이 수요 및 시장 상황보다는 정책 및 행정적 조치와 사업주의 정치인과의 연고에 의해 좌우된 것도 기업 설립이 사회 전반으로 확산되는 데 걸림돌로 작용하였다.

다만 한국전쟁 후에는 상황이 점차 개선되었다. 정부가 경제 자립과 전후 복구를 위해 사회간접자본을 확충하고 시멘트, 철강 등의 기간산업을 육성하였다. 생활필수품을 생산하는 식품 가공 및 섬유의복 제조 분야에서는 민간 기업의 설립이 활발하였다. 경공업 등에서는 풍부한 잠재 수요를 바탕으로 생활필수품 제조 관련 기업체 수가 크게 늘어나고 상품 생산량도 비교적 빠르게 증가한 것이다.

다음으로 시장메커니즘의 작동이 제한되었다. 무엇보다 상품 시장에서의 경쟁이 활발하지 못하였다. 기반조성기의 산업구조를 보면 취업자의 80%가 농업에 종사하는 농업 중심의 산업구조였다. 농업은 자급자족형 산업이고, 경쟁 기반 거래 메커니즘인 시장의 역할이 많이 필요하지 않다. 게다가 당시에는 도시화 수준과 소득 수준이 낮았다. 이에 따라 시장 규모가 절대적으로 작았고 제조업 등 시장을 필요로 하는 산업 분야에서는 기업 수가 적었다. 그 결과 시장메커니즘이 경제시스템 전반으로 확산되지 못하였다.

생산요소 시장에서는 정부의 영향력이 지배적임에 따라 경쟁 원리가 크게 제한되었다. 무엇보다 정부의 금융산업 통제와 외국 원조 자금의 독점 관리로 자본 시장에서 정부의 영향력이 매우 컸고, 노동시장 역시 만성적인 노동력 공급 과잉으로 적절히 기능하지 못하였다.

종합하면 기반조성기에는 다수 기업의 참여와 공정한 거래 규칙에 기반한 시장경쟁 메커니즘의 작동이 미흡한 가운데 민간 경제주체들의 자율적 협력을 통한 기업 설립 등이 전반적으로 부진하였다. 이에 따라 상품 시장과 생산요소 시장 모두에서 경쟁/협력이 낮은 수준에 그쳤다. 다만 국민 선호가 집중되었던 생활필수품 제조업에서는 한국전쟁 이후 기업 수가 빠르게 늘어나고 시장메커니즘도 작동하기 시작하였다.

한편 기업 지배구조는 집권적 모습을 유지하였다. 이는 기초 ST의 경영자 독재직 특성, 기반조성기의 노동력 공급 과잉에 따른 사용자 우위 노사 관계 지속 등의 영향으로 소유자 또는 지배 주주가 기업을 독단적으로 경영하는 데 별 저항이 없었기 때문이다. 기업 지배구조를 둘러싼 환경도 집권적 지배구조 유지에 큰 무리가 없었다. 대다수의 기업이 생활필수품 제조·판매업, 무역업 등에 종사하는 중소기업이었기 때문에 소유자와 경영자가 분리되지 않았다. 귀속 재산 불하 등으로 대기업이 일부 발달하였으나 일제강점기 때 활동했던 기업가들이 대부분 인수, 경영했기 때문에 일제강점기식 집권적 기업 지배구조를 가졌다. 집권적 기업 지배구조와 낮은 PT 수준의 영향으로 종업원의 경영 참가는 거의 이루어지지 않았다. 노사자치주의에 기반한 노동관계법의 시행은 이러한 상황을 바꾸는 데 큰 영향을 미치지 못했다. 이에 따라 경영자인 대주주가 노동자, 소수 주주 및 지역 주민 등의 이익을 배려하고 경영에 참여시키려고 노력하는 경우도 거의 없었다. 결과적으로 당시의 한국경제시스템은 개인 자본주의 단계에 머물렀다.

조직 운영 원리도 지배 주주 또는 사주가 기업을 전적으로 지배하는 수직적 운영 원리에 기초하였다. 일제의 경험, 유교 문화 등의 영향으로 상명하복식 강압적 규칙이 주를 이루었고, 분권적·자율적인 기업 운영 원리는 노동시장 상황, 정치 상황, 권위적 문화 등으로 인해 거의 대안으로서 기능할 수 없었다. 노사 관계 역시 노동관계법의 제정과 노동조합의 증가 등에도 불구하고 가부장적 권위주의 문화, 노동 수요 우위의 시장 상황, 남북한 체제 경쟁과 일제하의 노동운동 탄압 경험 등으로 사용자가 우위에 있는 구조가 지속되었다. 따라서 노사의 상호 신뢰와 존중에 기반한 협력을 기대하기 어려웠다. 특히 남북 대립 및 세계 냉전이 심화되고 이러한 여건을 정권과 기업가 등이 권위주의적 통치 및 기업 경영에 악용함으로써 경제 분야에서 수평적 관계의 정착과 시장 거래 당사자 또는 기업 내부 구성원 간의 자발적 경쟁/협력을 저해하였다.

정부는 물론 기업의 조직 원리와 지배구조도 수직적·집단주의적 가치에 지배되면서 사회 전반에 걸쳐 정치 지도자나 기업 소유주(또는 경영자) 등 지도층이 권위주의적으로 조직을 지배하는 모습을 보였다. 기업들은 대부분 특정 개인 기업가가 여타 종업원을 일원적으로 지배하는 구조를 가지게 되었고 정부도 대통령이 일원적으로 지배하는 독재 체제로 바뀌어갔다. 이는 곧 시장메커니즘과 기업 등 각종 조직체의 확산 부진으로 이어졌다.

다) 문화

기반조성기 문화의 진화 추이를 보면, 새로운 정치경제체제의 도입 등 공식적 제도와 규칙의 변화가 컸음에도 불구하고 주도층의 이익이 강하게 영향을 미치면서 진화 촉진적인 방향으로의 변화가 제한되었다. 문화의 경로 의존성도 이에 기여하였다.

기반조성기 초 우리 사회가 전 시대로부터 물려받은 문화는 전제왕정기의 유교적 가치관과 일제강점기의 강압적 집단주의 관습이 주를 이루었다. 일제강점기 이래 이어진 극심한 빈곤과 국권 상실의 경험으로 대다수 국민은 스스로의 생계와 안전을 최우선으로 하는 생존 지향적 가치관을 갖고 있었다. 한편 건국과 더불어 민주주의와 자본주의에 기반한 정치경제체제를 수립함으로써 한국경제시스템은 동 체제가 내재한 문화를 새로운 대안으로 선택할 수 있게 되었다. 기존의 유교적·수직적 가치관 및 일제강점기형 국가 중심 집단주의 질서에서 벗어나 개방적이고 자율성·다양성을 존중하는 민주적인 문화, 자기 책임하의 이익 추구를 위해 자발적으로 경쟁/협력하며 혁신해나가는 자본주의 시장경제체제의 질서를 도입할 기회였다.

초기 문화 분야에서의 차별화는 주로 공적 학교 교육 등을 통해 민주주의와 자본주의 체제의 가치관이 신세대에게 보급되면서 이루어졌다. 그러나 문화 역시 사회 주도층의 의사·이익에 큰 영향을 받는바, 공식적 제도의 변화에도 불구하고 기존의 지배층 중심의 배타적 문화를 유지하려는 노력이 정치 지도자와 기업 경영층 등을 중심으로 진행되었다. 이러한 노력은 이승만 정권의 집권 연장 시도와, 기업주들의 일제강점기 지배구조와 조직 운영 방식의 유지에서 잘 드러난다. 또 문화의 비제도적·인습적 특성 때문에 문화 진화에서는 경로 의존성이 강하게 작용하였다. 이에 따라 기존의 문화와 새로운 문화가 세대별로 나뉘어 보급되어 상호 충돌하는 가운데 기존의 문화가 우위를 유지하는 모습을 보였다.

이를 네 분야별로 살펴보자. 우선 개인의 행동 관련 규범에서는 유교의 사회적 성취 또는 출세 지향적 현세 중심 가치관이 민주자본주의의 개인적 자유와 근면, 물질 중심 가치관과 비교적 잘 조화되었다. 일제강점기에 자본주의를 이미 경험하였기 때문에 개인의 행동 규범에 큰 변화가 없었다고도 할 수 있다. 이에 따라 점차 자조와 근면을 중시하고 운명보다는 자신이 인생의 주역이라는 의식이 강해졌다. 특히 농지 개혁은 대다수 국민에게 최소한의 경제적 생존 기반을 구축할 수 있게 해주어 경제적·사회적 성취를 추구하는 개인 문화 규범이 확산되는 데 기여하였다. 국민의 경제활동 및 사회 참여 의지가 강해지고, 무엇보다 교육열이 크게 높아졌다. 현세적 가치를 지향하는 유교적 전통과 물질적 가치를 지향하는 자본주의가 상호 정합적인 데다 기업 활동의 자유, 농지 개혁 등이 실질적인 계기를 제공함에 따라 사회 전반에 친자본주의적 개인 행동 규범과 질서가 점차 자리 잡기 시작하였다. 이것은 곧 교육의 확산과 농업 부문 및 경공업 등에서의 경제활동 증가로 이어졌다.

협력 관련 규범에서는 대체로 신·구 가치관이 상충하는 모습이 나타났다. 민주자본주의는 거대 및 중소 자본가 계층, 지주 계층, 노동자 계층 등 다양한 계층과 이들의 조직화로 형성된 다원적인 사회구조를 핵심적인 존재 기반으로 삼는다. 개인의 자유와 평등, 그리고 대중의 자발적 참여하의 수평적 경쟁/협력을 중시한다. 그러나 전통적인 유교의 경우 농촌공동체 기반 전제 왕정 사회를 전제하기 때문에 국가와 개인 또는 개인이 혈연을 기반으로 확대된 공동체인 가족만을 상정한다. 국가와 개인(또는 가족) 사이에 존재하면서 다원적 사회구조를 만들어주는 다양한 사회계층과 조직의 중요성을 인식하지 못한다. 또한 유교 전통은 통치자인 왕을 정점으로 하는 계층적 사회질서, 즉 수직적 질서를 중시한다. 신뢰의 측면에서 보면 공정한 법과 규칙에 기반한 보편적·규범적 신뢰보다는 혈연과 학연·지연을 중심으로 하는 인격적·온정적 신뢰에 기반한다. 이에 따라 보편적·사회적 신뢰와 평등한 질서에 기반한 사회적 참여와 협력에 소홀하다. 경제적 측면에서 보면 비인격적(보편적) 신뢰에 바탕한 다수 주체의 조직화, 특히 다수의 개인이 동업자로 참여하는 기업, 협동조합, 비영리단체 등과 같은 협력체의 형성이 제한될 수 있는 것이다.

기반조성기 우리 사회에서는 이러한 특성이 강하게 나타났다. 우선 유교 규범의 몰사회성과 국가 우위 집단주의 가치관으로 인해 다양한 사회조직과 계층이 제한적으로 형성되는 데 그쳤다. 자본주의 경제체제의 확산이 미흡하여 다양한 이익집단이 형성되지 못한 것도 이에 기여하였다. 다만 상당수의 노동조합이 설립되어 노동자의 이익을 대변하고자 하였으나, 사용자에 대한 힘의 열세로 제구실을 못하였고 정치적으로도 영향력이 적었다. 다음으로 정치 지도층 중심의 일원적 사회구조, 유교의 수직적 사회관 그리고 집단주의가 맞물리면서 공정한 법적 규칙과 시장경쟁에 기반한 평등한 개인들 간의 경쟁/협력이 확산되지 못하였다. 또한 인치주의적 가치관과 인격적 신뢰에 기반한 사회 관계가 유지되고, 독재 정부의 연고주의 기반 경제 개입과 부정부패가 온존되면서 보편적 상호주의와 법치주의에 기반한 비인격적 신뢰와 협력의 확산이 제한되었다.

변화와 혁신에 친화적인 합리적·과학적 태도의 확산은 의무교육과 민주자본주의의 보급에도 불구하고 시장·기업 등 핵심적 자본주의 제도의 확산 부진, 과학의 저발전, 유교의 인문 중시 전통에 따른 과학·경제 경시로 비교적 느리게 진전되었다. 특히 권위주의적 집단주의 관행, 그리고 이념적 획일성에 따른 차이에 대한 불관용 등이 변화 친화성 증진을 가로막았다. 집단주의는 지도자 우위의 질서, 곧 권위주의적·획일적 질서로 이어져 상이한 의견을 용납하기보다는 획일적 규칙과 관점을 강요하였다.

미래 지향적인 시각의 확산은 유교의 근면 및 입신양명에 대한 중시가 자본주의의 미래 지향적 태도와 어우러지면서 비교적 신속하게 진전되었다. 이는 대다수 국민의 교육에 대한 열망과 소수 기업인들의 사업 확대 노력으로 표출되었다. 이러한 시각은 발전연대 중 정부의 경제개발 노력과 시너지를 이루면서 개인의 경제적·사회적 성취 욕구와 경제활동 참여로 이어지게 된다.

3) BD(사업계획)

기반조성기에는 PT와 마찬가지로 BD의 진화도 생활필수품 산업을 중심으로 이루어졌다. 소비자와 사회의 수요가 생계 유지를 위한 의식주에 집중되어 있었고 당시 생산 주체들이 보유한 PT도 동 산업에 제한되어 있었기 때문이다. BD 창출과 진화의 주체는 농가와 경공업 및 건설업 소속 기업 등이 중심이 되었다.

BD 진화 활동의 내용은 차별화와 선택보다는 복제가 중심이 되었다. 기초 역량의 부족, 불안정한 시대 상황, 자원과 인력의 부족, 시장 규모의 협소 등으로 새로운 PT의 도입이나 개발이 쉽지 않았고 민주자본주의 체제의 도입에도 불구하고 수직적·집권적 ST의 변화도 미흡하였기 때문에 새로운 BD의 차별화 기반 창출은 사실상 매우 어려웠다. 차별화된 BD의 부족, 시장의 확산 부진으로 BD의 선택 과정도 활발하지 못하였다. 다만 시간이 지나면서 복제의 효율성이 향상되었다. 한국전쟁 후 사회가 안정되는 한편 자본 및 노동력이 축적되었기 때문에 경공업을 중심으로 BD가 빠르게 늘어났다. 정부가 전후 복구 및 기간산업 확충을 위해 노력하고 미국 등의 원조 자금 및 물자가 도입되어 기업 수가 늘어나고 이들 간 경쟁도 높아졌다. 그 결과 1950년대 후반에는 3백산업 등에서 차별화 노력이 강화되었다. 도시화의 진전으로 생활필수품 수요가 증가한 것도 BD의 확대와 차별화 노력의 진전에 기여하였다.

참고로 BD와 관계가 밀접한 회사 수의 추이를 보면, 한국전쟁 직후인 1953년 4,700여 개였으나 이후 경제 환경이 안정되면서 매년 두 자리 수로 증가하여 1960년에는 1만 3,000여 개에 근접하였다.

표 Ⅱ-7		기반조성기 중 회사 수 및 증감률 추이		

(개, %)

연도	전체	신설	해산	제조업
1953	4,703(-)	n.a	n.a	n.a
1954	5,648(20.1)	1,162 (-)	217 (-)	n.a
1955	6,765(19.8)	1,217(4.7)	100(-53.9)	8,810
1956	8,264(22.2)	1,649(35.5)	150 (50.0)	n.a
1957	9,743(17.9)	1,605(-2.7)	126(-16.0)	n.a
1958	10,833(11.2)	1,471(-8.3)	381(202.4)	12,971
1959	12,100(11.7)	1,515(3.0)	248(-34.9)	n.a
1960	12,985(7.3)	1,190(-21.5)	305(23.0)	15,204
1961	13,777(6.1)	1,335(12.2)	543(78.0)	n.a
평균 증감률 (1953~1961)	14.3	2.0	14.0	n.a

주: ( ) 안은 직전 연도 대비 증감률.
자료: 김두얼(2017), ≪한국경제사의 재해석≫ 부표 3-2, KOSIS.

기반조성기 BD 창출을 산업별로 볼 때 중요 부문은 전통 산업인 농업과 자본주의적 2·3차 산업이다. 우선 농업을 보자. 농지 개혁은 당시 취업자의 대부분을 차지하던 농민들이 적극적으로 영농 활동에 종사하게 된 획기적인 계기였다. 이들은 농산물 생산에 종사하면서 긴급한 생계를 확보하고 미래를 위해 자녀를 교육하는 등 생활의 근거를 마련할 수 있었다. 토지 개량, 새로운 농지 개간 등을 통해 생산성 및 생산량 증대에 힘썼다. 또한 농산물·농기구와 비료, 의복과 기타 생활필수품의 매매를 통해 자본주의적 시장경제 원리를 체득해나갔다. 결국 이 당시에는 농업에서 BD의 수가 크게 증가하였다. 다만 농업의 특성상 새로운 PT와 새로운 BD의 창출은 매우 제한되었으며 그보다는 기존 BD를 다수의 농가가 복제하는 형태로 진화가 이루어졌다.

다음으로 제조업, 건설업 등 2·3차 산업에서 기업가들의 BD 창출 내용을 살펴보자. 이 시기 기업가들은 혼란한 시대 상황에도 불구하고 때로는 이러한 상황을 이용하여 BD를 창출하였다. 소규모이지만 국제 교역을 확대하여갔고 귀속재산의 불하 참여, 한국전쟁 물자의 조달과 국제연합(UN)의 원조 물자 배정 등에 참여하여 BD를 확대하였다. 업종별로는 식품가공 및 의류 등의 제조업, 유통 등 서비스업 그리고 주택건설업 등 주로 생활필수품 산업에서 다수의 BD를 창출하였다. 특히 일부 기업가는 원조 물자의 배정과 군납에의 참여, 귀속기업 또는 정부 소유 은행의 인수 등을 통해 기업 규모를 확장하고 다양한 산업 분야로 진출하여 대규모 기업 집단을 형성하였다.

다만 다음 표에서 보는 바와 같이 제조업을 제외한 대다수 산업의 산업별 취업자가 활발하게 증가하지 못하는 등 BD 규모의 확대는 부진하였다.

표 Ⅱ-8	기반조성기 중 산업별 취업자 수 추이				

(천 명, %)

연도	1957	1958	1959	1960	1961
전 산업	8,076	8,748	8,768	8,521	9,789
	(100.0)	(100.0)	(100.0)	(100.0)	(100.0)
	<->	<8.3>	<0.2>	<-2.8>	<14.9>
농림어업	6,376	7,140	7,174	6,775	7,813
	(78.9)	(81.6)	(81.8)	(79.5)	(79.8)
	<->	<12.0>	<0.5>	<-5.6>	<15.3>
광업	33	33	37	36	46
	(0.4)	(0.4)	(0.4)	(0.4)	(0.5)
	<->	<0.0>	<12.1>	<-2.7>	<27.8>
제조업	376	374	391	427	436
	(4.7)	(4.3)	(4.5)	(5.0)	(4.5)
	<->	<-0.5>	<4.5>	<9.2>	<2.1>
건설업	48	31	28	34	67
	(0.6)	(0.4)	(0.3)	(0.4)	(0.7)
	<->	<-35.4>	<-9.7>	<21.4>	<97.1>
전기가스, 수도 및 위생업	26	26	27	19	21
	(0.3)	(0.3)	(0.3)	(0.2)	(0.2)
	<->	<0.0>	<3.8>	<-29.6>	<10.5>
서비스업	1,217	1,144	1,111	1,231	1,405
	(15.1)	(13.1)	(12.7)	(14.4)	(14.4)
	<->	<6.4>	<3.0>	<-9.7>	<-12.4>

주: ( ) 안은 구성비, 〈 〉안은 직전 연도 대비 증감률.
자료: 경제기획원 통계국(산업별 취업자).

기반조성기의 비농림어업 분야 BD 진화를 시기별로 보면 다음과 같다.

우선 광복 직후에는 남북분단으로 주요 산업시설을 상실했고 전력 부족으로 공장 가동도 쉽지 않아 BD 창출을 위한 경제시스템적 역량이 매우 취약하였다. 이에 따라 새로운 상품과 기업들이 많이 형성되지 못하는 가운데, 많지 않은 수의 기존 기업들이 의복과 가공식품 제조업, 주택 건설업 등의 생활필수품 산업, 유통 및 무역업 등에서 활동하였다. 이들은 일제강점기부터 습득한 기술과 사업 노하우를 바탕으로 기존 BD를 복제하여 BD를 창출하고 제품을 생산, 판매하였다. 당시의 주요 기업가들은 대개 일제 강점기에 미곡상, 정미소, 포목상 등 중소기업을 운영하거나 일본 기업에서 일하면서 일본인들의 경영 방식을 배워 경영 경험을 쌓은 사람들이었다.

한국전쟁 발발 이후에는 전쟁의 수행과 복구를 위한 전쟁 물자 조달 등을 위해 정부 발주의 대형 무역이 본격화되고, 교역 범위가 미국과 유럽으로까지 확대되었다. 이에 따라 전쟁 소요 물자와 서비스를 제공하기 위해 다수의 사업체들이 형성되었다. 병참기지로서 항만시설을 확장하고 도로, 병영, 교량 등 사회기간시설을 건설해야 했으므로 건설업체들이 설립되어 성장하기 시작했고, 군복 등 군수물자의 제조와 수송을 위해 관련 제조업체와 수송업체들도 탄생하였다. 결과적으로 한국전쟁은 BD의 다양한 산업 분야로의 확대와 규모의 증가에 기여하는 등 BD의 진화에 일부 긍정적 효과를 미쳤다.

한국전쟁 후에는 전후 복구와 원조 물자의 배정 등을 바탕으로 새로운 BD와 사업체들이 탄생하였다. 전후 복구를 위한 미국의 원조는 주된 원조 품목이었던 원면, 원당, 소맥의 가공산업(3백산업)에서 다수의 BD와 기업이 성장하는 원동력이 되었다. 원조가 미국의 잉여 농산물을 국내에 반입하여 가공·판매한 대금을 한국 정부가 사용하는 형태로 이루어짐에 따라 동 농산물 가공 분야에서 기업이 형성·발전하게 된 것이다. 또한 국제연합한국재건단(UNKRA), 미국국제개발처(AID) 등이 공여한 원조 자금을 토대로 소수 기업들이 시멘트, 유리, 플라스틱 등의 산업 분야에서 설립되었다. 한편 정부의 귀속 재산 불하도 기업과 BD의 발전에 큰 영향을 미쳤다. 귀속 재산으로 불하된 업체 수는 40~50개 정도였는데, 불하에 성공할 경우 막대한 초과 이득[5]을 향유할 수 있었다. 따라서 불하에 성공한 기업가들은 그 이득을 토대로 제조기업을 설립하고 발전시켜나갈 수 있었다.

1950년대 중반 이후 여러 기업들을 거느린 기업 집단들이 등장하기 시작하였다. 이들은 1954년 이후의 일반 은행 민영화에 참여하여 자금 조달력을 확보하였다. 또한 산하 기업군을 지휘하는 핵심 부서로서 무역상사를 두어 원료 수입의 효율화와 그룹 내 투자조정 등을 담당하게 하였다. 이 당시 대규모 기업 집단은 삼성, 삼호, 삼양, 개풍, 동아, 락희(LG), 대한, 동양, 화신, 한국유리, 극동, 현대 등이 있다. 이 중 현재까지 성공적으로 발전한 기업들은 삼성, 현대, 락희(LG) 정도이며 당시 주력 기업들 가운데 오늘날까지 주력 기업으로 남아 있는 기업은 없다. 이는 기업의 탄생, 성장, 성숙, 소멸이 기업의 외부 환경 변화에 대한 적응 여하에 따라 결정되는 것이며, 이러한 적응이 매우 어려운 것임을 잘 보여준다. 이처럼 경제 환경과 시장이 끊임없이 진화하는 반면 개별 기업은 시장의 진화에 적절히 적응하지 못하는 경향이 있다. 기반조성기 한국경제시스템의 진화 역시 기존 기업의 새로운 환경에의 적응보다는 새로운 환경에 적합한 새로운 기업의 등장에 의해 주로 이루어졌다.

2. 발전연대

가. 개황

발전연대는 한국경제시스템이 비약적으로 진화한 산업혁명의 시기였다. 기반조성기 중 축적한 진화 역량과 발전연대의 양호한 대외 여건을 기반으로 정부가 '발전국가 패러다임'을 강력히 추진한 것이 주효하였다. 이로써 한국경제시스템은 근대적 농촌 사회 기반 농업경제 시스템에서 현대적 도시 사회 기반 제조업 중심 또는 산업 경제 시스템으로 대진화[6]할 수 있었다.

---

5) 당시 정부의 귀속 재산 불하 가격은 정부 산정 가격의 51~82%에 불과하였고, 그 대금을 초인플레이션 상황에서 15년간 분납할 수 있었으며 은행에서 특혜 융자까지 받을 수 있었기 때문이다.

6) 생물학적으로 대진화란 종 수준 이상에서 일어나는 진화 현상, 즉 바다에서 육지로의 이동과 같은 새로운 적응 구역으로의 침투, 새의 날개나 네발동물의 지상 생활 적응과 같은 불연속적인 진화를 말한다. Mayr, Ernst(2008), ≪진화란 무엇인가≫, 임지원(역), 사

발전국가 패러다임은 정부가 경제개발계획, 즉 지시적 산업정책을 바탕으로 특정 제조업을 육성하고 경제성장과 투자재원 조달을 위해 대기업 주도의 가공조립형 수출을 늘리는 데 집중하는 국가 주도 경제 운영 방식으로 정의할 수 있다. 구체적으로는 i) 당시의 풍부한 양질의 노동력 부존, 양호한 세계경제 성장세 및 유리한 통상 여건, 후발자 이익 및 규모의 경제 등을 활용하기 위해, ii) 정부가 경제발전을 최우선 목적으로 하여 사회 제 세력으로부터 자율성을 가지고 경제 운영 전반을 수직적으로 주도하는 가운데, iii) 대기업과 공공 연구소 등이 선진국의 제조업 PT와 BD를 효율적으로 도입·복제하여, 대량으로 제품을 생산·수출함으로써, iv) 한국경제시스템을 신속히 진화시키고 부국강병을 달성하고자 하는 경제운영 패러다임이다.

발전연대는 정부가 국가 경제 발전을 목표로 국가적 역량과 자원을 총동원한 시기였기 때문에 경제시스템의 진화 측면에서도 이러한 특성이 강하게 나타났다. 발전연대의 기초 조건은 그리 녹록치 않았다. 먼저 ST의 경우 기반조성기의 독재정치, 정부 주도 경제, 수직적·획일적 문화를, 그리고 PT의 경우에는 열악한 과학기술, 생활필수품 관련 산업을 중심으로 하고 있었다.

경제 환경의 경우 객관적 상황은 크게 변하지 않았으나, 경제시스템 내부로부터의 변화가 누적되면서 적합도함수로서의 기능은 크게 변화하였다. 우선 자연 환경은 국내적으로는 이전과 거의 변화가 없는 가운데 인구 증가, 도시화와 공업화의 진전으로 토지와 물 수요가 증가하였고, 국제적으로는 공업화와 수출 증대 정책으로 공업용 원료, 에너지와 곡물 등에 대한 수요가 크게 증가하였다. 사회 환경은 인구의 급속한 증가와 인구 구조의 개선으로 경제시스템의 진화에 매우 유리한 조건이 마련되었다. 또한 국민의 성취 동기 폭발로 경제활동 의욕이 크게 높아진 점에 주목할 필요가 있다. 다만 국민의 욕구는 여전히 생존 욕구에 집중되어 있었고, 사회구조의 다원화 역시 정부 우위 구조가 그대로 유지되면서 크게 진전되지 못하였다.

국내외 경쟁 수준은 국내 산업 발전 미흡, 세계경제의 호조 등으로 초기에는 그리 높지 않았다. 다만 이후 경제발전과 더불어 기업 설립이 급증하고 수출 중심

―――――――

이언스북스 참조. 인류 문명의 경우에도 농업을 발명함으로써 수렵사회에서 농업사회로, 제조업과 기업·시장메커니즘의 발명을 통해 농업사회에서 산업사회로 전환하였는바, 나는 이러한 사회의 불연속적인 변화를 대진화로 부르고자 한다.

공업화 추진으로 세계시장에 적극 진출함에 따라 국내외 경쟁 수준은 종전보다 크게 높아졌다. 세계경제는 초기에는 자본주의의 황금기가 지속되면서 양호한 편이었으나, 후기에는 석유파동의 영향 등으로 점차 둔화되었다. 통상 여건은 냉전으로 인한 자본주의 국가 간 우호적 통상 질서가 유지되면서 대체로 양호하였다.

발전연대 중 진화 인자의 진화 과정은 정부가 주도하였다. PT와 관련하여 정부는 농업보다 생산성 향상 잠재력이 높은 제조업을 주된 육성 대상으로 선택하였다. 무엇보다 수출 지향적 공업화, 즉 수출을 목표로 하는 제조업을 육성하는 데 집중하였다. 국내시장이 협소한 당시로서는 확장 가능성이 큰 수출 시장과 제조업에 진출하는 것이 빠른 경제성장을 달성하고, 경제성장에 필수적인 생산설비 수입용 외화 재원을 마련하기 위해 불가피한 선택이었다. 수출 지향적 공업화의 원활한 추진을 위해 BD 측면에서 정부는 대규모 영업 능력을 가진 대기업을 육성하고자 하였다. PT·BD의 개발을 위해서는 차별화와 선택 과정을 최소화하고 선진국의 기존 PT를 신속히 학습, 복제하는 데 집중하였다. 또한 기능성 제품 또는 선진국의 기존 제품을 낮은 가격으로 대량생산하여 수출하는 데 중점을 두었기 때문에 제품기술보다는 생산 원가를 낮출 수 있는 공정기술의 혁신에 주로 노력하였다.

이에 따라 발전연대에는 세계시장을 목표로 중·저 수준의 기술을 활용해 소수의 공산품을 대량생산하는 생산 체제가 구축되고, 대기업과 생산 공정기술이 크게 발전하였다. PT·BD가 제조업 부문과 공정기술을 중심으로, 그리고 전문성을 증진하는 방향으로 빠르게 확장되었다. 발전연대에 PT의 진화가 빠르게 진전된 데에는 유리한 기술 수입 환경도 상당한 역할을 했다. 당시의 세계경제가 높은 성장을 지속하고 냉전체제로 미국 등의 선진국 시장이 후발 개발도상국에 개방되어 있어 한국이 선진국의 PT를 모방, 도입하는 데 매우 유리하였다. 또한 우리의 기존 PT 수준이 매우 낮았기 때문에 선진국 PT 모방 전략은 불가피한 것이기도 했다. 제조업 PT를 개발 대상으로 선정한 것도 동 PT의 진화 잠재력이 크다는 점, 당시의 통상 여건이 공산품 수출에 유리했다는 점 등에서 시의적절한 것이었다. 특히 1970년대 일본 등 선진국에서 인건비 상승 등으로 사양화되어가는 중후장대형 제조업에 적극 진출한 것이 주효했다. 이로써 선진국의 기술 보호주의를 피해 외국 기술을 복제하고, 이후 점차 개량해나가면서 독자적 개발 능력을 확보할 수 있었다. 결국 발전연대의 신속한 PT 진화는 유리한 경제 환경과 정부를 비롯한 각 경제주체의 노력, 그리고 적절한 진화 전략이 잘 어우러졌기 때문이다.

새로운 제조업 PT는 초기에는 주로 외국 기술의 학습과 복제를 통해 습득하였다. 이를 통해 시간과 비용이 많이 소요되는 차별화와 선택 과정을 최소화함으로써 단시일 내에 PT를 획기적으로 향상할 수 있었다. PT의 선택과 복제는 공공 연구소 등 공공 부문이 주도하는 가운데 이루어졌다. 이들은 정부의 적극적인 지원을 바탕으로 외국 제조업 PT의 도입과 학습을 주도하였다. 제조업 부문 대기업들은 이들이 제공하는 PT를 생산 현장에서 활용하였다. 중소기업들도 기존 기술의 토착화와 개량 등에 상당한 성과를 거두었다. 초기에는 수출 지향적 경공업이 그리고 중기 이후에는 조립가공형 중화학공업이 주된 PT로 부상하였다. 한편 중기 이후 수출품의 품질 고급화를 위한 기술개발 필요성이 대두함에 따라 기업들은 외국 기술의 수입 일변도에서 벗어나 자체적인 기술개발에도 노력하기 시작하였다. 특히 중화학공업의 성장과 더불어 1980년대에는 기업들의 독자적인 PT 연구개발 활동이 크게 강화되었다.

BD의 진화 과정을 보자. 세계시장을 목표로 대규모 자본과 노동을 투자해 표준화된 기능성 상품을 대량생산하는 방식에서는 규모의 경제와 가격 경쟁력을 기반으로 국제경쟁력을 확보하는 것이 관건이었다. 따라서 중소기업보다 이에 유리한 대기업이 주된 PT·BD 진화의 주체로 부상하였다. 또한 중화학 부문의 대기업은 대규모의 노동과 자본을 투입하여 정교하게 생산 공정을 관리해야 했기 때문에 집권적 조직 구조와 수직적 지배구조를 채용하였다.

발전연대 BD의 주 분야는 PT의 진화 및 발전국가 패러다임 확립과 더불어 제조업으로 빠르게 확장되었다. 정부는 진화 잠재력이 큰 제조업, 그중에서도 전략 산업 및 수출산업을 육성하였으며, BD도 이를 중심으로 진화하였다. PT 수준과 생산요소의 동원 가능성을 고려하여 초기에는 경공업, 중기 이후에는 수출용 중화학공업과 관련 인프라 산업에서 BD가 대규모로 창출되었다.

BD의 창출 방식은 선진국의 기존 BD를 복제하여 이식하는 방식이 주를 이루었다. 다만 중기 이후 경공업을 중심으로 응용과 학습을 통한 BD의 개량 및 재창조 방식도 크게 늘어났다. BD 창출의 주체는 주요 산업에서는 대기업이 중심이었으나, 여타 산업에서는 중소기업 등도 적극적이었다. 정부는 소수 대기업에 의한 우수 BD 복제 방식이 복제의 효율성을 높이고 규모의 경제를 통한 생산성 향상에 유리하다고 보아 집중 지원하였다.

BD의 성공 가능성 예측은 초기에는 비교적 용이하였으나 중화학공업화, 국제 경쟁 증가와 BD의 규모 확대 등으로 점차 어려워졌다. 다만 정부가 주요 분야 및 기업별 BD를 적극 지원하였기 때문에, 기업 입장에서는 자본 조달 부담과 사업 위험을 상당 부분 덜 수 있었다. 한편 이는 기업가들이 정부에 기대어 과잉 투자하는 사업 행태를 갖는 계기 나아가 외환위기의 원인으로도 작용했다.

발전연대에 PT·BD가 새로운 분야로 급속히 확장된 데 비해, ST는 기반조성기의 ST를 연장 또는 심화하는 방향으로 진화하였다고 할 수 있다. 즉, 발전국가 패러다임은 기반조성기 중 ST의 배제성을 체계화 내지 강화한 것이라고 볼 수 있다. 정치적으로는 더욱 독재화되었고, 경제적으로는 민간의 시장 주도력이 더욱 약화되어 정부 주도의 계획경제에 가까워졌으며, 문화적으로는 더욱 수직화, 획일화되어 국가주의 체제에 가까워졌다. 이처럼 발전연대 ST는 기초 ST의 배제성이 심화된 것이었기 때문에 양자는 상호 부합하였다. ST는 경제 환경과도 부합하는 측면이 많았다. 국민의 욕구가 여전히 생존 욕구에 집중되어 있었고 사회적 조직화가 미흡해 정부의 사회에 대한 우위가 지속되고 있었다. 7·4남북공동성명 등 몇몇 시도에도 불구하고 냉전체제와 남북한 대립도 크게 달라지지 않았고 이는 정부의 사회에 대한 우위 내지 자율성을 높여주었다. 정부가 정치는 물론 경제와 문화 등 사회 전반을 권위적으로 주도함에 따라 정치·경제·문화 분야 ST 간의 상호 정합성이 더욱 높아졌다.

발전국가형 ST는 당시의 주된 PT·BD였던 대기업 주도 대량생산 제조업과도 부합하는 측면이 많았다. 왜냐하면 선진국의 제조업 PT·BD를 모방한 생산 체제를 신속히 확충하기 위해서는 정부와 대기업의 일원적·수직적 정치경제 지배가 효율적일 수 있었기 때문이다. 또한 당시에는 절대 빈곤과 국가 안보 불안의 해소라는 뚜렷한 목표가 있었고, 경제발전 방법으로 선진국의 모범 사례가 이미 존재했기 때문에 이의 효과적 실천이 중요한 측면이 있었다. 그 결과 선진국과 유사한 산업 기반 구축을 위한 전략적 산업 선정, 경영자 주도하의 선진국 PT 도입과 학습, 생산요소 투입 증대를 통한 대량생산과 이를 위한 엄격한 생산 과정 통제, 대형 기업과 규모의 경제에 기반한 생산성 향상 추구 등에 적합한 발전국가형 ST가 신속히 정착되었다. 아울러 생산 시설 확장용 투자 재원의 조달을 위해 수출을 늘리고 이를 위해 수출 지향적 제조업을 발전시킬 필요성이 컸던바, 당시 선진국 시장 진출이 비교적 용이하였음을 감안할 때 발전국가형 ST는 당시의 국내외 경제 환경 및 필요에도 정합하였다고 할 수 있다.

그러나 발전연대 ST는 정권과 기업주의 이익을 주로 반영하고 일반 국민과 노동자 등의 이익과 관계 욕구를 억압하는 것으로서, 기초 ST에 내재된 배제성을 더욱 심화하였다. 또한 차별화와 선택의 과정을 최소화한 복제 기반 진화에 적합한 것이었다. 따라서 구성원 다수의 사회적 참여와 자발적 경쟁/협력을 촉진하고 차별화 기반 진화 능력을 향상하는 데 적합하지 않았다. 장기적으로 한국경제시스템의 자생적 자기조직화와 혁신 그리고 시스템의 진화 잠재력을 향상시키는 데 한계가 있었다.

1990년대 이후 우리나라를 추격하는 후발 경쟁국의 등장, 우리 경제의 선진국 근접과 이에 따른 자생적 차별화 기반 진화 필요성으로 후발자 이익이 사라지는 한편 사회 구성원의 관계 욕구가 강해지면서 발전국가 패러다임의 유효성이 크게 낮아졌다. 이 점이 바로 이행기 들어 발전국가 패러다임이 더 이상 작동할 수 없었던 주요 원인이다.

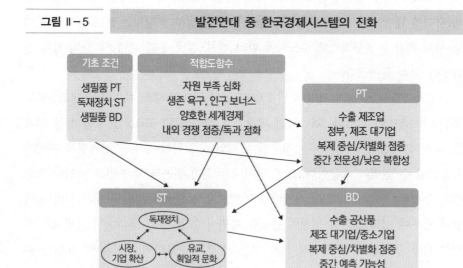

그림 II-5   **발전연대 중 한국경제시스템의 진화**

주: '→'는 영향을 미치는 방향.

나. 기초 조건

발전연대 초 경제시스템의 기초 조건은 기반조성기에 형성된 PT와 ST이다. 우선 PT 중 산업기술을 보면, 기반조성기 후반부터 발전하기 시작한 생활필수품 제조업, 건설업과 시멘트 등 사회간접자본 관련 산업, 그리고 농림어업 관련 기술이 있었다. 동 산업에서는 외국의 기술 도입 등을 통해 생산 및 공정기술이 약간이나마 축적되어 있었다. 그러나 그 수준은 절대적인 측면에서나 국제적으로 비교했을 때나 크게 낮았다. 3백산업 정도가 약간의 국제경쟁력을 갖춘 상태였다.

과학을 보면 산업 기술보다 더 열악한 상태였다. 대학의 경우 기반조성기에 약간의 노력이 있었으나, 공과대학이 3개에 그치고 교수가 크게 부족하여 연구 역량이 매우 취약한 상태를 벗어나지 못하였다. 다만 소수의 공공 연구소가 연구 역량을 갖추어나가는 한편, 미국 유학이 급증하고 의무교육이 정착되는 등 발전 잠재력은 빠르게 신장되고 있었다.

기초 ST는 대체로 기반조성기 중에 경험한 한국전쟁과 남북한 대립 심화, 독재정치, 심각한 빈곤 등으로 인해 기반조성기 초의 수준에서 크게 나아지지 못했거나 오히려 악화된 상태였다. 그럼에도 불구하고 민주주의 교육의 정착과 4·19혁명의 영향 등으로 새로운 ST에 대한 요구는 높았다.

우선 정치제도의 경우 이승만 정권의 독재 체제가 초기 조건의 하나였다고 할 수 있다. 이는 정치의 책임성, 법치주의, 정부의 효율성이 크게 낮은 대안이었다. 한편 4·19혁명으로 민주주의가 일시 회복되었으나, 각종 정치 세력과 이익 집단들의 갈등이 적절히 관리되지 못하면서 사회적 혼란으로 이어졌다. 따라서 발전연대의 기초 정치제도는 독재 체제와 이에 대한 대안으로서 나타난 민주주의 체제가 경합하는 상황에 있었다. 다만 민주주의 체제가 당초의 기대와는 달리 사회적 요구를 적절히 수용하지 못함에 따라 국민의 생존 욕구를 충족하는 데 실패하고 있었다.

다음으로 기초 경제제도는 기반조성기 중 태동한 자본주의적 발전 경로에 따라 경공업 등을 중심으로 기업 설립과 시장메커니즘이 확산되는 상태였다. 즉, 기업 설립과 시장메커니즘의 확산 잠재력이 어느 정도 축적되어 있었다고 할 수 있다. 기업의 지배구조는 정치제도 및 전통 문화의 영향, 그리고 소유자의 협상력 우위 등으로 집권적·수직적 모습을 띠고 있었다.

기초 문화는 대체로 기반조성기 초의 수준에서 크게 나아지지 못한 상태였다. 한국전쟁과 혹독한 빈곤 등으로 생존 욕구를 여전히 충족하기 어려웠고, 독재정치에 젖은 지배층의 도덕성 약화와 이에 따른 사회 갈등 및 불신도 겹치면서 문화가 적절히 진화할 수 없었기 때문이다. 다만 미국식 민주주의적 교육의 보급과 사회 안정의 회복, 학생과 노동자의 증가, 4·19혁명에 힘입어 민주자본주의적 문화에 대한 요구가 크게 높아져 있었다. 특히 4·19혁명은 신세대를 중심으로 한 다수의 사회 구성원들이 반독재 자유민주주의 규칙을 정립하기 위한 노력이었다. 이는 국민들이 자유와 평등에 기반한 공정한 사회 규칙과 분권적·수평적 사회 관계의 정립, 법치주의와 자유의 확대를 통한 사회적 신뢰와 다양성의 확산을 요구하고 있음을 보여주었다.

다. 적합도함수

발전연대의 적합도함수는 국민의 성취 욕구 폭발과 성공적인 공업화 추진에 조응하여 기반조성기의 농업사회적 형태에서 초기 산업사회의 형태로 급격히 변화하였다. 이는 한국경제시스템의 진화 메커니즘이 근본적으로 바뀌었음을 의미한다. 농업과 생활필수품 산업을 기반으로 최저생계가 점차 확보되고 인구가 급격히 늘면서 교육 수요와 사회적·경제적 성취 욕구가 폭발하였다. 다른 한편으로는 인구의 대도시 이동과 급속한 산업화로 도시 및 산업 용지, 생활 및 공업 용수, 도로와 운송망 등에 대한 수요가 크게 늘어나고 공업용 원료와 에너지 수요도 폭증하였다. 정부는 국토종합개발계획을 통해 국토의 효율적 관리와 이용을 도모하였으며, 제조업 원료 및 에너지의 국내 생산을 확대하는 동시에 부족분에 대한 수입을 원활화하는 데 노력하였다.

세계 냉전체제와 자본주의 황금기의 지속도 우리 경제의 진화 방향에 큰 영향을 미쳤다. 우선 미국에서 냉전체제 경쟁에서의 승리를 위해서는 자본주의 진영 각국의 신속한 경제발전의 달성이 최선이며, 이를 위해 정부 주도 산업정책 기반의 경제발전 전략이 필요하다는 경제발전론이 1950년대 후반 부상하였다. 이에 따라 미국은 자본주의 개발도상국, 특히 한국과 타이완에 대한 경제적 지원을 크게 강화했다. 또한 미국은 개발도상국의 수출과 경제성장을 지원하기 위해 자국 시장을 개방하였다. 한편 미국에 뒤이어 일본과 독일 등 후발 선진국의 경제가 1950~60년대에 급속히 발전하면서 이른바 자본주의 황금기가 전개되었다. 이에 따라 세계경제에서는 역사상 보기 드문 양호한 국제 통상 환경이 조성되었다. 이러한 통상 환경은 한국이 채택한 발전국가 패러다임과 수출 지향적 공업화 전략의 경제 환경에 대한 적합성을 높여주었다.

냉전체제와 남북한의 체제 경쟁이 지속되면서 이념적 측면에서 자본주의 대 공산주의, 남과 북을 양 극단으로 하는 이원적 사고가 우리 사회를 지배하였다. 이로 인해 사상의 다양성이 제한되었고, 사회적으로 자유로운 의사소통과 상호 신뢰 그리고 협력하는 문화의 형성이 저해되었다. 이는 ST 측면에서 기반조성기 이래의 수직적·권위적 사회질서와 문화 그리고 독재적·독점적 정치경제구조의 고착으로 이어졌다.

한편 발전연대에는 정부의 의지와 역할이 경제시스템의 진화에 큰 영향을 미쳤다. 박정희 정권은 당시의 적합도함수의 변화와 스스로의 정권 연장 욕구를 결합하여 발전국가 패러다임을 수립하였다. 수출 지향적 공업화와 대기업 기반 중화학공업화라는 뚜렷한 경제발전 비전을 세우고, 강력한 통치력을 동원하여 수 차례의 경제발전계획을 지속적으로 추진하였다. 그리고 이는 국민들의 생존 욕구 및 사회적 지위 향상 욕구와 합치되면서 유례없는 국민적 에너지의 결집과 경제발전으로 이어졌다.

이하에서 각 부문별로 자세히 살펴보자.

1) 자연 환경

자연 자원의 부족과 세계 최고 수준의 인구밀도는 종전과 같이 한국경제시스템의 숙명이었다. 그러나 도시화와 공업화의 급속한 진전으로 토지와 공업용 원료·연료에 대한 수요가 증가하여 자연 조건이 경제의 발전에 미치는 제약이 더욱 커졌고, 이는 박정희 정부가 경제발전 방향을 노동집약적, 가공조립품 수출 지향적 공업화로 설정하는 계기로 작용하였다. 공업화와 더불어 농촌에서 도시로의 인구 이동, 수도권을 비롯한 대도시 팽창, 공업 지역 확대 등으로 토지 수요가 급속히 증가하였으나 좁은 가용 토지 면적, 그린벨트와 절대농지 제도 도입 등으로 관련 토지 공급이 원활하지 못하였다. 이로 인해 토지를 비롯한 부동산 가격이 빠르게 상승하였다. 이러한 부동산 가격 급등은 일부 개인과 기업들이 부동산 투기를 통한 불로소득의 획득에 몰두하는 대신, 기술개발 및 생산성 향상과 같은 본연의 활동을 통한 부가가치 증대에는 소홀하게 만들었다. 그 결과 부동산 보유의 다과에 따른 부익부 빈익빈이 심화되는 한편 부유층의 재산 증식에 대한 부정적인 사회 인식이 확산되었다.

또한 발전연대 들어 급속한 대도시화 및 공업화의 부작용으로 대기오염, 수질 악화 등 자연 환경이 빠르게 악화되었다. 이에 따라 환경 보전에 대한 관심이 높아졌으나 경제성장 우선주의 가치관이 지배하면서 실질적인 대책은 실시되지 못했다.

제조업 중심의 급속한 경제발전으로 석유 등 주요 에너지와 철광석 등 각종 자연 자원 수요가 급증하였는데, 대부분을 외국으로부터의 수입에 의존하였다. 또한 가공조립품 수출 중심의 공업화 전략으로 원재료뿐 아니라 자본재와 주요 소재부품도 수입해야 했다. 이 때문에 수입 물자 구입을 위한 외환의 확보가 정부의 주요 관심사가 되었고, 별다른 외화 조달 창구가 없었기 때문에 정부는 수출 확대를 위한 국가적 노력을 강화할 수밖에 없었다. 그럼에도 불구하고 근본적인 대책일 수 있는 소재부품의 국산화는 부진하였다. 이는 국내 중소기업의 핵심 부품 소재 개발 역량이 미흡한 데다, 빠른 경제성장과 공업화를 위해서는 일본으로부터 소재부품과 장비를 수입하는 것이 단기적으로는 더 유리하였기 때문이다. 결국 다수 대기업들이 일본 등으로부터 기계 설비와 소재부품을 수입하여 조립 가공한 제품을 수출하는 방식을 선택하였고, 그 결과 대외의존적 내지 대일 의존적 조립 가공품 생산 구조가 정착되었다.

한편 1970년대에 발생한 두 차례의 석유 가격 급등, 이른바 석유파동(oil shock)은 급속히 성장하던 우리 경제에 갑자기 닥쳐온 발전연대 최초의 대규모 대외 충격이었다. 우리 경제는 이로 인해 물가 급등과 성장률 하락 등의 어려움을 겪었다. 그럼에도 불구하고 중화학공업화 추진 등에 힘입어 한국경제의 성장세는 유지되었다. 1980년대 들어 석유 가격이 다시 안정되면서 한국경제는 빠른 성장세를 재개하였다.

결과적으로 자연 자원(토지 제외)의 부족은 신속한 경제발전을 추구하는 정부의 정책 방향을 수출 증대와 외환 확보 쪽에 치중하게 하였고, 다른 한편으로는 우리 경제의 대외 의존도를 높여 국제 경제 변동에 취약하게 만들었다. 반면 생산성 증대와 국제(가격)경쟁력 향상을 중요한 정책 과제로 부각함으로써 정부와 기업이 규모의 경제 추구, 기술개발, 노동에 대한 통제 강화 등에 노력하는 계기로 작용하였다.

표 II-9				발전연대 중 주요국의 인구밀도 추이					

(명/㎢)

연도	1960	1963	1966	1969	1972	1975	1978	1981	1984	1987
싱가포르	2,333	2,556	2,742	2,907	3,072	3,228	3,345	3,515	3,777	4,028
타이완	340	334	369	404	434	458	484	509	533	555
네덜란드	302	354	368	381	394	406	415	422	428	435
한국	261	283	304	325	345	364	381	397	415	429
일본	257	264	273	284	296	308	318	326	333	338
인도	217	161	171	182	195	209	224	240	257	275
영국	211	221	226	229	231	232	233	233	233	234
독일	169	215	220	225	226	226	226	224	223	224
중국	84	74	79	86	92	98	103	107	112	118
프랑스	61	87	90	92	95	97	98	99	101	102
미국	20	21	22	23	23	24	25	25	26	27

자료: United Nations, World Population Prospects: The 2017 Revision.

2) 사회 환경

사회적 여건은 기반조성기와 크게 달라졌다. 인구의 양과 질이 급속히 증가하여 도시화 및 산업화의 기반이 확충되었다. 소비자의 수요도 초기에는 생존 욕구에 집중되었으나, 후반기에는 관계 욕구로 확산되었다.

발전연대에는 시장경제 시스템의 기반이라고 할 수 있는 도시화가 크게 진전되었다. 인구가 급속히 증가하는 가운데, 농촌에 광범위하게 분포하던 과잉 노동력(잠재 실업자)이 공업화와 더불어 대거 도시로 이주하였다. 1960년에 39.2%에 그쳤던 도시화율은 1981년 67.9%, 1991년에는 79.6%로 높아져 인구의 대부분이 도시에서 살게 되었다. 이에 따라 시장경제 시스템의 기반이 크게 확충되었고 기업과 시장메커니즘에 기반한 자본주의 경제활동 질서와 규칙이 정착될 여지가 대폭 넓어졌다.

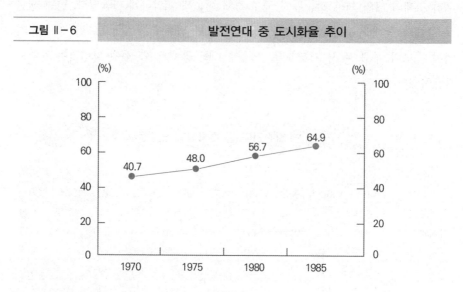

| 그림 Ⅱ-6 | 발전연대 중 도시화율 추이 |

주: 2015년 이후 도시화율은 통계청 인구추계에 기반한 추정치.
자료: UN, World Urbanization Prospects, the 2014 Revision.

인구의 지속적 증가, 노동가능 인구 비중의 증가, 교육과 건강 증진도 이어져, 소비와 생산 양쪽 모두에서 경제시스템의 진화에 매우 유리한 조건이 강화되었다. 가족계획의 실시로 매우 높았던 출산율이 점차 낮아졌으나, 영양 보급과 의료 보건의 향상으로 영아사망률이 급락하고 평균수명이 연장되면서 인구가 빠르게 늘어났다. 총인구는 1961년의 2,577만 명에서 1970년 3,220만, 1980년 3,810만, 1990년 4,290만 명으로 커졌다. 인구 구조도 14세 이하 인구 비중이 출산 감소로 크게 줄어든 반면, 노동가능 인구는 빠르게 늘어나 전체 인구 내 비중이 1961년의 54.1%에서 1980년 62.2%, 1990년 69.3%까지 상승하였다. 이러한 인구 구조 변화는 사회의 부양 부담을 낮추는(총부양비가 1960년 82.6%였으나 1985년 52.5%로 낮아졌다) 한편, 경제활동 가능 인구는 크게 늘림으로써 빠른 경제성장과 생활수준 향상의 기반이 되었다. 이 시기 우리 사회는 인구 증가와 인구 구조 개선에 따른 총 수요 증가 및 생산 능력 향상 효과, 이른바 '인구 보너스'를 톡톡히 누린 것이다.

| 표 II-10 | 발전연대 중 인구수 증감률 및 연령별 구조 추이 |

(만 명/%)

연도	인구수				인구수 증감률				연령별 인구 구성비			
	총 인구	14세 이하	15~ 64세	65세 이상	총 인구	14세 이하	15~ 64세	65세 이상	총 인구	14세 이하	15~ 64세	65세 이상
1961	2,577	1,107	1,395	75	3.1	4.6	1.9	3.5	100.0	42.9	54.1	2.9
1963	2,726	1,185	1,460	82	2.8	3.3	2.4	4.3	100.0	43.5	53.5	3.0
1966	2,944	1,292	1,559	93	2.5	2.7	2.3	5.2	100.0	43.9	53.0	3.1
1969	3,154	1,364	1,696	95	2.3	1.3	3.1	1.7	100.0	43.2	53.8	3.0
1972	3,351	1,386	1,860	104	1.9	0.7	3.0	-0.9	100.0	41.4	55.5	3.1
1975	3,528	1,361	2,045	122	1.7	-1.3	3.4	8.7	100.0	38.6	58.0	3.5
1978	3,697	1,312	2,250	136	1.5	-1.2	3.1	3.7	100.0	35.5	60.9	3.7
1981	3,872	1,293	2,430	150	1.6	-0.2	2.5	2.9	100.0	33.4	62.8	3.9
1984	4,041	1,259	2,614	167	1.2	-1.6	2.5	3.7	100.0	31.2	64.7	4.1
1987	4,162	1,175	2,800	188	1.0	-2.4	2.2	4.2	100.0	28.2	67.3	4.5

자료: 통계청(장래추계인구).

국민의 교육 수준이 크게 높아진 것도 인구의 질적 개선에 기여하였다. 중학생과 고등학생 수는 1965년 75만명, 43만명에서 1980년 247만명, 170만명으로 급증하였다. 1980년대에도 고등학생과 대학생 수는 증가세를 이어갔다. 다만 중학생 수가 1960년대 후반부터의 출생 인구 감소의 영향으로 점차 감소세로 전환되었다.

| 표 II-11 | 발전연대 중 각급 학교별 학생 수 및 상급학교 진학률 추이 |

(만 명/%)

연도	학생 수							진학률			
	유치원	초등 학교	중학교	고등 학교	전문 대학	대학교	대학원	초→중	중→고	고→대	대학→ 대학원
1960	n.a	362.1	52.9	27.3	n.a	n.a	n.a	n.a	n.a	n.a	n.a
1965	2.0	494.1	75.1	42.7	n.a	n.a	n.a	n.a	n.a	n.a	n.a
1966	2.2	516.5	82.2	43.5	n.a	n.a	n.a	n.a	n.a	n.a	n.a
1969	2.2	562.3	114.7	53.0	n.a	n.a	n.a	n.a	n.a	n.a	n.a
1972	2.2	577.6	168.6	73.0	n.a	n.a	n.a	n.a	n.a	n.a	n.a
1975	3.2	559.9	202.7	112.3	n.a	n.a	n.a	n.a	n.a	n.a	n.a
1978	4.8	560.4	229.8	145.4	n.a	n.a	n.a	n.a	n.a	n.a	n.a

1981	15.4	558.6	257.4	182.3	2.4	21.1	3.1	96.5	86.5	35.3	n.a
1984	25.4	504.1	273.6	209.2	3.0	30.9	4.2	98.8	89.7	37.8	n.a
1987	39.7	477.2	265.8	223.8	3.2	31.2	4.5	99.5	91.9	36.7	n.a

자료: 교육부(교육통계연보).
　　　한국교육개발원(교육통계분석자료집).

소비자 선호는 발전연대 초기까지 생활필수품 중심의 수요 구조가 대체로 유지되었고, 이는 의식주 경공업과 건설업 등의 빠른 성장에 기여하였다. 그러나 경제발전에 따른 고용 및 소득 증가와 더불어 중산층이 두터워지고 이들을 중심으로 관계 욕구에 기반한 수요가 점차 늘어나기 시작하였다. 문화·오락 수요가 증가하고 백색가전, 자동차 등 고가의 사치성 소비재에 대한 수요도 점차 늘어났다. 1963년 0.61의 높은 수준을 기록하였던 엥겔계수는 1972년 0.47, 1987년 0.35로 낮아졌다. 사회 차원에서는 빠른 경제성장, 인구의 증가 및 욕구 고양, 도시화의 진전 등으로 교통통신수단을 비롯한 각종 사회간접자본과 각급 학교, 병원 등의 공공 시설에 대한 수요가 빠르게 늘어났다.

표 II-12	발전연대 중 엥겔계수 추이								
연도	1963	1966	1969	1972	1975	1978	1981	1984	1987
엥겔계수	0.6095	0.5682	0.4686	0.4784	0.4879	0.4586	0.4318	0.3826	0.3530

자료: 통계청(가계동향조사).

교육 및 소득 수준의 향상과 더불어 국민들의 관계 욕구, 특히 사회적 참여 욕구가 높아지면서 민주화 요구가 분출되었고, 1980년대 말 마침내 정치적 민주화가 결실을 맺었다. 이는 경제적 측면에서는 노동자의 소득 분배 확대 요구 및 기업인의 민간 주도 경제 운영 요구로 이어졌고, 문화적 측면에서는 수평적이고 분권화된 사회 및 조직 지배 질서 확충 요구로 파급되어 결국 사회 전반에 변화를 몰고 왔다.

3) 세계 정치·경제 환경과 국내외 경쟁 상황

발전연대에는 세계경제 여건이 우리 경제에 미치는 영향이 매우 커졌다. 박정희 정부는 경제개발계획 시행 초기에 종전의 수입 대체 공업화를 포기하고 수출 지향적 공업화 정책으로 전환하였다. 이에 따라 세계경제는 우리의 수출 시장이자 수출품의 제조에 필요한 자본재 및 원재료와 소재부품의 공급처로서 그리고 경제 개발을 위한 자본과 기술의 제공처로서 인식되었다. 특히 세계경제는 수출 시장으로서 우리 기업이 협소한 국내시장이라는 제한에서 벗어나 더 큰 매출을 올리고 소득을 늘려나가는 기회로 간주되었다. 정부는 수출을 위한 대규모 생산과 국제적 판매망 구축 등을 위해 대기업을 전략적으로 육성하였다. 수출용 원자재 및 소재부품의 수입과 생산 설비 및 관련 기술의 구입을 위해 많은 외화가 필요하였는데, 정부는 외화 획득을 위해 수출의 양적 확대와 질적 고도화에 집중하였다. 이는 정부, 기업, 노동자 등 각 경제주체들의 경제적 인식을 높이고 기술개발 노력을 자극함은 물론, 자본주의 시장경쟁의 기율과 작동 법칙을 익히는 통로로도 기능하였다.

발전연대 중에는 세계경제의 상황이 매우 양호하여 우리나라가 수출 지향적 공업화 정책을 추진하는 데 큰 도움이 되었다. 1960년대에는 자본주의의 황금기가 이어지고, 미국의 우호적인 통상 정책이 펼쳐지면서 국제 통상 여건이 매우 양호한 편이었다. 1970년대의 두 차례 석유파동, 1980년대의 국제 경쟁 심화 등으로 어려움이 있었으나, 세계경제 호조와 냉전질서 등이 계속되면서 발전연대 전반에 걸쳐 국제 통상 여건은 양호한 상태를 유지하였다. 이에 힘입어 정부는 중상주의적 통상 정책, 즉 수출을 증대하는 데 힘쓰는 한편, 수입은 산업 생산 확대에 필수적인 설비와 에너지, 수출용 원자재 및 부품 등의 도입으로 제한하는 정책을 시행할 수 있었다. 다만 시간이 흐르면서 국제 시장에서의 경쟁은 점차 심화되었다.

특히 중화학공업화가 진전되어 국내 기업의 선진국 시장 진출이 확대되있고, 선진국 기업들과 경쟁하게 되었다. 1970년대 후반부터 중화학공업 제품 수출이 본격화하여 한국경제시스템의 경쟁 대상 국가의 범위가 초기의 타이완, 홍콩 등 중진국에서 점차 일본 등 선진국으로 확대된 것이다. 수출 시장에서의 경쟁 증가는 국내 대기업들이 선진 제조 기술과 판매 능력을 복제, 개선하는 데 더욱 노력하도록 압박하였다.

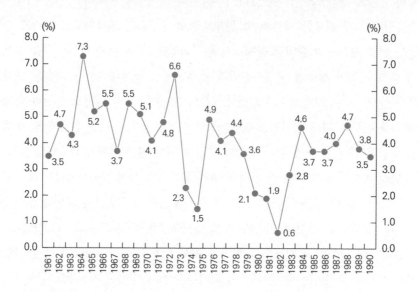

주: 1979년 이전 세계경제성장률은 Maddison Project에 의해 산출된 성장률 추정치.
자료: Groningen Growth and Development Center, Maddison Historical Statistics. IMF, World Economic Outlook Database.

　　세계 냉전체제라는 지정학적 요인도 우리 경제의 진화 방향 설정과 진화 속도에 큰 영향을 미쳤다. 1950년대 미국에서는 공산주의와의 체제 경쟁 차원에서 정부 주도 경제발전론이 부상하였다. 미국은 한국에 대하여 미국 시장의 개방과 대규모 원조 등 적극적 후원을 제공하였다. 또한 일본과 독일 등 후발 선진국의 급속한 경제발전을 지원하는 한편, 이들이 한국 등 후발 자본주의 개발도상국에 대해 시장을 개방하는 등 우호적 통상 여건을 제공하도록 이끌었다. 이러한 우호적 국제정치 및 무역 질서는 한국의 발전국가 패러다임과 수출 지향적 공업화 전략의 적합성을 크게 높여주었다. 즉, 박정희 정부의 발전국가 패러다임과 성공 신화는 미국의 제안과 지원에 의해 수립, 실현될 수 있었다.

　　냉전체제는 문화의 진화에도 큰 영향을 미쳤다. 발전연대에는 세계 냉전체제와 남북한 체제 경쟁이 지속되면서 이념적 측면에서 자본주의와 공산주의, 남한과 북한을 양 극단으로 하는 이원적 사고가 지배하였다. 이로 인해 우리 사회에서는 사상과 관점의 다양성이 제한되고, 사회 구성원 간 자유로운 소통과 신뢰, 상호 협력하는 문화의 형성이 저해되었다. 이는 기반조성기 이래의 수직적·권위적 사회질서와 문화, 그리고 독재적 정치, 독점적 경제구조의 고착으로 연결되었다.

이제 국내외 경쟁 상황을 보자. 발전연대 중에는 1990년대 이후의 세계화 시대에 비해서는 국제 경쟁이 온건한 편이었다. 세계경제가 호조를 지속하였고 체제경쟁으로 자본주의 선진국의 시장이 개발도상국에 개방적이었기 때문이다. 정부는 수출 지향적 공업화에 기반한 경제발전을 지원하기 위해 기업들이 수출품의 제조원가를 낮추어 가격 경쟁력을 유지할 수 있도록 금융 및 노동 억압 정책을 통해 이자 및 임금 비용 증가를 제한하였다. 한편 국내 대기업이 중화학공업에 진출한 이후에는 기존의 중진국을 넘어 선진국과의 경쟁도 점차 증가하였고, 가격경쟁력은 물론 품질경쟁력을 향상할 필요도 커졌다.

국내 경쟁에서는 두 가지 상반되는 흐름이 나타났다. 우선 산업과 시장의 독과점화 추세이다. 인구 증가와 도시화, 공업화 등에 힘입어 1960년대 초에는 시장의 형성과 시장 원리에 바탕한 경제 운영이 정착될 수 있는 여건이 어느 정도 마련되었다. 그러나 군사쿠데타로 집권한 박정희 정권은 신속한 경제발전을 통해 정권의 정당성을 획득하고자 하였다. 이를 위해 정부는 경제를 민간 부문과 시장 원리에 맡겨두기보다는 수출 촉진과 제조업 육성 등을 목표로 하는 산업정책을 통해 경제 운영을 주도하였다. 중소기업보다 대규모 수출과 세계시장 개척에 유리한 대기업을 집중 육성하였다. 그 결과 생산물 시장과 생산요소 시장 전반에서 경쟁적 시장질서보다는 정부의 개입과 규제, 대기업 독과점이 확산되었다. 특히 자본과 노동의 동원과 배분을 정부가 직접 통제하는 등 생산요소 시상에서는 그 정도가 매우 심했다. 다수의 중소기업이 동반 성장하기보다는 소수의 기업가가 운영하는 대기업이 빠르게 성장하여 특정 산업과 시장을 독과점하였다. 1970년대에는 정부의 중화학공업 육성 정책에 힘입어 일부 대기업주들은 동 산업 분야에 진출해 대형 기업을 설립하여 시장 지배력을 높이고 소유 기업의 수도 크게 늘리면서 재벌로 본격 성장하였다. 이에 따라 주요 산업 및 상품 시장에서 재벌에 의한 독과점화, 국가 경제 차원에서 재벌로의 경제력 집중이 진전되었다. 이는 오늘날까지 계속되고 있는 주요 국내시장의 독과점 체계와 국가 경제력(또는 부)의 재벌 집중 및 소득 불평등의 시작이었다.

그럼에도 불구하고 발전연대에는 기업 설립이 급증하여 경제시스템 전반에서의 경쟁은 크게 높아졌다. 우선 주요 산업 부문에서 독과점적 산업구조가 형성되었음에도 불구하고 과점 기업들 간에는 경쟁이 비교적 활발하였다. 이는 정부가 조세 및 금융 지원, 강력한 행정력을 기반으로 기업 간의 담합 억제 및 경쟁 조장에 힘썼고, 대기업 집단 간에도 시장 점유, 정부의 세제 및 금융 지원 수혜를 둘러싼 경쟁이 치열하였기 때문이다. 중소기업들도 부품 소재 산업과 전통 산업에서 시장을 점유하기 위해 서로 간에 치열하게 경쟁하였다. 한편 1980년대 초 정부는 시장경쟁 질서의 확립을 위해 「독점규제 및 공정거래에 관한 법률」을 시행하였다. 이 법을 통해 정부는 시장 지배적 지위의 남용 금지, 경쟁 제한적 기업 결합의 제한, 부당한 공동 행위의 제한, 불공정 거래 행위의 금지, 사업자 단체의 경쟁 제한 행위 금지 등을 추진하였다. 다만 일부에서는 그간의 정부−대기업 주도 경제성장 정책의 성공 경험에 사로잡혀 경쟁 정책이 경제성장과 산업 발전에 도움이 되겠느냐는 의구심을 강하게 갖고 있었다. 이에 따라 시장에 대한 정부의 개입 관행이 이어지고 독과점적 시장 구조도 유지되었다.

경쟁 관련 통계[7]를 보면, 1966년 제조업 부문에서 상위 100대 사업체의 출하액 점유율은 38%로 나타났는데, 이후 대체로 상승하는 추세를 보여 1970년 40.6%, 1974년 43.6%, 1981년 45.9%에 이르렀다. 이는 박정희 정권의 중화학공업화 정책에 따라 주요 산업에서 대기업의 시장 점유율이 증가한 데 주로 기인한 것으로 보인다. 다만 새로 편제된 통계에 따르면 광업 및 제조업 부문의 상위 100대 기업이 차지하는 비중은 1981년 46.1%였으나, 이후 점차 낮아져 1980년대 후반부터는 40%를 하회하였다.

라. 진화 메커니즘 작동과 진화 인자의 진화 현황

발전연대 초, 경제발전 방향과 관련해 정부와 전문가들은 먼저 민간과 시장 메커니즘이 주도하여 여러 산업의 균형적인 발전을 추구하는 것보다는 정부가 주도하여 공업화에 집중하는 것이 적절하다는 데 대체로 동의하고 있었던 듯하다.

---

7) 이규억(1977), ≪시장구조와 독과점규제≫, 한국개발연구원; 이규억 외(1984), "우리나라 제조업의 시장구조", ≪한국개발연구≫, 6(1), 한국개발연구원.

이승만 정권이 후반기에 이미 경제발전계획을 수립한 바 있고, 장면 정권도 공업화 중심의 경제발전계획을 추진하려 했기 때문이다. 다음으로 공업화의 방향과 관련해서는 수입 대체 공업화 전략과 수출 지향적 공업화 전략으로 나뉘어 있었다. 이승만 정권과 장면 정권은 수입 대체 공업화 전략을 추진하였다. 박정희 정권도 제1차 경제개발계획 초기에는 같은 전략을 따랐다. 미국은 냉전에서의 승리를 위해 자본주의 진영 개발도상국의 경제발전이 최선의 전략이라고 보고 그 일환으로 한국의 경제발전을 지원하기로 하였다. 또한 1950년대 후반경 미국의 경제발전론자들은 개발도상국의 경제발전 전략으로서 수출 지향적 불균형 공업화 전략이 더 적절하다고 제안하였다.

정부가 수출 지향적 공업화 전략을 선택한 직접적 계기는 1960년대 초의 외환 부족이었던 것으로 알려져 있다. 동 전략이 1960년대 중반에 외환 확보에 성공적이고 경제성장에도 기여하는 것으로 나타나면서, 정부는 이를 핵심으로 하는 발전국가 패러다임을 확립하고 시종일관 유지하였다. 신속한 경제성장과 이를 위한 투자 및 수출 확대를 최우선 정책 목표로 정하였다. 설비 투자 재원의 조달을 위해 해외 차입에도 일부 의존했지만 무엇보다 수출을 통한 외화 획득에 국가적 역량을 총동원하였다. 수출 증대를 위한 국제경쟁력 향상에 모든 경제주체들이 노력하도록 유도하였다. 차관 등 공적 원조, 정부 보증을 통한 민간의 해외차입을 확대하는 한편, 저축 운동 등을 통해 국내 자금의 조달에도 적극 노력하였다.

또한 정부는 예금·대출 금리 통제와 정책 금융 제도 등 금융기관에 대한 통제를 통해 자본의 배분에도 적극 간여하였다. 우수 경영자, 전략 산업을 선별하여 정책 금융을 통해 자금 조달·세제상의 혜택을 집중 제공하였다. 정부는 또 다른 생산요소인 노동력을 효과적으로 동원하는 데에도 직접 나섰다. 공업화에 필요한 대규모 노동력을 낮은 비용으로 동원하기 위해 농촌 인구의 도시 이주와 제조업으로의 이동을 적극 장려하였다. 노사 관계 통제와 노동운동 억제, 공장 새마을운동 등을 통해 노동자를 직접 통제하기도 하였다. 이러한 다각적 노력을 통해 정부는 국내 생산요소의 최대한의 동원과 효율적 이용을 도모하였다.

이에 따라 발전연대 진화 인자의 진화 방향과 속도는 정부의 발전국가 패러다임, 특히 수출 지향적 공업화 전략에 크게 영향을 받았다. 정부의 수출용 제조 대기업 육성 정책과 더불어 동 분야 PT와 BD의 진화 역량 축적과 발전이 급속히 진전되었다. 이는 경제발전과 생산성 향상을 최우선 과제로 내세운 정부의 적극적인 노력과 유교 가치관에 기반한 개인들의 성취 동기 발현 및 생존 기반 확충 욕구가 어우러진 결과였다. 특히 경제개발 5개년계획 등 정부의 시의적절한 산업정책, 기업의 수출 시장 개척 노력, 개인의 교육 및 훈련 축적으로 1960년대 후반부터 경제 성과가 뚜렷해지면서, 진화 역량 축적과 경제 성과가 상호 강화적으로 발전하는 공진화 현상을 보였다. 양자 간에 긍정적 피드백의 고리가 형성된 것이다.

다만 이 시기에는 한국경제시스템의 PT·BD 진화 역량의 절대 수준이 크게 낮았기 때문에 독자적인 차별화를 통해 새로운 PT를 창출하기보다는 미국, 일본 등 선진국의 기존 진화 인자를 모방하거나 학습해 개량하는 데 힘썼다. 정부와 기업은 미국과 일본의 과학과 기술, 일본의 기업 및 경제 운영 방법, 선진 제품을 학습·모방하면서 점차 우리 것으로 만들어나갔고 싼 생산요소의 투입 확대와 규모의 경제를 통해 생산성을 높이고 수출 경쟁력을 강화해나갔다.

ST는 4·19혁명 등으로 초기에 포용성 등의 측면에서 개선할 여지가 있었다. 그러나 시간이 경과하면서 정치 및 경제 지도층의 욕구가 힘의 우위를 바탕으로 여타 사회 구성원의 욕구를 지배하게 된 데다, 한반도의 지정학적 요인, ST의 경로 의존성 등이 큰 영향을 미치면서 결국 발전국가 패러다임의 배제적 ST로 퇴행하고 말았다.

1) PT

발전연대의 기초 산업 기술을 보면 기반조성기 후반부터 발전하기 시작한 경공업과 농림어업 그리고 건설업 관련 기술이 있었다. 그러나 그 수준은 매우 낮았고 국제경쟁력을 약간이나마 갖춘 것은 3백산업 정도에 불과했다. 과학기술은 산업 기술보다 더 열악한 상태였다. 대학의 연구 역량이 매우 취약한 상태를 벗어나지 못하였고 소수의 공공 연구소가 연구 역량을 갖추어나가는 정도였다.

이처럼 발전연대 초기 PT의 수준은 매우 낮았으나 적합도함수, 즉 경제 환경은 PT 발전에 매우 유리하였다. 교육받은 풍부한 노동력이 갖추어져 있었고 국제 경제 및 지정학적 여건도 양호하였다. 경제발전 노력과 더불어 PT에 대한 사회적 수요가 급속히 증가하였다. 이러한 요인들이 어우러지면서 PT가 빠르게 진화하였다. 정부의 시의적절한 기술 도입 정책과 개인 및 기업의 적극적인 모방·학습 노력도 이에 기여한 것으로 보인다. 기반조성기 PT의 진화가 적합도함수와 PT 자체 여건의 제약 속에서 민간 주도로 그리고 점진적으로 이루어진 반면, 발전연대에는 유리한 적합도함수와 적절한 정부 정책이 어우러져 PT가 빠르게 진화한 것이다.

적합도함수 중에서는 인구의 양적·질적 개선(급속한 인구의 증가와 인구 구조의 개선 그리고 교육받은 노동력의 증가 등)이 PT 개발에 유리한 환경을 제공하였다. 새로운 PT에 대한 사회적 수요도 높았다. 박정희 정부는 정권 유지를 위한 급속한 경제성장과 이를 달성하기 위한 핵심 전략인 수출 지향적 공업화 정책의 성공을 위해 PT의 발전이 절실하였다. 국민 개개인들도 생활 개선 필요성 및 사회적 성취 욕구의 충족을 위해 기술적·과학적 역량을 향상하고자 했다. 기업들은 스스로의 성장과 수출 확대를 위해 그리고 국내외 시장에서의 경쟁 증가에 대응하기 위해 기술개발에 점점 더 많은 노력을 기울이게 되었다. PT 진화와 관련된 지정학적 여건 및 국제 통상 여건도 유리하였다. 미국이 냉전 전략 차원에서 한국을 적극 후원하고 자국 시장을 개방하였으며 국제 경제도 호조를 보인 데다, 한국경제시스템이 수요하는 PT가 선진국에서는 이미 사양화된 것이었기 때문에 수입이 쉬웠다.

발전연대 초·중기에는 정부의 경제개발 수요와 이의 달성을 위한 산업정책이 PT의 진화에 크게 기여하였다. 특히 1970년대 추진된 중화학공업화는 노동 투입 증대보다는 자본 투입과 기술 투입을 늘려 생산 규모 및 생산성을 향상하는 방식으로서, 기반조성기 이후 발전연대 초기까지 지속된 후진국형 PT를 중진국 수준으로 한 단계 도약시키는 계기가 되었다. 또한 발전연대 내내 지속된 수출 증대 노력은 세계시장 점유 확대를 목표로 하였기 때문에 기업의 차별화와 복제 능력 향상을 유인함으로써 한국경제시스템의 진화 잠재력을 높이는 데 기여하였다. 초기에는 수출용 경공업과 기간산업 관련 기술이 선진국 기술의 도입 복제를 통해 정착되었고, 중기에는 중후장대형 내지 중진국형 중화학공업 기술이 빠르게 발전하였다. 또한 후기에는 이러한 중화학공업이 더욱 고도화하면서 기업의 독자적 차별화 기반 PT 개발 노력이 크게 강화되어, 우리 PT의 수준과 진화 방식이 점차 선진국형으로 이행하기 시작하였다.

이러한 제조업 PT의 발전 추이는 동 산업의 생산과 취업자의 증가, 전체 산업 내 비중 증가에서 뚜렷이 드러난다. 다음 두 표에서 보는 것처럼 발전연대 제조업의 GDP 비중은 2배, 취업자 비중은 3배 이상 증가하였다. 또한 제조업 중에서는 경공업의 비중이 1970년대 초반에 정점에 이른 반면, 중화학공업의 경우 1980년대까지도 높은 증가세를 이어갔다.

표 Ⅱ-13	발전연대 중 산업별 GDP 구성비 추이								

(%)

연도	1960	1963	1966	1969	1972	1975	1978	1981	1984	1987
농림어업	39.0	45.3	36.5	29.9	28.4	26.9	22.2	16.7	13.2	10.3
광업	2.4	1.9	2.1	1.6	1.2	1.5	1.4	1.5	1.2	1.1
제조업	12.1	13.4	17.7	18.5	20.0	21.9	23.4	24.1	27.1	29.2
(경공업)[1]	(n.a)	(n.a)	(n.a)	(n.a)	(12.7)	(10.9)	(10.2)	(9.8)	(10.0)	(10.2)
(중화학공업)[2]	(n.a)	(n.a)	(n.a)	(n.a)	(7.3)	(11.0)	(13.2)	(14.2)	(17.1)	(19.0)
전기, 가스 및 수도업	0.6	0.8	1.2	1.3	1.4	1.2	1.4	2.4	3.0	3.0
건설업	3.3	2.8	3.5	5.3	3.9	4.5	7.2	6.6	6.8	6.0
서비스업	42.6	35.7	39.1	43.5	45.0	44.1	44.3	48.8	48.7	50.4
(전통적 서비스)[3]	(16.9)	(16.6)	(21.0)	(24.2)	(25.5)	(25.8)	(23.4)	(23.9)	(22.9)	(23.1)
(현대적 서비스)[4]	(25.7)	(19.1)	(18.1)	(19.3)	(19.5)	(18.2)	(20.9)	(24.9)	(25.9)	(27.3)
합계	100.0	100.0	100.0	100.0	100.0	100.0	100.0	100.0	100.0	100.0

주: 1. 음식료품 및 담배, 섬유 및 가죽제품, 목재, 종이, 인쇄 및 복제, 기타 제조.
   2. 석탄 및 석유 제품, 화학제품, 비금속 광물제품, 1차 금속 제품, 금속 제품, 기계 및 장비, 전기 및 전자기기, 정밀기기, 운송 장비.
   3. 도소매 및 음식숙박, 운수 및 보관, 문화 및 기타 서비스.
   4. 금융보험, 부동산 및 임대, 정보통신, 사업 서비스, 공공 행정 및 국방, 교육, 보건 및 사회복지.
자료: 한국은행(국민계정, 경제활동별 명목 GDP).

발전연대 PT의 발전 상황을 각 부문별로 살펴보자. 산업 분야별로 보면 농업보다는 제조업, 제조업 중에서도 수출 제조업이 중심이 되었다. 또한 수출 제조업 중에서는 초기에는 경공업, 후기에는 중화학공업으로 초점이 이동했다. 이는 전문성이 높아 PT의 진화 및 생산성 향상 잠재력이 큰 분야로 PT 개발의 초점을 계속 변화시켜나간 것이다. 그리고 이러한 변화는 한국경제시스템의 PT 진화에 매우 성공적이었다.

다음으로 생산 과정의 특성으로 볼 때 중심적 PT 분야는 제품기술보다는 공정기술이라고 할 수 있다. 선진국에서 이미 시장화되어 시장성이 검증된 제품, 그리고 필수 기능 중심의 소수 종류의 제품을 낮은 비용으로 대량생산하는 것이 기업의 주요 목표였기 때문이다.

표 Ⅱ-14			발전연대 중 산업별 취업자 수 및 구성비 추이							

(천 명, %)

연도	1963	1966	1969	1972	1975	1978	1981	1984	1987
전 산업	7,563 (100.0) -	8,325 (100.0) <10.1>	9,285 (100.0) <11.5>	10,379 (100.0) <11.8>	11,691 (100.0) <12.6>	13,412 (100.0) <14.7>	14,023 (100.0) <4.6>	14,429 (100.0) <2.9>	16,354 (100.0) <13.3>
농림어업	4,763 (62.9)	4,811 (57.8)	4,744 (51.1)	5,238 (50.5)	5,339 (45.7)	5,154 (38.4)	4,801 (34.2)	3,914 (27.1)	3,580 (21.9)
광업	56 (0.7)	80 (1.0)	114 (1.2)	53 (0.5)	60 (0.5)	106 (0.8)	124 (0.9)	143 (1.0)	186 (1.1)
제조업	601 (7.9)	819 (9.8)	1,219 (13.1)	1,415 (13.6)	2,175 (18.6)	2,986 (22.3)	2,859 (20.4)	3,348 (23.2)	4,416 (27.0)
건설, 전기, 수도 등	192 (2.5)	208 (2.5)	334 (3.6)	388 (3.7)	509 (4.4)	818 (6.1)	908 (6.5)	942 (6.5)	964 (5.9)
서비스업	1,952 (25.8)	2,408 (28.9)	2,874 (31.0)	3,286 (31.7)	3,609 (30.9)	4,349 (32.4)	5,332 (39.0)	6,083 (42.2)	7,207 (44.1)

주: 〈 〉 안은 전년 대비 증감률, ( ) 안은 구성비.
자료: 통계청(경제활동인구조사).

셋째, 발전연대 PT 개발 과정은 초기에는 선진국 PT를 복제하는 데 집중하였다. 발전연대 초의 선진국 PT 도입, 복제 방식은 기업들이 현대식 자본재 및 설비 등의 턴키 방식 수입과 선진국 상품 및 설비의 역엔지니어링(reverse engineering)을 통해 선진 기술을 모방하는 방식이 주를 이루었다.[8] 이러한 선진 PT의 학습을 통한 복제 기반의 PT 진화는 새로운 과학기술의 탐색 및 개발에 소요되는 많은 시간과 노력을 절약할 수 있게 해주었으며, 이것이 발전연대에 우리 경제가 단기간 내에 높은 경제성장을 달성하고 선진국을 따라잡은 비결이었다. 당시 우리나라의 과학기술 수준이 낮고 물질적 생존 기반 확보를 위한 신속한 경제발전 필요성이 높았기 때문에 이러한 초기 기술 발전 전략은 시의적절했다고 판단된다. 다만 복

---

8) 한국경제 60년사 편찬위원회(2010), 앞의 책, pp. 512~517 참조.

제 중심의 PT 진화 방식에 기업들이 안주하면서 자립적인 과학기술개발 역량 향상이 지연되었다. 이로 인해 국내 기계 및 소재부품 공업의 성장이 제한되고 수출이 수입된 소재부품과 장비에 크게 의존하게 되면서 조립 가공품 수출형 산업구조가 고착되었다. 그리고 이는 우리 경제의 경상수지 구조의 취약성 및 대외 의존성을 높이는 문제를 낳았다.

그러나 1980년대 들어 상황이 달라지기 시작했다. 경제의 세계화가 진전되고 중화학 PT의 독자적 개발 및 고도화 필요성이 높아지면서 기업의 독자적인 PT 차별화 노력이 강화되었다. 이에 따라 기업의 연구개발 투자, 연구원 수가 급속히 늘어났다.

넷째, 기술의 종류 면에서 발전연대 PT의 발전은 제품기술보다는 공정기술을 중심으로 이루어졌다. 이는 당시 공공 연구소와 기업들이 선진국의 제품 및 PT를 학습해서 복제하는 데 치중했기 때문에 발생한 현상이다. 국내 기업들은 차별적이기보다는 기본 기능에 충실해야 하는 생존 욕구 관련 상품 또는 선진국 시장에서 이미 판매되고 있는 상품을 모방 생산하는 데 치중하였다. 이 때문에 새로운 제품을 개발할 필요가 적었다. 그보다는 선진국의 기존 제품을 싼 가격으로 생산하고 가격 경쟁력을 바탕으로 판매하는 데 중점을 두었고, 생산 공정상에 투입되는 원료 및 생산요소의 절감이 가능한 PT가 더 중요했다. 발전연대 초·중기 기업들이 외국의 공정기술을 학습, 모방하는 대표적인 방식이 역엔지니어링과 턴키 방식이었다.

마지막으로, 발전연대의 주된 PT 개발 주체는 초기에는 정부(공공 연구소)였고 후기에는 정부와 대기업이었다. 발전연대 초기 정부는 한국과학기술연구원(KIST) 등의 공공 연구소를 설립해 외국 PT를 도입, 개량하는 데 힘썼다. 정부는 제1차 경제개발계획에서부터 과학기술 발전의 기반을 구축하는 데 중점을 두고 과학기술 인력의 양성과 과학기술 연구기관의 설립 등을 추진하였다. 1960년대 말부터 1970년대 말까지는 해외 기술의 도입·흡수 촉진, 전략 기술 분야별 전문 연구기관의 설립, 고급 과학기술 인력의 공급 확충, 기술개발 지원을 위한 법·제도 마련, 과학기술 중시 풍토의 조성 등을 추진하여 기간산업 및 방위산업의 기술을 확보하였다. 기업들은 PT에 대한 인식이 점차 높아졌으나 재원과 인력상의 여유가 부족하여 일반적 PT보다는 기업 특수적·경험적 PT를 축적해나가는 수준에 상당 기간 머물렀다. 그러다가 1970년대 중반에 상당한 수준의 기술을 요구하는 중화학공업으로 진입하면서 대기업을 중심으로 PT 개발 노력을 강화하기 시작하였다. 1980년대 들어서는 중화학공업의 고도화 필요성, 세계적 경쟁 심화 등으로 기업의 연구개발 활동이 본격화되었다. 이에 따라 국가 전체 연구개발 투자가 획기적으로 증가하여 GDP 대비 연구개발비 비율이 1%를 넘어섰다. 또한 종전과 달리 민간 부문이 전체 연구개발비의 80%를 부담하였다.

발전연대 중의 PT 발전을 시기별로 보면 다음과 같다.

1960년대 초 우리나라의 PT 연구 여건은 매우 열악했다. 1963년 총 연구개발비는 12억 원, 연구원 수가 1,800여 명에 불과했고, 1968년에 이르러서도 각각 54억 원(GNP의 0.43%), 6,698명에 그쳤다. 국내 연구기관은 국공립 연구기관 67개와 민영 연구기관 7개가 고작이었다. 1967년 51개 대학 부설 연구기관의 연구비는 1억 3천만 원, 기업연구비 총 지출액은 98개 업체 6억 9천만 원으로 업체당 700만 원 이하였다. 이러한 상황의 타개를 위해 1966년 2월 정부는 KIST를 설립하여 재료 및 금속, 식품, 화학 및 화공, 전자, 기계 공업 등 제2차 경제개발계획에서 선정된 5개 분야를 중점 연구하도록 하였다. 또한 1967년에는 과학기술처를 설치, 과학기술개발 장기종합계획(1967~86년)을 수립하였다. 이 계획을 바탕으로 정부는 선진기술 도입의 촉진과 흡수, 과학기술계 인력의 개발과 활용, 민간 기술개발 활동의 강화, 국제 분업적 특성 기술의 개발 등을 중점 추진하였다. 과학기술처는 해마다 1억 3천만여 원의 조사 연구비를 국내 주요 연구기관에 용역 계약으로 지급해 학계, 산업계, 연구계 등 각계의 연구원 3천여 명이 당면 과제에 대해 연구할 기회를 주었다.

공업화가 추진되면서 민간 기업의 기술개발 노력노 섬차 활기를 띠었다. 1960년대 중반에는 비료, 시멘트, 합판, 섬유, 전력 등의 전략 산업 육성에 필요한 기술을 선진국에서 들여와 국내 정착에 노력하였다. 이후 제조업이 성장하고 수출이 조금씩 늘어나면서 외국 제품의 역엔지니어링 기반 모방 생산을 넘어 외국 기술의 개량과 수출 상품의 국제경쟁력 강화 관련 기술, 공장 설비나 공정의 개선 관련 기술 등이 발전하였다. 대표적으로 국내 기업은 제1차 경제개발계획 기간에 정유 시설과 비료, 소다회, PVC 공장 등을 건설하는 과정에서 생산과 운영에 관한 기술을 습득하여 1960년대 중·후반부터는 자체적으로 비료공장을 건설하고 정유 공장을 가동할 수 있게 되었다.

1970년대 후반 정부는 해외 기술의 도입과 흡수를 촉진하기 위해 '기술 도입 자유화 조치'를 실시하는 한편, 도입된 기술의 흡수 및 산업계 보급을 담당하는 전문 분야별 정부 출연 연구소를 다수 설립하였다. 이들 연구소는 초기 해외 도입 기술의 소화, 흡수와 부분적인 자체 기술개발 수요에 대응하는 데 초점을 두었다. 이 시기에는 대학과 산업계의 연구개발 능력이 크게 미흡했기 때문에 정부출연 연구소들이 사실상 우리나라의 연구개발 활동을 주도하였다. 이들은 해외의 한국인 과학기술자들이 국내로 돌아오는 통로로서도 기능하였다. 이러한 공공 연구기관 중심의 연구개발 체계는 민간 부문의 수요와 멀어지고 대학의 연구개발 능력 확충을 지연시킬 소지가 있었지만, 우리나라가 선진 기술의 전략적 모방과 추격을 앞당기는 데 효과적이었다.

1970년대 중 산업 기술에서 괄목할 만한 성과가 있었다. 정부가 중화학공업화(철강, 비철금속, 기계, 조선, 전자, 화학 등 6대 전략 중화학공업 분야 육성)를 최우선 정책 과제로 추진하면서 이를 뒷받침할 전문 기술을 과감하게 도입했고, 산업 부문별 공공 연구기관들이 기술의 흡수와 개량을 선도했다. 이에 따라 총 연구개발비가 1966년의 32억 원에서 1979년에는 1,740억 원으로, 연구원 수는 같은 기간 중 3,000여 명에서 1만 5,700여 명으로 늘어나는 등 공공 부문의 연구개발 능력이 크게 향상되었다. 또한 1970년대 후반 들어 민간 산업계도 연구개발의 필요성과 가치를 인식하게 되었고, 정부는 「기술개발촉진법」 제정 등을 통해 기업의 연구개발을 독려하였다. 그 결과, 기업 부설 연구소가 설립되기 시작하여 1979년 말까지 46개 연구소가 설립되었다. 이에 힘입어 1979년에는 국가 총 연구개발비 중 민간 부담 비율이 45.5%로 높아졌다. 한편 정부는 식량 부족 해소를 위해 농업 기술개발에도 노력하였다. 농촌진흥청은 1960년대부터 다수확 신품종 개발 사업을 본격화하여 1971년 통일벼를 개발해 보급함으로써, 숙원이던 쌀의 자급을 달성하였다. 비료와 농약의 이용, 농기계의 도입, 수리시설의 정비 등을 통해 일반 벼의 생산성도 높아졌다.

1980년대에는 중화학공업을 중심으로 첨단기술 수요가 증가하는 한편, 정보통신산업 신소재 및 생명공학 기술 등 새로운 첨단기술이 부상하고 이의 개발을 둘러싼 선진국 간의 기술 경쟁과 기술 보호주의가 강화되었다. 이에 대응하여 우리나라의 공공 부문은 물론 민간 기업의 연구개발 노력도 크게 확대되었다. 1980

년 2,117억 원에 불과하였던 우리나라의 총 연구개발비가 1989년에는 2.7조 원으로 늘어났고 GNP 대비 연구개발비 비중은 0.56%에서 1.75%로 높아졌다. 특히 연구개발비에서 민간 부문이 차지하는 비중이 동 기간 중 48.4%에서 82.9%로 상승하였다. 이처럼 국가적 연구개발 노력이 증가하면서 과학기술 성과도 향상되었다. 특허출원 건수가 1980년의 5,070건에서 1989년 2만 3,315건으로, 국제학술지 게재 논문 건수(SCI 데이터베이스 기준)는 159편에서 1,780편으로 각각 증가하였다. 외국 기술 도입도 크게 늘어나 기술 도입 대가 지급액이 동 기간 중 1.1억 달러에서 8.9억 달러로 증가하였다.

표 II-15	발전연대 중 주요 과학기술 관련 지표 추이				
연도	연구개발비 총액(10억 원)	연구개발비 /GDP(%)	연구개발비 민간 부담률(%)	연구원 수 (천 명)	특허출원 건수(천 건)	기술 도입 대가 지급액(백만 달러)
1963	1.2	0.2	n.a	1.8	0.7	n.a
1966	3.2	0.3	18.4[1]	3.0	1.1	0.8[3]
1971	10.7	0.3	n.a	5.3	1.9	6.1
1975	42.7	0.4	35.2[2]	10.3	2.9	26.5
1976	609	0.4	35.2	11.7	3.3	113.6
1978	1,524	0.6	51.2	14.7	4.0	n.a
1981	2,931	0.6	56.4	20.7	5.3	107.1
1984	8,339	1.2	78.6	37.1	8.6	213.2
1987	18,780	1.8	79.6	52.8	17.1	523.7

주: 1. 1969년   2. 1976년   3. 1962~66년
자료: 1. 한국경제 60년사 편찬위원회(2010), ≪한국경제 60년사 II. 산업≫ 표 8-2, 4, 1963~75년.
    2. 과학기술정보통신부(기술무역 통계 및 연구개발 활동 조사, 1976~90).
    3. 특허청(지식재산권 통계, 1976~90).

2) ST

발전연대 ST는 대체로 배제적인 방향으로 진화하였다. 박정희 정권의 집권 연장 노력, 국민의 생존 및 경제적 성취 욕구 분출, 우리 경제의 국제 경쟁에의 노출, PT의 제조업 중심으로의 전환과 자본 및 생산요소의 대규모 동원 필요성 등이 상호 갈등 또는 정합하면서 분야별로 후퇴와 발전이 엇갈렸다. 이는 PT가 진화 잠재력이 높은 제조업 기술로의 확산과 각 경제주체의 연구개발 활동 강화를 통해

급속히 발전한 것과 대조된다.

발전연대 시작 시점에 기반조성기로부터 물려받은 기초 ST는 양면적인 것이었다. 정치적 측면에서는 이승만 정권의 독재 체제와 4·19혁명으로 쟁취한 민주주의 체제가 상충하고 있었다. 문화적 측면에서도 수직적·획일적 가치관과 수평적·민주적 문화가 대립하고 있었다. 한편 경제적 측면에서는 대체로 민간 주도 시장경제체제보다는 정부 주도 경제발전 방식을 선호하였다. 이는 미국의 권고 등으로 후진국의 경제발전을 위해 정부 주도의 산업정책 실시가 효과적이라는 데 대해 이미 공감대가 형성되어 있었기 때문이다. 이는 다수 국민의 절대 빈곤 탈출을 위해 정부가 시장에서의 자유를 다소 희생하더라도 적극적으로 개입해 신속히 경제를 발전시킬 필요가 있다는 것이며, 달리 말해서 정부 주도의 권위주의적 경제 운영이 필요하다는 것을 의미한다.

당시의 ST 관련 적합도함수는 대체로 정부 주도적 또는 배제적 ST에 유리했던 것으로 보인다. 이와 관련된 국내적 요소로는 국민의 높은 생존 욕구, 사회적 조직화의 부족에 따른 정부의 사회에 대한 우위와 정책적 자율성 보유, 냉전체제에 따른 남북한 체제 경쟁과 국민의 자유의 제한 등이 있다. 이에 반대되는 요소로는 4·19혁명으로 분출된 민주화 요구가 있었다. 국제적으로 배제적 ST에 유리한 요소로는 냉전체제와 자본주의/공산주의 진영 간 경쟁 그리고 미국의 정부 주도 경제발전 선호와 한국 후원 등이 있다. 중립적 요소로는 세계경제 호황과 유리한 통상 여건 등을 들 수 있다.

이러한 요소들이 시사하는 것을 항목별로 보면 우선, 국민의 높은 생존 욕구는 경제발전을 위해 정부가 우선적으로 노력할 것을 요구하였다. 이는 생존 욕구의 충족을 위해 관계 욕구 또는 정치경제적 자유를 일부 유보하거나 희생할 소지를 안고 있었다.[9] 그러나 4·19혁명으로 정치적 민주주의는 사회적 정당성을 갖고 있었고, 정부는 형식적으로나마 민주적 의사결정 절차를 따르지 않을 수 없었다.

---

9) 김일영(1995)은 "박정희 체제 18년"에서 민주주의 가치와 절대 빈곤이 배타적 선택 관계에 놓일 수 있다는 점, 선진국 경제발전의 역사에서 민주주의를 택하여 산업화 초기 단계에서 발전을 성공적으로 이룬 사례가 없다는 점을 근거로, 산업화 초기 단계에서 권위주의와 자본주의적 경제발전 사이에 '선택적 친화력(selective affinity)'이 있을 수 있다고 말하였다. 김일영(1995), "박정희 체제 18년: 발전 과정에 대한 분석과 평가", ≪한국정치학회보≫, 29(2), 한국정치학회 참조.

둘째로, 사회적 조직화의 부족과 이에 따른 정부의 사회에 대한 우위는 정부가 스스로의 목적 달성을 위해 자율적으로 행동할 수 있다는 것, 달리 말해서 국민의 동의를 구하지 않을 수도 있다는 것이다. 이는 정부 정책이 기업인이나 노동자 등의 의사보다는 대통령 등 정치 지도자의 의사와 이익에 의해 시행될 소지가 있다. 나아가 정치의 책임성과 법치주의가 침해될 소지, 즉 정치의 독재화 가능성이 높다. 미국의 일부 경제발전론자들은 효과적 경제발전을 위해 정부가 사회적 압력에서 벗어나 주도적으로 경제발전 정책을 추진할 수 있다는 견해를 제시하였다.

셋째로, 남북 대립과 세계냉전체제에 따른 체제 경쟁은 미국의 전략과 같이 주로 진영 간의 경제적 성과 경쟁으로 나타났다. 한국의 경우 한국전쟁의 경험과 북한의 경제발전까지 더해지면서 신속한 경제발전과 국방력 강화가 시급하였다. 다른 한편으로는 체제 경쟁이 상대 체제에 대한 무조건적 비판과 사상의 획일화로 이어져 ST의 배제성을 높이는 요인이 되었다.

마지막으로, 양호한 국제 통상 여건은 수출을 통한 경제발전에 유리한 조건이었다. 미국은 관세 및 무역에 관한 일반협정(GATT) 등을 통해 스스로는 물론 여타 선진국에 대해서도 자국 시장을 개방하도록 유도함으로써 자본주의 진영 내 후진국의 경제발전을 지원하였다. 한국은 1967년 GATT에 가입하면서 세계경제에 본격 편입되었다. 이에 따라 수출 증대를 통한 경제발전에 유리한 조건이 형성되었다. 한편 수출 증대를 위해 다수 중소기업에 의존하는 것보다 소수의 대기업이 보다 효과적이었다. 선진국과 경쟁할 수 있는 PT가 부족한 상황에서 국제경쟁력을 갖추기 위해서는 싼 생산요소의 내랑 동원과 효과적 통세에 기반해 규모의 경제 및 가격 경쟁력을 획득하고 아울러 국제적 영업 능력도 갖추어야 했기 때문이다.

양면적 초기 ST 조건과 정부 주도의 ST에 유리한 적합도함수가 결합하여, 발전연대 초 ST는 정치제도로서 민주주의, 경제제도로서 정부 주도 경제 운영 체제로 구성되었다. 특히 경제체제는 군사정권이 급속한 경제발전을 정치적 정당성의 근거로 삼고자 하였고, 정부의 경제개발계획 시행에 대한 사회적 합의도 어느 정도 형성되어 있었기 때문에 초기부터 정부 주도 체제로 굳어졌다. 따라서 민주주의 정치 체제와 정부 주도 경제 운영 체제는 상호 충돌하는 측면이 없지 않았다. 경제발전 전략에 있어 출범 당시 박정희 정권은 이승만 정권의 사례를 따라 수입 대체 공업화를 기본 방향으로 삼았으나, 이내 수출 지향적 공업화로 돌아섰다. 문화적 측면에서는 정부는 기반조성기로부터 물려받은 현세적 가치와 수직적 질서 중심에 더해 합리적·과학적 태도를 강조하였다. 동 태도는 실용주의와 변화를 수용하는 진화 친화적인 것이다. 다만 정부는 조속한 경제발전을 위해 각 경제주체의 자유로운 경쟁/협력보다는 정부−기업가 주도의 수직적·집권적 기업 지배구조와 운영 원리를 강화하였고, 이는 폭넓은 자발적 소통과 신뢰에 기반한 경쟁/협력을 저해하였다.

결론적으로 발전연대 초기의 ST는 정치체제 및 문화적 측면에서 진일보한 것이었다. 반면 경제체제는 시장경제체제와 거리가 더 멀어졌지만, 이는 후진국이라는 여건상 불가피성이 어느 정도 인정될 수 있었다.

수출 지향적 공업화 전략은 수입 대체 공업화 전략에 비해 몇 가지 장점이 있었다. 예를 들면 선진국 시장의 규모가 내수시장에 비해 매우 크기 때문에 수출 확대 잠재력이 높다는 점, 선진국의 앞선 경제 운영 기법과 시장 규율 그리고 과학기술과 문화를 학습할 기회를 가질 수 있다는 점, 국제 경쟁에서 살아남기 위해 생산의 효율성 제고와 수출 구조의 고도화에 지속적으로 노력하게끔 국내 기업들을 압박한다는 점, 수출 실적이라는 객관적인 기준으로 국내의 우수 기업과 상품을 선별하고 지원할 수 있다는 점 등이 대표적이다. 이러한 요소들은 발전연대 한국경제시스템이 급속히 진화하는 데 크게 기여하였다.

PT는 초기에는 수준이 낮고 부존량이 매우 적었기 때문에 ST에 뚜렷한 영향을 미치지 않았다. 그러나 초기부터 노동집약적인 경공업을 중심으로 하는 수출 지향적 공업화가 강력히 추진되고, 중기 이후 대규모 노동력에 대규모 자본까지 사용하는 중화학공업 중심의 산업구조로 이행하면서 대규모 인력과 복잡한 생산 공정에 대한 정교한 관리가 필요해졌다. 이에 따라 PT는 집권적 조직 구조와 수직적 지배 체제, 즉 배제적 ST의 유용성을 높이는 방향으로 영향을 미쳤다.

출범 초의 민주주의와 민주적 문화는 박정희 정권이 발전국가 패러다임을 확립하면서 무너졌다. 이는 집권 정부의 독주를 억제할 다원적 사회구조, 즉 다양한 사회계층의 조직화가 부족하였다는 점이 근본 원인이다. 정권 초기의 우수한 경제 성과와 생존 욕구 충족의 영향으로 정권이 상당한 지지를 얻었고 국민들의 경제적 성취 욕구가 더욱 높아진 데에도 상당 부분 기인한 것으로 보인다. 이승만 정권이 농지 개혁을 통해 농민의 지지를 확보함으로써 독재 체제를 수립하였듯이 박정희 정권도 초기의 성공적 공업화를 통해 다수 국민의 지지를 확보함으로써 발전국가 패러다임을 수립할 수 있었다.

이하에서 발전국가 패러다임을 중심으로 ST의 진화 과정을 살펴본다.

가) 정치제도

발전국가 패러다임은 정부가 사회 집단으로부터 자율성을 가지고 사회 전반을 주도하는 국가 지배구조를 갖는다.[10] 그러므로 발전연대의 정부는 다수 국민과 계층의 의사를 민주적으로 수렴하는 의회 및 정당정치 절차와 시장경쟁을 통한 자원 배분을 비효율적인 것으로 배척하였다. 대신 대통령 등의 지도자나 지도 집단이 경제발전 방향 등을 설정하고 관료와 일부 대기업이 이를 효율적으로 집행하는 수직적 정책 집행 체계를 선호하였다. 정부(혹은 정부-대기업 연합)가 수직적 사회질서와 집권적 조직 운영을 바탕으로 경제 분야를 포함한 사회 전반을 주도하고 중소기업을 비롯한 노동자 등 대다수 사회계층은 수동적으로 참여하는 데 그쳤다. 이는 결국 권위주의 또는 독재적 정치체제와 수직적 정부 지배구조로 귀결되었다.

진화알고리즘의 관점에서 보면, 발전국가 패러다임은 차별화와 선택보다는 복제에 주안점을 둔 전략이라고 할 수 있다. BD나 PT를 선진국으로부터 도입, 복제함은 물론이고 경제 관련 ST도 미국의 경제발전론에서 주장한 정부 주도 경제 운영 체제를 채용했다. 정치 및 문화 분야에서는 이승만 정권의 독재 체제 그리고 유교 문화의 수직적 사회 관계와 조직 문화를 도입했는데, 이 또한 민주주의적 문화를 새롭게 우리 경제시스템에 정착하기보다는 기존의 것을 복제하는 것이었다.

발전국가 패러다임의 정립에 따라 정치 영역에서는 민주주의가 다시 후퇴하였다. 노동자, 농민을 비롯한 다양한 사회계층의 조직화를 통한 사회의 다원화와 각 사회계층이 고루 참여하는 다원적 사회구조 구축은 다시 가로막혔다. 표 II-16에서 보는 것처럼 발전연대의 노동조합 조직률은 10%대에 머물렀다. 자본가 계층과 더불어 양대 계층인 노동자 계층이 적절히 조직화되지 못한 것이다. 정치 및 경제

---

10) 김순양 외(2017), ≪발전국가: 과거, 현재, 미래≫, 김윤태(편) 한울, <제1장 발전국가의 유산과 새로운 전망> 참조.

분야, 특히 정부와 기업에서 다수 구성원의 의사와 필요보다는 소수 정치인과 지배층의 의사와 이익을 중심으로 하는 의사결정 체제가 구축되었다. 정치의 책임성이 다시 이승만 정권 후반기처럼 약화된 것이었다. 정부—사회의 관계 역시 이승만 정부에 이어 강한 정부가 약한 사회를 지배하는 형태로 재정립되었다.

정부 구조에 있어서는 국회와 사법부가 행정부에 비해 현저히 약화되었다. 이에 따라 행정부의 일방적 독주 체제가 굳어지고 정치의 책임성이 크게 약화되었다. 정부의 지배구조도 대통령을 중심으로 하는 청와대가 관료 집단을 수직적으로 통솔하는 집권적·권위적인 형태로 정착되었다. 청와대 비서실, 중앙정보부 등이 관료 집단을 엄격히 통제하였다. 따라서 입법, 사법, 행정 전체가 대통령을 중심으로 수직적·집권적으로 구성되었다. 기업의 지배구조 역시 소유 경영자 중심의 집권적·수직적 특성이 강화되었다.

독재 체제의 형성과 함께 법치주의도 다시 약화되었다. 공정한 거래 절차와 경쟁에 의한 자원 배분보다는 정치권과의 친소 관계에 따라 정부의 재정 및 금융 지원이 결정되고 부정부패도 계속되었다. 그럼에도 불구하고 정부가 대통령을 정점으로 하는 수직적 지배구조와 일사불란한 행정 체계를 갖추고 경제개발계획 등을 효율적으로 추진하여 성과를 거두었다는 점에서 정부의 효율성은 높았다. 박정희 정권의 장기집권으로 미래 지향적이고 일관성 있는 정책이 유지된 것도 정부 정책의 효율성을 높이는 데 기여했다.

표 Ⅱ-16					발전연대 중 노동조합 및 조합원 수 추이					

(개, 천 명, %)

연도	1960	1963	1966	1969	1972	1975	1978	1981	1984	1987
노동조합 수	388	328	375	433	447	505	569	2,157	2,381	4,102
조합원 수(A)	321	224	327	445	515	750	1,055	967	1,011	1,268
임금근로자 수(B)	n.a	2,383	2,780	3,547	4,005	4,751	6,242	6,605	7,631	9,191
조직률(A/B)	n.a	9.4	11.8	12.5	12.9	15.8	16.9	14.6	13.2	13.8

자료: 1. 통계청(경제활동인구 〈취업자 수〉) 2. 고용노동부(전국노동조합 조직 현황)

나) 경제제도

경제 부문에서는 발전국가 패러다임이 교과서적인 모습으로 수립, 실시되었다. 발전국가는 다양한 사회집단의 참여와 시장경쟁을 기반으로 하기보다는 대통령 중심의 정부가 사회 전반을 지배하는 가운데 경제발전계획을 바탕으로 정부－대기업 연합[11])이 주도하는 경제발전을 추구하였다. 이에 따라 민간 주도의 시장메커니즘은 적절히 작동하지 못하였다. 생산요소 시장, 즉 금융 및 노동시장은 자유경쟁의 원리보다는 정부의 개입과 지시에 지배되었다. 정부는 은행 등의 이자율을 낮게 유지하고 대규모 자금을 특정 전략 산업에 배정하는 등 전형적인 금융 통제 정책을 실시하였다. 노동자들의 노동조합 활동을 통한 임금 및 노동 조건 개선 움직임을 억압하였다. 심지어 사용자를 대신해 공장새마을운동 등을 통해 노동자들의 작업 시간과 노동 강도도 관리하려고 하였다. 정부가 요소 시장 전반에서 경쟁 기반 시장메커니즘의 작동을 용인하지 않았던 것이다.

기업의 조직 구조는 집권적인 특성을 강하게 띠었고 운영 질서 역시 수직적이고 권위적인 모습이 지배적이었다. 정부는 냉전적 반공주의, 유교적 전통의 강조로 이러한 구조와 질서를 선도적으로 확립하였다. 기업인들도 일제강점기의 관행, 유교 전통의 차용 등을 통해 이러한 질서를 강화하고 독단적 기업 경영 방식을 유지하였다.

이처럼 정부 주도의 경제 운영 및 생산요소 시장의 정부 개입, 수직적 기업 지배구조가 정립되면서 경제제도의 배제성이 심화되고 시장메커니즘의 작동 공간도 축소되었다. 요소 시장에 대한 정부 및 사용자 지배가 확립되면서 시장에서의 자유로운 협상과 거래는 크게 제약되었다. 발전연대의 정치체제가 독재적으로 바뀌면서 비포용적이었던 것과 마찬가지로, 경제체제도 대기업과 사용자에 의한 지배가 강화되면서 비포용적인 특징이 강했다. 이에 따른 부작용도 컸다. 금융산업과 금융 자금의 배분을 정부가 통제함으로써 정경유착과 부정부패가 심화되었고, 노동시장에 대한 정부의 통제로 사용자 우위의 노사협상 구조가 유지되고 열악한 노동 조건이 개선되지 못하였다.

---

11) 흔히 국가－재벌 연합으로 불린다. 김순양 외(2017), 앞의 책, <제1장 발전국가의 유산과 새로운 전망> 참조.

정부 주도의 경제 운영과 집권적인 기업 지배구조에도 불구하고 사회적 협력과 기업 내 협력은 비교적 높은 수준을 보였다. 우선 기업이 크게 늘었다. 표 II-17에서 보는 것처럼 회사 수는 1961~87년 중 연평균 24.5%나 증가하였다. 이는 국민의 생존 및 사회적 성취 욕구가 워낙 높았고, 도시화와 정부의 신산업 육성 노력으로 기업 설립 여건이 크게 나아졌기 때문이다. 무엇보다 초기의 경제발전 성과로 다수 개인들이 기업 설립에 적극 나서게 되었다. 기업 내 협력도 비록 강압적·수직적 특성이 강했지만 원활하게 이루어졌다. 이는 국민의 절박한 생계를 해결하려면 개인의 자유와 시장 자율을 다소 희생하는 것이 용인되어야 한다는 지도층의 주장이 국민에게 어느 정도 수용되었고, 다른 한편으로는 개인들이 기업 내에서의 승진 등을 통해 사회적 욕구를 충족할 수도 있었기 때문이다. 다만 개인기업 이외의 분야, 즉 노동조합이나 협동조합 그리고 여타 사회 단체 등의 결성을 통한 협력은 활발하지 못하였다. 이는 정부가 정치 및 경제에서의 지배력을 유지하기 위해 반공주의 등을 구실로 노동운동 및 사회운동을 억압한 데 상당 부분 기인한다.

표 II-17	발전연대 중 회사 수 및 증감률 추이			

(개, %)

연도	전체 회사 수	신설 회사 수	해산 회사 수	가동 법인 수
1960	12,985(-)	1,190(-)	305(-)	n.a
1963	16,083(23.9)	1,778(49.4)	529(73.4)	5,516(-)
1966	20,217(25.7)	2,151(21.0)	355(-32.9)	6,085(10.3)
1969	25,987(28.5)	2,558(18.9)	250(-29.6)	7,793(28.1)
1972	33,292(28.1)	2,391(-6.5)	242(-3.2)	9,544(22.5)
1975	38,860(16.7)	2,928(22.5)	3,161(1,206.2)	13,416(40.6)
1978	47,549(22.4)	4,430(51.3)	503(-84.1)	18,134(35.2)
1981	60,388(27.0)	4,821(8.8)	634(26.0)	24,400(34.6)
1984	76,559(26.8)	5,717(18.6)	477(-24.8)	31,600(29.5)
1987	93,391(22.0)	7,936(38.8)	844(76.9)	41,281(30.6)
평균 증감률 (1960~1987)	24.5	23.5	12.0	28.6

주: ( ) 안은 전년 대비 증감률.
자료: 김두얼(2017), ≪한국경제사의 재해석≫ 부표 3-2.

발전연대에는 시장메커니즘이 빠르게 확산되었다. 도시화와 공업화가 빠르게 진전되면서 기업이 급증하고 시장 거래도 크게 늘어났기 때문이다. 정부의 공업화 전략이 성공적으로 추진되어 농촌 인구의 도시 이주가 활발해지면서 도시화가 급속하게 진전되었고, 이는 시장메커니즘의 작동 기반으로 기능하였다. 수출 증대 및 중화학공업화로 대기업들이 크게 증가하고 내수 및 부품 시장을 중심으로 중소기업도 빠르게 늘어났고 이에 따라 국내시장에서 경쟁이 활발해졌다. 다른 한편으로는 해외 시장 진출과 관련해 기업의 시장메커니즘에 대한 인식이 높아지고 정부가 기업 간의 경쟁을 조장한 것도 국내시장에서의 경쟁메커니즘의 확산에 기여하였다.

표 II-18		발전연대 중 부가가치 기준 CR3 지표 추이					
							(%)
연도	1970	1972	1975	1978	1981	1984	1987
CR3	60.7	63.9	54.2	49.1	48.9	45.0	46.5

주: 제조업 중분류(13개) 부가가치 합계액 중 상위 3개 세분산업의 부가가치 비중.
자료: 한국은행(국민계정, 경제활동별 명목 GDP).

발전연대에는 정부가 경제 운영을 주도함에 따라 정부의 시장 개입이 많았다. 우선 상품 시장에서는 국산품 애용 운동, 사치품 소비 억제를 위한 특별소비세 등 부과, 저축 장려 운동 등이 대표적이다. 생산요소 시장에서는 정부의 산업정책에 따라 노동에 대한 통제와 자본의 전략적 배분이 상시적으로 이루어졌고, 동 시장에서는 시장메커니즘의 작동이 매우 제한되었다. 그럼에도 불구하고 당시 정부의 산업정책은 어느 정도 시장 확장적 특성을 갖고 있었다고 할 수 있다. 발전연대 한국경제와 같이 산업 전반의 발전이 미흡하고 시장이 형성되지 못한 상황에서는 특정 산업을 육성하는 것이 곧 새로운 시장을 형성하고 시장메커니즘을 확산하는 것일 수 있기 때문이다.

초기 단계의 산업에서는 해당 산업과 관련한 시장이 제대로 형성되어 있지 않고, 전·후방 산업 등 연관 산업도 부족하다. 이러한 상황에서 특정 산업을 육성하기 위해서는 정부가 투자 위험을 분담하고 초기 구매자로 기능하는 한편 연관 산업을 구축해주어야 한다. 특히 중화학공업과 같이 규모가 큰 산업을 육성하기 위해서는 대규모 투자와 위험을 감당해야 하므로 개별 민간 기업이 진입을 꺼린다. 실제 중화학공업화 초기에는 기업들이 진입을 주저하는 행태가 나타났었다. 이런 상황에서 정부가 자금을 지원하고 위험을 분담하며 시장 조성을 지원할 필요가 있다. 그리하여 어느 정도 시장성이 확인되면 기업들이 본격 진입하면서 시장 메커니즘이 작동하게 된다. 요컨대 산업 기반 구축을 위한 정부의 시장 개입은 오히려 시장을 조성하는 정책, 즉 시장 확장적 정책일 수 있는 것이다.

다) 문화

문화적 측면에서도 발전국가 패러다임으로의 전환이 주요 내용이었다. 정권 초기 일시적으로 도입되었던 민주주의적 문화는 발전국가 패러다임이 정립되고 냉전으로 인해 반공주의가 사회 전반에 고착됨에 따라 정치·경제적 지배 계층이 주도하는 권위주의적이고 획일적인 문화로 바뀌었다. 이는 이승만 정부 이래의 수직적·국가주의적 형태로 퇴행한 것이라고도 할 수 있다. 그러나 실용적·과학적 태도의 확산 등 진화에 긍정적인 변화도 있었다.

개인 행동 규범의 변화를 보자. 1960년대 중반부터 경제 성과가 가시적으로 나타나는 한편, 발전국가 패러다임의 정립과 정부의 과학기술 및 경제적 가치에 대한 강조로 인해 개인의 자본주의적 윤리와 가치 수용이 크게 늘기 시작했다. 제1·2차 경제개발계획에 따른 경제발전으로 미래에 대한 낙관과 자조적 개선 노력, 그리고 정직과 실력주의를 존중하는 등 경제발전에 친화적인 문화가 점차 확산되었다. 나아가 경제적·사회적 성취 욕구가 폭발하면서 다수 국민의 경제활동 및 사회 참여 의지가 강해지고 교육열과 기업하려는 의지도 크게 높아졌다. 이에 따라 기업의 설립이 늘어나고 사회 전반에 도전과 위험 감수 정신도 확산되었다.

사회 문화 역시 물질 지향적으로 크게 변화하였다. 이는 유교의 현세적·실용적 가치관과 민주자본주의의 개인의 자유, 평등과 이익 추구 지향의 가치관이 조화된 데 상당 부분 기인한다. 한편 정부는 정권 출범 당시부터 과학기술적 사회 풍토를 조성하는 데 힘썼다. 1973년부터는 '전 국민의 과학화 운동'을 전개하여 합리·능률·창의를 기본 정신으로 과학적 생활 풍토 조성, 우수한 과학기술자 양성 및 전 국민의 기술 및 기능 습득 지원, 산업기술의 개발 촉진을 주요 시책으로 추진하였다.[12] 이는 합리적인 사고, 과학기술을 우대하는 사회 풍토를 강조함으로써 진화에 친화적이었다.

두 번째, 협력 관련 문화는 여전히 인격적 신뢰와 폐쇄적·수직적 협력의 범주에 머물렀다. 자본주의적 경제발전에도 불구하고 발전국가의 집권적·수직적 질서가 확산되면서 구성원 간 상호 존중과 비인격적 신뢰에 기초한 자발적 협력은 드물었고 연고주의 기반 인격적 신뢰, 그리고 집단주의·국가주의 기반 강제적 협력이 지배적이었다. 사회 및 조직 구성원 간의 자유로운 소통과 비인격적 신뢰, 그리고 수평적인 상호 존중과 자발적 참여의 문화가 정립되지 못하였다. 정부나 기업의 정책 내용과 경영 자료의 공개 부족, 자의적 정책 실행 등으로 사회적 투명성도 낮은 수준에 머물렀다.

이에 따라 정부와 사회 간에, 사회 주요 세력 간에, 노사 간에 상호 신뢰와 자발적 협력을 중심으로 하는 관계 대신 불신과 갈등, 타율적 지배/복종을 중심으로 하는 관계가 형성되었다. 민주국가의 근본 기초인 사회구조의 다원화, 곧 노동조합과 각종 시민단체 등 제 사회조직과 중산층 등 다양한 사회계층의 조직화가 제한되었고, 각 계층별 의사의 정치경제적 수렴이 저해되었다. 경제 영역에서는 비인격적 신뢰에 바탕해 다수의 개인이 동업자로 참여하는 기업이나 협동조합 및 비영리단체 등과 같은 협력체의 형성이 제한되었다. 정부의 지원을 받은 대주주가 전적으로 지배하는 소수의 대기업과 다수의 소규모 개인기업이 주된 기업 형태가 되었고 다수의 개인이 수평적으로 연합하는 기업 형태는 드물었다.

이는 협력 관련 규범에서 발전국가 패러다임이 전통적 유교 가치관의 연장선에 있어 기반조성기와 마찬가지로 민주자본주의적 가치관과 상충된 데 근본 원인이 있다. 민주자본주의는 정부와 자본가 계층 이외에도 중소기업인, 노동조합, 전문가단체 등 각종 민간단체로 구성된 다원적인 사회구조를 기본 전제로 한다. 이를 통해 다양한 사회계층 또는 세력 간의 견제와 균형을 통해 다수 사회 구성원들의 자유와 평등, 자발적인 참여와 경쟁/협력을 촉진한다. 특히 시장경제체제는 투명성과 공정한 성과 분배 규칙에 바탕한 비인격적 신뢰와 협력을 증진하고 기업, 협동조합 등 각종 경제 협력체의 설립을 촉진한다. 일부 사회계층에 불이익이 있

---

12) 한국경제 60년사 편찬위원회(2010), 앞의 책, pp. 533~534 참조.

어도 전체 소비자의 후생을 증진하거나 사회적으로는 큰 이익이 있는 파괴적 혁신을 용이하게 수용할 수 있도록 한다.

그러나 발전국가 패러다임은 지도자와 추종자 간의 수직적 지배/복종과 불평등한 관계를 강조함으로써 대다수 구성원의 자유와 창의를 억압하고 대신 지도자(계층)의 의사에 복종할 것을 요구하게 된다. 다원적 사회구조를 만들어주는 다양한 사회조직과 계층의 중요성을 부인한다. 개인들 상호 간의 신뢰와 대등한 협력에 바탕한 자발적 조직화보다는 국가 또는 집단 우위의 지배/복종에 바탕한 강제적 조직화를 선호하며, 따라서 수직적인 조직과 질서가 중심이 된다. 그리고 이는 결국 국가와 조직의 지도자 중심의 질서와 성과 분배로 이어졌다.

이에 따라 발전연대 우리 사회는 정치 지도자와 기업 경영자의 강요에 의해 일반 국민이나 노동자가 외연적으로는 협력하나 내부적으로는 주요 계층 간에 갈등과 불신이 점진적으로 높아지는 모습을 보였다. 이러한 의미에서 발전국가 패러다임의 원칙과 질서는 민주주의나 시장경제의 원칙과는 어긋나며 따라서 국민 욕구가 향상될수록, 경제가 고도화될수록 지속가능성이 낮아진다고 할 수 있다.

세 번째, 혁신 지향적(변화수용적) 태도는 발전국가 패러다임과 정합하는 측면이 부각되면서 순조롭게 확산되었다. 경제 성과의 가시화, 그리고 유교적 교육 및 미래 중시 가치관이 어우러지면서 기업과 개인의 혁신지향적 태도가 높아지고, 경제 성과와 사회적 성취를 중시하는 태도도 강화되었다. 변화와 혁신에 용이한 합리적·과학적 태도는 유교의 현세적 가치관, 보편적 의무교육의 달성과 중등교육의 확대, 경제성장과 기업의 발전 등에 힘입어 사회 전반으로 확산되는 모습을 보였다. 과학과 기술이 빠르게 발전하는 한편 시장경쟁이 확대되고 경쟁에 기반한 경제 성과 평가 체제가 정부와 기업에 상당 부분 도입된 것도 이에 기여하였다.

장기적·미래 지향적 시각도 유교의 출세 지향적 태도, 발전국가 패러다임에 기반한 저축과 성장의 강조 등이 어우러지면서 비교적 신속하게 진전되었다. 특히 정부는 미래 경제발전 비전과 사회 모습을 제시하고 이의 달성을 위한 현재의 근면 성실과 저축을 강조하였는데, 이는 대다수 국민의 성취 동기 증진과 학습 노력 등 미래지향성 강화로 이어졌다.

3) BD(사업계획)

발전연대 중 BD는 PT의 급속한 진화, 발전국가 패러다임 등에 힘입어 크게 진화하였다. 정부가 수출 지향적 공업화를 전략적으로 추진함에 따라 BD도 이를 중심으로 진화하였다.

정부는 선진국의 경험, 국가 경제의 신속한 개발 필요성 등에 바탕해 진화 잠재력이 높은 제조업종의 BD를 선택적으로 지원, 육성하였다. BD의 종류를 정부가 직접 선택한 것이다. 이러한 정부의 지원을 디딤돌 삼아 다수의 기업과 개인들은 주요 제조업종에서 다양한 BD를 대거 창출하였다. 초기에는 수출용 경공업, 중기 이후에는 수출용 중화학공업, 그리고 관련 인프라인 철강, 화학, 기계 등의 전략 산업이 중심이 되었다. 이처럼 중심 분야가 수출 지향적 제조업으로 변화함에 따라 BD를 창출하는 주된 주체는 수출 상품 제조 기업으로 바뀌었다. 수출용 소재부품 산업, 수송 및 유통 서비스업 등 수출 관련 BD도 중소기업 등에 의해 다양하게 창출되었다.

BD를 창출하는 중심 과정은 독자적 연구개발 기반 새로운 BD의 차별화와 선택보다는 선진국의 기존 BD를 학습, 모방(복제)하는 데 치우쳐 있었다. 이는 발전연대가 한국 경제발전의 초기였고 통상 환경이 양호하였기 때문에 가능했다. 또한 많은 시간과 비용이 소요되는 차별화·선택 과정을 건너뛸 수 있어 BD의 신속한 진화와 성장에 매우 효율적인 방식이었다. 다만 중기 이후 선진국의 BD를 응용·개선해 재창조하는 노력도 제조기업을 중심으로 크게 늘어났다. 특히 수출 시장에서의 경쟁이 심화되는 한편, 종전에 경험하지 못한 중화학공업 BD 창출을 정부가 추진함에 따라 기업 BD의 내용이 다양화되고 그 전문성은 크게 높아졌다. 공공 연구소와 민간 연구소 등에서 선진국 PT의 도입 또는 개선 노력이 활발하였고, 소수의 산업에서는 이를 응용한 독자적인 BD와 상품 창출 노력이 진전되기도 하였다.

기업 규모별로 보면, BD 창출 노력은 수출 지향적 공업화 및 중화학공업화 추진 등으로 대기업에서 활발하였으나 중소기업과 개인도 적극적이었다. 정부는 BD의 창출 주체를 대기업 중심으로 구성하고자 했다. 다수 기업에 의한 BD의 차별화된 복제보다는 소수 대기업에 의한 우수한 BD의 집중적 복제가 규모의 경제 효과와 복제의 효율성을 높이고 수출 경쟁력을 향상하는 데 유리하다고 판단했기 때문이다. 또한 복제는 생산요소의 투입 확대를 통해 생산량을 늘리는 것이 목표가 되기 때문에 정부는 도시화 추진, 노동운동 통제, 금융산업 지배와 정책 자금 지원 등을 통해 노동력과 자본을 효과적으로 동원, 배분하는 데 직접 나서기도 하였다.

기업들이 국제 시장에 적극 진출하는 한편 BD의 규모가 커지고 차별화 과정의 비중이 높아짐에 따라 BD의 미래 성공 가능성은 점차 불확실해졌다. 다만 정부가 산업정책에 바탕해 주요 산업 분야의 BD와 우수한 사업자에 대해 적극적으로 지원하면서 기업들은 BD 창출 관련 위험을 덜 수 있었고, 이는 새로운 분야에서 새로운 BD를 창출하는 데 크게 기여하였다.

이를 시기별로 보면 아래와 같다.

관련 통계를 통해 전체 추이를 보면 BD와 밀접한 사업체 수는 발전연대 초반 10년간 꾸준히 증가하였다. 중기인 1970년대에는 부채 버블 붕괴, 1차 석유파동으로 다소 증가세가 주춤한 모습을 보였다. 그러나 1970년대 후반부터는 중화학공업화가 진전되면서 사업체 수가 빠르게 늘어났고 이러한 추세는 1980년대까지 이어졌다. 특히 가동 법인 수는 발전연대 내내 높은 증가세를 이어갔다.

표 Ⅱ-19	발전연대 중 제조업 사업체 수, 종사자 수 및 생산액 추이		
연도	사업체 수(100개)	종사자 수(1만 명)	생산액(10억 원)
1960	152	28	60
1963	183	40	167
1966	227	57	417
1969	251	83	1,048
1972	237	97	2,242
1975	228	142	8,170
1978	299	211	21,159
1981	334	204	46,717
1984	415	234	71,305
1987	544	300	113,905

자료: 통계청(광업·제조업 조사).

표 II-20		발전연대 중 회사 수 및 증감률 추이		

(개, %)

연도	전체 회사 수	신설 회사 수	해산 회사 수	가동 법인 수
1960	12,985(-)	1,190(-)	305(-)	n.a
1963	16,083(23.9)	1,778(49.4)	529(73.4)	5,516(-)
1966	20,217(25.7)	2,151(21.0)	355(-32.9)	6,085(10.3)
1969	25,987(28.5)	2,558(18.9)	250(-29.6)	7,793(28.1)
1972	33,292(28.1)	2,391(-6.5)	242(-3.2)	9,544(22.5)
1975	38,860(16.7)	2,928(22.5)	3,161(1,206.2)	13,416(40.6)
1978	47,549(22.4)	4,430(51.3)	503(-84.1)	18,134(35.2)
1981	60,388(27.0)	4,821(8.8)	634(26.0)	24,400(34.6)
1984	76,559(26.8)	5,717(18.6)	477(-24.8)	31,600(29.5)
1987	93,391(22.0)	7,936(38.8)	844(76.9)	41,281(30.6)
평균 증감률 (1960~1987)	24.5	23.5	12.0	28.6

주: ( ) 안은 전년 대비 증감률.
자료: 김두얼(2017), 《한국경제사의 재해석》 부표 3-2.

박정희 정부는 출범 초기 '정부-대기업 연합'을 형성하여 수출 지향적 공업화를 추진하였으며, 이에 따라 발전연대 초·중기에는 대기업의 발전이 두드러졌다. 1960년대 중반부터 1970년대 초반 중에는 공업화의 기반을 마련하고, 풍부한 노동력을 활용할 수 있도록 섬유, 신발 등의 경공업, 가전제품 등의 전자산업을 중심으로 하는 수출산업을 육성하였다. 아울러 시멘트, 비료, 철강, 산업기계, 석유화학공업 등 산업 연관 효과가 큰 기간산업을 육성하였다. 이에 따라 동 분야에서 다수의 중소기업이 등장하고 대기업도 빠르게 늘어나기 시작했으며, 다수의 BD가 창출되었다.

1960년대 초·중반 BD 진화에 중요한 전기로 작용한 중요한 사건은 박정희 정권의 등장, 일본과의 국교 정상화, 한국군의 베트남전쟁 파견 등이다. 박정희 정부는 18년간 정권을 유지하는 과정에서 독재와 인권 탄압 그리고 획일적 군사 문화를 한국 사회에 보편화하여 민주주의를 퇴행시켰으나, 일관적이고 체계적인 정책 집행과 다수 기업인과 국민의 호응을 바탕으로 한국경제의 고도성장을 이끌었다. 당시 정부는 경제발전을 기획, 추진한 주체로서 사실상 기업가 기능을 수행하였다. 일본과의 국교정상화는 일본과의 경제 협력과 교역 확대를 위한 토대를 놓았고, 정부는 총 9억 달러에 달하는 경제개발 자금을 확보하여 농림수산업, 과학 기술개발, 사회간접자본 확충 등에 광범위하게 사용하였다. 또한 베트남 파병은 1965~1973년 중 연인원 4만 8,000명 규모로 이루어졌는데, 군수물자 조달 및 건설과 관련한 특수를 누릴 기회를 기업들에 제공하고, 향후 우리나라가 경제발전을 시작할 수 있는 하나의 모멘텀을 제공하였다.

1970년대와 80년대 중반의 고도성장기는 중화학공업화와 산업구조 고도화가 추진된 시기로서 크게 중화학공업화가 추진된 1970년대와 구조조정이 진행된 1980년대로 구분할 수 있다. 1970년대 중화학공업화의 추진은 경공업 제품의 수출 확대가 한계에 부딪히는 한편, 자본재 수입의 급격한 증가에 따른 외환 부족으로 수출주도형 성장 전략을 지속하기가 어려워짐에 따라 시작되었다. 자주국방을 위해 군수산업을 육성할 필요도 있었다. 정부는 자본 동원 능력을 고려하여 재벌기업 등 대기업을 사업자로 선정하고 재정, 금융 등의 혜택을 부여하였다. 철강, 비철금속, 조선, 일반 기계, 화학, 전자 등의 중화학공업을 전략 업종으로 선정하고, 소속 기업에 대한 재정, 금융, 세제, 기술, 인력상의 지원을 크게 강화하였다. 대규모 자본 투자 부담과 위험 때문에 당초 주저하던 대기업들은 중화학공업 진출이 향후 기업 확장의 관건이 될 수 있음을 인식한 후에는 중화학공업 부문에 경쟁적으로 진출하였다. 이에 따라 대기업들이 양적으로 급성장하였다. 제조업 내 중화학공업의 비중이 증가하고 수출 상품의 구조도 고도화되기 시작하였다. 표 II−21에서 보는 것처럼 종사자 500명 이상 광공업 대기업 수는 1970년대 중반에 급격히 증가하였다.

대기업이 가공조립품 생산 및 수출 중심의 공업화에 성공하면서 관련 부품을 생산하는 중소기업들도 빠르게 증가하였다. 이 당시에는 대기업의 관심이 대규모 해외 시장에 집중되었기 때문에 부품 공급업체인 중소기업과 대기업이 상호 보완적인 관계에 있었고, 대기업의 성장이 중소기업의 빠른 증가로 이어졌다. 결과적으로 중화학공업화는 우리 경제의 빠른 성장과 산업구조의 본격적인 전환을 가져왔다. 대기업 집단이 활발하게 형성되고 소재부품 생산 중소기업도 크게 증가하였다. 중화학공업 부문 BD의 창출에는 대규모 투자와 상당한 전문 PT 등이 요구되기 때문에 복제 기반의 BD 창출에도 상당한 불확실성이 뒤따른다. 따라서 국내 기업들은 동 부문에 성공적으로 진입함으로써 BD 창출 역량을 획기적으로 향상하였으며, 특히 BD의 차별화와 선택 역량이 크게 향상되었다.

표 Ⅱ-21	발전연대 중 종사자 규모별 광공업체 수 추이						

(개)

연도	1960	1966	1970	1975	1980	1985	1987
합계	15,572	24,264	25,816	24,229	32,560	45,933	56,318
5 ~ 9명	8,462	13,478	13,660	10,340	11,771	15,102	16,995
10 ~ 19명	3,994	5,797	5,909	5,482	7,421	11,803	14,819
20 ~ 49명	2,126	3,076	3,703	3,962	6,690	10,415	13,848
50 ~ 99명	546	976	1,139	1,841	3,022	4,371	5,589
100 ~ 199명	269	498	626	1,185	1,840	2,311	2,765
200 ~ 299명	128	287	497	494	722	801	972
300 ~ 499명	n.a.	n.a.	n.a.	412	461	497	584
500명 이상	47	152	282	513	633	633	746
중소기업(300인 미만)	15,525	24,112	25,534	23,304	31,466	44,803	54,988
대기업(300인 이상)	47	152	282	925	1,094	1,130	1,330

자료: 통계청(광업·제조업 조사).

1970년대 말부터 중화학공업 부문의 과잉 투자로 투자 효율 저하 및 채산성 악화가 나타나면서 정부는 수출산업을 중심으로 구조조정을 추진하였다. 1979년 4월의 '경제안정화종합시책', 1980년대 중반에서 1990년대 초반까지 이어진 「공업발전법」에 의한 산업합리화조치 등 세 차례에 걸쳐 구조조정을 단행하였다. 이러한 정부 주도 기업 구조조정은 정부의 지도와 지원 속에 성장한 독과점적 대기업들이 투자 실패로 부실화한 것을 정리하는 과정이다. 정부가 소수의 대기업을 집중 육성하는 정책을 펼친 결과 이들이 주요 산업을 독과점하게 되어 시장경쟁에 의한 부실 대기업 퇴출이 어려워졌고, 정부가 나서서 구조조정을 추진할 수밖에 없었던 것이다.

이와는 별도로 1980년대 들어 첨단기술 산업인 반도체와 자동차산업에서 민간 기업들이 독자적으로 진입, 새로운 BD를 창출하였다. 이들은 큰 위험을 감수하면서 대규모 연구개발 활동을 지속하여 BD를 독자적으로 창출함으로써 그간 선진국 BD의 복제 및 응용, 개선에 치우쳤던 BD 창출 방식을 차별화 기반 창출 방식으로 전환하는 계기를 만들었다. 이들의 성공에 힘입어 국내 기업들의 PT 및 BD 연구개발 노력이 크게 증가하였다.

요약컨대 발전연대 한국경제의 고도 성장은 신규 창업보다는 기존 대기업의 전략 산업 분야로의 진입, 즉 관련·비관련 다각화로 기존 대기업이 규모와 범위의 경제를 실현한 데 주로 힘입은 것이다. 정부가 부족한 자본을 소수의 뛰어난 기업가에게 맡김으로써, 기업가 정신이 발현되도록 하고 대기업 집단의 장점을 극대화한 것이다. 이는 진화 관점에서 보면 다양한 BD가 여러 기업에 의해서 창출되는 것보다는 소수의 기업이 성공적 BD를 창출하여 대규모로 증식함으로써 국민경제 전체의 생산성과 생산량을 늘리는 방식이다. 선진국의 기술과 BD를 상당 부분 모방했다는 점에서 BD의 독창성이 낮을 뿐 아니라 소수의 대기업이 소수 종류의 BD에 기반한 제품을 집중 생산한다는 점에서 BD의 다양성도 낮다. 따라서 진화 역량 향상의 측면에서는 경제성장의 측면에서만큼 성과가 크다고 보기 어렵다. 다만 발전연대에 기업들이 끊임없이 새로운 분야에 진출하여 BD를 창출하였고, 특히 BD의 불확실성이 높은 중화학공업에서 성공적으로 BD를 창출할 수 있게 되었다는 점에서 국내 기업들의 BD 창출 역량과 BD의 질 및 다양성이 크게 향상되었다는 점은 분명하다.

3. 이행기

가. 개황

이행기는 경제 환경과 PT가 크게 변화하여 한국경제시스템의 패러다임 전환이 요구되던 시기였다. 국내적으로는 정치적 민주화와 경제구조의 복잡성 증가 및 경제 운용의 시장화, 세계적으로는 경제의 지식화와 세계화가 진전되어 기반 기술 전환 및 경제 패러다임의 변화가 본격화된 것이다. 그러나 발전국가의 유산이 새로운 변화 요소와 충돌하고 변화 방향을 둘러싼 경제주체들의 갈등이 해소되지 못함에 따라 새로운 경제 패러다임이 확립되지 못하였다. 그 결과 경제시스템의 성과와 진화 잠재력이 현저하게 저하되었고, 갈등과 혼란은 지금도 진행 중이다.

이행기의 기초 조건은 발전연대의 ST와 PT·BD, 즉 발전국가형 ST(발전국가 패러다임)와 제조업 중심 PT 및 수출 대기업 중심 BD이다.

경제 환경은 국민들의 관계 욕구 증대, 세계화에 따른 국내외 경쟁의 증가, 그리고 경제의 정보화와 지식화라는 세 가지 현상이 나타나면서 종전과 크게 달라졌다. 우선 국민의 관계 욕구 증대는 정치의 민주화와 경제 운영의 민간 주도 및 시장경쟁 기반으로의 전환, 조직 지배구조의 분권화, 문화의 다양화를 요구하였다. 이는 발전국가형 ST와 정면으로 충돌하는 것이었다. 또한 국내외 경쟁의 증가와 발전국가형 PT의 성숙, 그리고 경제의 지식화는 발전국가형 PT·BD에서 한 걸음 나아간 선진국가형 PT·BD를 요구하고 있었다. 정보통신산업 등 지식산업이 신성 장산업으로 부상하면서 선진 경제의 지식화도 급진전되었다. 한국경제의 선진국 근접과 국내외 경제의 지식화로 복제 가능한 진화 인자가 거의 사라지고 선발자 독점이 강화되면서 선진국 PT 복제 기반 진화가 더 이상은 불가능해졌다. 세계화 에 따른 국내외 경쟁의 증가로 중진국형 제조업을 축으로 하는 국내 PT·BD의 경 쟁력도 크게 낮아졌다. 국내 PT가 선진국 수준에 미치지 못하는 가운데 중국, 인 도 등이 급속히 추격하였기 때문이다.

이에 대응해 자생적인 차별화에 기반한 새로운 PT·BD 창출이 시급해졌다. 제 조업 등 주요 산업 전반에 걸쳐 세계 최초의 PT·BD를 자체적으로 창출할 수 있는 역량이 필요해진 것이다. 특히 이행기에 신성장산업으로 부상한 정보통신산업, 바이 오산업, 나노산업, 스마트제조업 등 지식산업 관련 PT·BD를 육성할 필요성이 커졌 다. 이러한 PT·BD는 선진국 등을 통한 복제가 불가능하므로 자체적인 차별화와 선택의 과정을 거쳐 육성, 발전시켜야 했다. 지식산업은 수확체증과 선발자 독점의 특성이 강해 재빠른 추격자(fast follower) 전략이 유효하지 않고, 따라서 복제의 상업적 유용성이 크게 낮기 때문이다. 선진국의 지적재산권 보호 강화로 첨단 PT 복제도 매우 어려워졌다. 이제 새로운 PT·BD를 육성하기 위해서는 발전연대와 같은 선진 기술 복제 기반이 아니라 자생적 차별화와 선택에 기반한 PT·BD 진화가 필요했고, 따라서 차별화와 선택 역량을 대폭 확충해야 했다.

PT·BD의 차별화와 선택이 원활하게 이루어지려면 개별 개인, 기업, 대학, 연 구소 등의 전문성·다양성 강화와 상호 협력 강화, 시장경쟁에 기반한 선택메커니 즘 확립 등이 전제되어야 한다. 이에 따라 ST의 근본적 변화가 요구되었다. 이를 구체적으로 보면 전문성 강화는 장기적 관점에서의 전문 인재의 양성과 기반 기술 의 개발을 필요로 한다. 다양성 증진은 사고의 자유와 독립성, 수평적 사회질서와 문화, 자율적이고 분권적 조직 구조 등을 필요로 한다. 한편 PT가 발전할수록 다 양한 분야의 전문지식 간 융·복합을 통해 새로운 제품과 기술을 생산하는 경향이 높아지는바, 지식산업 PT의 발전을 위해서도 상호 보완적인 PT 전문가끼리의 협력을 촉진하여야 한다.

앞에서 본 바와 같이 새로운 PT·BD와 ST의 특성과 발전 방안은 발전국가의 그것과는 크게 다르거나 상당 부분 상충되는 것이다. 그러나 이행기 우리나라는 새로운 진화 인자의 개발에 적합한 조건 내지 패러다임을 도출하는 데 실패하였고, 새로운 진화 인자의 창출 역량과 경제시스템의 진화 잠재력이 크게 약화되었다.

PT·BD의 진화를 보자. 정부와 대기업은 이행기 초에도 발전국가형 PT·BD, 즉 중후장대형, 대기업 주도 제조업을 중시하면서 벤처기업 중심의 신성장산업을 적절히 육성하지 못하였다. 아울러 기존 대기업의 지식화도 부진하였다. 특히 내수 기반 대기업들은 2000년대 들어 국내시장 독과점에 안주해 새로운 PT의 차별화와 혁신에 소홀해졌다. 다만 ICT, 자동차 등 주력 수출산업에서는 신기술의 창출 또는 기존 기술의 개선을 통해 세계시장에서 선도자가 되는 몇몇 기업이 나타났다. ICT 산업의 경우 기술 수명이 짧고 국제 경쟁이 치열함에 따라 규모의 경제 효과와 인력 절감을 지향하는 기업 경영이 이루어졌다. 그 결과 동 산업 소속 대기업을 중심으로 대규모 연구개발과 설비 투자가 이루어져 기업 차원에서 큰 성과를 거두었으나, 경제 전반의 고용 증대 효과는 크지 않았으며 생산성 제고 효과도 제한적이었다.

ST의 진화 경과를 보자. 민주화한 정치, 지식화한 경제에 적합한 형태의 ST를 도입해야 했다. 그런데 이는 기존 발전국가형 ST와는 상충되는 특성이 강했고, 이를 해소하기 위해 발전국가형 ST를 포용적, 변화 친화적 ST로 전면 전환해야 했다. 정부도 부분적으로나마 이를 시도하였다. 그러나 기득권 계층인 대기업을 비롯한 사회 주도층의 저항, 정치 지도자와 관료 등의 인식 부족이 겹치면서 이러한 시도는 대부분 실패하였다. ST 중 유일하게 정치가 민주화되어 포용적인 형태를 갖추었으나, 노동자 등 사회계층의 조직화와 정치 참여가 여전히 부진하였다. 민주화가 내실을 갖추지 못한 것이다. 경제구조와 기업 운영 원리 및 문화는 여전히 발전국가의 그것에 가까운 모습을 유지하였다. 특히 외환위기 이후의 경제구조 개혁과 시장 개방에도 불구하고 국내 주요 산업에서 소수의 대기업 또는 재벌 집단이 시장을 독과점하고 이로 인해 시장경쟁 메커니즘과 다수 기업이 공존하는 경제체제가 성숙하지 못한 것이 큰 문제였다. 기업 지배구조 역시 재벌 대기업을 중심으로 발전연대의 집권적·권위적 형태가 유지되었다. 지식화에 발맞추어 기업 등의 각종 조직이 자율과 다양성에 기반한 '생각하고 창조하는 사람들의 집단'으로 진화하지 못하였다. 이는 결국 차별화 기반 새로운 진화 인자의 자생적 창출과 지속적 경제 혁신·발전을 저해하는 결과로 이어졌다.

문화는 고유의 비제도적·인습적 특성이 작용하고 재벌 집단이 언론을 장악해 기업 친화적 논리, 국제경쟁력 강화 논리를 정치·사회 전반에 확산하면서 혁신 내지 변화 친화적으로 진화하지 못했다. 특히 신자유주의적 자유 경쟁이 시장의 독과점화로 이어지면서 공정한 거래 규칙, 투명성과 비인격적 신뢰가 확산되지 못한 채, 사회적 상호 존중과 다양성, 공정한 경쟁/협력의 질서가 악화되었다. 약육강식적 승자 독식의 경제 질서와 단기 성과 중시 주주 중심주의 등으로 다수 국민과 기업의 도전 정신 및 개척 의지가 약화되고 미래 지향적 태도도 위축되었다. 신자유주의적 개혁에 상응한 사회안전망의 확충이 미흡하여 생존 욕구가 충분히 보장되지 못함에 따라, 다수 사회 구성원들의 가치 지향이 자기표현적 가치로 고양되지 못하고 생존지향적 가치에 머무르게 되었다. 이에 따라 민주화된 정치와 발전국가형 경제·문화 사이에 상충과 혼란이 수시로 발생하면서 경제시스템의 진화가 저해되었다.

ST 전환의 실패는 앞서 본 바와 같이 PT의 진화와 발전에도 지장을 초래하였다. 새로운 PT에 맞는 전문성, 다양성을 갖춘 전문가와 기업의 육성이 지체되고 새로운 PT의 창출에 적합한 자율적이고 분권적인 조직 구조를 가진 기업의 발달도 정체되었다. 정부와 기업의 전문 인재와 기반 기술 육성 정책도 비효율적으로 추진되었다. 배제적 ST의 부작용으로 관련 전문 기업과 전문가 사이의 상호 보완적 협력이 확산되지 못함에 따라 융합형 PT의 진화가 부진하였다. 반면 발전국가형 ST의 장점이었던 장기적 관점에서의 일관성 있는 정책 추진 체제와 유능한 정부는 민주화에 따른 잦은 정권 교체 및 정책 혼선과와 더불어 오히려 약화되었다. 이로 인해 장기적·일관적 정책에 기반한 PT의 개발이 지체되고, PT의 확산과 공유를 위한 인프라 구축도 미흡하였다.

결과적으로 이행기에는 기득권층의 변화에 대한 저항과 경제시스템 진화의 경로 의존성이 강하게 나타났고, 결국 새로운 적합도함수에 정합하면서 선진국형 PT의 자생적 창출을 활성화하는 경제운영 패러다임을 정립하지 못하였다. 신·구 ST 간의 상충이 기득권층 이익 중심의 ST 결합으로 이어져 승자 독식과 각 경제 부문별 양극화를 초래하였다. 이는 결국 PT를 비롯한 경제시스템의 진화 잠재력 약화는 물론 진화 성과의 악화로 이어졌다.

 그림 II-8

이행기 중 한국경제시스템의 진화

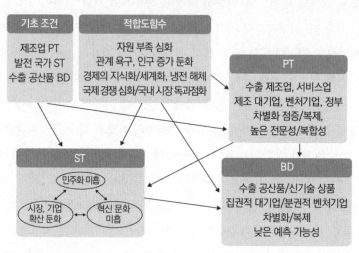

주: '→'는 영향을 미치는 방향.

나. 기초 조건

이행기의 기초 조건은 발전연대에 형성된 제조업 중심의 PT와 발전국가형 ST이다.

우선 기초 PT는 발전연대에 빠르게 발전한 결과 중진국 수준에 이르러 있었다. 대학과 연구소의 연구개발 활동은 물론이고 기업들의 독자적인 연구개발 능력도 크게 확충되어 있었다. 이에 따라 ICT를 비롯한 일부 산업에서는 새로운 분야를 중심으로 첨단기술을 독자 개발하려는 노력이 시작되었다. 기술의 종류 측면에서 보면 그간의 공정기술 중심에서 점차 제품기술을 개발하기 시작하였고, 특히 ICT 등 새롭게 성장하는 산업에서 이러한 노력이 활발해지고 있었다. 그간의 경제발전의 결과로 산업구조가 복잡해지고 기술 수준이 높아지면서 기술개발에 있어 민간의 역할이 크게 확대되었고, 반면 정부의 역할은 점차 그 중요성이 낮아지고 있었다. 중화학공업의 발전으로 PT의 내용도 다양화, 고도화되어 있었다. 선진국형 PT와 이의 자생적 차별화 기반 개발 체제가 요구되고 있었다.

기초 ST는 발전국가 패러다임이 기본 토대를 이루었다. 독재 정부−대기업 주도의 정치경제 질서, 수직적·집권적 사회 관계와 조직 구조, 생존 욕구 중심의 획일적 가치관을 주 요소로 하는 이 패러다임은 정치적 민주화와 함께 사실상 무너지면서 대폭적인 변화 내지 정반대 방향으로의 이행을 요구받고 있었다.

한국경제시스템이 수요하는 PT가 달라진 것도 새로운 ST의 도입을 필요로 하였다. 우선 발전연대의 경제발전으로 경제구조가 고도화되고 국내외 경제의 정보화, 지식화가 점차 빨라져 독자적 차별화와 선택에 기반한 PT 개발을 불가피하게 만들었다. 경제구조가 복잡해져 기술 수요가 다양화, 복합화된 것은 정부 주도보다는 다양한 민간 주체가 주도하는 PT 발전 방식을 필요로 하였다. 이러한 PT 수요의 변화는 민간 주도의 자생적 PT 차별화와 선택 역량을 높이는 데 적합한 ST의 도입을 요구하였다.

기초 BD는 집권적 대기업형 중심이었다. 그러나 한국경제시스템의 지식화는 대기업 외에도 독자적 차별화 역량을 갖추고 다양한 종류의 BD를 창출할 수 있는 주체를 요구하였다.

다. 적합도함수

이행기 중 적합도함수는 자연 환경을 제외하고는 발전연대와 크게 달라졌다. 우선 소득 증가와 더불어 국민의 욕구가 관계 욕구로 확산, 고양되었다. 인구수의 증가와 구조의 개선이 지속되었으나, 점차 그 속도는 줄어들었다. 세계적 정보화 진전과 신성장산업의 등장으로 경제의 지식화가 가속되고, 공산권 소멸에 따른 한반도의 지정학적 여건 변화 및 경제의 세계화가 진전되었다. 경제의 지식화, 세계화로 국내외 경쟁도 크게 높아졌다.

1) 자연 환경

브릭스(BRICs) 등 인구 대국의 경제가 발전하고 동구 공산권국가들이 자본주의로 전환하여 세계시장에 편입됨에 따라 세계적으로 자원 및 식량 수급이 악화되었다. 석유를 비롯한 에너지와 식량 등의 가격이 크게 상승하고 등락폭도 커졌다. 이에 따라 대부분의 자원과 식량을 수입에 의존하는 우리나라는 수입 대금이 크게 증가하고 교역 조건도 악화되는 어려움을 겪었다.

국내적으로는 인구 증가와 경작 가능 토지 감소로 식량 자급률이 크게 낮아진 가운데, 부동산 가격이 주기적으로 급등하였다. 이로 인해 대다수 도시 주민들의 주거 불안과 필수 생활비가 지속 증가하고, 공장과 상가 등의 임차료도 급등하여 중소기업의 경영상 어려움을 가중시켰다.

발전연대부터 시작된 이러한 부동산 가격 급등은 사회 구성원이 함께 창출한 시너지를 소수의 특정 부동산 소유자에게 몰아주는 것으로, 대다수 경제주체의 경제활동 인센티브를 낮추고 기업의 부동산 투기를 유도해 경제적 효율성과 진화를 저해하였다. 다만 이행기에는 우리 경제의 고도화, 인구 증가세의 둔화 등으로 토지를 비롯한 자연 자원에 대한 수요 증가세는 점차 둔화되기 시작했다.

표 Ⅱ-22					이행기 중 주요국의 인구밀도 추이						

(명/㎢)

연도	1987	1990	1993	1996	1999	2002	2005	2008	2011	2014	2017
싱가포르	4,028	4,304	4,697	5,095	5,455	5,902	6,416	6,930	7,394	7,783	8,156
타이완	555	574	590	603	613	625	638	648	655	661	667
한국	429	442	456	471	484	494	501	506	512	518	524
네덜란드	435	444	453	462	470	478	485	491	496	501	505
일본	338	342	345	347	349	351	352	353	353	352	350
영국	234	236	238	240	243	245	249	257	264	269	274
독일	224	227	231	234	234	234	234	233	232	234	236
중국	118	125	130	133	136	138	141	143	146	148	150
미국	27	28	28	29	31	31	32	33	34	35	36

자료: United Nations, World Population Prospects: The 2017 Revision.

도시화율은 1995년 80%에 근접한 이후 상승 속도가 크게 둔화된 가운데 80% 초반에서 느리게 상승하였다. 서울 등 수도권으로 인구와 경제력의 집중이 심화되었다. 2000년대 중반을 기준으로 전체 인구의 절반가량, 제조업체 수와 금융 예금의 1/2~2/3 내외, 대학과 의료기관의 1/3~1/2 정도가 수도권에 몰려 있다.

이러한 수도권 집중은 정치, 경제, 문화 등 사회 전 분야에 걸쳐 중첩적으로 진행
되면서 우리 사회와 경제시스템의 분권화·다양화를 크게 저해하였다.

　　도시화의 성숙 및 환경의 중요성에 대한 인식 제고 등으로 이행기에는 환경
보전에 대한 국민의 관심이 높아졌다. 발전연대의 경제 지상주의가 약화되고 자연
환경 훼손과 무분별한 개발에 대한 국민적 반감과 정책적 제한이 강해졌다.

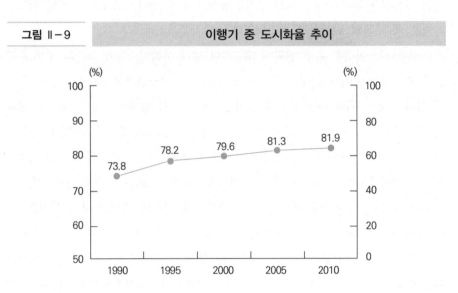

| 그림 II-9 | 이행기 중 도시화율 추이 |

주: 2015년 이후 도시화율은 통계청 인구추계 자료를 이용하여 추정.
자료: UN, World Urbanization Prospects, the 2014 Revision.

| 표 II-23 | 수도권 집중 현황 |

	전국	수도권	수도권 비중(%)
면적(㎢, 2007)	99,720	11,745	11.8
인구(천 명, 2007)	49,269	23,963	48.6
총 생산액(10억 원, 2005)	851,789	286,324	33.6
제조업체(개, 2005)	117,205	67,079	57.2
금융예금(10억 원, 2006)	592,721	407,361	68.7
4년제 대학 수(개, 2006)	175	68	38.9
의료기관(개, 2005)	49,566	25,488	51.4

자료: 한국경제 60년사 편찬위원회(2010), ≪한국경제 60년사 IV. 국토·환경≫.

2) 사회 환경

가) 국민의 욕구 고양과 민주화 진전

발전연대의 경제발전과 소득 증대에 힘입어 국민들의 욕구가 생존 욕구 중심에서 관계 욕구로 확산되었다. 이에 따라 발전국가 패러다임에 결여되었던 정치경제적 포용성을 확대하라는 사회 구성원들의 요구가 높아졌고 1987년 6월 항쟁을 계기로 제 부문의 민주화가 추진되었다.

민주화는 이러한 욕구 변화에 대응하여 우리 사회시스템을 그간의 생존 욕구 충족 중심에서 벗어나 관계 욕구 충족도 고려하는 시스템으로 바꾸는 것, 즉 차별적 성과 분배와 지배/복종 중심의 질서에서 상호주의 원칙에 기반한 공정한 성과 분배와 대등한 경쟁/협력 중심의 질서로 전환하는 것으로 해석할 수 있다. 개인의 자유를 확대함과 아울러 다원적 사회구조를 구축하여 다수 국민의 이익을 반영하는 정치체제(포용적 정치체제)를 만드는 것이다. 경제적으로는 기존의 정부-대기업 주도의 경제 운영 방식을 대중 참여 및 경쟁시장 기반의 경제 운영 방식(포용적 경제체제)으로, 그리고 기업 등 각종 경제 조직의 지배구조를 종전의 집권적·수직적 구조 대신 분권적·수평적 구조로 전환하는 것이다. 문화적으로는 권위적·강제적·집권적 질서를 수평적·자율적·분권적 사회질서와 관계(포용적 문화)로 전환하는 것이다. 특히 경제적 측면에서의 변화는 생산 및 소비 행태 변화로 구체화되었는바, 상품 소비에 있어서는 생활필수품 외에도 자기표현과 개성을 강조하는 상품을 구매하려는 경향이 높아졌다. 생산과 관련하여서는 소수 대기업의 산업 및 시장 독과점을 억제하라는 요구, 기업 지배구조를 분권화하라는 요구, 경제 및 기업 성과의 노동자에 대한 분배를 확대하라는 요구로 이어졌다.

나) 인구의 양과 질 개선 둔화

이행기에는 그동안 경제시스템의 진화에 매우 긍정적으로 작용하였던 '인구 보너스', 즉 인구의 증가와 인구 질의 개선 추세가 둔화되었다. 인구의 증가세는 유지되었으나 속도가 현저히 줄었다. 또한 저출산·고령화의 심화로 노동가능 인구의 비중이 증가하는 한편 고령 인구 비중이 빠르게 높아지는 등 인구 구조의 개선 추세도 약화되었다. 교육과 건강 수준이 높아졌으나 대학 진학자의 과잉 및 대학

졸업자의 전공과 기업의 수요 분야가 일치하지 않으면서 인력의 수급 불일치가 확대되었다.

인구의 추이를 보자. 우리나라의 출산율은 강력한 산아 제한 정책이 지속되면서 1980년대 중반부터 인구 대체 수준[13] 이하로 낮아졌고 2000년대부터는 세계 최저 수준에 머물고 있다. 다만 의료 및 식생활 개선으로 사망률이 낮아지고 평균 수명이 연장되면서 총인구는 증가세를 이어가고 있다. 총인구 추이를 보면 1987년의 41.6백만 명에서 1996년 45.5백만 명, 2005년 48.2백만 명, 2014년 50.8백만 명으로 늘어났다. 그러나 인구증가율은 1990년대 1% 내외, 2000년대 0.5~1%, 2010년대 0.5% 내외로 낮아졌다.

인구 구조 면에서는 14세 이하 연령층의 비중이 감소하고 15~64세 노동가능 인구의 비중이 늘어나는 모습이 이어졌다. 노동가능 인구 비중은 1987년의 67.3%에서 1996년 71.0%, 2005년 71.9%, 2014년 73.4%로 높아져 노동력 공급과 소비 수요를 늘리는 데 기여하였다. 65세 이상 고령 인구 비중도 꾸준히 늘어나 1987년의 4.5%에서 1996년 6.1%, 2005년 9.0%, 2014년 12.4%에 이르렀다. 총 부양비는 1985년의 52.5%에서 1995년 41.4%, 2005년 39.1%, 2011년 36.3%까지 낮아졌다.

이에 따라 발전연대 이래 누렸던 인구 보너스, 즉 총인구와 노동가능 인구의 급증과 부양비 하락으로 인한 총 수요 증가, 노동력 공급 증가 등의 혜택이 이행기에도 여전히 지속되었다. 다만 이러한 인구 보너스는 이제 거의 끝나가고 있다. 특히 2020년대에는 노동가능 인구가 감소하고 부양비가 증가하는 인구 오너스로 바뀌어 한국경제시스템의 수요나 공급의 증가를 제약하는 근본적인 요인이 될 것으로 보인다.

인력의 수요와 공급 간에는 불일치가 커지고 있다. 국민들의 높은 교육열이 지속되면서 대학교 진학률이 2008년 83.8%에 이르는 등 인력의 질이 꾸준히 향상되고 있다. 경제의 세계화와 지식화 등으로 인력 수요는 발전연대의 기율과 성실성을 갖춘 인력 중심에서 창의성과 전문성이 높은 인력을 선호하는 방향으로 변화하고 있다. 그러나 교육 부문 및 기업은 이러한 수요에 적합한 인재의 양성 능력이 미흡하다. 특히 외환위기 이후 대학의 인문계 학생 수의 확대와 이공계 학생 질의 저하가

---

13) 현재의 인구 규모를 유지할 수 있는 출산율 수준을 말하는데, 일반적으로 2.1명임.

표 Ⅱ-24				이행기 중 인구수 및 연령별 구성비 추이							

(만 명, %)

연도	인구수				인구수 증감률				연령별 인구 구성비			
	총 인구	14세 이하	15~ 64세	65세 이상	총 인구	14세 이하	15~ 64세	65세 이상	총 인구	14세 이하	15~ 64세	65세 이상
1987	4,162	1,175	2,800	188	1.0	-2.4	2.2	4.2	100.0	28.2	67.3	4.5
1990	4,287	1,097	2,970	220	1.0	-2.6	1.9	6.9	100.0	25.6	69.3	5.1
1993	4,419	1,073	3,102	244	1.0	-0.5	1.3	3.9	100.0	24.3	70.2	5.5
1996	4,552	1,040	3,233	279	1.0	-1.3	1.3	5.2	100.0	22.9	71.0	6.1
1999	4,662	997	3,342	322	0.7	-1.2	0.9	5.0	100.0	21.4	71.7	6.9
2002	4,764	973	3,416	376	0.6	-1.2	0.6	5.2	100.0	20.4	71.7	7.9
2005	4,818	922	3,464	432	0.2	-2.2	0.3	4.6	100.0	19.1	71.9	9.0
2008	4,905	848	3,559	499	0.8	-2.7	1.1	4.8	100.0	17.3	72.5	10.2
2011	4,994	777	3,665	552	0.8	-2.6	1.2	2.8	100.0	15.6	73.4	11.0
2014	5,075	721	3,726	628	0.6	-2.4	0.7	4.2	100.0	14.2	73.4	12.4
2017	5,145	675	3,762	708	0.4	-1.5	0.0	4.6	100.0	13.1	73.1	13.8
2020	5,197	657	3,727	813	0.3	-0.6	-0.6	5.7	100.0	12.6	71.7	15.6

자료: 통계청(장래 추계인구).

나타나면서 전문과학 인력의 부족과 인문계 인력의 과잉이 심화되는 등 노동력 수급의 질적·분야별 불균형이 심화되었다. 세계화에 따른 대기업의 아웃소싱 증가와 해외 투자 증가, 주주 중심주의 확산에 따른 순이익 중심 경영으로 기업들의 전문 인력 양성 노력도 크게 둔화되었다. 기업의 집권적 조직 구조와 수직적 문화가 유지되면서 종업원의 자율과 참여 그리고 이를 통한 창의적 인력 양성이 부진하다.

표 Ⅱ-25				이행기 중 각급 학교별 학생 수 및 상급학교 진학률 추이							

(만 명, %)

연도	학생 수							진학률			
	유치원	초등 학교	중학교	고등 학교	전문 대학	대학교	대학원	초→중	중→고	고→대	대학→ 대학원
1987	39.7	477.2	265.8	223.8	3.2	31.2	4.5	99.5	91.9	36.7	n.a
1990	41.5	486.9	227.6	228.4	3.4	28.9	5.0	99.8	95.7	33.2	n.a
1993	46.9	433.6	241.1	206.9	4.3	29.0	5.9	99.9	98.2	38.4	n.a
1996	55.2	380.1	238.0	224.3	5.2	32.8	6.5	99.9	99.0	54.9	n.a

1999	53.4	393.6	189.7	225.1	6.2	40.9	9.7	99.9	99.4	66.6	n.a
2002	55.0	413.8	184.1	179.6	6.6	43.9	12.4	99.9	99.5	74.2	n.a
2005	54.2	402.3	201.1	176.3	6.7	44.7	13.2	99.9	99.7	82.1	n.a
2008	53.8	367.2	203.9	190.7	6.6	44.1	13.2	100.0	99.7	83.8	n.a
2011	56.5	313.2	191.1	194.4	6.4	47.2	14.4	100.0	99.7	72.5	n.a
2014	65.3	272.9	171.8	183.9	6.1	50.5	14.6	100.0	99.7	70.9	n.a
2017	69.5	267.4	138.1	167.0	5.8	49.9	14.3	100.0	99.7	68.9	n.a

자료: 교육부(교육통계연보).
　　　한국교육개발원(교육통계분석자료집).

다) 소비자 선호의 진화

이행기 들어 소득이 중진국 수준에 이르고 중산층도 증가하면서 소비자 선호가 생존 욕구에 더해 관계 욕구도 충족하는 방향으로 확산되었다. 이는 소비자 선호의 다양화와 상품의 소비자 최적화(customization)로 이어졌다. 소비자의 상품 선택이 종전의 기능 중심의 몇 가지 상품 대신 개성의 발현과 자기표현이 가능한 디자인과 품질을 갖춘 다양한 상품을 선호하는 방향으로 진화하였다. 교양, 오락, 사회적 친교 등 관계 욕구를 충족하는 서비스에 대한 수요가 커졌다. 1980년대의 마이카 붐과 해외여행 자유화로 대중의 문화·오락 관련 소비 욕구가 폭발적으로 늘어났다. 교육 욕구가 계속 높은 가운데 건강에 대한 관심 증가로 맞춤형 사교육 서비스와 의료 서비스 수요도 빠르게 성장하였다. 이처럼 개인의 수요가 소비자 최적화, 고급화된 상품과 서비스 분야로 확장되면서 서비스 산업의 비중이 빠르게 늘어나기 시작하였다.

외환위기 이후에는 급속한 시장 개방과 세계화의 진전으로 세계시장 접근성이 높아지고 아울러 국내시장의 글로벌화도 크게 진전되었다. 국내 ICT 산업의 발전과 젊은 세대들의 첨단제품 선호가 어우러지면서 국내시장은 세계적인 첨단 ICT 제품 테스트베드가 되었다. 저출산과 여성의 경제활동 증가, 그리고 인구의 고령화가 진전되면서 영유아 보육 및 사교육 시장이 팽창하고 노인 용품 및 의료 서비스 수요가 증가하였다.

사회적 수요 측면에서는 사회안전망에 대한 수요가 빠르게 증가하였다. 이는 외환위기에 따른 경제구조 개혁과 신자유주의적 세계화의 급진전으로 실업자와 비정규직 노동자가 크게 늘고 경제 각 부문별 양극화가 급속히 진전되었기 때문이다.

3) 세계 정치경제 환경과 국내외 경쟁 상황

가) 세계 정치경제 환경

이행기 들어 미국 주도의 신자유주의 세계 질서(Pax Americana)가 확립되고 다자주의적 세계화가 급진전되었다. 우선 동구 공산권이 소멸하여 자본주의 경제권으로 편입되었다. 미국의 세계 주도권 확립과 WTO 출범 등에 기반한 신자유주의적 경제 운영 및 자유무역 질서가 정착되었다. BRICs 등 대형 후발 신흥국의 세계시장 참여도 확대되었다. 이처럼 자유무역 질서 기반의 세계화가 급진전되면서 세계 교역이 급증하고 세계경제도 대체로 양호한 성장세를 나타내었다.

경제의 지식화가 빠르게 진전되기 시작하였다. 1980년대 미국의 주도 속에 ICT 산업이 본격적으로 발전하였다. 이를 시작으로 바이오, 나노, 신재생에너지와 뒤이은 로봇 및 인공지능 등 신기술과 신산업이 지속적으로 부상하였다. 이러한 신산업은 모두 새로운 지식과 기술의 개발에 바탕을 둔 것인 데다 기존 산업에서의 활용도도 높아 경제의 지식화를 크게 진전시켰다.

공산권 소멸에 따른 우리나라의 지정학적 가치 변화도 컸다. 공산권의 자본주의화와 세계시장 편입으로 자본주의의 최전선으로서 우리나라의 지정학적 중요성이 낮아지고, 미국의 한국경제 지원 의지가 줄어들었다. 급기야 미국은 한국 시장 개방을 요구하기 시작하였다.

그러나 2000년대 후반 들어서는 미국의 글로벌 헤게모니가 점차 약화되었다. 미국은 2008년 글로벌 금융위기를 촉발하면서 세계 경기 침체를 유발하였고, 이를 계기로 미국식 신자유주의에 대한 반성이 일어났다. 그 결과 미국의 세계경제 비중과 정치문화적 영향력이 감소하였다. 반면 중국은 30여 년간의 급속한 경제성장에 힘입어 세계경제에서 차지하는 비중을 빠르게 확대했고, 글로벌 금융위기 이후에는 정치적 영향력도 강화하고 있다. 이에 따라 최근의 국제 정치 질서는 팍스 아메리카나 체제에서 중국이 미국의 경쟁 국가로 부상한 이른바 G2 체제로 변화해가고 있다. 이제 동아시아의 정치 질서는 미국이 한·미·일 안보체제 구축에 힘쓰는 한편 중국이 러시아·북한과 연합해 이에 대항하는 모습을 보이고 있다.

그림 II-10	이행기 중 세계경제 성장률

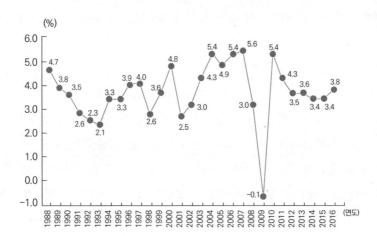

자료: IMF, World Economic Outlook Database.

G2 체제의 성립과 미·중 간의 경쟁 심화는 한반도와 우리나라에 매우 큰 도전이다. 우리나라는 정치경제적으로 가장 밀접한 관계를 맺고 있는 미·중 사이에서 흔들리면서 내부적 분열과 갈등을 겪고 있고, 북한은 미국과의 적대 상황 속에서 핵 개발에 매달리면서 국제적 고립을 심화시켜왔다.

이에 따라 한반도에서는 세계 다른 지역에서는 소멸된 냉전적 대치 상태 또는 G2 간 대립이 이어지면서 지정학적 위험이 여전히 높고 이에 따른 경제적 악영향도 큰 실정이다. 앞으로도 미국·일본을 중심으로 한 해양 세력과 중국·러시아를 중심으로 한 대륙 세력의 경쟁과 대치는 계속될 것이며, 우리 한반도가 그 최전선이 될 것으로 보인다. 그러나 G2 체제는 새로운 '기회의 창'14)이기도 하다. 남북한 협력 등을 통해 G2 간 대립을 우리에게 유리하게 이용할 수 있는 여지가 있다. 특히 남북의 경제적 통합 또는 통일을 이룰 수 있다면 동북아에서 일본에 버금가는 강국으로 발전해 상당한 정치·외교적 독자성과 경제적 자주성을 확립할 수 있다.

---

14) 기회의 창 개념은 페레즈(Carlota Perez)와 소테(Luc Soete)가 창안하였는데, 새로운 기술-경제 패러다임의 등장, 경기 불황, 정부의 규제 및 시장 개입 등이 후발자의 비약을 가능하게 하는 기회로 기능한다는 것이다. 이근·박태영 외(2014), 《산업의 추격, 추월, 추락》, 21세기북스 참조.

제 II 부

한국경제시스템의 진화 과정 짚어보기

나) 국내외 경쟁 상황

경제의 세계화로 범세계적 경쟁 시대가 개막되었다. 교통통신기술의 발달, 공산권의 몰락과 자본주의 경제로의 전환, 미국 주도 신자유주의 경제 질서의 정착으로 인류 역사상 처음으로 전 세계가 하나의 시장으로 통합되었다. 이는 곧 세계적인 경쟁, 전방위적인 경쟁의 시대가 본격화되었음을 뜻한다. 무역과 첨단기술을 둘러싼 세계적 경쟁이 한층 더 격렬해졌다. 선진국의 국내시장 개방 요구가 커지는 한편, 세계시장에서의 경쟁 압력이 현저히 높아졌다. 중국 등 후발 신흥국의 세계시장 진출 급증과 기술 발전으로 한국의 세계경제 입지가 위협받았다.

국내시장도 세계적 경쟁 체제에서 예외가 아니다. 외환위기를 계기로 국내 실물 및 금융시장은 사실상 완전히 개방되었고 그만큼 경쟁도 치열해졌다. 특히 중소기업들이 몰려 있는 전통 제조업과 개인 서비스업 및 도소매업 등에서 중국 기업과 국내 자영업자들의 진출이 늘어나고 경쟁이 심화되었다. 그러나 국내 주요 시장에서의 경쟁은 소수 재벌기업의 주요 산업에 대한 독과점적 지배가 더 공고해지면서 크게 높아지지 않았다. 이를 시기별로 본다.

1980년대 후반의 정치적 민주화와 더불어 정부는 민간 주도의 경제 운영 방식을 도입하기 시작하였다. 정부의 시장 개입에 따른 부실기업의 양산, 민간의 자율성 저해 등에 대한 반성을 토대로 민간의 자율과 창의, 시장 기능을 중시하는 방향으로 경제정책을 전환하였다. 산업정책을 점진적으로 축소하고 경제에 대한 규제를 축소해나갔다. 아울러 1995년의 WTO 출범을 전후해 쌀 등 소수의 품목을 제외하고 국내 상품 시장을 대폭 개방하였다. 외환위기를 계기로 금융시장도 급속히 개방하여 2000년대 초반에는 거의 전면 개방하는 수준에 이르렀다. 외국인의 주식 및 채권 투자를 전면 자유화하고 단기 자금 시장 및 금융산업에 대한 진출도 대폭 자유화하였다. 다른 한편으로는 국내 기업의 외국 시장 진출을 적극 지원하였다. 정부는 한국이 FTA 허브로 성장한다는 목표하에 2000년대 중 주요국과의 FTA를 적극 추진하였다.

그러나 이러한 노력이 적절하게 추진되어 시장경쟁과 민간의 자율성 확대로 이어졌다고 보기는 어렵다. 발전연대 이후 소수의 재벌 대기업이 주요 산업과 시장을 계속해서 독과점하고 있는 상태였다. 따라서 정부의 시장 개입 축소는 경쟁의 활성화와 공정 거래 질서의 확립보다는 대기업의 산업 및 시장 지배력 확대와 중소기업의 자율성 약화로 이어질 수 있었다. 그러나 정부는 이러한 가능성을 소홀히 하였고, 결국 민주화와 외환위기 이후의 자율화와 시장화는 2000년대 들어 대기업 또는 강자 우위의 불공정 거래 질서 확산과 중소기업의 자율성 약화, 재벌에 의한 경제력 집중 심화로 귀결되었다. 그림 Ⅱ-11에서 보는 바와 같이 시장 집중도 지표인 제조업의 출하액 기준 일반 집중률(CR3)은 외환위기 직후를 제외하고 2000년대 중반까지 꾸준히 상승하였다. 이는 독과점적 산업구조의 개혁 없이 정부가 민간 주도 경제 운영 체제를 도입하여 개입을 중단할 경우 대기업의 영향력만 커질 수 있다는 점을 잘 보여주고 있으며, 결국 당시의 시장화가 한국경제시스템의 현실 상황을 도외시한 정책적 오류였음을 시사하고 있다.

이 밖에 발전연대 정부 주도의 산업정책 관행은 정책 당국자, 기업, 일반 국민의 인식 속에 여전히 남아 각종 규제 개혁의 지연, 중소기업 및 전통 산업 등 취약 부문에 대한 정부 지원 요구와 재정 지원 증가를 낳았다. 이 또한 경제 운영의 시장 기반화를 저해하는 요소였다.

그림 Ⅱ-11 ‖ **이행기 중 CR3(출하액 기준) 지표 추이**

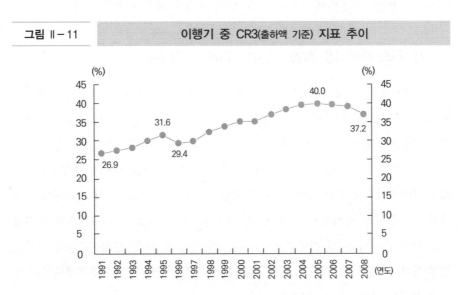

주: 제조업 중분류(26개) 출하액 합계 중 상위 3개 세부 산업의 출하액 비중.
자료: 통계청(광업 통계 조사).

구체적으로 2000년대 이후 국내시장에서 경쟁 상황은 약화와 강화 측면이 엇갈리고 있다. 우선 주요 산업에서 재벌을 비롯한 대기업의 독과점이 심해지고 있다. 주요 산업(광업 및 제조업, 서비스업 등 포함)에서의 집중률(CR3)은 전반적으로 높아지는 추세인데, 특히 매출액 비중이 높은 주요 산업에서 집중도가 높다. 광업 및 제조업의 경우 시장 규모가 큰 상위 10대 품목(전체 출하액의 38.1%를 차지)을 보면 단 한 개 품목을 제외하고는 2010년 CR3가 50%를 넘어섰다. 공정거래법의 기준으로 보면 전체 광업 및 제조업 품목의 32.4%(2013년 33.3%)가 독점형, 13.8%(14.1%)가 고위과점형 시장으로서 시장 지배적 사업자에 해당한다. 또 시장 지배적 사업자 비중(품목 수 기준)이 2005년의 35.1%에서 2010년 46.2%로 높아졌다. 서비스업에서 시장 지배적 사업자의 비중은 2010년 49.6%에 이르렀다.

다른 한편으로 주요 산업 이외의 산업에서 경쟁은 심화되고 있다. 중소기업이 주로 종사하고 있는 경공업 등 전통 제조업이나 농업에서는 중국 등 신흥 개발도상국 기업이 가격 경쟁력을 바탕으로 국내시장 점유를 늘려나가고 있다.

이러한 두 가지 상반된 현상의 영향으로 다수 중소기업들이 점차 경쟁력과 시장 입지를 잃어가고 있으며 국제경쟁력을 갖춘 독과점 대기업 및 소수의 중소기업이 큰 성과를 거두면서, 양 집단 간 성과 격차가 점점 커지고 있다.

라. 진화 메커니즘 작동과 진화 인자의 진화 현황

이행기에는 경제 환경의 변화로 민주화, 시장화, 지식화 등이 추진되었다. PT, ST 측면에서도 패러다임의 전환이 시도되었으나 변화된 적합도함수가 필요로 하는 내용과 수준에 미치지 못하였다. 이는 이행기 들어서도 ST가 발전국가 패러다임의 영향을 크게 받는 '진화의 경로 의존성'이 강하게 나타나면서 민주자본주의적 패러다임이 정착되지 못한 데 주로 기인한 것으로 보인다. 특히 발전연대의 유산인 권위주의적 정치경제 지배구조와 독과점적 산업구조가 신자유주의적 민간주도 경제 운영과 악성 결합함으로써 대중의 자유와 참여, 경제주체들의 자발적 경쟁/협력, 자생적 차별화 기반 혁신과 경제 효율성 증대라는 시장경제체제의 장점이 제대로 발현되지 못하였다.

1) PT

가) 개황

이행기에는 PT 관련 적합도함수가 크게 변화하였다. 국내외 경제의 지식화, 세계화가 급속히 진전되는 한편 발전연대 이래의 중화학공업 중심의 제조업 PT가 성숙함에 따라 기존 PT의 고도화와 새로운 첨단 PT의 개발이 절실히 요구되었다. 민주화와 노동조합의 증가로 그간 억눌려 있던 임금이 급격히 상승한 것도 PT의 고도화와 생산성 향상을 압박하는 요인이었다. 이를 요인별로 살펴본다.

우선 1980년대 후반 들어 복제 기반 PT의 진화가 더 이상 유효하지 않게 되었다. 발전연대의 중진국형 제조업 PT의 성숙과 우리 경제의 고도화로 복제할 만한 선진국 PT 자체가 드물어졌다. 정보통신기술 및 바이오기술 등 신성장산업의 첨단 PT는 기술 보호주의와 선발자 독점 등으로 복제가 사실상 불가능하였다. 경제구조 및 기술의 상호 연관성 증대로 기술 수요가 전문 분야의 가공·조립기술에서 복합 제품기술로 바뀌었다. 이에 따라 개별 기업 또는 조직의 독자적·자생적 기술개발 능력이 핵심 경제 역량이 되었다. 바야흐로 한국경제시스템도 발전연대의 선진국 기술 모방, 복제에 기반한 성장에서 벗어나 PT의 독자적 연구개발과 차별화된 신상품 창출에 기반한 선진국형 성장으로 이행해야 할 시점이 된 것이다.

둘째, 세계 산업 및 경제 여건도 크게 변화하여 한국경제시스템의 PT 고도화를 압박하였다. 1980년대 이후 정보통신산업과 인터넷의 발달 등에 힘입어 세계경제의 지식화, 정보화가 급속히 진전되었다. 선진 각국들은 마이크로일렉트로닉스·컴퓨터·광통신 등 정보통신기술을 시작으로 파인세라믹스와 기능성 고분자 등 신소재 기술, 풍력·태양력·식물 등을 이용한 신재생에너지 기술, 유전자공학 등 생명공학 기술, 3D 프린팅 및 스마트팩토리 등 생산 자동화 기술, 그리고 최근의 인공지능 기술 등과 같은 첨단기술을 개발하는 데 노력하였다. 그 결과 세계경제와 일상생활의 정보화와 지식화가 촉진되었고 새로운 지식과 기술의 창출이 생산성 향상 및 국제경쟁력의 가장 중요한 요소로 부상하였다.

셋째, 세계화에 따라 국제 경쟁이 치열해졌다. 세계화에 따른 글로벌마켓 형성은 곧 전 세계적이고 전방위적인 경쟁의 등장을 의미했다. 특히 중국의 빠른 기술 발전과 우리 수출시장 잠식이 기업들의 과학기술 수요를 크게 자극하였다.

넷째, 국민의 관계 욕구 증대와 민주화로 노동자의 경제 성과 분배 요구가 확대됨에 따라 기업의 인건비 부담이 급등하였다. 이에 따라 기업들은 노동력 절감과 노동생산성 향상을 위한 공정기술개발에 적극 나서게 되었다. 국민의 관계 욕구 증대는 상품 수요 측면에도 큰 영향을 미쳤다. 상품의 차별화와 고객 최적화 요구가 높아졌고, 문화, 오락, 교양 교육 등의 서비스에 대한 수요가 확대되었다. 이러한 수요 변화는 기업의 제품기술 개발을 압박하였다.

이처럼 국내 경제의 지식화, 고도화 필요성과 세계경제의 지식화, 세계화가 어우러지면서 우리 경제는 바야흐로 기술혁신 경쟁의 시대 또는 혁신의 일상화 시대로 진입하였으며, 이는 한국경제시스템 내 PT의 자생적 진화 필요성을 획기적으로 높였다.

지식경제의 PT는 높은 전문성과 복합성을 아울러 갖는 특징이 있다. 이러한 PT를 개발하기 위해서는 다양한 분야의 전문 인재는 물론 이들의 긴밀한 협력이 요구된다. 이에 따라 기술의 전문화 외에도 융·복합화가 새로운 기술개발 방식으로 부상하면서, 다양한 분야의 개인·기업 간 네트워킹을 통한 집단지성과 빅데이터(초지능·초연결)에 기반한 혁신의 추진이 각광받게 되었다. 기술개발과 경제발전을 위해 광범위한 사회적 신뢰와 다양한 주체의 자발적 참여에 기반한 소통과 협력이 매우 중요해진 것이다. 이에 따라 세계적으로 다양한 기술 분야·개인·기업 간 연결과 협력을 바탕으로 한 신기술개발 노력이 강화되고 있으며, 그 결과 역으로 PT의 전문성과 복합성이 더욱 빠르게 높아졌다.

결론적으로 이행기의 국내외 PT 환경과 내용의 변화는 한국경제시스템이 그간의 발전국가형 복제 기반 PT 개발 방식에서 벗어나 자생적 차별화와 선택의 과정도 거치는 선진국형 PT 개발 방식으로 진화할 것을 요구하였다. 이제 기업들은 기술 집약화와 핵심 요소 기술의 자립에 바탕한 세계 최초의 기술 및 상품의 개발이 불가피해졌다. 이는 발전연대의 선진국 기술 및 상품의 복제 기반 개발에 비해 훨씬 더 많은 시간과 노력을 투입해야 함을 뜻하였다.

새로운 환경 및 수요에 적합한 PT 개발 노력이 1980년대 후반 들어 대기업과 정부를 중심으로 활발하게 전개되었다. PT 개발의 영역이 종전의 공정기술 중심에서 제품기술을 포함하는 방향으로 확장되면서 첨단 제품을 개발·생산하는 경우가 많아졌다. 자동차, 조선, 철강, 정밀화학 등 주력 제조업에서는 독자적인 제품을 개발하기 위한 다양한 시도들이 이루어졌다. 이행기 중반부터는 소비자의 관계 욕구와 관련된 서비스 산업의 진화도 빨라졌다. 표 II−26에서 보듯이 유통산업을 시작으로 정보통신산업, 오락산업 등이 눈에 띄게 성장하면서 서비스업의 비중이 크게 높아졌다. 이에 따라 PT 개발의 주체가 제조 대기업 중심에서 서비스기업으로 다양화되었고, 2000년대 초에는 벤처기업이 대거 등장하는 등 중소기업도 혁신의 주요한 주체가 되었다.

진화 방식도 종전의 복제 중심에서 점차 벗어나 차별화와 선택의 과정을 온전히 거치는 방식으로 향상되었다. 특히 제품기술이 발전하면서 첨단 제조업과 서비스업에서 이러한 경향이 뚜렷하였다. 주력 제조업에서는 국제경쟁력을 갖춘 고효율·고부가가치 생산 체제로 전환하기 위해 생산 현장에서 축적된 지식을 바탕으로 새로운 공정기술을 개발하고 생산성을 향상하는 등 숙련을 기반으로 한 PT 개발도 진전되었다. 그 영향으로 제조업의 경우 생산액이 빠르게 증가하였던 반면 사업체 수와 종사자 수는 증감을 반복하면서 정체되는 모습을 보였다. 이를 시기별로 살펴보자.

표 II－26										

이행기 중 산업구조(종사자 수 기준) 추이

(%)

연도	농림어업	광업	제조업	(경공업)[1]	(중화학공업)[2]	전기가스수도업	건설업	서비스업	(전통적서비스)[3]	(현대적서비스)[4]
1993	0.1	0.4	31.7	(13.7)	(18.1)	0.3	5.3	62.0	(37.8)	(24.2)
1996	0.2	0.3	26.8	(10.4)	(16.4)	0.3	7.5	64.7	(38.0)	(26.7)
1999	0.2	0.2	24.5	(9.2)	(15.4)	0.4	5.0	69.3	(40.5)	(28.9)
2002	0.2	0.1	23.2	(8.2)	(15.0)	0.4	4.8	71.2	(41.0)	(30.2)
2005	0.2	0.1	22.8	(7.0)	(15.8)	0.4	5.1	71.3	(38.4)	(32.9)
2008	0.2	0.1	21.5	(6.6)	(14.9)	0.4	5.4	72.4	(36.9)	(35.5)
2011	0.2	0.1	21.2	(6.2)	(15.1)	0.4	6.2	72.0	(35.4)	(36.5)
2014	0.2	0.1	21.4	(6.1)	(15.2)	0.4	5.5	72.5	(35.6)	(36.9)
2016	0.2	0.1	20.5	(6.0)	(14.5)	0.4	6.5	72.4	(34.9)	(37.5)

주: 1. 음식료품, 담배, 섬유 제품, 봉제의복 및 모피, 가죽·가방 및 신발, 목재 및 나무 제품, 펄프·종이 및 종이 제품, 출판·인쇄 및 기록매체 복제, 가구 및 기타 제품.
 2. 코크스 및 석유정제, 화합물 및 화학 제품, 고무 및 플라스틱 제품, 비금속광물 제품, 제1차 금속, 조립금속 제품, 기타 기계장비, 컴퓨터 및 사무용기기, 기타 전기기계 및 전기변환장치, 전자부품·영상음향 및 통신장비, 의료·정밀·광학기기 및 시계, 자동차 및 트레일러, 기타 운송장비, 재생용 가공원료.
 3. 도소매, 숙박 및 음식점, 운수, 기타 공공 수리 및 개인 서비스.
 4. 통신, 금융보험, 부동산 및 임대, 사업 서비스, 공공행정·국방 및 사회보장, 교육서비스, 보건·사회복지, 오락문화, 운동 관련 서비스.
자료: 통계청(전국 사업체 조사).

표 Ⅱ-27	이행기 중 제조업 사업체 수, 종사자 수 및 생산액 추이		

(백 개, 만 명, 10억 원)

연도	사업체 수	종사자 수	생산액
1987	544	300	113,905
1990	689	302	177,309
1993	889	289	255,932
1996	971	290	401,952
1999	475	219	454,159
2002	545	232	594,040
2005	572	244	801,683
2008	585	245	1,122,986
2011	630	269	1,502,353
2014	686	290	1,489,213
2016	691	296	1,415,810

자료: 통계청(광업 제조업 조사).

나) 시기별 PT 진화 상황

이행기 초반의 PT 개발 노력을 보면, 우선 연구개발 투자 규모가 1980년대 중반 이후 민간을 중심으로 빠르게 늘어났다. 1980년 2,117억 원에 불과하였던 연구개발 투자액은 1990년 3조 2,150억 원, 1996년 10조 8,781억 원, 1999년 11조 9,218억 원으로 급증하였다. 총 연구원 수도 1980년의 1만 8,400명에서 1990년 7만 500명, 1996년 13만 2,000명, 1999년에는 13만 4,600명으로 늘어났다. GDP 대비 연구개발 투자지출 비중이 1980년의 0.56%에서 1990년 1.9%, 1999년 2.2%로 높아졌다.

이러한 연구개발 활동의 급속한 확대는 민간이 주도하였다. 기업 부설 연구소가 1981년의 53개에서 1989년 824개, 1997년 3,060개로 늘어났다. 연구개발 투자 중 민간 부담률은 1980년 48.4%에서 1990년 84.1%, 1996년 73.8%에 이르렀다. 다른 한편으로는 과학기술처의 특정 연구개발 사업과 상공부의 공업 기반 기술개발 사업 등 연구개발 사업에 대한 정부의 투자도 개시되었다. 다만 이러한 연구개발 활동의 증가에도 불구하고 우리나라는 주요 선진국에 비해서는 절대적 규모와 상대적 비중 모두 뒤처져 있었다. 1990년 연구개발 투자가 GDP에서 차지하는 비중은 한국이 2.3%였던 데 비해 미국 2.7%, 일본 3.0%, 독일 2.4%에 이르렀다.

그리고 1997년 한국의 인구 1만 명당 연구원 수는 16.4명이었으나 미국 38.4명, 일본 39.0명, 독일 28.5명이었다.

정부의 연구개발 추진 방식도 진화하였다. 앞에서 언급한 특정 연구개발 사업에 대한 독자적인 투자 외에 민간 기업과의 합작 투자가 늘어났다. 정부는 유망 산업과 컴퓨터, 반도체, 통신 분야 등의 첨단기술 분야에서 새로운 제품을 개발하기 위한 다양한 연구개발 사업을 추진하였다. 이의 대표적인 사례가 선도 기술개발 사업(G7 프로젝트)이라 할 수 있다. 선도 기술개발 사업은 2001년에 우리나라 과학기술을 선진 7개국 수준으로 끌어올린다는 목표하에 정부 각 부처와 민간 기업들이 공동 참여하여 1990~2002년 중 추진되었다.

연구개발 활동의 규모가 본격적으로 확대되면서 과학기술 성과도 빠르게 늘어났다. 특허출원 건수는 1980년에 5,070건에 불과했던 것이 1990년 2만 5,800건으로 5배 이상 증가하였고 1996년 9만 300건으로 크게 늘어났다. 정부의 기술 도입 자유화 조치와 더불어 기업의 외국 기술 도입도 지속적으로 증가하였다. 기술 도입 대가 지급액은 1980년 1억 720만 달러에서 1990년 10억 8,700만 달러, 1999년 26억 8,580만 달러로 급증했다.

결론적으로 이행기 초반 한국경제시스템의 PT 진화 방식이 크게 선진화하였다. 기업의 PT 연구개발 활동이 확대되고 민관의 첨단 공정기술 및 제품 개발 기술 노력이 활발해지면서 바야흐로 우리나라에서도 차별화와 선택 과정이 온전히 포함된 PT 진화 노력이 본격화되었다. 아울러 경제 운영이 민간 주도형으로 전환되면서 정부의 PT 개발 정책도 민간 기업의 기술개발 지원 제도 선진화 등을 중점 추진하고 또한 국가 연구개발 사업에도 기업들이 활발하게 참여하도록 하였다. PT 개발 주체의 측면에서 발전연대의 정부 주도 방식이 민간 주도 또는 민관 합동 방식으로 바뀐 것이다.

이행기 후반의 PT 개발 노력을 보자. 2000년대에는 1980년대 중 시작된 정보기술혁명, 세계시장의 형성, 시민사회의 성숙 등의 흐름이 더욱 확산되었고, 이에 따라 지식이 가장 중요한 생산요소이자 노동 투입과 자본 축적의 둔화에 따른 성장의 한계를 돌파할 새로운 성장 요소로 부각되었다. 한편으로는 정보통신기술의 발전과 세계적 규제 완화로 국제 경쟁이 서비스 부문까지 포함한 경쟁으로 심화되었다. 종전의 국제 경쟁이 제조업 중심의 자본주의 국가 간의 제한된 경쟁이었다면 2000년대의 국제 경쟁은 전 산업 분야, 전 세계시장을 무대로 무한 경쟁이 전개되는 형태로 진화한 것이다.

이러한 경제의 지식화와 세계화는 PT 진화를 가속하는 요인으로 기능하였다. 장차 과학기술 발전을 주도하고 경제, 사회에 광범위한 영향을 미칠 잠재력을 가진 신기술로서 기존의 정보기술, 바이오기술 외에 로봇 기술, 인공지능 및 빅데이터기술, 생산자동화기술 등이 급부상하였고 신기술과 기존 기술 간 그리고 신기술 간 융·복합이 진전되면서 기술 변화의 속도가 더욱 빨라졌다. 우리나라는 외환위기 이후의 경제구조 개혁의 효과 등으로 2000년대 초부터 산업 활동이 활력을 되찾은 가운데, 과학기술혁신을 통해 새로운 성장 동력을 창출하기 위해 노력하였다. 정부는 기업 규제를 과감히 개선하여 산업과 기술혁신의 생태계를 개선하는 데 노력하였다. 대외적으로는 칠레, 동남아 등 개발도상국을 시작으로 미국, 유럽 등 선진국과의 FTA를 체결하여 국제적 경제 및 기술 교류를 강화해나갔다.

기술개발 노력을 부문별로 살펴보면, 우선 외환위기 이전 급속히 늘어나던 연구개발 활동은 외환위기 이후의 거시경제 악화와 경제구조 개혁의 영향으로 일시 감소하였으나 2000년대 들어 다시 높은 증가세를 회복하였다. 총 연구개발 투자 규모는 1995년 9조 원, 1997년 12조 원으로 증가하였다가 1999년 12조 원 이하로 감소하였으나 이후 다시 빠르게 늘어나 2000년 14조 원, 2005년 24조 원, 2008년 34조 원에 이르렀다. 연구개발 투자를 선진국과 비교해보면 절대적인 규모는 작지만 상대적 측면에서는 선진국과 대등한 수준에 이르렀다. 연구개발 투자의 증가율이 우리나라가 선진국에 비해 더 높았다. 1990년대 중(1990년 대비 1999년도 투자액 증가율) 한국의 연구개발 투자 증가율은 121.2%로 미국 61.1%, 일본 46.1%, 영국 28.6%에 비해 크게 높았는데, 2000년대에도 우리나라의 연구개발 투자 증가율은 매우 높은 수준을 이어갔다. 그 결과 GDP 대비 연구개발비의 비중이 2011년에는 3.7%에 이르러 선진국 수준을 넘어섰다.

연구개발 활동 성과를 보여주는 지표의 하나인 특허출원 건수도 꾸준히 증가하였다. 동 건수는 1990년 2.6만 건에서 1999년 8만 건, 2008년 17만 건, 2014년 21만 건으로 급증하였다. 특히 미국에 등록된 특허의 경우 2000년 3,314건에서 2006년에는 5,908건으로 증가했고 국제학술논문 게재 건수도 1990년 1,587건에서 2000년 12만 475건, 2007년 23만 286건으로 늘어났다. 기술 도입 대가 지급액은 1990년

10억 8,700만 달러에서 1999년 26억 8,600만 달러로, 2008년 56억 7,000만 달러, 2014년 156억 달러로 증가하였다. 과학기술혁신의 주체인 연구개발 인력 또한 지속적으로 증가했다. 총 연구원 수는 1990년 7만 명에 불과하였으나 1999년 13만 5천 명, 2008년에는 30만 명, 2014년 44만 명으로 늘어났다. 기업 부설 연구소도 꾸준히 늘어나 1990년 966개에서 1999년 4,810개, 2007년 14만 975개에 이르렀다. 기업 부설 연구소는 1980년대 이래 가파른 증가세를 계속하였지만 1990년대 말 벤처 붐에 따라 더욱 빠르게 늘어났다. ICT 분야는 물론 바이오 및 나노 기술 분야의 기업 부설 연구소도 증가하였다. 2006년 말을 기준으로 할 때 전체 기업 부설 연구소 중 중소·벤처기업의 비중은 93%에 이른다. 이는 외환위기로 기술개발이 기업 생존의 유일한 수단이라는 인식과 기술 경영 마인드가 기업인들에게 급속도로 확산되었기 때문이다. 이 기간 중에는 정부의 연구개발 활동도 현저히 증가하였다. 정부 연구개발 예산은 1998년 3조 원에 머물렀으나 2007년에는 8조 원으로 늘어났다.

| 표 II-28 | | | 이행기 중 주요 과학기술 관련 지표 추이 | | | |

연도	연구개발비 총액(10억 원)	연구개발비 /GDP(%)	연구개발비 민간 부담률(%)	연구원 수 (천 명)	특허출원 건수(천 건)	기술 도입 대가 지급액(백만 달러)
1987	18,780	1.8	79.6	52.8	17.1	523.7
1990	32,105	1.9	84.1	70.5	25.8	1,087.0
1993	61,530	2.1	83.3	98.8	36.5	946.4
1996	108,781	2.4	73.8	132.0	90.3	2,297.2
1999	119,218	2.2	70.0	134.6	80.6	2,685.8
2002	173,251	2.4	72.6	189.9	106.1	2,721.5
2005	241,554	2.6	75.7	234.7	160.9	4,525.1
2008	344,981	3.1	73.2	300.1	170.6	5,669.9
2011	498,904	3.7	73.9	375.2	178.9	9,900.5
2014	637,341	4.3	76.0	437.4	210.3	15,540.0
2016	694,055	4.2	76.4	460.8	208.8	14,842.0

자료: 1. 과학기술정보통신부(기술무역 통계, 연구개발 활동 조사).
     2. 특허청(지식재산권 통계).

다) 평가

이행기에 급진전된 선진 경제와 우리 경제의 지식화, 세계화로 인해 우리 경제의 PT 진화 방식은 구조적 전환을 요구받았고, 이에 대응해 기업을 중심으로 연구개발 활동, 즉 PT 차별화 노력이 크게 강화되었다. 일부 기업과 부문에서 독자적인 PT 개발 역량을 갖추게 되는 등 제품기술을 포함한 새로운 PT 개발이 상당폭 진전되었다.

그러나 우리나라는 독자적 기술개발 경험과 기술 축적이 부족하여 주요 기반기술이나 첨단기술 등이 선진국에 미치지 못하고, 핵심 소재부품을 일본 등으로부터의 수입에 의존하고 차별화된 첨단 상품을 거의 개발하지 못하는 등 대외의존적 가공조립형 경제구조를 탈피하지 못하였다. 또한 대다수 신성장기술 산업에서는 여전히 선진국에 뒤처진 형편이다. 광고, 경영 자문 등 기업 관련 서비스업과 금융산업 등 주요 서비스업 관련 PT 역량은 여전히 중진국 수준에 머물러 있다. 이는 다수의 업종을 겸영하는 재벌 대기업의 독자적인 전문 PT 개발 역량이 미흡하고 정부의 전문·벤처기업 육성 노력도 비효율적으로 추진되고 있기 때문이다.

중소·벤처기업 부설 연구소의 양적 팽창에도 불구하고 PT 개발의 중심 주체가 소수 대기업과 정부에 집중되어 있는 것도 문제이다. 이근(2014)[15]에 따르면 우리나라의 지식 생산 집중도는 일본이나 독일은 물론 타이완에 비해서도 크게 높다. 이와 연관되어 기술적 다각화 수준도 낮은 편이다. 이는 우리 산업구조가 여전히 소수 대기업 중심이고 PT 개발 노력이 수출 중심 대기업에 편중된 데 근본 원인이 있다. 2000년대 들어 중소기업은 기술개발 투자 여력이 감소하고 내수 대기업은 시장 독점에 따른 기술개발 필요성이 감소하면서, 대다수 기업의 PT 개발 노력이 크게 약화되었다. 이러한 개발 주체의 편중은 PT의 다양성을 낮추는 한편, 여러 주체가 보유한 기술의 결합을 어렵게 함으로써 국내 PT의 복합성을 낮추는 원인으로 작용하고 있다.

다양한 전문 PT 간 융·복합은 새로운 제품을 창출하는 데 필수적인바, 이의 촉진을 위해 관련 전문가 사이의 수평적·자발적 협력이 긴요하다. 그러나 우리나

---

15) 이근 외(2014), ≪한국형 시장경제체제≫, 이영훈(편), 서울대학교출판부, <제2장 한국의 국가혁신체제> 참조.

라에서는 발전연대 이래의 엘리트 주도 관행에 따른 공정한 성과 분배 규칙 미흡, 수직적·집권적 조직 운영과 구성원 간 소통·신뢰의 부족 등으로 전문가 간 협력이 크게 부족하다. 협소한 범위의 인격적 신뢰에 기반하는 사회 문화 역시 광범위한 협력체 구축에 걸림돌이 되었다. 이러한 사회 내 협력의 부족이 다양한 PT 간 융·복합에 바탕한 새로운 상품 개발을 저해하여 연구개발 활동의 효율성을 낮추고 있는 것으로 보인다.

이 밖에 집권적 조직 구조 등으로 인해 종업원의 숙련에 기반한 PT 창출이 부족하고, 연구개발과 영업 활동 간 연계 부족 등으로 PT의 BD로의 전환이 미흡한 것도 PT 투자의 효율성과 수익 기여도를 낮추는 것으로 보인다.

2) ST

가) 개황

이행기의 기초 ST는 발전국가 패러다임 기반 ST, 즉 독재정치, 정부-대기업 주도 경제 운영 체제와 집권적 조직 지배구조, 수직적·획일적 문화라고 할 수 있다. 그러나 이행기는 바로 이로부터 벗어나려는 움직임으로부터 시작되었다.

발전국가형 ST가 민주화와 함께 무너진 이유는 크게 두 가지이다. 우선 사회 환경 측면에서 가장 중요한 요소인 국민과 사회의 수요가 변했다. 발전연대의 경제 발전과 소득 증대로 대다수 국민의 욕구는 점차 생존 욕구에 더해 관계 욕구를 충족하는 방향으로 확산되었다. 그리고 그 핵심은 자유, 특히 정치적 자유, 경제활동의 자유에 대한 요구라고 할 수 있다. 이는 정치적으로 정당과 각종 결사체의 자유로운 설립과 참정권의 확충을 통해 정치적 참여를 확대하고자 하는 요구이며, 경제 활동에 있어서는 정부 개입의 축소를 통해 경제적 의사결정의 분산화와 각 주체의 자율을 확대하고자 하는 요구이다. 이는 곧 정치적 민주화 그리고 경제적 시장화를 요구하는 것으로서 정치경제에 대한 독재를 필요로 하는 발전국가 패러다임에 정면으로 반하는 것이다. 따라서 이 패러다임은 더 이상 유지 가능하지 않았다.

두 번째 이유는 한국경제시스템이 필요로 하는 PT의 변화이다. 발전연대 중의 중화학 제조업을 비롯한 주요 산업의 발전으로 한국경제시스템은 다양한 산업이 유기적으로 연관된 복잡한 산업구조를 갖게 되었고 이에 따라 정부가 산업 전

제 II 부

한국경제시스템의 진화 과정 짚어보기

반을 효율적으로 관리, 통제하는 것이 사실상 불가능해졌다. 또한 PT 수준이 선진국에 근접하여 새로운 PT의 개발을 위해서 선진국의 것을 모방, 복제하는 것이 매우 어려워졌다. 모방할 만한 PT 자체가 크게 줄었고 복제할 만한 기술은 선진국과 해당 기업의 보호로 접근이 불가능했다. 이에 따라 새로운 PT를 자생적 차별화와 선택의 과정을 거쳐 개발하는 것이 불가피해졌다. 이는 한국경제시스템의 독자적 PT 연구개발 노력, 그리고 정부가 아닌 민간이 주도하는 PT 개발 방식을 대폭 강화해야 함을 의미하였다. 다양한 경제주체별 분산과 자율에 기반한 PT의 차별화, 소비자 선호의 정확한 파악에 기반한 새로운 PT·BD의 선택 역량 확충이 요구되었다. 나아가 생산요소의 양적 투입 확대보다는 새로운 PT의 창출에 기반한 생산성 향상과 진화가 중심이 되는 경제시스템이 구축되어야 했다. 이는 한마디로 한국경제의 자생적 PT·BD 창출 능력을 확충하는 것 내지 한국경제의 지식화를 신속히 진전시키는 것이다.

앞에서 본 바와 같은 적합도함수와 PT 진화 방식의 변화(즉, 사회 구성원의 관계 욕구 증가, 국제적 경쟁 심화, 한국경제시스템의 지식화와 차별화 기반 혁신 촉진 필요성, PT의 전문성·복합성 증대 등과 같은 변화)가 요구하는 ST는 정치적으로는 민주주의, 경제적으로는 시장경쟁 기반 자본주의, 그리고 문화적으로는 수평적·자율적 문화, 즉 혁신 중심 지식경제에 적합한 ST라고 할 수 있다. 이러한 제도와 문화가 보편적 인센티브 제공과 강한 상호주의 원칙에 바탕해 개별 사회 구성원들의 자아 발전 및 사회적 참여 요구를 원만하게 수용하고 구성원 간 공정하고 자발적인 경쟁/협력과 대중의 지혜를 극대화하며, 이를 통해 내생적 차별화 기반 혁신을 활발하게 창출할 수 있기 때문이다.

정부는 이러한 수요의 변화에 부응할 수 있는 ST를 도입하고자 하였다. 즉, 국민의 관계 욕구를 수용한 정치적 민주화, 신자유주의적 개혁·개방을 통한 경제의 시장화와 세계화를 추진하였다. 그러나 ST의 교체는 발전연대에 형성된 시장과 산업의 독과점, 정치·경제 엘리트 중심의 사회 및 조직 지배구조가 유지되고 산업화 세대 등의 생존 지향적 문화가 쉽게 변하지 않음에 따라 원활하게 진전되지 못하였다. 발전국가 패러다임으로 이득을 얻고 있는 계층이 이를 파괴하는 변화에 대해 저항하였다. 특히 주요 산업을 독과점한 재벌이 중심이 된 기득권층의 영향력이 커, 새로운 적합도함수와 PT가 요구하는 ST를 수용할 수 없었다. 신자유주의적 경제구조 조정과 실업 증가 등에도 불구하고 사회안전망 확충이 부진한 데 따른 다수 국민의 생존 욕구에의 집착도 새로운 ST의 도입을 지연시켰다.

이처럼 새로운 적합도함수와 PT에 기반해 기초 ST를 변화시키려는 노력과 이에 대항해 기초 ST를 유지하려는 양립 불가능한 요구가 갈등한 결과, 이행기의 ST는 발전국가 패러다임의 영향력이 정치·경제·문화 부문 전반에 여전히 강하게 남아 있는 가운데, 새롭게 제기된 민주화·시장화·지식화 요구가 부분적으로 수용되는 모습을 보였다. 발전국가의 유산인 집권적·수직적 기업 지배구조와 독과점적 시장 구조, 신자유주의적 민간 주도 경제 운영 간에 악성 결합이 발생하기도 하였다. 진화의 경로 의존성이 우리 경제시스템에서 강하게 작용하였다.

이를 시기별로 보자. 1980년대 후반 한국경제시스템을 둘러싼 적합도함수가 크게 변하였다. 정치적 민주화, 우리 경제의 지식화와 경제 운용의 시장 기반화가 전개되고 세계적으로도 공산권의 소멸과 경제의 세계화가 빠르게 진전되었다. 이에 따라 정부 주도의 권위주의적·중상주의적 경제 운영, 선진국 모방 기반 복제 중심의 혁신, 대기업 주도의 요소 투입 기반 생산 증대 등을 핵심으로 하는 발전국가 패러다임은 더 이상 작동하기 힘들어졌다. 우리나라는 30여 년간 성공적으로 작동하였던 발전국가 패러다임에서 벗어나 새로운 환경에 걸맞은 경제운영 패러다임을 도입해야 하는 상황에 놓였다.

경제시스템 운영 패러다임의 교체는 발전국가 패러다임 도입 당시에 그랬듯이 정치, 경제, 문화 등 사회시스템 전반에 걸친 대대적인 변화를 바탕으로 이루어진다. 그러나 민주화 이후 새로운 패러다임의 정립은 정치·경제 지도층의 인식 부족으로 종합적인 비전과 실천 전략이 제시되지 못하였다. 자본가와 노동자 간 이해와 타협이 여전히 부족하고 사회적 갈등이 점증하면서 점차 정부의 경제 운영 전략과 목표가 불확실해졌다. 이에 따라 인건비 절감과 세계시장 진출 확대 등을 위한 재벌 대기업의 과잉 투자, 금융기관의 단기 수익 추구와 무분별한 해외 차입, 정부의 개방화·자율화된 경제 운영 경험의 부족 등이 겹치면서 1997년 외환위기를 맞게 되었다. 외환위기로 우리나라는 국제통화기금(IMF)이 요구한 신자유주의 패러다임을 타율적으로 도입하는 상황을 맞았다.

신자유주의 패러다임은 각 경제주체별 자유와 창의의 증진을 통해 개별 경제 주체의 혁신 역량을 극대화하고 경쟁을 통해 이를 사회적으로 유익한 방향으로 조정, 통합하는 패러다임이다. 그러므로 이는 각 경제주체 간 대등한 경쟁/협력의 활성화라는 전제조건이 잘 충족되어야 제대로 기능할 수 있다. 그러나 현실적으로는 세계화 등에 따른 세계적 대기업의 시장 지배 강화 및 자본가의 배타적 이익 추구가 심화되면서 이러한 전제조건이 잘 충족되지 못하였고 이는 여러 경제 부문 내 강·약자 간 양극화, 부와 소득의 불평등, 금융투기와 버블의 누증, 그리고 2008년의 글로벌 금융위기로 이어졌다.

외환위기 이후 신자유주의가 전격적으로 도입된 우리나라에서도 상황이 비슷하게 전개되었다. 기술혁신 및 시장 점유 확대를 통해 경쟁력을 갖춘 부문과 그렇지 못한 부문 사이의 경제성과 격차가 커졌다. 2000년대 들어 승자 독식 질서가 확산되면서 대기업－중소기업, 사용자－노동자, 수출 부문－내수 부문, 가계－기업 등 경제 제 부문에서의 양극화가 심해졌다. 그 결과 경제구조조정과 개방, 사회복지 제도의 확충을 둘러싼 보수 및 진보 세력 간 갈등과 정책적 혼선이 커졌고 결국 2008년의 글로벌 금융위기로 다시 한 번 경제적 어려움을 겪는 상황으로 이어졌다.

나) 부문별 진화 상황

(1) 정치제도

이행기 정치제도의 진화 과정을 3가지 민주주의 척도를 기준으로 살펴보자.

(가) 정치의 책임성

이행기 초 우리 사회는 독재정치를 방지하는 헌법을 제정하고 수평적 정권교체를 정착시킴으로써 민주주의가 형식적으로 크게 진화하였다. 노동조합이 늘어나고 시민단체가 활성화되는 등 다양한 사회계층의 조직화와 이에 따른 사회구조의 다원화가 부분적으로 진전되었다. 그러나 사회구조의 다원화와 정치의 포용성 증대는 여전히 충분하지 못하였다. 노동자와 중소기업 등 사회적 약자층을 포함한 사회 제 계층이 협동 조직이나 사회단체의 설립을 통해 충분히 조직화되지 못하였다. 이들의 이익과 의사를 대변하는 다원적 정당의 발전도 미흡하여 가장 중요한 정치 주체인 정당이 사회 제 계층의 의사를 효과적으로 수렴, 정책화하지 못하였다. 결과적으로 민주화가 민주적 헌법의 제정과 정치 엘리트 중심의 양대 정당 사이의 정권 교체에 국한되었고, 민주화가 진정으로 의미하는 정치의 책임성 확보, 즉 다수 국민과 계층의 정치적 결정 참여와 이익 확보는 불충분하였다.

특히, 외환위기는 미흡하게나마 진전되어가던 민주화 추세를 일거에 바꾸어놓았다. 대대적인 경제구조조정 및 실업 증가로 국민들의 생계 불안이 높아졌다. 그러나 사회안전망의 확충은 기업 및 고소득층의 반발과 이에 대한 정치적 대응 미흡 등으로 크게 부진하였다. 정치 의제가 사회안전망 확대보다는 경제성장을 중심으로 설정되었고 정치에 대한 경제 부문, 특히 재벌 대기업의 영향력이 꾸준히 커졌다.

정부는 5년 단임 대통령제에 따른 장기적 정책 수립·집행 능력 약화, 진보 정권과 보수 정권 간의 이데올로기적 대립과 정책 노선 갈등, 그리고 이에 따른 관료 집단의 정책 혼선과 보신주의까지 더해지면서 정책 역량이 발전연대에 비해 크게 저하되었다. 반면 대기업은 막강한 자금력을 배경으로 언론 등 여러 사회단체에 대한 영향력을 키워 여론을 유리한 방향으로 이끌고 정치인 및 관료를 사실상 포획하였다. 경제 엘리트 또는 대기업 우위의 사회 관계가 형성되어 발전연대 중의 정치에 대한 경제의 우위가 완전히 역전되었다. 그 결과, 정부 정책이 경쟁 촉진적이거나 시장 친화적이라기보다는 (대)기업 친화적인 방향으로 왜곡되었다. 경제정책과 여론 형성에서 공공성이 약화되고 대신 대기업의 이익이 국가 경제 내 대기업의 중요성, 국제경쟁력 향상 등을 명분으로 중시되었다. 이로 인해 재벌을 비롯한 대자본가의 독점적 경제 이익 추구가 심화되고 시장에서의 경쟁 질서와 거래의 공정성이 악화되었으며 부와 소득의 격차가 빠르게 확대되었다.

한편으로는 세계적 냉전체제의 해체에도 불구하고 남북한 대립이 지속되고 반공 이념이 사상적 다양성과 국민의 자유를 제한했다. 재벌 등 보수 진영은 발전연대에 그랬듯이 냉전적 반공 이념을 노동자 등의 단합을 억누르는 수단으로 활용했다. 지역 기반 양당 구조가 유지되고 선거 제도도 기성 정당에 유리하였다. 이에 따라 대중 참여와 이익을 추구하는 정책 정당의 발전과 이에 기반한 포용적 정치 체제가 확립되지 못하고 다수 계층의 의사와 이익은 경시되는 상황, 즉 정치의 책임성이 낮은 상황이 발전연대와 다름없이 이어졌다. 무엇보다 다양한 계층 간 생산적 협상과 타협이 부족했다. 정치가 양대 정당 간의 대립과 갈등으로 사회 내 제 세력 간 이해 조정과 타협 그리고 이를 통한 사회 통합을 이끌어내지 못한 채 국민의 실생활과 관련 없는 이데올로기적 대립에 매몰되었다.

결과적으로 이행기에는 정치의 책임성이 형식적으로는 개선되었으나 내실을 갖추지 못하면서 다수 국민의 기대에 미치지 못하였다. 정치적 민주화에도 불구하고 노조를 비롯한 각종 사회단체의 조직화와 역량 증진이 정체되면서 사회구조의 다원화가 별 진전이 없었다. 시민단체가 증가하였으나 정부, 기업가 단체에 비해 역량이나 영향력이 크게 작았다. 노동자와 중소기업의 기업 경영 및 정치 참가는 계속 제한되었다. 오히려 대기업과 중소기업 간 그리고 정규직과 비정규직 간 노동시장의 분절이 발생하면서 노조의 영향력은 사실상 약화되었다. 정치와 정부의 사회적 영향력이 약화되는 한편으로, 재벌 대기업이 언론 등을 통해 신자유주의적 시장 논리를 확산시킴으로써 사회적 영향력을 확대하고 주주 중심주의에 기반한 전제적 기업 경영 체제를 유지하였다. 기업주 독단의 수직적 기업 지배구조와 경영 관행이 온존되면서 노동자의 기업 의사결정과 이익 분배 참여가 제한되는 한편, 기업 구성원 사이의 수평적 관계에 바탕한 자율과 신뢰 속의 협력과 창의 및 혁신 발현이 저하되었다.

이러한 정치의 책임성 개선 부진과 정부의 기능 약화는 외환위기 이후 가중된 직업 불안, 노후 불안, 주거 불안 등으로 고통받는 다수 국민들의 미래에 대한 희망의 상실, 창의와 도전정신 위축, 정치에 대한 혐오 등을 불러왔다. 이는 결국 신자유주의 또는 자유방임적 시장경쟁을 명분으로 한 대기업의 시장 독과점 허용과 그에 따른 경제적 양극화와 소득 불평등으로 이어졌다. 정치의 책임성 미흡 또는 포용성 부족으로 경제체제의 포용성도 낮은 상황이 발전연대에 이어 계속된 것이다.

표 Ⅱ-29	이행기 중 노동조합 및 조합원 수 등 추이

(개, 천 명, %)

연도	1987	1990	1993	1996	1999	2002	2005	2008	2011	2014	2016
노동조합 수	4,102	7,698	7,147	6,424	5,637	6,506	5,971	4,886	5,120	5,445	6,164
조합원 수(A)	1,268	1,887	1,667	1,599	1,481	1,606	1,506	1,666	1,720	1,905	1,966
임금근로자 수(B)	9,191	10,264	10,679	12,020	12,455	13,839	14,692	15,847	17,090	18,429	19,172
조직률(A/B)	13.8	18.4	15.6	13.3	11.9	11.6	10.3	10.5	10.1	10.3	10.3

자료: 1. 통계청(경제활동인구 〈취업자 수〉).
    2. 고용노동부(전국노동조합 조직 현황).

(나) 법치주의

법치주의는 독재 체제의 종식에도 불구하고 발전국가의 수준에서 크게 개선되지 못했다고 할 수 있다. 전통 유교와 농경사회의 인격적 신뢰 우선주의가 혈연, 지연, 학연 등 각종 연고 기반 정실주의(혈연주의, 지역주의, 학벌주의)로 이어져 부정부패의 원인으로 작용했다. 무엇보다 사익 추구를 지상 과제로 하는 경제 부문 또는 재벌 대기업이 정치 및 언론 포획을 바탕으로 사회 제 부문에 대한 영향력을 확대한 것이 공정한 법질서 혼란의 가장 큰 원인이다. 사법부가 발전연대와 같이 정치·경제적 압력으로부터 자유롭지 못한 채 공정하고 엄격한 법률 집행 관행과 법률 준수 풍토를 확립하지 못한 것도 원인이 되었다.

발전연대의 국가(집단)주의가 후퇴하면서 사회 지도층의 공공성 또는 시민성에 대한 존중과 준법 정신이 약화되고 대형 로펌의 활동 등으로 범법 대기업주나 정치인에 대한 처벌도 미흡해지면서 이른바 '유전무죄, 무전유죄' 의식이 만연하였다. 뒤이어 법보다는 실력의 행사를 통해 사익을 도모하는 행태가 사회 전반으로 확산되어나갔다. 이러한 법치주의의 약화를 틈타 발전국가형 정경유착과 연고주의 기반 거래 관행도 이어졌고 각종 이익집단의 불법 행위나 실력 행사가 증가하였다.

한편 신자유주의의 도입은 예상치 못한 부작용을 유발하였다. 시장경쟁 및 공정한 거래 질서를 강조하는 신자유주의가 한국의 독과점적 시장 구조, 법치주의 미흡과 맞물리면서 시장경쟁을 기반으로 하는 거래 질서를 확립하는 대신 협상력 격차에 기반한 불공정 거래, 강자에 의한 약자 착취 또는 승자 독식의 경제 질서가 사회 전반으로 확산되는 결과를 초래하였다. 시장경쟁이 경제적 의미의 경쟁력보다는 정치적 협상력 또는 생산요소 보유 규모의 다과를 바탕으로 이루어지고, 그 결과 승자 독식과 독과점이 공고해지는 경향으로 왜곡된 것이다. 공정한 거래와 성과 분배 규칙의 약화는 곧 사회적 신뢰의 약화, 경쟁/협력의 약화로 이어졌다.

(다) 정부의 효율성

정부의 효율성은 발전연대에 비해 오히려 낮아진 것으로 보인다. 민주화 이후 헌법은 정부 지배구조의 설계에 있어 독재정치의 재현을 예방하는 데 중점을 두고 대통령 직선제와 단임제, 행정부와 의회 사이의 권력 분산 등을 규정하였다.

그러나 이는 결과적으로 대통령을 포함한 집권 세력의 국가 발전 비전과 정책의 미성숙, 그리고 관료에 대한 통제력 약화로 이어져, 발전국가의 장점이었던 장기적 경제발전 비전 및 전략의 수립과 이의 일관성 있는 집행을 약화시키는 부작용을 유발하였다. 특히 외환위기 이후 보수와 진보 세력 간 정권 교체가 반복되면서 경제발전 비전과 전략의 혼선, 진보적 정책과 보수적 정책 간 오가기가 발생하여 민주주의가 경제 혁신과 발전의 촉진이 아니라 경제발전을 저해할 수 있다는 우려가 높아졌다. 이로 인해 이른바 '박정희 향수'가 확산되기도 하였다.

관료의 역량이 약화된 것도 정부의 효율성이 하락한 원인이다. 정권 교체가 잦아져 대통령을 비롯한 고위 공직자의 관료 장악 능력이 떨어진 가운데 관료사회의 무사안일과 파벌화가 진전되어 관료 집단의 전문성과 역동성이 낮아졌다. 정권별 파당적 정책 성향과 지역주의 기반 인사 정책으로 관료의 사명감과 국가에 대한 공헌 노력이 약화되었고 사익 추구 경향도 확산되면서 관료 사회의 기율과 공공성은 퇴행하였다. 반면 발전연대의 관료 조직에 대한 엄격한 예산 및 조직 통제가 이완되면서 관료 집단의 규모와 예산은 오히려 꾸준히 늘어났다.

다른 한편으로는 국회의 권한이 강화되면서 행정부와 국회의 대립, 국회 내 보수와 진보세력 간 대립이 자주 발생하였다. 또한 정당의 비민주적 운영 구조와 정당 간 이데올로기적 대립 심화 등으로 국회의원의 책임성, 자율성이 부족해지고 전문성의 발휘도 제한되었다. 그 결과 국회의 국가 제도 및 규칙 제정·개선 역량이 약화되었다. 이는 기본적으로 양당 체제가 고착된 가운데 동 정당의 운영이 기층 당원보다는 지도자 또는 계파 중심으로 운영되는 데 원인이 있다. 정당의 이념과 정책이 불투명해진 가운데 국회의원 등이 재벌이나 노동조합 등 이익집단에 의해 포획됨으로써 정당의 대의명분과 실제 정책이 서로 상충되고 나아가 선거 공약이 집권 시의 정책과 상충되는 일이 비일비재하였다. 내실 없는 이데올로기 논쟁을 앞세워 정파 또는 개인적 이득을 추구하는 정치인들이 많아졌다. 이로 인해 정당에 대한 국민의 불신이 심화되어 정당이 국민 사이에 뿌리를 내리지 못하고 정치에 대한 참여도 저조해졌다. 풀뿌리 민주주의가 실질적으로 정착되지 못한 것이다.

이러한 행정부와 의회 간 대립, 보수와 진보세력 간 시대착오적 이데올로기 논쟁, 정당의 운영 및 기반의 비민주성은 정치가 그 본래의 기능인 다양한 사회계층별 이해의 수렴과 조정, 그리고 이를 통한 사회 통합을 이루어내는 것이 아니라 오히려 갈등과 분열을 조장하는 역기능을 초래하였다. 또한 파당적 대립에 매몰된 국회가 행정부의 주요 정책을 실현할 법률의 제정과 정부 정책의 시의적절한 추진을 저해하면서 정부의 효율성을 저하시켰다. 입법·사법·행정의 총체로서의 정부가 무력해진 것이다.

(2) 경제제도

이행기 경제제도의 기초 조건은 정부-대기업 주도 경제 계획 기반 경제 운영 체제, 주요 산업에서의 대기업 독과점적 시장 구조, 집권적 조직 지배구조 등이다. 한편 정치적 민주화와 다수 경제주체의 경제적 참여 욕구, 지식화된 경제구조 그리고 세계적 자유무역 질서 등 새로운 적합도함수는 이와 다른 경제제도를 요구하였다. 이러한 경제제도는 다수 경제주체의 참여 욕구 충족과 경제의 자생적 차별화 기반 진화에 보다 적합한 체제이다. 즉, 이행기 초 경제제도의 진화와 관련하여 한국에는 기존의 발전국가형 정부 주도 경제 운영 및 집권적 기업 지배구조 대신 민간 주도 및 시장경쟁 기반 경제 운영 체제와 분권적 기업 지배구조, 나아가 독자적 연구개발을 통한 PT와 BD의 자생적 창출을 촉진하는 경제 운영 체제 및 조직 지배구조의 확립이 요구되었다. 신자유주의적 다자주의 무역질서에 맞추어 한국경제시스템의 개방을 더욱 확대할 필요도 있었다.

(가) 시장메커니즘의 확산

변화된 경제 여건에 부응하여 정부는 경제개발계획의 점진적 폐지, 시장 개방, 규제 축소 등을 추진하였다. 기업의 자유를 확대하고 경제에 대한 개입을 줄여나갔다. 이를 통해 주요 산업에서 기업의 설립이 확대되고 경쟁이 증가하여 대기업 독과점이 해소되고 공정한 거래와 경쟁 규칙에 기반한 기업 간 경쟁이 강화되기를 기대하였다. 그러나 실제로는 재벌을 중심으로 한 독과점적 산업구조가 더 강고해지면서 시장경쟁이 활발해지지 못하였다. 대기업의 제2금융권 지배 및 은행에 대한 영향력으로 금융기관의 기업 투자안 심사가 제대로 이루어지지 못하였다. 이로 인해 재벌의 대규모 차입 기반 투자 과잉이 지속되었다. 이 와중에 단기자본시장이 개방되면서 대기업과 금융기관의 해외 차입이 급속히 늘어났고 결국 1997

년 외환위기가 발생하였다.

외환위기 극복을 위한 IMF의 자금 대출 조건에 따라 우리나라는 신자유주의적 경제구조 개혁 및 시장 개방을 급속하게 추진하였다. 신자유주의적 시장 중심 경제운영질서를 확립하기 위해 국영기업 민영화를 비롯한 공공 부문 개혁, 노동시장의 유연성 증대, 부실 기업 퇴출, 업종 전문화와 지배구조 개혁을 중심으로 한 재벌 개혁, 금융산업 개혁, 각종 시장 진입 규제의 감축 등 대대적인 경제구조 개혁 정책이 실시되었다. 아울러 금융 부문의 자율화와 금융시장 개방 등도 획기적으로 진전되었다.

이러한 노력을 통해 정부는 정부의 시장 규율 기능이 사라진 자리를 시장메커니즘, 즉 다수 기업과 다양한 경제주체들이 객관적 규칙에 따라 공정하게 경쟁하는 메커니즘이 메꾸어줄 것으로 기대하였다. 다수 민간 경제주체의 기업 설립 및 노동시장 참여의 자유 증진과 이를 통한 다수 주체 간 공정 경쟁 및 자발적 협력이 활발해지기를 기대하였다. 그러나 이러한 기대는 잘못된 것으로 드러났다. 시장 기반 경제 운영은 발전연대 이후 실질적으로 주요 산업을 독과점한 재벌 대기업이 정부를 대신하여 시장을 지배하는 결과로 이어졌다. 주요 시장 또는 산업에서 재벌 집단의 독과점이 고착되거나 경쟁이 약화되었고 그 결과 다수 경제주체의 자유와 창의의 향상보다는 대기업의 자유와 중소기업의 시장지위 악화 또는 대기업에의 종속, 재벌과 여타 기업 간 협상력의 불평등과 이에 따른 불공정 또는 불평등 거래질서로 이어졌다. 특히 생산재 시장에서 독과점력을 가진 재벌 대기업이 거래 중소기업 등을 하청기업화하여 불공정 거래를 강요하거나, 국외 아웃소싱을 늘림으로써 산업연관관계를 약화시키는 경우가 많았다.

자본 및 노동시장에서도 시장 기능은 여전히 제 역할을 다하지 못한 것으로 보인다. 무엇보다 노동시장의 분절이 문제였다. 기업의 고용 유연화 요구와 노동자의 고용 안정화 요구가 상충하는 가운데, 협상력이 강한 노동조합을 가진 대기업 및 공공 부문 노동자들은 고용 안정 및 높은 임금을 보장받는 반면 중소기업 및 비정규직 노동자들은 고용 불안과 저임금 그리고 열악한 노동 조건에 시달리게 되었다. 경제의 세계화, 대기업의 불공정 행위 증가 등으로 중소기업의 수익성과 시장 입지가 악화되어 중소기업주들은 적절한 임금과 고용의 안정을 노동자에게 제공하기 어려워졌다. 경제의 세계화, 경제구조 개혁에 따른 고용 조정 부담이 중소기업과 비정규직·중소기업 소속 노동자에게 집중된 것이다. 2017년 현재 대기업 정규직 종사자, 즉 1차 노동시장 종사자의 월평균 임금은 398만 원으로 중소기업 종사자 및 대기업 비정규직, 즉 2차 노동시장 종사자의 월평균 임금 225만 원의 1.8배에 이르며 평균 근속연수도 1차 시장이 12.2년으로 2차 시장 5.2년의 2.3배 수준이다. 국민연금 가입 여부 등 여타 근로 조건에서도 상당한 격차가 존재한다.

표 Ⅱ-30	1·2차 노동시장 간 월 임금 및 근속 연수 격차			

(만 원, 년, 2017년 8월 기준)

	기업 규모	종사상 지위	월 임금	근속 연수
1차 노동시장	대 기 업	정 규 직	398.1	12.2
2차 노동시장	대 기 업	비정규직	257.7	4.0
	중소기업	정 규 직	263.8	6.7
	중소기업	비정규직	151.5	2.5
소　　계			224.5	5.2
합　　계			243.0	5.9

자료: 한국은행(2018), 《고용구조 변화와 정책과제》, 제1부 제1장 〈우리나라 고용구조의 특징과 과제〉(장근호 저), p. 40에서 인용.

결과적으로 현재 노동시장은 대기업-중소기업 간, 정규직-비정규직 간에 뚜렷이 분절되어 시장 기능을 적절히 발휘하지 못하고 있다.

자본시장 역시 외환위기 이후의 구조 개혁에도 불구하고 제 기능을 발휘하고 있다고 보기 어렵다. 은행 등 주요 금융기관들은 선진 금융 기법보다는 전통적 부동산 담보대출에 치중하고 있으며 유망한 투자안의 선별, 지원 기능이 여전히 부족하다. 무엇보다 벤처기업, 신성장산업과 관련한 전문 심사 기능이 크게 부족하여 성장 가능성이 큰 기업이나 투자안 선별은 제쳐두고 외형적 담보력과 협상력(보유 자산의 규모에 의해 결정됨)이 큰 기존 대기업을 우대하는 금융 관행이 유지되고 있다.

또 다른 부작용도 드러났다. 전통 제조업과 서비스업에서는 국내 중소기업 제품의 중국 제품과의 경쟁이 늘어나고 중국 제품의 시장 점유가 확대되면서 다수 중소기업들이 수익성 악화를 경험하였다. 결국 대다수 중소기업들은 경쟁력이 향상되기보다는 대기업 및 외국 기업과의 경쟁에서 밀리면서 오히려 시장을 잃고 경쟁력과 혁신 능력도 약화되었다.

이러한 결과는 정부가 재벌 대기업이 가진 경제적·정치적 힘을 경시한 채, '정부의 경쟁 질서 유지 기능 없는 시장 기반 경제 운영'이 제 경제주체의 참여와 자유 향상, 그리고 경쟁 증대와 경제적 효율 증대로 이어질 것이라고 잘못 판단한 데 기인한다. 아울러 경제의 세계화가 국제경쟁력이 약한 중소기업이나 고용 등에 미칠 악영향을 과소평가하고 경제구조조정과 연계한 신성장산업으로의 생산요소 재배치, 사회안전망 확립과 각 부문별 승자와 패자 간 타협·공생 방안 모색을 소홀히 한 것도 원인이다.

공정한 거래 및 경쟁 질서의 약화는 독과점 기업의 생산성 향상에 대한 압박의 완화와 이 압박의 하청기업으로의 전가 등으로 이어졌다. 기업 내 또는 산업 내 협력의 약화로도 이어졌다. 기업 간 또는 비인격적·사회적 협력이 발전연대보다 오히려 약화되었다. 그리고 이는 PT의 복합성 증대와 경제의 지식화에 따른 기업 간 또는 관련 경제주체 간 비인격적 협력 강화 필요성과 상충하면서 경제시스템의 진화 잠재력을 약화시키는 결과를 빚었다. 경쟁의 약화 자체가 독과점 대기업의 혁신노력을 약화시키기도 하였다. 2000년대 들어 내수시장을 독과점하고 있는 대기업들의 투자가 크게 둔화된 것이 이를 증명한다.

경제시스템의 개방은 국내시장에서의 경쟁 증진에 기여하였다. 특히 중국 기업의 진출이 농림어업, 전통 제조업 시장에서의 경쟁을 크게 확대하였다. 다만 이것이 주요 제품 시장에서 재벌 대기업의 독과점을 해체하는 데 기여한 바는 크지 않았다.

시장 개방은 외부 자원과 지식·기술의 도입 확대 등을 통해 진화 잠재력의 향상에 다소 기여하였으나, 핵심 소재부품·장비 산업 및 첨단산업 등의 발전과 국내 기업의 독자적 차별화와 혁신 능력에 향상에 기여한 바는 크지 않았다. 오히려 대기업들의 세계적 경영 방식 도입의 부작용이 부각되었다. 대기업의 아웃소싱 증가로 인한 국내 소재부품 기업의 시장 기반 약화, 국내 산업 간 연관관계 약화에 따른 한국경제시스템의 자생적 혁신 역량 확충 부진과 수출의 고용 및 내수 유발 효과 약화, 경쟁력 열위 부문의 약화와 양극화 진전에 따른 국내 수요의 성장 잠재력 약화, 경제성장의 수출 의존도 심화 등으로 이어졌다. 금융을 비롯한 주요 생산자 서비스 산업에서도 개방의 산업 효율성 제고 효과는 불확실한 가운데 시장의 불안정성 및 대외 의존성 증가, 기업 이익의 해외 유출 증가 등의 부작용이 현저하였다.

(나) 기업 설립 확대

차별화 기반 진화를 위해 가장 중요한 기업 설립의 자유 역시 크게 확충되지 못했다. 규제 개혁 등으로 형식적 진입 장벽이 다소 줄었으나 기존 사업자 또는 관료의 규제 권한 유지 노력, 대기업의 시장 독과점 기반 진입 장벽 구축 등으로 인해 실질적으로는 주요 산업에서 신규 기업의 진입이 종전보다 더 어려워졌다. 전문 기술 인력 양성 미흡, 정부의 창업 및 재도전 지원 역량 부족 등으로 사회 전반의 위험 감수 의지 및 벤처기업 설립이 약화되었다. 지적재산권 등의 소유권이 적절히 보호되지 못한 것도 이의 원인 중 하나이다. 요컨대 기업 설립의 자유는 경제 운영의 시장화 추진에도 불구하고 실질적으로는 낮은 수준에 머물렀다. 사업 위험이 높은 신성장산업의 경우에도 국제 경쟁 심화, 정부의 제도적 지원 감소 등으로 실질적 진입 장벽이 더 높아진 것으로 보인다.

이는 정부가 신자유주의적 시장 기반 경제 운영이라는 원칙을 지키기 위한 전제조건인 대등한 다수의 생산자 및 소비자의 유지와 이들의 시장에서의 공정한 거래 질서 준수, 궁극적으로는 부와 소득 분배의 공정성 제고 등에 대해 적극적으로 나서지 않았기 때문이다. 비록 대대적인 규제 완화와 시장 개방 등을 통해 형식적으로는 경제적 자유를 높이고 다수의 경제주체가 시장에 참여할 수 있는 기틀을 마련하였으나, 국내시장을 독과점한 세계적 기업이나 재벌 대기업과 효과적으로 경쟁할 수 있는 다수의 중소기업이 꾸준히 시장에 남아 있도록 지원, 육성하는 노력이 크게 부족했다. 글로벌화와 규제 개혁에 따른 경쟁 심화로 사업 위험이 높아지면서 다수 산업에서 대다수 기업들의 투자가 크게 줄어들고 기업형 창업이 침체되는 모습을 보였음에도 신규 벤처기업이나 개인 사업자가 시장 개척 능력을 갖출 수 있도록 자금, 기술, 경영 측면에서 지원하는 장치를 충분히 확충하지 못했다. 결과적으로 소수의 재벌기업만이 국제경쟁력을 확보하고 나머지 다수 기업이 위축되거나 재벌기업의 영향력하에 놓이게 되었고 새로운 벤처기업의 창업도 크게 어려워지게 되었다.

다만 외환위기 직후 ICT 산업을 중심으로 벤처기업 설립이 급증하고 이를 바탕으로 고용과 생산이 증가하였는데, 이는 우리나라가 동 산업에서 세계적 경쟁력을 갖는 원동력이 되었다. 그러나 이 벤처 붐은 여타 산업으로 확산되지 못하였고 이내 거품 파열로 이어져 오히려 이후의 모험투자를 위축시키는 부작용을 초래하기도 하였다.

　이러한 기업 설립 변화 추이는 통계에서도 드러난다. 이행기 초부터 외환위기 이전까지 제조업 사업체 수는 활발하게 늘어나는 모습을 보였다. 이는 저유가, 일본 엔화 대비 원화 약세, 저금리 등 3저 호황과 외환위기 이전까지 이어진 대기업의 경쟁적 사업 확장 등에 주로 기인하였다. 그러나 일시적 경기 호조와 대규모 해외 차입에 기댄 사업 확장은 결국 외환위기를 불러왔고 이로 인해 기업들이 대거 도산하였다. 1999년 제조업 사업체 수는 4만 7,500개로 1996년(9만 7,100개)의 절반 이하로 감소하였다. 외환위기 이후 사업체 수가 다시 늘어나고 있으나 그 증가세는 현저히 둔화되었고 심지어 최근까지도 사업체 수가 외환위기 이전의 70% 수준에 그치고 있다. 이러한 외환위기 이후의 제조사업체 수의 증가 둔화는 앞에서도 말한 바와 같이 주요 산업의 대기업 독과점, 신성장산업 육성 미흡 등에 주로 기인한다.

표 Ⅱ-31	이행기 중 제조업 사업체 수, 종사자 수 및 생산액 추이		
연도	사업체 수(1백 개)	종사자 수(1만 명)	생산액(10억 원)
1987	544	300	113,905
1990	689	302	177,309
1993	889	289	255,932
1996	971	290	401,952
1999	475	219	454,159
2002	545	232	594,040
2005	572	244	801,683
2008	585	245	1122,986
2011	630	269	1502,353
2014	686	290	1489,213
2016	691	296	1415,810

자료: 통계청(광업·제조업 조사).

(다) 기업 지배구조의 개선

　발전연대에 완성된 집권적 기업 지배구조와 권위주의적 운영 원리는 이행기의 정치 민주화와 시장 기반 경제 운영에도 불구하고 거의 달라지지 않았다. 기업을 비롯한 제 경제 조직의 지배구조가 집권적인 특성을 유지하였다. 노동자의 정치 참여가 실질적으로 제한된 영향도 있겠지만 노동자의 경영 참가는 거의 이루어지지 않았다. 미국식 주주 중심주의가 투자 수익 추구 주주와 소유 경영자 간의 연합을 낳아 집권적 기업 지배구조를 유지, 강화했다. 이에 따라 기업의 운영에서도 계층적 명령/복종의 수직적 질서가 유지되었다. 종업원의 관계 욕구 증진을 수용하여 분권화 등을 통한 수평적·자율적 조직 운영 체제를 구축하고 이를 통해 종업원의 자율적 참여와 창의를 증진하는 데 실패하였다. 그리고 단기 수익 위주 경영으로 직장 내 훈련을 통한 숙련 형성 등의 기회가 여전히 제한되었다.

이러한 소유 경영자 중심의 집권적·권위주의적 기업 운영은 정치적 민주화와 상충되는 동시에 조직 구성원 간 자발적 협력과 기업의 혁신 역량 증가를 저해하여 경제의 지식화에도 걸림돌이 된다. 지식경제가 핵심 경쟁력으로 삼는 PT·BD의 독자적 차별화는 기업 지배구조의 분권화를 통해 기업의 모든 구성원이 자발적으로 상호 신뢰·참여·협력해 기업의 창의와 혁신 역량을 극대화함으로써 가능해지기 때문이다. 이행기 들어 경제적 비중이 큰 재벌 대기업을 경영 능력이 검증되지 않은 창업주의 후손이 경영하고 주요 산업의 시장 독과점화 진전으로 경쟁의 압력이 완화됨에 따라 대기업의 혁신 역량이 점차 약화되고 있는 것도 심각한 문제이다. '소유와 경영의 분리 및 경영자 혁명', 그리고 이를 통한 대기업의 생산성 향상이 근원적으로 더뎌졌다. 그리고 이는 한국경제의 성과 악화로 직결되는 것으로 보인다.

이행기에는 경제구조의 변화와 더불어 기업 구조조정이 크게 증가하였는데 그럼에도 불구하고 사회안전망이 상응해 확충되지 못하였다. 이에 따라 노동자들의 고용 안정 요구가 높아졌다. 반면 기업은 주주 중심주의 및 세계적 가치 사슬 경영을 강화하기 위해 고용의 유연성을 높이고자 하였다. 이에 따라 발전연대 이래의 대립적 노사 관계가 개선되지 못하였다. 또한 비정규직 제도의 도입으로 이중적 노동시장이 형성되었다. 이는 대·중소기업 간 양극화와 맞물리면서 노동시장의 분절로 이어져 비정규직 또는 중소기업 노동자가 열악한 노동 조건에 시달리게 만드는 한편 사회적 협력과 기업 내 협력도 약화시켰다.

기업 지배구조의 변화를 시기별로 나누어 살펴보자.

1987년 이후의 정치적 민주화와 함께 노동조합 활동이 활발해졌으나 노조의 요구는 근로조건 개선, 단결권 및 쟁의권 확대, 노동조합의 정치적 참여 등에 제한되고 경영 참가 요구는 찾아보기 어려웠다. 한편 재벌을 비롯한 대기업은 외형적으로 크게 확장되었으나 기업 경영은 종전처럼 대주주 지배하에 있었다. 그리고 경영자가 노동자나 기타 이해관계자를 경영에 참가시키는 경우는 여전히 거의 없었다. 중소기업이나 비재벌 대기업도 대주주가 경영을 독점하기는 마찬가지였다. 대기업을 비롯한 기업의 사회적 책임에 관한 논의가 제기되었으나 기업인들은 기업의 본질적 책임은 효율적 생산과 이윤 확보이며 사회적 책임은 윤리적 차원의 문제 정도로 간주했다.

1997년 외환위기에 따른 기업 지배구조 개혁 조치로 미국식 경제 운영 방식이 대거 이식되면서 자본시장의 기능이 강화되고 미국식 주주 중심 기업 지배구조가 도입되었다. 주주 중심 기업 지배구조는 재벌 소속 우량 대기업과 민영화된 공기업 그리고 은행 등에서 외국인의 주식 보유 비중이 높아지면서 빠르게 정착되었는데, 이 지배구조는 자본시장에 의한 경영자 규율을 기본 토대로 한다. 이를 위해 CEO와 독립적인 이사회, 활발한 기업 경영권 및 경영자 시장, 기관투자자의 면밀한 기업 경영 감시 등이 확립되어 있어야 한다. 외환위기 이후 정부는 자본시장에 의한 기업 경영 감시를 강화하기 위해 사외이사 제도 도입, 소수 주주권 강화, 증권집단소송제 도입, 제2금융권의 재벌 계열기업 지원 제한, 결합 재무제표 도입, 계열기업 간 상호 채무보증 금지 등 다양한 조치를 실시하였다. 외국인에 의한 적대적 인수합병을 허용하고 기관투자가의 의결권 행사 제한을 폐지하는 한편, 기업의 공시 의무를 강화하였다. 이러한 조치의 결과, 재벌기업 등 공개 기업의 경우 기업 지배구조의 투명성이 높아지고 주주 이익이 보다 잘 보호되는 효과가 나타났다.

그러나 이러한 개혁이 미국식 경영자 혁명과 경영 역량 향상을 이끌어내지는 못하였다. 원래의 주주 중심주의는 이전 단계로서 대주주가 아닌 전문경영자가 기업 지배를 담당하는 소유와 경영의 분리 및 경영자 혁명을 전제로 한다. 그리고 이 상황에서 전문경영자는 전체 주주의 수탁자로서 스스로의 이익이 아닌 주주의 이익에 부합하게 기업을 경영해야 한다는 주장이다. 그런데 우리나라에서 주주 중심주의는 경영자 혁명이 없는 상태에서 발전국가형 기업주 중심 기업 지배구조와 결합되면서 대기업주의 경영권 보호와 외국인 주주 등의 재무적 투자 이익을 타협하는 방식으로 왜곡되었다. 이에 따라 전문경영자의 경영 전담을 통한 기업 경영의 획기적 혁신과 기업의 효율·경쟁력 향상으로 이어지지 못했다. 그보다는 지배 주주가 경영권을 보장받고 대신 외국인 주주를 비롯한 나머지 투자자들은 배당과 주가 상승 차익을 통해 단기적 투자 이익 또는 포트폴리오 투자자적 이득을 얻는 데 만족했다. 또 다른 중요한 문제는 대기업의 경영이 창업주의 2, 3, 4세로 세습되면서 이른바 '나쁜 황제'의 문제가 심해지고 있다는 것이다. 다수의 자본이 투입된 대기업은 대주주 개인의 소유물이라기보다는 전체 주주의 소유인 만큼 전체 주주의 이익을 증진할 역량을 갖춘 우수한 경영자가 경영해야 한다. 그러나 경영 능력이 검증되지 않은 창업주의 후손들이 대기업을 경영함으로써 재벌의 신기술·상품 창출이 크게 제한되고 있다. '경영자 혁명' 또는 '소유와 경영의 분리'가 확산되고 기업경영에 대한 기업주와 사회의 인식이 바뀌어야 한다.

(3) 문화

이행기에 추진된 우리 사회의 민주화, 경제의 지식화·시장화·세계화 등은 문화적으로 큰 변화를 이끌어낼 잠재력을 가지고 있다. 민주화는 우리 사회에 자유·평등·연대와 같은 민주주의적 가치와 상호 존중과 타협에 기반한 수평적 사회질서를 확립하고 개인과 조직의 다양성, 차이와 약자에 대한 관용과 같은 개방적·포용적인 문화를 확산시킨다. 또한 각 분야에서의 공정한 거래 및 경쟁 규칙의 확립, 신뢰와 소통의 증진을 통해 기업, 협동조합, 시민단체를 비롯한 각종 협력 조직의 설립과 시장경쟁을 확대한다. 따라서 이는 유교 문화와 일제강점기 및 발전연대에 형성된 권위적·수직적 문화와 사회질서를 근본적으로 개혁하는 계기가 될 수 있었다. 한편 민주화는 관계 욕구 등의 확대에 의해 추동된 것으로서 우리 사회의 중심적 가치관을 이전 시대의 생존 욕구 지향에서 관계 욕구 지향으로 고양시킬 것으로 기대되었다. 민주화를 통해 사람들이 추구하는 가치가 물질적 가치 중심에서 관계 또는 자기표현적 가치로 다양화되고 나아가 개인의 개성과 전문성, 사회의 다양성이 향상될 것으로 기대되었다.

민간 경제주체의 주도와 시장메커니즘에 의한 경제 운용을 지향하는 시장화는 다수 경제주체의 자유 및 경쟁을 촉진하고, 자율적·분권적 경제 질서를 수립하는 한편 경쟁에 대응하기 위한 관련 구성원 간 협력도 확대할 것으로 기대되었다. 세계화 역시 시장화를 심화하고 우리 경제의 개방성을 높여 외부 에너지와 지식의 유입을 확대할 것으로 기대되었다.

지식화는 신기술·신상품의 탐색과 혁신을 위한 각 경제주체의 다양성 및 전문성 강화와 관련 부문 간 광범위한 협력을 바탕으로 한다. 그러므로 지식화는 발전연대식 수직적 관계와 상급자에 대한 복종의 문화 대신 수평적 관계와 직원들의 자율적 참여의 문화를 확산할 것으로 기대되었다.

요컨대 민주화와 시장화 그리고 지식화는 발전연대 중에 형성된 생존 지향적·수직적·집권적 문화 및 사회운영 원리를 향상 지향적[16)·수평적·자율적 문화 및 운영 원리로 바꾸는 것이다. 시장 및 산업구조를 경쟁적 구조로, 경제 운영 방식을 민간 주도 및 시장경쟁 기반의 질서로 바꾸는 한편, 기업 지배구조와 기업 문화를 자율화, 분권화하여 기업 내 자발적 협력을 강화하는 것이다. 이행기 한국 경제시스템은 발전연대의 배타적이며 수직적인 문화에서 벗어나 민주자본주의에 기반한 포용적이며 혁신 친화적인 문화를 대안으로 갖게 되었다.

그러나 사회 문화와 질서를 전면 교체하는 것은 매우 어려운 일이다. 문화는 공식적 정치 및 경제제도와 달리 사람의 신념과 행위 규칙, 사회적 전통과 관행 등에 배태되어 있기 때문에 단기간에 바꾸기 어렵다. 아울러 문화의 변화 역시 사회의 지배 계층이 주도하는 경향이 있다. 이 때문에 지배 계층에 유리한 기존의 문화는 잘 변하지 않으며 또한 새로 도입하는 문화적 구성물 가운데 지배 계층에 불리한 요소는 수용되지 않거나 지배 계층에 유리한 방향으로 왜곡되기 쉽다. 이러한 현상이 이행기 중에도 발생하였다. 이행기 중의 민주화, 신자유주의 도입, 지식화 진전 등이 발전연대 문화와 어우러지면서 정치경제적 현실과 지배 계층의 이익에 맞게 변형되었는데, 이는 당초 기대한 자발적·수평적 질서와 향상 지향적 가치관과 거리가 있었다.

이를 혁신 관련 4가지 문화별로 살펴보자. 우선 개인의 행위/성과 규범은 혁신과 변화에 불리한 방향으로 퇴화한 것으로 보인다. 민주화의 경제 분야로의 확산 실패, 정치의 포용성 개선 미흡 등으로 다수 사회 구성원의 생계 불안이 여전한 한편, 경제의 지식화로 창업 관련 위험 또는 사회 전반의 위험은 오히려 높아지면서 사회 구성원 다수의 가치관은 물질적 가치 그리고 생존 지향적 가치관에 고착되어 있는 것으로 보인다. 이에 따라 개인의 자유와 개성의 증진, 근면·성실

---

16) '향상 지향적' 문화란 성장 욕구 또는 자기표현적 가치를 중시하는 문화를 말한다.

한 생활 태도와 경제적 참여 의지 고양 등이 진전되지 못하고 관계 욕구와 성장 욕구에 기반한 자기표현적·향상적 가치관이 널리 확산되지 못하였다. 이는 성취 동기 약화와 차별화 기반 창조 역량의 향상을 저해하였다.

둘째, 민주화가 협력 및 혁신 친화적 문화를 확산하는 데에 기여한 바가 크지 않았다. 반공 이데올로기 등의 영향력이 지속됨에 따라 민주화가 다수 개인의 사회적 참여 증진, 수평적 상호 존중 및 타협의 질서 확산, 사회적 포용성의 강화로 이어지지 못했다. 다수 노동자, 자영업자 등의 정치경제적 참여를 확대하는 효과가 반감되었고 이는 협력적 문화의 확산에도 악영향을 끼쳤다. 노동자나 중소기업인 등의 단결에 대한 부정적 시각이 여전하였고 대중 조직과 정당의 성장이 제한되었다. 무엇보다 광범위한 협력과 혁신의 증진에 필수적인 수평적 문화로의 전환은 경제적 힘의 논리에 기반한 수직적 사회 관계의 온존과 유교 문화의 유산으로 실질적인 진전을 이루지 못했다.

아울러 시장화, 특히 무비판적 신자유주의 도입은 사회적 협력을 저해한 것으로 보인다. 2000년대 들어 신자유주의적 국제경쟁력 강화 논리와 승자 독식 경쟁 논리가 재벌 친화적 언론 등을 기반으로 여론을 지배하기 시작하였다. 자유방임 경제 질서로 공공성에 대한 존중이 사라지면서 정치경제적 힘을 바탕으로 한 강자우위의 수직적 질서가 경제 분야에서 강화되고 이어 사회 전반으로 확산되었다. 강자의 무책임과 약자의 부자유가 증가하였다. 공정한 경쟁의 기반인 회계 및 정보 공시의 투명성이 확보되지 못했다. 재벌 계열기업 간 내부 거래가 증가하는 한편 대기업과 하청 중소기업 간의 거래가 대기업 위주의 불공정한 질서로 바뀌어 갔다. 노사 관계도 사용자 위주의 수직적 구조를 유지하였다. 특히 비정규직의 증가에 따른 노동시장의 이중구조화 등으로 노동자 계층 내의 갈등도 증가하였다.

이에 따라 사회 또는 조직 구성원 간에 공정한 규칙과 원활한 소통에 바탕한 상호 신뢰 그리고 상호주의적 협력의 질서보다는 강압과 상호 갈등 속에서 강자의 이익이 일방적으로 관철되는 질서가 지속되었다. 당초 민주화와 시장화가 가져올 것으로 기대되었던 사회적·조직적 목표의 공유에 바탕해 상호 신뢰하고 공정하게 거래하고 경쟁/협력하는 문화보다는 배타적 이익 추구를 위해 강자 우위 속에 지배/복종하고 갈등하는 문화가 지속되었다. 이러한 협력의 약화는 신규 기업 설립이나 시민단체의 결성 등을 통한 사회의 조직화를 정체시키고 청년층의 취업, 기업 설립 등 새로운 참여자의 사회 진입을 어렵게 하였다. 다만 경제적 불리에 처한 소상공인이나 영세 자영업자들이 협동조합을 결성하기 시작하고 정부가 법적 제도를 마련함에 따라 2000년대 말부터 협동조합 설립 붐이 일었다. 이는 우리 사회 내 협력이 증진되는 중요한 계기가 될 것으로 기대되었다.

민주화, 시장화, 지식화는 모두 혁신 친화적 문화에 긍정적인 영향을 미칠 수 있다. 민주화는 자유와 다양성 존중, 차이에 대한 수용 등을 통해 변화와 혁신을 원만히 수용하게 한다. 시장화 역시 자유를 존중하고 차별화를 촉진함으로써 혁신에 기여할 수 있다. 지식화는 혁신을 최선의 성장 원천으로 삼는 경제를 출현시킴으로써 혁신과 불가분리의 관계를 맺고 있다. 이행기 중에 실제로 수출 대기업, 벤처기업 등을 중심으로 혁신이 활발하였다. 그러나 문화적 측면에서 민주화, 시장화, 지식화가 충분히 정착했다고 보기는 어렵다. 이러한 추세가 당초의 기대대로 진전되지 못하였기 때문이다. 혁신을 지원하기 위한 제도적 지원 장치의 확충이 더뎠던 것도 문화의 혁신 친화적 진화를 저해하였다. 무엇보다 빈번해진 경제구조 조정을 위해 꼭 필요한 사회안전망의 확충이 매우 부진하였다. 경제의 지식화로 혁신이 경쟁과 진화의 가장 중요한 기반이 되었음에도 불구하고 창업 관련 지원 제도, 사회안전망 등의 미흡으로 벤처기업의 창업이 부진하였다. 대학생들이 의대나 법대를 선호하고 공무원시험에 몰리는 등 청년층의 혁신 문화도 약화되었다.

마지막으로 신자유주의와 민주화는 한국경제시스템의 장점이었던 장기적 시계 기반 경제 운영 및 기업 경영 행태를 단기화 또는 단기 이익 중심 경영으로 전환시키는 부작용을 낳았다. 민주화에 따른 5년 단임 대통령제는 정부의 정책 시계를 5년 이하로 단축시켰고 이는 민간 경제주체의 시계도 단기화시켰다. 주주 중심주의 경영 도입은 외국인 지분율이 높은 우량 대기업들의 경영 전략이 단기적 수익성을 중시하고 대신 고위험 장기 성장 지향의 설비투자, 연구개발, 시장 개척 노력을 축소하는 방향으로 전환시켰다. 이러한 경영 시계의 단기화는 장기간의 연구개발(차별화)에 바탕한 혁신을 성장 동력으로 하는 지식경제화 추세에 역행하는 것으로서, 다수 기업의 연구개발 및 설비 투자 둔화와 고용 증가 둔화로 이어졌고 결국 우리 경제의 현재 및 잠재 성장력을 낮추는 중요한 요인이 되었다.

종합해보면 이행기 중 한국경제시스템의 문화는 민주화, 시장화, 지식화 추세 등 유리한 여건의 조성에도 불구하고 당초의 예상과는 달리 긍정적인 방향으로 진화하지 못하였다. 민주화와 신자유주의 도입에 따른 형식적 자유와 수평적 문화의 확대에도 불구하고 실질적 자유는 발전연대보다 크게 나아졌다고 보기 어렵다. 수직적 질서 역시 크게 변화하지 않았다. 실력주의, 성과 지향, 미래에 대한 낙관, 성실과 정직 등의 진화 친화적 개인 행위/성과 규범은 종전보다 약화되었다. 고용의 불안정성 및 사업 위험의 증가에 상응한 사회안전망의 확충이 부족하여 사회 구성원들의 가치 지향이 자기표현적 가치로 고양되지 못하고 생존 지향적 가치에 머무르게 되었다. 장덕진이 표현한 대로 가치관 정체가 발생하였다.[17]

이러한 문화 발전 지체는 발전국가형 문화가 대기업 등 기득권층을 중심으로 경제 분야에서 강하게 유지되고 이것이 언론 등을 통해 사회 전반으로 확산된 데 주로 기인한 것으로 보인다. 민주화, 시장화에도 불구하고 냉전적 반공주의와 경제성장 우선주의가 여전함에 따라 사회안전망 확충과 사회적 다원화가 적절히 진전되지 못하였고 반면 경제적 양극화와 소득 불평등은 심화되었다. 이에 따라 다수 서민 계층의 생계 불안이 계속되었고, 이는 우리 사회의 가치관이 발전연대의 생존 지향적 물질 중시 가치관에 고착되게 하였다. 이러한 생존 지향적 가치관은 지식경제 그리고 국민의 욕구 고양이 요구하는 수평적·자발적 질서와 다양성의 문화를 수용하기 어렵게 만들었고 결국 한국경제시스템의 자생적 혁신과 진화를 더디게 만들었다.

(4) 평가

이행기 중의 경제개혁과 경제의 시장화·세계화 노력은 다수 개인과 기업의 경제적 자유 및 기업 설립·경영 참여 증진과 이들 간의 수평적 경쟁/협력 강화, 그리고 차별화 기반 기술 및 상품 혁신 증대를 가져오기보다는 재벌 대기업의 시장 지배, 대기업 및 사용자 위주의 불공정 계약·거래의 확산, 집권적 기업 지배구조의 온존, 산업연관관계의 약화와 금융시장의 불안정성 증대 등을 가져온 것으로 보인다. 그리고 이는 계층 간 갈등의 증폭과 한국경제시스템의 혁신 역량의 저하 그리고 대외 의존도 및 불안정성 증가 등으로 이어졌다.

---

17) 김우창 외(2017), ≪한국사회 어디로?≫, <제4편 데이터로 본 한국인의 가치관 변동(장덕진)>, 아시아 참조.

우선 경제 운영의 시장화, 경제의 세계화 추진이 기업 설립 및 경쟁의 증대와 시장메커니즘의 확산으로 이어지지 못하였다. 그보다는 재벌 등 소수 대기업에 의한 독과점 강화와 이에 따른 경쟁 및 거래 질서의 불공정화를 초래했다. 형식적으로는 규제가 줄었으나 실질적으로는 독과점 대기업이 시장 지배력을 바탕으로 신규 기업의 진입을 사실상 차단하는 등 기업 설립의 자유가 실질적으로 후퇴하는 결과로 이어졌다. 국제경쟁력 향상 등을 구실로 한 기업주의 집권적 지배구조 및 강압적 협력 기반의 조직 운영 행태, 그리고 대립적 노사 관계가 이어졌다. 이에 따라 기술혁신에 유리한 분권적 지배구조와 자발적 협력 기반의 경영 방식도 크게 확충되지 못했다.

　　시장 개방과 기업들의 세계적 경영은 대기업들의 아웃소싱 확대, 자본시장에 대한 외국인의 영향력 확대를 초래해 한국경제시스템의 산업연관관계 약화와 수출 의존도 증대, 금융시장의 불안정성 증대 등으로 이어졌다.

　　또한 주주 중심주의 기반 기업 지배구조는 당초 의도와 달리 기업의 장기적 혁신 능력은 물론 경제성장에 악영향을 미치는 것으로 판단된다. 주주 중심주의는 기업 경영자가 주주의 이익, 즉 주가 상승과 이익 배당을 늘리기 위해 단기적 순이익을 늘리는 데 집중하게 만들었다. 경영자는 기업의 장기적 성장 잠재력 확보를 위한 기술개발, 종업원 역량 향상, 설비 투자보다는 단기적 이윤 증대를 위한 종업원 축소와 비정규직 제도 도입 등을 통한 인건비 절감, 설비 투자 기피를 통한 자본 비용 감축 등 생산요소 비용 절감에 중점을 두게 되었다. 이에 따라 일부 수출 대기업을 제외한 대다수 기업들의 기술개발 및 혁신 능력 향상 노력이 약화되었다. 특히 우리 경제의 지식화로 독자적 연구개발을 통한 신기술 창출 능력 확충이 필수적인 시점에 주주 중심 경영 행태가 우리 기업의 독자적 진화 능력 배양을 근원적으로 제한하였다.

　　대기업들의 인건비 및 자본 비용 절감 노력은 임금소득·고용 감소 및 소비 둔화와 투자 둔화로 이어졌다. 또한 대기업들이 수익성을 높이기 위해 독과점력을 활용해 하청기업에 대한 불공정 계약을 강요하는 등 강자 우위의 거래 질서가 확산되고 대다수 중소기업의 시장 입지와 수익성이 악화되기도 했다. 은행 등 금융기관의 경영 행태도 위험 회피와 수익성 중시로 바뀌어 안전한 가계대출, 부동산 담보대출을 늘리는 대신 위험성이 높은 기업 대출, 특히 벤처기업에 대한 대출을 줄이는 결과를 빚었다.

이와 같은 경제개혁의 실패는 정치 민주화의 경제 분야 확산을 제한하면서 민주화의 실질적 내용을 공허하게 만들었다. 정치적 민주화가 선거에 의한 정치 지도자의 교체에 한정된 채 경제적 민주화라는 실질을 갖추지 못하면서 다수 노동자, 중소기업인 및 자영업자 등 대중의 정당 및 경제정책 결정에의 참여와 이익 확보가 여전히 미흡하고 정치 지도자와 정당의 책임성이 오히려 약화되었다. 잦은 정권 교체와 정권 주체의 역량 부족으로 정부의 효율성도 크게 낮아졌다.

정치·경제 개혁의 실패로 혁신 친화적 문화도 정착되지 못하였다. 국민의 높아진 관계 욕구를 충족할 수 있는 자유 기반 수평적·자발적 참여 문화, 그리고 투명성과 공정한 성과 분배 규칙에 기반한 신뢰와 경쟁/협력의 문화가 충분히 확산되지 못하였다. 대다수 국민이 생존 지향적인 가치관에 매달리는 가운데, 미래 지향적이고 도전적인 문화는 오히려 쇠퇴하였다.

이행기 중 ST 개혁의 실패는 '진화의 경로 의존성'에 대한 이해가 부족하였던 데 큰 원인이 있었던 것으로 보인다. 이행기 초 우리나라에는 발전연대에 형성된 정치인과 기업주 우위의 사회 지배구조 및 대기업 독과점형 경제구조가 강고하게 자리 잡고 있었다. 그러나 정부는 이러한 현실을 간과한 채 IMF식 신자유주의 경제운용 패러다임을 이식하려 하였다. 그 결과 발전국가의 유산과 신자유주의적 시장 기반 경제 운용이 충돌하면서 여러 가지 부작용을 빚었다. 정부의 기업 및 경제 운영 통제 기능을 시장경쟁이 아닌 독과점 대기업의 결정이 대신하고, 사회 지배구조에 있어서도 기업주가 정치인보다 우위에 서는 구조가 점차 자리 잡게 되었다. 이에 따라 기업 활동이 사회 이익 또는 소비자 후생에 기여하는 정도가 낮아지고(적합도함수에 대한 적합성이 하락) 오히려 경제적 강자의 이익이 일방적으로 관철되는 약육강식의 경제 질서가 확산되었다. 기업의 노사 관계 및 지배구조도 발전국가 패러다임의 영향으로 민주주의와 지식경제에 걸맞은 모습으로 진화하지 못하였다. 신자유주의가 필요로 하는 노사 간 신뢰와 타협, 그리고 종업원의 자율과 참여에 기반하는 분권적 지배구조보다는 권위적·집권적 기업 경영 관행이 온존되었다. 정치·경제 개혁의 실패로 문화 역시 민주주의와 지식경제에 걸맞은 모습으로 진화하지 못하였다.

3) BD(사업계획)

가) 개황

이행기 초 기업의 BD 환경을 변화시키는 여러 가지 큰 사건이 있었다. 우선 민주화의 물결이 거세게 몰아치면서 노사분규의 급증과 임금의 급등이 발생했다. 노동 절약적인 BD의 필요성이 커졌다. 한국경제의 선진국 근접, 세계경제의 정보화·지식화 진전, 전 세계적 자유무역 질서의 등장 그리고 대형 신흥국의 부상으로 차별화 기반 자생적 기술혁신 역량을 향상할 필요가 커졌다. 이에 대응해 기업들은 대규모 설비 투자, 연구개발 확대 및 세계시장 진출 강화 등 다양한 노력을 기울였다. 그러나 정부의 지원이 줄어들고 경쟁이 세계적 차원의 무한경쟁으로 심화된 환경에서는 세계적 경쟁력을 갖춘 기업만이 살아남을 수 있는바, 결국 한국경제시스템은 외환위기를 맞으면서 많은 중소기업은 물론 재벌기업의 2/3가량이 도산하는 어려움을 겪었다. 한편 1980년대부터는 ICT, 바이오, 로봇 및 인공지능 등 새로운 성장산업이 대거 등장하면서 신지식 창출과 혁신이 경쟁력의 주된 원천이 되는 지식경제 시대가 본격 전개되었다.

새로운 BD는 발전연대의 것이 고도화됨은 물론 새로운 방식과 영역의 것이 크게 늘어나는 등 종전과 크게 달라졌다. 특히 기업과 민간 연구소, 대학 등의 연구개발 활동이 활발해져 선진국의 PT 도입, 개선은 물론 독자적인 PT의 개발을 바탕으로 한 BD의 창출이 크게 늘어났다. 이처럼 차별화와 선택 과정을 온전히 거치는 BD의 증가는 한국경제시스템의 자생적 진화 역량을 크게 향상시키는 계기가 되었다. 공정기술은 물론 제품기술의 개발도 점차 늘어났다. ICT 산업 등 신성장산업을 중심으로 새로운 제품을 생산하는 BD가 대거 등장하고 이에 따라 그 다양성이 다시 한 번 높아졌다.

BD 창출의 주체도 대기업 외에 벤처기업 등으로 다양화되었다. 이들은 집권적 대기업과는 달리 분권적 조직 구조를 채용한 경우도 많아 BD 관련 ST도 다양화되었다. 세계화의 붐을 타고 중국, 인도, 동유럽 등 신시장에 진출하기 위한 BD가 증가하기도 하였다.

BD 창출 관련 예측 가능성은 크게 낮아졌다. 차별화와 선택의 과정을 거치는 BD의 진화가 필요해지는 가운데 세계적 경쟁이 증가하고 제품기술 차별화 기반

BD도 많아지면서 새로운 BD의 성공 여부가 불확실해진 것이다. 새로운 상품의 개발을 위해 다양한 PT를 융합하는 BD 개발 방식상의 변화도 전문 PT·BD 위주의 혁신에 익숙했던 한국의 기업들에게는 새로운 도전이었다.

외환위기의 충격, 경제의 지식화 등으로 2000년대 중반 이후 기업가 정신은 상당폭 약화된 것으로 보인다. 차별화 기반 BD 증가, 제품기술 기반 차별화 필요성 등으로 새로운 BD의 시도와 관련한 위험이 높아졌다. 세계화 등에 따른 국내외 시장의 경쟁 증가와 국내 주요 시장에서의 재벌기업 독과점 고착으로 새로운 기업의 시장 진입 장벽은 더 높아졌다. 반면 정부와 금융기관의 기술개발 지원, 창업 및 재도전 지원 관련 제도는 적절히 확충되지 못하였다. 이에 따라 새로운 BD와 신규 기업의 진입이 크게 어려워졌고 기업가 정신은 전반적으로 약화되는 모습을 보였다. 2000년대 초의 벤처 붐 소멸 이후 새로운 BD와 기업의 창출이 뚜렷이 둔화되었다. 이는 PT 연구개발의 효율성 부족, 연구개발과 BD 간 연결 및 상업화 미흡 등에도 상당 부분 기인한다.

표 II-32		이행기 중 회사 수 및 증감률 추이		

(개, %)

연도	전체 회사 수	신설 회사 수	해산 회사 수	가동 법인 수
1987	93,391(-)	7,936(-)	844(-)	41,281(-)
1990	127,239(36.2)	14,175(78.6)	730(-13.5)	66,565(61.2)
1993	181,778(42.9)	17,850(25.9)	817(11.9)	101,173(52.0)
1996	266,017(46.3)	31,259(75.1)	919(12.5)	147,251(45.5)
1999	377,158(41.8)	49,143(57.2)	1,126(22.5)	192,051(30.4)
2002	553,343(46.7)	61,638(25.4)	4,306(282.4)	303,715(58.1)
2005	695,942(25.8)	53,280(-13.6)	4,226(-1.9)	345,749(13.8)
2008	838,271(20.5)	51,492(-3.4)	2,673(-36.7)	398,624(15.3)
2011	1,015,034(21.1)	68,166(32.4)	4,285(60.3)	478,063(19.9)
2012	1,086,140(7.0)	75,956(11.4)	4,850(13.2)	515,050(7.7)
평균 증감률 (1987~2012)	31.3	28.5	21.4	32.4

주: ( ) 안은 전년 대비 증감률.
자료: 김두얼(2017), ≪한국경제사의 재해석≫ 부표 3-2, KOSIS.

표 II-33			이행기 중 종사자 규모별 광공업 사업체 수 추이				

(개)

연도	1987	1990	1995	2000	2005	2011	2017
합 계	39,323	47,986	54,322	51,562	57,591	60,087	65,633
10 ~ 19명	14,819	20,473	26,811	25,704	30,092	31,133	33,460
20 ~ 49명	13,848	17,344	18,158	17,418	18,778	19,784	22,002
50 ~ 99명	5,589	5,614	5,380	5,068	5,227	5,396	6,155
100 ~ 199명	2,765	2,536	2,311	2,088	2,204	2,410	2,495
200 ~ 299명	972	804	737	569	649	657	691
300 ~ 499명	584	539	421	365	322	367	421
500명 이상	746	676	504	350	319	340	409
중소기업 (300명 미만)	37,993	46,771	53397	50,847	56,950	59,380	64,803
대기업 (300명 이상)	1,330	1,215	925	715	641	707	830

주: 10인 미만은 제외.
자료: 통계청, 광업 · 제조업 조사.

BD 창출 부진은 통계에서도 잘 드러난다. 표 II-32, 33에서 보듯이 2000년 대 중반 들어 국내 회사 수 및 가동 법인 수 증가세가 뚜렷이 둔화되었다. 특히 1990년대 들어 종사자 50인 이상 광공업체 수가 대체로 감소하는 추세를 보여 기업의 규모가 오히려 위축되고 있다. 동 수는 외환위기를 계기로 크게 줄었고 이후 최근까지도 위기 전 수준에 미달하고 있다. 이는 이행기 후반 이후의 회사 수 증 가가 소규모 내지 생계형 창업의 증가에 상당 부분 기인하고 있음을 뜻한다. 종합 해보면 BD 창출 둔화가 매우 심각한 상황이다.

나) 시기별 진화 동향

민주화 이후 정부는 근로자 권익 향상, 국내 실물 및 금융시장 개방, 경제 운 영의 시장화, 금융산업의 자율화 등을 점진적으로 추진하였다. 산업정책 면에서는 정부의 개입을 최소화하는 가운데, 유통산업 현대화와 단계적 개방을 추진하고 통 신사업 구조 개편을 단행하였다. 한편 이즈음 공산주의 소멸로 사실상 세계경제가 하나의 경제권으로 통합되면서 글로벌 시장이 등장하였다. 또한 정보통신산업, 바이오 및 나노기술산업 등 신기술산업도 본격 발전하기 시작하였다.

이러한 정부 정책·제도의 변화와 국내외 경제구조의 변화에 맞추어 국내 기업들은 우선 새로운 제품의 개발, 도입을 주 내용으로 하는 BD를 대거 창출하였다. 반도체, TFT-LCD, 정보통신, 휴대전화 등 첨단산업 관련이 대부분이었다.

1995년 WTO의 출범과 더불어 국내 기업들의 해외 진출이 늘어나면서 관련된 BD가 크게 증가하였다. 기업들은 유럽과 북미 등 해외 생산업체를 인수함으로써 첨단기술 도입, 선진국의 수입 규제 회피, 매출 증대 등을 도모하였다. 그러나 시장 규율과 금융기관의 감시가 부족한 가운데 상당수 재벌기업들은 발전연대식 대규모 차입과 사업 확장을 추진하였다. 이로 인해 국가적으로 중복 및 과잉 투자가 발생하고 다수 재벌기업들이 심각한 수지 악화와 자금난을 겪게 되었다. 이 과정에서 대기업과 금융기관의 해외 차입도 크게 증가하였고 결국 1997년 말 외환위기를 맞았다.

외환위기로 우리나라는 IMF가 요구한 경제정책을 시행하게 되었다. 거시경제 측면에서는 초고금리와 재정 긴축을 내용으로 하는 고강도의 긴축 정책을, 미시경제 측면에서는 금융 개혁, 공공 부문 개혁, 재벌기업 지배구조 개혁 및 업종 전문화, 산업 구조조정, 노동시장 유연성 제고 등을 내용으로 하는 광범위한 신자유주의적 경제구조 개혁 정책을 추진하였다. 그 결과 부실기업들이 대규모로 도산하고 기업들의 경영 방식이 수익성·안전성 위주로 크게 변화하였다. 이러한 변화들은 결국 BD 창출 관련 위험의 증가와 이에 따른 BD의 창출 부진으로 연결되었다.

외환위기 이후 기업들은 경제의 지식화, 세계화에 대응해 연구개발 확대, 생신시설의 글로벌화와 신시장 진출 등을 통한 새로운 BD 창출에 노력하였다. ICT 관련 BD가 증가하고 일부 대기업은 제품의 첨단화와 고부가가치화, 신흥시장국 등 새로운 시장의 개척과 수출 시장 점유율 확대에 성공하였다. 일부 중소기업은 부품소재장비의 국산화, 중국 등의 신흥시장 진출에 성공하였다. 또한 벤처기업이 창출한 BD가 급증하였다. 이 초창기 벤처기업들은 공통적으로 기술적 전문성을 바탕으로 신제품을 개발하고 신시장을 개척함으로써 성공하였다. 외환위기를 계기로 과거 대기업에 집중되었던 자금, 인력 등의 생산요소가 새로이 부상한 벤처기업에 배분되면서 이들의 BD가 한국경제에서 상당한 비중을 갖게 되었다. BD의 내용이 보다 다양한 산업/시장으로 확산되고 그 창출 주체도 다양해진 것이다.

외환위기 이후 기업들의 혁신 노력은 우선 연구개발 활동의 증가에서 뚜렷하게 나타났다. 외환위기 이후 총 연구개발비가 크게 증가하였고 그에 따라 특허 등록 건수도 빠르게 늘어났다. 이 중에서도 상위 20대 기업의 연구개발비 비중이 약 50%에 이르는 등 대기업의 신제품 개발, 공정 혁신이 활발하였다. 다만 수출 대기업들을 제외한 상당수의 대기업과 대다수 중소기업의 연구개발 노력은 오히려 정체되었다. 이는 내수 대기업들의 경우 국내시장 지배력을 강화함으로써 혁신의 필요성이 줄었고, 대다수 중소기업들의 경우 국제 경쟁 심화 또는 대기업의 하청 가격 인하 등으로 연구개발 여력을 상실한 데 주로 기인한다.

2000년대 중반 들어 삼성, 현대자동차, SK, LG 등 수출 중심 재벌 대기업 일부가 대규모 연구개발을 계속하면서 글로벌 기업으로 성장하였다. 그러나 다수의 제조업 재벌들은 중국 등에 밀려 국제 시장에서의 입지가 점차 좁아졌고, 내수시장을 독과점한 재벌들은 기존 시장에 안주한 채 새로운 BD를 창출하지 못하였다. 대다수 중소기업 역시 국내외 시장 입지 및 수익성 악화로 국제 시장은 고사하고 국내시장에서도 충분한 경쟁력을 발휘하지 못하였다. 자생적이고 지속가능한 경제 발전의 가장 중요한 요소인 소재부품의 국산화도 중소기업의 독자적 기술개발 능력 약화 등으로 진전이 더뎠다. 대기업의 해외 아웃소싱 증가로 부품소재 중소기업의 시장 입지가 좁아진 데다, 정부의 제도 및 자금 지원도 효과적이지 못했던 것이 가장 큰 원인이었다.

한편 정부는 경제구조개혁이 일단락되면서 2003년 차세대 성장 동력 사업 정책을 추진하였다. 이 사업은 디지털 TV/방송, 디스플레이, 지능형 로봇, 미래형 자동차, 차세대 반도체, 차세대 이동통신, 지능형 홈네트워크, 디지털 콘텐츠/SW 솔루션, 차세대 전지, 바이오 신약/장기 등 10대 산업을 신기술산업으로 육성하는 것으로 대기업을 중심으로 새로운 제품을 개발하는 것을 목적으로 하였다.

요컨대 이행기에는 벤처기업의 등장에도 불구하고 BD 창출 주체의 대기업 집중이 전반적으로 심화되었다. 대표적으로 제조업 사업체 수는 외환위기 직후 크게 감소한 후 현재까지도 외환위기 이전 수준을 회복하지 못하고 있다. 제조업 내 대기업(종사자 300인 이상) 수는 1980년대 후반 이래 지속적으로 감소하고 있다. 벤처기업 수는 1999년부터 벤처 붐이 일어나면서 빠르게 늘어나 2001년에는 1만 1,000여 개에 이르렀으나, 이후 벤처버블이 붕괴하면서 2004년에는 7,700여 개로 줄어들었다. 재벌 대기업에 이어 새로운 BD 창출 주체로 부상하였던 벤처기업은 아직 한국경제시스템의 한 축으로 확고하게 자리 잡지 못한 것으로 보인다.

기업들의 자생적 BD 창출 능력도 크게 향상되지 못한 것으로 보인다. 최근까지도 국내 기업들은 세계 최초의 BD, 제품을 거의 개발하지 못하고 있다. 기존 제품의 개선 능력은 점차 향상되고 있으나 자생적 차별화와 선택에 기반한 BD 혁신 능력은 여전히 미흡하다. 이에 따라 중국에 쫓기는 가운데 미국, 일본, 독일을 따라잡지 못하는 이른바 '호두까기에 낀 호두' 상태에서 벗어나지 못하고 있다. 산업 조직 형태와 조직 지배구조의 획일성과 후진성도 여전하다. 개인 기업 또는 주식회사 형태가 여전히 경제 조직의 압도적 비중을 차지하였다. 협동조합이 빠르게 늘어났으나 장기적 생존 능력을 갖추었는지는 좀 더 기다려봐야 알 수 있다. 생계형 자영업자만 경제 위기 직후 기업들의 종업원 해고와 함께 증가했다 수 년 내 퇴출되는 패턴을 반복하였다.

중소기업이 대기업으로 성장하는 경우 역시 매우 드물다. 2000년대 이후 신성장산업을 제외한 기존 업종에서 새로운 재벌이나 대기업이 거의 탄생하지 못하였다. 한편 기존 대기업은 집권적 지배구조를 유지하는 가운데 경영 능력이 검증되지 않은 창업주 3, 4세에게 상속되면서 혁신 역량 및 고용 창출·성장 역량이 둔화되었다. 이들은 국내시장의 지배에 안주하거나 규제 완화를 통해 손쉬운 기존 사업에 진출하려는 경향이 두드러지며, 그로 인해 국내 기업의 신성장산업 BD 창출이 둔화하고 기존 산업에서의 경쟁은 심화하는 모습도 나타났다.

결론적으로 이행기에는 국내외적으로 민주화, 시장화·세계화, 지식화 추세가 진전되어 BD 환경이 크게 변화하였으나 재벌 대기업의 국내시장 독과점이 지속되고 정부의 기업가적 기능도 약해지면서 국내 경제주체의 자생적 차별화 기반 BD 창출 역량이 환경 변화를 따라잡지 못하는 모습을 보였다.

한국경제를 둘러싼 환경, 즉 적합도함수와 이에 대한 경제주체들의 적응 노력과 그 결과로서 나타난 세 가지 진화 인자 등의 시대별 특징은 다음 표와 같이 요약할 수 있다.

표 Ⅱ-34	한국경제시스템의 적합도함수 및 진화 인자의 시대적 변화 추이		
	기반조성기 (농업 사회)	발전연대 (제조업 사회)	이행기 (산업 사회)
① 적합도함수			
자연/자원	토지/의식주	도시화/공업용 자원	수도권 집중/공업용 자원
인구/선호	인구 증가/생존	인구 급증/생존	인구 증가/생존-관계
세계경제 (지정학)/경쟁	자본주의 황금기/ 낮은 경쟁(냉전체제)	황금기 종료/ 자유무역(냉전체제)	세계화/ 높은 경쟁 (팍스 아메리카나)
국내경쟁	낮은 경쟁	독과점화/높은 경쟁	독과점화/높은 경쟁
② PT			
중심 분야	생활필수품 산업/ 공정기술	수출제조업/ 공정기술	제조·서비스업/ 제품기술
중심 주체	가계/기업	정부/대기업	대기업/정부
중심 과정	복제	복제/차별화	차별화/복제
PT의 전문성· 복합성	낮은 전문성·복합성	중간 전문성· 낮은 복합성	높은 전문성· 중간 복합성
③ ST			
정치제도: -책임성 -법치주의 -정부 효율성	-낮음(정부 우위) -미흡(연고주의) -낮음	-낮음(정부 주도) -미흡(연고주의) -높음	-낮음(지배층 주도) -미흡(승자 우위) -낮아짐
경제제도: -기업 설립 자유 -기업 지배구조 -시장메커니즘 확산	-중간 -집권적/수직적 -낮음	-중간 -집권적/수직적 -낮음	-중간 -집권적/수직적 -중간
문화: -개인행동 -협력 -혁신/미래 지향성	-현세적/집단주의 -혈연 기반 협력 -정통성/장기 성과 중시	-현세적/집단주의 -인격적 협력(연고주의) -효율성/장기 성과 중시	-현세적/집단 이기주의 -인격적 협력(연고주의) -합리성/단기 성과 중시
④ BD			
중심 분야	생활필수품	수출용 공산품	수출용 공산품/ 신기술 상품
중심 주체	가계/기업	집권적 대기업/ 중소기업	집권적 대기업/ 분권적 벤처기업
중심 과정	복제	복제/차별화	차별화/복제
예측 가능성	높음	중간	낮음

외환위기 이후 경제구조 개혁의 주요 내용과 영향

1. 경제구조 개혁의 주요 내용

외환위기 직후 정부는 IMF가 우리나라에 구제금융을 제공하면서 요구한 광범위한 경제구조 개혁을 추진하였다. 이는 기존의 경제 운영 틀이었던 발전국가 패러다임을 신자유주의 경제운영 패러다임으로 바꾸는 것으로서 현재까지도 다양한 부문에 영향이 남아 있다. IMF는 거시경제정책 면에서 재정 및 금융의 긴축과 이를 통한 저축 및 외환 보유액 확충을 요구하였는데, 이는 상당 부분 한국경제 실상을 도외시한 정책 오류였다. 미시적 경제구조 개혁을 위해서는 금융 개혁, 공공 부문 개혁, 노동 부문 개혁 그리고 기업구조 개혁을 요구하였다. 이하에서는 경제구조 개혁 정책에 대해 살펴본다.

금융 개혁은 자유화, 즉 자본시장 개방과 자율화, 즉 관치금융 체제의 탈피를 통한 금융기관의 경영 및 자금 운용의 자율화가 주 내용이었다. 정부는 1997년 12월 일일 환율 변동폭에 대한 제한을 폐지하여 자유변동환율제로 이행하였고 1998년 5월에는 주식시장에 대한 외국인 투자 제한을 거의 완전히 철폐하였으며 종목별 투자 한도도 대폭 완화하였다. 1997년 12월 모든 상장 채권에 대한 투자 한도가 완전히 폐지되고 단기금융상품에 대한 투자도 1998년 5월 완전히 개방되었다. 아울러 외국인직접투자 유치와 기업 구조조정 촉진을 위해 국경 간 인수합병도 전면 허용되었다. 1999~2001년 중에는 단계적 외환자유화 조치를 통해 일부 예외를 제외하고는 외환 및 자본 거래에 관한 규제가 대부분 폐지되어 우리나라의 자본 자유화가 선진국 수준에 도달하였다.

이러한 자본시장 개방은 금융 부문의 경쟁 및 경영 여건, 국내외 금융시장 접근성 그리고 부채 조달 및 주식시장 발전 등에 큰 영향을 미쳤다. 금융감독기관 통합, 금리 자유화, 금융기관 통폐합 및 경영 자율화 등 다양한 금융기관 경영 자율화 조치도 시행되었다.

기업구조 개혁 정책의 핵심 목표는 재벌 개혁이었는데, 기업 지배구조 및 경영 투명성 개혁, 재무구조 개선, 사업구조 전문화 등의 세 분야에서 중점 추진되었다. 기업 지배구조 개혁에서는 기업 대주주의 책임을 강화하고 투명성을 높이는 것을 주된 목표로 하여 지배 주주의 책임성 강화, 사외이사 제도의 도입, 기관투자자의 의결권 제한 폐지 및 소액 주주의 권한 강화 등을 추진하였다. 경영 투명성 제고를 위해서는 결합재무제표의 작성을 의무화하고 감사선임위원회 설치, 예측정보공시제도 도입 및 공시 위반에 대한 처벌 강화 등의 재벌 계열사 간 경영·재무·거래상 연계의 제한을 위한 정책들이 시행되었다. 재무구조를 개선하기 위해서는 그룹 계열사 간 상호 보증의 원칙적 금지 및 기존 보증액의 연차적 해소 조치가 시행되었다. 이로 인해 1997년 516%에 이르던 상위 30대 재벌그룹의 평균 부채비율이 1999년에는 189.6%로 낮아졌다.

산업구조 조정과 관련하여 정부는 재벌 간 중복 투자 사업을 단일화하여 과잉투자를 해소하는 한편 규모의 경제를 실현하여 경쟁력을 끌어올릴 목적으로 정유, 반도체, 철도차량, 항공기, 발전설비, 선박용 엔진, 석유화학 등 7개 업종에서 주로 5대 그룹을 대상으로 빅딜을 유도하였다. 또 6대 이하의 30대 기업 집단에 대해서는 워크아웃 프로그램을 만들어 1998년 6월 이후 총 104개 기업을 워크아웃 기업으로 선정, 은행 지도와 자금 지원을 통해 구조조정을 추진하였다.

1998년에 기업분할제도도 도입되었는데, 이는 출자 형식으로 이루어지는 보통의 분사 제도와 달리 회사의 특정 사업 부문을 독립적으로 분리하면서 자본과 부채까지 나눔으로써 비주력 사업 부문을 독립시켜 성과를 지켜보면서 새로운 주력 사업으로 육성할 수 있는 장점이 있었다. 이에 따라 기업분할제도는 새로운 경영 전략으로 자리잡았다.

참여정부에서도 기업 구조조정 관련 정책은 유지되었다. 특히 재벌의 핵심 문제인 지배 주주의 과도한 지배권을 시정하는 데 초점을 두고, 재벌 계열사의 다단계 출자에 바탕한 타 회사 출자를 억제하기 위해 출자총액제한제도를 도입하였다.

정부는 고용 유연화를 핵심으로 하는 노동 부문 개혁도 추진하였다. 이는 종신고용제 등에 따른 고용의 경직성을 해소하여 노동 부문에서의 시장 기능을 강화하는 한편 기업들의 신속한 사업 철수, 비용 절감 경영 등을 지원하여 사업 구조조정을 촉진하기 위한 것이었다. 우선 정리해고제를 도입하여 기업 경영 악화 등의 일정 사유가 있을 경우 종업원 해고를 가능하게 하였다. 아울러 단기 고용, 파견 고용 등 비정규직 제도를 도입하여 고용의 유연성을 높였다. 외환위기 직후 대규모 기업 도산이 발생하고 구조조정이 급속히 추진되는 가운데 이와 같은 고용 유연화제도가 도입됨에 따라 실업이 크게 증가하였다.

공공 부문 개혁은 신자유주의적 시장 주도 경제 운영 체제의 정립을 목표로 하였다. 이를 위해 정부 기능을 시장 친화적 방향으로 재편하고, 폭넓은 공기업 민영화를 추진하는 데 중점을 두었다. 정부는 국무총리실 주도의 대대적인 규제 개혁을 통한 민간 자율과 시장 기반 경제 운영, 개방형 임용제 도입 등을 통한 공직 사회 내 경쟁 도입 등으로 시장 친화적인 정부 기능을 확립하는 데 노력하였다. 1998년의 공기업 민영화 계획에 따르면 26개의 공기업 가운데 11개를 민영화하고 나머지는 자체 구조조정을 추진하도록 하였다. 이 밖에 경제구조 개혁에 따른 실업 등에 대비하여 공공근로사업을 도입하고 고용보험을 확대 시행하는 한편 국민 기초생활제도를 도입하였다

2. 경제구조 개혁의 영향[18]

가. 금융 개혁의 영향

전격적으로 추진된 금융 개혁에 힘입어 2000년대 초 한국은 외환위기의 직접적인 원인이었던 대규모 해외 단기 차입을 성공적으로 축소하였다. 단기 차입을 장기 차입금으로 전환하는 한편, 신규 단기 차입을 다양한 규제로 제한했다. 외환보유액도 빠르게 늘렸는데, 이는 외환위기 직후의 환율 폭등에 따른 급격한 수출 증대와 수입 둔화로 1998년부터 경상수지가 대규모 흑자를 기록한 데다, 위기 직후의 대규모 기업 도산과 주가 폭락에 따른 차익 획득 기회를 노리고 포트폴리오 투자와 직접 투자 형태의 외자가 많이 유입되었기 때문이다.

그러나 개혁의 대가 또한 컸다. 첫째 문제는 전격적 금융시장 개방으로 외국인 투자자들이 한국 주식시장에서 차지하는 비중이 너무 커졌다는 점이다. 외국인 투자자들의 한국 상장주식 보유 비중은 1997년 이전의 14.6%에서 2000년 30.1%, 2004년 43%로 높아졌다. 최근에도 30%대의 높은 수준을 유지하고 있다. 그 결과

---

18) 김순양 외(2017), 앞의 책, <제5장 97년 금융위기 이후의 한국경제>를 재정리·보완.

국내 금융시장에 대한 외국인의 영향력이 과다해지고 국제 금융 불안이 그대로 국내 금융시장에 파급되는 양상이 나타났다.

더구나 외국인 투자자들은 주로 재벌 계열사 또는 민영화된 대기업 및 은행 등에 집중 투자한다. 국내 포트폴리오 투자자를 포함한 포트폴리오 투자자는 재벌 가문보다 훨씬 많은 주식을 보유하고 있으며, 따라서 재벌그룹들은 포트폴리오 투자자들의 요구에 민감할 수밖에 없다. 결과적으로 외국인 투자자들은 주식시장 발행 주식의 50% 이상을 사실상 통제한다고 볼 수 있으며, 한국에서 주주 중심주의는 재벌 지배 주주와 외국인 투자자 공동의 지배구조라고 할 수 있다. 포트폴리오 투자자들은 공기업 민영화의 최대 수혜자들이기도 하다. 포스코, KT&G, KT 등은 포트폴리오 투자자들이 회사의 의사결정을 지배하며 자연스럽게 주주 중심주의에 따라 경영되고 있다. 민영화 이후 이들 회사에서 배당금 및 자사주 매입은 크게 증가한 반면, 매출액 대비 연구개발 투자 및 설비 투자는 감소했다. 민주 정부가 적대적 인수합병을 촉진하는 각종 법제도를 도입함에 따라 재벌계 회사들과 민영화된 공기업을 포함한 많은 상장사들이 적대적 인수합병 가능성을 두려워하게 되었고, 이는 투자 부진과 수익성 위주 경영으로 이어졌다.

이와 관련하여 지적할 또 하나의 문제는 대규모 외자 유입으로 인한 국부 유출이 매우 컸다는 점이다. 외환위기 이후 외국 자본이 무차별적으로 한국에 들어와 국내 주식과 기업을 저가로 매집하면서 큰 수익을 올리는 사이에 한국은 주로 외환 보유액을 늘려 이를 저금리의 미 국채에 투자하는 비대칭적 금융 활동 구도가 형성되었다. 그 결과는 엄청난 규모의 국부 유출인바, 이제민에 따르면[19] 2001~2007년 상반기 중 외국인이 국내에 투자한 금액은 1,896억 달러, 차익은 3,307억 달러로서 동 기간 중 한국의 대외 투자 차익 507억 달러를 뺀 2,802억 달러가 한국이 겪은 순 손실이다. 한편 증권거래소 계산에 따르면 1998~2000년 중 외국인의 국내 투자 차익은 약 30조 원에 이른다.

금융시장 개방으로 시중 은행의 주식을 외국인 투자자가 대부분 보유함에 따라 은행의 지배구조 및 경영 전략도 극적으로 변화했다. 순이익 증대와 주가 상승이 은행 경영의 원칙이 되었고, 은행 대출은 기업 대출보다 안전하다고 여겨진 가

---

19) 이제민(2007), "한국의 외환위기 – 원인, 해결 과정과 결과", 《경제발전연구》, 13(2), 한국경제발전학회 참조.

계 대출, 특히 주택 담보 대출에 집중되었다. 기업 대출 대비 가계 대출의 비율은 1991년 10:90, 1997년 35:65였지만 2002년에는 54:46으로 바뀌었다. 이처럼 공업화가 시작된 이래 처음으로 가계 대출이 기업 대출보다 많아진 이유는 감독 기관이 요구한 은행 자산의 건전성 강화도 있었지만 포트폴리오 투자자들의 이익을 가장 중시하는 주주자본주의로의 전환이었다. 금융 구조 개혁의 궁극적 목표는 효율적 투자안 선별과 이를 통한 국내 산업의 효율성 및 성장 잠재력 제고인바, 금융 개혁이 이에 얼마나 기여하였는지 묻고 싶다.

　시중은행의 사업 구조 변화는 거시경제에 큰 변화를 초래하였다. 우선 기업 대출의 감소는 기업의 설비 투자 및 기타 장기 투자의 감소로 이어졌고 이는 한국 경제의 성장 잠재력과 경제성장률의 하락을 가져왔다. GDP 성장률은 1997년 이전 8%에서 1998년 이후 4%로 낮아졌다. 둘째, 가계 대출 특히 주택 담보 대출의 증가로 주택 부문에 투기적 거품이 발생했다. 2000~2007년 중 서울 등 대도시 아파트 가격은 3배로 상승했고 부동산 시장은 투기적으로 급성장했다. 가계 대출의 증가에 따른 이자 부담의 증가, 노동시장 유연화에 따른 고용 불안정과 소득 감소로 인해 가계 저축은 급격하게 감소했다. GDP 대비 순가계저축률은 1980년대 말에서 1990년대 초반과 중반에 이르기까지 20% 이상이었다. 그러나 2002년도 GDP 대비 순가계저축률은 거의 0%로, 최근에는 OECD 회원국 평균 수준의 절반에 불과한 3% 내외이다.

　시중은행의 경영 전략 변화는 경제정책 실행 구조의 변화와 산업정책의 변화도 불러왔다.

　우선 시중은행의 정책 금융 기능 약화의 반작용 등으로 산업은행, 기업은행, 중소기업진흥공단, 신용보증기금, 기술신용보증기금 등 정책 금융기관의 역할은 오히려 강화되었다. 민주화 이후 정부는 대기업과 재벌보다는 중소기업과 벤처기업에 의한 경제성장을 강조하면서 산업정책의 방향을 조정했다. 반면 시중은행들은 경영 전략 변화에 따라 오히려 중소기업과 벤처기업에 대한 대출을 줄였다. 이에 따라 정부는 시장주의(자유주의) 경제정책의 표방에도 불구하고 정책 금융기관의 중소·벤처기업 대출을 불가피하게 늘려야 했다. 결과적으로 정책 금융기관은 정책적 저금리 대출, 대출 보증, 주식 투자 등 다양한 정책 금융 활동을 통해 중소 벤처기업에 자금과 신용을 제공하였다. 이는 발전연대의 정책 금융과 다를 게 없다.

둘째, 발전국가의 가장 두드러진 요소인 산업정책은 혁신 정책으로 형태를 바꾸어 계속되고 있다. 정부가 IT, BT, NT와 같은 신기술 분야 또는 부품 소재 산업 등 전략 산업을 정책적 육성 대상으로 선정한 다음 그 분야에서 활동하는 기업들을 지원한다. 이러한 산업정책을 실행하는 주요한 창구의 하나는 여전히 정책 금융기관이다. 더구나 글로벌 금융위기 이후 한국에서 정책 금융기관들의 역할은 더욱 중요해졌다. 예를 들어 대출 부실화를 염려한 시중은행들이 대출을 회수할 때 정책 금융기관은 기업 부문의 급격한 신용 경색 발생을 저지할 수 있는 유일한 금융기관이며, 또한 부실 대기업에 구제금융을 제공하고 기업 구조조정을 수행할 수 있는 선도적 금융기관이다.

나. 기업 개혁의 영향

1) 기업 지배구조의 주주 중심주의로의 변화

외환위기 이후의 기업 부문 개혁으로 30대 재벌그룹 중 대우, 쌍용, 해태 등 전체의 1/3이 해체되었고, 한라 등 1/3은 급격하게 자산이 줄어 그 규모가 왜소해졌다. 삼성, 현대자동차, LG, SK 등 4대 재벌 그룹을 포함한 나머지 1/3만이 자산 축소 없이 살아남았다. 현재 한국의 대기업은 세 가지로 분류할 수 있다. 우선 1990년대 들어 민영화된 국유기업으로, 대표적으로 1998년에 완전히 민영화된 포스코가 있다. 둘째는 삼성, LG, 현대 등 재벌그룹의 자회사로 남아 있는 대기업들이다. 셋째는 과거에는 재벌 그룹에 속했지만 구조개혁의 결과로 그룹에서 분리된 대기업들이다. GM Korea로 개편된 대우자동차가 대표적 사례이다.

그러나 이들 3개 범주 간의 차이에도 불구하고 모든 한국 대기업들은 1998년 이후 급진적인 신자유주의적 구조개혁을 거쳤으며, 재벌의 기업 지배구조는 예전의 총수 지배 시스템과 새로운 주주 자본주의 시스템의 혼합형이라고 할 수 있다.[20] 이는 지배 주주가 종전처럼 기업을 지배하되 포트폴리오 투자자의 이익을 우선으로 경영하는 형태이다. 이에 따라 재벌의 경영 방식이 크게 변화하였다. 첫째, 재무 구조가 급변했다. 빚을 줄이고 자기자본을 늘렸다. 외환위기 이전 400%

---

20) 김순양 외(2017), 앞의 책, p. 176.

내외에 이르던 대다수 재벌 대기업의 부채 비율은 구조조정 이후 200% 이하로 낮아졌다. 둘째, 기업의 사업 전략이 자산 수익률과 자본 수익률로 측정한 단기 수익성을 중시하는 방향으로 전환되었다. 과거 대기업들은 기업의 성장성과 장기적 수익성을 중시하였으나 이제는 투자자 이익을 중시하는 주주 가치 극대화 경영을 추구하고 있으며 포트폴리오 투자자 및 애널리스트의 의견을 중시한다.

셋째, 기업 조직 중에서 과거에는 전략 기획과 미래 성장을 담당하는 부서가 가장 강력했지만 이제는 투자자 관계와 재무를 담당하는 조직에 큰 힘이 실렸다. 이들은 분기별 및 연간 수익 창출 및 현금 흐름의 관점에서 기업 경영을 검토하며 종종 새로운 장기 투자에 제동을 건다. 이는 기업의 사업 전략이 보수화, 주주 중심주의화한 데 따른 결과로 볼 수 있다. 재벌계 기업을 포함한 대기업들에서 위험 회피적인 영업 전략이 확산되었다.

결론적으로 외환위기 이후의 경제구조 개혁은 재벌, 은행, 정부의 3자 간 연계라는 국가적 투자 위험 공유 메커니즘을 해체하였으며, 따라서 재벌 기업들조차도 장기 투자에 매우 신중해졌다.

2) 기업 자금 조달 방식의 변화와 투자의 둔화

은행들이 기업 대출보다는 가계 대출을 더욱 선호하게 되면서 기업들의 투자 자금 조달 방식이 변했다. 기업들은 투자 자금을 은행이나 유가증권시장에서 조달하는 대신 내부 유보에 주로 의존하게 되었다. 1997년 이전까지만 해도 국내 제조 기업들은 설비투자 비용의 1/4만을 내부 유보 자금으로 조달했고 나머지는 은행 대출금 같은 외부 재원으로 조달했다. 그러나 2000년 이후에는 설비투자 비용의 80% 이상을 내부 유보 자금으로 조달했다. 더구나 주식 발행을 통한 자금 조달은 1998년 이전보다 훨씬 낮아져 극히 미미한 수준으로 떨어졌다.[21]

이러한 기업 지배구조와 투자 자금 조달 방식의 극적인 변화는 설비투자의 전반적 침체를 불러왔다. 기업의 설비투자가 GDP에서 차지하는 비중은 1990년대 중반까지 약 14%였는데 2001년부터는 10% 이하로 떨어졌다.[22] 아울러 대기업들 간

---

21) 김순양 외(2017), 앞의 책, p. 177.
22) 김순양 외(2017), 앞의 책, p. 177.

수익과 내부 유보 자금 및 투자의 양극화도 발생하고 있다. 현재 대기업의 장기 투자는 4대 또는 10대 기업에 집중되고 여타 대기업과 중소기업의 투자는 미미한 수준에 그치고 있다. 이는 장기 투자 재원인 내부 유보 자금과 그 원천인 순이익 창출 능력이 10대 재벌 그룹 또는 4대 재벌 그룹 소속 계열사와 민영화된 과거 공기업들의 경우 양호한 반면 나머지 다수 대기업과 중소기업은 미흡하기 때문이다.

대기업 중심의 기업 저축 증가는 수출 증가에도 상당 부분 기인하였지만, 동 기업의 고용 및 임금 증가 억제 노력, 해외 아웃소싱(outsourcing)이나 국내 하청 거래 기업의 납품 단가 관리 등으로 많이 조달되었다. 이 때문에 다수 중소기업의 시장 입지 약화 및 고용·인건비 축소가 강요되고, 이는 가계 소득 증가 둔화와 이에 따른 소비 둔화, 대—중소기업 간 양극화, 소득 분배 불평등으로 이어졌다.

다. 노동 부문 개혁의 영향

외환위기 직후 추진된 노동 개혁, 특히 비정규직제도와 정리해고제도의 도입이 초래한 부작용도 크다. 외환위기 직후 경영 곤란에 처한 기업들의 정리해고가 급증하고 더불어 각 기업별 비핵심 업무를 중심으로 비정규직 채용이 급속히 늘어났다. 이러한 정리해고와 비정규직 채용은 중소기업에서 크게 확산되었으며, 비정규직 채용은 대기업은 물론 공공 부문에서도 활발하게 이루어졌다.

이에 따라 국내 노동시장은 대기업과 중소기업 간에 그리고 정규직과 비정규직 간에 단절되었고, 시장 원리가 노동시장 전반에 걸쳐 일관성 있게 적용되기보다는 각 시장별 참가 주체의 협상력에 따라 임금과 노동 조건이 크게 차별화되는 모습을 보였다. 이처럼 노동시장이 분할되면서 결국 구조조정과 수익성 악화에 따른 부담을 협상력이 약한 중소기업 및 비정규직 부문이 도맡는 결과가 나타났다. 재벌 개혁과 금융 개혁이 협상력의 정도에 따라 재벌에 유리한 방향으로 왜곡되었듯이 노동 부문의 개혁 역시 힘 있는 재벌기업 소속 정규직의 이익을 보장하고 힘 없는 비정규직 및 중소기업 종사자가 구조조정에 따른 부담을 주로 부담하는 방향으로 왜곡된 것이다.

또 하나 주목할 점은 제조업 나아가 전체 경제의 고용 흡수력 둔화이다. 1997~2008년 중 GDP 성장에 대한 고용탄성치는 0.25로 1986~96년 중의 0.36보다 낮아졌다. 이러한 고용탄성치의 하락은 제조업이 주도하고 있다. 1997~2008년 중 제조업 부가가치 성장에 대한 고용탄성치는 -0.17로 1986~96년 중의 0.26과 큰 대조를 보였다.[23] 게다가 경제성장률도 낮아지면서 고용 증가에 부정적 영향을 미쳤다. 그 결과 한국경제의 고용 흡수력이 크게 낮아져 청년실업, 중장년층의 조기 퇴직과 자영업 진출 증가 등의 부작용을 낳고 있다.

3. 평가

외환위기 이후의 경제개혁은 한국경제 역사상 최초로 외부 세력 주도로 추진 되었다. 경제개혁은 기업의 과다 채무와 부실을 해소하여 재무 구조를 건전화하는 데 큰 성과를 거두었다. 금융 부문의 흡수합병과 일부 기관의 폐쇄 등으로 은행의 BIS 기준 자기자본비율이 크게 상승하는 등 금융 부문의 건전성도 크게 향상되었 다. 노동시장의 유연성 증대, 공기업의 민영화 등도 크게 진전되었다. 그 결과 2000년대 초반 총 요소생산성의 GDP 증가 기여도가 2%p에 근접하는 등 경제의 효율성이 높아지고, 일부 산업의 국제경쟁력이 향상되고 수출이 큰 폭으로 증가하 는 등의 성과도 거두었다.

그럼에도 불구하고 당시의 개혁은 지속가능성이 낮은 것이었다. 왜냐하면 우 리 경제와 기업의 기술 향상 및 혁신을 통한 성장 잠재력 확대, 즉 확대 지향적 방 향이 아니라 인건비, 이자 비용 등의 생산요소 비용의 절감을 통한 순이익과 생산 성의 증대, 즉 축소 지향적 방향에서 추진되었기 때문이다. 이처럼 생산요소 비율 절감에 바탕한 단기적 순이익 증대를 목표로 하는 기업 경영 방식은 생산요소 비 용 절감에 한계가 있다는 점에서 지속가능성이 낮다. 이는 또한 기업들의 부채 축 소와 주식 발행 감소 그리고 이에 따른 투자 위축으로 이어졌고, 고용 축소와 비 정규직 노동자 채용 확대 그리고 이에 따른 소비 위축을 불러왔다. 거시경제적으 로 투자와 소비 등 내수의 경제성장 기여도가 크게 낮아진 것이다.

다른 한편으로 신자유주의적 개혁은 노사 간 갈등과 대-중소기업 간 갈등

---

23) 한국경제 60년사 편찬위원회(2010), 《한국경제 60년사 I. 경제일반》, 한국경제 60년사 편찬위원회, pp. 141~142 참조.

증가를 불러왔고 결국 승자 독식 질서와 불공정 거래의 증가, 부와 소득의 불평등 증가 등으로 이어졌다. 또한 비용 절감을 위한 기업 연구개발 투자의 위축은 기업들의 장기적 기술혁신 및 성장 잠재력을 약화시켰다. 고용 및 임금 절감 노력은 노동자의 숙련 및 지식 향상을 통한 기업의 혁신 역량 축적보다는 노동자의 부문별 차등화와 기업 내 참여 저하, 그리고 이에 따른 기업의 혁신 역량 약화로 이어졌다. 급속한 시장 개방 및 대기업의 수익 중심 경영으로 소재부품 등 주요 중소 제조기업의 시장 입지가 약화되면서 국내 산업 간의 연관관계가 약해졌다. 이에 따라 수출의 고용 및 투자 유발 효과가 약해지면서 국내 소비·투자의 성장 기반이 침식되었고 수출 부문−내수 부문, 대기업−중소기업 간 양극화가 발생하였다. 요컨대 IMF식 개혁은 우리 경제의 혁신 능력과 신성장동력을 원활하게 확충하는 데 실패한 채, 우리 경제의 각 부문별 양극화와 이에 따른 성장 기반 약화, 그리고 국민적 통합의 와해라는 엄청난 부작용을 낳았다. 아울러 시간의 경과와 더불어 개혁 초기에 나타났던 생산성 향상 등 일부의 성과가 희석되고 부작용은 더욱 심해지는 모습을 보이고 있다.

개혁의 또 다른 중요한 영향은 외국인의 국내 주요 대기업과 은행 주식 보유 증가와 지배로 주요 기업들의 경영 행태가 주주 중심주의로 변화한 것이다. 이에 따라 무리한 차입과 과잉 투자가 사라졌으며 고용의 축소와 유연성 확대도 이루어졌고 그 결과 생산요소 비용이 크게 줄어들어 기업의 수익성이 크게 개선되었다. 그러나 주주 자본주의는 수익성 추구 위주의 단기적 경영 행태를 고착시켜 기업의 시설 투자, 연구개발과 혁신을 위한 투자를 크게 위축시키는 결과를 가져오는 등 그 부작용이 점차 부각되었다. 또한 주주 중심 경영은 기업의 의사결정에서 종업원 배제를 종전보다 심화시켰다. 이러한 경영 행태는 종업원의 지식과 정보를 활용하지 못하는 결과를 초래함으로써 지식경제에서 가장 중요한 기업의 혁신 역량을 위축시키는 결과를 초래하였다. 또한 노사 간 대립과 노동시장의 분절을 더욱 심화시키는 부작용도 빚어내고 있다. 이러한 부작용들은 우리 경제의 중장기적 발전을 지체시키는 결과로 이어지고 있는 것으로 보인다.

개혁의 가장 큰 부작용은 재벌 개혁으로부터 발생하였다. 재벌 개혁으로 다수의 재벌이 해체되거나 경제적 영향력이 축소되었으나 흔히 4대 또는 10대 재벌로 불리는 소수 대형 재벌은 재벌 개혁을 계기로 한 적극적 구조 개혁과 기술개발을 통해 국제경쟁력을 높이고 국내 경제 내 비중을 크게 확대하였다. 여타 경쟁 재벌의 영향력이 약해진 틈을 다수의 중소기업과 경제주체들이 아닌 이들 재벌이 독차지하였고 이들은 높아진 시장 지배력과 경제적 비중을 바탕으로 정치인 및 관료, 언론 등을 포획하여 우리나라의 경제는 물론 정치와 문화에 큰 영향력을 행사하였다. 그 결과 소수 재벌에 의한 경제 지배가 심화되고 시장경쟁이 약해져 기업의 기술혁신 및 신상품 개발 노력이 눈에 띄게 약해졌다. 아울러 재벌의 경제 성과 독점으로 각 경제 부문 간 양극화와 이로 인한 분열과 갈등이 심화되었으며 공정한 경쟁/협력에 바탕한 경제 진화가 저해되고 있다.

보다 근본적인 문제는 경제개혁의 여파로 다수 경제주체의 도전과 기업 설립 의지가 약화되었다는 점이다. 정부와 금융기관의 창업 지원 노력이 약화되었다. 실패 후 재도전할 수 있는 제도, 그리고 실패하더라도 생계는 최소한 보장하는 사회안전망이 적절히 보완되지 못하였다. 대기업의 시장 지배력 강화와 신자유주의 경제개혁으로 창업 관련 위험은 크게 높아졌다. 이제 창업과 재도전은 개인에게 너무 큰 모험이 되고 말았다.

외환위기 후의 경제개혁이나 향후의 경제개혁이 지향해야 할 목표는 세계경제의 발전 추세와 한국경제의 발전 단계를 고려할 때 지식경제를 구축하는 것이 되(었)어야 한다. 지식경제는 장기간에 걸친 연구개발 투자와 전문 인력 양성, 경영자와 종업원 간 자유로운 소통과 참여에 기반한 협력, 관련 기업 간 신뢰에 바탕한 유연한 이합집산과 협력을 필요로 한다. 이 때문에 외환위기 이후 한국 경제 운영 패러다임이 된 주주 중심주의, 그리고 노동자 배제적·집권적 기업 지배구조와는 조화되기 어렵다. 또한 우리 경제에서 자생적 혁신이 활발하게 일어나기 위해서는 경제적·사회적 협력과 경쟁이 촉진되어야 하며 이를 위해서는 사회 내 여러 구성 주체들이 상호 간에 대등한 협상력을 가져야 한다. 그러나 현재 우리 사회의 주요 구성 주체 간에는 협상력의 격차가 너무 크다. 협상력은 어떤 경제주체가 가진 기술이나 지식 등과 관련된 경쟁력보다는 해당 주체가 이미 보유하고 있는 자원 스톡의 규모에 의해 주로 결정된다. 우리나라와 같이 소수의 재벌이 압도적 자원 스톡량을 가진다면 이들이 협상력을 독점하여 경제 분야를 사실상 지배하고 정치나 문화적으로도 압도적인 영향력을 행사하게 된다. 결국 재벌 편향적 정책과 제도가 시행되어 여타 대다수 구성원들이 주요 의사결정에서 배제될 가능성

이 높다. 공정한 경쟁보다는 승자 독식의 사회질서가 확산되고 이로 인해 협력보
다는 갈등과 분열 그리고 소외가 늘어나면서 구성원 간의 활발한 경쟁/협력과 혁
신 그리고 경제발전이 더욱 어려워질 것이다.

인터넷 포털산업의 진화 사례

한국의 인터넷 포털산업은 이행기 중에 태동하여 급성장하였다. 동 산업은 대표적인 지식산업의 하나로서 자생적 차별화와 선택의 과정을 포함한 진화가 이루어졌다는 점에서 종전의 복제 기반 제조업의 진화와 다른 모습을 보였다. 또한 지식경제에서 BD가 진화하는 과정을 잘 보여주었다. 따라서 포털산업의 진화 과정은 향후 우리 기업 또는 지식산업이 진화하는 과정을 분석할 때 참고할 수 있는 좋은 사례이다.

성장 초기 포털산업에서는 발달된 인터넷 인프라를 바탕으로 다수의 기업이 등장하였다. 초기 산업이 으레 그러하듯이 다수의 중소·벤처기업이 진입하여 시장 선점을 위해 치열하게 경쟁하였다. 이 과정에서 기업 간 또는 BD 간 경쟁은 주로 서비스 내용을 둘러싸고 이루어졌다. 각 기업들이 새로운 제품기술에 기반해 새로운 서비스를 제공함으로써 BD를 차별화하는 데 힘썼다.

이러한 경쟁 속에서 몇몇 시장 주도 기업이 등장하고 이내 새로운 기업이 부상하는 등 산업이 매우 다이내믹하게 변화하는 모습을 나타내었다. 이는 차별화와 선택 과정이 활발하게 작동하였음을 의미한다. 다만 시간의 경과와 더불어 소수의 기업이 시장을 상당 비중 점유하면서 점차 안정적인 시장 점유를 유지하는 모습을 보이고 있다. 이는 그간의 차별화와 선택 과정이 어느 정도 마무리되고 시장 지배적 BD와 기업이 나타나 복제를 확대하고 있음을 의미한다.

2000년대 중반 들어 포털산업은 다음과 네이버 등 소수의 기업이 지배하는 산업으로 변모하였다. 특히 네트워크 효과로 인해 사용자 또는 소비자가 특정 기업의 특정 서비스에 고착되는 경향이 나타나면서 지식산업의 특성인 선발자 독점 및 수확체증적 경향이 강하게 나타났다. 그렇지만 향후 새로운 서비스로 무장한 사업자와 BD가 나타나 새로운 변화를 일으킬 가능성을 배제할 수는 없다. 포털산업에서는 제품 차별화가 경쟁의 주된 영역이고 따라서 새로운 서비스를 갖추어 차별화된 제품을 제공하는 사업자 또는 BD가 또 등장할 수도 있기 때문이다.

이하에서 동 산업의 발전 과정을 'S 자 산업 발전 주기 곡선'에 바탕해 살펴본다.

1. 기반조성기: 포털산업의 등장

1990년대 중반 들어 인터넷이 대중화되면서 다수의 사회 구성원들이 각종 네트워크를 통해 수많은 정보에 접근, 공유할 수 있게 되었다. 이에 따라 포털 서비스가 하나의 산업으로 발전하기 시작하였다. 인터넷 이용자들이 수많은 정보와 정보 사이트 중에서 각자의 필요에 맞는 정보를 효율적으로 검색할 수 있는 환경을 구축하는 것이 중요해졌다. 이러한 수요에 부응하여 수많은 사이트를 소개하고 찾기 쉽게 정리한 서비스가 인기를 얻으면서 검색업체들이 주요 포털로 등장하게 되었다.[24] MSN 등 소프트웨어업체가 만든 포털, 커뮤니티를 기반으로 한 포털 등이 포털 시장으로 진입하였다. 또한 PC 통신업체, 초고속 통신서비스 제공업체들도 포털 시장에 진출하였다.

포털 회사 설립 현황을 보면 1995년 2월 다음이 국내 업체 최초로 설립되었다. 1997년 9월 야후코리아, 1999년 5월 라이코스, 6월 네이버(삼성 사내 벤처), 10월 드림위즈, 11월 엠파스 등이 연이어 설립되었다. 하이텔, 유니텔, 프리챌, 네티앙, 천리안, 신비로 등도 가세하였다. 산업 발전 초기 포털업체들은 정보 검색과 디렉토리를 제공하는 서비스를 제공하였으며, 이 과정에서 사용자에게 노출되는 인터넷 광고를 통해 수익을 창출하였다. 이 시기에는 검색 서비스가 유일한 서비스였기 때문에 기업들은 검색엔진의 성능을 높이는 데 집중하였다. 당시의 검색 서비스는 디렉토리 분류를 통한 외부 사이트로의 링크 서비스를 집중 제공했다. 사이트 내부에서 제공되는 콘텐츠를 검색해내는 통합 검색 서비스는 실현되지 않았다.

여타 초기 산업과 마찬가지로 포털산업도 초기에는 다수의 사업자와 BD가 시장에 진입한 가운데, 서로 비슷한 PT에 충실한 제품 또는 서비스를 주로 창출하여 경쟁하였다.

---

24) 권남훈 외(2001), "인터넷 포털 비즈니스의 진화과정 및 경쟁구도", 연구보고, 01-18, 정보통신정책연구원.

2. 성장기: 산업으로서의 성장과 경쟁의 본격화

다수의 포털이 연이어 등장하면서 치열한 경쟁이 시작되었다. 한편으로는 인터넷이 점차 대중화되면서 이용자층이 초기 선도층에서 일반 이용자들로 확대되었고 그만큼 수익을 창출할 기회도 커졌다. 또한 웹 구현 기술이 빠르게 발전하여 포털사이트가 다양한 종류의 서비스를 제공할 수 있게 되었다. 이 과정에서 포털산업의 규모가 크게 증가하였다.

이러한 제 변화가 어우러지면서 포털사이트들은 사용자 확대를 위한 경쟁 전략을 바꾸어나갔다. 특히 보다 많은 사용자가 보다 긴 시간 동안 포털에 머물도록 하기 위해 포털업체들은 다양한 서비스를 개발하는 데 노력하였다. 다양한 사업자에 의해 무료 이메일과 뉴스, 게시판, 채팅 등의 서비스가 시작되었다. 뒤이어 커뮤니티, 블로그, 전자상거래 등의 다양한 서비스도 개발, 제공되었다. 포털산업에서의 진화알고리즘 작동, 즉 포털 간 BD의 차별화 과정과 소비자의 선호에 기반한 선택 과정이 활발하게 이루어진 것이다.

골드뱅크는 사용자에게 광고를 보는 대가로 금전적 보상을 제공함으로써 다수의 사용자를 확보하는 데 성공하였고 이를 통해 많은 투자자와 광고주를 확보하여 수익을 올렸다. 비슷한 시기에 다음은 사용자 확보를 위한 수단으로 무료 이메일 서비스를 선보였다. 다음은 국내의 인터넷 이용자 수가 160만 명 정도로 추산되던 1997년 국내 최초로 웹 기반 메일 서비스를 시작하여 1997년 3월 150만 명 이상의 사용자를 확보하는 등 대성공을 거두었다.[25]

고객을 확보하는 데 성공한 이 두 서비스의 공통점은 전혀 새로운 내용과 전달 과정을 지닌 서비스를 개발, 제공하였다는 점이다. 그 내용은 금전적 보상과 무료 이메일로 서로 다르지만, 고객이 만족할 만한 품질의 서비스를 제공하였다는 점에서 동일하다.

한편 다음의 무료 이메일 서비스는 사용자가 자발적으로 그 서비스에 고착되게 하는 효과가 있다는 점에서 골드뱅크의 서비스와 다르다. 한 번 만들어져서 사용되는 이메일 계정을 바꾸는 것은 쉽지 않다. 왜냐하면 이메일은 다른 사람과의

---

25) 오상조 외(2005), "인터넷 포털의 경쟁과 진화: 서비스 품질과 대인 상호작용 관점에서", 《한국콘텐츠학회논문지》, 5(4), 한국콘텐츠학회, p. 5.

관계 속에서 사용되기 때문이고 따라서 많이 사용할수록 바꾸기는 더 어려워진다. 이러한 맥락에서 다음의 무료 이메일 서비스 선점은 사용자를 확보하고 유지하는 데 큰 도움이 된 것으로 보인다.

이처럼 포털이 다양한 서비스를 갖추어감에 따라 그 기능이 점차 변화하였다. 포털 사이트가 이용자들이 정보 검색을 위해 잠시 거쳐 가는 단순한 기능을 가진 사이트에서 다양한 서비스를 사용하기 위해 인터넷에 접속하게 되는 주 방문 사이트로 변하게 된 것이다. 포털들 간의 경쟁도 더욱 치열해졌다. 다양한 부가 서비스를 먼저 제공하여 사용자 확보에 성공한 포털들이 등장하면서 포털들 간의 격차도 점차 커졌다. 이즈음에도 포털들의 주요 수익원은 인터넷 광고였다. 많은 포털들이 온라인 광고를 주 수익원으로 간주하였고, 방문자가 많이 모이는 포털들이 광고 점유율을 높일 수 있었다.

3. 성숙기: 산업으로서의 안정화와 시장 지배적 사업자의 등장

2000년 들어 인터넷 버블이 붕괴하면서 온라인 광고 성장률이 둔화되고 포털들도 광고 수익 감소로 어려움을 겪기 시작하였다. 마땅한 수익 모델이 없던 상태에서 유일한 수익원이던 인터넷 광고 시장마저 경쟁이 치열해지자 많은 포털들이 시장에서 사라지거나 모기업과의 통합 등 구조조정을 겪게 되었다. 일부 업체들은 다른 수익원을 찾기 위해 미디어 콘텐츠업체와 상거래를 지원하는 업체로 변모하기 시작했다. 이는 경쟁을 통한 적자 선별 메커니즘이 점차 강하게 작용하기 시작했음을 뜻한다.

치열한 경쟁 과정에서 일부 포털들은 혁신적인 서비스를 계속 개발하여 시장에서의 우위를 차지해가기 시작했다. 그런데 이러한 서비스들은 사용자 확보에는 긍정적 효과를 미쳤지만, 확보된 사용자를 유지하는 데에는 그리 성공적이지 않았다. 왜냐하면 경쟁자들이 새로운 서비스들을 쉽게 모방했기 때문이다. 따라서 포털이 BD로서 지속되기 위해서는 가치 있는 서비스의 제공을 넘어 사용자가 해당 포털의 서비스를 지속적으로 사용하게 만들어야 했다. 즉, 이제 포털 간 경쟁의 핵심은 어떻게 사용자를 유지할 것인가에 모아졌고 이의 최대 관건은 임계 수준 이상의 사용자(critical mass)를 확보하고 이들 사용자 간의 자발적인 상호작용을 활성화하여 '네트워크 효과'를 창출하는 것이었다.

　이러한 맥락에서 커뮤니티 서비스가 매우 중요해졌다. 적정 규모 이상의 사람이 모여 형성된 커뮤니티 속에서 이뤄지는 자발적인 상호 소통은 긍정적 피드백을 통해 사람들을 해당 포털에 고착시키는 효과를 창출한다. 따라서 이제 포털들은 커뮤니티 서비스를 개발하는 데 집중적으로 노력하기 시작하였다. 특히 네트워크 효과는 승자 독식의 성격이 강해 선발자가 시장을 선점하면 후발자가 비록 더 나은 방법을 개발하더라도 침투하기 어려운 특성이 있기 때문에 경쟁은 더욱 치열해졌다. 이러한 포털의 성격 변화는 네트워크 산업 또는 지식산업의 특성에 부합하는 변화이기도 했다.

　2000년대 초반 네트워크 효과가 강한 새로운 서비스를 제공함으로써 성공한 BD의 예로 다음의 카페 서비스, 싸이월드의 미니홈피 서비스, 네이버의 지식iN 서비스가 있다. 다음은 선도적 이메일 서비스를 통해 적정 규모 이상의 사용자들을 확보한 후 이들의 포털 내 체류 시간 확대를 목적으로 한 카페 서비스를 1999년 시작했다. 카페 서비스는 포털 내부에 카페 이용자들이 자발적으로 상호작용할 수 있는 공간을 마련해주어 비슷한 관심사를 가진 사용자들이 자발적으로 카페를 만들고 계속 참여하여 발전시키도록 유인하였다. 따라서 이메일 서비스와 달리 네트워크 효과를 통해 포털 사용자들이 계속 사이트에 머물러 있도록 유인하는 장점을 가졌다. 다음은 무료 이메일 서비스를 통해 확보한 사용자들이 카페 서비스를 이용하도록 여러 종류의 인센티브를 제공하였다.

　그 결과 많은 이메일 서비스 사용자들이 카페 내 각 커뮤니티에 관심을 갖게 되었고 상호 간의 긍정적 피드백을 통해 카페가 자생적으로 발전했다. 2004년 1월 기준 다음에는 380만 개의 커뮤니티가 있었다. 커뮤니티당 가입자가 평균 96명에 이르며, 10만 명이 넘는 커뮤니티도 있었다.[26]

　싸이월드는 미니홈피라는 혁신적인 서비스를 제공함으로써 포털 시장을 변화시켰다. 2004년 9월 기준 가입자가 천만 명을 넘었고 페이지뷰를 기준으로 포털 중 1위를 차지하기도 했다.[27] 미니홈피 서비스는 블로그의 한국판이라고 할

---

26) 오상조 외(2005), 앞의 글, p. 6.

수 있는데, 커뮤니티 서비스가 제공하던 대인 상호작용을 보다 개인적인 공간에서 가능하게 만들었다는 특징이 있다. 열려 있는 개인적 공간이면서도 일촌맺기 등 대인 상호작용을 위한 기능도 제공하였다. 이에 힘입어 사용자 사이의 긍정적 피드백, 즉 네트워크 효과가 발생하고 사용자를 싸이월드에 고착시키는 성과를 거둘 수 있었다.

네이버의 지식iN 서비스는 검색이라는 포털 최초의 기능에 여러 가지 궁금한 사안에 대한 지식과 정보를 사용자 간에 자발적으로 교류할 수 있는 공간을 부가한 서비스이다. 이를 통해 다수의 사용자를 유치하고 또 이들 간의 상호작용을 유도함으로써 큰 네트워크 효과를 창출할 수 있었으며, 이는 결국 네이버가 포털산업 내 1위를 차지하는 원동력이 되었다. 지식iN 서비스의 특징은 우선 능동적인 사용자뿐 아니라 수동적인 사용자까지 수용하였다는 점이다. 수동적인 사용자들은 검색 사이트를 통해 정보나 지식을 요청해 답변을 얻는 사람들을 말한다. 따라서 정보 검색에 익숙하지 않았던 사람들도 검색 서비스를 활용할 수 있게 되어 사용자층이 확대되었다. 또한 지식iN 서비스는 정보에 그쳤던 검색 결과를 지식 수준으로 향상시켰다. 지식 검색을 통해 얻은 답변은 단순한 정보를 넘어 답변자 개인의 지식이 포함된 형태로 제공되었다. 이에 따라 서비스의 유용성이 높아졌고 사용자가 크게 늘어났다. 또한 이 서비스에서는 쌍방향 상호작용과 플랫폼의 효과가 본격 발휘되고 있다. 지식iN 서비스는 질문자와 답변자 간의 상호작용에 의해 만들어지며, 네이버는 이들 간의 상호작용이 보다 편리하고 활발하게 이루어질 수 있도록 플랫폼을 개선하는 데 주력하였다. 이에 따라 사용자끼리의 상호작용이 증가하면서 네트워크 효과가 본격 발휘되었다. 2006년 11월 기준 지식iN에는 하루에 약 3만 5,000개의 질문, 5만 3,800개의 답변이 올라왔고 총 5,195만 개의 지식 iN 데이터베이스가 구축되어 있었다. 네트워크 효과가 본격화되면서 네이버의 포털시장 점유율도 크게 높아졌다.[28]

이처럼 포털이 다양한 콘텐츠와 서비스를 갖추어 종합적인 서비스 사이트로 변모함에 따라 포털 사이트는 종전의 정보 검색 서비스 중심에서 벗어나 다양한

27) 오상조 외(2005), 앞의 글, p. 6.
28) 박철순 외(2007), "인터넷 포털산업의 재편: 네이버의 전략적 혁신", ≪Korea Business Rewiew≫, 10(2), 한국경영학회, p. 120 재정리.

서비스를 종합적으로 제공하는 최종 목적지로 정착하였다. 다양한 부가 서비스를 먼저 제공하여 사용자 확보에 성공한 포털들이 등장하면서 포털들 사이의 격차도 점차 커졌고 다수의 포털들이 도태되면서 유력한 소수의 포털이 시장을 독과점하게 되었다. 이는 곧 포털 산업이 성숙 단계에 들어서고 시장 지배적 사업자가 등장하였음을 뜻한다.

02 | 시대별 진화 성과

여기서는 각 시대별로 경제시스템이 당시의 적합도함수에 적합하게 조정되고 시스템의 진화 원리에 맞게 작동하여 적절한 진화 성과를 거두었는지 살펴본다. 이러한 과정의 성패는 제 I 부 2장에서 소개한 바와 같이 다음 4가지에 의해 주로 결정된다.

첫째, 경제시스템이 적합도함수, 즉 천연자원 등의 자연 환경, 사회 구성원의 욕구 등의 사회 환경, 세계경제·지정학적 환경과 국내외 경쟁 상황 등에 정합하게 구성되었느냐 여부이다. 이는 경제시스템이 시스템 내 경제주체들의 요구를 효과적으로 수용할 수 있도록 최대한 포용적이야 하며 아울러 경제시스템이 충분히 개방적이어서 경제 환경이 제공하는 기회와 제약에 신속히 적응할 수 있어야 함을 뜻한다. 경제시스템의 포용성을 나타내는 척도로는 각 사회계층의 정치경제 활동 참여도, 계층별 부·소득 분배 지표가 있다. 개방성은 경제의 수출입 의존도, 국내 실물 및 금융시장의 개방도 등의 지표로 측정할 수 있다.

둘째, 경제시스템 내 각 진화 인자와 경제주체의 진화 잠재력이 어느 정도 향상되었느냐이다. 즉, PT 등 진화 인자의 진화 잠재력이 얼마나 큰지, 각 경제주체의 전문성 및 사회의 다양성이 얼마나 높은지, 그리고 상호 간 경쟁/협력의 역량이 얼마나 높은지 정도가 중요한 척도가 된다. 이는 각 개인의 교육 수준과 기업의 전문성 증진 정도, 그리고 경제시스템 내 상호주의적 규칙과 비인격적 신뢰의 확산 정도 등으로 측정할 수 있다. 한편 PT·BD와 경제주체의 진화 잠재력 향상은 ST의 영향을 크게 받는다. 포용적이며 강한 상호주의 규칙을 갖춘 ST가 PT·BD 개발을 위한 각 경제주체의 노력을 강화하며 경제주체 스스로의 경제활동 참여, 경쟁력과 협력 역량을 높이도록 유인하기 때문이다.

셋째, 경제시스템 내 여러 구성원 간 다각적 상호 관계의 형성과 상호작용 증진 정도, 즉 경제주체 상호 간 경쟁/협력이 실제로 얼마나 활발하였느냐이다. 경제시스템은 경제주체 간 경쟁/협력과 이를 통한 시너지 창출을 중요한 진화 원천으로 삼는다. 따라서 경쟁과 협력의 원활화를 통해 새로운 진화 인자를 효과적으로 창출하는 것이 매우 중요한 과제라고 할 수 있다. 이것은 시장경제 시스템의 핵심 경쟁 장치인 시장이 소비자 후생 증대를 위해 얼마나 잘 작동하고 있는가, 그리고 핵심 협력 장치인 기업이 순조롭게 늘어나고 효과적으로 운영되느냐에 좌우된다. 정부도 시스템 전반의 경쟁과 협력을 유지하는 주체로서 중요한 역할을 한다. 경쟁의 경우 시장화 정도를 나타내는 지표, 즉 경제시스템 내에서 시장경쟁의 정도와 경제 운영의 민간 주도성 정도 등으로 측정할 수 있다. 협력의 경우 조직화 정도를 나타내는 지표, 즉 기업 수의 증가 정도, 기업 지배구조의 적합성 등으로 측정할 수 있다.

한편 시장메커니즘, 기업 등의 경제제도는 경제적 이익을 목적으로 조직되며 따라서 강한 상호주의에 기반했을 때 제 경제주체 간 다각적 경쟁/협력 관계를 순조롭게 창출할 수 있다. 강한 상호주의 규칙이 경제주체 간 상호 관계/작용의 기본 원리로 실천되었을 때 경제주체 간 경쟁/협력이 극대화될 수 있다.

넷째, 경제시스템의 각 구성 요소 간 정합성이 어느 정도 확보되었느냐이다. 무엇보다 진화 인자인 PT, ST, BD가 상호 정합하여야 한다. 경제시스템이 경제 환경과 정합(이는 경제시스템이 포용성과 개방성을 갖추었음을 뜻한다)하여야 함은 물론, 시스템 내에서도 여러 요소, 특히 진화 인자 사이에 조화가 이루어져야 한다. 그래야 선순환이 발생하면서 경제시스템의 진화가 원활해진다. 이는 진화 인자 사이의 정합도, 즉 PT, ST, BD 간 정합성 그리고 정치·경제·문화 ST 간 정합성 정도 등에 의해 주로 결정된다.

한편 경제시스템의 진화 역량의 향상 정도, 즉 진화 성과를 측정하는 경제 지표로는 경제성장률이 가장 현실적인 척도가 될 수 있다. 시대별 경제시스템이 시스템의 진화 원리에 맞게 조직되고 작동하여 새로운 진화 인자가 활발하게 창출되었을 때 경제주체의 참여와 상호 간 경쟁/협력이 향상되어 생산요소의 축적이 촉진되고 생산성도 빠르게 향상되면서 경제성장이 이루어지기 때문이다.

물론 경제성장률과 진화 성과가 같지는 않다. 발전연대 이래 한국경제시스템은 선진국 진화 인자를 모방하고 값싼 생산요소를 대규모로 투입하는 경제성장 방식에 주로 의존해왔는바, 이는 자생적 진화 역량의 향상 정도보다 경제성장률을 더 높이는 측면이 강하였다. 이 원인은 첫 번째, 발전연대 이래 한국경제시스템의 진화 방식이 외생적 진화 방식에 주로 의존한 것이었다는 점이다. 경제시스템의 진화 인자는 두 가지 원천에서 나온다. 하나는 시스템 내에서 자생적 또는 내생적으로 생성하는 것이고, 다른 하나는 시스템 밖에서 복제하는 것이다. 발전연대 중 한국경제시스템은 주로 선진국 진화 인자의 복제에 바탕하여 진화하였기 때문에 진화의 원천이 외생적이었다. 외생적 진화는 진화에 필요한 시간과 노력을 대폭 단축할 수 있어 매우 효율적인 진화 방식이고 경제성장률을 단시일 내에 높이기도 한다. 하지만 자생적 진화 역량을 개발하는 데에는 큰 도움이 되지 않는다. 또한 조만간 복제 대상의 고갈 또는 후발 복제자와의 경쟁 등에 직면하게 되고 따라서 지속가능성이 낮다. 이행기 한국경제시스템의 진화 정체와 경제성장률 하락의 주 원인이 바로 발전연대 이래의 진화 인자가 주로 외생적으로 창출된 것이었다는 점이다.

두 번째로, 물적 자본이나 노동력의 축적과 같은 생산요소의 투입 증가에 기반한 경제성장 방식도 진화 성과보다 경제성장률을 높게 만드는 요소가 될 수 있다. 생산요소의 축적은 생산량 증가와 경제성장에 크게 기여하지만 그 자체가 진화 인자의 창출이 아니며 특정 진화 인자를 복제한다는 특성을 갖고 있다. 또한 유망한 진화 인자의 뒷받침 없이는 지속적인 생산요소 축적이 불가능하다. 그런데 발전연대 중 한국경제시스템은 외국 기계설비를 대규모로 도입하고 저생산성 농업 부문으로부터 고생산성 제조업 부문으로 노동력을 이동시키는 것 등을 통해 제조업 부문에서 생산요소를 빠르게 축적하였고 이는 생산성 향상과 경제성장에 크게 기여하였다. 이처럼 특정 진화 인자의 대규모 복제가 경제성장을 가져오는 방식이었기 때문에 경제성장에 비례해 진화 역량이 향상되지 않는 특성이 있었던 것이다. 게다가 외국 기계설비의 도입을 통한 물적 자본 축적과 경제성장의 상당 부분은 외국 PT의 복제에서 나온 것이며, 제조업으로의 노동력 이동 역시 선진국

PT와 BD를 복제하는 부문으로의 생산요소의 이동으로 볼 수 있다.

이처럼 차별화 기반 자생적 진화보다 복제 기반 외생적 진화에 주로 의존하는 경제성장 방식은 단기적으로 진화 역량 향상 정도를 넘는 경제성장을 가져올 수 있고 그만큼 경제성장률과 진화 성과 간 괴리를 낳는 측면이 있다. 그러나 이러한 한계에도 불구하고 경제성장률은 경제시스템의 진화 정도를 측정하는 가장 중요한 지표이다. 이 장에서는 선행 연구를 바탕으로 시대별 경제성장률을 생산요소의 축적과 생산성의 향상으로 나누어 살펴본다.

1. 기반조성기

기반조성기 한국경제시스템은 자본주의 시장경제 시스템이라기보다는 자급자족적 농업경제 시스템에 가까웠고 그에 적합한 PT와 ST를 도입하여 약간의 시스템적 정합성을 확보하였다. 이승만 정부는 출범 초기 농지 개혁을 실시하였으며, 이는 전 취업자의 80% 내외를 차지하는 농민의 생계 기반과 생산 의욕을 크게 향상하였다. 한국전쟁 종전 이후에는 도시화 진전, 생존 욕구 관련 생활필수품 수요의 증가 등에 힘입어 생활필수품 관련 경공업, 건설업이 발전하기 시작하였다. 다만 자급자족적 농업의 특성과 우리나라 농지의 산간지형적 특성 그리고 농지 개혁에 따른 가계별 경지 면적의 축소 등으로 농업 관련 PT와 BD의 진화는 제한될 수밖에 없었다.

ST 역시 정체 상태를 벗어나지 못했다. 촌락 공동체 기반 농업사회의 특성, 정치의 독재화와 민간 부문의 역량 부족 등으로 시장의 확산과 기업 및 여타 경제조직의 증가가 미흡했고, 각 계층별 사회단체, 정당 등 각종 사회조직의 결성과 이를 통한 사회구조의 다원화가 부진했다. 그 결과 광범위한 사회적 참여와 신뢰, 공정하고 자발적인 경쟁/협력의 확산과 새로운 진화 인자의 창출, 한국경제시스템의 민주자본주의적 발전을 추구할 수 있는 ST의 개발에는 사실상 실패했다. 예외적으로 한국전쟁 이후 인구가 증가하기 시작하고 의무교육이 확립되어 이후 경제발전에 최대의 자산이 되었던 양질의 노동력이 축적되었다. 생활필수품 제조업을 중심으로 기업 수도 늘었다.

이를 4개 시스템 진화 원리별로 살펴보자.

가. 경제시스템의 환경 적합성

한국경제시스템은 건국과 함께 제도적 틀을 갖추었으나 남북 분단과 한국전쟁 등으로 매우 취약한 상태에 머물렀다. 특히 전쟁까지 수반한 극심한 체제 경쟁, 일제강점기 경험 등으로 인한 대외적 고립과 민족주의적 정책은 시스템의 포용성과 개방성을 낮추는 요인으로 작용하였다.

포용성을 보면 초기에는 헌법에 의한 민주자본주의 정치경제 질서의 수립 등으로 형식적으로는 양호하였다. 당시의 가장 중요한 조치 중 하나였던 농지 개혁은 대다수 국민에게 생계의 기반을 제공하고 경제활동 의욕을 고취함으로써 생존 욕구 충족과 경제발전에 매우 중요한 역할을 하였고 이를 통해 경제시스템의 다수 이익 포용성을 크게 높였다. 그러나 한국전쟁 이후 이승만 정권은 남·북한 간 대치를 빌미로 독재 체제를 수립해나가고 경제도 시장보다는 정부가 주도하는 방식으로 운영하였다. 그 결과 농업협동조합, 노동조합, 시민단체 등 각종 민간 협력체의 증가가 제한되어 다양한 사회계층별 조직화와 사회구조의 다원화가 후퇴하였고 이로 인해 민주자본주의 체제의 포용성 제고 효과가 제대로 발휘될 수 없었다. 특히 독재정치와 생존 욕구 충족의 시급성 등으로 개인들의 관계 욕구 충족은 배제되었다고 할 수 있다. 참고로 당시의 노동소득분배율을 보면 완만하게 상승하는 추세를 보였다. 이는 기업과 취업자 수의 증가에 주로 힘입은 것으로 보인다. 결과적으로 기반조성기 중 경제시스템의 포용성은 농업 분야에서의 포용성의 획기적 증대와 여타 부분에서의 배제성 지속이 병존하면서 중간 정도의 개선에 머물렀다고 할 수 있다.

포용성이 부족했으므로 파괴적 혁신을 수용할 수 있는 시스템의 역량은 거의 향상되지 않았다. 건국 당시 민주자본주의 헌법 질서를 도입해 구시대 질서를 전면 혁신한 이후에는 이렇다 할 정치경제적 혁신이 사실상 없었고 오히려 정치가 독재 체제로 변질되어 정부 우위의 수직적 사회질서, 집권적 기업 구조와 획일적 사회 문화 등 배제적 질서로 퇴행하였다.

표 Ⅱ-35				기반조성기 중 노동소득분배율 추이					

(%)

연도	1953	1954	1955	1956	1957	1958	1959	1960	1961
노동소득분배율	27.3	32.7	31.7	29.9	31.3	35.2	40.0	38.4	35.5

자료 : 한국은행(국민계정).

기반조성기 경제시스템의 대외적 개방성은 정치적·경제적 요인이 겹치면서 매우 낮았다. 일제강점기 경험에 따른 배일주의, 냉전체제의 성립으로 인한 대륙과의 외교 단절 등 지정학적 고립이 근린 국가들과의 통상을 단절시키고 경제의 개방성을 낮추는 요인으로 작용하였다. 정부는 경제정책 면에서 수입 대체 공업화를 추구하였다. 이에 따라 수출 확대보다는 수입 억제에 정책의 초점이 맞추어졌다. 한편 국민들의 생존 욕구 충족을 위해 생활필수품 생산에 필요한 농업과 경공업 그리고 사회간접자본 구축 등 국내 경제 기반을 마련하는 것이 시급했던바, 이에 따라 자급자족적 특성이 강한 농업이 중심 산업이 되고 수출산업이 원활히 발전하지 못했다. 국내 기업은 수출시장에 참여할 필요나 여력이 많지 않았고 외국 기업은 국내시장에 진출할 유인이 크지 않았다.

결과적으로 이 당시 한국경제시스템은 미국에 절대적으로 의존하면서 인근 동남아국가 등과 소규모로 거래하는 수준에 머물렀다. 이에 따라 아래 표에서 보듯이 기반조성기 중 한국경제의 대외 의존도는 10% 초반 수준에서 머물렀다. 다만 낮은 개방성이 국민의 기초 생계 보장과 사회 인프라 구축 등이 시급한 기반조성기였다는 점에서 불가피한 측면이 있었다. 낮은 경제발전 수준과 낮은 대외 개방도로 인해 한국경제시스템의 글로벌 스탠더드와의 정합성도 높지 않았다.

표 Ⅱ-36				기반조성기 중 경제의 대외의존도(수출입액/GDP 비율) 추이					

(%)

연도	1953	1954	1955	1956	1957	1958	1959	1960	1961
수 출	1.7	1.0	1.3	1.2	1.2	1.5	1.9	2.6	4.0
수 입	9.7	7.2	9.9	13.1	11.5	10.3	9.8	12.0	14.0
합 계	11.4	8.2	11.2	14.3	12.7	11.8	11.7	14.6	18.0

자료 : 한국무역협회(국가별 수출입 통계), 한국은행(국민계정) 자료를 이용하여 산출.

나. 진화 인자와 경제주체의 진화 잠재력 향상

기반조성기 중 한국경제시스템의 진화 잠재력은 크게 개선되지 못하였다. PT의 진화가 기존의 것을 복제하는 수준에 머물고, ST 역시 새로 도입된 민주주의와 자본주의에 걸맞게 바뀌지 않으면서 개인과 기업 등의 경쟁/협력 역량을 빠르게 향상시키지 못했다. 예외적으로 의무교육이 정착하여 공교육이 빠르게 확대되면서 노동력의 질이 향상되고 인구가 1950년대 후반부터 증가하면서 관련 진화 잠재력이 뚜렷이 확충되었다. 이를 부문별로 살펴본다.

기반조성기 PT의 진화 적합성을 보자. 당시 한국경제시스템은 농업경제의 특성이 강했는데, 농업 부문에서 PT의 발전은 전통적 농업 기술의 복제와 개별적 개량에 그쳤다. 농지 개혁 등으로 취업자의 대부분을 차지하던 농가의 생산 증대 인센티브가 강화되고 이에 따라 농민들의 노동 활동이 증가하였다. 그러나 영농 면적의 협소, 농업의 자연 의존적 특성 때문에 농업 PT의 진화 잠재력이 크지 않았고 실제 생산성 증가 폭도 낮은 수준에 머물렀다.

제조업 등 현대적 산업 관련 PT의 경우 전문성과 복합성이 초창기 수준에 머물러 있었기 때문에 생산성 향상 및 발전 정도가 크지 않았다. 우선 과거 기술을 독점하고 있던 일본인의 철수, 외국 기술 도입의 부족 등으로 PT가 광복 이전 수준을 회복하는 데에서 크게 나아가지 못하였다. 둘째, 기업 수가 많지 않고 시장의 확산과 시장 내 경쟁도 낮은 수준에 그쳐, 기술발전의 압력이 경쟁시장을 갖춘 국가들에 비해 높지 않았다. 또한 소비자 선호가 생활필수품에 집중되어 있어 관련 경공업을 제외한 여타 산업의 경우 시장 수요 기반이 부족하였고 따라서 관련 PT 수요도 크지 않았다.

PT의 진화는 주로 복제를 통해 이루어졌다. 농업은 전통적 기술을 재활용하거나 소폭 개량하는 수준에 그쳤다. 경공업 등에서는 관련 기초과학과 기술이 낮은 수준에 있었기 때문에 차별화, 선택을 거치는 자생적 PT 개발보다는 일제강점기 PT의 재활용 또는 미국 등 선진국의 PT를 복제하는 데 집중하였다.

경공업 및 건설업 등과 관련된 PT의 발전은 초기에는 느렸지만 한국전쟁 이후 시간 경과와 더불어 빨라졌다. 초기에는 일제강점기 중 기술의 복원 등 복제가 중심이 되었으나 3백산업 등 경공업 기술은 점차 독자적 진화 역량을 갖추고 수출에 나설 수 있을 정도로 발전하였다. 이에 힘입어 제조업이 빠른 성장세를 지속하였다. 전통적 서비스업도 비교적 높은 성장률을 나타냈다.

| 표 II-37 | 기반조성기 중 산업별 GDP 성장률 추이 | | | | | | | |

(%)

연도	1954	1955	1956	1957	1958	1959	1960	1961
농림어업	8.7	2.1	-5.7	9.7	8.2	0.1	-1.4	15.0
광업	-9.1	11.3	2.6	29.7	3.4	16.2	25.7	6.0
제조업	13.9	17.7	16.2	8.5	10.5	10.0	7.1	5.5
전기, 가스 및 수도업	26.6	-0.4	15.1	15.3	24.9	18.2	-1.8	6.8
건설업	22.7	-0.2	-7.1	25.0	2.4	21.3	-1.9	9.6
서비스업	3.8	6.0	4.0	6.7	3.5	7.2	2.9	0.9
(전통적 서비스)[1]	5.1	10.8	6.2	13.4	6.9	13.1	3.2	-3.3
(현대적 서비스)[2]	2.0	3.0	1.0	0.0	-1.0	1.3	1.4	3.1
전 산업	7.2	5.8	0.7	9.2	6.5	5.4	2.3	6.9

주: 1. 도소매 및 음식숙박, 운수 및 보관, 문화 및 기타 서비스.
　　2. 금융보험, 부동산 및 임대, 정보통신, 사업 서비스, 공공행정 및 국방, 교육, 보건 및 사회복지.
자료: 한국은행(국민계정, 경제활동별 실질 GDP).

기반조성기 중 적절한 ST를 통한 경제주체의 진화 잠재력 향상, 즉 경쟁/협력 역량의 확충은 주로 개인을 중심으로 이루어졌으며 기업과 정부의 경우 향상 정도가 높지 않았다.

우선 경쟁 역량의 경우, 개인의 자유와 평등 그리고 사유재산권과 자유로운 기업 설립 등을 보장하는 민주주의와 자본주의의 도입, 의무교육 정착과 고등교육의 확대 등으로 개인의 지적 역량과 전문성이 확충되고 사회적 성취 동기가 다소 향상되었다. 특히 교육은 유교의 교육 중시 전통의 영향, 의무교육 제도의 정착과 공교육 체제의 정비가 맞물리면서 급속하게 향상되었다. 다만 학교 및 정부의 역량 부족으로 과학기술 관련 교육은 미흡한 수준을 벗어나지 못했다.

기업은 독자적 기술개발과 종업원 교육 등을 실시할 여력이 부족하였다. 아울러 주 산업인 농업의 가족 공동체적, 자급자족적 특성과 현대적 시장 확충 제한, 기업 수의 과소 등으로 시장을 매개로 한 기업 간, 농가 간의 경쟁이 크게 높아지지 않았고 이것이 기업의 전문화와 다양화 노력이 부진한 하나의 원인이었다. 다만 역량 있는 기업가와 귀속 기업을 기반으로 대기업이 탄생하는 등 일부 기업의 경쟁 역량이 점차 향상되었다.

| 표 Ⅱ-38 | 기반조성기 중 각급 학교별 학생 수 추이 | | |

(천 명)

연도	초등학생	중학생	고등학생
1945	1,373	10	-
1950	2,658	381	-
1955	2,947	480	268
1960	3,621	529	273

자료 : 한국경제 60년사 편찬위원회(2010), ≪한국경제 60년사 Ⅴ. 사회복지·보건≫ 표 5-1, 2, 3.

협력 역량의 향상은 민주자본주의 체제의 도입에도 불구하고 전반적으로 정체되었다. 경제 분야에서 자급형 농업이 주력 산업이고 가계가 지배적 경제주체임에 따라 연고가 없는 다수 경제주체 간 광범위한 협력이 이루어지기 어려웠다. 촌락 공동체적 농경사회와 유교의 인격적 신뢰 기반 문화도 모르는 개인 간의 비인격적 신뢰에 기반한 공정한 거래와 상호 협력이 확산되기 어려운 사회 분위기를 조성했다. 나아가 독재정치의 등장, 정부 우위의 경제 질서 형성 및 정경유착 확산, 정부와 기업의 집권적 지배구조 등으로 시민성의 향상이 부진한 한편 개인 간 상호 존중과 비인격적 신뢰·협력의 확산이 제한되었다. 이에 따라 수평적·상호주의적 거래 질서와 성과 분배 규칙이 확립되지 못하고 협력 친화적 태도와 문화가 확산되지 못하였다.

다. 경제주체 간 상호 관계와 작용의 증진

앞서 본 것처럼 기반조성기 중 경쟁/협력 역량의 향상이 부진함에 따라 시장화와 조직화를 통한 경제주체 간 경쟁/협력의 상호작용 증진 정도는 전반적으로 낮았다. 공정한 규칙에 기반한 거래, 사회적 투명성과 광범위한 비인격적 신뢰에 바탕한 참여가 부족하고 이로 인해 경제시스템 내 경쟁/협력이 순조롭게 발전하지 못하였다.

우선 시장화의 측면에서 보면, 경쟁도와 민간 주도성 모두 낮은 수준에 머물렀다. 농업의 비시장적 특성, 낮은 도시화 및 소득 수준과 이에 따른 자본주의적 이윤 추구 기업의 확산 미흡 등으로 시장화가 제한되었다. 이는 경쟁의 확산 부진으로 이어졌다. 표 II-39에서 보듯이 인구 1만 명당 기업 수는 1955년까지 해방 직전과 비슷한 수준에 머물렀고 이후 순조롭게 증가하였으나, 절대 수준은 매우 낮았다. 정부 우위의 사회구조와 문화, 정부의 원조 자금 및 은행 통제와 귀속재산 불하 등에 기반한 생산요소 시장 통제 등으로 경제 운영의 민간 주도성도 낮은 수준에 머물렀다.

표 II-39	기반조성기 중 인구 1만 명당 기업 수 추이			
연도	1944	1955	1960	1966
인구수(만 명) <A>	2,512	2,150	2,499	2,916
기업 수(백 개) <B>	67.2	67.6	129.9	202.2
인구 1만 명당 기업(개) <B/A>	2.7	3.1	5.2	6.9

자료: KOSIS 통계청(총조사인구), 한국경제사의 재해석 전체 회사 수.

기업 확산의 부진은 시장에서의 경쟁 부진으로 이어졌다. 기반조성기 중 CR3는 50% 전후의 높은 수준을 유지하였다. 기업 수가 많지 않은 가운데 귀속기업 등 일부 대기업이 주요 시장을 독과점하였다.

표 II-40	기반조성기 중 CR3 추이		
연도	1955	1958	1961
CR3	55.7	47.5	46.2

자료: 한국산업은행 〈1960년도 광업 및 제조업사업체조사 종합보고서〉 자료를 이용하여 산출.

이러한 낮은 경쟁과 민간 주도성 부족은 경제시스템 내 조직화의 부진으로 이어졌다. 기반조성기 중 조직화 수준을 보면 기업의 설립과 지배구조의 적합성 모두 낮은 수준에 머물렀다. 농업 중심의 경제구조, 인격적 신뢰 기반의 유교 윤리 등으로 인해 비인격적 협력의 기반이 미흡한 가운데 정치 우위의 사회질서와 일반 국민의 이윤 및 부의 추구를 위한 경제활동 의지·인식 부족 등도 겹치면서 자본주의적 기업 및 기타 조직의 설립이 사회 전반에 확산되지 못했다.

조직 내 구성원 간의 굳건한 신뢰와 원활한 참여와 협력을 이끌어내는 지배구조도 적절하게 구축되지 못하였던 것으로 추정된다. 이는 정부와 민간 기업 모두에서 그러했는데, 그 원인은 유교와 일제 강점기의 수직적 사회관과 집권적 조직 지배구조가 온존된 데 주로 기인한다.

기반조성기 중 조직화 추이를 표 II-41의 통계를 통해서 살펴보자. 동 기간 중 사업체 수는 증감이 교차되거나(보건사회부 통계 기준) 발전연대에 비해 낮은 증가세(김두얼 추정 자료 기준)에 머물렀다. 전체 회사 수는 한국전쟁 이후 1957년까지 20% 내외의 비교적 활발한 증가를 보였으나, 이후 해산 회사 수의 증가, 정치의 불안정과 함께 증가세가 뚜렷이 둔화되었다. 이러한 증가는 제조업체가 증가한 데 주로 힘입은 것으로 보인다. 그러나 기반조성기 후반 들어서의 사업체 수 증가를 BD의 본격적인 진화라고 보기는 어렵다. BD의 내용이 생활필수품에 집중되어 있었던 데다, BD의 절대수가 워낙 작아서 높은 증가세를 보일 수 있었던 측면이 있기 때문이다. 이와 같은 사업체 수 증가와는 별도로 퇴출되는 사업체가 꾸준히 발생하였다. 이는 당시의 국내 정세 격변 등으로 사업 환경이 크게 변동하였던 데 주로 기인한 것으로 보인다.

표 II-41	기반조성기 중 회사 수 및 증감률 추이			
				(개, %)
연도	전체	신설	해산	제조업
1953	4,703(-)	n.a	n.a	n.a
1954	5,648(20.1)	1,162(-)	217(-)	n.a
1955	6,765(19.8)	1,217(4.7)	100(-53.9)	8,810
1956	8,264(22.2)	1,649(35.5)	150(50.0)	n.a
1957	9,743(17.9)	1,605(-2.7)	126(-16.0)	n.a
1958	10,833(11.2)	1,471(-8.3)	381(202.4)	12,971
1959	12,100(11.7)	1,515(3.0)	248(-34.9)	n.a
1960	12,985(7.3)	1,190(-21.5)	305(23.0)	15,204
1961	13,777(6.1)	1,335(12.2)	543(78.0)	n.a
평균 증감률 (1953~1961)	14.3	2.0	14.0	n.a

주: ( ) 안은 직전 연도 대비 증감률.
자료: 김두얼(2017), ≪한국경제사의 재해석≫ 부표 3-2, KOSIS.

표 II-42	기반조성기 중 산업별 기업체 수 추이		

(개, %)

연도	1956	1958	1960
농림어업	457(7.0)	468(7.7)	616(9.6)
광업	120(1.8)	110(1.8)	136(2.1)
제조업	4,142(63.4)	3,773(62.1)	3,548(55.0)
건설업	90(1.4)	100(1.6)	81(1.3)
전기가스 및 수도업	70(1.1)	65(1.1)	132(2.0)
서비스업	1,727(26.4)	1,621(26.7)	2,067(32.1)
전 산업	6,536(100.0)	6,072(100.0)	6,448(100.0)

주: ( ) 안은 구성비.
자료: 보건사회부 노동국(산업별 사업체 및 종업원 수).

기업 설립 부진의 영향으로 취업자 수도 완만하게 늘어나는 데 그쳤다. 기반
조성기 중 제조업 취업자 수는 40만 명, 서비스업 취업자 수는 120만 명 내외에
머물렀다. 반면 농림어업 취업자 수가 7백만 명 내외로 전체 취업자의 80% 정도
를 차지하였다. 기반조성기 중 한국경제시스템은 대다수 국민이 농촌에 거주하면
서 농림어업에 종사한 농업 경제였던 것이다. 그러나 동 산업 취업자의 상당수는
제조업 등의 고용 능력 부족으로 농촌에 남아 있는 유휴 노동력, 즉 잠재 실업자
라고 할 수 있다.

표 II-43	기반조성기 중 산업별 취업자 수 추이				

(천 명, %)

연도	1957	1958	1959	1960	1961
농림어업	6,376(78.9)	7,140(81.6)	7,174(81.8)	6,775(79.5)	7,813(79.8)
광업	33(0.4)	33(0.4)	37(0.4)	36(0.4)	46(0.5)
제조업	376(4.7)	374(4.3)	391(4.5)	427(5.0)	436(4.5)
건설업	48(0.6)	31(0.4)	28(0.3)	34(0.4)	67(0.7)
전기가스, 수도 및 위생업	26(0.3)	26(0.3)	27(0.3)	19(0.2)	21(0.2)
서비스업	1,217(15.1)	1,144(13.1)	1,111(12.7)	1,231(14.4)	1,405(14.4)
전 산업	8,076(100.0)	8,748(100.0)	8,768(100.0)	8,521(100.0)	9,789(100.0)

주: ( ) 안은 구성비.
자료: 경제기획원 통계국(산업별 취업자).

결론적으로 기반조성기 중 진화 인자 및 경제주체의 진화 잠재력, 경제주체 간 상호작용은 순조롭게 향상되지 못하였다고 할 수 있다. 산업구조가 농업을 중심으로 함에 따라 PT의 진화 잠재력이 낮았고, 각 경제주체의 진화 역량 향상도 개인의 교육 확대를 제외하고는 기업, 정부 등에서는 미흡하였다. 민주주의와 자본주의에 걸맞은 ST의 정착을 통한 경제주체 간 경쟁/협력이 활성화되지 못하였다. 경쟁은 주력 산업이 농업인 특성 때문에 근원적으로 제한되었고, 생활필수품 제조업 등에서 제한적으로 이루어지는 데 그쳤다. 금융산업에 대한 통제와 외국의 원조 자금·물자 배분 권한 등에 바탕한 정부의 경제 분야 지배, 기업 수의 과소와 귀속 기업 불하에 기반한 독점 기업의 생성, 정부의 창업 지원 정책 미흡 등으로 국가 성립 초기인데도 기업 설립의 자유가 실질적으로 제한되었다. 기업 수의 과소와 경쟁 부족, 자급자족적 농업 중심의 촌락 공동체적 사회구조 등이 겹치면서 시장메커니즘의 확산도 제한되었다. 협력은 농업 중심의 촌락 공동체적 특성 때문에 혈연이나 인격적 신뢰를 바탕으로 한 좁은 범위에 머물렀다. 유교 문화 및 일제강점기 관행 등으로 기업의 지배구조도 정치 분야의 그것처럼 수직적 형태를 유지하였고 이 또한 조직 구성원의 자발적 참여와 상호 간의 협력을 저해하였다.

라. 진화 인자 간 정합성

기반조성기 한국경제시스템은 자본주의 경제시스템으로서는 한계가 컸으나 당시의 주요 산업인 농업을 영위하는 측면에서는 비교적 정합적인 틀을 갖추고 있었다. 농업은 가족을 중심 생산 단위로 하며 자급자족적인 특성이 강하고 따라서 시장과 기업 등을 통한 사회적 거래와 경쟁/협력이 활발하지 않다. 혈연 기반 가부장적 가족이 중심 경제 단위이므로 인격적 신뢰 등에 기반한 수직적 사회 관계 및 조직 지배구조가 그다지 문제되지 않는다. 또한 자급자족적 촌락 공동체의 성격이 강하여 광범위한 사회적 상호작용의 필요성도 크지 않다. 독재정치제도와 가부장적 가족 제도 간에도 가치관의 마찰이 크게 발생하지는 않았다. 또한 농업은 새로운 BD를 창출하기보다는 기존의 BD를 반복, 복제하는 방식으로 생산과 소비가 주로 이루어지기 때문에 차별화와 선택을 통한 진화의 필요성도 크게 낮다. 그러므로 당시의 PT와 ST 간 정합성이 낮았다고 보기는 어렵다.

다만 당시의 낮은 시장경쟁과 낮은 사회적 협력, 독재정치와 수직적 조직 지배구조 등은 개인의 자유와 평등, 그리고 광범위한 경쟁/협력에 바탕한 민주자본주의 질서와 상충하는 측면이 컸다. 이 때문에 민주자본주의 체제의 도입에도 불구하고 자본주의적 기업의 설립, 경쟁시장의 확산, 차별화·선택 역량의 증진 등을 통한 경제시스템의 진화 잠재력 향상이 정체되었다.

마지막으로 생활필수품 산업의 경우 인간의 기초적 생존 욕구를 충족하는 데 주된 목적이 있기 때문에 BD의 내용이 크게 변화하지 않는 특성이 있다. 따라서 기반조성기 중 BD의 예측 가능성은 매우 높았다. 이는 복제 중심의 BD 추진 전략과 부합하였다.

결론적으로 기반조성기 한국경제시스템은 당시의 시급한 과제였던 대다수 국민의 생존 기반 확립에는 약간의 적합성이 있었다. 다만 기업의 증가와 시장의 확산을 통한 광범위한 경제주체 간 협력/경쟁의 증진과 이에 기반한 경제시스템의 진화 잠재력을 확충하는 데는 크게 미치지 못하였다.

마. 경제성장

통계가 남아 있는 1954년부터 1961년 중 한국경제시스템의 성장 추이를 보자. 당시의 경제성장률은 주력 산업이었던 농림어업의 작황에 상당한 영향을 받았다. 동 산업의 생산액이 감소하였던 1956, 1960년에 경제성장률이 매우 낮은 수준에 머문 반면, 나머지 연도는 제조업의 높은 성장세 등에 힘입어 5~9%대의 비교적 견실한 성장세를 기록하였다.

이 기간 중 생산요소의 축적은 활발하지 않았다. 표 II−44에서 보듯이 투자의 성장 기여도가 한국전쟁 후 5년간이나 마이너스에 머물러 자본 축적이 크게 부진하였다. 이는 절대 빈곤으로 국민의 저축이 부족한 데다 외국 자본 도입도 소비재 중심 원조 물자를 제외하고는 거의 없었기 때문으로 보인다. 고용 증가 역시 전반적으로 활발하지 않았다. 1957년 808만 명이었던 총 취업자 수는 1960년 852만 명으로 늘어나는 데 그쳤고 1961년에야 979만 명으로 늘었다.

그럼에도 불구하고 경제성장률이 견실하였던 것은 생산성 향상에 주로 힘입은 것으로 보인다. 이러한 생산성 향상은 토지개혁에 따라 자영농가가 된 농민의 생산 증대 노력, 일본인의 지배에서 벗어나 자기 소유의 기업을 갖게 된 사업주들의 생산 의욕 증가와 기업 효율 향상 노력에서 나온 것으로 추정된다. 비록 생산요소 축적이 부족하고 진화 인자가 전통 농업 기술의 복원, 일제강점기 이래 제조기술의 복제를 위주로 하였음에도 불구하고 경제주체들의 생산 의욕 증대와 이에 따른 행동 규칙의 개선이 생산성 향상과 견실한 경제성장률로 이어진 것이다.

표 II-44			기반조성기 중 경제성장률 추이					

(%, %p)

연도	1954	1955	1956	1957	1958	1959	1960	1961
경제성장률	7.2	5.8	0.7	9.2	6.5	5.4	2.3	6.9
투자의 성장 기여도	-0.9	-0.2	-4.8	7.1	-3.3	-2.3	1.7	3.3

자료: 한국은행 경제통계시스템(ECOS).

표 II-45		기반조성기 중 총 취업자 수 추이		

(천 명)

연도	1957	1958	1959	1960	1961
총 취업자 수	8,076	8,748	8,768	8,521	9,787

자료: 한국은행 경제통계시스템(ECOS).

2. 발전연대

발전연대 한국경제시스템은 발전국가 패러다임이라는 통섭적 ST의 도입과 PT의 제조업화로 산업혁명에 성공하면서 현대적 경제시스템으로 진화하였다. 3대 진화 인자의 진화 역량 축적과 발전은 개인들의 생존 기반 확충 욕구 및 성취 동기 발현, 경제발전을 최우선 과제로 내세운 정부 주도의 ST 정착, 정부와 기업들의 PT 및 BD 확충 노력이 어우러지면서 순조롭게 진전되었다. 특히 정부는 적합도함수에 정합한 PT와 ST를 도입하고, PT와 ST 사이 및 영역별 ST 사이의 정합성을 갖추어 각 부문별 진화가 조화롭게 이루어지도록 이끌었다. 아울러 정부의 시의적절한 산업정책, 기업의 해외 시장 개척 노력, 개인의 교육 및 훈련 축적 등에 힘입어 1960년대 후반부터 경제 성과가 뚜렷해졌고, 이후에는 진화 역량 축적과 경제 성과 간에 긍정적 피드백의 고리가 형성되어 양자가 상호 강화적으로 발전(공진화)하는 모습을 보였다.

이 시기에는 한국경제시스템의 진화 역량, 특히 자생적 차별화와 선택 역량이 크게 낮았기 때문에 복제 방식의 진화에 집중하였다. 정부와 기업은 미국과 일본의 과학기술, 일본의 기업 및 경제 운영 방법, 선진국의 제품 등을 모방해 상품을 생산하되, 노동력 등 값싼 생산요소의 대규모 투입과 규모의 경제 획득을 통해 생산성을 높이고 수출 경쟁력을 강화해나갔다. 따라서 이 기간 중 우리 경제의 발전은 선진국의 PT·BD와 제국주의 일본의 ST 모방, 기업의 수 증대보다는 소수 역량 있는 기업의 생산 규모 확대(대기업화) 등을 중심으로 이루어졌다. 이러한 복제 기반 발전은 긴 시간과 많은 투자가 필요한 차별화와 선택의 과정을 생략 또는 간소화할 수 있었고, 이 때문에 효율성과 경제 성과 면에서 차별화 기반 발전보다 훨씬 우수하였다.

그러나 발전국가 패러다임은 국민의 관계 및 성장 욕구 억제 기반 ST와 후발자 이익 추구형 PT·BD 복제 기반 진화 방식으로서 지속가능성이 낮다는 문제가 있었다. 복제를 하려면 후발국의 경제발전에 긴요한 진화 인자가 선진국에서 이미 개발되어 있는 동시에 선진국이 이를 후발국에 이전할 의사가 있어야 한다. 대표적으로 1960년대 초의 경공업 기술, 1970년대 초의 중후장대형 중화학공업 기술 등 중진국형 제조업 PT가 이에 해당한다. 따라서 이는 후발국이 '따라잡기'를 하는 시기, 즉 중진국으로 진입하는 단계까지만 유효하다. 선진화되어 복제할 대상이 없어진 경제시스템, 예를 들어 이행기 중의 한국경제시스템과 같이 자생적 진화 인자의 창출이 필요한 경제시스템에서는 채용 불가능한 것이다. 또한 소수 정치인·대기업가 주도의 수직적 사회 및 집권적 조직 지배구조를 기반으로 하는 발전국가형 ST 역시 장기간 유지되기 어려운 속성을 갖고 있다. 사회 구성원의 욕구가 생존 욕구를 넘어 관계 욕구나 성장 욕구로 확산[센(Amartya Sen)의 관점에서 보면 물질적 편의, 보호적 안전을 넘어 정치적 자유, 사회적 참여, 투명성 등을 필요로 함]될 경우 자유와 평등에 기반한 다수의 참여와 이들 간 수평적 경쟁/협력에 기반한 사회질서가 도입되어야 한다. 따라서 한국경제가 중진국 수준을 넘어서기 시작한 발전연대 후반 들어 발전국가 패러다임은 그 적합성이 크게 약화되었다.

가. 경제시스템의 환경 적합성

발전연대 한국경제시스템의 포용성은 그리 높지 않았다. 이는 발전국가 패러다임이 정부-대기업 주도적 성격을 가진 데다 집권적 조직 지배구조 및 '선성장·후분배 정책' 등으로 노동자, 중소기업 등 다수 구성원을 사회적 의사결정 및 이익분배에서 배제하였기 때문이다. 그럼에도 불구하고 다수 기업의 설립과 이를 통한 고용 증대 등으로 국민의 경제활동 기회와 소득이 빠르게 증가하였기 때문에 발전국가 패러다임은 국민들의 생존 욕구를 보다 잘 충족시켜주었고 그만큼의 포용성을 가졌다고 할 수 있다.

이는 통계에서도 잘 드러난다. 발전연대 중 노동자의 조직률은 박정희 정권 기간 중 상승세를 보였으나 10%대의 낮은 수준을 벗어나지 못하였고 1980년대에는 오히려 하락하였다. 이는 노동자의 사회적·경제적 의사결정 참여도가 그만큼 낮았음을 뜻한다. 한편 공업화에 따른 기업 수의 급증으로 임금근로자 수가 빠르게 늘어나고 1980년대 들어 노동력의 수요 공급이 균형 수준에 근접하여 임금도 순조롭게 상승하면서, 노동소득분배율은 1960년의 38.4%에서 1987년에는 52.4%로 높아졌다.

표 Ⅱ-46	발전연대 중 노동조합 및 조합원 수 등 추이								

(개, 천 명, %)

연도	1960	1963	1966	1969	1972	1975	1978	1981	1984	1987
노동조합 수	388	328	375	433	47	505	569	2,157	2,381	4,102
조합원 수(A)	321	224	327	445	515	750	1,055	967	1,011	1,268
임금근로자 수(B)	n.a	2,383	2,780	3,547	4,005	4,751	6,242	6,605	7,631	9,191
조직률(A/B)	n.a	9.4	11.8	12.5	12.9	15.8	16.9	14.6	13.2	13.8

자료: 1. 통계청(경제활동인구 〈취업자 수〉).
　　 2. 고용노동부(전국노동조합 조직 현황).

표 Ⅱ-47	발전연대 중 소득 분배(노동소득분배율) 추이								

(%)

연도	1960	1963	1966	1969	1972	1975	1978	1981	1984	1987
노동소득분배율	38.4	31.1	34.2	39.3	39.7	39.7	45.3	50.5	52.6	52.4

발전국가 패러다임의 배타적 특성으로 인해 PT·ST 혁신이 사회 주도층의 이익을 확대하는 방향으로 이루어짐에 따라 발전연대 중 파괴적 혁신은 정치경제 지배층에 의해 주도되었다. 그리고 이는 수출 지향적 경공업, 중화학공업 육성이 시작된 1960, 70년대에 주로 일어났다. 다만 이는 시장경쟁에 기반한 지속적인 혁신과 주도 기업·지도자의 교체보다는 간헐적인 혁신과 지도자 교체에 국한된 것이다.

개방성도 포용성과 비슷하게 이중적 측면이 있다. 수출 지향적 성장을 추진하였다는 점에서 당시 한국경제시스템은 기반조성기에 비해 진일보한 개방성을 갖추었다. 기반조성기에 10%대에 머물던 한국경제의 대외 의존도는 박정희 정권 내내 빠르게 상승해 1981년에는 66.5%에 이르렀다. 특히 수출 확대를 위해 외국 기업들과 경쟁하는 과정에서 기업과 정부는 시장경제 및 자본주의적 경제 운영 기율을 체득하고 선진국 시장의 상품과 기술을 학습할 수 있었다. 수출 지향적 공업화 전략에 힘입어 한국경제시스템은 외부 에너지·자원 및 지식의 유입 그리고 경제 효율 향상이라는 개방의 이익을 크게 누린 것이다.

표 II - 48		발전연대 중 경제의 대외 의존도(수출입액/GDP 비율) 추이						

(%)

연도	1966	1969	1972	1975	1978	1981	1984	1987
대외의존도	24.8	34.9	38.0	57.5	51.5	66.5	63.0	61.2

자료: 한국무역협회(국가별 수출입액), 한국은행(국민계정) 자료를 이용하여 산출.

반면 정부는 국내 전략 산업의 육성 등을 위해 국내시장과 산업에 대한 보호도 적극적으로 실시하였다. 각종 관세 및 비관세 장벽과 수출산업에 대한 보조금 지원을 널리 시행하였고, 국산품 애용운동 등을 통해 소비자의 국내 생산품 사용을 권장하였다. 기업 지배권 유지를 위해 외국인의 국내 주식·채권 보유를 엄격하게 제한하고 은행을 통한 해외 차입만 제한적으로 허용하였다. 박정희 정권 기간 중 평균 관세율은 30% 내외의 높은 수준을 보였고 수입자유화율도 60% 이하 수준을 유지하였다. 이러한 국내시장 보호는 제조업을 비롯한 주요 산업의 연관적 발전과 수출입 확대 및 경제성장에 기여하는 중요한 장점이 있었다. 다만 동 보호가 수직적 사회질서와 기업 지배구조, 독과점적 산업구조의 정착에 기여함으로써 국내 경제체제와 시장이 민주자본주의적 글로벌 스탠더드로부터 동떨어지게 만들고, 장기적으로는 한국경제시스템의 국제적 정합성을 낮추는 요인으로 작용하였다.

　　1980년대 들어 국제적으로 세계화 추세가 확산됨과 더불어 정부는 종전의 정책 기조를 바꾸어 국내시장을 개방해나갔다. 1981년까지도 24.9%에 이르렀던 관세율이 빠르게 하락해 1987년에는 19.3%, 1989년 12.7%로 낮아졌으며, 이는 1960년대 초의 1/3 수준에 불과하다. 수입자유화율도 빠르게 상승해 1987년에는 90%를 넘어섰다.

표 Ⅱ-49	발전연대 중 수입 제한 추이							

(%)

연도	1962	1967	1973	1977	1981	1985	1987	1989
관세율	39.9	39.9	31.5	29.7	24.9	21.3	19.3	12.7
수입자유화율	-	60.4	52.1	52.7	74.7	87.7	93.6	95.5

주: 1. 1957년 관세율은 30.3%. 관세율은 단순 평균임.
　　2. 수입 금지 및 제한 품목은 주로 농축산물, 중고품 그리고 수입선 다변화 품목(대일본 무역역조 완화를 목적으로 일제 전자제품, 자동차 등에 적용)을 포함.
　　3. 수입품목 분류는 1977년까지는 SITC 코드 4-digit, 1981-87년은 CCCN 코드 8-digit, 1989년은 HS코드 10-digit에 근거하였음.
자료: 한국경제 60년사 편찬위원회(2010), ≪한국경제 60년사 Ⅲ. 대외경제≫, p. 85에서 재인용.

나. 진화 인자와 경제주체의 진화 잠재력 향상

　　발전연대 중 한국경제시스템은 산업혁명을 통해 제조업 중심의 현대적 산업경제시스템으로 이행하였다. 우선 PT의 전문성과 진화 잠재력이 크게 높아졌다. PT의 발전을 위한 정부의 적절한 지원과 기업들의 자체 역량 강화가 두드러지면서 초기에는 경공업, 중기 이후에는 중화학공업 관련 PT가 빠르게 발전하였다. 이 당시 PT의 진화가 주로 선진국의 것을 복제하는 방식으로 이루어졌기 때문에 PT의 진화 속도가 매우 빠를 수 있었다. 한편 1980년대 들어 우리 경제가 점차 고도화되는 동시에 정보통신산업을 비롯한 새로운 산업이 발전하고 선진국의 기술 보호가 강화됨에 따라 독자적 차별화 기반 PT 개발 노력이 정부는 물론 민간 부문에서도 강화되었다. 또한 정보통신산업, 자동차 등 일부 분야에서는 가시적 성과를 거두었다.

이러한 PT의 진화는 발전연대의 산업구조의 변화에서 잘 드러난다. 1960년 제조업의 비중은 12.1%에 불과하였으나 공업화 정책과 더불어 빠르게 상승해 1972년 20.0%, 1987년 29.2%로 높아졌다. 초기의 비중 상승은 경공업이 주도한 반면 1970년대 이후 비중 상승은 중화학공업이 주도한 것으로 나타났다. 1980년대에는 국민들의 관계 욕구 향상, ICT 발전을 반영해 현대적 서비스업의 비중이 빠르게 높아졌다.

발전연대 PT의 진화는 주로 선진국의 앞선 PT를 복제하는 방식, 즉 차별화와 선택 과정을 생략한 방식으로 이루어져 장기적 관점에서 경제주체들의 차별화 기반 진화 역량을 향상하는 데 미흡하였다. 그럼에도 불구하고 이는 불가피했던 측면이 많다. 당시 우리의 PT 축적이 크게 부족했고 다른 한편으로는 냉전에 따른 선진국의 우리나라에 대한 경제적 지원 확대, 일본 등에서의 중진국형 중후장대 제조업 사양화 등으로 선진국의 풍부한 사례를 복제, 도입하는 것이 용이했기 때문이다.

| 표 II-50 | | | **발전연대 중 산업별 GDP 구성비 추이** | | | | | | | |

(%)

연도	1960	1963	1966	1969	1972	1975	1978	1981	1984	1987
농림어업	39.0	45.3	36.5	29.9	28.4	26.9	22.2	16.7	13.2	10.3
광업	2.4	1.9	2.1	1.6	1.2	1.5	1.4	1.5	1.2	1.1
제조업	12.1	13.4	17.7	18.5	20.0	21.9	23.4	24.1	27.1	29.2
(경공업)[1]	(n.a)	(n.a)	(n.a)	(n.a)	12.7	10.9	10.2	9.8	10.0	10.2
(중화학공업)[2]	(n.a)	(n.a)	(n.a)	(n.a)	7.3	11.0	13.2	14.2	17.1	19.0
전기, 가스 및 수도업	0.6	0.8	1.2	1.3	1.4	1.2	1.4	2.4	3.0	3.0
건설업	3.3	2.8	3.5	5.3	3.9	4.5	7.2	6.6	6.8	6.0
서비스업	42.6	35.7	39.1	43.5	45.0	44.1	44.3	48.8	48.7	50.4
(전통적 서비스)[3]	16.9	16.6	21.0	24.2	25.5	25.8	23.4	23.9	22.9	23.1
(현대적 서비스)[4]	25.7	19.1	18.1	19.3	19.5	18.2	20.9	24.9	25.9	27.3
합계	100.0	100.0	100.0	100.0	100.0	100.0	100.0	100.0	100.0	100.0

주: 1. 음식료품 및 담배, 섬유 및 가죽 제품, 목재, 종이, 인쇄 및 복제, 기타 제조.
　　2. 석탄 및 석유 제품, 화학 제품, 비금속광물 제품, 1차 금속 제품, 금속 제품, 기계 및 장비, 전기 및 전자기기, 정밀기기, 운송장비.
　　3. 도소매 및 음식숙박, 운수 및 보관, 문화 및 기타 서비스.
　　4. 금융보험, 부동산 및 임대, 정보통신, 사업 서비스, 공공행정 및 국방, 교육, 보건 및 사회복지.
자료: 한국은행(국민계정, 경제활동별 명목 GDP)

경제주체의 진화 잠재력도 빠르게 향상되었다. 무엇보다 1960년대 중반부터 경제 성과가 가시화됨과 더불어 다수 국민의 성취 동기가 폭발하여 고등교육 진학 및 기업 취업 등 국민의 교육과 경제활동 참여가 크게 늘어났다. 표 II-51에서 보듯이 상급학교 진학률이 급속히 높아졌다. 농촌 인구의 도시 제조업 부문 이동과 더불어 개인의 직업 역량도 크게 향상되었다. 정부의 고급인력 양성과 기술개발 노력이 지속되고 기업들의 연구개발 투자가 중화학공업화와 더불어 급속히 증가 하였다. 표 II-19, II-20에서 보듯이 기업의 설립이 본격화되어 기업 수가 빠르게 늘어나고, 고용도 제조업 중심으로 증가하는 추세를 이어갔다. 다만 고용률은 여성의 취업 증가 정체 등으로 50% 중·후반 수준에서 머물렀다.

표 II-51	발전연대 중 상급학교 진학률		

(만 명, %)

연도	진학률		
	초→중	중→고	고→대
1960	n.a	n.a	n.a
1965	n.a	n.a	n.a
1966	n.a	n.a	n.a
1969	n.a	n.a	n.a
1970	66.1	70.1	26.9
1975	77.2	74.7	25.8
1980	95.8	84.5	27.2
1981	96.5	86.5	35.3
1984	98.8	89.7	37.8
1987	99.5	91.9	36.7

자료 : 교육부(교육통계연보).
　　　한국교육개발원(교육통계분석자료집).

표 II-52	발전연대 중 고용률 추이

(%)

연도	1965	1966	1969	1972	1975	1978	1981	1984	1987
고용률	52.8	52.8	55.1	55.2	55.9	58.0	55.9	53.7	56.5

자료 : 통계청(경제활동인구조사, 연령별 경제활동인구 〈구직 기간 1주 기준〉).

국내외에서의 경쟁 증대에 대응하기 위한 정부·대기업의 교육 및 기술훈련 확충 노력 등으로 기업의 경쟁 역량이 향상되었다.

표 II-53의 주요 과학기술 관련 지표 추이에서 보는 바와 같이 연구개발비 규모, 연구원 수 등이 눈부시게 증가하였고 1970년대 후반부터는 민간 기업의 연구개발 노력도 크게 강화되었다. 그 성과로 특허출원 건수 등이 1980년대 들어 급증하기 시작하였다. 다만 복제 기반 진화, 소품종 대량생산 체제의 특성으로 인해 정부와 대다수 기업이 생산 시설 현대화에 치중하는 한편 개인 또는 종업원의 다양성과 전문성 개발을 소홀히 함으로써 선도적 차별화 능력의 향상이 미흡한 문제점도 발생하였다.

표 II-53		발전연대 중 주요 과학기술 관련 지표 추이				
연도	연구개발비 총액(10억 원)	연구개발비 /GDP(%)	연구개발비 민간 부담률(%)	연구원 수 (천 명)	특허출원 건수(천 건)	기술 도입 대가 지급액(백만 달러)
1963	1.2	0.2	n.a	1.8	0.7	n.a
1966	3.2	0.3	18.4[1]	3.0	1.1	0.8[3]
1971	10.7	0.3	n.a	5.3	1.9	6.1
1975	42.7	0.4	35.2[2]	10.3	2.9	26.5
1976	609	0.4	35.2	11.7	3.3	113.6
1978	1,524	0.6	51.2	14.7	4.0	n.a
1981	2,931	0.6	56.4	20.7	5.3	107.1
1984	8,339	1.2	78.6	37.1	8.6	213.2
1987	18,780	1.8	79.6	52.8	17.1	523.7

주 : 1. 1969년   2. 1976년   3. 1962~66년
자료 : 1. 한국경제 60년사 편찬위원회(2010),≪한국경제 60년사 II. 산업≫ 표 8-2, 4, 1963~75년.
    2. 과학기술정보통신부(기술무역통계 및 연구개발활동조사, 1976~90).
    3. 특허청(지식재산권통계, 1976~90).

다. 경제주체 간 상호 관계 및 작용의 증진

경제주체 사이의 상호작용을 증진하는 시장화와 조직화는 순조로운 진화와 정체가 엇갈렸다. 우선 시장화와 경쟁 측면을 보자. 초기의 경공업, 중기 이후의 중화학공업을 중심으로 기업의 수가 크게 늘면서 시장경쟁이 확대되었다. 인구 1만 명당

기업 수는 1960년 5.2개에 불과하였으나 1987년에는 22.4개로 증가하여 시장경쟁 메커니즘이 정착하는 데 기여하였다. 대기업들은 국내외 시장 점유 확대를 위해 경쟁했고, 중소기업들은 부품 소재 시장 및 전통 산업 분야에서 경쟁하였다.

그러나 주요 산업에서는 신속한 생산 및 수출 확대를 위한 정부의 특정 대기업 우대 정책으로 소수 대기업이 급성장하면서 과점적 시장 구조가 형성되었다. 1961년 46.2%였던 CR3(KDI 작성 통계 기준)는 발전연대 초 대기업 위주 공업화가 추진되면서 꾸준히 높아져 1978년 58%로 정점에 이르렀고 1987년에도 56.5%의 높은 수준을 기록하였다. 한편 다양한 산업의 발전과 함께 산업 집중도는 꾸준히 낮아져 제조업 전체 내 상위 3개 산업의 부가가치 비중이 1972년 63.9%에서 1987년에는 46.5%로 줄었다. 다만 다양한 산업을 포괄하는 재벌의 형성이 산업집중도 하락의 의미를 상당폭 퇴색시켰다.

종합해보면 발전연대 경제의 전반적인 집중도는 재벌의 성장과 함께 높아진 것으로 보인다.

표 Ⅱ-54	발전연대 중 부가가치 기준 CR3 지표 추이						

(%)

연도	1970	1972	1975	1978	1981	1984	1987
CR3	60.7	63.9	54.2	49.1	48.9	45.0	46.5

주: 제조업 중분류(13개) 부가가치 합계액 중 상위 3개 세분산업의 부가가치 비중.
자료: 한국은행(국민계정, 경제활동별 명목 GDP).

경제개발계획을 기반으로 한 정부의 사회 및 경제 주도로 생산요소 시장에서는 정부에 의한 노동과 자본의 통제가 지속되었다. 정부는 정책 금융 제도 및 금리 규제, 노동조합 억제와 노동시장 통제 등을 통해 생산요소의 동원과 배분을 주도하였다. 이에 따라 기반조성기에 이어 발전연대에도 민간 주도와 경쟁 기반 경제 운영이 이루어지지 못했다. 광범위한 경제주체 간의 공정한 경쟁보다는 대기업이 주도하는 시장질서가 일반적이었다. 다만 기업 간 경쟁은 CR3 지표가 시사하는 것보다는 높은 편이었는데 이는 정부가 세제 및 금융 상의 지원을 배분하는 과정에서 기업 간 경쟁을 유도하였기 때문이다.

조직화와 협력의 향상도 양면적이었다. 개인들의 기업 및 사회 참여가 빠르게 증가하였고 이 과정에서 개인끼리 또는 기업 내 구성원끼리의 협력이 확대되었다. 이러한 개인 간 협력의 증가에 힘입어 기업의 설립과 성장이 활발해졌다. 김두얼(2017, ≪한국경제사의 재해석≫)에 따르면 1961~87년 중 회사 수 증가율은 연평균 24.5%의 높은 수준을 기록하였고 가동 법인 수는 연평균 28.6%나 증가하였다. 이에 따라 인구 대비 기업체 수도 크게 증가하였다. 인구 1만 명당 기업 수는 1960년 5.2개에서 1987년 22.4개로 늘어났다. 아울러 정부의 국가주의 관점의 강조로 제 사회 구성원과 경제주체의 공공성 인식도 향상되었다. 전반적으로 경제주체 간 협력이 확대된 것이다. 물론 이러한 사회적 협력의 확대는 사회 내 경쟁이 증가한 데 따른 협력 필요성 증가를 반영한 결과이기도 하다.

| 표 II-55 | 발전연대 중 회사 수 및 증감률 추이 | | | |

(개, %)

연도	전체 회사 수	신설 회사 수	해산 회사 수	가동 법인 수
1960	12,985(-)	1,190(-)	305(-)	n.a
1963	16,083(23.9)	1,778(49.4)	529(73.4)	5,516(-)
1966	20,217(25.7)	2,151(21.0)	355(-32.9)	6,085(10.3)
1969	25,987(28.5)	2,558(18.9)	250(-29.6)	7,793(28.1)
1972	33,292(28.1)	2,391(-6.5)	242(-3.2)	9,544(22.5)
1975	38,860(16.7)	2,928(22.5)	3,161(1,206.2)	13,416(40.6)
1978	47,549(22.4)	4,430(51.3)	503(-84.1)	18,134(35.2)
1981	60,388(27.0)	4,821(8.8)	634(26.0)	24,400(34.6)
1984	76,559(26.8)	5,717(18.6)	477(-24.8)	31,600(29.5)
1987	93,391(22.0)	7,936(38.8)	844(76.9)	41,281(30.6)
평균 증감률 (1960~1987)	24.5	23.5	12.0	28.6

주: ( ) 안은 전년 대비 증감률.
자료: 김두얼(2017), ≪한국경제사의 재해석≫ 부표 3-2.

| 표 II-56 | 발전연대 중 인구 1만 명당 기업 수 추이 |

연도	1960	1963	1966	1969	1972	1975	1978	1981	1984	1987
인구수(만 명)<A>	2,499	2,726	2,944	3,154	3,351	3,528	3,697	3,872	4,041	4,162
기업 수(백 개)<B>	130	161	202	260	333	389	475	604	766	934
인구 1만 명당 기업(개) <B/A>	5.2	5.9	6.9	8.2	9.9	11.0	12.8	15.6	19.0	22.4

자료: 통계청(성 및 연령별 추계인구), 김두얼(2017), ≪한국경제사의 재해석≫(기업 수).

다만 발전연대의 협력은 수직적 관계에 기반한 강압적 특성이 강했다. 경제개발계획을 기반으로 한 정부−대기업의 사회 및 경제 주도, 집권적·수직적 기업 지배구조 및 사회구조가 유지되어 중소기업, 노동자 등은 정치경제적 의사결정 및 분배에서 거의 배제되었다. 상호주의적 규칙 및 비인격적 신뢰와 자발적 참여에 기반한 협력보다는 강요 또는 명령에 의한 동원, 단결을 통해 기업 또는 여타 사회조직이 운영되었다. 이처럼 강한 상호주의에 부합하지 않게 사회와 조직이 구성, 운영됨에 따라 소외된 계층, 특히 노동자, 중소기업 등의 불만과 사회적 불신 및 갈등이 누적되었다. 그 결과 위로부터의 통제력이 사라질 경우 곧바로 불신과 갈등이 폭발하면서 사회적 조화와 통합이 와해될 소지를 안고 있었다.

획일적 가치와 규칙의 강요에 기반한 협력은 다양한 전문성과 관점을 갖춘 다수 개인의 양성과 이들 사이의 자유로운 소통과 신뢰에 기반한 자발적 협력을 저해하였다. 나아가 다양한 소비자 선호와 새로운 정보, 지식에 기반한 PT·BD의 지생적 차별화를 저해하였고, 노동자 등 다수 경제주체들의 경험과 숙련에 기반한 혁신 능력의 축적을 둔화시켰다. 이러한 문제들은 이후 한국경제시스템의 자생적 차별화 기반 신상품 및 신기술개발 능력의 부족과 자생적 진화 잠재력 향상의 부진으로 이어졌다.

라. 진화 인자 간 정합성

발전연대의 경제시스템 진화 인자 간 정합성은 어느 때보다 양호하였다. PT와 ST 간 정합성을 먼저 보면, 신흥국 또는 중진국형 제조업 PT와 발전국가 패러다임 기반 정부 주도 및 평균주의[29]적 통제 기반 ST는 정합성이 높았다. 동 PT는 복제 중심이라는 발전국가적 진화 전략과도 잘 맞았다.

발전연대에 비약적으로 성장한 노동집약적 경공업과 중후장대형 중화학공업은 제품 생산 과정에서의 노동과 자본의 대규모 투입, 평균적 교육을 받은 대규모

---

29) 특정 집단의 재능이나 기타 성질을 각 구성원의 성질을 평균한 값, 즉 평균을 표준으로 삼아 학교와 기업 등 제 집단의 구성원을 교육, 관리하고 이를 통해 전체 성과를 극대화할 수 있다는 주장이다. 테일러(F. W. Taylor)가 기업 경영에 과학적 관리의 원칙으로 도입하였다. 19세기 말에서 현재까지 기업, 학교 등에서 관리의 기본 원칙으로 기능해왔다. Rose, Todd(2018), ≪평균의 종말≫, 정미나(역), 21세기북스 참조.

노동력 및 이들에 대한 엄격한 기율 부과, 각 생산 단계별 정교한 통제 등을 필요로 한다. 박정희 정부는 노동력의 동원과 관리를 상당 부분 직접 떠맡았다. 도시화를 통해 농촌의 잉여 인력을 제조업으로 이동시켰다. 또한 충효 교육과 반공 교육 등 획일적 학교교육을 실시하고 새마을운동과 같은 사회 운동을 기업 내외로 확산시켜 집권적 기업 지배구조 및 수직적 조직 문화를 정착시키는 등 노동자에 대한 엄격한 통제를 실시하였다. 수출 확대, 저축장려운동, 차관 및 금융기관 차입을 주도하여 대규모 자본을 동원하고 이를 정책 금융이라는 방식으로 전략 산업과 수출 산업에 배분하였다. 이를 통해 획일적·순응적 교육과 중진국형 기능, 기술로 훈련된 노동력, 집권적·수직적 기업 지배구조와 규모의 경제 지향적 대규모 생산시설 간 결합이 완성되었다. 이러한 생산 체제는 정교한 생산 공정 관리에 바탕한 중급 기술 제품의 복제 기반 대량생산을 효율적으로 수행하는 데 매우 적합하였고, 국내 기업의 급속한 생산성 향상과 경제성장으로 이어졌다.

요컨대 정부의 계획에 기반한 획일적 동원과 수직적 통제를 기본 경제 및 조직 운영 원리로 하는 발전국가 패러다임과 중진국형 제조업 PT를 바탕으로 대기업이 생산요소를 대량 투입하여 대중적 제품을 대량생산하는 산업구조 간에는 상호 정합성이 높았고 이것이 발전연대의 성공에 크게 기여한 것이다.

발전연대에는 정치의 사회 전반 주도에 힘입어 정치, 경제, 문화 등 사회 각 영역별 ST 간에도 정합성이 높았다. 박정희 정부는 국민의 생존 욕구 충족을 위한 경제발전을 최상의 목표로 제시하고 이를 위해 국민의 자유와 민주주의 나아가 소득 분배의 평등을 일정 정도 희생할 수 있다(한국적 민주주의 및 선성장·후분배 논리)고 주장했다. 따라서 정치적 독재, 경제의 정부-대기업 주도, 노동에 대한 동원과 통제, 전략 산업의 육성을 위한 특혜 지원과 이에 따른 농업과 중소기업의 희생 등이 불가피하다고 보았다. 국민의 상당수도 경제적 발전과 생존 욕구의 충족이 가장 시급하며 이를 위해 권위적 발전 패러다임을 용인할 수 있다고 생각하였다. 그 결과 정치적 독재가 정착되고 정부 및 대기업 주도의 경제운영질서가 고착되는 한편 사회 전반에 걸쳐 수직적 지배구조와 운영 원리를 갖는 조직과 문화가 확산되었다. 이처럼 정치·경제·문화 분야별 ST 모두가 발전국가 패러다임으로 통일되면서 ST 간 정합성이 확보되었고 이것이 일관성 있는 경제 질서 수립과 경제시스템의 원활한 작동을 가능하게 하였다.

발전연대 중의 BD는 경공업 제품이든 중화학공업 제품이든 선진국에서 이미 검증된 것을 복제하는 데 치중하였고 따라서 그 예측 가능성이 높았다. 또한 수출 시장을 목표로 하였기 때문에 세계적 영업 능력의 확보가 중요하였다. 이 경우 BD의 성패는 소비자 선호 적합성과 제품 차별화보다는 기능성 제품의 대량생산 및 세계시장에서의 판매 능력에 좌우된다. 그러므로 검증된 BD를 치밀한 기획과 실천 능력을 바탕으로 효율적으로 구현하는 것이 긴요하다. 대기업들은 고급 전문 인력과 대규모 자본 동원 능력을 바탕으로 이러한 BD를 효율적으로 수립, 추진할 수 있었기 때문에 중소기업에 비해 우위에 설 수 있었다. 이것이 발전연대 중 대기업이 크게 성공한 이유 중의 하나이다.

마. 경제성장

발전연대 한국경제시스템은 높은 경제성장을 지속하였다. 제조업의 성장률은 대부분의 연도 중 10% 중반 내외의 높은 수준을 기록하였고 이에 힘입어 서비스업과 사회간접자본 관련 산업도 빠르게 성장하였다. 이를 성장 잠재력 측면에서 분석해보자.

| 표 II-57 | 발전연대 중 산업별 GDP 성장률 추이 |

(%)

연도	1960	1963	1966	1969	1972	1975	1978	1981	1984	1987
광업	25.7	6.6	4.0	−0.7	1.3	10.4	5.6	−0.4	4.7	−0.1
제조업	7.1	16.3	18.8	17.6	15.0	13.0	24.7	9.2	19.5	20.0
(경공업)[1]	(n.a)	(n.a)	(n.a)	(n.a)	17.1	12.2	16.0	4.5	15.1	13.9
(중화학공업)[2]	(n.a)	(n.a)	(n.a)	(n.a)	4.7	14.6	25.1	13.0	20.7	18.4
전기, 가스 및 수도업	−1.8	12.7	23.9	33.1	12.2	12.9	33.3	15.5	26.0	12.1
건설업	−1.9	17.3	21.4	38.2	−2.0	5.8	28.0	−7.2	5.5	9.9
서비스업	2.9	5.8	11.0	14.2	8.0	7.6	10.2	5.8	9.2	12.0
(전통적 서비스)[3]	3.2	1.5	12.6	15.5	8.7	6.3	9.6	7.0	7.9	11.6
(현대적 서비스)[4]	1.4	6.4	7.7	8.5	6.5	7.5	8.7	7.7	8.7	10.1
GDP(전 산업)	2.3	9.2	12.0	14.5	7.2	7.9	10.8	7.2	10.4	12.5

주: 1. 음식료품 및 담배, 섬유 및 가죽제품, 목재, 종이, 인쇄 및 복제, 기타 제조.
　　2. 석탄 및 석유제품, 화학제품, 비금속광물 제품, 1차 금속제품, 금속제품, 기계 및 장비, 전기 및 전자기기, 정밀기기, 운송장비.
　　3. 도소매 및 음식숙박, 운수 및 보관, 문화 및 기타 서비스.
　　4. 금융보험, 부동산 및 임대, 정보통신, 사업 서비스, 공공행정 및 국방, 교육, 보건 및 사회복지.
자료: 한국은행(국민계정, 경제활동별 실질 GDP).

발전연대[30])에는 당시의 주력 산업이었던 제조업을 중심으로 생산요소가 활발히 축적되고 그 영향으로 후반기 들어서는 생산성도 빠르게 높아졌다. 전반기 중에는 주로 생산요소의 축적 또는 투입이 증가했고, 후반기 중에는 생산성의 향상까지 가세한 데 힘입어 전 기간에 걸쳐 높은 경제성장을 달성할 수 있었다.

발전연대 중 생산요소의 축적은 매우 활발하였다. 표 II-58, 59(이하 수치는 농업, 광업을 제외한 GDP 기준)에서 보듯이 물적 자본은 1971~89년의 약 20년간 연평균 12%가량 증가하였다. 같은 기간 중 인적 자본 축적은 상대적으로 낮은 증가 수준에 머물렀으나 고용 증가로 총 노동시간 수가 5% 내외의 높은 증가세를 나타내었다. 이처럼 활발한 생산요소 투입의 증가는 농촌의 농업 인구가 도시 제조업 부문으로 급속히 이동한 데다, 외국 기술의 도입과 수출 증가 그리고 정부의 시의적절한 지원이 어우러지면서 기업의 생산 설비 투자가 크게 증가하였기 때문이다. 신관호 등(2013)에 따르면 1970~80년대 중 물적 자본 축적의 경제성장 기여도(농업, 광업 제외)가 3%p 후반, 노동력 증가의 기여도가 4%p 내외에 이르러 기업과 개인들의 경제활동 참여 확대가 경제성장에 크게 기여하였음을 보여준다.

생산성 향상은 1970년대와 1980년대 간에 뚜렷이 차별화된 모습을 보였다. 1970년대 중에는 선진국의 기술이 체화된 물적 자본의 확대와 노동 투입의 확대 등 복제에 기반한 성장 방식이 주를 이룸에 따라 생산성 향상이 경제성장에 기여한 바가 거의 없었다. 그러나 1980년대 들어서는 중화학공업 중심의 산업구조가 정착되고 더불어 기업들의 선진 기술 도입 및 자체적 기술개발 노력이 활발해지면서 생산성이 빠르게 향상되었다. 이에 따라 1982~89년 중 총요소생산성의 GDP 성장 기여노가 연평균 2.05%p에 이르렀다.

위 성장 동력 분해를 통해 1980년대 초에 이르러 한국경제시스템의 성장 방식이 종전의 생산요소 투입 확대 위주에서 생산성 향상도 아우르는 방식으로 선진화했음을 알 수 있다. 그러므로 발전연대에는 한국경제시스템의 진화 성과뿐 아니라 진화 역량도 크게 향상되었다고 할 수 있다. 다만 앞에서도 언급한 바와 같이 생산성 향상이 선진국 기술의 도입과 대량 복제에 의해 주로 이루어졌다는 점에서 자생적 진화 역량의 향상이 생산성 향상과 같은 수준으로 이루어졌다고

---

30) 자료 사정상 1970, 80년대만 포함. 이하 통계 수치는 신관호 외(2013), ≪기적에서 성숙으로: 한국경제의 성장≫, 서울셀렉션에서 제시된 수치를 이용하였음.

보기는 어렵다.

| 표 Ⅱ-58 | 발전연대 중 생산요소의 연평균 성장률(농업, 광업 제외) | | | |

(%)

연도	GDP	총 노동시간 수	물적 자본	인적 자본
1971~82	7.44	6.11	11.01	0.44
1982~89	9.48	4.43	12.58	0.63

자료: 신관호 등(2013), 《기적에서 성숙으로: 한국경제의 성장》.

| 표 Ⅱ-59 | 발전연대 중 경제성장의 기여 요인별 분해(농업, 광업 제외) | | | | |

(%, %p)

연도	GDP 성장률	요인별 성장 기여도				
		물적 자본	인적 자본	고용	노동시간	총요소생산성
1971~82	7.44	3.71	0.29	4.02	0.00	−0.58
1982~89	9.48	3.98	0.44	3.85	−0.84	2.05

자료: 신관호 등(2013), 《기적에서 성숙으로: 한국경제의 성장》.

3. 이행기

이행기 한국경제시스템에서는 후기 산업사회 또는 지식경제를 여는 근본적 변화가 진행되었다. 국민의 관계 욕구 증가에 따라 정치적 민주화가 진전되었고, 세계경제의 통합 진전과 신자유주의적 시장기반 경제 운영의 확산에 따라 경제의 시장화·세계화가 진전되었다. 우리 경제의 고도화와 세계적인 신성장산업의 부상에 따른 경제의 지식화도 진전되었다. 그러나 이러한 추세는 발전국가 유산, 즉 독과점적 시장 구조 및 집권적 기업 지배구조, 수직적·획일적 문화 등과 상충하였다. 제조업 중심 PT, ST와 상충하는 측면도 컸다. 이에 따라 발전연대에 형성된 재벌 등 기득권층이 새로운 진화요인의 전면적 도입에 반발하면서 이를 지연시키거나 이익에 정합한 방향으로 왜곡하였다. 또한 민주화, 시장화, 지식화 등 3개 변화요인 간에도 일부 상충이 발생하였다. 정부와 기업 경영자 등은 제 변화 추세를 체계적으로 이해하고 대처하지 못했다. 우리 경제의 장기적 발전 방향, 특히 3개 변화 요인을 종합한 전략을 명확하게 제시하지 못한 채 단기적인 대증요법을 실시하는 데 그쳤다.

기득권층의 저항과 정부의 전략 불충분이 맞물리면서 이행기 중 한국경제시스템에서는 신·구 패러다임 사이의 상충이 효과적으로 해소되지 못하였다. 경제환경과 진화 인자 간 부정합, PT와 ST 간 상충 등이 늘어났고, 결국 경제시스템 자체가 장기적 비전과 일관성 있는 전략 및 기본 가치를 잃고 표류하게 되었다. 이러한 혼선은 점차 정부가 무력해지는 가운데 대기업을 핵으로 하는 강자 중심의 질서가 강화되는 추세로 이어지면서 한국경제시스템이 새로운 적합도함수에 적합한 방향으로 진화하는 것을 방해하였다. 요컨대 이행기에는 발전연대에 형성된 기득권층이 민주화, 시장화, 지식화 등 3개 변화 요인이 가져오는 변화에 저항함으로써 한국경제시스템 진화가 정체되었다. 이는 한국경제시스템에서 경로 의존성 문제가 심각하였음을 뜻한다.

이행기 중 패러다임 전환 실패가 낳은 부작용을 구체적으로 보면 우선 PT와 BD의 선진화와 지식화가 미흡해졌다. 자율, 창의, 경쟁에 기반한 사회질서와 조직 지배구조가 확립되지 못함에 따라 자생적 차별화와 혁신에 기반한 PT의 자생적 개발이 효과적으로 이루어지지 못하였고 독자적 BD의 창출도 매우 드물었다. 이에 따라 ICT를 제외한 BT, NT, 문화 등 관련 신성장산업의 발전이 지체되었다. 무엇보다 광범위한 인센티브를 제공하는 포용적 제도가 정착되지 못하여 다수 경제주체의 성취 동기가 눈에 띄게 약해졌다. 형식적 민주화에도 불구하고 정치의 책임성과 법치주의가 제대로 확립되지 못하였고 갈등 조정 및 사회 통합, 신산업 육성 등의 측면에서 정부의 효율성이 낮았다. 국가가 무력해진 것이다.[31] 국가의 무력화는 국민의 정치 및 사회에 대한 실망과 참여 감소로 이어져 정치의 사회 문제 해결 역량을 약화시키고 결국 강자 중심의 질서와 경제시스템의 비포용성을 온존하는 결과로 이어졌다. 정부 또는 국가가 무력해지면서 재벌 대기업 등이 강해져

---

31) 최장집(2002)은 민주화 이후 한국의 국가는 새로운 집권 세력의 정부 엘리트 충원의 지역적·정파적 편협성 및 정부 조직 능력의 부족, 정당의 사회적 기반 부족과 포용적 정책 창출 능력 부족, 관료의 역동성·전문성 약화 등으로 인해 무력해졌다고 평가했다. 무력한 국가의 반작용으로 신자유주의(시장 근본주의)가 새로운 주도적 패러다임으로 등장해 무비판적 시장 영역 확대 및 약육강식의 경제 질서가 경제 분야를 지배하게 되었다고 보았다.

공익이 경시되고 사회적 통합이 약화되었다.

경제의 시장화와 개방에도 불구하고 재벌기업의 주요 시장 독과점이 유지되면서 한국경제시스템의 개방성, 기업 형태 및 지배구조의 글로벌 스탠더드와의 정합성이 확충되지 못하는 한편 강자 중심의 거래 및 성과 분배 질서가 강화되는 결과를 초래하였다. 공정한 경쟁과 협력을 기반으로 하는 신자유주의 기반 시장화의 추진에도 불구하고 투명하고 공정한 거래 규칙과 비인격적 신뢰보다는 강자 위주의 불공정한 거래 관행과 인적 유대 관계에 기반한 연고주의가 지속되었다. 그 결과 다양성과 상호 존중의 사회질서보다는 승자 독식의 경쟁 질서가 사회 전반에 스며들었고, 이는 다양한 개인의 전문성 및 성취 동기 향상 노력을 저하하고 자발적 참여와 활발한 경쟁/협력, 그리고 이를 바탕으로 한 새로운 기술개발과 혁신을 약화시키는 요인이 되었다. 자율적인 소통, 신뢰와 공정한 성과 분배에 기반한 협력 및 기업 설립도 동반하여 약화되었다.

배제성이 강한 정치경제 질서는 신자유주의 패러다임 이식 등의 영향으로 진화 인자 사이의 정합성에도 걸림돌이 되었다. 외환위기 당시의 신자유주의적 개혁에 상응한 사회안전망 확충이 미흡하여 구조조정 압력에 노출된 일반 대중들은 생존 욕구 충족을 다시 긴급한 과제로 안게 되었다. 이에 따라 다수 사회 구성원들의 가치 지향이 관계 및 성장 욕구 지향적 가치로 고양되지 못한 채 생존 지향적 가치에 고착되었다. 이는 개인의 다양한 재능 개발과 다수 사회 구성원의 창의적 아이디어의 결합에 기반한 혁신 증대와 경제의 지식화를 저해하였다. ST가 새로운 PT와 충돌한 것이다. 한편 신자유주의적 주주 중심주의가 도입되면서 발전연대의 장점이었던 장기적 관점과 공공성 중시 태도가 약화되고, 기업의 단기 성과 중시 및 공공성 경시 행태가 강화되었다. 이로 인해 불공정 거래, 기업의 투자 및 고용 기피가 확산되면서 소득 불평등과 사회 갈등이 높아지고 사회적 신뢰와 협력이 약화되었다. 또한 소수 친기업 언론이 여론을 주도하여 경제 제일주의 가치관을 확산시킴으로써 경제 수준에 걸맞은 다양한 가치관 및 변화 친화적 문화의 정착과 국민의 광범위한 경제활동 참여 및 도전 정신 앙양, 장기적·미래 지향적 시각의 확산을 저해하였다.

가. 경제시스템의 환경 적합성

이행기 중에는 경제시스템의 포용성이 개선되지 못하였다. 민주화라는 모습으로 표출된 다수 국민의 관계 욕구 증가에도 불구하고 사회 각 계층별 조직화와 제 사회 구성원의 자유 및 참여, 공정한 경쟁/협력의 규칙이 정착되지 못하였다. 이는 냉전적 반공 이데올로기의 사회 지배가 이어지면서 노동자, 중소기업인 등 서민 계층의 조직화를 억압하였던 데 일차적 원인이 있다. 그 결과 사회구조의 다원화와 이에 기반한 노동자, 중소기업인 등의 정치 및 경제 운영 참여가 여전히 제한되었고 민주주의 원리가 정치 분야에서의 수평적 정권 교체 등으로 제한된 채 경제 및 문화 분야로 확산되지 못하였다. 대표적으로 노동조합 수와 조직률은 1990년의 18.4%를 정점으로 감소하여 2005년 이후 10% 수준에서 정체되어 있다.

표 II-60					이행기 중 노동조합 및 조합원 추이						

(개, 천 명, %)

연도	1987	1990	1993	1996	1999	2002	2005	2008	2011	2014	2016
노동조합 수	4,102	7,698	7,147	6,424	5,637	6,506	5,971	4,886	5,120	5,445	6,164
조합원 수(A)	1,268	1,887	1,667	1,599	1,481	1,606	1,506	1,666	1,720	1,905	1,966
임금근로자 수(B)	9,191	10,264	10,679	12,020	12,455	13,839	14,692	15,847	17,090	18,429	19,172
조직률(A/B)	13.8	18.4	15.6	13.3	11.9	11.6	10.3	10.5	10.1	10.3	10.3

자료: 1. 통계청(경제활동인구 〈취업자 수〉).
2. 고용노동부(전국노동조합 조직 현황).

미흡한 정치적 민주화는 이행기 중 추진된 시장화 및 세계화에 악영향을 미쳤다. 당사자 간 자율과 공정한 규칙에 기반한 거래 및 경쟁 그리고 비인격적 신뢰와 협력에 기반한 민간 주도의 포용적 경제운영 패러다임을 창출하는 데 성공하지 못하였다. 시장화·세계화가 경쟁 촉진과 대중의 지혜 증진을 통한 경제적 혁신 능력의 향상보다는 대기업 중심 산업구조와 독과점적 시장 거래 질서, 나아가 다수 중소기업 및 노동자의 배제와 소득 분배 불평등을 초래하게 되었다. 임금 10분위 배율, 지니계수는 1993년에 저점, 노동소득분배율은 1996년에 고점에 가까운 수준을 각각 기록하여 외환위기 이후 소득 분배의 불평등이 높아지고 경제제도의 포용성이 낮아졌음을 보여준다. 다른 한편으로는 발전국가형 각종 진입 규제의 잔존, 재벌 소속 대기업의 내수산업 지배에 따른 실질적 진입 장벽 강화 등으로 정치경제시스템이 파괴적 혁신을 수용하는 능력도 크게 약화되었다. 이는 신성장산업의 발전 부진과 새로운 대기업·중견기업의 증가 부족으로 이어졌다.

이처럼 경제 부문의 민주화, 즉 시장 주도의 경제 운영 체제의 확립과 기업의 소유·지배의 대중화에 실패하면서 정치적 민주화가 경제적 내실을 갖추지 못하게 되었다.

표 II-61	이행기 중 소득분배지표 추이								
연도	1990	1993	1996	1999	2002	2005	2008	2011	2014	2016
임금10분위 배율	3.86	3.72	3.75	3.83	4.19	4.48	4.93	4.80	4.79	4.50
지니계수	0.266	0.256	0.266	0.298	0.293	0.298	0.319	0.313	0.308	0.317
노동소득분배율(%)	56.8	58.4	62.4	58.3	58.2	61.2	61.9	59.9	62.8	63.0

자료: 1. 통계청(가계동향조사).
　　　2. 한국은행(국민계정).

문화적 측면에서도 민주적 원리가 정착되지 못했다. 대기업이 정치적 영향력을 강화하고 국제경쟁력 강화 논리가 공론을 지배하면서 생존 지향적 문화가 강조되었고, 발전국가의 수직적·집권적 사회 및 조직 지배구조와 운영 원리가 온존되었다. 요컨대 정치적 민주화의 미흡이 경제적·문화적 포용성의 향상 부진으로 이어진 것이다.

이행기 중 경제의 개방성은 전반적으로 높아지는 모습을 보였으나 대기업의 주요 내수시장 독과점화가 진전되기도 하였다. 우선 1980년대 이래 세계화의 진전과 수출 지향적 성장 추세의 지속, WTO 가입 전후의 상품 시장 개방 및 외환위기 후의 금융시장 개방 등으로 한국경제시스템은 선진국에 버금가는 개방 수준에 이르렀다. 평균 관세율은 1990년 11.5%였으나 세계화의 추진과 더불어 더욱 낮아져 2008년 4.1%, 2014년 2.7%에 불과하였다.

표 II-62				이행기 중 관세율 추이						

(%)

연도	1990	1993	1996	1999	2002	2005	2008	2011	2014	2016
관세율	11.51	9.90	7.71	6.26	5.07	4.43	4.08	4.39	2.73	4.65

자료: World Bank(관세장벽).

한국경제의 대외 의존도도 꾸준히 높아져 1990년 43.1%에서 1999년 55.0%, 2011년 89.2%로 높아졌다. 또한 외환위기 이후에는 금융시장이 개방됨에 따라 외국인의 국내 주식 보유, 해외 차입의 비중이 30%를 상회하고 채권 시장에서 외국인의 비중도 빠르게 커지고 있다. 미국, EU, 중국 등 세계 주요 경제권과의 FTA 체결도 한국경제시스템의 개방성을 높이는 주요한 요인이 되었다.

표 II-63				이행기 중 경제의 대외 의존도(수출입액/GDP 비율) 추이							

(%)

연도	1987	1990	1993	1996	1999	2002	2005	2008	2011	2014	2017
대외 의존도	61.2	48.4	43.1	47.0	55.0	51.9	61.2	85.6	89.2	77.6	68.8

자료: 한국무역협회(국가별 수출입액), 한국은행(국민계정) 자료를 이용하여 산출.

개방의 결과 국내 기업들은 말 그대로 세계적인 경쟁에 노출되었고 국제경쟁력의 강화를 위한 인건비 절감과 기술개발에 부심하였다. 이 과정에서 정리해고제, 비정규직 제도 등이 도입되어 노동자들의 고용 환경은 질적으로 양적으로 악화되는 추세를 보였다. 한편 국내시장 개방으로 내수 중소기업도 세계적 경쟁에 직면하였는데, 그 결과 상당수가 어려움에 처하면서 점차 쇠퇴하였고 세계적 경쟁이 가능한 대기업 또는 소수 중소기업이 살아남아 점차 시장을 지배하는 경향이 나타났다.

다수 중소기업들은 가격 경쟁력 열위에 따른 시장지위 약화, 아웃소싱 등을 빌미로 한 대기업의 불공정 거래 강요, 대기업 대비 임금 수준 하락에 따른 인재 채용 곤란 등으로 대기업과의 수익성 및 혁신 능력 격차가 현저히 커졌다.

표 II - 64	이행기 중 대외금융부채(주식·채권·은행차입 외국인 비중) 추이						

(%)

연도	2001	2002	2005	2008	2011	2014	2017
주식시장	32.8	36.3	37.2	27.2	30.6	31.6	33.6
채권시장			0.5	4.3	6.9	6.9	5.9
차입시장	35.2	34.0	27.0	29.8	37.0	30.9	27.0

자료: 1. 금융감독원(외국인 투자자의 증권매매 동향).
    2. 한국거래소(시장정보통계, 외국인 주식 보유 현황).
    3. 한국예탁결제원(증권예탁통계, 채권종류별 등록 현황).

이처럼 대기업의 시장 독과점 및 경제 성과 독차지와 중소기업의 경쟁력 약화 및 경제성과 악화가 엇갈리면서 경제의 양극화가 심화되고 이는 곧 한국경제시스템의 다각화, 전문화의 부진으로 연결되었다. ICT 등 신기술 기반 신성장산업, 일부 선진 서비스업, 그리고 소재부품 장비 등 첨단기술 산업에서는 외국 기업이 국내시장을 독과점하는 경향도 나타났다. 이러한 시장 지배적 기업들은 개방에도 불구하고 실질적 진입 장벽을 구축하였고 이로 인해 국내시장이 세계적 추세에 뒤처지는 경우도 나타났다.

국제경쟁력을 구실로 대기업의 독과점적 국내시장 지배와 지배 주주에 의한 집권적·수직적 기업 지배가 용인되는 모습도 나타나 개방이 뜻하지 않은 부작용을 낳기도 하였다. 경제 개방에도 불구하고 발전국가 패러다임 기반 기업 지배구조와 독과점적 산업구조 등이 온존하면서 선진적인 기업 지배구조와 경쟁적 시장구조의 정착, 구성원의 창의와 자율성 기반 수평적 조직운영 원리 정착, 비인격적 신뢰의 사회적 확산 등을 성취하지 못하고 있다. 우리 경제시스템의 선진국 글로벌 스탠더드와의 괴리가 좁혀지지 못하고 있는 것이다.

개방의 또 다른 중요한 부작용은 우리 경제의 대외 의존도 내지 대외 충격에 대한 취약성이 커졌다는 점이다. 시장 개방과 기업들의 세계적 경영은 대기업들의 아웃소싱 확대, 자본시장에 대한 외국인의 점유 비중 및 영향력 확대를 초래해 한국경제시스템의 산업연관관계를 약화시키고 수출입 의존도 및 금융시장의 불안정성을 높였다. 우선 종래의 대외의존적 가공 조립형 산업구조가 시장화·세계화와 결합하면서 우리 경제의 취약성을 높였다. 즉, 대외의존적 조립 가공형 산업구조가 여전한 가운데 단기적 포트폴리오 투자 차익 증대를 주 목적으로 하는 주주 중심주의 경영이 도입됨에 따라, 외환위기 이후 국내 기업의 국제경쟁력 향상 노력이 제품과 기술의 혁신을 통한 장기적 성장 잠재력 향상보다는 해외 투자 확대 및 아웃소싱을 통한 인건비 절감과 값싼 수입품 사용을 통한 제조 원가 절감에 집중되었다. 이로 인해 한국경제의 수출과 국내 소비·투자 간의 연계가 약화되었고, 이는 내수의 성장 잠재력 약화와 경제성장의 수출 의존도 증대를 초래하였다. 또한 대−중소기업 간, 수직적·수평적 연관산업 간 상호 보완성 약화와 기업들의 장기 투자와 연구개발 기피에 따른 한국경제시스템의 자생적 차별화 기반 혁신 역량 및 성장 잠재력의 약화로도 이어졌다.

금융시장 개방은 우리 경제에 대한 선진국 자본의 지배력 증가와 이에 따른 금융시장의 불안정, 경제성장 잠재력 약화, 소득의 유출 확대를 초래했다. 우선 외환위기 직후의 급속한 금융시장 개방은 금융시장, 금융산업에 대한 외국인의 영향력을 확대하고 금융시장의 외부 충격에 대한 취약성은 높이는 부작용을 초래하였다. 외국인의 국내 주식 보유가 매우 높은 수준에 이르러 국내 금융시장은 글로벌 투자자들의 자금 운용 방향에 큰 영향을 받게 되었다. 따라서 국제 금융시장의 변동이 국내 금융시장에 곧바로 영향을 미치게 되었다. 또한 외국인이 국내 주요 대기업 주식을 대규모로 보유, 사실상 주요 기업의 경영을 좌우하고 있다. 이들은 대기업들로 하여금 배당과 주가 관리에 노력하도록 압박하였고, 결과적으로 장기적 관점의 기술개발과 시설 투자 그리고 인재 양성을 어렵게 만들었다. 이는 곧 한국경제시스템 전반의 투자 및 고용 부진과 기술개발 노력 약화를 불러왔다. 다른 한편으로는 외국인에 대한 배당 및 이자 지급 등도 크게 늘어났다. 우리나라의 경우 국내에서 창출된 소득의 해외 유출 규모가 상대적으로 큰 편이다.

나. 진화 인자와 경제주체의 진화 잠재력 향상

이행기 한국경제시스템과 중심 PT는 지식경제로 이행하는 것이 불가피하였다. 한국경제의 발전국가형 선진국 따라잡기(catch up)가 사실상 완료되었고, 세계적으로 ICT 등 지식산업이 신성장산업으로 부상하였으며, 중국, 인도 등 후발 신흥국의 추격이 거세졌다. 이제 한국경제시스템에는 복제가 아닌 독자적 차별화와 선택에 기반한 새로운 PT 창출이 긴요해졌다. 특히 ICT, 인공지능 등 지식경제 선도 분야에서 새로운 지식과 기술을 자생적으로 창조할 수 있는 시스템을 갖출 것이 요구되었다. 지식경제 PT는 전문성과 복합성을 갖추어 진화 잠재력이 매우 높은 데다 선발자 독점과 수확 체증적 특성이 높아 성공하면 매우 큰 성과를 얻을수 있다. 삼성전자의 반도체 및 휴대전화 사업이 그 예이다. 다만 차별화와 선택과정에 많은 시간과 자금이 소요되고 성공적 진화 인자 선별 관련 위험도 크다는 어려움이 있다. 관련 전문인력을 양성하는 데에도 장기간의 투자가 필요하다.

그러나 이행기 PT의 진화는 소수의 예외, 예를 들면 1990년대 말~2000년대 초의 ICT 발전, 자동차 등 일부 중화학공업 PT의 발전을 제외하고는 대체로 미흡한 수준에 머물렀다. 이는 기업체 수의 증가와 산업별 구성비 추이에서 잘 드러난다. 아래 표 II-65에서 보듯이 외환위기 이전 빠르게 늘어나던 기업체 수는 외환위기 이후 증가세가 현저히 둔화되었다. 산업별 구성에서는 ICT, 자동차 등의 산업이 속해 있는 현대적 서비스업과 중화학공업의 비중이 점진적으로 높아지는 데 그쳤다.

| 표 II-65 | 이행기 중 산업별 기업체 수, 구성비 및 증감률 추이 |

(천 개, %)

연도	1993	1996	1999	2002	2005	2008	2011	2014	2016
농림어업	1	3	3	2	2	2	2	3	4
	(0.1)	(0.1)	(0.1)	(0.1)	(0.1)	(0.1)	(0.1)	(0.1)	(0.1)
	< - >	<31.6>	<-2.5>	<-5.4>	<-0.7>	<-6.7>	<3.9>	<17.6>	<10.6>
광업	3	3	2	2	2	2	2	2	2
	(0.1)	(0.1)	(0.1)	(0.1)	(0.1)	(0.1)	(0.1)	(0.1)	(0.1)
	< - >	<-5.2>	<0.2>	<-2.7>	<0.7>	<-1.2>	<1.3>	<6.9>	<0.0>
제조업	282	313	297	334	340	320	341	397	416
	(12.2)	(11.1)	(10.2)	(10.7)	(10.6)	(9.8)	(9.8)	(10.4)	(10.5)
	< - >	<-0.1>	<6.4>	<0.9>	<3.6>	<-3.8>	<4.3>	<7.2>	<0.6>
(경공업)[2]	174	183	169	180	174	140	142	156	159
	(7.6)	(6.5)	(5.8)	(5.8)	(5.4)	(4.3)	(4.1)	(4.1)	(4.0)
	< - >	<-2.3>	<2.4>	<-0.7>	<1.5>	<-3.9>	<2.2>	<5.3>	<0.3>
(중화학공업)[3]	107	129	129	153	167	180	199	242	257
	(4.7)	(4.6)	(4.4)	(4.9)	(5.2)	(5.5)	(5.7)	(6.3)	(6.5)
	< - >	<3.3>	<12.1>	<2.8>	<5.9>	<-3.7>	<5.8>	<8.4>	<0.8>

전기, 가스 및 수도업	1	1	1	1	2	1	2	2	2
	(0.0)	(0.0)	(0.0)	(0.0)	(0.0)	(0.0)	(0.0)	(0.0)	(0.1)
	< - >	<5.1>	<5.5>	<0.3>	<2.3>	<-9.8>	<2.1>	<10.3>	<8.8>
건설업	52	69	65	79	90	95	104	128	136
	(2.3)	(2.5)	(2.2)	(2.5)	(2.8)	(2.9)	(3.0)	(3.4)	(3.4)
	< - >	<3.4>	<2.6>	<7.8>	<6.7>	<0.9>	<7.4>	<9.4>	<1.7>
서비스업	1,966	2,419	2,559	2,714	2,769	2,845	3,019	3,280	3,390
	(85.3)	(86.2)	(87.4)	(86.6)	(86.4)	(87.1)	(87.0)	(86.0)	(85.8)
	< - >	<1.4>	<5.0>	<2.9>	<-0.1>	<0.5>	<3.2>	<3.1>	<2.1>
(전통적 서비스)[4]	1,615	1,979	2,068	2,179	2,177	2,194	2,303	2,487	2,550
	(70.1)	(70.5)	(70.6)	(69.6)	(67.9)	(67.2)	(66.4)	(65.2)	(64.5)
	< - >	<1.2>	<4.3>	<2.4>	<-1.0>	<0.0>	<2.8>	<2.6>	<1.5>
(현대적 서비스)[5]	351	440	491	535	592	651	716	794	840
	(15.2)	(15.7)	(16.8)	(17.1)	(18.5)	(19.9)	(20.6)	(20.8)	(21.3)
	< - >	<2.4>	<7.9>	<5.2>	<3.3>	<2.3>	<4.3>	<4.5>	<4.2>
전 산업	2,304	2,808	2,927	3,132	3,205	3,265	3,470	3,813	3,950
	(100.0)	(100.0)	(100.0)	(100.0)	(100.0)	(100.0)	(100.0)	(100.0)	(100.0)
	< - >	<1.3>	<5.1>	<2.8>	<0.5>	<0.1>	<3.4>	<3.7>	<2.0>

주: 1. ( ) 안은 구성비, 〈 〉 안은 전년 대비 증감률.
2. 음식료품, 담배, 섬유 제품, 봉제의복 및 모피, 가죽·가방 및 신발, 목재 및 나무 제품, 펄프·종이 및 종이 제품, 출판·인쇄 및 기록매체 복제, 가구 및 기타 제품.
3. 코크스 및 석유정제, 화합물 및 화학 제품, 고무 및 플라스틱 제품, 비금속광물 제품, 제1차 금속, 조립금속 제품, 기타 기계장비, 컴퓨터 및 사무용기기, 기타 전기기계 및 전기변환장치, 전자부품·영상음향 및 통신장비, 의료·정밀·광학기기 및 시계, 자동차 및 트레일러, 기타 운송장비, 재생용 가공원료.
4. 도소매, 숙박 및 음식점, 운수, 기타 공공 수리 및 개인 서비스.
5. 통신, 금융보험, 부동산 및 임대, 사업 서비스, 공공행정·국방 및 사회보장, 교육 서비스, 보건·사회복지, 오락문화, 운동 관련 서비스.
자료: 통계청(전국 사업체 조사).

표 II-66	이행기 중 산업별 GDP 구성비 추이

(%)

연도	1987	1990	1993	1996	1999	2002	2005	2008	2011	2014	2017
농림어업	10.3	8.4	6.5	5.5	4.8	3.8	3.1	2.5	2.5	2.3	2.2
광업	1.1	0.7	0.5	0.4	0.3	0.3	0.2	0.2	0.2	0.2	0.2
제조업	29.2	27.3	26.5	26.8	28.0	27.2	28.3	28.6	31.4	30.2	30.4
(경공업)[1]	10.2	7.7	6.9	5.8	6.0	5.2	4.4	4.0	4.1	4.2	3.9
(중화학공업)[2]	19.0	19.6	19.6	21.0	22.0	22.0	23.9	24.6	27.2	26.0	26.5
전기, 가스 및 수도업	3.0	2.2	2.3	2.3	2.8	2.8	2.6	1.7	2.0	2.8	3.0
건설업	6.0	9.5	9.7	9.1	6.7	6.1	6.4	5.8	4.8	5.0	5.9

서비스업	50.4	51.9	54.4	55.9	57.4	59.9	59.4	61.2	59.1	59.6	58.3
(전통적 서비스)[3]	23.1	21.4	20.4	19.0	18.8	19.0	17.9	18.4	17.8	17.7	16.9
(현대적 서비스)[4]	27.3	30.6	34.0	36.9	38.6	40.9	41.5	42.8	41.3	41.9	41.4
합계	100.0	100.0	100.0	100.0	100.0	100.0	100.0	100.0	100.0	100.0	100.0

주: 1. 음식료품 및 담배, 섬유 및 가죽 제품, 목재, 종이, 인쇄 및 복제, 기타 제조.
 2. 석탄 및 석유 제품, 화학 제품, 비금속광물 제품, 1차 금속 제품, 금속 제품, 기계 및 장비, 전기 및 전자기기, 정밀기기, 운송장비.
 3. 도소매 및 음식숙박, 운수 및 보관, 문화 및 기타 서비스.
 4. 금융보험, 부동산 및 임대, 정보통신, 사업 서비스, 공공행정 및 국방, 교육, 보건 및 사회복지.
자료: 한국은행(국민계정, 경제활동별 명목 GDP).

이행기 한국경제시스템의 최대 과제였던 지식경제의 발전을 위하여 각 경제주체의 진화 잠재력을 효과적으로 향상시키는 것이 매우 중요하였다. 이는 포용적이고 상호주의적인 ST를 통해 최선으로 향상할 수 있다. 그러나 이행기 기업과 개인들의 진화 잠재력 향상이 원활하게 이루어졌다고 보기 어렵다.

우선 전문성과 다양성 제고를 통한 경쟁 역량 향상의 측면을 보자. 교육 연수의 측면에서 보면 표 II-67 상급학교 진학률 추이에서 보는 것처럼 중고등학교 진학률이 100% 수준에 이르렀고 대학 진학률도 1987년에 30% 대에서 최근에는 70% 내외로 높아졌다. 그만큼 개인의 전문성과 경쟁 역량이 향상된 것으로 보인다. 그러나 교육의 질적인 측면에서는 향상 정도가 더뎠던 것으로 보인다. 무엇보다 지식경제에 적합한 개인적 전문성 제고가 미흡하였다. 대학 및 대학원 교육의 전문성이 선진국에 비해 낮았고 따라서 전문성을 갖춘 인재의 양성이 불충분하였다. 특히 외환위기 이후 이공학 분야의 인기가 낮아져 동 분야의 인재 양성이 위축되었다.

기업의 전문인력 양성 노력이 대폭 약화되었다. 정리해고 제도, 비정규직 제도의 도입 등으로 고용의 불안정성이 높아지고 세계적 관점의 경영과 주주 중심주의 강화로 기업의 자체적 인력 양성 노력이 줄었기 때문이다. 표 II-68에서 보는 바와 같이 고용률이 외환위기 이후 정체된 것도 인적 자원의 축적을 저해하는 근원적 요인이었다.

집단주의와 수직적·평균주의적 사회구조와 문화가 유지되면서 개인의 가치관과 시각의 다양성 향상도 여전히 제한되었다. 보다 직접적으로는 <보론 II-2>에서 보듯이 사회보장제도 및 창업 인프라의 확충 미흡, 취업 여건의 악화 등으로 개인들의 신사업 도전 의지와 성취 동기가 저하되었다.

표 Ⅱ-67	이행기 중 상급학교 진학률 추이		

(%)

연도	진학률		
	초→중	중→고	고→대
1987	99.5	91.9	36.7
1990	99.8	95.7	33.2
1993	99.9	98.2	38.4
1996	99.9	99.0	54.9
1999	99.9	99.4	66.6
2002	99.9	99.5	74.2
2005	99.9	99.7	82.1
2008	100.0	99.7	83.8
2011	100.0	99.7	72.5
2014	100.0	99.7	70.9
2017	100.0	99.7	68.9

자료: 교육부(교육통계연보).
　　 한국교육개발원(교육통계분석자료집).

표 Ⅱ-68	이행기 중 고용률 추이

(%)

연도	1987	1990	1993	1996	1999	2002	2005	2008	2011	2014	2017
고용률	56.5	58.6	59.1	60.8	56.7	60.1	59.9	59.8	59.3	60.5	60.8

자료: 통계청(경제활동인구조사, 연령별 경제활동인구 〈구직 기간 1주 기준〉).

　　기업의 경쟁 역량 향상, 즉 전문화와 다양화도 재벌 구조가 온존되고 주요 산업에서 독과점이 유지됨에 따라 제한되었다. 소수의 수출 기반 대기업을 중심으로 연구개발 투자가 크게 늘어 표 Ⅱ-69에서 보는 것처럼 연구개발비, 연구개발비의 GDP 내 비중, 연구원 수 및 특허출원 건수가 크게 늘었다. 그러나 수출 대기업을 제외한 대다수 기업들의 경우 단기 순이익 중심 경영의 확산으로 기술개발 투자가 오히려 감소하였다. 국내시장을 독과점하게 된 내수 대기업들의 기술개발 및 시설 투자가 크게 줄었다. 중소기업의 경우 국제 경쟁 심화와 시장 지배적 사업자의 불공정 거래 등으로 인해 수익성이 낮아져 기술개발과 전문화에 투자할 여력이 크게 약화되었다. 그 결과 주요 기술을 외국에서 도입하는 기업이 늘면서 2000년대 후반부터 기술 도입 대가 지급액이 급속히 늘고 있다. 동 지급액은 2002년 27.2억 달러에 불과하였으나 2014년 155.4억 달러로 커졌다.

자체 개발한 기술을 기반으로 성장하는 기업이 드물어지면서 중소기업의 중견기업으로의 성장도 어려워졌다. 외환위기 이후 새로운 대기업이 일부 신성장산업을 제외하고는 거의 나타나지 않고 있다. 재도전 지원 장치의 미흡, 신사업 위험 증가 등으로 신기술을 갖춘 전문가의 창업이 어려워지면서, 2000년대 중반 이후 소규모벤처기업의 창업도 줄었다. 이에 따라 기술과 규모의 측면에서 기업의 다양성이 오히려 줄어들었다.

표 Ⅱ-69	이행기 중 주요 과학기술 관련 지표 추이					
연도	연구개발비 총액(10억 원)	연구개발비 /GDP(%)	연구개발비 민간 부담률(%)	연구원 수 (천 명)	특허출원 건수(천 건)	기술 도입 대가 지급액(백만 달러)
1987	18,780	1.8	79.6	52.8	17.1	523.7
1990	32,105	1.9	84.1	70.5	25.8	1,087.0
1993	61,530	2.1	83.3	98.8	36.5	946.4
1996	108,781	2.4	73.8	132.0	90.3	2,297.2
1999	119,218	2.2	70.0	134.6	80.6	2,685.8
2002	173,251	2.4	72.6	189.9	106.1	2,721.5
2005	241,554	2.6	75.7	234.7	160.9	4,525.1
2008	344,981	3.1	73.2	300.1	170.6	5,669.9
2011	498,904	3.7	73.9	375.2	178.9	9,900.5
2014	637,341	4.3	76.0	437.4	210.3	15,540.0
2016	694,055	4.2	76.4	460.8	208.8	14,842.0

자료: 1. 과학기술정보통신부(기술무역통계 및 연구개발활동조사, 1976~90).
2. 특허청(지식재산권통계, 1976~90).

이행기에는 각 경제주체별 협력 역량의 향상도 부진하였다. 발전국가의 유산이 여전히 영향력을 발휘하면서 민주화가 정치 분야에 제한되고, 시장화·세계화가 국내 경쟁의 심화보다는 재벌 대기업의 시장 지배력 강화와 정치·문화적 영향력 증대로 이어졌다. 이에 따라 사회와 경제의 인간 중심성과 공공성이 경시되면서 경제 제일주의와 성장 우선주의 논리, 승자 독식과 불공정 거래의 확산이 초래되었다. 이는 대중 참여 기반 민주화와 시장화를 요구하는 다수 경제주체의 요구와 상충하면서 사회적 갈등의 증가를 초래하였고, 개별 경제주체 간 상호 존중과 비인격적 신뢰에 기반한 상호주의적 협력을 크게 약화시켰다. 이러한 상황은 노동조합 조직률이 1990년부터 하락해 2000년대 이후 10% 수준에서 장기간 정체된 것에서 잘 드러난다. 기업 수와 인구 1만 명당 기업 수 등은 비교적 빠른 증가세를 나타내었는데 이는 외환위기, 글로벌 금융위기로 대기업 등에서 해고된 사람들의 생계형 창업 또는 소규모 창업이 늘어난 데 주로 기인한 것이다. 따라서 사회적 협력 역량의 향상으로 보기는 어렵다.

| 표 II-70 | | | | | 이행기 중 노동조합 수 증가율^{주)} 추이 | | | | | | |

표 II-70 이행기 중 노동조합 수 증가율[주] 추이

(%)

연도	1987	1990	1993	1996	1999	2002	2005	2008	2011	2014	2016
노동조합 수	53.7	-2.1	-5.1	-2.8	1.4	5.8	-0.8	-4.2	15.8	2.6	6.4
조합원	22.3	-2.3	-3.9	-1.0	5.6	2.4	-2.0	-1.3	4.7	3.1	1.4
조직 대상 근로자	10.9	5.3	1.1	2.8	11.5	5.6	1.1	1.3	1.7	2.5	0.8
노동조합 조직률(%p)	10.1	-7.1	-4.9	-3.6	-5.6	-3.3	-2.8	-2.8	3.1	0.0	1.0

주: 직전 연도 대비 증감률.
자료: 1. 통계청(경제활동인구 〈취업자 수〉).
   2. 고용노동부(전국노동조합 조직 현황).

재벌 대기업의 시장 및 산업 지배에 따른 경쟁 약화도 대기업의 사회적 협력 약화, 즉 공공성보다 수익성을 우선하는 행태를 강화하는 데 기여하였다. 경쟁 압력이 사라짐에 따라 독과점 대기업이 거래 기업이나 종업원과 협력할 필요성이 낮아진 것이다. 그 결과 대기업은 중소기업과의 거래에서 불공정 하청 계약을 강요하고, 재벌 내 계열기업 간 내부 거래를 늘렸다. 언론을 통한 성장 우선 및 대기업 중시 논리의 확산을 통해 독과점적 시장질서를 정당화하려고 하였다. 또한 재벌, 언론, 정치인과 고위 관료 등 사회 주도층은 법률회사 고문, 재벌 대기업·국영기업 임원직을 매개로 한 상호 간의 유대 강화를 통해 사회적 우위를 지속시키려고 노력하였다. 이는 전래의 연고주의를 심화시키고 부패를 고착시키는 요인으로 기능하였는데, 이 또한 사회적 신뢰와 협력을 약화시켰다.

다. 경제주체 간 상호 관계와 작용의 증진

이행기 중에는 경제주체 간 경쟁/협력의 상호작용을 증진하는 시장화와 조직화도 정체되었다. 앞에서 본 바와 같이 시장화와 세계화로 정부의 생산요소 시장에 대한 개입이 크게 줄고 경제개발계획이 폐기되는 등 경제의 민간 주도 기조가 확대되었다. 그 결과 기업 수가 빠르게 늘었고 인구 1만 명당 기업 수가 증가하는 등 겉으로는 시장메커니즘이 확산되는 모습이 나타났다. 그러나 발전연대 산업구조의 영향이 지속되면서 상당수 산업에서 독과점이 지속, 진전되었다. 실질적인 측면에서 경쟁메커니즘이 충실히 기능하지 못한 것이다. 이는 결국 새로운 기업 설립의 부족과 시장경쟁의 약화 및 독과점 기업 주도의 승자 독식 경제 질서를 확산시켰다. 한국개발연구원 통계, 통계청 광공업조사보고서 자료를 이용해 계산한 지표 등으로 보면 이행기 중 CR3는 대체로 상승세를 나타내고 있다. 시장에서의 경쟁은 오히려 약화되고 있는 것이다.

표 Ⅱ-71	이행기 중 인구 1만 명당 기업 수 추이									
연도	1987	1990	1993	1996	1999	2002	2005	2008	2011	2012
인구수(만 명)\<A\>	4,162	4,287	4,419	4,552	4,662	4,764	4,818	4,905	4,994	5,020
기업 수(백 개)\<B\>	934	1,272	1,818	2,660	3,772	5,533	6,959	8,383	10,150	10,861
인구 1만 명당 기업(개) \<B/A\>	22.4	29.7	41.1	58.4	80.9	116.1	144.4	170.9	203.3	216.4

자료: 통계청(성 및 연령별 추계인구), 김두얼(2017), 《한국경제사의 재해석》(기업 수).

표 Ⅱ-72	이행기 중 CR3(부가가치액 기준) 지표 추이									
연도	1987	1990	1993	1996	1999	2002	2005	2008	2011	2014	2017
CR3	46.5	41.6	41.2	45.9	50.3	51.8	52.1	53.9	55.0	55.1	56.6

주: 제조업 중분류(13개) 부가가치 합계액 중 상위 3개 세분류 산업의 부가가치 비중.
자료: 한국은행(국민계정, 경제활동별 명목 GDP).

조직화 역시 향상되었다고 하기 어렵다. 신기술 등장, 규제 완화 등에도 불구하고 기업 설립이 정체되고 새로운 대기업이 거의 성장하지 못하였다. 표 Ⅱ-33,

표 II-65가 이를 잘 보여준다. 새로운 기업 설립 및 성장의 부진은 기존 재벌 대기업의 산업 및 시장 지배와 이에 따른 경제적 차별화 기반 혁신과 경제성장의 저하, 그리고 제 경제 부문 간 양극화와 사회적 갈등 증가로 이어졌다. 기존 재벌 대기업의 시장 지배가 시장 진입 장벽 증대와 불공정 거래 확대를 통해 새로운 기업 설립의 위축을 가져오고 이러한 기업 진입 감소가 시장화와 경쟁의 위축을 가져오는 악순환이 발생한 것이다. 특히 제조업체 수의 증가가 부진하고 제조 대기업의 수는 감소하여 국내 제조 기업이 세계화, 지식화에 적절히 대응하지 못하고 시장 입지를 잃어가고 있음을 보여준다.

독과점적 시장 구조는 경쟁 부재에 따른 대기업의 경영 혁신 노력 감소와 집권적 기업 지배구조의 온존으로 이어졌다. 이행기 중에는 기업 지배구조를 전면 전환하여야 하였다. 왜냐하면 우선 민주화와 시장화에 따라 '광범위한 인센티브의 제공과 강한 상호주의 원칙'에 기반해 제 경제주체의 참여와 상호 간 경쟁/협력을 촉진하는 공정한 사회질서, 그리고 자율적·분권적 사회구조와 기업 지배구조가 도입될 필요가 높았다. 또한 경제의 지식화를 원활히 진전시키기 위해서는 유연하며 광범위한 협력과 자생적 혁신을 촉진할 수 있는 분권적·참여적 조직 지배구조를 정립하는 것이 필수불가결했다. 그러나 이러한 시도는 재벌 대기업주를 비롯한 소유 경영자의 강력한 반발로 시작조차 못하였다. 민주화에도 불구하고 노동자의 조직화가 소수 대기업 등에 국한되었다. 대다수 기업에서 타협적 노사 관계가 정착되지 못하였고 노조의 경영 참가는 거의 수용되지 않았다. 외환위기 이후 도입된 주주 중심주의는 경영자 혁명을 통한 유능한 경영자의 영입과 기업 효율 향상보다는 지배 주주의 경영권 보장과 포트폴리오 투자자의 투자 이익 보장으로 타협되었으며 형식적인 감시 기능 강화에 그쳤다. 지식화에 부응해 기업의 새로운 기술개발을 촉진하는 데 필요한 지배구조의 개선은 소수의 벤처기업을 제외하고는 거의 시도되지 못하였다. 결과적으로 기업 지배구조는 발전연대와 마찬가지로 지배 주주가 집권적 조직 구조를 바탕으로 기업을 권위적으로 지배하는 형태에 머물렀다.

이는 곧 여러 가지 부작용을 낳았다. 우선 기업 경영의 후진성·비효율성이 개선되지 못하였다. 경영 능력이 검증되지 않은 창업주의 후손들이 대를 이어 주요 재벌 대기업의 경영을 맡으면서 민주화, 지식화된 정치경제에 적합한 경영이 이루어지지 못했고 이는 곧 조직 내 갈등과 기업의 비효율성 증가, 새로운 지식과 기술의 개발 및 혁신 부진으로 이어졌다. 상당수 재벌들은 많은 위험과 투자를 요구하는 기술혁신과 신상품 개발 또는 신성장산업 진출보다는 보유 자원량을 바탕으로 안전한 전통 산업에 진출하려고 하였다. 다른 한편으로는 기업 이익을 늘리기 위해 독과점력을 바탕으로 하청 기업 등 거래 기업에 대한 불공정 거래를 강요하기도 하였다.

이행기에는 기업 문화의 개선도 미흡하였다. 독과점과 승자 독식 논리, 집권적 조직 구조와 수직적 기업 지배구조를 근간으로 하는 배제적 ST가 이어지면서 종업원의 자율과 다양성에 대한 존중, 그리고 기업 내 구성원 간 신뢰와 자발적 협력, 사회 내 여러 계층 간 신뢰와 광범위한 협력이 확산되지 못하였다. 다양한 가치관과 전문성을 가진 개인과 기업들이 충분히 육성되지 못하였고 이에 따라 사회적 다양성과 경제시스템의 진화 잠재력도 원활하게 향상되지 못하였다. 무엇보다 지식기업에 적합한 전문성과 다양성을 갖춘 인재의 양성이 부족하고 전 구성원의 자율적 참여와 협력이 활발한 조직 문화가 정착되지 못하였다.

라. 진화 인자 간 정합성

이행기에는 진화 인자 사이의 정합성이 크게 약화되었다. 우리 경제가 지식경제로 이행하면서 PT 면에서 높은 발전 가능성을 갖게 되었으나 이에 적합한 ST 또는 경제운영 패러다임을 정립하지 못했기 때문이다. PT와 ST 간 정합성이 크게 낮아졌고, 정치·경제·문화 등 주요 영역별 ST 사이에도 상충이 발생하였다. 발전국가 이래의 독과점적 산업·시장 구조와 수직적·권위적 ST가 민주화·시장화·지식화된 국내 상황에 적합한 새 ST의 도입을 방해하면서 신·구 ST가 자의적으로 뒤섞여 주도 계층 이익 위주의 결합을 만들어내는 경향이 나타났고, 이것이 이행기 중 ST 간 상충, 나아가 PT와 ST 간 상충의 가장 큰 원인이 되었다. 발전국가의 유산에서 비롯된 진화의 경로 의존성이 새로운 경제 환경에 적합한 방향으로 한국 경제시스템이 진화하는 것을 방해한 것이다.

먼저 PT와 ST 사이의 부정합 문제를 보자. 지식경제를 원활히 발전시키기 위해서는 지식의 인간적 속성과 공공재성(비경합성에 주로 기인), 지식경제에서 혁신의 급속한 증가 경향 등에 대응해 자유와 경쟁, 광범위한 신뢰와 협력에 바탕한 수평적 사회질서와 분권적 기업(조직) 지배구조를 갖추는 것이 긴요하다. 그러나 이행기 중 한국경제시스템에서는 발전국가형 권위주의적 가치관 및 집권적 조직 지배구조가 유지되어 민주화가 경제 및 문화 분야에서 정착되지 못하였고, 이로 인해 개인과 기업의 전문성 및 다양성 향상도 지체되었다. 독과점적 산업구조가 온존되어 다원적 사회구조의 형성과 포용적 정치경제체제의 구축에 실패하고, 광범위한 신뢰와 공정한 거래 규칙에 기반한 기업의 활발한 설립 및 시장경쟁 메커니즘의 확산이 제한되었다. 이는 한국경제시스템의 자생적 차별화·선택 역량 그리고 창조적 파괴 기반 혁신 역량의 강화를 저해하였다.

지식경제에서는 PT와 BD의 선발자 독점이 일반적이다. 이 때문에 독자적인 차별화와 선택의 과정을 거쳐 새로운 PT와 BD를 세계 최초로 창출하는 능력이 매우 중요하다. 그러므로 민주화된 정부가 대학, 기업 등의 활발한 연구개발 활동과 이를 바탕으로 한 자생적 혁신에 적합한 여건을 적극 조성해야 한다. 장기적 관점에서의 기반 기술개발 및 전문 인재 양성, 신산업 또는 신기반 기술 육성을 위한 대규모 투자, 대학과 기업 등 제 연구개발 기관 사이의 활발한 네트워킹 및 이해 조정, 민간 부문의 신사업 개발 관련 대규모 투자 지원 및 위험 분담 등을 정부가 보다 많이 담당하여야 한다. 그러나 이행기 중의 시장화는 정부의 자생적 혁신 여건 조성 기능을 약화시켰다. 또한 신자유주의적 개혁은 주주 중심주의와 시장의 독과점화에 따른 기업 경영 시계의 단기화 및 승자 독식적 경제 질서 심화를 초래하여 기업의 기술개발과 전문 인재 양성 노력을 약화시켰다. 결국 이행기 한국경제시스템은 민주화, 시장화라는 ST의 변화가 지식화라는 PT의 진화를 촉진하게끔 하는 데 실패하였다.

다음으로 새로운 ST로서의 민주주의·신자유주의적 시장경쟁 메커니즘이 발전국가 패러다임의 정치·경제·문화적 유산과 충돌하여 발생한 각 영역별 ST 간 부정합 문제를 보자. 이행기 중에는 정치적 민주화가 어느 정도 이루어지고 경제 운영의 시장화도 진전되었다. 그러나 발전연대 이래의 재벌과 이들의 주요 시장 독과점 그리고 수직적 기업 지배구조 및 조직 문화가 시장화 및 민주화와 충돌하였다. 나아가 경제 부문의 독과점화가 재벌 대기업에 의한 경제 지배 그리고 경제에 의한 정치의 포획을 초래해 정치적 민주화도 퇴행시켰다. 그 결과 친시장 정책이 아니라 친기업 정책 내지 친재벌 정책이 확대되고 노동자와 중소기업 등의 소외를 심화시켜 경제의 포용성이 낮아졌다. 문화적 측면에서도 친기업 또는 국제경쟁력 논리 등 대기업의 주장이 언론을 통해 확산되면서 수직적·비포용적 문화가 온존되었다. 결과적으로 이행기에는 발전국가적 경제체제가 다원적 사회구조를 갖추지 못해 취약했던 정치체제, 그리고 보수적 언론과 경로 의존성에 지배된 문화를 사실상 선도하였다. 이에 따라 형식적 충돌에도 불구하고 실질적으로는 발전국가의 배제적 ST가 새로운 경제 환경이 필요로 하는 포용적 ST에 우위를 차지하고 있었다고 볼 수 있다. 이는 결국 개인의 자유와 다양성 및 전문성 제고, 공정한 거래 규칙 등에 바탕한 경제주체 간 경쟁 증진, 그리고 투명성과 비인격적 신뢰에 기반한 협력 확산을 저해함으로써 한국경제시스템의 지식화와 포용성 증대를 저해하고 진화 잠재력을 약화시키는 요인이 되었다.

이행기 한국경제시스템이 점차 지식화되고 자생적 차별화와 선택에 바탕한 진화가 불가피해짐에 따라 BD의 예측 가능성은 크게 낮아졌다. 그러나 대다수 기업들의 BD 창출은 종전의 관행에서 벗어나지 못한 채 복제 중심에 머물렀고 이로 인해 ICT 분야 등을 제외한 대다수 산업에서 새로운 BD의 창출이 크게 둔화되었다. 이는 곧 한국경제시스템의 지식화의 부진과 혁신 능력의 저하, 나아가 경제성장과 진화 역량의 둔화로 이어졌다.

마. 경제성장

이행기에는 진화 인자의 특성, 경제주체 간 경쟁/협력의 형태, 생산요소 축적과 생산성 향상의 방식에 여러 가지 변화가 나타났다. 그리고 그 변화의 방향은 경제의 지식화와 생산성 향상에 더욱 중점을 두는 것으로서 대체로 선진국의 경제 발전 경로에 부합하였다. 그러나 진화의 성과는 발전연대에 비해 크게 미흡한 가운데 최근으로 올수록 더 악화되는 추세를 보였다.

산업별 GDP 성장률 추이를 나타낸 표 II−73에서 보는 것처럼, 경제성장률은 외환위기 이전 비교적 높은 증가세를 이어갔으나 2000년대 들어 눈에 띄게 하락하고 있다.

이 기간 중[32] 생산요소의 축적을 보면, 물적 자본의 경우 1989~98년 중 11.72%

---

32) 이하 통계 수치는 신관호 외(2013), 앞의 책; 김도완 외(2017), "우리 경제의 잠재성장률

증가하여 발전연대와 비슷한 수준을 유지하였으나 외환위기 이후인 1999~2005년 중 6.19%로 크게 하락하였다. 이와 같은 외환위기 전·후 물적 자본 축적의 급변동은 외환위기 이전 재벌들의 해외 자금 차입에 기반한 대규모 중화학공업 투자, 그리고 외환위기 이후의 대규모 기업 도산과 경제구조조정을 반영하고 있다. 외환위기 이전 국내 기업들은 발전연대 이래의 적극적 투자 관행을 유지하였다. 특히 민주화 직후의 인건비 증가는 기업의 노동절약적 시설 투자를 늘리는 유인이었고, 저금리의 해외 자금 차입은 기업의 투자가 실현될 수 있는 밑받침이 돼주었다. 이에 따라 대기업들은 경쟁적으로 시설 투자에 나섰고 그 결과 중화학공업을 중심으로 물적 자본 축적이 매우 활발하였다. 그러나 이와 같은 대규모 투자는 기업 간 투자 업종 중복과 수익성 악화를 초래, 결국 다수 기업의 도산과 외환위기를 초래하였다. 외환위기 이후 많은 재벌 대기업들이 도산한 데다 생존 대기업의 부채 축소 및 사업 구조조정이 진행되었다. 이에 따라 기업의 투자는 급속히 줄었다.

표 II-73				이행기 중 산업별 GDP 성장률 추이						

(%)

연도	1987	1990	1993	1996	1999	2002	2005	2008	2011	2014	2017
광업	-0.1	-7.9	0.1	0.6	7.8	1.1	-0.9	0.2	-1.0	-0.1	-4.1
제조업	20.0	11.6	6.9	8.4	21.2	9.3	5.8	3.7	6.5	3.5	4.4
(경공업)[1]	(13.9)	(0.3)	(-2.9)	(2.0)	(13.7)	(7.2)	(1.5)	(3.6)	(1.7)	(2.2)	(2.2)
(중화학공업)[2]	(18.4)	(16.2)	(10.5)	(9.6)	(18.9)	(8.6)	(7.0)	(3.1)	(7.3)	(3.8)	(4.9)
전기, 가스 및 수도업	12.1	16.2	12.6	10.8	10.8	8.0	7.1	3.4	0.2	2.6	3.1
건설업	9.9	23.6	8.8	6.5	-7.4	2.9	-0.6	-2.6	-5.5	0.8	7.1
서비스업	12.0	9.3	8.2	7.6	8.9	8.1	3.9	3.2	3.1	3.3	2.1
(전통적 서비스)[3]	(11.6)	(8.8)	(5.8)	(6.9)	(15.4)	(6.1)	(2.3)	(2.6)	(4.2)	(2.2)	(1.0)
(현대적 서비스)[4]	(10.1)	(8.8)	(8.6)	(7.1)	(5.5)	(8.5)	(4.5)	(3.5)	(2.6)	(3.8)	(2.7)
GDP(전 산업)	12.5	9.8	6.8	7.6	11.3	7.4	3.9	2.8	3.7	3.3	3.1

주: 1. 음식료품 및 담배, 섬유 및 가죽 제품, 목재, 종이, 인쇄 및 복제, 기타 제조.
2. 석탄 및 석유 제품, 화학 제품, 비금속광물 제품, 1차 금속 제품, 금속 제품, 기계 및 장비, 전기 및 전자기기, 정밀기기, 운송장비.
3. 도소매 및 음식숙박, 운수 및 보관, 문화 및 기타 서비스.
4. 금융보험, 부동산 및 임대, 정보통신, 사업 서비스, 공공행정 및 국방, 교육, 보건 및 사회복지.
자료: 한국은행(국민계정, 경제활동별 실질 GDP).

추정", ≪한국은행 조사통계월보≫, 2017(8), 한국은행에서 제시한 수치를 이용.

인적 자본 축적은 발전연대와 비슷하게 낮은 수준에 머물렀다. 한편 1989~98년과 1999~2005년 두 개 기간 중 총 노동시간 수는 발전연대의 절반 수준인 1.7% 내외 증가하는 데 그쳤다. 외환위기 이전 총 노동시간 수의 급속한 증가 둔화는 민주화 직후의 인건비 증가에 대응한 기업의 대규모 노동 절약적 시설 투자 그리고 노동자들의 관계 욕구 향상에 따른 노동시간 단축 등에 영향받은 것으로 보인다.

김도완 등에 따르면 2006년 이후에도 생산요소의 축적은 물적 자본을 중심으로 계속 부진하였고, 앞으로도 그러할 것으로 예상된다. 이는 인구수의 정체와 고령화, 국민의 관계 욕구 향상 등에 따라 노동 투입이 둔화되고, 다른 한편으로는 새로운 PT의 개발이 부진하여 투자 기회가 활발하게 늘지 않을 것으로 보이기 때문이다.

생산성 향상 정도는 시기별로 엇갈리는 모습을 보였다. 1989~98년 중 총요소생산성은 1982~89년의 절반 수준인 1%p로 하락하였다. 이는 동 기간 중 대기업들이 경쟁적으로 물적 자본을 축적하면서 기업의 매출과 수익성이 악화된 데 원인이 있다. 1999~2005년 중에는 외환위기 여파로 경제구조조정이 과감하게 추진되면서 총요소생산성의 경제성장 기여도가 1982~89년 중 수준으로 다시 높아졌다. 다만 이러한 경제구조조정은 새로운 기술과 상품의 창출보다는 기존 부문의 효율성 제고를 중심으로 이루어졌기 때문에 지속적인 진화 역량 향상 또는 장기적 진화 잠재력 향상과는 다소 거리가 있었다. 이에 따라 2000년대 중반 들어 경제구조조정의 생산성 향상 효과가 사라지는 가운데 새로운 기술과 상품의 창출도 부진하면서 생산성 향상 속도가 지속적으로 하락하였다. 김도완 등(2017)에 따르면 한국경제시스템에서 총요소생산성의 경제성장 기여도는 2001~05년 중의 1.9%p에서 2006~10년 중 1.3%p, 2011~15년 중 0.9%p로 낮아진 것으로 추정되었다.

위 성장동력 분석으로 미루어보건대 이행기 들어 한국경제시스템의 성장 잠재력 내지 진화 역량은 지속적으로 약화되고 있고 이러한 추세는 현재까지 이어지고 있다. 이는 발전연대 후반부터 시작된 자생적 진화 역량 향상 노력이 성공적이지 못하였음을 뜻한다. 결론적으로 현재 한국경제시스템은 선진국 진화 인자의 도입과 대규모 복제에 바탕한 생산요소 축적과 생산성 향상이 한계에 도달한 가운데, 새로운 진화 인자의 자생적 창출과 세계시장 선점을 통한 생산요소 축적과 생산성 향상이 부진하다.(<보론 Ⅱ-3 이행기의 진화 정체 요인> 참조)

표 Ⅱ-74	이행기 중 국내총생산과 생산요소의 연평균 성장률(농업, 광업 제외)

(%)

연도	GDP	총 노동시간 수	물적 자본	인적 자본
1989~98	5.86	1.71	11.72	0.74
1999~05	5.29	1.66	6.19	0.57

자료: 신관호 등(2013), ≪기적에서 성숙으로: 한국경제의 성장≫, 서울셀렉션, 2013.

표 Ⅱ-75	이행기 중 경제성장의 기여 요인별 분해

(%, %p)

연도	경제성장률[3]	요인별 성장 기여도[3]				
		물적 자본	인적 자본	고용	노동시간	총요소생산성
1989~98[1]	5.86	3.02	0.54	1.82	−0.58	1.06
1999~05	5.29	1.60	0.42	1.91	−0.68	2.04
2001~05[2]	5.0	2.2		0.9		1.9
2006~10	3.7	1.8		0.6		1.3
2011~15	3.4	1.6		0.9		0.9
2016~20	2.8	1.4		0.7		0.7

자료: 1. 신관호 등(2013), ≪기적에서 성숙으로: 한국경제의 성장≫.
2. 김도완 등, "우리 경제의 잠재성장률 추정", ≪한국은행 조사통계월보≫ 2017년 8월호, 한국은행.
3. 신관호 등의 자료는 농업과 광업을 제외, 김도완 등의 자료는 전체 산업을 포괄.

　　이 장에서 논의한 한국경제시스템의 시대별 진화 성과를 진화 적합성의 관점에서 정리하면 아래 표와 같다.

표 Ⅱ-76	한국경제시스템의 시대별 진화 적합성 평가

	기반조성기(농업사회)	발전연대(공업사회)	이행기(산업사회)
① 대내적 포용성 - 다수 이익 지향성	중간 • 생존 욕구 지향 및 관계 욕구 배제, • 정부 우위 사회구조	중간 • 생존 욕구 지향 및 관계 욕구 배제, • 정부 우위 사회구조	낮음 • 관계 욕구 지향/배제 • 지도 계층 우위의 사회구조
- 파괴적 혁신 수용성	1회적	1회적	낮은 수용성

② 대외적 개방성			
- 외부 에너지 유인 정도	낮은 개방성 낮은 참여도	낮은 개방성 높은 참여도	높은 개방성 높은 참여도
- 글로벌 기준과의 정합성	낮음 (전통적 기준)	낮음 (후발국 기준과 정합)	미흡 (정합성 제고 미흡)
③ PT·BD의 진화 적합성			
- PT·BD의 발전 잠재력	낮음	중간	높음
- 중심 진화 과정	복제 중심	복제 중심	차별화로의 진화 미흡
④ 경제주체 진화 잠재력			
- 경쟁 역량 향상	중간 • 전문성 향상·성취 동기 부족 • 다양성 부족	중간 • 전문성·성취 동기 향상 • 다양성 부족	낮음 • 전문성·성취 동기 및 다양성 향상 부진
- 협력 역량 향상	낮음 • 시민성 향상 미미 • 상호주의적 규칙-비인격적 신뢰 부족	중간 • 시민성 향상 미흡 • 상호주의적 규칙-비인격적 신뢰 향상	낮음 • 시민성 약화 • 상호주의적 규칙-비인격적 신뢰 정체 (파벌 심화)
⑤ 상호작용 증진 시장화(경쟁 정도)	낮음	활발(정부 주도)	약화(독과점화)
(민간 주도)	낮음	낮음	중간
- 조직화(기업 설립)	부진	활발(정부 주도)	약화(민간 주도)
(지배구조 적합성)	낮음(수직적, 신뢰·다양성 부족)	낮음(수직적, 신뢰·다양성 미흡)	낮음(수직적, 신뢰·다양성 미흡)
⑥ 진화 인자 정합성			
- PT-ST 간	높음 • 복제 중심 PT - 수직적 ST	높음 • 복제 중심 PT - 수직적 ST	낮음 • 차별화 중심 PT - 수직적 ST
- ST 하위 부문 간 (정치·경제·문화)	중간 • 독재-시장 미흡-수직	높음 • 독재-계획-수직	낮음 • 민주-독과점-수직
- BD의 미래 가측성 및 추진 전략 간	높음 • 복제-공정 중심 간 정합	높음 • 대기업-공정-복제 중심 간 정합	낮음 • 대기업-공정-차별화 중심 간 부정합 (벤처기업-제품-차별화 중심 간 정합)

발전국가 패러다임에 힘입어 우리 경제는 30여 년간 빠른 성장을 이룩하였고 그 결과 중진국을 넘어 선진국 문턱에 다다랐다. 그러나 발전국가 패러다임은 스스로의 성공에 따른 우리 경제구조의 고도화 및 국민 의식의 변화 등으로 인해 유효성에 한계를 드러내기 시작했다. 1980년대 후반 들어 세계경제의 세계화 및 지식화 등 주변 환경이 크게 바뀐 것도 발전국가 패러다임의 유효성 저하를 부추겼다. 한편 정부는 1980년대 후반부터 이에 대응하기 위하여 여러 측면에서 노력하였으나 문제의 구조적 특성 및 대책의 단편성 등으로 그 성과가 만족스럽지 못하였고, 이는 외환위기를 비롯한 그 이후의 국가적 경쟁/협력 약화와 이에 따른 경제성장 부진 및 부문별 양극화 등의 문제를 낳고 있다. 이를 시기별로 보자.

이행기 초에는 국내외 정치경제 여건 변화에 대응하여 정부와 민간 분야에서 다양한 노력이 전개되었다. 1987년 6월 항쟁과 개헌 등으로 정치의 민주화가 시작되고 더불어 노조 수가 급증하는 등 사회의 조직화와 노동자의 정치경제적 참여가 진전되었다. 경제 운영 방식을 정부 주도에서 민간 주도로 전환하는 노력도 금융기관의 자율화, 경제개발계획의 철폐 등을 통해 이루어졌다. 또한 관세 인하와 자본시장 개방 등 국내 실물 및 금융시장의 개방이 진전되는 가운데 북방 정책, FTA 체결 등을 통한 세계시장 진출이 크게 늘어났다. 민주화에 따른 임금 급등, 경제 운영의 시장화와 국내시장 개방에 대응해 국내 기업들은 자동화 시설 투자와 연구개발 투자를 크게 늘리는 등 기술혁신 노력을 강화하였다.

그러나 이러한 노력은 새로운 경제운영 패러다임의 도입이라기보다는 기존 발전국가 패러다임을 부분적으로 개선하는 수준에 그친 것이라고 할 수 있다. 정부와 대기업 등 주요 경제주체들은 그간 큰 성과를 가져다주었던 발전국가 패러다임에 사로잡혀 있었다. 정부는 새로운 경제발전 패러다임을 정립하지 못하였고 재벌들은 금융산업을 포함한 선단식 재벌 체제와 독과점적 시장 지배 및 수직적·집권적 기업 지배 관행을 답습하였다. 이로 인해 기업과 조직의 혁신 역량 향상이 부진해지고 시장경쟁 기능, 금융기관의 기업 투자안 선별 기능이 원활히 작동하지 못하게 되었다.

국내외 경쟁 증가에 대응한 재벌 기업 등의 대규모 차입 기반 시설 투자가 경쟁적으로 행해지고 다수 재벌기업의 수익성 악화, 국제경쟁력 약화 등이 발생하면서 경제의 효율성이 빠르게 하락하였다. 1990년대 들어 저금리를 노린 대기업들의 해외 단기 차입이 과다해지는 가운데 정부의 외환보유액 확충이 미흡하고 경상수지 적자가 커지는 등 경제 개방에 따른 위험도 적절히 관리되지 못하였다. 이러한 제 요인에 동남아 외환위기가 파급되면서 결국 1997년 말 외환위기가 발생하였다.

외환위기 이후 정부는 신자유주의적 경제구조 개혁 및 시장 개방, 경제 운영의 시장화를 서둘러 추진하였으나 이 또한 우리 경제가 요구하는 새로운 패러다임과는 거리가 있었다. IMF식 경제개혁의 결과, 경제 운영에서는 정부가 후퇴한 부분을 시장경쟁이 아닌 재벌이 주도하게 되었다. 사회질서 전반의 불공정이 오히려 심화되고 지배/복종 중심의 사회질서가 온존되어 다수 구성원의 참여와 구성원 간 자발적 신뢰·협력에 기반한 사회질서가 발전하지 못하였다.

이에 따라 개별 경제주체에 대한 평등한 기회의 제공과 대중의 사회적 참여 그리고 비인격적 신뢰에 바탕한 경쟁/협력을 통한 우리 경제의 차별화 역량 증대가 정체되었고, 결국 경제 전반의 이중 구조화(양극화)와 이에 따른 경제성장의 둔화와 소득 분배의 불평등 증가, 다수 국민의 후생복지 악화 등이 초래되었다.

경제 개방도 긍정적 효과보다는 부정적 효과가 더 컸던 것으로 보인다. 세계화 추진에 따른 급속한 실물경제 개방으로 핵심 소재부품 장비의 수입에 기반하는 대외의존적 조립가공 산업구조가 개선되지 못하였다. 이에 따라 대다수 기업의 독자적 차별화·혁신 능력의 향상이 부진한 한편 수출의 고용 및 내수 유발 효과가 낮아지고 경제성장의 수출 의존도가 높아졌다. 또한 IMF식 급속한 금융시장 개방의 결과 국내 금융시장의 해외 충격에 대한 노출이 커지고 불안정성이 높아졌다. 주요 기업과 금융시장에 대한 외국인의 지배력이 강화되면서 막대한 부와 소득이 외국인에게 이전되었다.

다만 일부 대기업들이 구조조정과 혁신에 성공하여 글로벌 기업으로 성장하면서 한국경제의 성장과 수출 증가를 주도하였는데, 이는 한국경제의 강건한 성장세 유지와 경제구조의 선진화 그리고 국민 생활의 향상을 가져오는 데는 크게 부족하였다. 이러한 문제점은 지금도 계속되고 있다. 이행기 중의 실패 요인을 정리하면 다음과 같은 세 가지로 나누어볼 수 있다.

1. 발전국가의 유산과 변화 요소 간 상충
(진화의 경로 의존성: 발전국가의 긴 그림자)

가. 발전국가의 성숙에 따른 발전국가 패러다임의 유효성 약화

발전국가 패러다임에 기반한 약 30년에 걸친 급속한 경제발전은 우리 경제의 모습을 환골탈태시킴은 물론 정치 및 문화적 측면에도 심대한 영향을 미쳤다. 특히 발전국가의 성공이 자연스럽게 유발한 정치·경제·문화적 변화가 발전국가 패러다임의 유효성을 약화시켰다(victim of its own success).

경제적 측면에서의 변화를 보면 무엇보다 후발자 이익의 소멸을 들 수 있다. 우리 경제가 선진 경제를 성공적으로 추격해 이른바 '한강의 기적'을 이룩함에 따라 이제 '따라 하기'를 할 대상이 더 이상 남아 있지 않게 되었다. 따라 하기는 진화 단계에서 많은 시간과 노력이 요구되는 차별화 및 선택 과정의 대부분을 생략하고 주로 복제에 치중해 경제적 진화를 추진하기 때문에 단기간에 높은 경제 성과를 거둘 수 있다. 그러나 바로 그 성공적 추격의 결과 우리가 따라 하기를 할 수 있는 선진국의 기술과 상품이 거의 없어지게 된 것이다. 물론 이는 선진국이 우리를 경계하기 시작해 기술 보호주의를 강화한 데도 부분적으로 기인한다. 이제 한국경제시스템은 독자적인 차별화와 선택의 과정을 거치는 온전한 또는 자생적 진화 메커니즘에 기반한 혁신이 필요한 단계에 진입하였다.

둘째, 정부 주도 경제 운영 방식의 유효성 약화를 들 수 있다. 장기간에 걸친 빠른 경제성장으로 우리 경제의 규모가 커지고 구조도 복잡해져 더 이상 정부가 민간보다 더 우월한 정보력과 정책 역량을 가질 수 없게 되었고, 따라서 경제 운용을 주도할 수도 없게 되었다. 시의적절한 산업정책을 시행하기 위해서는 경제 각 부문 전반에 대한 수요 공급 정보를 정부가 갖고 있어야 할 뿐 아니라 미래 성장산업 등을 예측할 수 있어야 하는데, 우리 경제의 고도화와 선진국 근접으로 이것이 더 이상 가능하지 않게 된 것이다.

민주화와 시장화, 세계화의 진전으로 정부가 노동과 금융 부문을 통제하는 것도 한계에 이르렀다. 민주화의 진전과 소득 증가로 다수 노동자들의 경제적 참여 요구가 높아지면서 노동조합 활동이 강화되고 권위적 기업 운영에 대한 반발이 커졌다. 정부의 계획과 통제에서 벗어나 자율적으로 사업을 영위하고자 하는 기업인들의 요구는 대기업주를 중심으로 더욱 높아졌다. 이로 인해 우리 경제는 민간 주도 또는 시장메커니즘에 기반한 운영이 불가피한 단계에 이르렀다. 결국 1990년 대 초 경제개발계획이 폐기되면서 정부 주도의 경제 운영이 중단되었다.

그러나 불행하게도 이는 경제발전 비전의 약화 및 국가의 기업가적 기능 약화로 이어져, 경제발전 방향의 혼선과 성장에 대한 국가적 열망의 후퇴가 나타났다. 중앙집권적 경제 운영의 결과인 재벌기업들의 높은 경제 내 비중 및 영향력도 문제를 일으키기 시작했다. 소수의 대기업들이 주요 산업과 경제를 사실상 지배함에 따라 경쟁과 시장기율 작동이 미흡한 가운데, 정부나 금융기관을 통한 대기업 투자 심사 및 공정거래 질서 부과와 경쟁 촉진 기능 등이 약화됨에 따라서 재벌 대기업들의 과잉 투자가 빈발하고 투자의 효율성이 크게 낮아졌다. 시장 지배력을 가진 대기업들의 시장가격 담합, 불공정 거래 강요 등도 많아졌다.

셋째, 정치적 측면에서의 변화도 발전국가 패러다임의 유효성을 약화시켰다. 민주화로 정권이 5년 단위로 교체되게 되었는데, 이로 인해 발전국가의 중요한 장점이었던 뚜렷한 국가적 비전 제시와 이를 둘러싼 범사회적 합의 형성(consensus)과 단합이 어려워졌다. 또한 장기적 관점에서의 정책 수립과 일관성 있는 집행도 어려워졌다. 정치적 민주화가 장기적 비전과 일관성 있는 정책 집행 능력을 갖춘 발전국가적 경제 운영 체제를 약화시킨 것이다. 이에 따라 우리 사회의 이상과 목표에 대한 국민적 합의가 약화되고 이를 둘러싼 혼란과 갈등이 발생하기 시작하였다. 게다가 국회·행정부 사이 및 여·야당 사이의 대립과 잦은 정권 교체까지 겹쳐 정책의 일관성과 효율성이 떨어지면서 정부의 효율성과 책임성도 약화되었다. 흔히 말하듯 민주화 이후 국가가 무력해지고 있는 것이다.

넷째, 국민들의 욕구가 변화하였다. 경제발전에 따른 소득 증가는 국민들의 욕구를 그간의 생존 욕구 중심에서 관계 욕구를 포함하는 수준으로 고양시켰다. 이에 따라 소비가 개성화, 고급화되는 등 경제적 측면에서의 변화가 나타났고 정치적 측면에서는 다수 국민의 정치적 참여 확대, 즉 민주화의 요구로 나타났다. 이러한 민주화 요구는 권위주의적 경제 및 정치 운영을 기반으로 하는 발전국가체제에 정면으로 상충되었다. 다수 국민들의 정치적 참여 요구가 높아지면서 이들에 대한 통제에 기반한 발전국가는 더 이상 효과적으로 기능할 수 없게 된 것이다. 이제 중요한 국가적 의사결정은 국민의 참여와 동의하에 추진되어야 실효성을 확보할 수 있게 되었다.

한편 집권적 발전국가 패러다임이 초래한 사회 전반에 걸친 수도권 초집중과 이로 인한 지방의 낙후 심화도 발전국가 패러다임의 유효성을 악화시켰다. 중앙정부의 집권적 정책 운영은 정치적 측면에서의 중앙당 및 중앙정부 관료 등 서울 거주 엘리트로의 권력 집중은 물론 대기업 및 재벌 본사의 집중과 이에 따른 경제권력의 서울 집중, 대학 등의 편중에 따른 문화 엘리트의 서울 집중 등을 중층적으로 초래하였다. 이러한 수도권으로의 초집중에 따라 사회의 다양성이 여러 면에서 약화되었고 한국경제시스템의 차별화 능력 약화와 경제 환경으로부터의 충격 흡수 능력 저하 등을 낳았다.

마지막으로, 문화적 측면에서의 변화도 발전국가 패러다임의 적합성을 낮추었다. 발전국가는 부국강병을 목표로 하고 따라서 기본적으로 생존이라는 가치에 치중하는 체제이다. 우리 사회는 일제강점기와 남북분단, 한국전쟁 그리고 극심한 물질적 빈곤을 경험하면서 물질적 풍요와 국가의 안보를 최우선하는 문화를 갖게 되었고, 발전국가는 이러한 문화를 바탕으로 부국강병이라는 과제를 달성하는 데 효율적인 체제이다. 그런데 발전국가의 경제적 성공으로 소득이 높아지고 새로운 세대가 등장하면서 생존 지향적 가치 대신 자유와 개성 그리고 자기 실현 등 향상 지향적 가치를 가진 인구의 비중이 늘어났다. 이에 따라 소비자의 관계 욕구가 높아지고 이는 개성 중시 또는 소비자 최적화된(customised) 상품과 서비스에 대한 수요 증가로 이어졌다. 아울러 문화오락 서비스에 대한 수요도 크게 증가하기 시작하였다.

사회구조 및 기업 지배구조에 있어서는 수직적 관계와 획일성을 지향하는 발전국가형 지배 원리에 대한 반발이 심해졌다. 이에 따라 수평적이고 자율적이며 다양한 개성과 가치를 존중하는 문화 및 조직 지배구조가 필요해졌다. 한편 이러한 가치관의 변화는 개인의 자유와 참여 그리고 전문성과 다양성을 강조하고 새로운 지식과 질서의 차별화를 촉진하는 지식화와 밀접하게 연관된다.

나. 발전국가의 유산과 새로운 변화 요소 간 충돌

앞에서도 본 바와 같이 발전국가의 성공은 그 자체로 정치적 민주화, 경제적 지식화 및 시장화의 경향(3가지 변화 요소)을 이끌어내었다. 이러한 3대 변화 요소의 변화 방향은 선진 경제의 발전 경험 및 이행기에 급진전된 선진 경제의 지식화, 세계화 추세와도 부합하는 것이었다. 그러나 눈부신 성공을 거둔 발전국가 패러다임에서 벗어나 새로운 패러다임을 창출하는 것은 대기업 등의 발전국가 패러다임 집착에 따른 국가적 합의 형성 곤란, 패러다임의 정치, 경제, 문화의 종합체로서의 특성 등 때문에 신속히 이루어지기 어려웠다.

특히 발전국가의 성공에 기여한 유산들 중 상당 부분이 3가지 변화 요소와 충돌하면서 새로운 PT, ST의 정착을 저해하였고 일부는 변화 요소와 부정적 결합을 이루기도 하면서 우리 경제의 발전과 진화를 지체시키고 있다. 이를 3가지 변화 요소별로 검토해보자.

첫째, 발전국가의 반민주적 유산 및 민주화 사이의 상충과 이로 인한 민주화의 미완성이 있다. 발전국가 패러다임은 생성 당시의 '결핍의 기억' 때문에 물질적 풍요와 사회적 안전을 최우선으로 하는 위험 회피적 가치관에 바탕을 두고 있다. 이에 따라 생존 기반의 확보를 위해 엘리트에 의한 대중의 권위주의적 지배와 수직적 관계 기반 강제적 협력, 획일적 문화를 용인하고 있다.

정치적으로 국가주의와 반공주의가 획일적으로 강요되는 한편 정치경제 엘리트에 의한 노동자 서민의 일방적 지배와 동원, 소비자보다 기업 등 생산자에 중심을 둔 경제 운영, 관치금융과 정경유착에 기반한 정부 주도의 경제 운영 체제를 갖고 있었다.

정치적 민주화가 달성되면서 이러한 발전국가의 반민주적·배제적 특성은 상당한 도전을 받게 되었다. 결핍보다는 물질적 풍요 속에 자라난 1970년 이후 출생 세대들은 위험 회피적 가치보다는 향상 지향적 가치를 중시하는 경향이 있고 이에 따라 자유에 기반한 개성적이고 다양한 가치와 문화를 선호한다. 권위주의적 지배와 수직적 관계 중심의 제 사회구조에 대한 개선도 활발하게 추진되었다. 노동조합이 늘어나고 노사관계, 정부—기업 관계 등 많은 사회 영역에서 수평적 관계와 상호 협력이 확산되었다. 정부 주도의 경제 운영과 관치금융이 크게 약화되고 노동자 등 서민의 정치경제적 참여도 확대되었다.

그러나 발전국가의 유산으로 인해 우리 정치, 경제, 문화의 민주화는 선진국에 비해 여전히 크게 미흡한 수준이다. 특히 남북분단 지속으로 인해 냉전적 보수주의가 정치를 지배하고 있고 이에 따라 노동자를 비롯한 대중의 결사의 자유 및 정치 참여가 제한되면서 정치적 민주화가 정치 엘리트들 간의 정권 교체에 그치고 있다.

그 결과 정치가 대중의 사회적 참여 욕구와 이익 분배 요구를 적절히 충족시켜 주지 못하고 있다. 냉전적 반공주의로 사상의 자유가 제한되면서 사회 문화와 가치관의 다양화와 경제적 차별화 능력이 제한되고 있다. 또한 정치와 정책이 기업인의 이익에 치우치면서 경제발전이 노동자 등의 상응한 소득 증가와 소비자 후생의 충분한 증진으로 이어지지 못하고, 이것이 새로운 기업의 진입 증가 및 소비자 선호의 다양화와 이를 통한 우리 경제의 차별화 및 선진화를 저해하고 있다. 민주화가 다수 사회 구성원의 정치경제 활동 참여를 통한 대중의 이익 증진으로 이어지는, 이른바 포용적 정치경제체제를 확립하지 못하고 있는 것이다.

둘째, 경제적 측면에서 발전국가의 유산과 시장화·지식화 간 상충도 심각하다. 발전국가는 신속한 경제발전을 위해 규모의 경제 및 복제 중심(자본 투입 중심 성장 및 차별화 능력 부족) 경제발전을 추구하였고, 이는 재벌 중심(중소기업 취약)의 경제구조와 대외의존적 조립가공 제조업 중심(서비스업의 발전 미흡)의 산업구조, 그리고 소유자 경영 및 수직적 조직 문화(경영자 혁명 부재 및 종업원의 자율적 참여 기반 조직 내 협력 미흡)를 낳았다. 관치금융, 정경유착, 생산자 중심의 경제 운영 등으로 경제의 배타적 특성도 강하다.

이러한 제 특성들은 우리 경제의 시장화와 지식화를 추진하는 데 걸림돌로 작용해왔다. 우선 발전연대 중 유용했던 복제 중심 성장 전략이 차별화 중심 성장 전략으로 신속히 전환되지 못하였다. 이에 따라 우리 기업과 경제의 차별화 역량이 충분히 축적되지 못하였고 경세성장세가 크게 둔화되었다.

비록 국내 대기업들이 1980년대부터 연구개발 투자를 대폭 늘리고 있으나 아직까지 우리나라에서 최초로 개발한 세계적 상품이 나오지 못하고 있다. 더구나 외환위기 이후 수출 대기업을 제외한 대다수 기업들이 연구개발 투자를 축소하고 있어 우리 경제의 지식화가 부진하다.

또한 규모의 경제 획득을 목표로 한 재벌 중심의 경제발전 추구는 관치금융을 통한 자본 배분 및 대기업의 수출을 통한 자본 축적, 노동자 억압을 통한 저임금 노동력 확보를 주 수단으로 사용하였다. 이는 산업의 독과점화와 노동자의 숙련 미흡 및 혁신 능력 약화로 이어졌고 따라서 시장화, 즉 시장경쟁 기반 경제 운영 그리고 지식화, 즉 노동자의 지식 생산 능력을 근원적으로 방해하는 요소가 되었다.

　조립가공 제조업 중심의 산업구조도 우리 경제의 지식화를 저해하는 요소이다. 전자산업, 자동차산업, 조선산업 등의 조립가공 대기업체들은 국내 중소기업을 육성하지 못한 채 핵심 장비·소재부품을 여전히 일본 등으로부터의 수입에 의존하고 있다. 이로 인해 국내 산업의 산업연관관계(상호 보완성)가 완결되지 못하고 혁신 능력이 제한되고 있는바, 이는 우리 경제의 자생적 지식화와 고부가가치화를 저해하는 핵심적 원인이 되고 있다. 특히 1990년대 이후 중국의 소재부품 제조업 분야의 추격이 가속되고 있어 우리 경제의 지식화 진전에 심각한 위협이 되고 있다.

　수직적 조직 문화와 배타적 특성이 강한 경제 운영 체제의 잔존도 지식화·시장화를 저해한다. 앞서 본 바와 같이 권위주의적·수직적 관계와 획일성을 지향하는 발전국가형 지배 원리는 신지식 창출 기반 혁신에 적합한 인간적 조직 운영과 상충된다. 지식경제발전의 가장 중요한 요소인 차별화 기반 창조와 혁신을 확대하기 위해서는 수평적이고 자율적이며 다양한 개성과 가치를 존중하는 조직 문화가 필요하다. 관치금융, 정경유착, 생산자 중심의 경제 운영과 같은 발전국가적 요소도 개인과 기업의 자유와 창의를 억압하여 지식화와 시장화를 저해한다.

　한편 외환위기 이후 우리나라는 IMF의 권고로 경제구조 개혁을 강하게 추진하여 상당한 성과를 거두었다. 그러나 이후 시간이 지나면서 개혁의 성과가 후퇴하고 나아가 발전국가와 신자유주의적 시장화 및 세계화 간 악성 결합이 발생하기도 하였다.

　대표적으로 재벌 중심의 산업구조와 신자유주의적 시장화가 결합하면서 기업 간 경쟁보다는 재벌이 독과점적으로 지배하는 시장이 형성되었다. 외환위기 직후 기업 구조조정이 강력하게 추진되었는데, 이 과정에서 많은 대기업과 중소기업들이 도산하고 대다수 중소기업들의 시장 입지 및 혁신 역량이 약화된 반면, 살아남은 대기업들은 구조조정을 통해 강한 국내외 경쟁력을 획득하게 되었고 수출을 대폭 늘리거나 국내시장을 상당폭 지배할 수 있는 힘을 갖게 되었다. 이처럼 국내시장에서 대기업들의 지배력이 여전히 유지된 가운데 시장 중심 경제 운영 방식의 확산으로 정부의 영향력이 줄어들었고 그 힘의 공백을 대기업들이 차지하게 된 것이다. 따라서 대기업들의 시장 점유율이 외환위기 이전과 비해 크게 차이나지 않는다 하더라도 실질적인 시장 지배력은 과거보다 훨씬 커졌고, 이는 결국 현재와 같은 대기업의 시장 독과점, 그리고 대기업의 중소기업에 대한 불공정 거래 강요와 소득 분배 악화로 나타나고 있다.

또한 세계화(금융시장 개방)에 따른 외국인의 주요 기업 지분 확대가 취약한 재벌의 소유 구조와 맞물리면서 시장화의 단점, 즉 배타적 주주 중심주의와 단기 성과주의가 빠르게 확산된 것도 심각한 문제이다. 이에 따라 기업의 투자와 고용 및 경제성장이 크게 둔화되었으며 기업 성과의 해외 유출이 커졌다. 재벌기업 집단은 지배 주주가 소액의 자본으로 다수의 계열기업을 지배하는 소유 구조를 갖고 있다. 한편 외국인은 재벌 소속 대기업과 국영기업 및 금융기관 등 우량 기업의 지분을 집중 보유하고 있어서, 이들 기업의 경영에 대한 영향력이 크다. 또한 외국인은 재무적 투자 수익의 극대화를 목표로 배당과 주가 상승 차익 확대를 추구한다. 이에 따라 국내 주요 대기업들은 배당과 주가 관리에 노력하게 되며 이는 결국 주주 중심 경영 및 단기 성과 중심 경영으로 이어졌다.

그 결과 외환위기 이전 국내 기업의 강점이던 성장 지향의 투자 및 시장 확대 노력이 크게 약화되었고 이것이 국내 고용 악화와 경제성장 둔화로 이어졌다. 대다수 내수 대기업과 중소기업의 기술개발 노력 및 혁신 역량도 뚜렷이 저하되었다.

아울러 발전국가의 유산인 대외의존적 가공조립형 산업구조가 시장화, 세계화와 결합하면서 우리 경제의 취약성을 높이고 있다. 즉, 대외의존적 조립가공형 산업구조로 외환위기 이후의 국제경쟁력 향상 노력이 제품과 기술의 혁신보다는 인건비 절감과 값싼 수입품 사용을 통한 제조 원가 절감에 집중되었는데, 이로 인해 수출과 국내 소비·투자 간의 연계가 약화되었고, 우리 경제의 성장 잠재력도 약화되었다. 이는 또한 우리 경제의 산업연관성 약화와 기업들의 연구개발 기피에 따른 지식화 역량의 약화로도 이어졌다.

이 밖에 금융 부문이 국제경쟁력 부족 등으로 대외 충격에 취약한 상황에서 세계시장에 통합됨에 따라, 빈발하는 국제금융 불안이 국내에 빠르게 파급되고 국내 금융시장의 불안정성이 높아졌다. 앞에서 본 바와 같이 외국인의 국내 금융 지배력이 상당한 점도 가세하면서 우리 금융의 대외 충격에 대한 민감도가 더욱 높아지고, 경제 성과의 국외 유출도 늘어났다.

결론적으로 이행기 중 우리 사회의 변화 요소로 부각된 민주화·시장화·지식화는 각각이 사회의 근본적 틀을 바꾸는 요인으로서 우리 사회가 종합적 관점에서 최선의 대응 방안을 모색할 것을 요구하였다. 시장화와 연관된 세계화도 장기적이고 종합적인 관점에서의 대책을 요구하였다. 그러나 우리 사회는 생존 욕구 우선 문화의 지속, 대외의존적 실물경제 및 금융 구조의 지속, 권위적 정치경제 지배구조 및 조직 운영 원리의 고착, 반경쟁적 재벌 체제 및 복제 기반 성장 방식에의 집착 등으로 발전국가 패러다임에서 완전히 탈피하지 못하였다. 이로 인해 민주화와 시장화가 본래의 모습대로 실천되지 못하였고 이는 지식화의 부진으로도 이어졌다.

무엇보다 당초의 의도와 달리 시장화가 독과점적 산업구조와 배타적 경제 운영 원리 등 발전국가의 유산과 악성 결합을 이루면서 재벌의 시장 독과점과 경제 지배(그리고 이를 바탕으로 한 언론 및 정치 지배) 심화, 포용적 정치경제 지배구조와 문화의 미정립, 자생적 혁신 능력 확충 부진과 파괴적 혁신의 수용 지체 등으로 이어진 것이 근본 문제였다. 민주화와 시장화가 발전국가 당시의 국가의 사회 주도 기능 약화로 이어지면서 경제 및 문화 등 비정치 부문의 민주화가 제한됨은 물론, 공익을 소홀히 한 사리 추구가 만연하면서 승자 독식과 불공정 거래가 확산되었다. 민주화와 시장화가 포용적·경쟁적 시장경쟁 메커니즘의 수립으로 연결되지 못하면서 재벌의 경제적 독과점 심화와 경제적 포용성 약화로 이어졌고, 이는 다수 사회 및 조직 구성원의 참여와 협력의 극대화, 장기적 사회적 관점에서의 기술 및 인재 양성을 저해하여 경제의 지식화와 활발한 신기술·신상품 창출을 저해하였다.

요컨대 이행기에는 민주화·시장화·지식화가 발전국가의 유산과 충돌하거나 악성 결합하고 상호 간에도 조화를 이루지 못하면서 뚜렷한 국가적 비전과 장기적 관점에서의 정책 집행 등 발전국가의 장점은 약화되고, 발전국가의 약점, 즉 권위적이고 비포용적인 정치체제, 대외의존적 조립가공 제조업 중심 경제구조, 금융산업의 미발전과 세계화에 따른 금융의 불안정성 및 대외 의존 등을 개선·보완하지 못하게 되었다. 오히려 시장화의 배제적·단기주의적 약점이 부각되면서 경제적 양극화와 이에 따른 사회 통합의 약화 그리고 경제시스템의 진화 잠재력 향상 부진이 초래되었다.

2. 국가의 약화

앞서 살펴본 이행기의 문제들은 정치경제적 지배 역학의 측면에서 무력한 국가와 이의 반작용이라고 볼 수 있는 강력한 재벌로 귀결되었다.[33] 민주화 이후 한국의 정부는 책임성, 효율성, 법치주의 등 제 측면에서 오히려 약화되어, 이른바 '무력한 국가'의 문제를 안게 된 것이다.

발전연대 한국의 국가는 국가 권력을 가진 정치 엘리트, 행정 관료 엘리트, 기업 엘리트 등이 동심원적으로 융합된 지배 엘리트에 기반하고 있었을 뿐 아니라 발전국가 패러다임에 기반해 이데올로기적으로나 가치 지향에 있어 높은 동질성을 가지고 있었다. 특히 동 패러다임이 시대적 과제인 빈곤의 해결을 비전으로 제시함으로서 정치의 책임성을 어느 정도 담보하였고, 시의적절한 정책을 권위주의적 방식으로 장기간 일관성 있게 추진함으로써 국가의 효율성도 상당 수준에 이르렀다. 그러나 민주화 이후 선거를 통해 집권한 정치 엘리트들은 그들이 향유하는 권력과 개혁 의제를 정책으로 실천하는 능력 사이의 엄청난 격차에 직면하게 되었고 이를 메꾸기 위해 행정 관료들이 진입하면서 정책의 시계와 실행 방식이 매우 좁고 관료 기술적이게 되었다. 나아가 민주화 집권 엘리트의 경제개혁 노력이 실패하면서 재벌이 다시 시장에서 독점적 지위를 강화하여 사회적 헤게모니를 확대하고 정치적 영향력을 더욱 늘렸다. 또한 재벌이 언론에 대한 영향력을 키운 가운데 소수의 거대 언론사가 여론 시장의 독점력을 강화하여 정치권력으로서의 역할까지 떠맡게 되었다. 이러한 국가의 실패는 민주 집권 엘리트 인사 충원의 지역 집중성, 정책 결정의 폐쇄회로적 특성에 따른 지역적·정파적 편협성의 문제와 정부 조직 능력의 부족에 주로 기인한다. 비선 조직의 운영으로 거대한 국가 기구의 인적 충원과 주요 정책 결정 과정에서 사적 권력이 결정적인 영향력을 행사하면서 '지대 추구' 행위의 구심점 역할을 하였고, 이는 곧 부패의 온상이 되었다.

정부의 정책 능력 부족 문제는 사회적 기반 없는 정당의 문제에도 기인한다. 민주화 이후 모든 집권 세력들은 발전국가 모델에 대응하는 민주적 발전 모델을 갖추지 못하고 있고 계파 간 이익 배분에 몰두해 다수 국민의 이익을 반영한 정책

---

33) 이 문단의 내용은 최장집(2002), ≪민주화 이후의 민주주의≫, 제5장의 내용을 참조하여 재정리한 것임.

을 생산하는 능력이 부족하다. 민주화 이후 주요 정당의 경우 집권을 위한 보수화, 기득권층에의 영합 등으로 집권 이후 사회민주화 세력 또는 대중과의 연결이 느슨해져 집권 정당의 정치적 책임성이 부족해졌다. 따라서 선거 경쟁이 유권자에게 정당의 이념적·정책적 지향을 밝히고 실행을 약속하는 절차로서의 의미를 갖지 못하게 되었다. 책임을 동반한 위임과 대표의 기능이 발휘되게 하는 핵심은 정당의 정체성이고, 이 정체성을 만드는 데 있어 중심적인 것은 대안을 만들 수 있는 지적 역량이라고 할 때 현재 국내 정당은 지속적이고 체계적인 정책 연구·수립의 하부 기반이 크게 부족하다.

셋째, 무력한 국가는 관료제의 문제와도 연결되어 있다. 민주화 이후 각 정부는 민주주의의 규범에 걸맞은 새로운 국가 운영 패러다임을 정립하여 진지하게 추구하지 못했다. 김대중 정부가 '민주주의와 시장경제의 병행 발전'을 천명하였으나 구체적 개혁 정책으로 이어지지 못했고 이후의 각 정부 역시 종합적 비전과 정책을 갖지 못했다. 민주주의 국가가 시장에 개입할 수 있는 범위와 원칙, 특히 세계화 환경에서 시장은 어떻게 조직되어야 하는가를 중심으로 하여 재벌의 구조조정, 노동 문제, 사회복지 등의 문제가 하나의 틀 속에서 다루어질 수 있는 모델이 제시되지 못했다. 하부구조로서의 국가가 그대로 유지되고 중앙집중화는 온존되고 있어서 민주화 이후에도 강한 국가는 변했다고 보기 어려운 상황에서 정치 엘리트가 관료에 포획되어 정책 의제를 설정하고 결정하는 과업이 관료의 수중에 놓이게된 것이다. 그러나 발전연대 중 높은 정책 능력을 가졌던 한국의 행정 관료는 민주화 이후 전문성의 결여, 줄대기와 위계질서의 혼란, 무사안일과 무책임 등으로 그 능력이 크게 후퇴했다. 그 요인은 위로부터 주어진 국가 목표의 부재, 관료 기구를 통제하는 강권기구의 후퇴와 수평적 책임성 부과 기제 미발달, 단기적 정권 교체에 따른 관료 개인의 장기적 전망 약화와 관료 조직의 자율성 부족, 관료적 위계 구조의 혼란 등이다. 이러한 문제들은 결국 민주 정부가 관료 체제를 민주적으로 운용할 수 있는 패러다임을 개발하지 못한 결과이다. 다른 한편으로는 무력한 국가의 반작용으로 신자유주의적 시장근본주의가 새로운 주도적 담론으로 등장해 시장 영역의 무비판적 확대가 추진되었고, 이로 인해 공정한 경쟁이 아니라 약육강식적 경쟁의 질서가 만연하였다.

넷째, 민주화와 대통령제의 문제도 무력한 국가와 연관되어 있다. 민주주의 정부에서 대통령은 국민의 대표로서 법으로 규정된 권한과 의무에 따라 폭넓고 유연한 공직 수행을 통해 국민의 요구에 응답해야 한다. 한국의 대통령은 국회, 언론, 재벌 등이 견제하고 있기 때문에 제왕적이라고 하기는 어렵다. 다만 단임제와 정당의 허약한 사회적 기반 때문에 그의 직무와 정책 공약에 대해 그를 지지해준 투표자들에게 책임을 지지 않는다는 점에서 문제가 있을 뿐이다. 문제의 핵심은 냉전적 반공주의로 인한 이념적 제한이다. 이로 인해 정당이 국가 내 갈등을 조직하여 경쟁과 타협을 통해 민주적으로 해소할 수 없는 상황이 이어지고 있다. 따라서 정당이 사회에 깊숙이 뿌리내려 시민사회를 국가에 매개하고 갈등을 조직화하고 대표하여 해소해나갈 수 있도록 하는 것이 무엇보다 중요하다. 민주자본주의 사회에서 노사 갈등, 경쟁하는 여러 주체 간 갈등은 항상 존재한다. 갈등 없는 자본주의 사회는 없다. 따라서 정당이 사회 갈등과 균열을 대표 조정하는 능력이 없다는 것이 우리나라에서 선출된 공직자가 책임성을 소홀히 하는 원인이며 민주주의가 정착되지 못하는 가장 중요한 원인이다. 노동자, 소비자, 저소득층 등의 정당 및 정치 참여 확대와 정치적 대표성 강화가 근본적 민주주의 발전 방안이다.

다섯째, 중앙집권화와 민주화 간 상충 문제도 무력한 국가와 연관되어 있다. 지리적 중앙집중화와 엘리트의 동심원적 중첩성을 합친 의미로서의 중앙집권화는 기본적으로 엘리트 구조이며 기득 이익의 헤게모니를 나타낸다. 따라서 소외 계층이나 민중이 광범하게 참여하고 제한된 자원에 넓게 접근할 수 없는 구조이다. 집중화의 구조는 대규모의 정치와 대규모의 경제를 지향하는 것으로, 정치에 있어 국가 중심적 구조, 경제와 시장에 있어 재벌 중심적 구조를 강화하게 되며 정치 의세 설정 시 국가에 유리한 입지를 제공하고 사회의 다양한 의사와 이익이 경쟁하는 데 불리한 조건을 만든다. 특히 국가의 경제성장이 소수 재벌의 성과에 의존하기 때문에 사회복지나 공평한 분배, 노동 문제는 친재벌적 경제정책에 대해 부차적인 것이 될 수밖에 없다. 다양한 대안의 여지를 없애기 때문에 중앙집중화가 정치 분야에서의 경쟁을 생사 투쟁의 차원으로 가열시키는 것도 당연하다.

한편 한국의 지역당 구조는 지역에 자립적인 기반을 갖는 다원적 정치 세력 간의 경쟁이 아니라 중앙집중화된 구조에서 엘리트 간 경쟁의 산물이며 그 결과가 대중에게 배분되는 것이 아니다. 다른 영역에서도 유사한 구조가 반복되고 있다. 예컨대 교육의 경쟁이 생사 투쟁처럼 심화되는 이유도 이와 다르지 않다. 모든 문화적·교육적·경제적 자원이 중앙으로 집중되어 있는 환경에서, 그리고 대학의 서열화가 중앙집중화의 동심원적 구조와 중첩되어 있는 상황에서 대학입시 경쟁의 치열함과 집중성은 완화되기 어렵다.

이러한 초집중화를 완화하기 위해서는 지리적 중앙 집중과 엘리트 구조의 중첩성 간 결합을 분리하는 것부터 시작해야 한다. 지리적 분산은 계속 시도하되 그보다 엘리트의 동심원적 구조를 해체하는 것이 더 중요하다. 이를 위해 정치, 경제, 문화, 교육 등 사회 각 영역의 독자성을 강화하고, 무엇보다 대학 개혁을 통해 몇 개 대학 출신자가 정치, 경제, 사회, 문화, 교육 등 사회의 주요 분야에서 상층 엘리트적 지위를 차지하는 구조를 해체해야 한다. 가치의 획일성, 이념적 편협성, 엘리트의 동질성을 완화할 수 있도록 사회 주요 영역의 독자성을 강화해 사회 내 다원화와 다원주의를 발전시키는 것이 시급하다. 정치 영역에서 정당들이 노동자 등의 소외 집단들까지 참여시켜 보다 넓은 이념적 공간에서 경쟁하도록 하는 것이 그 출발점이다.

3. 한국경제시스템과 글로벌 스탠더드 간 부조화

이행기에도 우리 사회 전반에는 발전국가적인 경제 인식, 즉 소비자 후생보다는 기업 우선의 가치관과 경제 제일주의가 이어졌다. 이로 인해 비민주적인 경제 부문과 민주화된 정치 부문 등 사회 각 부문 간 부조화가 나타났다. 경제발전 성과가 기업에 집중되고 이에 따른 소비자 후생 증진이 여전히 미흡하였다. 강자 중심 경제 사회질서 및 소득 분배 구조가 심화되면서 사회적 갈등 증가 및 분배 악화, 청년층의 경제활동 참여 여건 악화를 불러왔다. 그리고 이는 다수 사회 구성원의 복지 향상 부진과 초저출산으로 이어졌다.

다른 한편으로는 국내시장의 독과점화로 국내시장이 세계적 소비 흐름에 뒤처져 국내에서 성공한 기업이 세계시장에 성공적으로 진출하는 것을 어렵게 하고 있다. 또한 개인들의 관계 욕구가 높아져 생존 욕구 중심의 경제시스템의 가치와 충돌하면서 사회 내 경제와 여타 분야 간 그리고 세대 간 갈등이 증가하고 있다. 이는 소득 증가와 더불어 삶의 질 내지 행복을 추구하는 인간의 본성상 당연한 추세를 기존 지배층이 기득권 유지를 위해 발전국가 패러다임에 근거해 가로막고 있는 데 기인한다.

이러한 발전국가 패러다임에의 집착과 국내시장의 독과점화와 고립은 우리 경제의 지식화와 시장화를 저해함은 물론 한국경제시스템을 보편적인 선진 경제시스템과 동떨어지게 만들어, 우리 경제시스템의 세계화를 지연시키고 진화를 저해하고 있다.

가. 글로벌 스탠더드와 동떨어진 재벌 체제와 권위적 기업 문화

경제의 글로벌화는 경제 운영 규칙의 글로벌화를 의미하기도 하며 따라서 기업들은 국제 거래와 경제활동에서 글로벌 스탠더드를 준수해야 한다. 이는 각종 경제 거래는 물론이고 기업의 소유 구조 및 지배 규칙과 정부-기업 관계에서도 마찬가지로 적용된다.

경제 운영과 국가 형태에 관한 글로벌 스탠더드는 말할 것도 없이 민주주의와 자유시장 자본주의이다. 그러므로 한국적 현실을 잘 반영한 규칙과 제도들이라도 글로벌 스탠더드에 어긋나서는 더 이상 세계적으로 수용되지 못한다. 예를 들어 재벌 체제나 연고주의 기반 인허가 관행 등은 다른 나라에게는 불공정한 제도로서 공정한 시장경쟁과 거래를 해치는 것으로 간주될 수 있다. 재벌 내 계열기업 간의 거래 관행, 지배 주주의 전 계열사 독재적 지배 등은 글로벌 스탠더드와 양립하기 어렵다. 지연, 학연 등 각종 연고에 기반한 거래는 부정부패의 만연으로 이어져 글로벌 스탠더드에 어긋남은 물론 우리 사회 내 신뢰와 협력을 좀먹고 있다.

우리나라는 발전국가와 권위주의적 유산 때문에 글로벌 스탠더드에 맞지 않는 제도들이 여타 선진국에 비해 상당히 많은데, 이러한 제도들은 전면 조정해야 한다. 외국의 우수 기업과 전문 기술 인재를 유치하기 위해서도 자율성과 수평적인 관계 그리고 자발적 신뢰·협력에 기반한 조직 구조와 문화를 정착시켜야 한다.

나. 폐쇄적이고 위험 회피적인 문화

발전국가 패러다임은 중상주의적이어서 폐쇄적인 특성이 강하다. 일제와 냉전 체제하에서 국가 안보가 위협받았던 경험에서 나온 민족주의적 성향이 우리 사회의 폐쇄성을 부추긴 요인이다.

그러나 우리나라는 개방적인 수출 지향 전략으로 경제적 성공을 거두었다. 오늘날의 세계화된 정치경제 속에서 소규모 자원 부족 국가인 우리나라는 개방을 지향하지 않을 수 없으며 따라서 이제는 발전국가 또는 중상주의적 관점에서 벗어나 진정으로 세계와 함께 번영하는 개방적 자세와 문화를 정립해야 한다.

절대 빈곤 경험과 국가 안보 위협의 경험, 즉 결핍의 기억은 우리 사회를 매우 위험 회피적인 가치를 가진 사회로 만들었다. 이러한 가치관은 발전연대 중 모든 국민들이 경제발전과 국가 안보에 집중하고 그 결과 유례없는 소득 증가와 국방력 향상을 이룩하는 원천이 되었다. 그러나 선진적인 지식경제 단계에 이른 지금에는 혁신과 창조가 중요하고 이를 위해 위험 회피적이기보다는 향상 지향적이며 모험과 창조를 부추기는 사회 문화가 필요하다. 이러한 가치관의 변화는 여타 선진국들이 두루 경험한 것으로서 우리 또한 가치관 전환 없이는 새로운 지식의 생산과 혁신을 기반으로 하는 선진국형 지식경제로 발전해나갈 수 없다.

우리 사회에 고착된 폐쇄적이고 위험 회피적인 문화를 지식경제 친화적인 향상 지향적·자기표현 가치 중심의 문화로 전환하기 위해서는 무엇보다 모든 국민들이 물질적 결핍에 대한 두려움, 그리고 사회나 조직의 압력에서 벗어나 자유롭게 스스로의 목표를 추구할 수 있는 사회 여건을 확립하는 것이 중요하다. 이는 사회안전망의 확립과 자유롭고 평등한 사회구조와 문화를 정착시키는 것으로부터 시작된다.

4. 새로운 환경 요소에의 대응 미흡

이행기에 한국경제시스템이 경험한 가장 큰 환경 변화는 세계화와 저출산·고령화다.

1980년대 미국의 신자유주의를 기반으로 가속된 세계화는 각국의 실물 및 금융시장 개방과 다자주의적 자유무역 질서 그리고 각국 경제 운영의 시장화를 확산시켰다. 우리나라 또한 1990년대부터 이러한 흐름에 동승하면서 초기에는 실물 거래, 즉 무역의 세계화가 진전되었고 외환위기 이후에는 금융시장의 개방과 경제 운영의 시장화가 중점 추진되었다.

우리나라의 매우 높은 무역 의존도와 수출 지향적 경제구조와 어우러진 세계화 추진은 우리 수출의 다변화와 확대는 물론 국내시장의 개방도 심화시켰다. 이에 따라 몇 가지 부작용이 나타났다.

핵심 소재부품의 대일 의존 및 대기업의 아웃소싱이 확대되면서 대외의존적 수출 구조가 심화되었다. 이것은 곧 수출의 내수 및 고용 유발 효과를 감소시켜 수출과 내수·고용 간 선순환 구조의 약화 및 국내 소재부품 기업 등 다수 중소기업의 영업 악화를 초래하였고 산업 부문별, 기업 규모별, 수출-내수 부문별 양극화로 이어졌다. 한편 세계화는 중국, 인도, 동유럽 등 후발 개발도상국의 국제 시장 진출 증가를 불러와 우리 기업들은 강도 높은 국제 경쟁에 직면하게 되었다. 특히 중국은 초기에는 낮은 인건비 기반 가격 경쟁력, 이후에는 중진국 수준의 기술력까지 갖추어 국제 시장 점유를 확대하였으며 이는 곧 국내 다수 수출 기업들의 수출시장 입지 위축으로 이어졌다. 최근에는 대다수 공산품 시장에서 국내 기업들이 후발 개발도상국과의 경쟁에서 어려움을 겪고 있다.

외환위기의 여파로 급속하게 추진된 금융시장 개방은 국내 금융 부문의 역량 향상보다는 국내 금융시장에 대한 외국인 투자자의 영향력 증가와 경제 성과의 국외 유출 증가, 국제 금융충격에 대한 국내 금융의 취약성 증가로 이어졌다.

결과적으로 우리 경제의 세계화는 수출 증가와 우리 경제의 경쟁력 향상 등과 같은 경제적 이득보다는 급속한 소득과 부의 불평등 진전 및 경제 전반의 양극화 심화, 대외 충격 흡수 능력 훼손으로 인한 경제의 불안정성 증가, 외국인의 국내 자본 및 금융시장 지배에 따른 소득의 국외 누출 등과 같은 경제적 손실이 더 큰 결과를 초래한 것으로 보인다.

이처럼 세계화의 부정적 측면이 부각된 것은 실물경제의 과도한 대외 의존과 금융 부문의 국제경쟁력 부족이 극복되지 않은 상태에서 급속한 실물 및 금융 개방으로 대외의존적 산업구조와 수출 편향적 성장 구조가 심화된 한편 단기자본 유출입 증가에 따른 금융 부문의 불안정성이 증가한 데 기인한다. 이 밖에 경제의 급속한 개방과 대외 의존성 증가로 세계화된 경제와 국내에 제한된 정치 간 단절과 부조화가 심화되었으며, 경제에 의한 정치의 제약이 강해지면서 정부의 소득재분배와 전략 산업 육성 기능도 약화되었다.

한편 냉전 질서 붕괴 후 진행된 세계화의 과정에서 중국이 급부상하면서 G2 질서가 성립되었다. 최근 들어 미·중의 세계 헤게모니 쟁탈전이 본격화되면서 양국 간 갈등이 심화되고 있는데, 우리나라가 냉전체제에 이어 G2 체제에서도 헤게모니 국가 간 대결의 최전선에 위치하게 되어 그 영향이 매우 큰 실정이다.

우리나라는 G2와의 교역 비중 및 문화적 교류 폭이 매우 커 양국 간 갈등이 직접적으로 영향을 미친다. 그럼에도 불구하고 우리나라는 남북통일 문제 등으로 인해 체계적인 G2 체제 대응 전략을 마련하지 못한 채 정권의 성향에 따라 정책의 기조가 달라지는 양상을 보이고 있으며, 이로 인해 불필요한 국가 이익의 손실과 정책 혼란을 경험하고 있다.

냉전 중에 겪었던 한국전쟁과 같은 비극을 겪지 않도록 국가적인 전략을 바탕으로 한 현명한 대응이 요청된다. G2 체제는 향후 우리나라의 지정학적 조건을 규정하는 메가트렌드이므로 이제라도 심도 있는 논의를 통해 명확한 전략을 설정하고 장기간에 걸쳐 일관성 있게 추진해야 할 것이다.

저출산 극복의 실패와 고령화에의 대응 미흡도 심각한 문제이다. 발전국가 이래의 친기업적인 정책의 누적으로 노동자와 중소기업 등 약자의 권리가 제대로 보호받지 못하면서 여성과 저소득층의 사회적 지위 및 소득이 정체되고 주거비 등 생활비는 급등함에 따라 생활의 질이 악화되었다. 또한 여성의 사회 참여 확대와 교육 여건의 악화 등으로 자녀의 미래에 대한 부모의 불안이 높아졌다. 이러한 문제점들이 복합적으로 작용하면서 저출산이 심화되고 있다. 정부가 저출산 극복을 위해 다각도로 노력하고 있으나 현재의 정책적 노력이 다수 청년층의 소득 증가 및 가정 생활 시간 확대, 주거와 영유아 보육·교육의 향상으로 이어지지 않는 한 저출산 문제들을 극복하기에는 역부족인 것으로 보인다.

베이비부머와 후속 세대의 고령화가 본격화되면서 고령화 속도가 높아지고 있다. 고령화는 우리 경제의 노동력 축소와 혁신 성향의 약화를 통해 생산 능력을 약화시킴은 물론 소비 수요의 감소, 노인 부양용 재정 지출의 증가로도 이어져 경제성장과 혁신을 저해하는 요소로 작용할 것이다. 앞으로 고령화가 가속되는 가운데 고령층에 대한 사회보장이 크게 미흡하여 고령층의 빈곤이 심각한 사회 문제로 등장하게 될 것이다.

제 III 부

한국경제시스템의
새로운 미래를 꿈꾸며

01 | 새로운 진화 여건과 이에 맞는 경제시스템

현재 한국경제시스템은 이중의 도전에 직면해 있다. 우선 새로운 경제 환경의 전개 또는 적합도함수의 변화이다. 그동안 우리가 겪어보지 않았던 저출산·고령화에 따른 인구구조의 악화라는 매우 중대한 경제 환경 변화가 진행되고 있다. G2 체제라는 지정학적 변화가 본격화되고 있고 남북한 간 통합 문제도 새로운 접근을 요구하고 있다.

또 하나 중요한 과제는 민주화, 시장화, 지식화의 완성과 진전이다. 이는 이행기 중에 충분히 진전되지 못하여 한국경제시스템의 진화를 지연시켰던 요소이기도 하다.

1. 진화 여건 변화와 진화 과정에 대한 영향

진화 여건 변화는 이행기 분석에서 다루었으므로 여기서는 주목할 필요가 있는 몇 가지 사항만 짚어보고, 그것이 한국경제시스템의 진화 과정에 미치는 영향을 분석하는 데 초점을 둔다.

가. 여건 변화 개요

글로벌 금융위기 이후 현재까지의 한국경제시스템의 적합도함수 변화와 향후 전망을 알아보자. 첫째, 세계 정치경제 환경이 바뀌고 있다. 글로벌 금융위기는 G2 체제의 형성을 앞당기고 자유무역 체제의 보호무역질서로의 전환, 세계 각국 간 및 각국 내 소득 불평등 증가, 세계적 경기 침체 등을 불러왔다. 다만 자본주의 시장경제체제에 대한 대안은 제시되지 않고 있으며, 시장경제체제는 여전히 가장 중요한 경제 운영 원리로 남아 있다. 각국 정부는 시장경제체제가 야기하는 국내적 불평등의 해소와 이를 위한 고용 확충에 집중하고 있으며 그 결과 보호무역주의가 확산되었다. 그럼에도 불구하고 교통통신기술의 발달 등에 따른 기업 활동의 세계화는 거스를 수 없는 추세로 보인다. 최근에도 세계 교역이 꾸준히 늘고 있는 것이 이를 입증한다. 세계 경기는 미국을 중심으로 어느 정도 회복되었으나 금융위기 이전과 같이 높은 경제성장세를 나타내지는 못하고 있다.

결과적으로 향후 우리 경제시스템을 둘러싼 세계 정치경제 환경은 다소 불리하게 변화할 것으로 보인다. 세계경제와 무역의 성장이 상당 기간 글로벌 금융위기 이전의 호조를 회복하기 어려울 전망이다. 신흥 대국의 경제발전과 G2 체제의 성립으로 자연 자원 여건 및 지정학적 조건이 악화될 것으로 예상된다. 중국, 인도 등 후발 신흥국의 급속한 경제발전과 세계시장 진출 증대, 선진국과의 첨단산업·신성장산업 선점 경쟁으로 국내외 시장경쟁이 심화될 전망이다. 이는 세계 교역질서의 보호무역주의로의 전환과 더불어 한국 기업들의 수출 확대를 더욱 어렵게 할 것이다. G2 체제는 우리의 대응 여하에 따라 경제적 영향이 달라지겠지만 대체로 세계 교역 환경의 악화와 한반도의 지정학적 위험 확대로 이어질 가능성이 높고, 한국경제시스템의 진화에 부정적 영향을 미칠 우려가 크다.

둘째, 우리 사회 환경이 바뀌고 있다. 향후 가속될 것으로 보이는 인구의 고령화와 증가세 둔화는 매우 중대한 진화 제한 요인이다. 노동가능 인구의 감소가 이미 시작되어 생산에 부정적 영향을 미치고 있고, 고령 노동자의 증가는 새로운 아이디어의 습득과 창출에 부정적 영향을 미칠 것으로 우려된다. 소비 측면에서는 이미 고령화에 대비한 중장년층의 소비 억제와 고령층의 일인당 소비 축소가 진행되고 있다. 향후 고령화가 본격화되면서 한국경제시스템에서는 그간 누려왔던 인구 보너스 대신 인구 오너스가 본격화될 전망이다. 다른 한편으로는 인력의 질적 불균형도 커지고 있다. 현재 우리는 자유민주적이고 개방된 사회와 지식화된 경제에 맞는 전문성과 협력 역량을 갖춘 인재, 조직을 적절히 길러내지 못하고 있다. 무엇보다 첨단 제조업과 신성장산업에서 수요하는 전문 인재와 조직의 육성이 불충분한바, 이것이 한국경제시스템의 진화를 제약할 것으로 우려된다.

보다 근본적인 사회 환경 변화 요소는 이행기 이래 계속되고 있는 국민의 욕구 고양이다. 이는 앞서 본 바와 같이 적극적 자유의 증진을 포함한 민주화와 민간 주도 경제 운영 체제의 확립을 포함한 시장화를 요구한다. 다양화, 고급화한 소비자 선호를 충족할 수 있는 유연 생산 체제, 사회질서의 수평화와 자유화, 조직 구조의 분권화와 조직 구성원 행위 규칙의 자율화를 요구한다. 이러한 요구는 앞으로도 거스를 수 없는 가장 근본적인 변화 추동 요소로 남아 있을 것이다.

셋째, 한국경제시스템 자체도 바뀌고 있다. 한국경제시스템의 지식화와 PT의 변화가 가속되고 있다. 인터넷, 빅데이터, 인공지능 등 지식 유통·활용·생산 기술의 혁신적 발전으로 대중 지성과 기계 지능이 급속히 발전하는 초지능·초연결 시대가 도래하고 있다. 이제 세계경제와 한국경제는 새로운 지식의 생산과 혁신을 둘러싼 경쟁 단계에 접어들었고 따라서 급속한 혁신과 변화가 일상화될 것으로 보인다. 이처럼 사회와 경제가 지식화되면서 PT, ST, BD의 진화 잠재력과 진화 속도가 높아질 것이다.

다만 지식경제의 진화는 차별화와 선택이라는 고위험, 고비용의 과정을 거쳐야 하기 때문에 그간 복제 위주의 진화에 익숙했던 우리로서는 진화 잠재력의 실현에 거부감이 있을 수 있다. 지식경제의 수확체증성과 선발자 독식형 구조도 선진국과의 격차 확대, 우리 경제 내 세계시장 선점자와 여타 주체 간 격차 확대 등을 유발해 한국경제시스템의 위험을 높일 수 있다.

나. 진화 과정에 대한 영향

진화 여건 변화, 즉 민주화·시장화와 세계화·지식화 추세, 그리고 인구의 고령화 등이 한국경제시스템의 진화 과정에 미치는 영향을 구체적으로 살펴본다.

1) 경쟁/협력에 대한 영향

가) 경쟁

시장화·세계화는 국내와 국제 양 측면에서 시장경쟁 기반의 경제 운영을 확대하는 것이다. 시장화는 경제주체의 자유와 전문화, 분업 그리고 거래를 촉진하며, 이 과정에서 관련 분야의 경제주체끼리나 유사한 상품과 기술 사이의 경쟁을 촉진한다. 시장화가 진전될수록 경쟁은 사회 구성원 또는 기업 사이 상호작용의 중심적 원리로서 기능한다. 특히 오늘날처럼 세계화된 경제 환경에서 경쟁은 명시적으로든 암묵적으로든 세계적 차원에서 일어난다. 한편 지식화에 따른 교통통신수단의 발전이 물류와 의사소통의 세계적 확장을 촉진하여 시장의 세계화와 범세계적 경쟁을 심화한다. 오늘날의 경쟁은 범위가 전 세계로 확대되었으며, 그 내용은 상품은 물론 서비스까지로 넓어졌다.

G2 체제는 다시 세계 각국을 미국 진영과 중국 진영으로 양분할 수 있다. 향후 G2 체제가 공고해진다면 냉전체제와 비슷하게 진영 내 협력이 강해지는 한편으로 진영 간 경쟁도 강화되는 구도가 재현될 것이다.

지식화가 경쟁에 미치는 영향은 양면적이다. 우선 경쟁의 주된 분야를 바꾸고 그 범위를 확대하는 효과가 있다. 지식경제에서는 혁신과 신상품의 개발을 위한 핵심 요소가 자본이나 노동보다는 지식과 기술이며, 새로운 지식과 기술의 개발을 둘러싼 경제주체 간 경쟁이 심화된다. 지식화는 경쟁이 더욱 지식과 혁신을 중심으로 이루어지게 하는 등 경쟁의 내용을 바꾸는 것이다. 아울러 지식화는 경쟁의 범위를 확대한다. 지식화에 따른 교통통신기술의 발달은 경제 거래의 지리적 범위를 세계적으로 확장시키고 이는 곧 경쟁의 범위를 세계적으로 확장하였다.

다만 지식화는 경쟁을 약화시키기도 한다. 지식화는 기술과 상품의 다양성, 특히 고객 맞춤화를 촉진한다. 이에 따라 가격 경쟁이 크게 약화되고 대신 차별화된 제품을 생산하기 위한 경쟁, 즉 제품 품질 경쟁이 심화된다. 또한 지식상품은 수확체증성이 높아 선발자 독점 효과가 크다. 지식상품 시장에서는 소수의 업체가 시장을 독과점하여 경쟁으로부터 자유로운 경우가 많다. 예를 들면 마이크로소프트, 페이스북, 애플, 구글 등은 특정 분야에서 세계시장을 독점적으로 지배하고 있다. 이러한 지식화의 두 가지 특성은 경쟁을 제한하는 효과를 갖는다.

민주화는 경쟁을 증진한다. 민주화는 보편적인 교육 훈련을 제공하고 다수 사회 구성원에게 동등한 참여 기회와 인센티브를 주는 등 자유와 평등의 가치에 기초하고 있다. 이에 따라 사회 내 모든 구성원들의 경제활동 참여를 촉진하며 그 결과로 구성원 간의 경쟁을 부추기게 된다. 한편 민주화는 시장경쟁의 결과로 나타나는 불평등한 성과 분배와 승자에 의한 시장 독과점을 억제하는 정부의 역할을 강화하기도 하는데, 이를 통해서 사회 구성원의 보다 많은 참여와 시장에서의 경쟁을 유지하는 효과를 거두게 된다. 민주화된 정부가 추구하는 포용적 정치경제체제 역시 새로운 시장 진입의 촉진을 통해 경쟁을 활성화하게 된다. 특히 파괴적 혁신을 원활하게 도입하도록 함으로써 새로운 상품 시장의 형성과 산업 차원에서의 경쟁을 늘린다.

다만 이행기에서 나타났듯이 민주화가 미흡한 가운데 시장화·세계화가 승자 독식과 불평등한 소득 분배로 이어진다면 장기적으로 경쟁을 저하하는 결과를 초래할 것이다. 그리고 이러한 경쟁 저하는 지식화를 둔화하기도 한다. 이러한 맥락에서 민주주의를 확립해 시장화와 세계화가 독과점과 불평등한 소득 분배로 귀결되는 것을 억제하는 것이 매우 중요하다. 포용적 민주 정부가 시장화와 세계화를 경쟁과 혁신의 증가로 연결되도록 하여 다수 사회 구성원의 이익을 증진하는 방향으로 관리할 수 있다.

저출산·고령화는 대체로 경쟁을 낮추는 효과를 갖는다. 저출산·고령화는 경제활동 인구의 감소를 초래하고 이는 곧 여러 경제활동에서 경쟁자 수가 줄어드는 것을 의미하기 때문이다.

나) 협력

지식화, 시장화, 세계화 등이 협력에 미치는 영향은 앞에서 본 경쟁에 대한 영향이 거울에 비친 모습이라고 할 수 있다. 경쟁과 협력은 상호 간에 양의 피드백 효과를 갖는 경우가 많기 때문이다.

우선 시장화·세계화에 따른 경쟁의 확대는 해당 경쟁에 대응하는 주체의 단위 조직 내 협력을 강화한다. 시장화는 경쟁의 압력을 강화함으로써 기업 등 각 경제 조직 내부의 협력을 강화하며, 나아가 최근 새로 등장한 협력 단위인 클러스터 등 기업 연합체 내 협력을 강화하기도 한다. 세계화는 경쟁 범위를 세계로 확장시킨다. 이에 대응해 기업들은 세계적 차원에서 협력한다. 다국적기업을 비롯한 많은 기업들이 세계적 가치 사슬과 영업망을 만들어 협력한다. 예를 들면 해운사, 항공사들은 국제적 제휴를 맺고 제휴사 간에 서로 협력하는 반면, 제휴 집단끼리는 경쟁한다. 한편 세계화는 경쟁 단위로서 지역 또는 국가의 중요성을 높여 각 지역이나 국가가 자체적인 협력을 강화하는 데 힘쓰게 만든다. 세계화된 시장에서는 국가가 하나의 경쟁 단위일 수 있고, 국가의 경쟁력을 높이기 위해서는 내부 주체 간 긴밀한 협력이 필수적이기 때문이다. 이에 따라 각국 정부는 민간과 일체가 되어 각종 규제 완화, 개인의 교육과 훈련 및 기업에 대한 기술·자금·세제 지원에 노력한다.

둘째, 지식화는 협력을 더욱 향상한다. 지식은 본래 모듈성과 상호 보완성이 강해 협력의 시너지가 크다. 아울러 오늘날 상품화를 실현해주는 지식은 다양한 분야의 전문지식이 결합된 것이 많다. 따라서 지식화는 지식의 융·복합과 이를 위한 협력의 필요성을 높인다. 다른 한편으로는 인터넷, 물류 기술의 혁신 등 발달된 교통통신기술은 광범위한 지역과 분야에 산재한 다수 경제주체 사이의 소통과 거래를 확대하여 협력의 범위를 크게 확대함은 물론, 조직의 경계를 넘어선 여러 주체 간 '열린 협력'을 가능하게 해주었다. 지식화가 각종 거래 및 네트워크 기술의 발전을 가져와 경제주체 간 소통과 신뢰 및 협력을 증가시키고 역으로 지식화 자체가 협력의 필요성을 증가시키고 있다. 이처럼 지식화와 기술 발전이 상호 피드백하면서 경제시스템 내 협력을 질적으로 심화시키고 범위를 확대하고 있다.

또한 지식은 비경합성과 외부 효과가 큰 반면 개발에 많은 시간과 대규모 재원이 필요하기 때문에 공공재적 특성이 강하다. 따라서 민간 기업에 맡겨두기보다는 사회적 차원의 투자가 효과적일 수 있다. 사회적 차원의 투자는 여러 구성원의 참가와 사회적 협력을 필요로 한다.

이러한 지식의 융·복합 필요성과 공공재성을 고려했을 때, 지식의 원활한 생산과 사회적 활용을 위해서는 개별 조직 차원의 협력과 사회적 차원의 협력이 필수적이다. 따라서 한국경제시스템의 지식화를 촉진하기 위해서는 지식 생산 조직 내부 또는 관련 구성원 간 소통과 신뢰의 확산 및 협력 강화가 긴요하며, 사회적 차원의 지식 생산 관련 협력을 확대하는 것이 중요하다.

참고로 지식경제와 협력의 관계에 대해 좀 더 알아보자. 앞서 언급한 것처럼 지식경제는 협력 범위의 확대를 요구한다. 지식의 공공재성과 상호 보완성, 생산자 간 및 생산자와 소비자 간 네트워크화의 진전 등이 협력의 범위 확대를 요구하는 동시에 가능하게 하는바, 오늘날 협력의 범위는 플랫폼 또는 클러스터 등 기업 간 협력체나 여타 개방적 협력 단위에로까지 확대되었다. 예를 들면 휴대전화 산업의 경우 애플과 삼성전자라는 개별 회사보다는 애플을 중심으로 한 아이폰 클러스터와 삼성전자를 중심으로 한 안드로이드폰 클러스터 내 다수 기업들이 상호 협력한다. 과거 특정 조직 또는 사회에 제한되었던 협력이 조직이나 사회의 경계를 넘어 이루어지고 있다. 또한 기업이나 조직끼리만 아니라 기업과 개별 소비자, 기업과 대학, 개인과 개인 등 주체별 경계를 넘고 있다. 이러한 협력의 강화는 상응한 경쟁의 심화를 유발하고 이 역시 상응하는 협력의 심화를 가져와, 경쟁과 협력은 선순환하면서 공진화하게 된다.

또한 지식경제는 신속한 혁신 필요성과 각 개인별·분야별 전문지식의 다양한 결합 필요성이 높은 특징이 있다. 이에 따라 다양한 진화 수요에 상응한 협력 주체의 잦은 변화가 요구된다. 그러므로 지식경제에서는 '열린(개방적) 협력'이라는 새로운 형태의 협력이 확산된다. 협력하는 주체들이 수시로 바뀌고 심지어 동일한 주체들이 때로는 서로 협력하고 때로는 서로 경쟁하는 모습을 보이게 된다. 협력과 경쟁의 경계가 유동화되는 것이다. 이처럼 지식화는 유연한 이합집산이 가능한 새로운 형태의 협력을 창발함으로써 경제활동과 사회의 모습에 큰 변화를 가져올 것으로 예상된다.

셋째, 민주화가 가져다주는 경쟁 촉진 및 경쟁 유지 효과는 그에 대응하기 위한 각 주체의 협력을 유발한다. 민주화는 개인과 소식의 자유를 증대하고 보편적인 인센티브를 제공함으로써 사회 구성원의 차별화 역량을 향상시키며, 아울러 공정한 거래 및 소유권 질서를 제공하여 각 구성원의 경제활동 참여와 경쟁 확대를 유인한다. 이러한 민주화의 경쟁 확대 효과는 반대로 협력을 그만큼 강화한다. 개인과 개별 기업들은 스스로 경쟁력을 키우기 위해 이해가 일치하는 다른 주체들과 협력하게 된다. 또한 민주화는 정의와 연대의 가치를 통해 광범위한 신뢰와 공정한 거래·성과 분배의 기반을 제공함으로서 사회 내 신뢰와 협력을 촉진한다. 따라서 민주화된 정부는 경쟁과 협력을 촉진하는 정부이다.

마지막으로, 저출산·고령화는 협력의 약화를 불러올 가능성이 크다. 저출산·

고령화로 경제활동 인구가 감소하고 이에 따라 경쟁이 약화될 수 있다. 이러한 경쟁의 약화는 상응하는 협력의 약화를 가져온다. 왜냐하면 경쟁의 압력이 없을 경우 해당 주체의 혁신 필요성이 약화될 수 있고, 이는 곧 해당 주체 및 조직 내 협력의 이완으로 이어질 수 있기 때문이다.

2) 진화알고리즘에 대한 영향

민주화, 지식화, 시장화의 진전은 '차별화─선택─복제'의 단계별 진화알고리즘이 보다 원활하게 작동하여 한국경제시스템의 진화 잠재력을 향상하는 효과를 가져올 것으로 기대된다. 다만 복제 기반 진화에 주로 의존했던 발전연대와 비교했을 때 많은 비용과 시간이 소요되는 차별화와 선택의 과정을 거쳐야 하기 때문에 진화 잠재력의 향상에도 불구하고 그만큼의 경제적 성과가 빠른 시일 안에 실현되지 못할 수 있다. 아울러 세계화, 저출산·고령화 등에 효과적으로 대응하지 못할 경우 한국경제시스템의 대외 의존성 심화 등으로 자생적 진화 메커니즘이 적절히 작동하지 못할 위험도 있다.

가) 차별화

경제의 지식화는 차별화를 통한 새로운 지식의 창출과 혁신의 급증을 의미하며, 경제시스템의 진화 과정에서 차별화의 중요성을 높이고 각 경제주체의 차별화 노력을 강화한다. 정보통신기술의 발전과 그간의 과학기술 성과가 누적되면서 오늘날 인류 문명의 지식화가 기하급수적으로 진전되고 있고, 차별화 역량도 급증하고 있다. 그러므로 지식화가 한국경제시스템의 발전 정도를 결정하는 핵심 요소이며, 차별화 역량을 강화하는 것이 한국경제시스템의 가장 중요한 과제라고 할 수 있다.

우리나라는 유교 전통 등으로 지식화에 대한 국가적 수용과 개인들의 적응이 빠르다. 또한 정보통신기술의 발전 수준과 국민들의 평균적 지식 수준도 높은 편이다. 다만 경제발전과 지식 축적의 기간이 선진국에 비해 짧았기 때문에 당분간 그 차이를 메꾸고 독자적인 지식과 기술을 창출할 수 있는 능력을 확충하는 데 보다 적극적으로 노력해야 한다. 또한 대다수 경제주체가 복제를 통한 손쉬운 경제

성과 향상의 기억에서 자유롭지 못한바, 하루빨리 이에서 벗어나 차별화와 혁신에 바탕한 경제 성과를 지향하는 사업 구조를 확립해야 한다.

시장화·세계화는 국내외적 경쟁을 심화하여 각 경제주체의 차별화 노력을 압박한다. 경쟁에서 살아남기 위해서는 소비자의 선호와 필요에 더 적합한 제품과 더 효율적인 생산 기술을 개발해야 하는 것이다. 특히 세계화된 시장에서 생존하기 위해 기업들은 세계 최초의 상품이나 서비스를 창출하고 가장 효율적인 생산 기술을 확보해야 하기 때문에, 또한 세계적으로 혁신의 양이 급속하게 늘어나기 때문에 차별화 향상 압력을 매우 강하게 받는다.

민주화 역시 다수 사회 구성원의 능력 향상과 고른 참여, 지식 관련 인프라와 사회적 협력 확대, 그리고 공정한 경쟁 촉진 등을 통해 개인과 조직의 차별화 능력을 키운다. 차별화 역량 확충을 위한 공공교육의 확대 및 전문 인재 육성, 기반 기술개발을 위한 대규모 장기 투자, 공감과 협력적 태도를 갖춘 시민 양성, 기타 사회적 협력 확대를 위한 각종 인프라 구축 등은 민주화된 정부가 보다 잘 수행할 수 있다.

다만 저출산·고령화는 경쟁의 약화와 차별화 역량의 위축 등을 초래해 한국경제시스템의 차별화 역량을 저해할 가능성이 높다.

이처럼 지식화, 민주화에 기반한 차별화 역량 증가와 시장화, 세계화에 따른 차별화 압력 확대가 어우러지면서 향후 한국경제시스템에서 새로운 지식과 기술의 생성 또는 차별화가 크게 늘어날 것으로 기대된다. 다른 한편으로는 이러한 차별화 역량의 향상이 미흡할 경우 우리 경제가 빠르게 침체될 수도 있다.

나) 선택

경제의 지식화는 다양한 측면에서 한국경제시스템의 선택 역량을 증진한다. 우선 정보통신기술의 발달에 힘입은 집단지성과 기계(인공)지능의 발전, 그리고 이에 바탕한 다양한 지식과 재화 및 서비스의 개발, 즉 차별화 증진은 경제적 진화를 위한 선택의 범위를 넓히고 그 질을 향상시킨다. 아울러 사회 내 정보와 지식의 유통 증가는 경제주체 간 여러 가지 아이디어나 상품에 대한 정보의 유통을 늘리며 소비자 선호의 파악 또는 특정 상품에 대한 사회적 평가와 선택이 신속하고

제 III 부

한국경제시스템의 새로운 미래를 꿈꾸며

정확하게 이루어질 수 있게 한다. 세 번째로, ICT의 발전으로 가상공간을 이용한 모의 실험도 용이해져 선택과 관련된 불확실성을 낮추고 그 효율성을 높인다. 이 밖에도 지식화는 3D 프린팅, 스마트팩토리 등 유연 생산 방식의 도입을 촉진하고 있다. 지식화에 힘입어 다양한 소비자의 선호를 신속히 파악하여 이에 최적화된 상품을 보다 낮은 비용으로 생산하는 경제, 특히 다양한 소비자의 선호에 맞게 선택의 폭이 극대화된 '롱테일 경제'가 실현되고 있다. 요컨대 지식화가 선택의 폭과 효율성을 높인다.

시장화는 선택의 폭을 넓히고 질을 향상한다. 시장은 단일 또는 소수의 대기업이 아닌 다수의 생산자가 다양한 상품을 생산해 시장에서 소비자의 선택을 받기 위해 경쟁하는 경제 운영 체제이다. 따라서 시장화는 기본적으로 국가나 기업이 아닌 소비자가 어떤 상품을 생산할지를 선택하게 하는 것이며, 상품과 서비스의 소비자 선호 반영도를 높인다. 한편 오늘날 소비자들은 높아진 소득을 기반으로 생존 확보를 위한 상품보다는 관계 욕구 충족을 위한 상품(구체적으로는 자기의 개성 또는 자존감 표현, 사회적 관계 맺기 등에 적합한 상품)의 소비를 증가시킨다. 이는 결국 시장 세분화와 이에 대응한 다품종 소량 생산 방식 또는 유연 생산 방식의 확대로 이어진다. 지식화에 따른 생산 공정기술 발전이 이러한 생산 방식의 확대에 기여한다. 요컨대 시장화가 생산자와 상품의 다양화를 촉진해 소비자의 선택의 폭을 넓히고 소비자 선호에 더욱 적합한 상품을 선택하게 하는 등 선택의 질을 높인다.

민주화 역시 한국경제시스템의 선택 역량을 향상한다. 민주화가 정치, 경제 등 제 분야에서 모든 사회 구성원의 동등한 참여가 이루어지도록 함에 따라 사회 내 다양성이 커진다. 이러한 다양성 증가는 경제적으로 수요의 다양화와 다양한 재화와 서비스의 생산으로 이어져 경제적 진화와 관련한 선택의 폭을 넓히게 된다. 민주화는 구성원들의 사회적 참여와 협력을 강조하므로 관계 욕구를 확대하고, 이는 동 욕구를 충족시키는 상품 또는 서비스, 예를 들면 각 고객의 차별화 욕구를 충족할 수 있는 개성적이고 고급화된 상품, 개인적 선호를 잘 반영하는 문화 오락과 SNS 서비스에 대한 수요를 넓히게 될 것이다.

결과적으로 지식화, 시장화와 민주화는 서로를 강화하면서 선택의 폭을 넓히고 선택에 있어 소비자의 주도권을 확대하는 효과를 가져온다. 민주화가 정착되면 한국경제시스템의 지식화와 시장화가 적절히 관리, 촉진되고 차별화와 선택이 크게 향상될 것으로 기대된다.

세계화는 국내외를 막론하고 한 생산자가 만든 상품이 세계적으로 유통된다는 것이며 국내시장에 외국 기업이 만든 상품과 서비스가 늘어나고 국내 상품과 서비스의 해외 수출이 늘어난다는 것을 의미한다. 이에 힘입어 소비자는 선택의 폭이 크게 확대된다. 또한 세계화가 진전됨에 따라 세계 수요와 국내 수요 간에 유사성, 연관성이 증가하고 이는 수요 또는 소비자 선호가 세계적으로 비슷해지거나 이른바 글로벌 스탠더드가 되는 상품이나 서비스가 나타나는 결과로 이어질 수 있다.

저출산·고령화와 이에 따른 인구 구성의 변화는 소비자의 선호에 여러 가지 변화를 몰고올 것으로 보인다. 저출산으로 유아용품 수요가 줄어들고 고령화로 노인용품이나 요양 의료 서비스에 대한 수요가 증가할 것이다. 소수의 자녀를 위한 양질의 교육·보육 서비스에 대한 수요도 늘어날 것이다. 한편 장기적으로 저출산·고령화에 따른 인구 증가 둔화는 선택의 폭과 다양성을 위축시키는 요인이 될 전망이다.

다) 복제(증식)

경제의 지식화가 복제의 효율성을 크게 높인다. 지식 기반 상품의 경우 개발 및 최초 생산 비용이 매우 클 수 있으나 재생산(복제)하는 데 드는 비용은 매우 적거나 거의 무시할 정도인 경우가 많기 때문이다. 스마트팩토리, 로봇, 인공지능 기술 등 지식 발전에 따른 생산 공정기술의 발전도 재화와 서비스 및 지식 복제의 효율성을 크게 높일 전망이다. 또한 스마트팩토리나 3D 프린팅 기술 등 유연 생산 공정기술의 발전으로 소비자 선호에 맞추어 다양하게 변형된 복제기반 상품의 생산이 용이해질 것이다. 나아가 지식화에 힘입은 복제의 효율화는 피드백 효과를 통해 소비자 선호의 다양화와 상품의 고객 최적화를 가속할 것으로 보인다.

시장화·세계화는 경쟁의 증대를 통해 각 경제주체로 하여금 복제의 효율성을 높이도록 압박하는 요인으로 여전히 남아 있을 것이다. 특히 세계화는 시장을 세계적으로 확대하여 효율적인 복제의 필요성을 높이고 생산 공정기술의 발전을 촉진할 것으로 예상된다. 다만 소비자의 선호가 개인 맞춤형으로 변화하고 있어 시장이 매우 세분화되고 경쟁이 가격보다는 품질 또는 선호 적합도를 중심으로 이루어지게 된다. 이러한 변화는 상품의 차별화를 증가시키는 요인이 되며 경제와 진화에 있어 변이적 복제 또는 차별화의 중요성을 더욱 높이게 된다.

민주화는 경쟁과 협력을 증진하고 이를 통해 복제의 효율성 향상을 압박하고 증진한다는 점에서 간접적으로 한국경제시스템의 복제 역량 확충을 촉진한다고 볼 수 있다. 저출산·고령화는 복제 관련 노동력의 축소를 불러와 복제의 효율성 제고를 압박하는 요인으로 작용할 전망이다. 물론 고령화로 인한 경쟁 압력 약화는 그 반대의 영향을 미칠 수 있다.

3) 경제시스템의 정합성에 대한 영향

사회의 발전은 주로 사회 구성원 사이 상호작용의 증가, 즉 구성원들이 서로 경쟁/협력하면서 의존하는 관계를 더 많이 갖게 된다는 것이다. 이는 곧 사회가 보다 시스템화되고 따라서 경제시스템의 여러 차원에서의 정합성이 향상됨을 의미한다.

우리 국민의 욕구 고양에 따른 민주화와 시장화는 보편적 인센티브 제공 원칙과 강한 상호주의 원칙을 정립하여 한국경제시스템 내 경제주체들의 사회적 참여와 상호 간 경쟁/협력을 촉진한다. 사회의 시스템화 또는 경제시스템의 정합성 향상과 시너지 증진에 기여한다. 우선 민주화는 기본적 자유의 보편적 보장 및 다수결과 같은 민주적 절차를 도입하여 다수 사회 구성원들이 사회의 정치경제적 의사와 이익을 조직하는 데 동등하게 참여할 수 있는 기회를 보장한다. 아울러 교육과 의료의 확충을 통해 참여 능력을 높임으로써 제 구성원들의 사회적 참여와 상호 간 경쟁/협력을 촉진한다. 이는 개별 경제주체의 욕망과 경제시스템의 목적을 서로 정합하게 하며, 따라서 한국경제시스템의 포용성을 높인다.

시장화 역시 강한 상호주의 원칙에 기반해 다수 경제주체의 평등한 경제활동 기회, 민간 경제주체의 자율적 경제활동 및 조직화, 능력과 기여도에 기반한 성과 분배를 보장함으로써 한국경제시스템 내 폭넓은 참여와 공정한 거래 및 경쟁/협력을 촉진한다. 세계화는 이러한 시장화가 세계적 차원에서 진전됨을 의미한다. 결국 민주화와 시장화에 힘입은 사회 구성원의 참여 확대와 다양한 욕구의 발현은 다양한 분야에서의 경쟁/협력과 이를 통한 새로운 상품 또는 지식(질서)의 생산(형성)을 촉진하고 한국경제시스템의 경제 환경 정합성을 높인다. 정치와 경제 등이 그 수요자인 국민과 소비자의 선호를 보다 잘 반영하고 주변 환경 변화에 보다 잘 적응하게 함으로써 각 경제주체와 경제시스템 간에, 그리고 한국경제시스템과 경제 환경 간에 정합성을 높이고 공진화를 촉진한다.

지식화 역시 시스템화 또는 경제시스템의 정합성 제고와 밀접하게 연관되어 있는데, 이는 지식화가 시스템화를 필요로 하며 역으로 시스템화가 지식화를 촉진하기 때문이다. 지식은 비경합성과 큰 외부 효과 등 공공재적 속성을 강하게 가지고 있어 그 개발과 이용을 개별 경제주체에 완전히 맡겨두기보다는 일정 정도 사회 전체 내지 시스템 차원에서 관리할 필요가 있다.[1] 그래야 보다 많은 지식의 창출과 효율적 이용이 가능하다. 또한 지식의 창출 그리고 이에 바탕한 신기술 및 신상품의 개발을 위해서는 다양한 전문가들의 효과적 조직화가 필요하다. 이러한 맥락에서 한국경제시스템의 지식화 촉진, 즉 지식의 효과적 개발과 이용을 위해서는 우리 사회 내 제 구성원이나 다수 조직 간 협업이 긴요하며, 이는 곧 시스템화가 진전될수록 보다 용이하게 이루어진다.

그러나 이행기 중 그리고 현재까지도 민주화, 시장화, 지식화 등 3가지 진화 요인이 한국경제의 시스템화 또는 다차원적 정합성 제고에 크게 기여하지 못하고 있다. 이는 발전국가의 유산이 민주화 등을 저해하고 있다는 점, ST와 PT·BD 사이에 상충이 발생하고 있는 점에 주로 기인한다. 이에 관한 구체적 내용은 <제Ⅱ부 제2장 시대별 진화 성과>와 <보론Ⅱ-3 이행기의 진화 정체 요인>을 참고하기 바란다.

이 밖에 인구 고령화는 변화에 소극적이고 생존 지향적 가치를 중시하는 인구를 늘림으로써 한국경제시스템의 포용성과 개방성 그리고 제 차원의 정합성을 낮추는 요인이 될 것으로 보인다.

---

1) Romer, Paul M(1986), "Increasing Returns and Long-Run Growth", *Journal of Political Economy* vol, 94(5), The University of Chicago Press; Romer, Paul M(1990), "Endogenous Technological Change", *Journal of Political Economy*, 98(5), The University of Chicago Press.

2. 새로운 경제시스템의 요건

가. 진화 여건 변화의 시사점

최근의 적합도함수의 변화, 특히 사회 구성원들의 관계 욕구의 증가, 국내외 경제의 지식화 등은 한국경제시스템이 3개 변화 요소, 즉 민주화, 시장화, 지식화라는 과제를 신속하게 완성하는 방향으로 하루빨리 재구성되어야 함을 시사한다. 이는 이행기 한국경제시스템의 진화가 정체된 점에서도 잘 드러난다. 그러므로 한국경제시스템이 제2의 대진화를 시작하기 위해서는 발전국가 패러다임과의 상충 등으로 이행기 중 제대로 조정되지 못한 채 혼란에 빠져 있는 ST를 전면 바꾸고, PT·BD를 활발하게 창출할 수 있는 시스템으로 신속히 전환하여야 한다. 그렇지 못할 경우 한국경제시스템은 새로운 도약기로 나아가지 못한 채 쇠퇴기에 빠져들 수 있다.

1) 국민의 욕구 고양과 민주화·시장화 가속 필요성

한국경제시스템은 발전연대를 거치면서 소득이 증가해 절대 빈곤에서 벗어나고 국방력이 강화되어 국가 안보가 확보되는 등 생존 욕구를 어느 정도 충족하는 데 성공하였다. 이에 따라 사회 구성원들은 생존 욕구 외에 관계 욕구 또는 자기실현 욕구를 충족하는 데에도 관심을 두게 되었다. 이러한 욕구의 변화를 단적으로 표현한 것이 이행기 중에 제기된 민주화 요구이다. 민주화는 정치적으로 자유롭고 평등한 사회관계와 참여를 확립하고, 경제적으로는 공정한 규칙과 비인격적 신뢰에 기초한 시장경쟁 기반 거래 질서와 분권적이고 자율적인 사회와 조직을 구성, 운영할 것을 요구한다. 문화적으로도 다양한 가치와 관점을 수용하는 자유롭고 수평적인 사회를 요구한다.

그러나 앞에서도 본 바와 같이 이행기 중 민주화와 시장화가 당초 목적한 대로 추진되지 못하고 발전국가의 유산 등 여러 가지 요인에 의해 왜곡되었다. 정치적으로는 노동자, 중소기업인 등 사회 제 계층의 조직화가 진전되지 못하고 정당이 각 사회계층의 의사 및 이익의 수렴과 정책화를 제대로 이루지 못하여 다원적 사회구조와 참여에 기반한 포용적 정치체제를 정립하는 데 실패하였다. 그 결과 한국경제시스템의 미래 발전 방향과 운영 원리에 대한 사회적 합의가 실종되고 계층 간 갈등이 커지면서 정부 정책의 혼선과 정부의 무력화가 심해졌다. 경제적으로도 외환위기 이후의 민간 주도 경제 운영이 공정하고 자발적인 경쟁/협력의 증대와 혁신 및 경제 성과의 향상을 가져오지 못하였다. 그보다는 대외의존적 조립 가공품 수출 중심의 경제구조를 심화하고 국제경쟁력을 구실로 한 대기업 중심의 경제 운영 지속, 소유 경영자 중심의 집권적 기업 지배구조의 온존, 재벌 대기업의 시장 독과점과 소득·부의 집중을 초래했다. 그 결과 시장에서 경쟁/협력이 오히려 약화되고 기업의 혁신과 소비자 후생 증진 노력이 약화되는 한편, 대다수 중소기업의 생존력이 약화되고 비정규직 노동자를 비롯한 취약 계층의 경제적 안전이 저하되었다.

문화적 측면에서도 민주적 가치의 정착이 매우 부진하다. 생존 지향적 가치관(물질적 가치와 경제성장 우선주의), 지도자 또는 사용자에 의한 국가와 조직의 집권적 지배를 정당화하는 권위주의·집단주의 가치관, 비관용적인 획일주의 가치관에서 벗어나지 못하고 있다. 이는 일제강점기부터 한국전쟁을 거쳐 발전연대 초까지 이어진 절대 빈곤, 그리고 현재까지 이어지고 있는 남북 대치와 국가 안보 불안감이 유발한 강렬한 '결핍의 기억'에 외환위기 이후 눈앞에 닥쳐온 생계 불안이 더해졌기 때문으로 보인다. 그 결과 정부와 기업을 비롯한 각종 사회단체 등 여러 사회조직의 분권화와 자율화, 수평적 관계 기반 운영 원리의 정착이 부진하다. 개인의 내면적 자율성을 바탕으로 한 다양한 개성과 가치의 추구, 즉 자기표현적 가치 중시 문화가 확산되지 못하고 있다. 이러한 문화적 정체가 역으로 우리 사회와 경제의 지식화와 선진화를 가로막고 있다.

사회의 발전에 따른 국민의 욕구 고양은 인간의 본성에 기반한 필연적 변화로서 결코 거스를 수 없는 것이다. 선진국의 발전 사례에서 보듯이 역사적 추세이다. 그러므로 고양된 국민의 욕구를 충족시키기 위한 우리 사회의 정치적 민주화 심화, 경제적 민간 주도 및 시장화 정착, 문화적 다양화와 사회조직 지배구조 전반의 분권화·자율화는 앞으로도 꾸준히 추진해야 할 근본적 과제이다. 또한 민주화는 시장화, 지식화와도 상통하는 측면이 많아 이를 촉진하는 데도 기여한다. 그러므로 민주화는 우리가 당면한 가장 근본적이고 시급한 과제라고 할 수 있는바, 향후 우리 사회의 발전과 경제시스템의 진화는 민주화의 완성으로부터 시작된다고 할 수 있다.

인간의 욕구 고양은 인간관의 근본적인 변화를 요구하는 것이기도 하다. 산업화 이후 현대 사회에서는 각 개인을 고유한 존재로 보기보다는 사회의 일원으로서 또는 대량생산을 위한 노동자 집단의 일원으로서 동질적이고 평등한 존재로 보았다. 사회나 집단의 구성원을 개개인의 능력과 특성을 평균한 값을 표준으로 삼아 획일적으로 교육, 동원하는 대상으로 파악하였다(이를 평균주의라고 한다). 20세기 중 선진 산업사회는 이 평균주의적 관점에서 개인을 교육하고 종업원을 관리함으로써 상품의 효율적 대량생산에 성공하여 물질적으로 풍요한 사회를 만들 수 있었다. 그러나 인간은 본래 개개인이 독특하여 개성과 능력이 매우 다양한바, 평균주의 사회는 이를 무시하여 개인의 발전과 행복을 소홀히 한 측면이 있다. 게다가 1980년대부터 가속화하고 있는 경제의 지식화는 인간의 개성과 다양성을 충분히 발현하여 새로운 지식, 다양한 상품을 최대한 창출하는 것을 가장 중요한 발전 동력으로 부각하였다.

이에 따라 최근 '개개인성의 원칙'에 기반한 새로운 인간관과 이에 기반한 교육, 종업원 관리 시스템이 부상하고 있다. 개개인성의 원칙은 들쭉날쭉성의 원칙(인간의 체격, 재능, 성격 등 거의 모든 특성들은 상호 관련성이 낮은 다차원적인 것이며 개인별로 들쭉날쭉하여 평균으로 정의될 수 없다), 맥락의 원칙(개개인의 행동은 특정 상황 및 개인의 경험과 긴밀하게 상호작용하며 따라서 이들을 따로 떼어놓고 개인의 행동을 적절히 설명할 수 없다), 경로의 원칙(어떤 목표를 달성하는 방법 및 수단이나 개인의 성장·발달 경로는 여러 가지이며, 각 개인의 적정 경로는 각자의 개개인성에 따라 결정된다)으로 구성된다.[2] 요컨대 이 원칙에 따를 경우, 개인은 스스로의 삶을 더 잘 통제하고 자기에게 가장 잘 맞는 방법으로 배우고 일할 수 있으며, 평균적인 경로를 따르는 것보다 성공에 이를 가능성이 더 높아질 것이다. 사회 역시 다양성과 전문성이 높은 개인과 이들 사이의 원활한 상호작용을 통해 새로운 지식 및 상품의 창출을 늘리고 경제의 진화를 촉진할 수 있다.

다행스럽게도 ICT 산업, 빅데이터 기술 및 인공지능 등의 발전으로 우리는 과거 평균에 묻혀 무시될 수밖에 없었던 개개인의 특기와 장점을 고려할 수 있는 정보 수집·처리 능력을 갖게 되었다. 무엇보다 민주화, 경제의 소비자 최적화로 인해 인간의 다양한 욕구가 활발하게 발현되고 새로운 지식과 상품이 급증하고 있

---

2) Rose, Todd(2018), 앞의 책 참고.

는바, 이러한 추세에 개별 기업이 신속히 대응하기 위해서는 개개인성 원칙에 기반한 조직 구성과 이를 통한 혁신 확대 및 맞춤형 생산 체제 구축이 필수적이다. 따라서 향후 한국경제시스템 내지 한국사회의 발전은 개개인성의 인간관에 기반해 각 개인의 능력을 얼마나 잘 계발하고 활용하느냐에 좌우될 것이다. 민주화와 시장화는 개개인성의 원칙을 살리는 데 기여하며, 개개인성의 원칙은 지식화, 민주화를 추동하는 동력이 될 수 있다.

2) 경제의 지식화 가속과 지식경제 시스템 구축 필요성

가) 경제의 지식화와 시사점

경제의 진화는 새로운 지식, 특히 생산성 제고에 기여하는 기술의 발명에 의해 주로 이루어진다. 유사 이래 경제의 발전은 대체로 경제의 지식과 기술에 대한 의존도가 높아지는, 즉 지식화를 증진하는 방향으로 이루어져왔다. 이처럼 경제발전의 중심에는 언제나 지식이 있었다는 점에서 현대 경제의 지식 기반화 또는 지식화는 오랜 역사 속에서의 점진적인 변화의 결과라고 할 수 있다. 그런데도 오늘날 지식경제가 특별히 주목받는 것은 아래와 같은 현상들 때문이다.

우선 지식 투자(교육 훈련과 연구개발 등 지식의 생산·전달 능력 관련 투자)와 인적 자본의 신체적 상태 개선(보건) 투자가 20세기 중에 꾸준히 늘어났다. 그 결과 미국의 경우 1960년대 말부터 무형자본 스톡의 가치가 유형자본 스톡의 가치를 초과한 것으로 분석되었다.[3] 또한 지식 보전 방식도 현장에서의 노하우 전수 방식에서 교육을 통해 일반 지식을 전달하는 방식 위주로 이행하였다. 지식 집약 활동이 GDP에 기여하는 비중이 이미 1985년경에 모든 OECD 회원국에서 50%를 넘었다.[4]

둘째, 정보통신기술이라는 새로운 지식 도구의 발전으로 지식경제에 알맞은 기술적 기반이 마련되었고, 지식 집약 활동의 증가와 새로운 ICT의 발전이 상호 강화적으로 진전되었다. ICT는 풍부한 잠재적 정보들을 획기적으로 생산해내었으며, 특히 인터넷의 출현과 검색 엔진의 진보, 그리고 플랫폼·블록체인과 같은 새

---

3) Kendrick, J. W.(1994), "Total Capital and Economic Growth", *Atlantic Economic Journal*, 22(1), pp. 1~18.

4) Foray, Dominique(2016), ≪지식경제학≫, 서익진(역), p. 46.

로운 유형의 협동 조직을 등장시켜 정보의 획득 및 활용을 혁명적으로 발전시켰다. 또한 사이버공간의 확충으로 지식의 교환과 협력상의 공간적 제약이 현저히 줄어들어 집합적 행동과 가상 공동체 형성이 크게 편리해졌다.

인터넷을 통한 '열린 협력'이[5] 발전하면서 지식의 광범위한 공유에 바탕한 상호작용과 집단지성의 창출이 매우 편리해지는 한편, 사물인터넷과 빅데이터, 인공지능이 빠르게 발전하고 있다. 게다가 사이버공간과 가상(증강)현실의 확대로 다양한 지적 실험도 용이해져 진화를 위한 다양한 대안의 모의 실험과 최적안 선택이 짧은 시간 안에 적은 비용으로 가능해지고 있다. 이처럼 지식의 생산과 최적 대안의 선별이 효율화되면서 정보와 지식 생산의 효율성 및 생산량이 크게 늘어나고 있다. 기술혁신과 신제품 개발 나아가 경제시스템의 진화가 매우 빨라지고 있다. 현대 경제는 바야흐로 지식이 가장 중요한 생산요소로 기능하고 가장 중요한 경쟁력의 원천인 경제, 그리고 혁신이 일상화된 지식경제로 빠르게 진화하고 있다.

셋째로 혁신이 새로운 경쟁 규칙이 되고 있다. 지식 투자의 누적적 증가와 정보통신기술의 출현에 힘입어 지식산업은 물론 대다수 산업에서 새로운 지식의 생산, 즉 혁신이 핵심 경쟁 수단이 되고 있다. 이에 따라 혁신이 가속되고 있다. 반면 첨단 기술·지식 이외의 기술·지식의 노후화도 빨라지고 있다. 결국 시장지위를 유지하거나 이익을 얻기 위해서는 끊임없는 혁신만이 유일한 전략이다. 이에 대응하여 기업들은 혁신 방식에 있어 연구개발, 실행 학습 등 과학적 도구와 다양한 주체 간 협력에 기초해 규모와 범위의 경제를 활용하는 조직 전략을 더 많이 활용하고 있다. 혁신 담당 부문의 구조도 기존의 공공 부문과 수직 통합된 대기업 외에 전문 기술 생산과 거래 중개 등을 담당하는 다수의 행위자들이 개입하는 형태로 진화하고 있다.

넷째로 고숙련 고용이 증가하고 있다. 지식경제에서 새로운 역량인 ICT 관련 지식, 지속적 사업 능력, 사업 프로젝트 실행력과 산재된 지식의 통합·동원력 등을 가진 인력에 대한 수요와 고용이 늘고 있다.

경제의 지식화가 초래하는 변화를 시스템 관점에서 정리하면 크게 세 가지이다. 즉, 경제구조적 측면에서 경제의 시스템화(조직화), 구성 요소 측면에서 각 경제

---

5) 특정 조직이나 집단의 경계를 넘어 함께 일하는 것. 이준기(2012), 앞의 책 참고.

주체의 전문화와 다양화, 시스템 운영 원리 측면에서 경제 조직의 유연하고 민주적인 운영과 조직 구성원 간의 긍정적 상호작용(피드백)의 강화 등이다.

첫째, 경제의 시스템화란 지식의 누적적 고도화로 지식이 점차 전문화, 파편화되는 한편 혁신과 신상품 생산에 필요한 지식의 범위는 더욱 확대됨에 따라, 보완적 전문지식의 융·복합과 관련 전문가 사이의 지적 협력 및 상호작용이 증가하는 현상을 말한다. ICT에 기반한 인터넷, 빅데이터 등 발달된 지식 축적·교류 기술에 힘입어 지식 배분 비용이 경감되어 여러 경제주체 사이의 상호작용과 열린 협력이 용이해진 것도 지식경제의 시스템화에 기여하고 있다. 이처럼 각 경제주체 간 상호 보완성 증가와 상호작용 관련 비용의 경감이 맞물리면서 경제의 조직화, 시스템화가 크게 진전되고 있다.

둘째, 지식경제에서는 경제주체의 지식 능력이 핵심 생산요소이자 경제발전 동력이다. 모든 사회 구성원들이 특정 분야에 대한 전문지식을 갖출 수 있도록 국가와 사회가 지원해야 하며 기업들도 종업원의 지식과 기술 향상을 지원해야 한다. 특히 지식의 급격한 발달에 각 개인들이 잘 적응할 수 있도록 정부와 기업이 주도하여 전 생애에 걸친 교육과 훈련을 제공할 필요가 있다. 이러한 개인적 교육 훈련 노력은 전문성을 확대하는 것으로 나타나며 사회적으로 보았을 때 다양성의 확대로 이어진다.

셋째, 운영 원리 측면을 보자. 지식 조직과 지식경제는 각 개인의 전문성과 다양성을 창조적으로 결합하여 새로운 지식을 원활하게 생산하기 위해 개별 구성원의 자발적 노력 및 참여 그리고 관련 구성원 간 활발한 소통 및 경쟁/협력을 촉진하는 데 중점을 둔다. 이를 위한 운영 원리로서 각 구성원의 녹자적 능력에 대한 존중과 구성원 상호 간 소통과 신뢰에 바탕한 자율적이고 분권적인 운영 방식을 채택하게 된다. 특히 지식의 인간적 특성과 모듈성 때문에 오늘날 경제적으로 유용한 지식의 생산, 즉 혁신은 여러 분야의 전문지식을 가진 전문가가 협력하여 창출하는 경우가 많다. 지식경제가 효과적으로 발전하기 위해서는 다양한 개인 또는 다수의 전문가들에게 흩어져 있는 전문지식들을 효과적으로 수집, 통합할 수 있도록 사회를 효율적으로 조직하는 것이 중요하다. 즉, 지식경제는 자본과 자본가보다는 지식과 이를 보유한 전문가(인간)를 중심으로 조직되며, 따라서 그 운영 원리의 인간화(민주화)와 자율화, 조직 구조의 분권화가 필수적이다.

또한 지식경제에서는 혁신의 급격한 증대와 이에 따른 급속한 경제와 사회의 변화가 일상화, 보편화되므로 이러한 상황에 효과적으로 적응할 수 있는 유연한 경제 조직 및 사회 체제가 필요하다. 불확실성과 예상치 못한 변화에 효과적으로 적응할 수 있도록 항상 조직 내에 변화에 대응할 여유 자원을 준비해두어야 한다. 경영 방식도 한두 가지 예측된 상황에 기반한 기획보다는 다양한 가능성을 전제로 한 다수 대안의 마련과 이의 실험에 중점을 둔다. 시장과 환경의 변화를 기민하게 포착할 수 있도록 조직의 개방성을 높여야 한다. 나아가 환경의 변화에 조직이 효과적으로 대응하고 조직과 환경 간의 선순환적 상호작용을 통한 공진화가 가능하도록 조직 구조의 유연성을 유지하는 것이 중요하다. 특정 기술이나 상품을 만들어내기 위해 일시적으로 조직이 만들어질 수 있고, 기업들 사이의 경쟁/협력의 경계가 수시로 바뀔 수 있다. 주요 과제를 효율적으로 추진할 수 있도록 플랫폼, 클러스터, 블록체인 등을 이용한 조직 외부의 전문가와 열린 협력을 강화하는 것이 바람직하다.

지식경제에서는 정부가 보다 많이 경제에 개입하는 것이 불가피하다. 지식은 최초 생산에 많은 시간과 비용이 소요되는 경우가 흔하며, 외부 효과가 크고 소비의 비경합성과 비배제성이 높아 공공재적 특성이 강하다. 따라서 시장에 맡겨둘 경우 사회적으로 필요한 양보다 적게 생산될 수 있다. 지식산업은 지식의 높은 개발 비용과 낮은 재생산 비용, 지식 상품의 높은 네트워크 효과와 고착 효과 때문에 수확체증적 특성과 선발자 독점 경향이 강하다. 이로 인해 독점이 발생하면서 시장경쟁이 약화되고 소득 불평등이 커질 수 있다. 나아가 지식의 높은 범용성과 인공지능의 지식노동 대체 가능성 등으로 향후 한국경제시스템의 고용 창출력이 위축되면서 다수 국민의 경제활동 및 소득 창출 기회가 크게 감소할 수 있다. 요컨대 지식경제에서는 시장경쟁 메커니즘이 적절히 작동하기 어려운 경우가 많아지고 이로 인해 소득 불평등과 거시경제적 불균형이 커질 수 있다. 이러한 문제점의 해소를 위해 정부가 경제에 종전보다 많이 개입하는 것이 불가피하다.

나) 한국경제의 지식화 추이와 시사점

우리 경제 역시 지식화 추세에서 예외가 아니다. 발전연대 이후 우리나라는 전통적인 지식 중시 문화와 교육에 대한 높은 관심 등에 힘입어 지식과 기술의 급속한 발전을 이루었다. 특히 1980년대 이후 기업들의 기술개발과 혁신 노력이 강화되었다. 그럼에도 불구하고 우리 경제의 지식화는 선진국에 비하여 여전히 낮은 수준에 머물러 있다. 관련 투자의 효율성이나 성과도 대체로 만족스럽지 않은 편이다. 외환위기 이후 우리 경제의 성장 잠재력이 추락하고 있는 원인은 이처럼 지식화가 원활하게 추진되지 못하고 있는 것이 가장 중요한 이유라고 할 수 있다. 이러한 지식화의 미흡은 우리의 지식화 추진 기간이 짧았던 점에도 일부 기인하지만 지식화에 적합한 제도와 정책 그리고 문화가 신속히 정착되지 못하고 있는 데에 주로 기인한다.

향후 우리 사회와 경제의 발전을 결정지을 양대 진화 요인으로서 민주화와 지식화를 들 수 있는데, 민주화가 ST의 근본 요소라면 지식화는 PT의 근본 요소이다. 따라서 민주화와 지식화를 어떻게 순조롭게 진전시키고 서로 조화시키느냐가 향후 한국경제시스템의 발전을 좌우할 것이다. 앞에서 본 바와 같이 민주화가 지식화를 촉진하는 측면이 크다는 점에서 양자는 잘 조화될 수 있을 것이다. 다만 지식화가 가진 전문 기술 및 인재 편향성 그리고 이에 따른 사회적 계층화 및 소득 불평등을 적절히 제어하는 것이 중요하고 이를 위해 민주주의의 원칙이 적용되는 사회적·조직적 의사결정 구조가 만들어져야 한다.

한국경제시스템의 지식화 촉진은 지식의 인간적·비경합적 속성과 지식경제의 시스템화·혁신 지향적 특성에 적합한 사회 제도와 조직을 구축하는 것으로부터 시작되는바, 이러한 제도와 조직은 근본적으로 민주화와 시장화가 제대로 구현된 형태의 것이다. 시장 또는 민간 주도의 경제시스템 운영이 정착되어야 하는 동시에 민주주의 원리에 기반한 조직 운영, 즉 분권화된 조직 구조의 수립과 자율적 조직 운영 등이 확립되어야 한다. 또한 양질의 공교육과 의료 서비스를 보편적으로 보장하여 누구나 스스로의 능력과 성과에 따라 사회에 참여하고 보상받을 수 있어야 한다. 이를 통해 전 구성원의 자율적 참여와 상호 신뢰에 기반한 경쟁/협력을 강화함으로써 개별 구성원의 관계 욕구와 자기실현 욕구를 보다 잘 총족할 수 있으며, 동시에 전 구성원의 지식과 정보를 효과적으로 통합하여 집단지성 또는 대중의 지혜를 극대화할 수 있다. 다수 구성원들이 사회 전반의 혁신의 증가에 효과적으로 대응하고 스스로도 새로운 혁신을 끊임없이 창출할 수 있도록 사회시스템 차원의 지식 및 혁신 인프라를 구축하고, 사회 구성원 간의 유연한 경쟁/협력 체제를 확립하는 것이 중요하다. 이러한 노력을 통해 자생적 혁신을 끊임없이 창출함으로써 소비자 최적화된 선발자 독점의 지식경제에서 함께 생존, 번영할 수 있다.

신성장산업 내 기술·상품 생산 관련 위험과 기회의 대형화에 대응하여 국가 및 사회 차원의 위험 분담 시스템을 구축하는 것도 중요하다. 특히 지식화 관련 위험 중 가장 큰 것은 인공지능을 비롯한 노동 절감적 기술의 발전에 따른 고용 감소인바, 이를 어떻게 극복하느냐가 경제와 사회의 미래를 좌우할 수 있다.

과도기적으로 전통 제조업 등의 지식화, 자동화로 늘어나는 실업 문제를 해결하는 것도 중요하다. 한 가지 방법은 교육과 훈련을 대폭 늘리는 것이다. 이를 통해 실업자를 연수생, 훈련생으로 전환하고 전통 산업 부문 인력을 지식산업 부문으로 보다 원활하게 이동시킬 수 있을 것이다.

한편 지식경제의 진화가 지식 혁신에 의해 주로 이뤄지기 때문에 지식경제의 성장은 지식을 많이 활용하는 산업에서 주로 이루어지게 된다. 이행기에 등장한 신성장산업들은 모두 새로운 지식 또는 지식 집약적인 산업이다. 대표적으로 ICT산업은 새로운 기술이면서 동시에 지식의 배분, 활용, 생산에 쓰이기 때문에 앞으로도 꾸준히 성장할 것으로 전망된다. 바이오기술산업, 나노기술산업, 신재생에너지기술산업, 로봇산업 그리고 인공지능산업 등도 새로운 기술로 무장한 지식 집약산업으로서 큰 발전 잠재력을 지니고 있다. 연구개발과 교육 그리고 문화오락 관련 산업도 지식을 주로 활용하고 또 새로운 지식을 창출하는 산업으로서 앞으로 빠르게 발전할 전망이다. 생산 기술의 발전과 더불어 노동시간이 감소하면서 경제 주체들의 문화오락에 대한 수요가 크게 늘어나 동 산업의 발전에 기여할 것으로 보인다. 이러한 산업들은 대부분 연구개발 인력을 대규모로 수요하기 때문에 고용효과도 높다. 따라서 향후 한국경제의 발전과 고용 증대를 위해 동 산업에 대한 투자를 대폭 늘릴 필요가 있다.

3) 민주화·지식화 촉진을 위한 경제 운영의 시장화·세계화 조정

가) 한국경제시스템의 시장화 추이와 시사점

시장화는 경제운영 패러다임으로서 민주화, 지식화 등과 조화되는 측면이 많다. 자유를 강조함으로써 민주주의의 확산과 경제의 지식화, 즉 지식의 다양화와 전문화 그리고 새로운 지식의 창조에 기여한다. 다만 시장이 갖는 고유한 한계가 존재하며 이들은 이행기 중 한국경제시스템의 민주화와 지식화에 상충되기도 하였다. 예를 들면 이행기에 추진된 시장화는 경쟁 증진과 이를 통한 지식화 촉진보다는 시장의 고유한 경쟁 파괴 및 독점화 경향을 크게 부각시켰다. 기업 경영의 시계를 단기화하여 기업의 연구개발 및 인적·물적 자본 투자를 위축시키고, 경제 분야에서 정부의 후퇴를 유발하여 시장의 독과점화와 제 경제 부문별 양극화를 초래하고, 경제발전 비전과 사회적 합의 형성을 실종시켰다. 우리 사회의 신뢰와 협력 및 지식 인프라 확충 기능이 약해졌다. 경제시스템의 성장 잠재력이 훼손됨은 물론 수시로 금융위기와 경기 침체가 발생하는 등 거시경제의 불안정화 경향도 나타났다. 이는 결국 국민 후생의 악화와 부·소득의 불평등 증가를 불러왔고 민주화의 정체로도 이어졌다. 시장화의 일환으로 추진된 세계화는 다수 중소기업의 시장 입지·경쟁력 위축 및 국내 산업연관관계의 약화로 이어지면서 한국경제시스템의 수출—내수 선순환 구조를 해체하고 대외 의존도와 불안정성을 높였으며, 자생적 진화 역량 증진을 저해하였다.

이러한 시장화의 문제점은 민주화한 정부가 시장(경쟁) 확장적이고 경기 안정적인 방향으로 시장메커니즘을 교정하지 못하였던 데 원인이 있지만, 경쟁의 자기 파괴 경향 등 시장화 자체의 한계에도 기인하였다. 신자유주의적 시장화의 추진은 시장이 가진 단기적이고 협소한 범위의 이익 추구의 속성도 드러내었는데, 이 또한 지식화의 촉진이 가능하도록 적절히 보완되지 못하였다.

이러한 맥락에서 시장화를 민주주의에 맞게 조성하고 아울러 시장화와 민주화를 어떻게 지식화에 기여하는 방향으로 이루어내느냐가 향후의 한국 경제발전을 위해 매우 중요하다. 시장화와 민주화가 각 경제주체들의 자유로운 참여와 이들 사이의 경쟁/협력을 활성화하고 각 주체들의 다양성과 전문성의 제고 및 상호 간의 원활한 조직화를 증진하여 경제의 지식화를 촉진할 수 있도록 힘써야 한다. 아울러 민주화의 정착을 통해 시장화와 지식화가 안고 있는 문제를 사회적 관점에서 최적의 방향으로 풀어나가야 할 것이다.

나) 세계화와 한국경제시스템에 대한 시사점

글로벌 금융위기 이후 세계경제는 위기 이전의 장기 호황 중에 누적된 세계 교역의 불균형 및 자산 거품의 파열로 심각한 침체를 겪게 되었다. 이에 따라 다자주의적 자유무역 질서가 보호주의로 전환되고 각국 간 갈등이 증가하는 가운데 세계 교역도 크게 위축되는 추세가 나타났다. 이러한 세계경제성장 및 교역의 침체는 우리 수출의 위축과 경제성장 둔화로 직결되었다. 또한 그간의 세계화가 주요 선진국에서 고용 부진 및 임금 소득 정체와 기업 및 재산 소득 증가를 초래하여 소득 불평등으로 이어지고 이에 따라 계층 간 갈등도 증가하는 경향을 보였다. 한국경제는 외환위기 이후의 신자유주의적 개혁 등으로 더 큰 불평등 및 갈등 증가를 경험하였다.

위기에 대응해 세계 각국은 자국의 경제 회복, 고용 증대 및 소득 불평등 해소를 위해 팽창적 거시경제정책과 경제구조 개혁을 추진하는 한편, 보호무역주의를 점차 강화하였다. 학계와 정부가 중심이 되어 신자유주의를 대신할 새로운 경제운영 패러다임을 모색하기 시작하였다. 그러나 아직은 적당한 패러다임을 발견하지 못한 가운데, 세계경제는 미국 등 일부를 제외하고는 위기 이전의 활력을 회복하지 못하고 있다. 또한 제한된 수출 시장을 둘러싼 각국의 경쟁과 보호무역주의가 계속되고 있다. 기업들의 경쟁력 강화 노력은 새로운 기술과 제품 창출을 통한 부가가치 확대보다는 비용 절감, 즉 인건비 및 이자 비용 절감에 초점이 맞추어져 있어 오히려 세계시장을 위축시키고 세계경제의 불황을 연장시키는 모순을 초래하고 있다. 이러한 세계적 성장 부진과 수출 시장에서의 경쟁 심화는 수출 지향적 경제발전을 추구해온 우리 경제에 매우 큰 도전으로서 새로운 성장 방안을 요구하고 있다.

세계화는 향후 한국경제시스템의 진화에 위험과 기회를 아울러 제공한다. 우리가 적절히 대응할 경우 수출 증대, 진화 인자의 선진화 촉진을 통해 경제발전에 기여하겠지만 그렇지 못할 경우 매우 나쁜 영향을 미칠 수 있다. 예를 들어 국내 주요 대기업의 글로벌 가치 사슬[6] 구축은 해외 직접투자와 중간 투입용 소재부품

---

6) 기업의 상품 설계, 생산, 유통 등의 가치 생산 과정이 전 세계적 범위로 분산되어 조직화, 수행되는 것을 의미한다.

등의 아웃소싱을 증가시켰다. 그 결과 투자가 국외로 유출되었고, 국내 중소기업의 시장 입지가 위축되면서 우리 경제의 산업연관관계가 약화되었다. 수출이 국내 투자 및 고용 그리고 소비를 유발하는 효과가 약화되고, 결국 한국경제의 고용과 수요 부진 그리고 경제(성장)의 대외 의존도 증가 등으로 이어졌다. 산업별·기업별 경쟁력 우열에 따른 성과 격차가 커지고 한국경제시스템 내 각 부분 간 연계성이 약화되는 한편 빈부격차가 커졌다.

보다 큰 이윤을 목표로 하는 상품과 자본의 세계적 이동 증가, 특히 금융 자본의 배타적 이익 추구와 금융자본 이동 급증은 한국경제시스템의 포용성을 떨어뜨리고 불안정성을 높였다. 세계화에 따른 자본의 이동성 증가와 노동의 낮은 이동성이 요소가격의 세계적 균등화 압력과 어우러져 자본의 이익은 높이고 노동의 보수는 줄였고, 그 결과 빈부격차가 확대되었다. 단기적 이익을 추구하는 금융자본의 대규모 국경 간 이동이 빈번해지면서 국제 금융 불안정이 국내 금융시장에 미치는 영향이 커졌고, 이는 곧 국내 금융시장의 불안을 높였다.

민주적 지배를 통해 지금까지 제기한 세계화의 부작용을 완화하는 노력이 강화되어야 한다.

이와는 별도로 세계화는 한국경제시스템에 국제경쟁력의 강화라는 중대한 과제를 제기하고 있다. 세계화가 한국경제시스템의 국제경쟁력에 미치는 영향은 한(선발 신흥국)·중(후발 신흥국)·일(선진국) 경제 관계의 변화를 통해 잘 드러난다. 정규철(2017)[7]에 따르면 2013년 현재 우리나라의 수출 품목 구성은 기계 및 운수장비(SITC #7)의 세계시장 점유율이 특히 높은 가운데 화학물 및 관련 제품(SITC #5)과 재료별 제조제품(SITC #6)의 시장 점유율도 상대적으로 높다. 즉, 세계시장 점유율이 하락하기 직전인 1993년 일본의 수출 품목 구성과 유사하다. 또한 한·중·일 3개국의 수출잠재력지수[8]를 바탕으로 1990년대 일본의 수출 시장 점유율 변화를 실증 분석한 결과를 보면, 1990년대 초 한국의 수출 잠재력이 높은 품목들에서 1990년대 말 일본의 시장 점유율이 유의하게 하락한 것으로 나타났다. 이는 동 기간 중 한국이 일본을 추격함에 따라 일본의 수출 시장 점유율이 하락하였음을 보여준다.

---

7) 정규철(2017), "추격 관점에서 살펴본 한·중·일 수출경쟁력의 변화", ≪KDI 경제전망≫, 2015(상반기), 한국개발연구원.

8) 정규철(2017), 위의 글.

표 Ⅲ-1	1990년대 일본의 수출 시장 점유율에 대한 한국과 중국의 영향	
피설명 변수	**설명 변수**	
일본의 수출시장 점유율 변화	1993년 한국 잠재력	1993년 중국 잠재력
1993년 ⇒ 1999년	-1.08*(-2.32)	0.00(0.01)

주: ( ) 안은 t값. *는 유의 수준 5%에서 유의함을 의미.
자료: 정규철(2017), "추격 관점에서 살펴본 한·중·일 수출경쟁력의 변화", 《KDI 경제전망》.

한편 같은 방식으로 2000년 이후 한국의 수출 시장 점유율을 분석한 결과, 표
Ⅲ-2에서와 같이 중국의 수출 잠재력이 높은 품목에서 2010년 이후 우리나라의
수출 시장 점유율이 상대적으로 하락하였을 뿐 아니라 그 영향의 크기가 점차 확
대되고 있는 것으로 나타났다. 우리나라와 중국 간 수출 경합 관계가 커지는 가운
데 중국의 추격이 우리나라의 수출 시장에서의 경쟁력 하락과 시장 점유 하락으로
이어지고 있고 아울러 최근으로 올수록 부정적 영향이 커지고 있는 것이다. 한편
일본의 수출 잠재력이 한국의 시장 점유율 변동과 양의 상관관계를 나타내어 한국
이 일본을 여전히 추격하고 있으나, 회귀계수의 크기가 점차 하락하고 있어 우리
나라의 일본에 대한 추격 속도가 점차 둔화되고 있음을 알 수 있다.

표 Ⅲ-2	2000년대 한국의 수출 시장 점유율에 대한 중국과 일본의 영향	
한국의 수출 시장 점유율 변화	**중국 잠재력**	**일본 잠재력**
2000년 ⇒ 2006년	1.12*(1.66)	2.28***(6.66)
2001년 ⇒ 2007년	0.13(0.19)	1.84***(5.14)
2002년 ⇒ 2008년	-0.07(-0.10)	1.83***(4.39)
2003년 ⇒ 2009년	-0.93(-1.34)	1.66***(3.88)
2004년 ⇒ 2010년	-1.50**(-2.21)	1.57***(3.50)
2005년 ⇒ 2011년	-1.96***(-3.09)	1.27***(2.75)

주: ( ) 안은 t값. *, **, ***는 각각 유의 수준 1%, 5%, 10%에서 유의함을 의미.
자료: 정규철(2017), "추격 관점에서 살펴본 한·중·일 수출경쟁력의 변화", 《KDI 경제전망》.

결론적으로 우리나라는 일본에 대한 추격 속도가 둔화되는 가운데 중국으로
부터 빠르게 따라잡히고 있는 이른바 '호두까기에 낀 호두'의 형편에 놓여 있는 것
이다. 최근 우리나라의 수출 증가율이 뚜렷이 둔화되고 우리나라 비교우위지수와

중국 수출 잠재력 간 상관계수가 점차 커지고 있는데, 이러한 추세를 탈피하지 못할 경우 1990년대 일본처럼 우리나라도 중국 등 후발 국가와의 경쟁에서 밀리면서 주요 수출 품목에서 시장 점유율이 하락할 가능성이 높다고 하겠다. 한편 주원 등(2018)[9]에 따르면, 한국과 중국 간 기술 격차(120개 국가 전략 기술 기준)는 2014년 1.4년에서 2016년 1.0년으로 줄어들었다. 중국 경제에 비해 가격 경쟁력이 현저한 열위에 있는 한국경제가 이처럼 비가격 경쟁력마저 따라잡힐 경우 한국경제는 심각한 수출 및 경제성장 둔화를 겪을 수밖에 없다. 저출산·고령화로 소비가 사실상 정체되는 가운데 수출마저 부진해질 경우 경제성장 잠재력 확충은 매우 어려워진다. 이러한 상황에서 근본적으로 벗어나기 위해서는 우리 경제의 지식화 또는 지식혁명이 시급하다.

마지막으로, 팍스 아메리카나 체제 이후 등장하고 있는 G2 체제하에서 한반도는 냉전체제에 이어 다시 양대 세력 간 대립의 최전선에 위치하게 되었다. 이러한 지정학적 여건은 향후 우리나라와 경제시스템의 향방에 매우 큰 영향을 미칠 수 있다. G2 간 분쟁에 휘말리지 않도록 하면서 오히려 이를 한반도에 유리하게 활용할 수 있도록 사회 전체의 역량을 결집하여 대응하여야 한다. 남북통일 등 근본적인 대안을 고민할 필요가 있다.(<보론 Ⅲ-1 세계화와 한국경제> 참조)

4) 인구 고령화와 발전연대의 유산에 대한 대응

가) 인구 고령화의 시사점

총인구가 정체하다기 점차 감소세로 전환할 것으로 전망되는 가운데 급속한 고령화로 인구 구조도 악화되기 시작했다. 꾸준히 하락하던 총 부양비가 2012~16년 중 36.2%로 최저 수준에 머물다가 2017년 36.8%로 상승 전환했고 앞으로 더욱 빠르게 상승할 것으로 보인다. 향후 노동가능 인구 감소가 가속될 전망이다. 급속한 인구 고령화에 더해 우리나라의 출산율이 세계 최저 수준인 1명 초반에 머물러 있기 때문이다. 설령 지금부터 대대적인 출산 장려 정책을 성공적으로 펼쳐 출생률이 2명대로 올라간다 하더라도 그것이 노동가능 인구로 연결되고 인구 증가세

---

9) 주원 등(2018), "한-중 수출 구조 변화와 시사점", 현대경제연구원.

를 회복시키기에는 상당 기간 역부족이다. 가임 연령 여성 인구가 앞으로 계속 줄어들 것이고 또 늘어난 출생자 수가 노동가능 인구로 편입되는 데에 20년 이상 걸리기 때문이다. 일부에서는 외국인 노동자를 비롯해 외국인을 많이 유입시키자고 주장하고 있지만 이 역시 그 총량이 클 수 없기 때문에 인구 총량의 증감에 영향을 미칠 수 있는 수준에는 크게 못 미친다.

인구 구성 측면에서는 종전보다 고등교육을 받은 건강한 인구가 확대되고 있어 인구의 질이 향상되는 측면이 있다. 그러나 문제는 인구의 고령화다. 우리나라는 특히 1950년대 중반부터 1970년대 중에 출생한 대규모 인구 세대를 갖고 있는데 이들이 지속적으로 고령화되면서 선진국 중 가장 빠른 인구고령화를 겪고 있다. 베이버부머들이 이미 산업 현장에서 퇴장하고 있으며 향후 상당 기간 이들의 대규모 퇴장이 지속될 전망이다. 그간 한국경제시스템은 인구수의 증가와 인구 구성의 개선으로 노동가능 인구의 증가와 소비 수요의 증가 등 수요와 공급 양 측면에서 큰 보너스를 누려왔다. 그러나 이제는 인구 증가의 정체와 인구 구조의 악화로 생산성 저하 및 수요 둔화라는 인구 오너스를 경험할 상황에 처했다.

인구 오너스는 한국경제시스템의 진화에 부정적 영향이 클 것으로 예상된다. 특히 지식화를 제한하는 근본적 요소가 될 가능성이 높다. 사회의 다양성은 기본적으로 인구수에 비례하므로 인구수의 정체는 다양성의 증가를 제약한다. 또한 고령화는 유연하고 창의적인 사고를 가진 인구의 감소, 장기적 관점에서의 지식과 기술개발을 위한 투자의 감소를 초래할 가능성이 높으므로 사회의 다양성과 창의성을 제약한다. 그러므로 우리 사회는 저출산·고령화에 따른 지식화 역량의 제한을 극복하기 위해 다른 사회보다 더 노력해야 한다. 당장에는 여성의 사회활동 증진, 장기적으로는 남북통일 등이 긴요하다.

나) 발전연대 유산에 대한 대응

발전연대의 유산이 이행기 이후 우리 사회와 경제시스템의 진화에 걸림돌로 작용하고 있다. 무엇보다 재벌 체제가 시장경쟁의 확산과 사회적 협력 증진을 저해하고 있다. 업종 전문화 등을 통해 재벌 체제를 세계적 영업 능력의 확보라는 장점을 살리면서 국내적 경쟁 저하와 불공정 거래 및 소득 불평등 증가라는 단점을 제거하는 방향으로 진화시키는 것이 가장 중요하다. 시장경쟁 메커니즘의 활성화, 분권적·자율적 기업 지배구조, 소유와 경영의 분리 및 경영자 혁명의 완성을 통해 경제 분야에도 정치의 민주화에 버금가는 대전환이 필요하다.

　　민주주의의 관점에서 기업 활동의 공공성과 기업 운영 원리의 사회적 가치와의 정합성을 제고하는 데에도 기업은 물론 사회 전체가 노력할 필요가 있다. 발전국가형 수직적 문화와 집권적 조직 지배구조는 자발적 참여와 협력을 필요로 하는 지식경제와 어울리지 않는다. 기업과 정부 등 제 조직의 구성 및 작동 원리를 분권적 지배구조와 수평적·자율적 질서로 전환하여야 한다. 이를 위해 정부가 앞장서 개별 조직 차원에서는 물론 범사회적 차원에서 문화와 지배구조를 혁신하는 데 힘써야 한다.

　　발전연대적 독과점 구조의 온존으로 시장메커니즘을 통한 구조조정이 원활하지 않은 경우가 많다. 그런데 급속하게 변화하는 지식경제에서는 시의적절한 경제 구조조정이 경제발전과 진화를 위해 매우 중요하다. 그러므로 정부가 구조조정 부문의 선정, 구조조정 당사자 간 이해 조정, 적절한 사회안전망 제공 등을 통해 경제 구조조정이 원활하게 이루어질 수 있도록 노력해야 한다. 해고 인력에 대한 사회안전망 제공, 교육훈련 실시 등 정부의 구조조정 관련 비용 분담 기능을 강화하고 유연하며 안정적인 고용 시스템을 확립하는 데에도 노력하여야 한다. 다만 이러한 노력이 자유와 경쟁의 시장 원칙과 가급적 조화되도록 유의할 필요가 있다.

　　반면 경제의 지식화 촉진을 위해서는 발전국가의 장점인 국가의 경제발전 기획 기능을 강화할 필요성도 있다. 지식과 지식산업의 경우 공공재성·외부 효과가 크고, 다양한 분야 간 융합 필요성이 높아 국가에 의한 대규모 인재·기술개발과 사회적 협력 인프라 구축이 뒷받침되어야 순조롭게 발전할 수 있다. 게다가 지식산업이 아직 형성되고 있는 단계이기 때문에 정부의 시장 조성 차원에서의 지원이 긴요하다. 정부의 신성장산업 육성과 혁신 지원 기능을 확충하고 기반 기술 및 전문 인재 양성, 플랫폼 및 블록체인 등 각종 네트워크의 확충과 같은 장기적 관점의 지식 인프라 구축 노력을 강화해야 한다.

제

Ⅲ

부

한국경제시스템의 새로운 미래를 꿈꾸며

그림 III-1	지식화기 중 한국경제시스템의 진화 방향

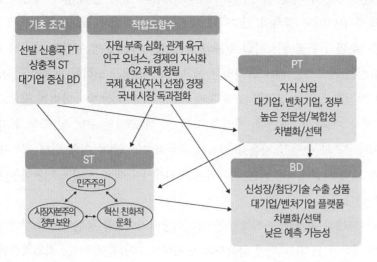

주: '→'는 영향을 미치는 방향.

나. 새로운 경제시스템의 요건

앞에서 살펴본 적합도함수와 PT의 변화 내용, 그리고 이러한 변화가 시사하는 한국경제시스템의 진화 방향 등을 경제시스템의 진화라는 관점에서 정리하면 크게 다음 세 가지라고 할 수 있다.

우선 경쟁/협력의 진화이다. 한국 사회와 경제의 지식화, 세계화가 진전되면서 새로운 PT·BD 또는 상품의 최초 개발과 시장 선점의 중요성이 높아졌다. 경쟁의 내용이 PT·BD·상품의 차별화 기반 시장 선점 경쟁으로 변화하고 있다. 아울러 PT의 복합성과 전문성이 높아지면서 기업 구성원 사이에뿐 아니라 기업 밖에 있는 주체와도 협력해야 할 필요성이 높아졌다. 이에 따라 협력의 범위가 보다 넓어지고 또한 사안별로 여러 상이한 주체와의 협력이 확산되면서 협력의 경계가 흐려지고 있다. 이처럼 다양한 주체 간 유연한 범위의 협력을 촉진하기 위해서는 강한 상호주의 원칙이 사회 전반에 정착되어야 한다. 광범위한 사회적 투명성, 신뢰와 소통 그리고 이에 바탕한 공정한 거래 및 성과 분배 규칙의 정착이 매우 중요하다.

둘째, 진화 과정에 있어서 차별화와 선택의 중요성이 매우 높아졌다. 지식을 둘러싼 세계적 경쟁에서는 선발자가 세계시장을 독점하는 경향이 높다. 이제 한 기업 나아가 한 나라의 경제적 성과가 얼마나 많은 선발자를 창출하느냐에 좌우된다. 따라서 차별화 능력, 즉 독창적 전문성과 새로운 관점에 기반해 다양한 아이디어를 창출하는 능력을 가진 창의적 인재와 도전적 기업을 양성하는 것이 매우 중요해졌다. 아울러 인간의 다양한 욕구에 대한 이해와 인문학적 감성을 바탕으로 차별화된 제품과 기술을 창출하는 능력이 중요해졌다. 이를 원활히 수행하기 위해서는 개인의 자율성과 다양성을 존중하는 조직과 사회가 필요하다. 자유와 평등에 기반한 민주주의적 질서와 문화, 개별 경제주체의 자유와 공정 경쟁이 보장되는 시장경제 질서, 자율과 참여를 극대화하는 조직 지배구조가 필요하다. 한편 지식의 비경합성 및 외부 효과 그리고 고도로 전문화, 복합화한 현대 과학기술의 모듈성 및 상호 보완성을 감안할 때 정부의 적극적 지식 창출 지원 및 지식 인프라 구축, 관련 전문가 간 자발적 협력과 정부의 매개·조정 역할 등 비시장적 노력이 많이 필요하다. 이에 대한 범정부적 인식과 노력이 강화되어야 할 것이다.

셋째, 시스템적 정합성이 더욱 중요해졌다. 민주화, 시장화, 지식화한 사회와 경제는 매우 시스템화된 특성을 갖는다. 다양성과 차별화의 원천인 개인 및 기업의 자율성과 독립성이 매우 중요한 동시에 시스템 차원의 정합성이 높아야 한다. 개인과 시스템 전체를 균형 있게 고려함으로써, 즉 개인 또는 각 경제주체의 자유와 자율성을 보장하는 동시에 시스템 차원의 정합성을 높였을 때 죄수의 딜레마 등으로 인한 부정적 피드백은 줄고 대중의 지혜, 외부 효과 등에 힘입은 긍정적 피드백은 늘어나 사회 차원의 시너지를 극대화할 수 있다. 향후 우리 사회의 민주화, 한국경제시스템의 시장화와 지식화가 신전될수록 경제의 시스템적 특성이 더욱 강화될 것이므로 시스템의 여러 차원에서 정합성을 갖추는 것이 더욱 중요해졌다.

위와 같은 점을 고려하여 새로운 경제시스템이 갖추어야 할 요건을 정리해 보면 표 Ⅲ−3과 같다. 이는 기본적으로 국민의 욕구 고양과 국내외 경제의 지식화·통합 심화에 부응하여 차별화 기반 PT·BD 창출을 늘리고 한국경제의 지식화를 촉진하며 아울러 포용적 ST를 정착하기 위한 요건들이다. 즉, 민주주의, 시장경제, 혁신 친화적 문화를 조화롭게 정립하는 것이다. 발전국가의 부정적 유산을 도태시키고 긍정적 유산은 강화하는 한편, 민주화, 시장화, 지식화 등 3개 변화 요인을 변화한 경제 환경과 새로운 PT·BD에 맞추어 정착시킴으로써 한국경제시스템의 진화 잠재력과 성과를 극대화하는 것이다.

3개 변화 요인은 모두 문명 진화의 방향이나 역사적 경로에 부합하는 것이다. 특히 문명의 역사로 보나 경제 이론으로 보나 부·소득의 불평등과 시장 독과점이 경쟁/협력의 저하와 혁신의 정체를 유발하여 경제시스템의 지속적 진화를 저해하는 가장 큰 요인이다. 이를 감안할 때, 성장과 분배의 선순환을 창출하는 포용적 ST를 정착하는 것이 최우선이라고 생각된다. 새로운 경제시스템은 보편적 인센티브와 강한 상호주의 원칙을 보장함으로써 제 경제주체가 경제활동에 적극 참여하고 상호 간에 긴밀하게 경쟁/협력하여 사회 구성원의 물질적 욕구는 물론 관계 욕구 등을 효과적으로 충족하는 데 최선을 다하도록 이끌어야 한다. 민주화, 시장화에 바탕을 둔 포용적 경제운영 패러다임이 이를 이룰 수 있다.

한편 지식화 역시 문명 진화의 방향에 부합하는 동시에 한국경제시스템의 진화를 촉진하는 가장 중요한 동력이다. 벤처기업 등 다양한 혁신 주체를 육성하여 높은 전문성과 복합성을 갖춘 PT·BD를 독자적 차별화─선택의 과정을 거쳐 원활하게 창출하고, 이를 통해 경제 환경 변화에 효율적으로 적응할 수 있는 경제시스템을 구축하는 것이 중요하다. 포용적 경제운영 패러다임을 바탕으로 지식화를 신속히 진전시킬 수 있다.

표 Ⅲ-3	향후 진화 여건 변화 전망과 새로운 경제시스템의 요건			
	기반조성기 (농업사회)	발전연대 (제조업사회)	이행기 (산업사회)	지식화기 (지식산업사회)
① 적합도함수				
자연/자원	토지/의식주	도시화 /공업용 자원	수도권 집중 /공업용 자원	연결/재생·창조
인구/욕구	인구 증가/생존	인구 급증/생존	인구 증가 /생존─관계	인구 정체·고령화 /관계─성장
세계경제/ 경쟁(지정학)	자본주의 황금기 /낮은 경쟁 (냉전 체제)	황금기 종료 /자유무역 (냉전 체제)	세계화/높은 경쟁 (팍스 아메리카나)	세계시장/높은 경쟁과 갈등 (G2 체제)
국내 경쟁	낮은 경쟁	독과점화/높은 경쟁	독과점화/높은 경쟁	높은 경쟁/혁신 경쟁
② PT				
중심 분야	생활필수품 산업/ 공정기술	수출제조업/공정 기술	제조·서비스업 /공정─제품기술	지식산업/제품 기술

중심 주체	가계/기업	정부/대기업	대기업/정부	벤처기업/대기업
중심 과정	복제	복제/차별화	차별화/복제	차별화
PT의 전문성·복합성	낮은 전문성·복합성	중간 전문성·낮은 복합성	높은 전문성·중간 복합성	높은 전문성·복합성
③ ST				
정치제도:				
-정치의 책임성	-낮음(정부 우위)	-낮음(정부 주도)	-낮음(지배층 주도)	-높음(협치)
-법치주의	-미흡(연고주의)	-미흡(연고주의)	-미흡(강자 우위)	-정착
-정부 효율성	-낮음	-높음	-낮아짐	-높음
경제제도:				
-기업 설립 자유	-낮음	-낮음	-중간	-높음
-기업 지배구조	-집권적/수직적	-집권적/수직적	-집권적/수직적	-분권적/수평적
-시장메커니즘 확산	-낮음	-낮음	-중간	-높음
문화:				
-개인 행동	-현세적/집단주의/중간 성취 동기	-현세적/집단주의/높은 성취 동기	-현세적/집단주의/성취 동기 약화	-현세적/시스템주의/높은 성취 동기
-협력	-혈연 기반 협력	-인격적 협력(연고주의)	-인격적 협력(연고주의)	-비인격적 협력
-혁신/미래 지향성	-정통성/장기 성과 중시	-효율성/장기 성과 중시	-합리성/단기 성과 중시	-적합성/장기 성과 중시
④ BD				
중심 분야	생활필수품	수출용 공산품	수출용 공산품/신기술 상품	지식 기반 상품/신기술 상품
중심 주체	가계/기업	집권적 대기업/중소기업	집권적 대기업/분권적 벤처기업	분권적 지식 기업
중심 과정	복제	복제/차별화	차별화/복제	차별화
예측 가능성	높음	중간	낮음	매우 낮음

1. 현대 세계화의 특징[10]

세계화란 범세계적 상호 연결성이 구축되는 것, 즉 사회 구성원의 정치·경제·문화적 활동이 국경을 넘어 확장되고 이에 따라 어느 한 지역 또는 주체의 결정이나 사건이 여타 지역의 사회나 개인에게 영향을 미치는 것을 의미한다. 모든 나라, 모든 기업 또는 국민이 지구촌이라는 세상의 일원으로서 지식과 정보, 상품과 자금, 지식의 교류를 통해 서로 간에 보다 깊은 관계를 맺고 보다 큰 영향을 주고받으며 살아가게 되는 것을 말한다. 예를 들어 경제적 측면에서 세계화는 상품과 생산요소의 이동이 범세계적으로 자유롭게 일어나는 것, 즉 세계시장의 등장을 의미한다. 수송 및 통신 기술이 발전하면서 기업들은 보다 넓은 범위의 영업이 가능해져 이윤 증대를 위해 해외 시장 진출을 확대하게 되며, 그 결과 세계가 하나의 경제권으로 통합되는 것이다. 이처럼 자본가 또는 기업이 범세계적으로 이익을 추구하는 과정에서 경제 영역을 중심으로 세계화가 발생하며, 이러한 경제 영역의 세계화는 그 진전 과정에서 정치·문화 영역에서의 세계화도 수반하는 것이 일반적이다.

역사적으로 세계화가 본격화한 시기는 유럽의 제국주의 국가들이 세계 각 지역을 식민지화하였던 근대부터라고 할 수 있다. 유럽(미국 포함) 각국은 과학 발전과 자본주의적 산업화 그리고 절대주의 국가 확립으로 구축된 정치적·경제적 역량과 발달된 무기 및 수송 기술을 바탕으로 정치적·군사적 팽창과 경제적·문화적 세계화를 추진하였다. 서구의 정치·군사력의 엄청난 팽창에 따른 군사적·정치적 세계화가 달성되었고, 이에 기초해 지구적 무역과 투자 흐름과 같은 진정한 지구적 범위를 가진 경제적 상호작용의 네트워크가 나타났다.

따라서 근대의 세계화는 뚜렷한 계층화가 특징이다. 식민 모국들이 스스로의 이해에 따라 지구적 상호 연결을 창출했고, 관련 하부구조와 제도를 스스로 통제

10) Held, David(2002), 《전지구적 변환》, 조효제(역), 창작과비평을 재정리.

했다. 식민 모국 사이에는 불편한 세력 균형 그리고 유동적인 동맹과 경쟁이 존재했다. 나머지 국가 및 사회들은 이러한 지구적 네트워크 내에 강제로 종속되었다. 이처럼 세계 여타 사회들은 서구와의 불평등한 만남을 강요당했다는 점에서 근대의 세계화는 매우 일방적이고 불평등한 형태의 세계화였다.

근대의 세계화는 제1차 세계대전으로 갑작스레 중단되었다. 전쟁 이후 수십년 간에는 국제무역과 투자 및 생산이 붕괴했는데, 특히 1930년대 대공황의 결과 세계경제가 제국들의 블록으로 분절되었다.

제2차 세계대전 후부터 새로운 지구적 흐름과 상호작용의 물결이 일어나면서 현대의 세계화가 시작되었다. 현대의 세계화는 거의 모든 영역에서 근대의 세계화를 양적으로 능가했을 뿐 아니라 질적으로도 고도화되었으며, 각국 간의 정치·경제·문화·환경적 연계가 상호 결합되는 모습을 보인다는 점에서 다르다. 나아가 운송 및 통신 하부구조의 혁신, 그리고 지구적 공치(共治) 제도와 규제 제도가 유례없이 발전하였다.

현대 세계화의 특징들을 살펴보면 다음과 같다. 우선 현대의 세계화는 시간 및 공간적 차원에서 모든 사회적 영역을 포괄하는 지구적 흐름과 상호작용 네트워크를 구축하였고 그 범위, 강도, 속도와 영향력이 유례없이 큰 수준이다. 인터넷 등 통신수단, 글로벌 물류망과 다국적기업의 발전으로 지식과 정보는 물론 상품자본과 사람의 국경 간 이동이 급증하고 있다. 또한 조직화 차원에서는 새로운 관리 및 통신 인프라에 바탕해 사회적·정치적·경제적 제도를 폭넓게 구축하였다. UN과 각종 산하 기구, 주요 지역 간 회의체, WTO와 IMF 등 국제기구가 다양한 영역에서 세계화를 관리하고 있다. 정치에서 생태에 이르는 사회생활의 모든 영역에서 세계화의 영향이 나타났고, 19세기 말에 지배적이었던 군사적·경제적·정치적 세계화 양상이 지속되는 한편으로 이주 및 문화적·생태적 세계화 양상은 차등화되는 특성도 보이고 있다. 완전히 새로운 특징도 나타나고 있는데, 대표적으로 전 세계 엘리트와 일반 대중의 지구적 상호 연결성에 대한 인식이 높아지고 있다는 점을 들 수 있다. 이것은 통신 인프라 및 매스미디어 산업의 세계화에 의해 강화된다.

19세기의 세계화가 지구적 제국 건설이라는 강제적 프로젝트의 결과인 반면에, 오늘날의 세계화는 흔히 세계 질서에 관해 서로 상충되는 비전을 추구하는 국가 엘리트들과 초(超)국가적 사회 세력의 자발적인 정치·경제 프로젝트의 결과이다. 이와 함께 국가·시민·사회운동이 세계화의 영향력에 대항하거나 그것의 관리를 모색함에 따라 모든 사회 영역에서 세계화 논쟁이 끊이지 않는다. 이제 세계화를 통제하고 문제를 제기하는 정책들은 '의제 설정－동맹 구축－다자 간 규제'를 위한 지구적 정치로 변모했다.

현대 세계화의 또 다른 특징으로 지역화의 진전이 있다. 20세기 초에 팽창했던 지구적 제국은 20세기 말에 해체되었고 전 세계의 경제적·정치적·군사적 관계는 대단히 지역화되었다. 다만 제국과 블록이 독자적인 발전을 모색하던 이전 시기와는 달리, 현대의 지역화 및 세계화 과정은 지구적 정치경제 내에서 서로를 강화시키는 경향이 있다. 세계화가 지역화와 서로 조화되거나 적어도 상충되지는 않는 것이다.

2. 세계화의 전망

공산권의 해체와 신자유주의적 다자주의를 바탕으로 지난 사반세기 동안 추진된 세계화는 급속한 세계무역 증가와 경제성장을 가져다주었으며, 특히 중국, 인도 등 신흥 대국의 세계경제 내 비중 증가로 이어졌다. 반면 세계화가 자본 및 금융의 주도로 이루어져 노동의 상대적 소외와 이에 따른 국가 내 불평등이 증가하면서 선진국 노동자 계층을 중심으로 세계화에 대한 불만 또는 반세계화(보호주의) 움직임이 증가하고 있다. 세계화의 이익이 국가 간에 불평등하게 분배됨으로써 미국 및 유럽 일부 선진국의 불만과 보호주의 움직임 역시 나타나고 있다.

세계화를 붕괴시킬 수 있는 요인으로 흔히 아래 세 가지가 거론된다.[11] 우선 금융의 불안정성(자멸 요인)이다. 자본 이동의 양과 불안정성이 확대되면서 실물 교역과 생산이 위축될 수 있다. 단기자본 이동의 휘발성(volatility)이 실물경제에 미치는 부정적 효과가 크기 때문에 국가가 이를 적절히 규제할 수 있어야 한다.

그러나 금융시장은 기대와 위험에 민감한 데다 자본이 즉각적으로 이동할 수 있기 때문에 안정적으로 유지하는 것이 쉽지 않다. 따라서 세계화를 추동하는 동

---

11) James, Harold(2002), ≪세계화의 종말: 대공황의 교훈≫, 이헌대 외(역), 한울, p. 21 참조.

력인 자본 이동 스스로가 세계화를 소멸시킬 수 있다. 이와 관련하여 은행의 단기 외채 보유액이 잠재적 금융 문제를 알려주는 결정적인 신호이다. 예를 들어 1990 년대의 '쌍둥이 위기', 즉 은행 위기와 금융위기는 상호작용을 하면서 한층 더 심화되었지만 특정한 경로를 따라 전개되었다. 우리나라의 외환위기를 포함한 1997 년의 동아시아 금융위기 역시 비슷하였다.

두 번째로, 세계화로 인해 발생하는 불평등과 불공정에 대한 반발을 들 수 있다. 세계화가 주도 세력의 이익에 부합하게 진행되어 선진국과 선진국 기업 및 자본의 이해가 주로 관철됨에 따라 개발도상국이나 경쟁력 열위 기업에게 불공평할 수 있다. 다자주의와 자유무역 질서는 모든 국가와 기업 개인을 동등한 규칙하에 활동하게 한다고 말한다. 그러나 사실은 근본적으로 헤게모니 국가 등 선진국이 국제통화를 공급하고 발달한 산업 기술과 금융시장을 바탕으로 시장을 주도함으로써 선진국에 유리하다. 또한 기술력이나 정보력 등이 크게 뒤떨어진 개발도상국에도 동일한 규칙을 강요함으로써 개발도상국이 자국의 성장 잠재력 증대와 장기적 소득 증가를 위해 필요한 산업정책, 금융시장 규제를 제대로 실시할 수 없게 한다.

따라서 세계화로 이득을 보는 국가와 그렇지 않은 국가 간에 마찰이 발생한다. 다만 역설적인 것은, 최근의 세계화 과정에서 중국이 급성장하면서 미국의 제조업 약화 및 대규모 경상수지 적자가 발생하고 그 결과 미국의 글로벌 헤게모니가 약화(G2 체제의 성립)하는 등 오히려 선진국보다는 후진국이 세계화의 이득을 더 크게 누리고 있다는 점이다. 그리고 이에 대한 미국과 선진국의 불만이 보호주의와 브렉시트(Brexit)로 나타났다. 따라서 향후 선진국들의 불만이 보호주의를 증가시키고 세계화를 역선시키는 요인으로 부상할 수도 있다.

한편 세계화는 국가 내에서도 계층 간 이해 상충과 반발을 불러일으킨다. 세계화의 이득을 향유하기 위해서는 수익성이 높은 곳을 찾아 빠르게 이동할 수 있어야 하는데 자본에 비해 노동은 이동성이 떨어진다. 따라서 노동자는 세계화에 수동적으로 대응할 수밖에 없는데 이로 인해 노동자는 세계화의 이득을 향유하기 어려울 수 있다. 대표적으로 선진국의 대다수 노동자들은 세계화로 개발도상국 노동자들이 대규모로 생산 활동에 참가하면서 실질임금의 하락 또는 노동소득분배율의 하락을 경험하고 있다. 청년층을 중심으로 선진국 노동자의 실업이 늘어나 이들의 세계화에 대한 반발이 크다. 또한 수출 대기업과 내수 중소기업 사이에도 국제적 경쟁력의 차이로 인해 수익 격차가 커진다. 세계화된 시장에서 경쟁력을 갖춘 수출 기업들은 더 많은 매출과 수익을 향유할 수 있으나 그렇지 못한 기업들, 특히 중소 내수 기업들은 매출과 수익의 감소로 어려움을 겪는 경우가 많다. 이들 또한 세계화에 반발하게 된다. 이러한 두 가지 요인으로 이민에 대한 반대, 보호무역주의의 주장 등과 같은 반세계화 움직임이 나타나게 된다.

세 번째로, 세계화 관리 제도의 부족이 있다. 세계화된 시장에 고유한 불안정성과 세계화에 대한 일부 계층의 반발을 관리하기 위해 각국 정부가 노력하고 있으나, 세계화 관리 제도의 한계와 국가 간 이해상충 등으로 이러한 문제를 극복하기가 어렵다. 전간기(제1, 2차 세계대전 사이 기간)의 국제연맹(LN)이나 제2차 세계대전 후의 UN과 GATT, WTO, IMF에 이르기까지 국제기구를 통해 하나의 시장으로 운영되는 세계를 건설한다는 것은 아직 미완의 꿈이다.

1930년대 세계는 대공황을 겪으면서 경제적 민족주의와 보호주의로 빠져들어갔다. 경쟁적인 자국 통화의 평가 절하가 발생하였고 국가의 목표는 자급자족 경제와 전시경제가 되었다. 이러한 세계화의 붕괴는 오늘날에도 글로벌 금융위기와 같은 대규모 경제위기와 수반해 발생할 가능성이 있다. 왜냐하면 기본적으로 세계화된 시장과 세계화된 경제 그리고 각국의 국민경제 사이에는 정책과 요구가 상충되는 데다 경제위기로 대규모 기업 도산과 실업이 급증하면 국민의 불만이 외국으로 향하게 되는 경우가 많기 때문이다.

위기의 순간에 국가들과 사람들은 공존공영보다는 다른 사람과 국가의 희생을 바탕으로 하는 이익 획득을 추구하게 된다. 통합되고 번영하는 세계에 대한 조화로운 자유주의적 사상 대신에 갈등의 필연성과 국익의 중요성이 일반 대중과 정치가에게 우선시될 수 있다. 이러한 국민국가적 정치와 세계적 경제(시장) 간 괴리는 강력한 국제기구가 국민국가를 적절하게 통제하고 한편으로는 이민이 자유로워진 이후에야 해소될 수 있을 것이다. 그러나 최근 미국의 보호주의 정책, 브렉시트 등의 사례에서 나타난 것처럼 이는 매우 어려운 일이다.

세계적 경제 통합이 여전히 어려운 일이기는 하지만, 장기적으로 세계가 더욱 통합되는 방향으로 움직이는 것 또한 사실이다. 교통 및 수송 기술과 통신수단의 발달로 국제적인 인적·물적 교류는 끊임없이 확대되고 있으며, 오늘날 세계 각국의 시장은 사실상 하나의 통합된 시장으로 발전하고 있다. 세계화를 통해 인류가 전문화와 규모의 경제 그리고 혁신을 촉진함으로써 경제적으로 이득을 향유함은 물론 상호 이해와 평화를 증진하는 등 정치적·문화적으로도 많은 이득을 얻을 수 있다. 이 때문에 앞으로도 세계화는 부침을 겪기는 하겠지만 꾸준히 진전될 것이다.

세계화의 촉진을 위해서는 세계적 범위의 경제 관리 체제를 확립하는 것이 가장 중요한 과제라고 생각된다. 세계적 중앙은행과 세계 정부에 버금가는 정치 연합체 등을 설립, 운영한다면 인류는 보다 큰 이득을 누릴 수 있을 것이다. 그 중 간 단계로 유럽연합(EU)과 같은 지역 간 통합체를 늘리는 것도 바람직하다. 지역 통합이 세계 통합을 이루는 중간 단계이자 촉매가 될 수 있다.

마지막으로 세계화의 전망을 보자. 현재 반세계화 움직임 또는 보호무역주의 추세가 선진국을 중심으로 확산되고 있다. 선진국에서 고용에 대한 우려로 반이민 정서가 높아지고 있으며, 개발도상국 등에서는 금융 부문에서 발생하는 충격을 막기 위한 자본 통제의 필요성에 대한 믿음이 남아 있다. 심지어 세계무역에 대한 회의론도 제기되고 있다. IMF 등과 세계적 자본에 대한 의문과 분노도 표출되고 있다. 그러나 이러한 의문의 근거, 그리고 보호무역주의의 세계경제 기여도 등에 대해 아무도 설득력 있게 설명하지 못하고 있다. 또 향후 세계경제가 회복된 후에도 보호주의 추세가 지속될지 의문이다. 비록 보호무역, 국가 간 자본 이동의 제한, 이주의 제한 등을 일부 정부가 간헐적으로 취할 수 있겠으나 세계화의 추세적 흐름을 완전히 거부하는 것은 매우 어렵다. 이미 기술적으로 물자와 인간의 이동이나 통신이 과거에 비해 매우 간편해졌고 앞으로도 이러한 기술적 발전이 이어지기 때문이다. 게다가 인간과 기업의 향상 욕구 또는 팽창 욕구를 지속적으로 억제하기는 사실상 불가능하다.

다만 최근의 세계화가 국가 간 국제수지 불균형(global imbalance)의 심화, 금융 산업의 도덕적 해이를 유발해 2008년 글로벌 금융위기가 발생하였는데, 이를 계기로 각국의 보호무역 조치가 늘어나면서 최근에는 세계화 자체가 정체 또는 후퇴하였다. 이러한 세계화의 정체는 현재 우리가 보고 있는 바와 같은 다자주의적 세계 질서의 후퇴와 근린궁핍적 보호무역주의 확산, 그리고 국가 간 갈등 증가로 이어져 우리나라와 같이 무역 의존도가 높은 국가들의 경제성장 둔화를 초래하고 있다. 제1차 세계대전 이전의 높은 수준의 세계화가 주요국 간 충돌과 경제성장 둔화로 전쟁과 함께 급격하게 막을 내린 사실을 생각하면, 현 시점에서 세계화를 적절히 관리하는 노력이 매우 중요하다. 유럽 각국 및 우리나라와 같은 개방적인 국가들이 이에 보다 적극적으로 나서야 한다.

3. 세계화의 우리나라에 대한 영향과 대응 방향

세계화된 시대에 개인, 기업과 국가가 독자적 경제주체로 살아남기 위해서는 세계적 범주의 전면적인 경쟁에 대응할 수 있는 세계적 경쟁력과 영업 능력이 필요하다. 그러나 각 국가 또는 기업 등의 경제주체 사이에는 여러 면에서 경쟁력이 높고 낮은 차이가 존재한다. 따라서 세계화는 결코 평평하게 이루어지지 않는다. 모든 경쟁은 결국 승자와 패자를 갈라놓기 마련인바, 이러한 경쟁에서 승자는 이익을 보지만 패자는 큰 손실과 함께 도태될 수밖에 없다.

경쟁력은 규모에 의해 좌우되는 경우가 많다. 대표적으로 국가 차원에서 보더라도 다수의 소규모 국가들은 세계화로 인해 미국과 같은 헤게모니 국가나 중국과 같은 대국으로부터 더욱 큰 정치·경제·문화적 영향을 받게 된다. 정치적으로는 대국이 세계 질서를 주도하며 스스로의 이익 확대에 힘쓰면서 소국들의 이익이 침해될 가능성이 상존한다. 경제적으로는 효율성과 혁신 능력이 앞선 선진국과 그렇지 못한 후진국 사이의 경쟁력 격차가 곧 시장 성과의 격차로 이어져 국가 간 소득 불평등이 높아지고 한 국가 내에서도 경쟁력 있는 기업 및 개인과 그렇지 못한 주체 사이에 격차가 커질 수 있다. 문화적 세계화 역시 선·후진국 간에 불평등하게 이루어져 선진국의 문화가 후진국으로 전파되는 경우가 압도적으로 많다. 이러한 상황은 우리나라에서도 마찬가지다. 이하에서 세계화가 우리 정치, 경제, 문화에 미치는 영향과 대응 방향에 대해 알아본다.

가. 세계화의 영향

우선 경제적 측면에서의 영향을 보자. 그동안 우리나라는 수출을 기반으로 성장해왔고 세계화의 이득을 크게 누려왔다. 그러나 최근에는 중국, 인도 등 후후발국의 급속한 추격, G2 체제의 성립 등으로 상황이 달라지고 있는 것으로 보인다.

우리나라는 '소규모 개방 국가'로서 세계적으로 매우 높은 수준의 수출입 의존도와 개방된 금융시장을 갖고 있다. 게다가 기술적 역량 부족 등으로 가공조립형 제조업 생산 구조를 벗어나지 못하여 다수 수출품의 국제경쟁력이 그리 높지 않고 금융산업의 국제영업 능력도 미흡하다. 이에 따라 우리 경제는 국외 경제·금융 불안에 매우 취약한 상태이다. 수출이 세계 경기변동에 민감한 영향을 받고 그 결과로 국내 경기도 수출 변동에 따라 부침한다. 금융시장 내 외국인 비중이 높아 국외 금융시장 충격이 이내 국내 금융 불안으로 이어진다.

정치적 측면에서도 우리나라는 매우 불리한 지정학적 위치로 인해 세계화에 대한 취약성이 높은 편이다. 역사적으로 우리나라는 대륙 세력과 해양 세력이 부딪치는 접점에 위치해 있었다.[12] 오늘날에도 이러한 상황은 마찬가지여서 중국과 러시아를 중심으로 하는 대륙 세력과 미국과 일본을 중심으로 하는 해양 세력이 우리 한반도에서 맞부딪치고 있다. 최근의 세계화 과정에서 경제대국으로 급부상한 중국(대륙 세력)이 미국(해양 세력)에 이은 제2의 강국으로 부상하면서 최근 G2 체제가 가시화되고 있다. 이 체제는 미·중 간 세계 헤게모니 쟁탈전에 기초한 것으로서 냉전 시대의 그것과 같은 이념과 가치를 둘러싼 경쟁이 아니라 자국의 이익과 세계 내 지위를 둘러싼 미·중 간 경쟁이 중심이다. G2 체제의 전선이 한반도를 경계로 형성되면서 우리나라는 냉전체제에 이어 다시 한 번 체제 간 대결의 전면에 노출되었는데, 현재까지의 상황 전개로 보건대 이는 우리에게 매우 불리하다. G2가 자국의 이익을 추구하는 과정에서 남북의 줄서기를 강요하기 때문이다. 이로 인해 우리의 국가적·민족적 이익의 확보를 위한 독자적 정책 수행이 크게 제약되고 있다. 더우기 남북 분단으로 국가 안보 자체가 불안한 가운데 남·북한 간 분열을 이용하려는 외세 때문에 정치적·외교적 힘의 낭비가 크고 외세의 개입에 의한 정책 효과 약화 여지가 매우 크다. 한반도는 냉전체제로 인해 분단과 한국전쟁이라는 엄청난 피해를 입었고 지금도 남북 간 체제 경쟁과 이에 따른 정치·경제·군사력의 낭비 및 자유민주주의의 제한 등으로 큰 고통을 받고 있다. G2 체제 역시 냉전체제에 못지않은 고통을 주거나 심지어 국가의 존립을 위협할 수도 있다.

문화적 측면에서 우리나라는 매우 개방적이라고 할 수 있다. 우리나라는 반만 년 역사를 가졌으나 건국과 한국전쟁을 거치면서 정치, 경제와 더불어 문화에

---

12) 배기찬(2005), 《코리아 다시 생존의 기로에 서다》, 위즈덤하우스.

있어서도 미국의 영향을 크게 받았다. 사실상 전통 문화는 형해화되고 미국식 문화가 새로운 주류 문화로 자리 잡았다고 할 수 있다. 이후 세계화 과정에서도 서구 문화는 꾸준히 유입되었고 이러한 상황은 현재도 마찬가지다. 학문 영역에서도 이러한 경향이 강하여 대부분의 학문 분야에서 미국 등 서구 선진국의 학문 흐름을 따라가기 바쁜 실정이고, 세계화와 더불어 이러한 학문적 경향은 더 심화되고 있는 것으로 보인다.

결론적으로 세계화가 우리나라에 미치는 영향은 매우 클 수밖에 없다. 우리나라는 정치적, 군사적으로 매우 중요한 의미가 있는 핵무기나 항공모함이 없고, 이 때문에 국제정치질서 형성에 주도적으로 참여하기가 매우 어렵다. 남북 분단으로 G2 대치의 영향에 직접적으로 노출되어 있다. 경제적으로는 독자적 선진 기술이나 교환성 통화를 갖지 못한 반면 상품 교역, 자본 그리고 기술의 해외 의존도는 매우 높아 국외 위험에 크게 노출되어 있다. 문화적으로는 미국의 압도적 영향력 속에서 일방적으로 서구 문화를 수용하고 있으며 최근에야 한류를 통해 조금씩 우리의 존재를 알려나가는 형편이다. 게다가 우리나라는 지정학적으로 미국과 중국의 틈바구니에 끼어 있고 경제적, 문화적으로도 그러하다. 이 때문에 세계화 추세와 G2 체제라는 새로운 세계 체제에 매우 큰 영향을 받을 전망이다.

나. 대응 방향

세계화된 현실과 G2 체제 속에서 우리나라가 더욱 발전하기 위해서는 다양한 분야에서의 국가 역량의 향상과 시의적절한 외교적 대응이 매우 중요하다. 특히 남북분단이라는 요소가 G2 체제하 세계화 시대에 우리의 국가적 역량을 모으는 데 큰 장애로 작용하고 있기 때문에 더욱 유의해야 한다. 우리는 외환위기를 경험하면서 이미 세계화의 경제적 위험을 뼈저리게 느꼈다. 그러므로 우리의 세계화 대응은 일단 세계화가 초래하는 위험을 관리할 수 있는 역량을 갖추는 것으로부터 시작해야 한다.

실물경제 또는 금융시장에서는 국외에서 발생하는 충격을 축소, 흡수할 수 있도록 소재부품 산업의 선진화로 가공조립형 공업 구조를 개선하고 내수 확충으로 경제성장의 대외 의존을 낮춰야 한다. 국내 금융산업의 경쟁력 향상 및 대외 지급 능력 확충 등을 통해 국외 금융 불안의 국내 파급을 완화하는 것이 중요하다.

그러나 이러한 방어적 대응 전략만으로는 부족하다. 우리는 세계화가 다른 한편으로 기회의 확대를 의미한다는 점을 잊어서는 안 된다. 세계화는 보다 넓은 시장과 기회, 보다 많은 가치와 다양성을 제공해 우리가 더욱 발전할 수 있는 기회를 제공한다. 우리나라가 세계 10위권에 이르는 경제 및 무역 규모를 가진 통상 대국이라는 점을 활용해 자신감을 갖고 적극적으로 세계화를 활용해야 한다.

발전연대에 우리는 맨주먹으로 수출 확대, 즉 세계화를 통해서 급속한 경제 발전을 이룩한 바 있다. 이러한 경험을 밑거름으로 해 제2의 세계화와 우리 경제의 지식화를 진전시켜야 한다. 세계화에 대한 우리의 대응 방안을 영역별로 살펴보면 아래와 같다.

1) 정치

세계화가 G2의 대립 구도로 이어지면서 동북아에서부터 미·중 대립이 첨예해지고 우리나라의 지정학적 위험이 크게 높아지고 있다. 이러한 대립은 지정학적으로 대륙 세력과 해양 세력의 교차점에 있는 한반도에서 자주 형성되었던 대립이 재현되고 있는 것이다.

G2 체제와 관련해 유의할 점은 우리가 양 세력 간 갈등의 틈바구니에 낀 샌드위치가 되지 않으면서 오히려 이를 역이용하여 우리의 이익을 극대화하는 것이다. 고려시대 등 역사의 교훈을 거울 삼아 탁월한 외교 역량을 발휘하는 한편 최우선 과제로서 남북통일이 시급하다. 남북통일 없이는 양 세력 간의 대립에 늘 남북한이 이용당할 우려, 나아가 국가의 존망조차 위험해질 우려가 매우 높다는 것을 잊지 말고 통일에 최우선을 두고 노력해야 한다. 구체적으로는 북한 주민의 마음이 통일로 향하게끔 통일의 청사진과 그 이득을 충분히 알리고 북한 정권과 이해의 폭을 넓히는 것이 중요하다. 아울러 독일 통일의 사례를 참고하여 미국과 중국이 우리의 통일에 동의하게끔 하는 노력을 강화해야 한다.

2) 경제

세계화는 최근 선진국의 기술보호주의 심화와 신기술·신산업의 등장, 후발 신흥국의 우리 기술 및 생산 방식 추격으로 이어져 한국경제가 양 경제 그룹의 틈바구니에 끼는 상황을 불러왔다. 신기술을 빠르게 개발하는 미국, 일본, 독일과 기존 산업에서 빠르게 추격하는 중국, 인도 등의 사이에서 우리 경제가 국제경쟁력과 수출 시장을 점차 잃고 그에 따라 생산성 향상과 경제성장이 느려지는 상황이 전개되고 있다.

이러한 문제는 우리 기업의 기술력, 특히 독자적인 신기술·신제품 개발 능력이 빠르게 개선되지 못하고 있는 데 가장 큰 원인이 있다. 우리 기업의 인간과 인간의 욕구에 대한 이해가 여전히 생존 욕구 충족에 치우치는 '결핍의 문화'에 기반하고 있어 기업 운영이 구태의연한 권위주의 방식에서 벗어나지 못하고 있고, 저가의 대량생산 제품 생산에 치중하는 산업구조를 유지하고 있다. 문제는 이러한 기존 산업에서는 중국, 인도 등이 우리보다 낮은 가격으로 비슷한 품질의 상품을 생산할 수 있다는 것이다. 반면 '향상의 문화'에 기반한 인간의 상호 존중 및 관계 욕구를 충족시키는 고부가가치 상품의 다품종 소량 생산은 여전히 미국, 일본에 뒤지고 있다.

고부가가치 신제품 생산 역량을 갖추기 위해서는 첫째, 개인과 기업의 전문화와 다양화를 통해 세계적인 기술과 제품 개발 능력을 확보하는 것이 무엇보다 중요하다. 이는 달리 말해서 우리 경제의 지식화를 촉진하는 것이다. 둘째, 세계적 규모로 영업할 수 있는 능력을 확보하는 것이 경쟁력을 갖추는 지름길이다.

이러한 측면에서 당장은 재벌 대기업을 적극 활용하는 것이 유효할 수 있으며 중소기업들은 세계적 영업 능력을 갖춘 기업과의 협력 또는 중소기업 간 연합을 강화해야 한다. 아울러 정부가 국가별·지역별 유관기업과의 협력 강화 등을 통해 기업의 시장 확대를 지원하는 것이 바람직하다. 중장기적으로는 재벌 대기업의 전문화, 중소기업의 독자 기술개발 능력 확충 등을 통해 자생적 혁신과 세계시장 점유를 확대해야 한다.

3) 문화

발전연대 중 우리의 개방은 국외로 나가는 개방이었다. 기업을 중심으로 해외 시장에 진출해 우리의 상품을 보다 많이 수출하되 외국 상품의 수입이나 외국 문화의 수용에는 소극적이었다. 물론 우리에게 필요한 미국의 자본이나 일본의 기술은 적극 수용하였고 미국으로 대표되는 서양의 문화도 빠르게 흡수하였으나, 이 또한 우리의 방식으로 변형하는 경우가 많았다. 이에 따라 민주주의가 권위적 요소가 강한 한국적 민주주의로, 시장자본주의가 정부와 재벌이 주도하는 엘리트 중심 자본주의로 바뀌었다.

그러나 진정한 세계화·지식경제의 시대를 맞아 상황이 크게 바뀌었다. 이제는 우리의 정치경제제도를 글로벌 스탠더드인 진정한 형태의 민주주의와 시장자본주의로 바꾸어야 할 형편이다. 그러한 의미에서 이제 세계화는 불러들이는 개방을 요구하고 있다. 외국의 우수한 과학기술은 물론 우수한 제품, 우수한 인재, 우수한 문화를 널리 흡수하여야 한다. 우리 자신이 세계에 대해 충분히 이해한 바탕 위에 세계적 시야에서 사고하고 행동할 수 있어야 한다.

물론 세계 여러 국민들의 가치와 문화를 고양시킬 수 있는 우리 자신만의 고유한 가치와 문화 그리고 정체성도 살려야 한다. 그래야 우리 문화가 세계 문화에 기여해 세계적 생존 가능성을 갖출 수 있다. 글로벌 스탠더드에 우리만의 정체성과 가치 그리고 문화를 융합하여 고유한 가치가 덧붙여진 문화를 창조하여야 한다. 이것이 이른바 글로컬라이제이션이다.

02 │ 지식공동체
한국경제시스템 만들기

　현재 한국경제시스템은 지식혁명을 경험하고 있다. 생산 활동의 주된 내용이 재화와 서비스의 제조에서 아이디어의 창조 내지 혁신으로 전환되고 있다. 이는 인류 문명의 대진화와 연관되어 있다. 인류 문명이 농업혁명, 산업혁명과 더불어 제1, 제2의 대진화를 경험했듯이 이제는 지식혁명으로 제3의 대진화를 겪고 있으며 한국경제시스템 또한 그렇다. 그런데 앞서 보았듯이 이러한 변화는 이미 이행기에서 시작된 것이나 우리의 경우 아직 성공적으로 추진하지 못하고 있다. 미국 등 주요국들이 빠르게 대진화하고 있는 세계 속에서 우리나라가 생존하고 번영하기 위해 한국경제시스템의 대진화는 더 이상 미룰 수 없는 과제이다.

　대진화는 주로 PT의 전환에서 시작하지만 새로운 PT에 적합한 BD는 물론 ST의 근본적 변화도 요구한다. 따라서 경제시스템 운영 패러다임의 전면적 전환을 요구한다. 한국경제시스템의 제3의 대진화를 앞당기는 새로운 패러다임은 지식혁명을 순조롭게 추진하여 국민의 생존 욕구는 물론 관계 욕구와 성장 욕구를 더욱 잘 충족할 수 있어야 한다. 구체적으로는 이행기부터 시작된 민주화, 시장화, 지식화를 신속히 완성, 진전시키고 시스템 진화 원리에 적합한 한국경제시스템을 창조하는 것이다.

　우선 민주화와 시장화는 보편적 인센티브 제공 원칙과 강한 상호주의 원칙에 기반한 사회질서를 정착시켜 각 경제주체의 전문성과 사회적 다양성 그리고 사회적 참여를 향상하고, 이들 사이의 공정한 거래와 성과 배분에 기반한 경쟁/협력을 촉진한다. 이로써 한국경제시스템의 자생적 진화를 촉진하고 시스템적 정합성을 향상할 수 있다. 사회적 시너지 또는 긍정적 피드백을 극대화하고 죄수의 딜레마와 같은 부정적 피드백을 해소할 수 있다. 민주화와 시장화는 결국 한국경제시스템을 다양한 분야와 층위에서 구성원의 참여와 상호 간 경쟁/협력이 활발한 다층적 공동체로 진화시킬 것이다.

지식화는 지식의 유통과 학습, 무엇보다 새로운 지식의 생산에 적합한 거버넌스와 사회 인프라를 구축하는 것이다. 지식의 전문성·복합성과 무한한 성장 가능성, 지식의 공공재적 특성과 인간적 속성, 그리고 지식경제의 자생적 차별화 기반 혁신 지향성과 급속한 변화 가능성에 효과적으로 대응할 수 있는 경제시스템을 확립하는 것이다. 지식화를 통해 한국경제시스템의 진화 잠재력을 극대화할 수 있다.

요컨대 민주화와 시장화를 통한 공동체 구축과 지식화를 통한 지식경제의 구축이야말로 진화의 근본 동력인 지식의 생산과 이의 현실적 적용으로서의 혁신, 나아가 한국경제시스템의 대진화를 도모할 수 있는 최선의 길이다. 한편 3개 변화 요소, 즉 민주화, 시장화, 지식화 사이의 상충은 롤스의 두 가지 정의의 원칙으로 해소할 수 있다. 사회 구성원들에게 광범위한 기본적 자유를 보장하고 성과의 차등적 분배는 기회의 균등이 보장되고 최소 수혜자에게 최대의 이익이 되게 하는 한도 내에서 허용함으로써, 대중의 참여를 이끌어내고 이들 간의 자발적 경쟁/협력에 의한 대중 혁신과 대중 번영을 달성할 수 있다. 나는 이러한 경제시스템을 '지식공동체'로 명명하고자 한다.

지식공동체를 정립하기 위한 과제를 3개 변화 요소와 연결지어 경제시스템의 진화 원리에 따라 정리해보자.

새로운 한국경제시스템은 사회 구성원의 가치와 인센티브에 적합하게 운영되고 혁신의 성과가 제 구성원의 선호와 필요를 적절히 충족하는 한편 경제 환경과도 잘 조화되도록 조직되어야 한다. 이를 위해서는 국민의 관계 욕구, 성장 욕구 향상에 맞추어 민주화와 시장화를 추진함으로써 한국경제시스템의 포용성을 높이는 것이 중요하다. 아울러 시장화·세계화를 통해 한국경제시스템의 개방성을 높여야 한다. 사회의 각 계층이 적절히 조직화된 다원적 사회구조를 구축하는 것이 이의 가장 중요한 전제조건이다.

두 번째로, 우리 사회 내 각 경제주체의 전문성과 다양성을 최대한 육성하여 그 진화 잠재력을 극대화할 수 있어야 한다. 민주화와 지식화가 이에 기여한다. 또한 전문성과 복합성이 높아 진화 잠재력이 큰 PT·BD를 중점적으로 육성해야 한다. 이를 위해 경제의 지식화를 촉진하는 것이 중요하다.

세 번째로, 한국경제시스템 구성원 간 경쟁/협력의 상호작용이 활발히 이루어져야 한다. 이를 통해 새로운 질서의 자기조직화와 지식의 생산 및 혁신이 활발한 경제시스템을 구축할 수 있다. 이를 위해서는 각 구성원의 역량이 충분히 개발되어 독자적 전문성과 협상력을 갖추고 또한 이들이 각자의 의사와 이익에 기반하여 적극적으로 경쟁하고 협력(조직화)하는 것이 중요하다. 민주화, 시장화가 이에 기여한다.

마지막으로, 3개 진화 인자 사이의 정합성을 높여야 한다. 특히 지식경제의 발전과 더불어 계속 변화해가는 PT에 적합한 ST를 시의적절하게 개발하는 동시에 ST 자체도 정치·경제·문화 영역 사이에 상충되지 않도록 하는 것이 중요하다. 물론 PT·ST는 가장 중요한 적합도함수 변화 요소인 국민의 고양된 욕구를 충분히 수용하는 데 최우선을 두어야 하며, 이러한 맥락에서 민주화를 기본 원리로 하여 시장화와 지식화를 조정하는 것이 바람직하다.[13] BD는 당연히 PT, ST와 적합도 함수를 적절히 반영한다.

종합하면, 지식공동체는 진정한 민주주의와 시장경제체제를 확립하여 우리 사회 내에 다양한 종류와 층위의 공동체를 생성하고 이를 기반으로 한국경제시스템의 지식화를 촉진함으로써 이룩된다. 무엇보다 국민의 관계·성장 욕구 고양, 지식의 인간적·융합적 속성, 지식경제의 시스템화와 급속한 변화 경향에 정합한 ST를 정착하는 것이 중요하며, 따라서 인간의 본성과 이상에 대한 이해, 지식 생산과 관련한 사회적 상호작용의 시너지 효과에 대한 통찰과 경제시스템 내 각 주체 사이의 경쟁/협력이 심화, 확산되어야 한다. 이 밖에 향후 예상되는 저출산·고령화

---

13) 민주화는 정치에 의한 경제, 문화 등의 민주적 통제를 내포한다. 시장은 한 사회의 물질적 편의를 증진하는 데 목적을 두고 있는 하위 제도의 하나일 뿐이며 전체 사회의 운영 체제가 될 수 없다. 역사적으로 인류가 합의한 사회 운영의 기본 원리는 민주주의이다. 따라서 민주주의에 기반해 국가가 시장에서 발생하는 부작용을 교정하여야 한다. 유능한 민주주의 국가가 시장의 독과점화와 불공정 거래의 증가, 거시경제의 불안정과 소득 불평등, 사회안전망 부족과 약자 계층의 정치경제적 소외 등의 문제를 적절히 치유할 수 있다.

그리고 G2 체제에 대한 대응책 마련도 긴요한바, 이와 관련해 남북한 경제 통합(통일)이 중요한 과제이다.

우리 사회를 지식공동체화하기 위해서는 발전국가 패러다임과 신자유주의 패러다임의 자의적 결합으로 구성된 현재의 한국 경제운영 패러다임을 지식공동체 패러다임으로 전환하여야 한다.

이행기의 혼란에서 경험한 것처럼 경제시스템의 경로 의존성이 강하기 때문에 발전국가 패러다임과 왜곡된 신자유주의 패러다임에서 벗어나 지식공동체 패러다임을 정착시키는 것은 매우 어려운 일이다. 패러다임의 전환은 사회시스템 속에서 긴밀하게 상호작용하고 있는 정치, 경제, 문화 그리고 과학기술(PT) 등 사회 제 부문의 총체적 변화를 필요로 하며, 정부는 물론 개인과 기업 등 모든 경제주체의 동참을 요구한다. 특히 지식공동체 패러다임으로의 전환은 발전국가 패러다임의 도입 당시보다 더 어렵다. 발전국가 패러다임이 기반조성기 ST의 대폭적인 변화를 요구하지 않은 반면 지식공동체 패러다임은 기존 ST의 근본적 변화를 요구한다. 발전국가 당시와 달리 선진국의 모범 사례를 복제하는 것이 불가능해 독자적 차별화에 기반한 새로운 진화인자의 창출이 불가피하다. 따라서 지식공동체 패러다임이 가시적 경제 성과를 거두려면 발전연대보다 훨씬 긴 시간과 대규모 투자 그리고 정부는 물론 개인, 기업 또는 경제주체의 적극적·자발적 참여와 협력을 필요로 한다.

그럼에도 불구하고 지식공동체 패러다임 정착은 더 이상 미룰 수 없는 과제이다. 이미 발전국가 패러다임이 유효성을 거의 상실했고 신자유주의 패러다임 역시 한국경제시스템에 적합하지 않음이 이행기의 진화 성과 부진으로 명백히 드러났다. 지식공동체 패러다임의 정착 없이는 한국경제시스템의 원민한 진화가 곤란한 것이다. 발전연대 중 정부가 주도해 발전국가 패러다임을 정립하여 산업혁명이라는 대진화를 이루었듯이, 지금은 정부와 민간이 협력해 지식공동체 패러다임을 정착시킴으로써 지식혁명이라는 대진화를 앞당겨야 한다. 한국경제시스템의 자생적 진화 역량에 바탕한 제2의 대약진(big−push)14)을 시작해야 한다. 그렇지 못할 경우 미국, 일본 등 선진국을 따라잡지 못한 채 중국, 인도 등 후발 개발도상국과의 경쟁에서도 밀리면서 제2의 아르헨티나, 러시아가 될 수 있다.

---

14) Higgins, Benjamin(1968), ≪Economic Development: Principles, Problems and Policies≫, W. W. Norton.

지식공동체 정착을 위해 사회 부문별로 추진해야 할 과제를 분야별로 정리하면 다음 그림과 같다. 다만 이 과제들은 서로 밀접하게 연관되어 있는 경우가 많고, 따라서 각 분야별 과제가 중복되는 경우가 자주 발생한다.

아래에서 이를 각 부문별로 살펴본다.

그림 Ⅲ-2	지식공동체 확립 방안

정치적 민주화 완성	민주주의 기반 시장화 증진	민주주의와 시장경제기반 지식화 가속	문화의 전환	인구 대책과 남북통일 노력 강화
• 사회구조의 다원화 • 자유의 확대 • 포용적 정치 체제의 확립	• 경제적 자유의 확대 • 시장 메커니즘의 정착 • 기업 소유와 지배의 대중화 • 정부의 시장 유지·조성 기능 강화 • 세계화의 부작용 완화	• 포용적 거버넌스의 정착 • 지식 창출 역량 강화 -지식 창출 기반 강화 -지식산업에 적합한 환경 조성 -연구개발 투자의 효율성 제고 -지식산업 육성 및 기존 산업의 지식화 촉진	• 기본 인식의 전환 • 분야별 문화의 전환 -개인의 자율성 증진 -신뢰와 협력 증진 -변화 친화적 문화 확충 -미래 지향적·향상 지향적 가치 중시	• 인구 오너스 완화 • 남북통일 촉진

1. 정치적 민주화 완성

지식공동체는 정치, 경제, 문화 등 사회 전 부문에서의 민주화 정착을 선결 요건으로 한다. 자유와 평등 그리고 연대라는 민주주의 가치가 각 사회 구성원에게 인센티브(경제적 인센티브는 물론 국민들의 관계 욕구와 성장 욕구를 충족하는 것을 포함)를 두루 제공하고, 사회를 단순한 사람들의 모임으로부터 자발적 경쟁/협력과 시너지 창출이 활발한 공동체로 이끌 수 있기 때문이다.

정치적 측면에서 민주화는 정치적 지배의 대중화 또는 정치적 포용성 제고라고 할 수 있다. 이는 각 사회계층의 조직화를 통한 다원적 사회구조의 확립, 특히 중소기업인, 노동자 등 사회적 약자의 조직화를 기반으로 한다. 또한 정당 구조 및 투표 제도의 개선을 통해 다양한 계층이 정치 과정, 즉 사회적 의사결정과 이익 분배에 활발하게 참여할 수 있어야 한다. 요컨대 정치적 민주화는 다원적 사회구조의 확립에 기초해 사회 각 계층의 의사와 이익이 사회적 의사결정에 고루 반영되는 포용적 정치 지배구조를 구축하는 것이라고 할 수 있다.

이를 통해 현재의 엘리트 중심 정치 의사결정 구조 또는 재벌 등의 정치적 영향력 과대를 탈피하여 정치의 책임성을 높일 수 있다. 각 분야의 전문가, 각 계층의 다양한 정보와 의사를 수렴하여 대중 지성을 최대화하고 사회 또는 경제시스템 차원에서의 최선의 의사결정을 통해 정부의 효율성을 높일 수 있다. 각 계층의 의사와 이익을 공정하게 반영하는 규칙이 정착되면서 법치주의도 강화될 것이다. 경제적 측면에서는 민주화를 통해 공정한 거래 및 소유권 규칙이 정립되면서 시장경쟁과 조직 내·조직 간 협력이 활성화된다. 사회 전체의 이익을 위해 일부 계층의 기득권을 무너뜨리는 파괴적 혁신을 보다 원활하게 수용할 수 있게 된다. 현재의 무력한 국가를 대중적·장기적 비전과 강한 상호주의 원칙하에 효율적으로 정책을 수행하여 국민의 수요를 원활하게 충족하는 국가로 재탄생시킬 수 있다.

민주화의 완성을 위한 실천 과제를 구체적으로 살펴보자.

가. 사회구조의 다원화

민주주의의 사회적 기초는 각 사회계층이 적절히 조직화되어 사회적 의사결정에 참여할 수 있는 '다원적 사회구조'라고 할 수 있다. 그러므로 우리 사회, 나아가 한국경제시스템의 민주화를 위한 첫 번째 과제는 대기업주, 자본가 등은 물론 노동자, 자영업자, 소비자, 환경 등을 포함한 사회 각 분야를 대표하는 조직들을 확대하는 것이다. 사회계층별 의사와 이익을 대표하는 조직들이 협동조합 또는 시민단체 등의 형태로 다양하게 설립되고 또 이들이 정당의 설립과 각종 선거 등에 활발하게 참여함으로써 정치적 의사결정에서 스스로의 의사와 이익을 반영할 수 있어야 한다. 각 계층이 모두 그리고 공평하게 스스로의 이익과 의사를 사회적으로 표출하고 관철할 수 있어야 한다. 노동자, 영세기업가, 농민 등 상대적 약자층의 조직화와 정치 참여가 확대된다면 시민사회와 제도권 정치 사이의 교류와 협력이 강화되고 정치의 포용성 및 시민사회의 역량이 향상되면서 한국 민주주의가 제 모습을 갖추게 될 것이다.

한 발 더 나아가 다양한 사회계층의 의사와 이익을 정치적으로 대표하는 정당이 확대되어야 한다. 특히 현재의 냉전적 이데올로기 대립에 기반한 기득권 유지적 양당 구조에서 벗어나 다양한 계층의 이익과 가치를 대표하는 여러 정당이 공존하는 다당제 구조를 확립하는 것이 중요하다.

아울러 정당의 운영이 지도자 중심이 아니라 풀뿌리 당원과 국민의 의사를 반영하는 방향으로 분권화, 자율화되는 것도 중요하다. 당원 간의 수평적 관계에 기반한 상호작용이 활발해야 전체 당원의 의사와 이익이 제대로 수렴되어 당의 정체성과 정책 노선이 분명해지고 지속성을 가질 수 있다. 각 정당의 정책 노선 정립은 국민의 선호에 의한 정당과 정책의 선택을 가능하게 하고 국가 정책의 지속성을 높이는 계기로도 기능한다. 지금처럼 인물과 지역 등 연고가 아니라 정책 역량과 정책 노선에 따라 정당과 후보자를 선택하는 정치 질서를 하루빨리 정착해야 한다.

또한 공직자 선거제도의 개선도 필요하다. 결선투표제 도입, 비례대표제 강화 등을 통해 선거 등에서의 투표가 투표권자의 의사를 보다 정확히 반영하는 방향으로 개선되어야 한다. 정치 신인의 진입이 용이하도록 정당 또는 기존 정치인에 유리하게 되어 있는 여러 제도를 전면 혁파할 필요성이 높다. 이러한 노력을 통해 정치 분야에서도 진입 규제 철폐, 자유 경쟁의 원리가 실천될 수 있다.

민주주의가 사회 전반에 정착되기 위해서는 사회의 기초인 기업, 기관, 단체, 정부 등 사회 내 여러 조직의 구조가 분권화되고 수평적, 자율적으로 운영되는 것이 매우 중요하다. 특히 집권적, 수직적으로 조직, 운영되고 있는 대기업과 정부 조직 등의 대형 계층 조직들을 분권적이고 자율적인 조직 구조로 전환하여 제 구성원의 잠재력을 최대한 이끌어내고 전문적이고 현장감 있는 지식과 정보를 활용하여야 한다. 이를 통해 급속히 변화하는 고객의 수요와 현장 상황에 신속히 대응하고 다수 구성원들의 자발적 기업 활동 참여와 협력을 제고할 수 있다. 구성원들을 수동적으로 복종하는 사람이 아니라 능동적으로 생각하고 창조하는 사람으로 이끌어 조직의 혁신 역량을 극대화하는 한편 관계·성장 욕구를 원활히 충족할 수 있다.

분권화, 다원화의 맥락에서 정치경제력의 지리적 분산도 필요하다. 제2부에서 보았다시피 우리나라는 정치, 경제, 문화 등 모든 사회 영역에서 서울 집중이 과도하다. 그 결과는 곧 중앙집권적 정부, 재벌로의 경제력 집중, 문화·교육의 엘리트주의 등으로서 이는 결국 한국 사회를 엘리트 구조 및 기득권 구조로 귀착시켰다. 지방 분권, 경제·문화·교육의 지방 분산을 강력히 추진해 사회의 다양성 증진, 다수 지역 엘리트의 양성 등을 도모할 필요가 있다. 풀뿌리 민주주의, 대중의 참여는 분산, 분권화에서 시작한다.

나아가 민주화, 지식화한 사회에 걸맞게 사회 문화와 가치관도 혁신해야 한다. 개인적 자유와 관점의 다양성을 존중하고 사회 보편적 신뢰에 기반한 참여 및 경쟁/협력을 촉진하는 사회질서와 조직 문화를 정착시키는 것이 중요하다. 개인 또는 기업의 활동과 상호 간 경쟁/협력이 활발하게 그리고 사회적 목적과 규칙에 정합하게 이루어질 수 있도록 각 경제주체의 공공성에 대한 존중이 확립되어야 한다.

나. 자유의 확대

모든 국민들의 자유가 대폭 확대되어야 한다. 이는 보편적 인센티브를 확충하는 것이라고 할 수 있다. 자유는 누구나 가장 희구하는 가치이고 따라서 최고의 인센티브이기 때문이다. 사회안전망 확충 등을 통해 빈곤, 질병 등으로부터의 자유, 즉 소극적 자유를 모든 국민에게 보장함은 물론 공교육과 의료 서비스의 확충을 통해 사회적 참여 및 활동 역량 증진, 즉 적극적 자유도 획기적으로 확대할 필요가 있다. 사상과 양심의 자유, 결사의 자유 등도 실질적으로 확대하여 다양한 가치와 관용 그리고 사회적 참여를 보다 폭넓게 확산시키는 것이 바람직하다. 국립대학 등록금 면제 등을 통해 대학교육의 저변을 확대하고 직업 및 기술 훈련 강화, 평생교육 체제 확립 등을 통해 국민들의 경제적 참여 역량을 높이고 고용을 보장하는 데에 정부가 더 큰 책임을 담당하여야 한다.

사회안전망 구축 등을 통해 소극적 자유가 확보된다면 경제주체 사이의 생존을 건 대립이 완화되면서 노사 갈등, 생계형 범죄 등 제반 사회적 갈등이 줄어들고, 구조조정 등으로 인한 피해 계층의 반발도 상당폭 줄일 수 있어 경제구조조정이 촉진될 것이다. 최소한의 협상력이 확보되면서 취약 계층의 노동계약이나 여타 사회계약에서의 불공정이나 불평등이 완화될 수 있고 거래의 불공정도 비교적 용이하게 개선될 가능성이 높다. 소극적 자유의 확대가 사회적 갈등과 위험 회피 문화를 줄이고, 나아가 보다 포용적인 개인과 사회를 만드는 것이다. 한편 지식경제에서는 각 개인의 학문적·직업적 전문지식이 가장 중요하다. 교육, 취업 등과 같은 적극적 자유의 증진은 다양한 개인의 소질과 선호를 적절히 계발할 기회를 부여함으로써 각 개인의 학문적·직업적 전문지식을 확장하는 데 기여한다. 이는 또한 능력과 관점의 전문화, 다양화로 이어지는바, 이야말로 한국경제시스템의 지식화에 가장 중요한 요건이다.

우리 사회 내 자유의 증진을 위해 중요한 또 하나의 과제는 냉전적 반공주의의 청산이다. 냉전적 반공주의는 인간의 양심의 자유를 핵심으로 하는 자유주의의 원리 나아가 민주주의와 양립하기 어렵다. 오랜 기간 우리 사회를 지배한 반공주의는 한국인의 내면적 자아의 빈곤과 자율성의 결핍, 그리고 이로 인한 다양성과 창조성의 부족으로 이어지고 있다. 따라서 시대착오적인 냉전적 반공주의의 청산을 통해 각 개인들이 스스로의 가치관과 정신세계를 갖출 수 있는 자유주의의 전통을 우리 사회에 뿌리내리게 하는 것이 민주주의와 지식경제의 기반을 확충하기 위한 핵심적인 과제이다. 민주화를 위해, 그리고 지식화를 효과적으로 진전시키기 위해 우리에게 사상과 학문의 자유가 더 많이 필요한 것이다.

자유의 증진이 경제, 특히 시장화와 지식화에 미치는 영향도 매우 크다. 각 구성원의 자유의 증진은 개인의 경제적 성취 동기의 향상으로 이어진다. 이는 곧 경제주체의 경제적 역량과 자율성을 높여 새로운 기술과 상품의 창출, 새로운 기업의 시장 진입을 늘리며 시장화의 진전을 가져온다. 또한 자유의 증진은 개인별 전문성의 향상과 사회적 다양성의 확대로 이어질 것이다. 그리고 이러한 다양성의 확대야말로 한국경제시스템의 차별화 역량 증대의 지름길이다. 현재까지도 우리 사회 구성원 다수는 '결핍의 기억', 발전국가 패러다임, 냉전적 반공주의로 인해 생존 지향적 물질주의 가치관에 집착하고 있으며 관계 욕구와 성장 욕구 등의 사회적 욕구, 자기표현적 내지 향상적 가치를 제대로 발현하지 못하고 있다. 따라서 자유의 확대는 곧 사회적 욕구의 고양으로 이어지고 이는 각 개인별 욕구의 차별화와 이에 따른 사회적 선호와 가치의 다양화로 이어질 것이다. 종전의 물질 중심·획일적 성향에서 벗어나 정신적·개성적 가치를 추구하게 될 것이다. 관계 및 성장 욕구가 증가하면 이는 자연스럽게 구성원 상호 간의 존중과 다양성에 대한 관용의 문화, 보람과 행복 등 향상 지향적 가치 중시 풍토를 확산시킬 것이다. 그 결과 사회 내에 여러 가지 가치를 추구하는 사람들이 함께하면서 사회적 다양성이 크게 높아지게 되며, 이러한 다양성은 차별화 역량을 비롯한 경제시스템 진화 잠재력의 확충으로 이어진다. 우리 경제의 지식화를 앞당긴다.

개인별 가치와 목표의 다양화는 물질적·현세적 가치를 둘러싼 사회 내 경쟁을 줄임으로써 물질적 부와 권력에 대한 집착이 빚어내는 격렬한 '상대적 지위 경쟁'[15] 과 이로 인한 갈등과 불행감 그리고 자원 낭비도 줄일 수 있을 것이다. 또한 자유에 바탕한 소비자 선호의 다양화는 개성 표현이나 관계 욕구를 충족하는 다양한 상품과 다양한 디자인을 수요하며, 특히 생산의 자동화, 스마트화와 결합해 고객 최적화, 경제의 지식화를 크게 진전시키기도 한다. 요컨대 자유의 증진이 가져오는 다양성이야말로 한국경제시스템의 자생적 진화 역량 증대와 지식화의 초석이다.

자유의 증진은 한국경제시스템 내 제 조직 구성원의 조직 내 자율성 확대도 요구한다. 한국 사회와 기업의 의사결정 권한을 광범위하게 분산하여 다수 구성원의 자율적 참여와 협력을 기반으로 운영되는 지배구조를 요구한다. 이로써 사회 구성원 다수의 정보와 지식, 노력을 최대한 이끌어낼 수 있으며 조직의 혁신 역량을 극대화할 수 있다.

다. 포용적 정치체제의 확립

각계각층의 조직화로 다원적 사회구조가 형성되고 제 구성원의 자유가 증진

---

15) 냉전기간 중 미·소 간에 벌어진 군비 경쟁과 같이 특정 분야 또는 시장에서 상대적 우위를 차지하기 위해 해당 분야 또는 시장 참가자들이 벌이는 경쟁이다. 이것이 심해질 경우 본래적으로 제한되어 있는 특정 지위 또는 권력을 차지하기 위해 참가자들이 자원을 과다하게 투입하는 문제가 발생할 수 있다. 이는 경쟁이 오작동하는 대표적인 경우인데, 이러한 낭비를 막기 위해 미·소 간 군축 협정과 같은 형태로 과다한 경쟁을 막기 위한 장치를 도입하는 것이 필요하다. Frank, Robert H.(2011), ≪경쟁의 종말≫, 안세민(역), 웅진지식하우스 참조.

되어 사회적 참여가 보장된 후에는, 다양한 계층과 조직의 의사, 이익을 공화주의적으로 수렴하여 계층 간 경쟁/협력을 활성화하고 사회적 시너지를 극대화하는 데 노력하여야 한다. 이는 각 사회 구성원의 요구와 이익에 민감한 포용적 정치체제를 구축하는 것이다.

포용적 정치체제는 공익의 존중, 참여의 권리, 책임성 등을 담보하는 공화주의를 기본 가치로 삼고 법치주의에 기반해 민주적 절차를 확립하며, 정부가 국민이 수요하는 공공 서비스를 효율적으로 제공함으로써 완성된다. 민주적 절차란 각 계층의 공정한 참여 기회 및 인센티브 부여, 다수결 등 공정한 의사결정 절차의 확립, 언론의 공론의 장으로서의 역할 강화와 시민 공론화 기구 설치에 바탕한 숙의 민주주의 정착 등을 통해 구축된다. 보편적 인센티브(기본적 자유의 차별 없는 보장) 제공 원칙을 형식적 절차로 구현하는 것이다. 이를 위해 정당 등을 통한 여러 경제주체 또는 다양한 사회계층의 의사 및 이익의 조직화와 정치적 참여, 그리고 시의적절한 사회적 대타협(노사정 합의 등)의 도출이 중요하다. 이행기 중의 무비판적 신자유주의의 도입으로 인해 크게 잠식된 공공성의 복원과 사회 구성원 사이의 상호 존중, 즉 공화주의적 가치의 정착과 사회적 신뢰의 증진이 긴요하다. ICT 발전에 기댄 직접민주주의 요소의 강화, 협동조합의 확산 및 이와 유사한 팬아키(panarchy)형 기업 지배구조의 확대 등도 도움이 될 수 있다.

공화주의 원리는 정치 지도자가 시민에 대하여 수직적 책임을 부담하는 한편 국가 부문들 간에는 수평적 책임을 질 것을 요구함으로써 공직자의 책임윤리를 강조한다. 또한 공화주의는 사회의 개별 또는 특수 이익들이 사회에서 갖는 역할과 영향력만큼 책임성과 공공성을 가질 것을 요구한다. 민주적인 정부가 재벌 대기업, 전문가 집단 등 강력한 기득권 집단들이 공익을 침해하지 않도록 방지할 의무가 있다. 이러한 맥락에서 한국경제시스템에서는 정부가 재벌 기업 또는 독과점 기업이 소비자 후생을 침해하지 않도록 적절히 감시, 규제할 책임이 크다. 요컨대 기업과 개인을 포함한 모든 경제주체가 사익 추구 과정에서 공익을 존중하도록 규제되어야 한다.[16)

법치주의 확립도 포용적 정치체제의 중요한 구성 요소이다. 법치주의를 통해

---

16) 최장집(2002), 《민주화 이후의 민주주의》, 후마니타스, pp. 222~230 참조.

모든 사회 구성원이 법 앞에 평등해짐으로써 각종 자유는 물론 사회적 기회를 공평하게 보장받게 된다. 경제적 측면에서 법치주의는 강한 상호주의 원칙과 상통하는데, 공정한 거래와 경쟁/협력질서·성과 분배 규칙 등으로 표현된다. 투명성 및 공정한 규칙과 이에 힘입은 사회적 신뢰의 확산은 경제적 거래는 물론 사회 또는 조직 내 경쟁/협력을 촉진한다. 한편 성과 분배와 관련하여 시장경쟁 메커니즘과 당사자 간 협상의 두 가지 수단이 있는데, 경쟁적 시장에서는 공정거래 및 경쟁의 규칙을 통해서 비인격적으로 성과를 분배하는 반면 비경쟁적인 거래에서는 당사자 간 협상력에 기반해 인격적으로 성과를 분배하게 된다. 법치주의는 두 경우 모두에서 공정을 원칙으로 삼을 것을 요구한다. 요컨대 법치주의는 포용적 정치경제 체제를 경제 활동에서 담보하는 가장 중요한 수단이다.

우리나라는 독재정치의 경험과 정경유착, 인격적 신뢰 중심의 문화와 연고주의, 시장 독과점의 지속과 불공정 거래 및 성과 분배의 불평등 등이 오래 이어지면서 법치주의가 여전히 확립되지 못하고 있다. 따라서 포용적 정치체제를 정착하는 데 있어 법치주의를 확립하는 것이야말로 가장 체감할 수 있는 조치가 될 것이다.

정부의 효율성 증진은 포용적 정치체제를 완성하는 마지막 퍼즐 조각이다. 풀뿌리 민주주의 내지 기층 당원과 국민의 의사를 반영한 정당을 정착시켜 각 정당이 대중의 지혜와 번영을 달성할 수 있는 한국경제시스템의 비전과 전략을 도출하고 집권 시 이를 장기에 걸쳐 일관성 있게 추진하도록 해야 한다. 아울러 대통령 중임제, 행정부의 입법권(시행령 제정권) 강화 등으로 행정부(대통령)의 국가 정책 수립·집행 권한을 강화하여 정책을 시의적절하고 일관성 있게 추진할 필요도 있다. 경제 기획을 담당하는 범정부 기구를 설치하여 최소한 장기 경제발전 전략만이라도 정파에 따라 흔들리지 않는 정책 수행 구조를 확립할 필요가 있다. 발전연대의 경험을 거울 삼는 것도 좋을 것이다.

일관성과 효율성이 높은 정책 수행 체계는 국회와 행정부 간 공감대 형성에 기반한 주요 경제정책에서의 협력을 필수 조건으로 한다. 이를 위해 국회와 정당의 전문성과 책임성을 강화하고 수평적·자율적 의사결정 구조를 확립하는 것이 시급하다. 국회의원의 장관제, 정무차관제 등을 도입하여 국회와 행정부 사이의 연계와 정당의 책임성과 전문성을 높여야 한다.

정부의 경쟁시장 유지·신시장 조성 기능도 발전연대 이상으로 강화할 필요가 있다. 특히 지식경제는 비시장적 특성이 강하므로 정부가 개입할 필요성이 높다. 시장화·세계화에 따른 부분별 성과 격차 확대, 지식경제의 수확체증성에 따른 선발자 독점 등을 정부가 적극적으로 시정해야 한다. 지식경제 기반을 확충할 수 있도록 기초과학 및 기반 기술개발, 전문 인재 및 벤처기업 양성, 지식 개발 이용을 위한 정보 인프라 및 전문가 간 협력 인프라 확충 등을 정부가 적극 추진하는 것이 바람직하다. 이를 위해 무엇보다 관료의 전문성을 향상하고 성과 지향적 조직 운영 원리를 강화해 정부 조직의 역동성과 효율성을 높이는 것이 중요하다.

정치적 민주화와 경제적 민주화는 서로를 강화하는 특성, 즉 공진화하는 경향이 있다. 정치적 민주화에 기반해 대중에 의한 사회 지배가 이루어지면 이는 곧 경제에 대한 대중의 참여와 지배를 확대하면서 경제의 민주화를 촉진한다. 경제적 민주화는 다시 대중의 참여 능력 강화와 사회계층별 조직화 확대로 이어져 정치적 민주화를 촉진한다. 상호 강화(피드백)를 통해 정치적 민주화와 경제적 민주화가 선순환하는 구조가 구축되는 것이다. 이러한 맥락에서 포용적 정치체제는 포용적 경제체제를 갖춤으로써 경제적 기반을 마련하고 현실적으로 존속, 발전할 수 있다.

우리나라의 경우 정치적 민주화에도 불구하고 포용성이 낮은 독과점적 경제구조가 온존되어 있고 이것이 포용적 정치체제의 정착을 지연시키고 있다. 이행기 이후 민주화로 국가권력의 분산이 진전된 반면 시장화가 경제(시장) 권력의 집중으로 이어져 국가의 정책 기능을 시장 권력이 쉽게 포획할 수 있는 정치경제구조가 형성되었다. 그 결과 정경유착과 이에 따른 부패 구조, 재벌−중소기업 간·지역 간·계층 간·산업 간 불균형(불평등) 성장이 만성화되었다. 국가 권력을 강화하고 시장 권력을 분산해 국가가 시장을 민주적으로 통제할 수 있도록 하는 것이 시급하다.

한편 자유주의와 공화주의의 총체로서의 민주주의는 시스템 개념에 잘 부합한다. 자유주의는 개별 시스템 구성 주체들의 행동 양식에 주로 관련되어 개인의 자유로운 이익 추구와 사회활동 참여를 보장(보편적 인센티브를 제공)하며, 공화주의는 각 사회 구성원들이 시스템으로서의 사회 또는 국가에 참여할 때의 행동 양식과 관련하여 공정한 절차에 기반한 경쟁/협력과 공공성 존중(강한 상호주의 원칙을 준수)을 요구한다. 따라서 자유주의와 공화주의 간 조화를 통해 사회적 시너지 창출을 극대화할 수 있다. 이는 롤스의 정의의 개념과 상통한다고 할 수 있다. 그는 모든 사회 구성원에게 광범위한 기본적 자유를 보장하는 것이 최우선이며, 결과의 차등 배분은 최소 수혜자에게 이득이 되는 한도 내에서 용인될 수 있다고 주장하였다. 경제적 측면에서 이는 빈곤, 질병, 무지 등으로부터의 자유를 보장하는 것이 최우선 과제이며 경제 성과의 차등적 배분은 약자에게 이득이 되는 한도 내에서 허용된다는 것을 뜻한다. 따라서 한국경제시스템의 포용성을 높이기 위해서는 각 경제주체의 경제활동 기회가 평등하게 보장되어야 하며, 경제 성과의 배분은 기여도에 기반하되 가급적 불평등을 완화하는 방향으로 이루어져야 할 것이다.

2. 민주주의 기반 시장화 증진

민주화된 정치체제를 통해 정치적 지배의 대중화가 실현되면 이를 바탕으로 경제적 측면에서의 민주화를 실천할 수 있다. 경제적 민주화는 시장화와 밀접하게 연관된다. 시장화는 자유기업 제도와 시장경쟁 메커니즘을 정착시켜 자원의 배분을 대중, 즉 시장에 참여하는 여러 경제주체가 자율적으로(사회 차원에서 보면 분산적으로) 결정하게 하는 것이다. 여러 경제주체 간 거래와 경쟁/협력, 그리고 성과 분배가 강한 상호주의 원칙을 따라 이루어지도록 하는 것이다. 따라서 민주주의 기반 시장화의 추진이란 민주주의에 기반해 경제를 운영, 관리하되 경제활동의 목표를 사회 구성원의 물질적 복지 향상에 두고 그 수단으로 각 경제주체의 자유와 경쟁/협력을 증진하여 경제의 효율성 및 진화를 증진하는 것이다. 유능한 민주주의 국가만이 이러한 시장경제체제의 장점을 장기적 관점에서 극대화한다. 시장의 독과점 및 불공정 거래의 증가, 소득 불평등, 사회안전망 부족과 약자 계층의 정치경제적 소외 등 우리가 당면한 시장화의 문제점을 치유할 수 있다.

가. 경제적 자유의 확대

시장화는 기업 설립의 자유, 소유권 보호, 계약 및 거래의 자유를 보장하여 대중의 경제적 자유를 증진하는 것으로부터 시작된다. 경제적 자유는 자본주의의 기본 질서로서 모든 사회 구성원에게 경제활동에 참가할 수 있는 공평한 기회와 유인을 제공한다. 국민 모두에게 광범위한 경제적 자유를 보장하는 것이야말로 자본주의 시장경제체제가 가진 포용성과 혁신 및 진화 잠재력의 원천이다. 따라서 경제적 자유의 훼손은 곧 자본주의 기본 질서의 훼손이자 경제 진화의 싹을 훼손하는 행위이다. 그러나 우리나라는 발전국가 이래의 국가 규제 관행이 서비스업을 중심으로 많이 남아 있고, 주요 산업에서 발전연대 이래의 독과점적 산업 및 시장 구조가 고착되어 신규 기업이 거의 진입하지 못하는 등 기업 설립의 자유가 상당폭 제한되고 있다.

기업 설립의 자유를 증진하기 위해서는 현재의 각종 인허가 제도 등 진입 관련 규제를 소비자 후생 증진에 기여하는지 여부를 기준으로 전면 재검토할 필요가 있다. 특히 중요한 것은 기존 사업자 이익의 보장을 위해 새로운 기술을 활용한 상품 생산 기업의 설립이 제한되고 이로 인해 파괴적 혁신의 도입과 산업 구조조정이 더뎌져서 소비자 후생 증진과 한국경제시스템의 효율화를 지연시키는 경우가 있다는 점이다. 전자금융업, 우버 택시, 원격의료 등이 대표적 사례이다. 국제 경쟁이 이루어지지 않는 서비스업을 중심으로 공급자 또는 생산자의 이익을 보호하기 위한 규제를 가급적 철폐해야 한다. 소비자의 이익을 최우선으로 해 규제 전반을 축소하는 것이 시급하다.

신기술 기반 기업의 설립은 외부 효과가 큰 새로운 지식과 기술을 창조함으로써 해당 상품의 판매에서 나오는 이익보다 훨씬 큰 사회적 이익을 창출할 수 있다. 따라서 국가나 사회가 나서서 지원할 필요성이 높다. 정부 구매에 의한 초기 시장의 조성, 기술 및 상품 개발 관련 인력·자금 지원, 기초 과학기술개발과 지원 등은 신성장산업에서 시장을 조성하기 위한 노력으로서 이러한 정부의 '시장 확장적' 기능은 언제나 매우 중요하다. 특히 혁신이 경쟁의 주된 수단이 되는 지식경제에서는 새로운 지식과 상품을 가진 기업이 활발하게 설립될 수 있는 여건이 충실히 갖추어져야 한다. 같은 맥락에서 국민의 신기술 및 직업 역량 향상을 위한 교육, 창업과 재도전을 장려하는 사회안전망과 창업 지원 인프라 구축 등도 경제시스템 구성원 모두의 경제적 자유를 높이는 데 기여한다. 발전연대 중 정부는 이러한 역할을 적극적으로 수행하여 제조업 기반을 구축하였다. 이제 지식산업에서 정부가 시장 확장적 기능을 적극적으로 수행하여야 한다.

다음으로 기존 독과점기업의 불공정 거래와 시장 진입 장벽 구축을 억제하여야 한다. 기존 기업이 시장을 독과점하고 시장가격 결정력을 어느 정도 가지게 되면 신규 기업이 진입을 시도할 경우 가격 인하나 기존 거래선 독점 등의 방법으로 진입을 저지할 수 있게 된다. 또한 독과점은 불공정 거래, 지적소유권 침해 등을 유발해 소유권 보호와 계약 및 거래의 자유라는 자본주의 경제 원리도 침해한다. 독과점과 이에 기반한 불공정 행위를 기업 설립의 자유 제한이나 거래의 자유 침해 등 기본 경제 질서 위반이라는 관점에서 접근해 철저히 교정해야 한다. 지적재산권 침해도 소유권 보호라는 기본 경제 질서 확립의 차원에서 엄격히 처벌할 필요가 있다. 나아가 시장경제 질서의 확립, 소비자 후생 증진 등을 위해 필요할 경우 기업 분할과 같은 과감한 조치도 실시해야 할 것이다.

이와 같은 경제적 자유의 확대는 적극적 자유의 확대를 주로 의미한다. 모든 구성원에게 기본적 자유 또는 소극적 자유를 보장하는 것은 물론 최소 수혜자에게 최대 이익이 되는 방식으로 또는 그러한 한도 내에서 적극적 자유를 확대하는 것이다.

나. 시장메커니즘의 정착

경제적 민주화는 두 번째로 사회 차원에서의 경쟁 또는 가격 메커니즘에 의한 자원 배분, 그리고 세 번째로 기업 또는 조직 차원에서의 소유의 대중화와 지배(경영)의 대중화를 요구한다. 이는 강한 상호주의 원칙에 의거하여 경제적 자유의 증진 및 시장화를 진전시키되 대중의 참여 보장이라는 민주주의 원리에 적합한 방향으로 관리함으로써 경제시스템의 효율성과 공동체성을 아울러 유지하는 것이다.

경쟁메커니즘은 자본주의 경제에서 각 생산 주체의 소비자 선호 충족 노력과 생산성 향상을 위한 혁신 노력을 압박하는 '소금'으로서 소비자의 효용(후생)을 극대화하는 자원의 분배를 달성하는 최선의 수단이다. 따라서 시장경쟁을 유지·강화하는 노력은 정부의 가장 중요한 경제적 사명이다. 이와 관련하여 이행기에 추진된 시장화가 독과점화에 의한 경쟁의 약화로 귀결되고 있는 추세를 되돌려 시장경쟁이 회복, 확산될 수 있도록 다양한 조치를 시행해야 한다. 시장 지배적 사업자 내지 독과점 기업의 자의적 판매 가격 설정, 하청거래 기업 압박 등 시장 지배 행위를 최대한 억제할 필요가 있다.

아울러 재벌의 주요 산업 동시 지배를 해소할 수 있도록 재벌들을 업종별로 전문화하고 이를 통해 국제경쟁력을 높일 필요가 있다. 이와 관련하여 20세기 전후 미국 정부가 단행했던 대대적인 기업 분할과 이후에도 계속되고 있는 독과점 억제 조치를 참고할 필요가 있다. 그러나 무엇보다 효과적인 방법은 규제 완화, 신기술개발 지원 등을 통한 신규 기업의 시장 진입 촉진이다. 끊임없이 새로운 기술을 가진 기업이 진입하여 다수의 기업이 활동하고 이를 통해 파괴적 혁신이 원만히 수용될 수 있도록 해야 한다. 시장의 대외 개방, 외국인 직접투자 유치도 효과적인 수단이다.

상품 시장에서뿐만 아니라 생산요소 시장에서 경쟁을 늘리는 것도 중요하다. 우리나라는 발전연대 이래 중상주의 또는 국가 주도의 경제 질서를 유지하면서 노동과 자본의 거래를 국가가 관리하는 관행이 강한 편이다. 외환위기를 계기로 자본에 대한 정부의 통제는 대폭 줄었고 그 결과 자본시장(금융시장)은 시장경쟁 메커니즘이 비교적 잘 작동하게 되었다. 그러나 노동시장은 위기 이후 더욱 분절되어 '동일 노동, 동일 임금'이라는 기본 원칙조차 무너지는 등 심각한 기능부전에 시달리고 있다. 물론 노동이 대다수 사회 구성원의 기초 소득원이라는 점에서 이에 대한 국가의 개입이 불가피한 측면이 있다. 그러나 자본주의 체제에서 노동도 엄연히 거래의 대상으로서 시장 원리에 의해 수급이 결정되는 측면이 있다.

따라서 노동시장의 공공성과 시장성 사이의 조화에 좀 더 노력할 필요가 있다. 구체적으로 이는 고용의 유연안전성(flexicurity) 확보라고 할 수 있다. 우선 노동거래의 시장성 증진을 위해 고용의 유연성을 높이는 노력이 필요하다. 발전연대 이래의 종신고용 관행 또는 장기고용 관행을 완화할 필요가 있다. 특히 정부 등 공공기관과 대기업 정규직 종사자의 고용 보장을 대폭 완화하여야 한다. 임금 산정 방식도 연공서열적 요소를 대폭 축소하고 직무급 또는 직책급적 요소를 확대하여 성과 기여도와 보상이 비례하도록 하는 것이 바람직하다. 중소기업이나 비정규직 종사자의 경우 이미 고용 보장이 거의 없는 상황임을 감안할 때 양자 간 균형을 위해서도 이러한 조치가 필요하다. 이를 통해 노동시장의 분절을 최소화하고 노동시장의 통합성을 높임으로써 노동시장의 가격(임금) 설정 및 수급량 조절 기능을 활성화해야 한다. 흔히 말하는 '동일 노동, 동일 임금' 원칙은 시장경제에서 일물일가의 법칙처럼 자명한 원리인데도 불구하고 현재 이것이 제대로 실천되지 못하고 있다.

다른 한편으로는 노동 거래의 유연화에 따른 노동자의 협상력 약화와 생계 불안정을 보완하기 위해 노동자의 생계 보장 및 고용의 안전성을 높이는 조치가 필요하다. 다양한 노동 직종별, 산업별 또는 국가 차원의 노동자의 조직화가 대폭 확대되어야 한다. 특히 구직자도 노조에 가입해 기득 노동자와 신규 진입 노동자 간 이익의 균형을 도모할 필요가 있다. 이를 통해 구직자를 포함한 개별 노동자와 개별 기업 간 협상뿐 아니라 직종별, 산업별 국가 차원의 통합적 협상과 조정이 활성화되어 협상력 등에 따른 차별이 최소화되고 전체 노동시장이 공공성을 유지할 수 있어야 한다. 직업 알선 및 중재, 직업훈련기관의 대폭 확충, 평생교육·훈련 제도 확립 등 정부가 적극적 노동시장 정책을 획기적으로 강화할 필요가 있다. 기초생계비 지급, 실업보험 확충 등을 통한 사회안전망의 실효성 확보도 매우 중요하다. 이것이 밑받침되어야 실업한 노동자의 기초 생활과 노동계약상 협상력이 확보되기 때문이다. 향상 지향적 문화의 확산, 모험과 도전 정신의 앙양도 이로부터 시작된다.

거래의 공정성을 보장하는 것도 중요하다. 이를 위해 독과점기업이 실질적 진입 장벽을 쌓지 못하도록, 특히 파괴적 가격 인하나 판매선 독점을 시도하지 않도록 해야 한다. 독과점적 시장 지배력의 행사 방지와 불공정 거래의 시정 및 금지 등을 위한 정부 정책을 실효성 있게 시행해야 한다. 경쟁 증진에 있어 또 하나 중요한 점은 여러 경제주체 간 경쟁력 또는 협상력 격차를 줄이기 위한 노력이 있어야 한다는 것이다. 완전 경쟁 조건에서 보듯이 경쟁은 대등한 경쟁력을 갖춘 경제주체 사이에 잘 유지될 수 있기 때문이다. 현 경제 상황에서는 대기업과 중소기업 간 경쟁력 및 협상력 격차를 줄이기 위한 중소기업의 노력과 정부 지원이 바람직하다. 예를 들면 중소기업 협력체 구성을 통한 대기업과의 공동 협상, 대기업의 공정 계약 원칙 준수 유도 및 가격에 대한 영향력 행사 금지, 중소기업에 대한 국가적 자금·기술 지원 등이 있을 수 있다. 경쟁력의 격차는 불가피하며 또한 신상품 생산 또는 신기술 창출을 통한 경쟁력 향상은 경제발전에 필수적이다. 하지만 그것이 시장에서의 경쟁 약화 내지 독과점으로 이어질 경우 자본주의 시장경제의 가장 큰 이점을 무력화하므로 정부는 독과점을 규제하고 경쟁을 유지하는 데 끊임없이 노력해야 한다. 이를 위한 최후의 수단은 국가가 나서서 민간 경제주체 간

계약과 거래에 직접 개입하거나 독과점 기업의 분할 등을 통해서 시장 지배력을 약화시키는 것이다.

앞서 본 바와 같이 신성장산업의 경우 시장이 제대로 형성되어 있지 않거나, 관련 기업의 자금, 인력과 경영 능력이 부족한 경우가 많다. 이에 대한 정부의 지원을 통해 다수의 기업이 진입해 경쟁하는 시장이 조기에 조성되도록 할 필요가 있다. 이에 대해서는 '라. 정부의 시장 유지·조성 기능 강화'에서 살펴본다.

마지막으로, 각 경제주체에 대한 정보 공개를 확대하는 등 사회적 투명성을 높여야 한다. 그래야 광범위한 경제주체 사이에 비인격적 신뢰가 형성되어 상호 간 거래와 협력이 원활해질 수 있다. 재무제표를 비롯한 기업 정보의 투명성 제고와 공개 확대, 금융기관과 상품에 대한 정보 공개 확대, 정부 등 공공기관에 대한 정보 그리고 이들이 보유한 국가 관련 정보의 공개 확대가 필요하다. 이를 통해 거래 당사자 또는 경제 전반에 걸친 비인격적 신뢰를 정착하는 것이야말로 공정한 시장거래 및 계약 질서의 유지를 위한 필수 기반이다.

다. 기업 소유와 지배의 대중화

소유의 대중화는 자본주의 한국경제시스템의 진화 잠재력과 포용성을 높이는 매우 실효성 있는 수단이다. 이는 다수 경제주체의 기업 설립을 촉진하여 보다 많은 사람들이 기업을 직접 소유하도록 장려하는 한편, 대기업 또는 상장기업의 주식을 종업원, 지역 주민 등 제 이해관계자가 적극 소유하게 하거나 각종 연기금 등 포트폴리오 투자 기관들의 주주권 행사를 확대함으로써 달성된다. 이를 통해 소유에 기반한 지배를 기본 원리로 하는 자본주의 체제와 정합적인 방법으로 경제활동에 대한 대중적 지배를 실천할 수 있는 동시에, 시장화의 능력주의 성과 분배가 초래하는 소득 및 부의 집중과 이로 인한 수요 부족이라는 문제점을 완화할 수 있다.

우선 보다 많은 기업의 설립은 두말할 필요도 없이 가장 효과적인 소유 확산 또는 대중화의 수단이다. 자유기업제도가 시장경제체제의 핵심 요소인 이유도 여기에 있다. 기업 설립의 확대를 위해서는 무엇보다 각 경제주체의 전문성을 높이고 사회 또는 조직 구성원 간 협력을 촉진하는 것이 바람직하다. 그러므로 정부는 국민들의 전문 역량 개발, 사회적 투명성 및 공정한 규칙과 신뢰 확산 등을 통한 사회 구성원 간 협력을 촉진해야 한다. 지식경제에서 가장 중요한 경쟁력인 신지식의 창조 또는 혁신을 증진하기 위해 다양한 전문가 간의 협력 그리고 이에 바탕한 활발한 지식 기업 설립이 가능하도록 자율과 신뢰를 촉진하는 조직 지배구조와 사회 문화를 확산하는 것이 필요하다. 기업 설립에 따르는 위험과 비용을 사회적으로 분담하는 제도도 확충하여야 한다. 사회안전망 확립과 경영적·금융적 측면에서의 창업 지원 체제 구축은 최소한의 장치라고 할 수 있다. 또한 새로운 기업의 진입을 가로막는 형식적·실질적 장벽, 즉 각종 진입 규제와 기존 기업의 불공정 행위를 없애는 것이 중요하다.

주식 소유의 분산도 효과적인 소유의 대중화 방법이다. 오늘날의 세계화된 경제체제에서 가장 중요한 경제주체는 대기업이다. 이처럼 대기업이 지배하는 경제체제에서는 시장경쟁이라는 보이지 않는 손보다 대기업이라는 보이는 손이 자원 분배 등에서 더 큰 역할을 하는 것이 사실이다. 따라서 대기업을 다수 대중이 소유해야 대중의 이익을 위한 자원 배분이 이루어질 수 있다. 이러한 맥락에서 종업원지주제를 통해 종업원의 자사 주식 소유를 늘리거나, 채권자, 소비자, 지역 주민 등의 주식 소유 제도 도입 등을 통해 이들이 대기업 주식을 보다 많이 소유하도록 하는 것이 바람직하다.

기업 소유의 대중화를 바탕으로 기업 지배의 대중화도 이루어져야 한다. 기업 지배의 대중화는 기업이 가장 중요한 생산 주체이기 때문에 대다수 사회 구성원들이 이에 참여할 수 있어야 한다는 점에서 당연하다. 국내외 경제의 지식화에 따른 전문지식의 증가와 혁신의 급증 등에 효과적으로 대처하기 위해 대중의 지혜를 모아야 한다는 측면에서도 반드시 필요하다. 기업 지배의 대중화는 수로 소수 주주와 종업원 그리고 소비자의 경영 참여로 표현된다. 기업의 조직 구조와 운영 방식을 분권화, 자율화하여 일반 종업원의 기업 의사결정 참여를 확대하는 것이 지배의 대중화에 기여한다. 전문화된 지식의 융·복합 기반 혁신을 경쟁력의 원천으로 삼는 오늘날의 지식화된 경제 그리고 한국경제시스템에서 차별화 기반 혁신의 중요성 증가 등을 감안할 때, 전체 종업원의 전문성과 다양성을 최대한 활용하는 종업원의 경영 참여 확대는 반드시 이루어져야 할 요건이다.

포트폴리오 투자자의 기업 경영 참여와 감시도 필요하다. 단기적 투자 이익보다는 장기적 기업 성장과 투자 이익을 중시하는 관점에서 이들이 기업 경영에 참가

한국경제시스템의 새로운 미래를 꿈꾸며

한다면 기업 경영이 크게 개선될 수 있을 것이다. 이와 연계하여 연기금 등 포트폴리오 투자 기관(기관투자자)에 대한 보다 철저한 감시가 필요하다. 기관에 자금을 위탁한 투자자들이 장기적 투자 이익을 확대하기 위해 기관이 최선을 다하고 있는지 감시할 수 있도록 관련 자금 운용 및 회계 자료의 공유를 확대해야 한다.

　　기업 지배와 관련해 또 하나 한국경제시스템에 중요한 것은 '경영자 혁명'의 달성이다. 우리나라는 발전국가 이래 대주주의 기업 지배 관행이 이어지면서 미국에서와 같은 소유와 경영의 분리, 경영자 혁명과 경영 전문화가 이루어지지 않았다. 이에 따라 경영 능력이 검증되지 않은 창업자의 2, 3, 4세가 경제적 비중이 막대한 대기업(집단)을 세습 경영하고 있다. 게다가 기업 지배구조가 매우 집권적, 수직적이다. 다수 대기업들이 능력이 검증되지 않은 세습 기업주의 독단에 근거해 경영되고 그 결과 상당수 기업의 효율성 향상과 신기술·신상품 창출이 부진해지고 있는 것으로 보인다. 특히 외환위기 이후에는 재벌 대기업이 시장 지배력을 확대하여 혁신과 생산 효율 향상 대신 불공정 거래 등을 통해 이익을 늘리고 주주 중심주의 경영이라는 명분하에 이를 주주에게 배당하는 경향이 높아지고 있으며, 이것이 우리 경제의 투자 및 성장 저하로 이어지고 있다. 대주주의 지분율이 낮아 여타 주주, 특히 외국인 등 단기 이익 추구 주주의 요구에 기업 경영 방향이 쉽게 흔들리고 그로 인해 기업이 단기 이익 추구 지향적으로 경영되는 것도 문제이다. 따라서 경영자 혁명을 통해 전문성과 경영 능력을 가진 전문 경영자들이 대기업의 경영을 담당하도록 하고 경영을 혁신하는 것은 한국 기업의 효율성 및 경쟁력 향상과 한국경제시스템의 선진화를 위해 더 이상 미룰 수 없는 과제이다. 종업원의 주식 소유 확대 등을 통해 주요 대기업의 외국인 지분율을 낮출 필요도 있다. 아울러 재벌의 전문화를 통해 재벌이 특정 분야 기업을 집중 소유 및 직접 지배하도록 할 필요가 있다. 이를 통해 기업 경영에 관한 권한과 책임을 일치시키고 경영의 효율성을 높일 수 있다.

　　ICT 발전은 사회 또는 조직 구성원의 의사결정 참여 수단을 확대해 기업 지배의 대중화에 기여한다. 디지털 혁명의 진전, 그중에서도 인터넷 기반 '열린 협력'이 향후 보편적인 지식 생산 공정 PT가 될 것으로 보이는바, 기업들은 소비자, 거래 기업, 연관 산업 기업 등과 개방적으로 협력하는 데 노력해야 할 것이다. 열린 협력이 가져다주는 다수의 지혜를 극대화하기 위해 기업의 의사결정 방식을 대중화, 분권화해야 한다. 최근 대중 소유와 대중 지배를 결합한 새로운 조직 방식으로 클라우드, 플랫폼, 블록체인 등이 부상하고 있다. 이 중에서도 블록체인은 분산원장이라는 '기술로 보장된 신뢰 네트워크'를 제공하여 참여자 간 자발적 협력에 바탕한 탈집중화되고 유연한 조직화와 공동 지배, 이윤의 공유를 가능하게 한다. 클라우드나 플랫폼은 자원이나 정보의 공유와 열린 협력을 통해 생산의 효율성을 높이지만, 특정 주체가 중개자로서 전체를 주도함으로써 이익의 공유가 제한되는 측면이 있다. 반면 블록체인은 분산된 구조를 채택함으로써 정보와 이익의 공유가 보장되고 따라서 보다 우수한 신뢰 네트워크가 될 가능성이 크다. 정부가 정책적으로 블록체인, 플랫폼 등의 새로운 경제 조직을 육성, 확충해갈 필요가 있다.

협동조합을 활성화하는 방안도 좀 더 적극적으로 모색할 필요가 있다. 협동조합은 다수 경제주체의 광범위한 협력과 구성원 모두의 의사결정 참여에 의해 지배되는 사업 방식으로서 경제의 민주화와 부합되는 조직 형태이다. 2010년 전후 협동조합 설립이 크게 증가한 바 있으나 아직 시장 입지나 경제적 비중이 취약한 수준에 머물고 있다. 정부가 공정한 이익 분배 및 의사결정 절차 등을 마련하고 구성원들이 보다 적극적으로 조직 경영에 참여하여 사업 역량을 확충할 수 있도록 지원해야 한다. 우선 식품, 주택 등의 생활필수품의 생산과 유통, 의료 및 금융 서비스 등 광범위하게 흩어져 있는 다수의 사람들이 공통적으로 수요하는 산업을 대상으로 협동조합을 확충해나가는 것이 바람직해 보인다. 왜냐하면 이러한 업종의 경우 많은 사람을 조합원으로 포괄하여 규모의 경제, 원스톱 서비스 효과를 살리고 경쟁력을 확보하는 것이 용이하기 때문이다. 협동조합의 위험 부담 및 혁신 역량을 강화하여 급변하는 현대 경제 환경에서 경쟁력을 확보하는 방안도 강구되어야 한다. 협동조합에 더 많은 전문 경영자를 참여시키고 또 자체적으로 양성하는 것이 시급하다. 이 밖에 협동조합형 조직 방식을 신지식 창출을 위한 전문가 간 지식 협력체에 적용하는 방안도 검토해볼 만하다. 협동조합의 자율적 지배구조와 이익의 공유 제도가 전문가 사이의 신뢰와 협력 증진에 기여할 수 있다.

요컨대 혁신 증가와 급속한 변화가 특징인 지식경제 시대에 효과적으로 대응하기 위해서는 사회와 조직 내 구성원 모두의 역량을 최대한 이끌어내는 것이 중요한바, 대중 소유와 대중 지배에 기반한 조직화의 증진에 정부, 기업 등 모든 경제주체가 다각도로 노력해야 한다.

라. 정부의 시장 유지·조성 기능 강화

시장은 장기적으로 소수의 승자만을 남기며, 이는 결국 대기업 등의 시장 독과점과 경쟁 약화 그리고 이에 따른 경제적 효율성 및 혁신의 저하, 소득 분배의 불평등으로 귀결된다. 또한 자유경쟁 시장은 그 기초로서 다양한 사회 인프라, 즉 충분한 사회간접자본과 우수한 노동력, 사유재산 및 공정한 거래 질서의 보장, 효율적인 사회 제도와 신뢰·협력하는 문화 등을 필요로 한다. 이러한 시장메커니즘의 고유한 약점과 불완전성은 정부가 민주주의 원리에 기반해 시정, 보완하여야 하는바, 이 기능을 원활히 수행하는 정부를 '시장 확장적 정부'라고 할 수 있다. 시장 확장적 정책의 주요 내용은 다음과 같다.

첫째, 시장에서 경쟁이 유지되도록 하는 정책을 들 수 있다. 기존 산업 및 시장에서는 끊임없이 신규 기업이 진입하도록 부추기고, 시장 지배적 기업 출현 및 기업 간 담합을 억제하여 경쟁을 유지하는 것이 중요하다. 독과점은 부와 소득 분배의 불평등으로 이어져 결국 포용적 경제시스템은 물론 포용적 정치시스템(민주주의)을 위협하게 된다. 따라서 정부는 시장 독과점을 최대한 억제하고 부와 소득의 불평등을 필요 최소한으로 유지하는 데 노력해야 한다. 이를 위해 사회안전망 확립은 물론, 누진적 세제, 공공 교육 및 의료체계 확립, 불로소득과 무임승차의 제거 등이 필요하다. 또한 포용적 국가 지배구조를 갖추어 기득권층 또는 기존 기업의 영향력이 과도해지는 것을 방지함으로써 각 산업에서 파괴적 혁신을 원활히 수용하여야 한다. 이를 통해 시장경쟁, 혁신과 소비자 후생이 확대될 수 있다.

이와 관련하여 연관 기업 사이의 거래 또는 하청 거래와 같이 경쟁메커니즘이 적절히 작동하지 못하는 거래에서 강한 상호주의 원칙에 기반해 공정한 거래와 성과 분배 규칙을 확립하는 것이 중요하다. 한국경제시스템에서는 불공정 거래, 특히 독과점 대기업이 하청 기업과의 거래 또는 상품 시장에서 협상력의 우위를 바탕으로 거래가격 또는 성과 분배에서 일방적으로 유리한 계약을 관철시키는 경우가 많다. 또한 부유층이 대규모 부동산 보유를 바탕으로 임대료와 자산 가격을 일방적으로 설정해 많은 불로소득을 획득하고 있다. 이처럼 사회에 필수적인 자산의 집중적 소유를 통해 우월한 협상력을 갖추고 일방적으로 가격을 설정하여 이득을 추구하는 행위는 사회적 시너지를 독차지하는 불공정 행위이다. 부정부패나 연고에 기반한 불공정한 거래와 성과 전유도 불식되지 않고 있다. 아울러 대부분의 대기업이 대를 이어 세습되고 부의 상속이 과다하여 새로운 대기업과 자수성가형 부자의 출현이 거의 사라지고 있다. 계층 간 이동이 줄어들면서 대다수 청년층의 경제활동 및 모험심도 약화되고 있다. 한국경제가 혁신과 이를 통한 소득 창출보다 기득한 "부의 유지를 지향하는 세습 경제"[17])에 점차 가까워지고 있는 것이다. 포터(Michael E. Porter)가 주장했듯이 세습 경제 내지 경제의 세습화는 혁신과 경제발전을 저해하는 가장 큰 적이다. 민주주의가 전제군주, 귀족의 권력 세습을 타파했듯이 시장경제 체제가 경쟁과 경영자 혁명 등을 통해 경제적 세습을 끊어내야 한다.

요컨대 사회적으로 창출된 시너지나 거래 상대방의 성과를 특정 경제주체가 협상력 우위 등을 바탕으로 부당하게 차지하는 것은 경제활동 또는 혁신 인센티브를 왜곡하여 기본 경제 질서를 교란하고 경제시스템의 진화를 저해하는 행위이다. 정부가 시장경쟁 강화, 불로소득에 대한 과세 강화, 협상력 격차에 대한 정치적 조정 등을 통해 이러한 불공정을 적극적으로 시정해야 한다. 강한 상호주의 규칙을 전 경제 분야에 확립하는 것이 무엇보다 중요하다.

둘째, 정부가 신성장산업에서 시장을 조성하는 데 힘써야 한다. 신성장산업이 발전하기 위해서는 대규모 투자와 장기간의 기술개발 및 인재 양성이 필요하다. 이러한 산업은 산업 연관 효과 등을 통해 대규모 외부경제효과를 갖는 것이 보통이다. 따라서 정부가 나서서 자금 및 인재 지원, 신상품 구매, 나아가 다수의 벤처기업 육성 등을 추진함으로써 시장을 조성하는 것이 필수적이다. 또한 지식 기반 신성장산업은 다양한 분야의 지식과 기술이 원활히 융합되었을 때 효과적으로 발전할 수 있기 때문에 정부가 조정사로서 다양한 기업과 전문가 사이의 협력을 매개하는 것이 긴요하다.

새로운 지식과 기술의 개발, 신성장산업의 발전은 일종의 공공재로서 매우 큰 외부 효과를 가지기 때문에 이를 담당하는 주체에게 충분한 수익이 보장되지 못하고, 따라서 사회적으로 필요한 수준보다 과소해지기 쉽다. 그러므로 정부가 나서서 신기술, 신시장 창출을 위한 투자와 혁신, 이른바 '시장 창출 혁신'을 지원하여야 한다. 경제의 지식화와 더불어 지식과 기술의 혁신이 경제시스템의 성패를

---

17) Porter, Michael E(2009), ≪국가경쟁우위≫, 문휘창(역), 21세기북스, <제10장> 인용.

좌우하고 있는 만큼, 정부는 시장 창출 혁신을 증진하는 데 최우선을 두고 경제정책을 운용하여야 한다.

셋째, 시장메커니즘 또는 자본주의가 안고 있는 경제·사회 인프라 부족 문제도 정부가 적절히 해소하고 보완해야 한다. 전문 기술과 인재의 육성, 민간이 적절히 추진하기 어려운 과학 및 기반 기술 연구, 사회적 수요를 충족하기 위한 대규모 인프라 건설, 대규모 자금을 필요로 하는 고위험 혁신 프로젝트의 추진 등에 정부가 보다 적극적일 필요가 있다. 국가적 데이터베이스, 산업 클러스터와 산학협력 네트워크 등 지식의 축적, 공유, 생산을 위한 다양한 인프라 구축에도 정부가 적극 노력해야 한다. 또한 시장경제 질서의 작동과 사회적 협력을 촉진하기 위한 제도적·문화적 인프라 확충도 정부의 중요한 과업이다. 정부만이 사유재산 및 공정한 거래 질서의 보장, 사회적 제도와 신뢰·협력하는 문화 등을 정립할 수 있다.

시장의 단기 성과 추구, 지식경제의 쏠림 현상에 따른 거시경제적 불안정을 완화하기 위한 정부의 역할도 중요하다. 시장의 단기 성과 추구 경향을 교정하는 것은 전통적인 정부의 역할이다. 나아가 지식경제에서는 지식의 공공재성과 이에 따른 민간의 과소 투자 경향, 지식의 수확체증성에 따른 선발자 독점 경향 등이 심해지는바, 이의 완화를 위한 정부의 역할이 더욱 중요해진다. 지식산업에서의 선발자 독점과 성과 격차, 고용 부진 등으로 인한 수요 공급 간 불균형과 이에 따른 경제 불안정을 거시경제 및 소득재분배 정책을 통해 완화하고, 지식경제에서의 혁신 급증과 경제구조의 급변에 대응해 신속한 경제구조조정과 경제시스템의 시의적절한 진화를 지원하는 것도 정부가 수행해야 할 주요 임무이다.

마지막으로, 장기적 경제정책 수행 체계를 갖추는 것도 한국경제시스템의 진화 역량 향상에 중요한 요건이다. 우리나라에서는 민주화 이후의 대통령 단임제 도입, 외환위기 이후의 신자유주의 정책 추진 등으로 인해 경제정책의 시계가 5년 이하로 단축되었다. 기업의 경영 시계도 주주 중심주의 도입 등으로 매우 짧아졌다. 그러나 경제시스템의 진화, 특히 지식경제의 발전을 위해서는 장기간에 걸쳐 추진해야 할 정책들이 많다. 이 책에서 논의한 정책들은 대부분 장기적으로 일관성 있게 추진해야 할 것들이다. 그러므로 주요 경제정책들을 여러 정권에 걸쳐 지속적으로 추진할 체계를 마련해야 한다. 예를 들면 정부·국회 공동 관할의 경제기획청 또는 '국가비전회의'를 별도로 설치하거나 한국은행과 같은 중립적 기관에 동

기능을 부여하는 방안을 검토해볼 수 있다.

마. 세계화의 부작용 완화

시장화의 세계적 확대, 즉 세계화는 국제 경쟁 증가와 새로운 기술 도입 촉진을 통해 우리 경제의 효율성과 세계경제 변화에 대한 적응성을 높이는 데 기여한다. 하지만 세계화에 따른 부작용이 상당하며 경제적 의사결정에 대한 민주적 지배와 상충되는 측면도 있다. 한국경제시스템은 매우 개방적이며 대외의존적이다. 따라서 세계화의 장점을 살리면서 부작용은 완화하는 데 각별히 유의하여야 한다.

이행기 중 경험한 바 있고 앞으로도 겪을 수 있는 세계화의 부작용으로는 우선 대기업 등의 소재부품·장비 및 생산자 서비스의 아웃소싱이 증가해 국내 중간재 생산 중소기업이 위축되고 국가 경제의 산업연관관계가 약화된다는 점이다. 이는 한국경제시스템이 대외의존적 조립 가공품 수출에 의존하는 구조를 벗어나지 못한 상황에서 세계화가 진전됨에 따라 수출의 국내 수요 및 고용 연관 효과가 약화되고 한국경제시스템의 고용 흡수력과 국내 투자·소비 창출력이 저하되었기 때문이다. 현재와 같은 대외의존적 가공조립 중심 산업구조가 앞으로도 유지된다면 중국의 추격을 허용하면서 우리 경제의 고용 창출력과 진화 잠재력은 사실상 고갈되고 말 것이다. 이의 예방을 위해 중간재 생산 중소기업의 기술 및 국제경쟁력을 획기적으로 향상하여 국내 산업 생태계의 연관관계 또는 자기 완결성을 강화하여야 한다. 부품소재·장비 분야에서 세계적 수준에 있는 일본 기업에 버금가는 기술을 확보하고 중국 기업의 추격을 뿌리치는 것이 무엇보다 중요하다. 정부와 대기업이 나서서 장기적 관점에서 동 분야 중소기업에 대해 기술 및 인재 개발을 지원하고 중소기업 스스로도 독자적 기술혁신 역량을 갖추는 데 최선을 다해야 한다. 부품소재·장비 산업이 세계적 경쟁력을 갖춘 후에야 한국경제시스템의 자생적 차별화 기반 혁신과 생산성 향상 기반 경제성장이 지속될 수 있고 지식경제가 정착될 수 있다.

우리 경제가 세계적 경쟁에 노출되면서 경쟁력 우열에 따른 성과 격차가 커지고 열위 부문의 구조조정이 강화되어 사회 내 빈부격차가 커지고 있다. 또한 세계화에 따른 자본의 이동성 증가와 노동의 낮은 이동성은 요소가격의 세계적 균등화 압력[18]과 어우러져 자본의 이익은 높이고(기업에 분배되는 소득 또는 재산소득의 비중은 증

가) 노동의 보수는 줄이는(가계에 분배되는 소득 또는 노동소득의 비중은 감소) 경향과 이에 따른 빈부격차 확대를 낳고 있다. 이를 완화하는 정책이 필요하다. 정부가 소득재 분배 정책을 적극적으로 실시해야 한다. 소득 격차의 확대는 사회 구성원들의 참여 욕구 저하와 구성원 간 협상력 격차, 그리고 이에 따른 불공정 거래 나아가 사회 내 경쟁/협력의 저하를 부추기는 원천이 될 수 있기 때문이다. 한편 구조조정과 관련해 경쟁력 열위 부문의 자원을 신성장 부문 등으로 이동하는 제도, 특히 노동의 이동을 촉진할 수 있도록 고용을 유연화하는 장치를 도입하여야 한다. 다만 이 과정에서 실업을 겪거나 소득의 대폭 감소를 겪는 경제주체들에게 사회안전망을 제공함으로써 구조조정에 따른 반발을 최소화하여야 한다. 적극적 노동시장 정책 등을 통해 공적 직업훈련을 강화하고 정부의 직업 알선 기능도 확대해야 한다.

셋째, 금융시장의 개방이 외국 금융 자본의 단기적·배타적 이익 추구와 자본 이동의 급증으로 이어져 한국경제시스템의 포용성을 떨어뜨리고 불안정성을 높이고 있다. 소유와 지배의 대중화를 통해 기업과 경제에 대한 민주적 지배를 강화함으로써 외국 금융 자본에 의한 기업 경영 시계의 단기화를 극복하고 배타적 주주 자본주의의 특성을 완화하여야 한다. 무엇보다 대기업의 주식을 종업원과 국내 기관투자자 등이 보다 많이 보유하여 외국인 포트폴리오 투자자의 국내 주식 지분율을 미국, 일본 등의 수준으로 낮추는 것이 중요하다.

마지막으로, 세계화에 따른 경쟁 증대에 효과적으로 대처해야 한다. 사실 이것이야말로 세계화가 제기하는 가장 중요한 도전이라고 할 수 있다. 한국경제시스템이 여전히 일본 등 선진국에 비해 PT, ST 등에서 뒤진 가운데 중국, 인도 등 대형 후발 개발도상국이 큰 시장(규모의 경제), 풍부한 노동력과 낮은 인건비 등을 경쟁력의 원천으로 삼아 급속하게 추격하고 있다. 이에 대한 대응 방향은 한마디로 우리 경제시스템의 지식화와 이를 통한 PT, BD의 혁신 증대 및 생산성 향상이라고 할 수 있다. 그런데 경제적 혁신 및 생산성 제고는 장기적 투자를 필요로 하는

---

18) 세계화는 상품은 물론 생산요소인 자본과 노동의 세계적인 이동을 촉진하며 이에 따라 자본의 가격인 이자율(투자수익률)과 노동의 가격인 임금을 여러 국가 간에 균등하게 만드는 효과가 있다. 그런데 우리나라를 포함해 선진국의 경우 세계화로 인해 임금은 낮아지고(세계 평균 임금 수준이 선진국의 임금 수준보다 낮기 때문임) 자본이득은 높아지는(세계 평균 자본수익률이 선진국의 자본수익률보다 높기 때문임) 경향이 있다.

경우가 많다. 장기 투자에 대해 이익 배당·의결권상의 인센티브를 제공해 주주들이 보다 장기적 관점에서 기업 경영 성과를 판단하도록 지원해야 한다. 대기업이 연구개발과 숙련 인력 양성에 보다 적극적으로 투자해 장기적 혁신 및 성장 역량을 확충하고 사회적 기여도도 높이는 방향으로 경영되도록 유도해야 한다.

요컨대 세계화라는 국제 환경 변화를 국내적 경쟁과 국가적 협력의 촉진을 통해 한국경제시스템의 진화에 기여하도록 활용해야 한다. 시장경쟁 확대와 선진 기술·인재 유입 촉진, 사회안전망 확충과 유연한 경제구조조정 등을 통해 개방이 제공하는 장점, 즉 한국경제시스템의 혁신 역량 증대와 진화 잠재력 확충을 최대한 이끌어내면서 개방에 따른 경제시스템 내 각 부문 간 격차와 불안정성 확대를 효과적으로 관리하는 것이 중요하다.

지정학적 측면에서는 G2 체제가 향후 더욱 확고해지면서 미·중 간 세계 주도권 경쟁이 장기간 이어지고, 이로 인한 세계 정치경제 질서의 불안정이 클 것으로 보인다. 특히 한반도가 G2 간 대치의 최전선에 위치해 있고 한국경제시스템의 대외 의존도가 높은 만큼 우리에게 위험이 커졌다고 할 수 있다. 그러므로 체제가 미치는 부정적 영향을 최소화하는 한편, 가급적 우리에게 유리한 요소로 작용하도록 외교 역량을 모아야 한다. 이는 한국경제시스템의 존속과 진화를 담보하기 위한 가장 중요한 과제일 수도 있는바, 이의 달성을 위해서는 민주화를 통해 국민의 단합을 이루어내고 지식화와 시장화를 통해 우리의 G2 체제 대응력을 키우는 것이 필요하다. 특히 남북 간 연합 나아가 남북통일은 G2 체제하에서 우리의 대응 역량을 높이는 가장 중요한 지름길이다. 한편 향후 나타날 수 있는 G2의 상반된 요구에 효과적으로 대응하기 위해서는 우리가 정치경제 체제 면에서 글로벌 스탠더드를 준수하고 지식화를 촉진하는 것이 최선이다. 글로벌 스탠더드야말로 가장 보편타당한 가치이자 질서이므로 G2의 부당한 또는 이기적인 요구를 물리칠 수 있는 최선의 방어책이다. 지식화는 우리나라의 경제력과 이에서 나오는 국방력을 키우는 최선의 길이다.

3. 민주주의와 시장경제 기반 지식화 가속

ST 측면에서 민주주의와 시장경제를 확립해 개별 경제주체의 전문성, 사회와 조직의 다양성, 그리고 이들 간 경쟁/협력이 활발한 경제시스템을 구성하는 동시에 PT 측면에서는 지식화를 촉진하여야 한다.

지식을 주된 생산요소로 하는 지식경제는 그 특성에 맞는 새로운 생산 체제를 필요로 한다. 신석기 농업혁명이나 근대 산업혁명이 그에 맞는 생산 단위와 사회조직 및 운영 원리의 창출을 통해 인류 사회를 근본적으로 바꾸었듯이 지식경제도 같은 정도의 변화를 인류 사회에 요구할 수 있다. 이러한 변화가 구체적으로 어떤 것일지는 아직 불분명하다. 다만 지식 또는 지식산업의 특성을 통해 개략적 변화 방향을 예측할 수 있다.

지식은 무한한 진화 인자의 디자인 공간을 탐색하여 탄생하는 것이기 때문에 최초 창출, 즉 생산의 불확실성이 매우 크고, 발전의 방향도 불분명하다. 게다가 현대 경제에서 유용한 지식, 기술은 고도로 전문화되고 복합성도 높은 경우가 많다. 따라서 개발을 위해 많은 전문 인력과 연구 기자재를 장기간 투입해야 하기 때문에 비용이 많이 들 수 있다. 특히 신산업 창출과 같은 기반 기술의 경우 국가나 대기업이 나서 개발해야 할 경우가 흔하다.

새로운 지식을 창출하기 위한 가장 효과적인 방법은 과학이다. 과학은 연역적·귀납적 추론과 객관적 사실에 바탕한 추론의 검증이라는 절차를 거쳐 새로운 지식을 생산한다. 따라서 지식의 생산을 효과적으로 늘리기 위해서는 합리적 추론과 객관적 증거에 기반하는 사고 습관과 사회 분위기를 정착해야 한다. 무한한 진화 인자 디자인 공간을 다양한 관점에서 탐구할 수 있는 자유로운 사고, 새로운 것과 다른 것에 대한 호기심과 관용, 다양한 관점의 유연한 융합, 미래에 대한 낙관을 가지고 꾸준히 나아가는 끈기 등을 중시하는 문화가 필요하다. 자유롭고 호기심 많은 개인, 다양성과 차이에 대한 수용이 정착된 사회, 상호 존중·신뢰하고 협력하는 사회가 필요하다.

지식경제에서는 지식이 가장 중요한 생산요소로 기능한다. 지식은 인간과 별도로 존재하는 자연 자원, 자본과 달리 주로 인간의 두뇌 속에 있고(인간에 체화되어 있다) 또 인간에 의해 활용, 생산되기 때문에 매우 인간적인 생산요소이며 따라서 지식경제는 매우 인간적인 특성을 갖게 된다. 지식은 모듈성이 있어 다양한 분야 사이의 융합이 가능하다. 경제적으로 유용한 지식은 전문성과 복합성이 높은 경우가 많기 때문에 지식경제의 발전은 인간의 정신적 활동 및 교류, 협력이 보다 원활하게 이루어지도록 하는 조건을 만들어냄으로써 촉진될 수 있다. 그러므로 지식경제 또는 지식 기업의 발전을 위해서는 다수 구성원에 대한 존중과 권한 부여 등을 통해 능동적 참여와 상호 신뢰 및 협력을 최대로 이끌어내어 다수의 지식과 객관적 성과에 기반해 결정하는 거버넌스가 정착되어야 한다. '조직과 사회의 학습 공동체화'로 전체 구성원의 지적 역량과 이들의 종합체인 집단지성 또는 대중의 지혜를 극대화하는 조직·사회구조와 문화가 확립되어야 한다.

이러한 맥락에서 민주화 및 시장화는 지식화와 정합적이다. 왜냐하면 민주주의가 개인에 대한 존중과 여러 구성원의 광범위한 참여와 조화를 기본 가치로 하고 있고, 지식경제 역시 가장 중요한 생산 주체인 인간에 대한 이해와 존중을 바탕으로 인간의 지식 활동을 촉진하는 데 초점을 맞추기 때문이다. 또한 시장경제체제가 개별 경제주체의 자유로운 이익 추구와 상호 간 공정한 경쟁/협력, 그리고 분권적이고 자율적인 조직 지배구조 등을 제공해 지식경제가 필요로 하는 전문화된 지식과 이들의 융합을 통한 새로운 지식의 효과적 생산에 기여하기 때문이다. 다만 지식의 공공재적 특성, 지식 상품 또는 지식산업의 선발자 독점 경향으로 인해 지식경제가 비시장적 특성이 강하고 소득 불평등을 초래할 가능성이 높으므로, 정부가 민주주의·시장경제 원리를 기반으로 이러한 문제를 해소해나가는 데 힘써야 한다. 요컨대 민주주의와 시장경제 기반 지식화는 민주적 정치체제와 효율적 시장경제체제가 창출한 공동체를 바탕으로 기존 지식의 학습 및 공유와 새로운 지식의 창출, 혁신을 활발하게 이루는 것, 즉 우리 사회를 학습·혁신 공동체로 진화시키는 것이다.

가. 포용적 거버넌스의 정착

우리 경제시스템의 지식경제로의 진화를 촉진하기 위한 과제를 살펴보자. 첫 번째로 필요한 것은 지식경제에 적합한 거버넌스의 정착이다. 앞에서도 본 바와 같이 지식경제 또는 경제의 지식화는 산업혁명에 버금가는 경제구조적 전환일 수 있고 따라서 새로운 패러다임과 이에서 나오는 새로운 거버넌스를 필요로 한다.

이러한 거버넌스는 지식과 지식경제의 특성에 적합하고 또 그것이 초래하는 사회적 문제점을 민주주의 및 시장 원리에 기반해 적절히 교정할 수 있어야 한다.

지식의 인간적 특성과 지식 생산을 위한 광범위한 협력 및 유연한 조직화의 중요성을 감안할 때 지식의 효과적 생산과 활용을 위해 인간의 본성 또는 욕구에 적합한 거버넌스, 그리고 비인격적 협력을 촉진하는 거버넌스가 필요하다. 이러한 사회 거버넌스는 포용적 거버넌스라고 할 수 있다.

동일한 논리가 개별 생산 조직, 특히 기업의 거버넌스에도 적용된다. 정신노동을 주로 하는 지식 기업에서는 육체노동을 주로 하는 농업 또는 제조 기업의 특징인 강제적 노동이 사실상 불가능하거나 매우 비효율적이기 때문에 다수 지식노동자 또는 전문가의 자발적 참여와 협력을 이끌어내는 것이 중요하다. 게다가 최근 우리 국민의 관계 및 성장 욕구가 크게 증대하고 있다. 그러므로 기업 구성원의 정신적 욕구와 관련된 인센티브가 중요하다. 정신적 또는 사회적 인센티브를 확대하여 지식 노동자의 자발적 참여와 협력을 극대화하려면 무엇보다 일방의 의사가 부과되는 명령과 복종 기반의 수직적 관계보다는 구성원 또는 당사자 모두의 의사를 존중하는 수평적인 관계에 기반해 조직이 구성되어야 한다. 다수의 구성원들이 충분한 결정 권한을 갖고 시장 상황 등의 변동에 능동적으로 대처하되, 권한에 상응하는 책임을 지는 분권적인 조직 구조와 구성원 사이의 신뢰와 협력에 기반해 자율적으로 운영되는 조직 경영 방식, 즉 포용적 기업 지배구조가 정착되어야 한다. 한국기업의 거버넌스를 포용적인 방향으로 전면 전환하는 것이 시급하다.

둘째, 지식의 공공재적 특성과 지식산업의 수확체증성 및 선발자 독점 경향에 적절히 대응할 수 있는 거버넌스가 필요하다. 지식의 과소 생산 위험을 해소할 수 있도록 정부가 보다 능동적으로 지식 생산 증대를 위해 노력하여야 한다. 과학 및 기반 기술에 대한 공공 연구개발 실시, 대규모 지식 연구개발 프로젝트에 대한 자금 지원 및 위험 분담, 전문 인력 양성 등이 대표적 과제이다. 또한 정부와 기업이 협력하여 차별화 기반 진화 방식에 적절한 제도와 경제 운영 및 사업 모델을 창출해야 할 것이다. 급증하는 혁신에 유연하게 대응하고 스스로도 효과적으로 혁신을 창출할 수 있도록 광범위한 구성원 간 신뢰와 참여가 정착된 조직 또는 사회를 창출해야 한다. 특히 급속히 변화하는 환경에 시의적절히 대응할 수 있는 개방적이고 유연한 조직이 많아져야 한다. 소득재분배 기능 강화, 경기안정 정책 확대

등을 통해 소득 불평등과 거시경제적 불균형을 완화하는 것도 중요하다. 이러한 노력은 포용적 거버넌스를 통해서만 적절히 수행될 수 있다.

셋째, 혁신 창출 역량이 높고 경제 환경의 변화에 유연하게 대응할 수 있는 거버넌스가 필요하다. 지식산업의 경우 선발자 독점 경향이 높기 때문에 모든 기업 또는 경제주체가 각 전문 분야별로 선발자가 되기 위하여 노력하게 된다. 이는 곧 혁신이 가장 중요한 경쟁 수단이 되는 동시에 혁신의 양이 급증함을 의미한다. 이처럼 혁신이 급속하게 늘어남에 따라 끊임없이 변화하는 경제, 즉 변화가 구조화된 경제가 출현할 가능성이 높다. 이에 따라 경제적 불확실성이 높아지고 기업 경영 위험이 커지는바, 혁신 역량을 높이고 위험 증대에 효과적으로 대응할 수 있는 경제 운용 및 기업 경영 전략이 필요하다.

우선 한국경제시스템의 독자적 혁신 역량 확보, 즉 차별화, 선택, 복제의 과정을 온전히 거치는 자생적 진화의 역량을 강화하는 것이 시급하다. 개인과 기업의 전문성, 사회적 다양성을 높이고 기업, 연구기관, 대학 등의 연구개발 역량 및 연구 활동의 효율성을 획기적으로 향상하여야 한다. 기업의 경영 전략도 새로운 기술과 상품의 탐색에 적합한 방향으로 개편하여야 한다. 종업원의 전문성, 자율성을 높이고 이들 간 자유로운 소통과 협력을 장려하는 조직 구조 및 운영 원리를 정착시켜야 한다. 새로운 지식과 상품의 끊임없는 창출을 위해서는 객관적인 성과에 기반한 보상 시스템도 갖추어져야 한다. 객관적인 성과의 척도로는 지적재산권 획득 실적 그리고 이의 상품화와 그 판매 실적 등을 들 수 있으며, 이는 시장에서의 판매 성과나 기타 객관적 평가에 의해 가장 잘 측정될 수 있다.

또한, 새로운 지식·상품 창출 관련 경영 위험의 증대에 대응해 경영 전략을 전환하는 것도 필요하다. 새로운 경영 전략은 진화 원리를 응용한 것이 바람직하다. 다양한 대안의 차별화와 우수한 대안의 객관적인 선택이 가능하도록 시행착오 방식 또는 시나리오 방식에 입각한 경영 전략을 도입하는 것이 그 예이다. 이는 최선의 진화 기제라고 할 수 있는 시장메커니즘을 기업 경영 전략에 도입한 것이다. 시장메커니즘은 가격과 판매량이라는 신호를 바탕으로 여러 생산자가 출시한 상품(즉, 차별화된 대안)에 대한 객관적인 평가를 제공하고 이 과정에서 소비자의 수요에 적합한 상품만 살아남게 한다. 나아가 경쟁 과정을 통해 기업들로 하여금 새로운 기술에 바탕한 다양한 BD를 끊임없이 창출하도록 압박한다. 그러므로 기업들은 시장메커니즘이 가진 객관적 진화알고리즘의 작동 과정과 비슷한 경영 전략을 채용함으로써 최대한의 혁신을 최대한 이끌어낼 수 있다.

현존하는 최선의 포용적 거버넌스는 민주주의와 시장경제체제를 바탕으로 하는 정치경제체제이다. 민주화와 시장화를 통해 구축된 포용적 정치경제체제는 사회 구성원에게 평등한 기회와 인센티브를 부여하여 각 개인이 다양한 개성과 소비자 선호 및 전문 능력을 최대한 개발하도록 한다. 다수 국민의 활발한 참여와 상호작용 그리고 이에 기반한 지식의 학습, 활용, 생산을 대중화하고, 사회적 다양성과 진화 잠재력을 극대화할 수 있다. 또한 포용적 정치경제체제는 강한 상호주의 원칙에 기반한 법률, 규범 등을 통해 공정한 거래와 성과 분배를 약속함으로써 사회적 신뢰 및 협력, 다양한 개인 간 조직화를 촉진한다. 이러한 과정을 통해 지식의 공유와 융복합을 통한 새로운 지식 생산 그리고 혁신이 촉진되고, 특히 사회 및 조직 전 계층의 관점에서 의사결정이 이루어짐으로써 '대중의 지혜'가 극대화되고 경제구조조정과 파괴적 혁신을 비롯한 사회의 변화가 적절히 수용된다. 이는 곧 한국경제시스템 내 여러 조직과 사회의 학습 공동체화 그리고 이를 통한 혁신의 대중화와 급증으로 이어질 것이다. 포용적 정치경제체제는 디지털혁명과 연결될 경우 초지능·초연결 경제시스템을 창출해 우리 경제시스템의 진화와 발전을 최선으로 이룰 수 있다. 요컨대 민주화와 시장화에 기반한 포용적 정치경제체제를 확립하는 것은 지식화 촉진을 위한 제일의 전제조건이다.

포용적 거버넌스가 뿌리내리려면 포용적 정치경제체제에 더해 사회 및 조직 구성원의 사고방식과 가치 체계, 즉 포용적 문화도 정착되어야 한다. 문화와 관습의 측면에서 우리나라는 아직 배제적·수직적인 특성이 강하다. 1980년대 후반의 정치적 민주화, 그리고 외환위기 이후의 신자유주의적 시장 중심 경제 운영 방식 도입에도 불구하고 권위주의적 문화와 관행이 유교 문화의 전통 또는 일제강점기 이후의 독단적인 정치 및 기업 운영 경험을 통해 사회 전반에 깊이 뿌리박혀 있다. 이러한 권위주의적 문화를 청산해 자유와 다양성, 상호 존중과 보편적 신뢰에 기반한 수평적 문화와 관행을 확립해야 한다. 연후에야 다수 종업원 또는 사회 구성원의 자발적 참여와 협력 그리고 다수 구성원들이 제안한 다양한 아이디어와 지식의 창조적 조정과 통합이 원활해진다. 포용적 정치경제체제는 물론 포용적 문화가 아울러 정착된 후에야 포용적 거버넌스가 완성되어 전체 사회와 조직의 지적 잠재력을 최대화하고 지식경제를 앞당길 수 있는 것이다.

나. 지식 창출 역량 강화

포용적 거버넌스의 구축을 통해 지식화를 위한 토대가 마련되면 한국경제시스템의 지식화를 실질적으로 촉진하기 위한 방안을 강구해야 한다. 이 방안은 지식의 전문화·다양화 추세, ICT 발전으로 인한 지식 및 혁신 급증 추세, 현대적 혁신의 융합적 특성 등을 감안할 때 아래 네 가지 방향에서 추진해야 한다.

1) 지식 창출 기반 강화

우리 사회와 각 경제주체의 지식 창출 기반을 강화하여야 한다. 고도화된 한국경제시스템에서 유용한 지식은 전문성이 높아야 하며, 따라서 이의 개발을 위해 장기간의 투자와 노력이 필요하다. 그러므로 단기적 이익에 집중하는 민간 경제주체에 맡겨둘 경우 지식이 사회적으로 필요한 수준에 비해 과소 생산될 수 있다. 한편 지식의 공공재성 또는 큰 외부 효과도 지식의 과소 생산을 부추긴다. 따라서 사회적으로 적정한 수준의 지식 생산을 위해 정부의 적극적인 노력이 필요하다.

첫째, 지식경제가 요구하는 전문성, 창의성과 협력적 태도를 갖춘 인재를 양성할 수 있는 교육 체제를 확립하여야 한다. 이를 위해 무엇보다 교육과 관련한 시각의 근본적인 전환이 필요하다. 즉, 발전국가적 평균주의 교육 체제에서 벗어나 지식공동체에 걸맞은 개개인성 기반 교육 체제를 수립해야 한다. 모든 개인들이 독특한 적성과 능력 그리고 관점을 갖고 있다는 점을 인정하고 각자에게 맞는 교육, 즉 개인 맞춤형 교육 체제를 수립함으로써 각 개인의 고유한 잠재력을 최대한 개발할 수 있다. 초등학교부터 개개인의 적성과 성향을 발견, 육성하고 나이듦에 따라 전문 역량을 갖출 수 있도록 지원함과 아울러, 실력과 자격증 수여 중심의 개인화된 교육 시스템을 확충하여 개인과 기업 간의 노동력 수요 공급이 보다 합치하는 교육 체제를 갖추는 것이 바람직하다. 이를 위해 공교육과 사교육의 효과적 결합을 검토할 필요가 있다. 자격증 취득, 기술이나 기능 교육은 사교육 부문이 보다 효율적으로 수행할 수 있다. 이를 공교육과 연계하는 것이 바람직해 보인다.

지식의 복합성 증대, 경제의 시스템화에 발맞추어 다른 사람과 잘 협력할 수 있는 태도와 역량을 기르는 교육도 필요하다. 사회적 시너지를 발견하는 능력, 타인에 대한 존중, 차이에 대한 관용과 새로운 것에 대한 호기심 등을 갖추도록 이끄는 교육이 요구된다.

둘째, 지식경제가 요구하는 다양한 분야별 전문지식을 대다수 사회 구성원이 갖출 수 있도록 각 개인과 기업이 전문지식과 기술을 습득하는 데 지속적으로 노력해야 한다. 혁신 중심의 지식경제에서는 끊임없이 새로운 지식이 창출되기 때문에 사회 구성원들이 이를 시의적절하게 학습할 수 있는 인프라가 매우 중요하다. 이를 위해 전문지식의 학습과 활용을 일상화할 수 있도록 대학, 기업 그리고 정부가 핵심적 지식 기관으로서 기능함으로써, 지식의 학습과 활용이 교육기관에 제한되지 않고 사회 전반에 걸쳐서 그리고 학령기에 제한되지 않고 평생에 걸쳐서 이루어지는 사회가 구축되어야 한다. 우수 인재에 대한 국가적 지원 강화, 국립대학을 비롯한 각급 공교육의 무료 제공, 산·학·관 연계 평생 교육 및 직업훈련 체제구축 등이 필요하다. 우리의 경우 선진국에 비해 학교 졸업 후 직장생활 기간 중 학습량이 크게 부족한 것으로 알려져 있다. 종업원이 숙련과 경험을 효과적으로 축적하여 이에 기반한 혁신이 증가할 수 있도록 기업이 더욱 많은 관심을 가질 필요가 있다. 다른 한편으로는 향후 고용의 유연성이 높아질 가능성이 높으므로 평생 직장이 아니라 평생 직업을 갖기 위한 개인의 노력이 강화되어야 한다. 스스로의 적성과 취향에 맞는 직업을 찾아 오랜 기간 꾸준히 전문성과 경험을 축적하는 것이 중요하다. 정형화된 지식 및 기술 교육을 효율적으로 수행할 수 있는 민간 교육기관을 확충하는 데에도 노력할 필요가 있다. 수많은 각급 학교별 학원과 자격증 학원 등을 보다 체계적으로 활용하는 것이 바람직하다.

아울러 기업이 독자적인 전문 인력 육성 및 기술개발 투자 등을 확대하고, 대학도 전문성과 시의적절한 연구개발 능력을 높여야 한다. 혁신이 경쟁력의 원천인 지식경제에서 생존하기 위해 기업에게 가장 중요한 것은 전문 인력과 고유 기술의 확보이다. 현재 일부 수출 기업이 행하고 있는 혁신 노력이 내수 기업과 서비스기업 그리고 대다수 중소기업으로 확산되어야 한다. 대학의 연구개발 능력을 높이는 것도 긴요한바, 우수한 인력의 확보, 정부의 지원, 기업과의 연계 강화 등 다양한 노력이 필요하다. 선진국은 물론 중국, 인도, 동유럽 등 후발국 출신의 우수 이공계 인재의 유치, 세계적 대학이나 연구소와의 국제적 제휴를 통해 첨단 과학기술에 대한 접근성을 높이는 데에도 노력해야 한다.

전문지식 확대와 이를 위한 전문화는 재벌과 정부에도 유효하다. 재벌의 문어발식 경영은 경제의 지식화에 따른 고도의 전문성 수요를 감안할 때 효율성 향상과 혁신 촉진에 더 이상 도움이 되지 않는다. 재벌이 영위하는 업종을 첨단산업과 수출산업 중심으로 대폭 축소해 연구개발과 혁신에 더욱 노력하도록 유도해야 한다. 한국경제에서 대규모 연구개발을 수행할 수 있는 민간 주체는 재벌밖에 없으며 또 재벌이 혁신의 창출원이 되어야 한국경제의 혁신이 활발해질 수 있기 때문이다. 다만 경제의 세계화 등을 감안해 수출기업 집단에 한해 다양한 수출산업의 겸영을 허용하는 방안을 검토해볼 수 있다. 이를 통해 재벌의 업종 다각화와 국제경쟁력 향상의 효익을 살리면서 국내시장 독과점은 방지하는 효과를 거둘 수 있다.

정부의 전문성 강화도 시급하다. 순환근무제의 완화, 전문성에 대한 우대 강화로 정부 관료 또는 부처별 전문화를 더욱 진전시켜야 한다. 개별 관료의 전문성 없이는 실효성 있는 정책이 나올 수 없다. 이와는 별도로 정부가 사회적으로 충분한 수준의 지식 생산을 위해 과학기술 인재의 양성, 기반 기술의 개발 등에 더욱 적극적으로 투자해야 한다. 이를 통해 지식이 가진 공공재성과 막대한 외부 효과를 실현해 한국경제시스템의 차별화 역량을 강화시킬 수 있다.

셋째, 지식의 상호 보완성 활용 또는 다양한 지식의 결합에 의한 혁신을 촉진하기 위해서는 여러 주체 간 협력이 원활하게 이루어질 수 있는 사회 협력 인프라가 확충되어야 한다. 우리나라가 여타 선진국에 비해 사회적 신뢰와 협력이 낮다는 점에서 이에 각별히 노력할 필요가 있다. 우선 지식의 공유와 활용을 촉진하기 위한 온·오프라인 기반 지식 창고 확충, 기본 지식의 표준화와 특허권 거래 증진 등 지식 공유 인프라가 확충되어야 한다. 관련 주체 간 협력을 촉진하기 위해서는 공정한 거래 및 성과 분배 규칙 정립, 정보 공개 등에 기반한 투명성 제고와 신뢰 증진이 긴요하다. 자유와 다양성 존중 그리고 상호 인정을 바탕으로 한 타협·관용의 문화 구축이 선결 요건이다. 반면 협력 규범 위반자 또는 배신자 등에 대한 징벌 강화를 통해 공정한 성과 분배 관행 내지 강한 상호주의 원칙을 확립하는 것도 우리 경제시스템의 공정성과 신뢰 증진을 위해 매우 중요하다.

조직 내 협력과 창의성의 향상을 위해서는 각 기업 또는 조직이 지식의 인간적 특성과 국내외 혁신 급증에 적절하게 대응할 수 있도록 수평적 상호 관계를 중심으로 하는 지배구조를 갖추고 분권적·자율적 원리에 의해 조직을 운영하여야 한다. 이때 조직의 리더는 우월한 지식을 바탕으로 구성원들을 지휘하는 것이 아니라, 다양한 전문가들이 원활하게 협력할 수 있도록 조직 내 협력 인프라를 제공하고 구성원 간 의사소통과 의견 조정을 원활화하는 데 힘쓰게 된다.

또 하나 열린 협력에 적극 나서야 한다. 급속한 변화와 고객 최적화를 특징으로 하는 지식경제에서 생존하기 위해서 기업은 조직 내 경영자와 종업원은 물론 동종 및 연관 기업, 고객, 각종 전문가 등 다양한 주체들과 지속적으로 소통, 협력함으로써 시장과 산업의 변화에 적응하고 스스로 혁신을 창출할 수 있다. 따라서 조직 밖에 있는 다양한 주체들과 능동적으로 소통, 협력할 수 있는 소비자 네트워크, 클러스터, 플랫폼 블록체인 등 다양한 열린 협력 네트워크를 충분히 확보하여야 한다. 또한 다양한 주체들과 원활히 협력하기 위해서는 장기적 관점에서 서로 존중하고 성과를 공유하는 '상생'의 자세가 필요하다. 대기업의 경우 중소기업, 고객 등과의 공정한 거래와 성과의 공정한 분배를 통해 혁신을 위한 협력과 동반 성장을 지속해야 한다. 플랫폼이나 클러스터 등의 느슨한 협력 집단을 유지하기 위해 대기업이 협력의 허브이자 인프라로 기능해야 한다.

궁극적으로는 정부가 주도해 지역 또는 국가 차원의 협력을 위한 인프라인 지역 혁신 시스템, 국가 혁신 시스템을 구축하여야 한다. 플랫폼, 클라우드, 클러스터, 블록체인 등 새로운 협력망을 지역 또는 국가 차원에서 활용함으로써 사회가 가진 집단지성을 최대한 이끌어낼 수 있다.

넷째, 기업 경영 전략의 전환도 긴요하다. 기업의 경영 전략을 새로운 기술과 상품의 탐색에 적합한 방향으로 개편하여야 한다. 스스로 혁신을 원활히 창출하고 급증하는 혁신에 효과적으로 대응하기 위해서는 선진국 기업들의 차별화 지향적 조직 구조와 운영 원리를 대폭 도입하여야 한다. 과거 우리 기업들은 '재빠른 추격자(fast follower)' 전략을 통해 단기간에 선진국의 상품을 모방 생산하는 데 성공하였다. 그러나 수확체증과 선발자 독점의 지식경제에서는 오직 선발자(first mover)만이 성장할 수 있다. 선발자가 되기 위해서는 종업원의 전문성 및 자율성을 높이고 이들 간의 자유로운 소통과 협력을 장려하는 조직 구조 및 운영 원리를 정착시켜야 한다. 이를 통해 전체 구성원의 전문적이고 다양한 역량을 극대화하고 또 이를 조직 차원에서 원만하게 종합함으로써 세계 최초의 BD를 지속적으로 창출할 수 있어야 한다.

이와 연관해 선발자가 당면하는 불확실성 또는 위험 증대에 대응할 수 있도록 경영 전략을 전환하여야 한다. 미래 또는 시장에서 성공할 수 있는 상품이 어떤 것인지 예측하기가 어려운 상황에서는 진화 원리를 응용한 경영 전략이 바람직하다. 그러므로 과거와 같이 기존 선진국 상품의 효과적 복제를 위한 기획에 초점을 맞춘 경영 체제가 아니라 기업 내에서 다양한 대안을 마련하고 이를 시장에 선보여 수요자가 선호하는 대안을 선별하는 방식, 즉 시나리오 방식 또는 진화알고리즘형 경영 전략을 도입하는 것이 유용하다. 새로운 지식과 상품의 끊임없는 창출을 위해서는 객관적인 성과에 기반한 보상 시스템도 갖추어야 한다.

2) 지식산업에 적합한 환경 조성

지식산업 발전에 필요한 일반적 여건을 조성하는 데 더욱 노력하여야 한다. 우선 시장경쟁이 확충되어야 한다. 지식경제에서는 혁신과 신제품의 생산이 매우 활발한 반면, 지식산업의 경우 수확체증적 특성, 네트워크 효과와 고착효과 등으로 인해 선발자 독점의 경향이 높아 경쟁이 적절히 이루어지기 어렵다. 따라서 신규 기업의 시장 진입 기회가 최대한 확보되는 경제 환경이 구축되어야 한다. 이를 위해 정부의 시장 확장 노력, 특히 각 분야별 규제 개혁과 경쟁 촉진이 필수적이다. 이러한 시장 확장과 경쟁 압력의 강화를 통해 새로운 지식 창출과 확산의 필요성을 더욱 높이고 지식의 상업적 활용, 지식 기반 벤처기업의 생성, 지식산업의 창출 촉진 등을 도모할 수 있다. 경쟁 시스템이야말로 지식경제발전에 가장 강력한 인센티브를 제공하는 장치인 것이다.

둘째, 새로운 지식과 기술, 상품을 지속적으로 창출하기 위해서는 지적재산권을 적절하게 보호하는 것이 중요하다. 이를 위해서는 지적재산권 침해의 위법성에 대한 국민의 이해를 높이고 단속을 강화하는 것이 필요하다. 다만 선발자가 지식재산권을 남용하여 후발 기업 등의 연구개발이나 시장 진입을 방해하는 것을 억제하고 개발된 기술이 효율적으로 확산될 수 있도록 하는 제도도 함께 도입하여, 지적재산권 창출과 이용이 동시에 원활하도록 양자 간 균형을 유지하는 것이 중요하다. 의무 라이선스, 특허 매입 등[19)]에 정부가 보다 적극적으로 나서야 한다. 광범

---

19) 의무 라이선스는 정부가 특허받은 발명품을 사용할 수 있는 면허를 구입하여 관련 제품

위하게 활용될 수 있는 지식을 표준화하는 것도 중요하다. 기초과학은 물론 기술의 경우에도 특정 기술이 일반적으로 사용되고 또 손쉽게 거래되기 위해서는 정부가 표준적인 것을 선정해 보급하는 것이 바람직한 방법이다.

셋째, 초기 지식산업이 지식의 공공재성과 초기 산업으로서의 특성을 아울러 가져 과소 투자가 발생한다는 점을 감안해, 정부가 동 산업 발전의 초기 여건을 조성하는 데에 각별히 노력해야 한다. 무엇보다 지식산업에서 새로운 사업 기회를 포착하고 이를 사업화할 능력을 지닌 개인이나 단체, 특히 기술 기반 벤처기업의 창업을 위한 정책적 지원을 확충할 필요가 있다. 기술, 경영, 시장 등을 포괄하는 지원 체제를 구축하는 것이 바람직하다.

또한 벤처 투자 붐을 조성하여 경제 전반에 걸쳐 도전과 창업의 분위기를 동시적으로 고양하는 것이 바람직하다. 신성장산업, 첨단 소재부품 산업 등을 중심으로 정부가 직접 나서 대규모 공공 투자와 민간 투자를 유치하여 외환위기 이후의 붐을 능가하는 벤처기업 설립 붐을 일으키는 데 노력할 필요가 있다. 바이오산업 등에서 가시화되고 있는 벤처기업 증가를 주력 제조업 또는 여타 신성장산업으로 대폭 확산하는 것이 긴요하다. 이를 통해 경제 전반에 도전과 창조의 풍토를 진작하여 한국경제시스템의 진화 동력을 성장 잠재력이 크게 약화된 전통 서비스 기업 또는 중화학 제조 대기업으로부터 지식산업 및 첨단 제조업 소속 벤처기업 등으로 이동시킬 수 있다. 기존의 제조 대기업을 3개 변화 요소에 적합한 방향으로 환골탈태시켜 지식기업화하는 것도 경제시스템의 전환을 순조롭게 하는 좋은 수단이 될 것이다.

넷째, 지식경제의 선발자 독점 경향 등에 따른 소득 불평등 및 경제 불안정화 문제도 정부가 적절히 억제해야 한다. 선발자 독점에 따른 소득 불평등이 각 계층에 대한 최선의 인센티브 제공에 적합한 한도 내에서 유지되는 것이 바람직하다.[20] 새로운 지식·기술 투자의 상업적 성공 가능성 불투명에 따른 지식경제의 불

을 싼 가격으로 제조 및 판매하는 제도이다. 특허 매입은 정부가 특허를 매입해 민간에서 활용할 수 있게 개방하는 제도이다.

20) 개인들 사이의 능력의 차이에 비해 소득과 부의 격차가 훨씬 더 큰바, 이러한 불균형이 발생하는 요인에 대해 생각해볼 필요가 있다. 사회와 경제 관련 제도, 예를 들면 시장경제제도, 조직 지배구조, 상속 제도, 화폐 제도 등은 우연히 부를 많이 소유한 개인이 제반 사회·경제 활동에서 유리한 위치를 차지, 강화하는 데 매우 유리하다. 이러한 관점에

확실성과 선발자 독점 증가가 거시경제의 불안정으로 이어지지 않도록 정부가 경기 안정에 적극 노력해야 한다. 이러한 노력을 통해 경제시스템 내 다양한 주체가 가진 지식 생산 잠재력이 사회적 또는 조직 차원에서 효과적으로 통합되면서 사회적 시너지 또는 대중의 지혜가 극대화될 수 있을 것이다. 이러한 문제가 적절히 해결되지 못할 경우 경제시스템의 사회적 적합성이 낮아져 경제시스템의 진화가 지속가능하지 않게 된다.

참고로, 주요 선진국들의 신지식산업·기업 육성 정책을 보면 i) 인재, 기술, 경영 기법, 자금 등과 같은 경영 핵심 요소의 지원, ii) 기업가 정신과 창의성에 바탕을 둔 기업 문화의 조성, iii) 역동적이며 성장 가능성 높은 시장에 대한 접근성 제고, iv) 지방정부 또는 범국가 차원의 산업 인프라 구축 등이 있다. 이러한 맥락에서 볼 때, 한국경제시스템 내 신기술 벤처기업의 발전을 위해서는 테크노파크, 벤처빌딩, 지역협력센터 등을 정책적으로 육성하여 국가적·지역적·산업적 차원의 기술개발 기반을 확충하고, 이를 바탕으로 연구개발 주체들의 집적화와 상호 교류 및 협력을 증진하여 시너지 효과가 커지도록 하는 것이 바람직하다. 지역 자치단체와 대학 등이 지역 내 개인 및 중소기업을 위한 인큐베이터, 기술지원센터 등을 설치하여 기술개발에서 실용화까지 기업 활동 전 분야에 걸쳐 실효성 있게 지원해야 한다.

3) 연구개발 투자의 효율성 제고

기업, 대학, 연구기관, 정부 등 주요 연구개발 주체의 경제적 효율성을 높여야 한다. 우리나라의 경우 최근 공공 및 민간 연구개발 투자가 활발히 이루어지고 지적재산권 등록도 늘어나고 있으나 경제적 성과는 만족스럽지 못하기 때문이다.

연구개발 투자의 효율성을 높이기 위해서 정부가 혁신 생태계의 관리자가 아니라 조정자로서 역할을 전환하여야 한다. 이는 달리 말해 개별 연구개발 프로젝트에 대한 정부의 개입을 최소화하는 것인데, 이를 위해 각 부처별로 분산되어 있

서 개인 사이의 부와 소득의 불평등은 개인의 능력 및 노력 외에도 제도와 운 또는 경제의 속성과 연관성이 깊을 수 있다. 따라서 부와 소득의 격차가 능력 격차에 비해 과다해지는 것은 공정성 또는 '능력에 비례한 분배'라는 측면에서 바람직하지 않을 수 있다.

는 투자 재원을 종합적으로 조정, 관리하는 체제를 만들고 또한 장기적 관점에서 연구를 진행할 필요가 있다. 다만 사회적 과제의 경우 주제의 선정 등에서 정부가 여전히 중요한 역할을 담당할 수 있을 것이다.

다음으로 지식경제에서는 상호 협력이 과학기술혁신의 주요 활동 방식이 되는 만큼 대학, 기업, 연구소 등 연구개발 주체 사이의 유기적이고 유연한 협력을 위한 체계를 마련하여야 한다. 이의 전제조건으로 투명성 제고, 공정한 거래 및 성과 분배 규칙 확립 등을 통해 각 경제주체 간 소통과 신뢰를 획기적으로 강화하여야 한다. 이를 위해 정부가 더욱 적극적으로 나설 필요가 있다. 다른 한편으로는 조직 구성원의 적극적인 참여를 통해 혁신 역량을 극대화할 수 있도록 기업 등 제 조직의 분권화와 수평적인 조직 운영을 확산하고, 새로운 연구 조직 또는 개인의 진입 유도 등을 통한 다양한 정보와 관점의 수렴도 강화하여야 한다. 나아가 소비자와 관련 전문가, 거래 기업 또는 동종 기업 등과의 네트워킹을 통해 열린 협력을 강화하는 것은 새로운 상품 개발 등에 필수적인 요소가 되었는바, 국내 기업들의 보다 적극적인 자세가 필요하다.

셋째, 지식산업의 발전을 위해 무형 자산과 인적 자산에 대한 투자를 지원하는 것도 중요하다. 개별 기업의 입장에서는 무형 자산에 대한 투자 수익을 정확히 측정할 수 없기 때문에 무형 자산 투자에 소극적인 경우가 많고, 따라서 무형 자산에 대한 과소 투자가 발생하기 쉽다. 인적 자원에 대한 투자 역시 투자에 따른 사회적 수익이 큼에도 불구하고 시장 기능에 의존할 경우 과소 투자되는 전형적 시장 실패 분야이다. 그러므로 정부는 장기적 관점에서 무형 자산 및 인적 자산 투자에 대한 지원을 강화해야 한다. 지금까지의 물적 투자 지원 위주에서 벗어나 기술과 사람에 대한 투자 지원 위주로 지원 방향을 전면 조정해야 하는 것이다. 우리의 강점인 제조업을 중심으로 종업원의 경험과 숙련에 대한 투자를 확대하는 것이 중요하다. 제조업의 경우 숙련 기반 혁신을 창출할 수 있는 잠재력이 크다. 독일과 일본의 제조업 경쟁력이 상당 부분 이에서 나오고 있다.

참고로, 이근 서울대 교수가 우리 경제의 혁신 능력을 선진화하기 위한 과제를 제시한 바 있다.[21] 그 내용을 보면 우선 그간의 ICT 등 기술 수명이 짧은 분야

---

21) 이근 외(2014), 앞의 책, <제2장 한국의 국가혁신체제>.

에서 바이오, 소재부품 등 기술 수명이 긴 분야로의 진입을 늘리고, 둘째, 관련 기업 간 상호작용의 증대를 통한 지식 생산의 토착화를 진전시키며, 셋째, 지식 생산의 주체를 중소기업 등으로 좀 더 다양화, 분산화하는 것이다. 또한 이의 실현 방법으로서 세 가지 새로운 결합을 추진할 것을 제안하였다. 그 내용은 i) 지식 생산의 분산화를 위한 방안으로서 대·중소기업의 상생적 결합, ii) 지식의 토착화를 높이기 위한 방안으로서 명시적 지식 외에 암묵적 지식을 기반으로 하는 혁신이 증진되도록 하기 위한 노사 대타협, iii) 지식생산의 다각화를 위한 방안으로서 IT, BT, NT 등 여러 분야의 지식 결합 등이다.

4) 지식산업의 육성 및 기존 산업의 지식화 촉진

지식산업은 지식을 이용해 산출물의 부가가치를 크게 향상하는 산업으로서 자본이나 노동력보다는 지식이 경쟁력과 성장의 원천이 된다. 구체적으로는 전문기술개발 등 지적 활동의 집약도가 높은 산업으로 연구개발 집약 산업(ICT, 바이오 기술, 나노 기술, 인공지능 등과 관련된 산업), 고도 조립산업(첨단 생산설비, 연구개발·교육 장비 등), 문화산업(고급 의류 및 생활용품, 소설·음악·미술 등의 각종 창작물 생산 활동), 지식의 수집·전달·활용 관련 산업(빅데이터, 인공지능, 로봇 공학, 인터넷 및 SNS 등) 등 매우 다양한 산업이 이에 포함된다.

지식경제화는 이러한 지식산업이 선도하고 있다. 따라서 지식산업이 원활하게 발전할 수 있도록 정부가 적극 나서야 한다. 무엇보다 동 산업이 아직 초기 성장 단계에 있고 지식의 공공재성과 상호 보완성이 높다는 점 때문에 정부가 이를 적극적으로 육성하는 것이 시급하다. 관련 기초과학과 기반 기술에 대규모로 투자하고 전문 인재도 육성해야 한다. 기업가적 도전 정신을 갖고 있는 동 분야 기업도 적극 육성함과 아울러 이들과 긴밀히 협력할 필요가 있다. 특히 5G 통신망 등 ICT 산업의 발전을 위해 적극 노력해 스마트시티, 가상현실, 원격의료, 자율주행 자동차, 빅데이터 산업 등 다양한 지식산업 발전의 밑바탕을 확충하는 것이 매우 긴요하다.

기존 제조업, 생산자 서비스업 등의 지식화를 촉진하는 것도 중요하다. 국제 경쟁력이 상대적으로 강한 수출제조업의 첨단화를 위해 동 산업의 지식 관련 투자를 획기적으로 늘리고, 연구개발 방식도 종업원의 숙련·경험을 중심으로 하는 방식으로 전환하는 것이 바람직하다. 제품의 고객 최적화를 위한 기업의 스마트팩토리 확장 및 유연 생산 체제 구축도 적극 지원할 필요가 있다.

특히 기존의 대기업형 조립가공 부문 외에 중소기업형 소재부품·장비 부문의 연구개발과 첨단화 투자를 늘리는 것이 시급하다. 이에 대한 정부의 지원이 보다 강화, 효율화되고 관련 대기업도 공생공사한다는 자세로 적극 투자해야 한다. 그래야 한국경제시스템이 완결성 높은 제조업 구조와 이를 바탕으로 한 자생적 차별화·선택 기반 PT·BD 창출 역량을 갖출 수 있다.

한편 지식산업은 괜찮은 일자리(decent job) 창출에 기여할 것으로 보인다. 인공지능이나 로봇 공학 등이 일자리를 줄일 수 있으나 지식의 생산과 이용은 여전히 인간이 가장 중요한 역할을 하는 분야이고 따라서 고용 창출 잠재력이 높다. 지식의 무한한 발전 잠재력을 실현할 수 있도록 교육과 연구개발에 대규모로 투자하고, 고용도 창출하여야 한다.

4. 문화의 전환

민주화, 시장화, 지식화는 기존의 정치경제체제를 전면 전환하는 동시에 이에 맞추어 우리의 문화를 전면 혁신할 것을 요구하고 있다. 우리 사회와 정치경제체제의 민주화, 지식화, 시장화는 이에 적합한 문화적 변화가 뒷받침되어야 정착될 수 있으며, 따라서 문화의 전환은 매우 중요한 과제이다.

그러나 문화는 개인의 내면과 사회 전반에 뿌리내리고 있기 때문에 공식적 제도와 정책을 통해 변화시키기 어려운 특성이 있다. 이행기 중에 나타났듯이 우리 사회의 경우 기반조성기와 발전연대 중에 형성된 물질 위주 생존 지향적 가치관, 수직적 질서·인격적 신뢰 중심의 사회 문화, 집권적 조직 구조·운영 원리가 온존하고 있다. 반공주의로의 사상적 획일화에 따른 국민 개개인의 다양성과 독자적 사고의 부족이 심각하다. 게다가 이행기 중의 무비판적 신자유주의 도입과 재벌 대기업 등의 공론 지배에 따라 약육강식적 경제 질서가 심화되고 상호 신뢰와 협력 네트워크가 약화되었다. 이는 경제성장 우선주의로 인한 사회안전망 확충 부진과 어우러지면서 다수 국민의 생존 지향적 가치관에 대한 집착을 낳았다. 그 결과 현재까지도 우리 사회는 소득 증가에 걸맞은 향상 지향적·자기표현적 가치의 미성숙, 상호 존중 그리고 관용과 타협의 태도 미흡, 공공성에 대한 인식 부족 등이 심각하며, 이는 사회적 다양성 및 유연성 부족과 경제적 차별화와 혁신 역량의 약화를 가져왔다. 이제는 생존 지향적·집단주의적 가치에 대한 집착이 오히려 우리 사회와 경제의 진화를 저해하는 상황에 이르고 있다.

민주화, 지식화된 한국경제시스템의 진화를 촉진하기 위해 필요한 문화적 진화의 내용을 보면 아래와 같다.

가. 기본 인식의 전환

우선 문화와 관련된 기본 인식의 전환이 필요하다. 무엇보다 인간에 대한 관점의 전면적 전환이 선행되어야 한다. 인간은 누구나 존엄하다. 모두가 자유롭고 평등하다. 특히 지금과 같은 소득 수준과 지식경제 단계에서 생존을 위해 자유와 평등을 희생하는 것은 더 이상 용납되지 않으며 필요하지도 않다. 오히려 사회와 경제의 발전에 해가 된다. 또한 인간은 개개인이 모두 독특하다. 따라서 개개인성의 원칙에 의거하여 개개인들의 고유한 특성, 개인적 발달 경로의 차이, 학습 목적 달성 경로의 다양성 등에 맞게 개인별로 특화된 교육 및 인사 관리 시스템, 유연하고 개방된 교육 및 고용 체제를 구축하여야 한다. 개개인의 동등한 존엄성, 적성과 관점 및 가치 지향의 차이에 대한 존중을 바탕으로 수평적이고 자율적인 상호 관계 형성과 상호작용이 이루어져야 한다. 이것이야말로 민주화가 추구하는 바이며, 시장화가 기초하고 있는 바이며, 지식화가 순조롭게 이루어질 수 있는 가장 근본적인 토대이다. 또한 이것이 21세기의 새로운 환경에 대응해 우리 사회 구성원 및 경제시스템의 진화 잠재력과 경제 성과를 극대화하는 길이다.

이러한 맥락에서 집단주의의 진화적 개혁이 시급하다. 일제강점기 이래 발전 연대까지 우리 사회를 지배하였던 집단주의를 개혁해 개인과 사회(시스템)를 아울러 존중하는 공동체주의로 진화시켜야 한다. 건국 이래 정치경제적 경험에서 보았듯이 집단주의는 결국 엘리트주의-수직적 통제-획일성-부와 권력의 집중을 초래하기 쉬우며, 다수 사회 구성원의 희생을 바탕으로 지배 계층의 이익을 중시하는 경향을 낳는다. 집단주의는 우리 국민의 행복을 낮추는 중요한 요인이기도 하다. 집단을 위해 개인이 희생해야 한다는 규칙은 본질적으로 반개인적이므로 개인의 자유와 행복을 저해한다. 나아가 사회 구성원의 자발적 참여와 상호 간 협력을 약화시킨다. 지식경제는 개인의 전문성, 다양성, 자유를 기반으로 창조, 혁신하는 역량이 중요하므로 집단주의와 상충하는 측면이 크다. 다만 지식 창출을 위해 다양한 주체 간 정신적 협력이 중요한바, 이를 위해 개인과 집단의 이익을 아울러 고려하는 자세가 필요하다. 이 경우에도 어디까지나 강제가 아닌 자발적 참여와 협력이 중요하다. 따라서 수평적 조직 구조와 구성원 간 자발적 협력을 촉진하는 조직 운영이 필요하다. 요컨대 우리 사회는 개인의 행복을 위해 개인의 자유와 개성을 존중하는 동시에 생산과 사회의 시너지를 확대할 수 있도록 조직적 협력도 강화하여야 한다. 이를 위해서는 개인의 자율성과 생산의 시너지를 동시에 고려하는 시스템형 행위 규범, 즉 공동체주의가 정착되어야 한다.

또 하나, 아직도 우리 사회에 깊이 뿌리박혀 있는 유교적 정통성(이념) 및 이론 중시 문화(문치주의라고도 할 수 있다)를 보다 실용을 중시하는 방향으로 바꿀 필요가 있다. 명분과 원리에 대한 집착은 급속하게 또한 이론과 다르게 변화하는 세계와 사회경제 현실에 한국경제시스템이 시의적절하게 대처, 적응할 수 없게 하며 미래의 가능성과 사회의 시스템적 시너지를 무시하게 만들 우려도 높다. 예를 들면 G2 체제하 대외관계 설정에 있어 지금보다 더욱 유연하고 현실 지향적인 대응이 필요하다. 정치 지도자와 기업 경영자의 선발이나 기업 지배구조의 개선도 이데올로기나 혈통이 아니라 미래 비전과 정책, 객관적 능력과 성과를 기준으로 해야 한다. 진화는 당면 환경에의 적응을 위한 시행착오적 차별화와 선택의 연속으로 이루어진 과정이므로 명분이나 원리가 아니라 당면 현실에의 적합성, 즉 실용주의의 관점에 기반하였을 때 효율적으로 이루어질 수 있다.

특히 경제시스템의 진화는 불확실성하에서의 탐색, 새로운 적자 진화 인자의 선별 그리고 이 과정에서의 시스템적 불균형·불안정의 증가 등이 특징이다. 그러므로 경제시스템의 진화를 촉진하기 위해서는 앞에서 언급한 다양성과 차이에 대한 존중, 수평적 질서에 더하여 시스템 구성원의 태도가 불확실성, 불안정, 비정형, 비정통을 용인하고 미래에 대해 낙관하며 시행착오 또는 실패를 용인할 수 있어야 한다. 이러한 문화는 미국적 실용주의의 요체라고도 할 수 있는데, 이것이 미국 사회가 유럽 등에 비해 빠르게 진화하는 원동력이라고 할 수 있다. 우리 문화는 이러한 측면에서 미국과 반대되는 특성이 강한바, 이는 근본적으로 지정학적 조건에 매몰된 소국 의식과 비관주의 그리고 이에서 연유한 사대주의적·대외의존적 사고에서 비롯된 것이다. 그러나 우리나라는 고구려 시대부터 조선 초까지 독립적이고 강한 나라였다. G20로서의 경제력과 국방력을 갖춘 지금이야말로 그러한 자주성을 회복할 때이다. 자존감이 높아졌을 때 불확실성·비정형성·비정통성의 용인, 미래에 대한 낙관, 관계 및 성장 욕구(자기표현적 가치) 지향적 가치관을 중심으로 하는 문화를 만들 수 있을 것이며, 빠르게 진화하는 경제시스템을 창출할 수 있을 것이다. 실용주의적이고 향상 지향적인 사고방식의 정착을 통해 진화 친화적인 문화, 즉 자주적이고 근면하며, 시행착오와 차이를 관용하고, 미래에 대해 긍정적이며 변화 지향적인 문화를 갖추어야 한다. 연후에야 동아시아의 지식·혁신 강국으로 진화할 수 있다.

나. 분야별 문화의 전환

위와 같은 기본 인식의 전환을 바탕으로 진화 관련 4개 영역의 문화를 개선해야 한다. 첫째, 개인의 행위 관련 규범이 그간의 집단주의에서 벗어나 좀 더 개인주의적인 방향으로 바뀌어야 한다. 사회와 조직에서 개인의 자율성, 책임성, 자주성을 대폭 허용하는 것이 바람직하다. 건국 이래 이어져온 집단주의와 이로부터 나오는 엘리트주의적, 집권적 시각에서 벗어나 개개인이 스스로에 대해 책임지며 독자적으로 결정하고 각 구성원이 서로를 대등한 존재로 존중하는 사회질서를 정착하는 것이 중요하다. 이는 사회의 다양성 증대, 수평적이고 분권적인 조직화와 사회질서의 정착으로 이어져 민주화, 시장화, 지식화를 촉진하는 기초가 된다. 민주화한 사회, 시장화·지식화한 경제는 독립적이고 자조적이며 평등한 개인을 전제로 한다는 점을 잊지 말아야 한다. 또한 지식경제에서는 전문가들이 중심적인 역할을 하므로 각 개인이 충분한 능력을 갖출 수 있도록 학습하는 문화를 정착시키는 것이 바람직하다. 이를 위해 개인의 성취 동기를 높이고 대다수의 구성원들이 수준 높은 지식을 자발적이고 효과적으로 습득할 수 있도록 평생학습과 수준 높은 전문교육을 제공하는 교육 제도를 갖추어야 한다.

민주주의와 지식경제에 걸맞게 우리 사회와 조직의 지배구조를 집권적, 권위적인 것으로부터 분권적, 자율적인 것으로 전면 바꾸어야 하는데, 이와 관련한 문화의 혁신도 중요하다. 한편 다수 구성원의 자발적인 지적 참여와 협력은 적절한 인센티브의 제공을 전제로 한다. 인센티브는 적절한 보수와 같은 경제적인 것도 있지만 인간의 사회적·심리적 만족과 같이 비경제적인 것도 많다. 대표적인 것이 구성원 또는 종업원의 본성적 향상 열망, 구성원 사이의 존중과 신뢰, 조직과 사회에서 중요한 역할을 한다는 자부심과 사회와 조직에 기여한다는 성취감 등이다. 이러한 것들이 잘 충족되려면 다수의 구성원들이 충분한 결정 권한을 갖고 소비자 또는 시장 상황 변동에 능동적으로 대처하되 권한에 상응하는 책임을 지는 자율적, 분권적인 조직 지배구조가 정착되어야 한다. 구성원 사이의 신뢰와 협력에 기반한 조직 경영 방식이 정착되어야 한다. 이러한 조직 지배구조와 경영 방식에 부합하는 자율·상호 존중·참여 지향적 문화가 정립되어야 한다.

둘째, 한국경제시스템 전반에 걸쳐 신뢰하고 협력하는 문화의 정착이 시급하다. 지식의 인간적 특성과 상호 보완성 그리고 한국경제의 지식화 때문에 지식 창출을 촉진하기 위해서는 한국경제 내 제 구성 주체 간의 폭넓은 신뢰와 자발적 협력을 촉진하는 것이 매우 중요해졌다. 그러나 우리 사회의 신뢰는 좁은 범위의 인격적 신뢰에 제한되어 있다. 발전국가 패러다임은 광범위한 신뢰와 자발적 협력이 아니라 전근대적인 수직적 가치관과 생존의 위협에 근거한 강제(동원) 및 비자발적 협력에 기초해 있었다. 유교적 가족 또는 촌락 공동체 기반 인격적 신뢰 중시 문화가 상존하고 있고, 독재정치 시기 시작된 정치적 부정부패와 물질적 가치에 집착하는 생존 지향의 문화가 지속되고 있다. 특히 이행기 이후의 민주화와 시장화가 보수적 정당의 지배와 약육강식적 거래 질서 확산으로 이어지면서 오히려 사회적 신뢰가 더 약화되고 경제주체 간 갈등은 증가하고 있다. 그 결과 우리 사회의 비인격적 신뢰 또는 보편적 신뢰는 아직도 선진국에 비해 매우 낮은 수준에 머물러 있다.

사회 구성원 사이의 폭넓은 신뢰와 협력을 촉진하기 위해서는 사회 전반에 강한 상호주의 원칙이 확립되어야 한다. 이를 위해 공정한 거래 및 성과 분배 규칙 정립, 정부와 기업 관련 정보 공개 등에 기반한 투명성 제고, 구성원의 협력 역량 향상과 협력 지향적 문화 육성, 모든 사회계층의 정치경제적 참여 보장 등이 긴요하다. 우선 재벌 대기업의 주요 산업 독과점으로 소비자 주권이 침해되고 불공정한 계약이 확산되는 등 공정한 거래 및 성과 분배 규칙이 약화되고 있는 바, 독과점 해소로 공정한 거래 및 성과 분배 규칙을 확립하여야 한다. 다음으로, 개인적 자유와 다양성 존중 그리고 상호 인정을 바탕으로 한 관용 및 타협의 문화를 구축하고, 이를 통해 획일적인 보수 반공주의 가치에 대한 집착에서 벗어날 필요가 있다. 배신자에 대한 처벌을 강화하는 것도 경제시스템의 신뢰 확산에 중요하다. 우리 사회는 규범을 위반하는 데 대한 징벌이 서구에 비해 약한 편이며, 이로 인해 배신자가 협력의 이익을 차지하고 결국 사회 전체의 신뢰가 약해지는 경우가 많았다. 하루빨리 이를 시정할 필요가 있다.

　　사회 구성원 간에 서로 신뢰하고 상호 협력하는 태도를 기를 수 있도록 학교 교육 및 기업과 여타 조직의 운영도 개선하는 것이 바람직하다. 현재 우리의 공교육은 대학 입시를 둘러싼 상대적 지위 경쟁의 함정에 빠져 있다. 다양한 개성과 다양한 삶의 가치를 추구하고 이를 바탕으로 상호 협력하는 능력, 그리고 이에 기반해 새로운 것을 함께 창조하는 능력을 기르는 교육이 필요하다. 이러한 노력이 조화되었을 때 초연결에 기반한 초지능의 창출과 혁신이 활발해진다.

　　공정한 성과 분배 규칙의 수립과 실행을 통해 협력의 시너지에 대한 구성원의 인식을 높이고 적극적인 참여를 이끌어내는 것도 중요하다. 사회와 생산의 시너지 창출 기회는 사실상 무한하다. 특히 인간의 사회적 본성, 지식의 상호 보완성과 공공재성 때문에 경제가 지식화, 시스템화될수록 시너지 창출 기회는 더 많아진다. 공정한 성과 분배를 보장하여 경제적 참여와 협력을 촉진해야 한다. 경쟁적 특성이 강한 생존 지향적 가치, 특히 경제적 부와 권력 중시 문화를 개선할 필요도 있다. 관계 욕구, 자기 실현 욕구와 같은 향상 지향적이고 비경쟁적인 가치를 보다 많이 추구하고 이를 통해 사회적 갈등을 줄이고 협력을 늘리는 방향으로 문화와 의식을 전환시켜나가야 한다.

　　셋째, 우리 경제의 지식화를 촉진하기 위해 혁신 또는 변화 친화적인 문화를 확충하는 것이 중요하다. 현상을 합리적, 과학적으로 이해하려는 자세 확립, 다양한 관점과 차이에 대한 존중, 시행착오와 실패에 대한 참을성 등을 배양함으로써 혁신을 촉진하고 경제의 진화를 앞당길 수 있다. 우리 사회에 뿌리박힌 정통성 고집(명분 중시) 또는 가족주의와 연고주의에서 벗어나 여러 가지 목적 달성 경로의 존재, 다양한 실험의 유용성, 연고가 아닌 능력 기반 선택 등이 존중되어야 한다.

과도한 평등주의도 인센티브를 약화시켜 혁신을 저해할 수 있는바, 정당한 노력으로 이룩한 성과는 존중하는 문화를 도입하는 것이 바람직하다.

지식경제에서는 인간 또는 인간의 욕구에 대한 이해와 이를 바탕으로 한 다양한 신상품 창출이 기업의 가장 중요한 경쟁력이다. 지식경제는 다양한 인간의 욕구에 대한 이해를 바탕으로 소비자 선호 맞춤형(customization) 상품을 생산하는 이른바 롱테일 경제이자, 매우 인간적인 특성을 갖는 경제이다. 이러한 맥락에서 인간의 본성과 꿈, 사회적 상호작용을 통한 시너지 창출 잠재력에 대한 이해를 높이기 위한 인문학이나 사회과학에 대한 연구가 활발해질 필요가 있다.

넷째, 장기적 안목 또는 미래 지향적 태도를 강화하여야 한다. 이행기 중의 민주화와 신자유주의 도입으로 개인, 기업, 정부 등 각 경제주체들의 미래에 대한 시각이 단기화되고 있는데, 이것은 지식경제의 진화 역량을 약화시키는 경향이 있다. 특히 민주화 이후 정권의 잦은 교체는 정치와 정부 정책의 단기화와 일관성 부족을 불러왔고 이는 정책과 정부의 효율성을 낮추었다. 발전연대와 같은 장기적 시각을 회복하는 방안을 시급히 강구할 필요가 있다. 이를 위해 우선 정부의 경제 정책 시계를 장기화하여야 한다. 정당의 다양한 사회계층별 의사 수렴 기능과 정책 기획 기능을 강화함으로써 국민의 동의와 참여하에 경제정책을 수립하고 정책의 객관성을 높일 수 있으며, 이를 통해 경제정책의 장기적 일관성과 효율성을 향상시킬 수 있다. 장기 국가 및 경제발전 비전과 전략을 수립하는 조직을 설립하는 것이 바람직하다.

다음으로 기업 경영 시계의 장기화도 필요하다. 신자유주의적 시장 중심주의, 주주 중심주의 경영이 기업의 경영 시계를 단기화시켜 기업의 장기적 연구개발 및 시설 투자와 종업원 교육 훈련을 제한하고, 결국 기업의 성장 잠재력과 국제경쟁력을 저하시키고 있다. 대중의 기업 소유·지배를 확대하고 경영 및 의결권 제도를 개선하여 기업 경영 시계의 장기화를 유도해야 한다. 불충분한 사회안전망이 개인의 생존 욕구 기반 물질 추구와 안전 선호를 부추겨 장기적 역량 향상 노력을 약화시키고 있다. 정부의 사회안전망 확충과 사업 위험 분담 등을 통해 장기적 투자와 발전을 중시하는 개인적 태도와 기업 문화를 확충해야 한다.

다섯째, 향상 지향적 태도 또는 자기표현적 가치를 중시하는 문화, 관계 및 성장 욕구의 충족을 중시하는 문화를 우리 사회에 확산시켜나가야 한다. 물론 이는 생존 욕구의 충족을 보장하는 사회안전망 확립 등의 제도적 뒷받침이 선행되어야 가능하다. 우리 사회에는 발전연대 이전의 강렬한 결핍의 기억 때문에 나이든 세대를 중심으로 생존 지향적 가치와 욕구를 중시하는 경향이 강하지만 이는 우리 경제의 민주화와 지식화를 저해하며 젊은 세대의 욕구 고양과도 어울리지 않는다. 나이든 세대들이 중시하는 경제발전에도 더 이상 도움이 되지 않는다. 우리 경제의 진화 방향인 지식화는 다양한 가치와 사고방식의 공존을 통한 사회적 다양성의 증대와 다양한 전문 영역 간의 결합에 기초해 혁신을 증대하는 데에서 진화의 동력을 찾는다. 이를 위해서는 자기표현적 가치 그리고 관계 및 성장 욕구를 중시하는 문화가 사회 전반에 정착되어야 한다. 관계 욕구 및 성장 욕구를 추구하고 자기표현적 가치를 중시하는 사회와 경제시스템이 더 빠르게 진화할 수 있다.

참고 III - 1　　　　　　　　　　　**블록체인과 새로운 경제시스템**

블록체인은 분산원장 기술 등을 통해 생산자와 소비자 간의 직결 및 협력이 가능한 분산형 신뢰 네트워크를 제공한다. 이에 따라 수요자의 욕구 파악이 용이해지고 자발적 참여와 기술적으로 보장된 신뢰에 기반한 거래와 협력이 가능해진다. 나아가 상호 보완적 지식과 기술을 가진 전문가 사이의 자발적 협력과 이에 기반한 수평적 조직 구성 및 운영이 보다 편리해질 수 있다. 그러므로 블록체인은 경제주체 간 소통과 직거래를 획기적으로 증진하여 중개자 제거를 통한 중개 비용의 절감이 가능하게 한다. 개별 경제주체들의 자발적 협력을 확대하여 분산화(탈집중화), 분권화된 그리고 유연한 조직화를 가능하게 하고 새로운 질서의 자기조직화(창발)를 촉진한다.

블록체인은 협동조합형 조직화 방식 및 암호화폐를 바탕으로 체인 내 경제활동에서 발생한 이득을 거래 참여자 모두가 공평하게 분배받는 시스템이 될 수도 있다.

이러한 측면에서 블록체인은 진화 과정상의 차별화와 선택을 매우 효과적으로 추진할 수 있게 해주며, 민주화 및 시장화된 지식경제에서 바람직한 경제시스템 인프라의 모습을 제시하고 있는 것으로 보인다.

블록체인이 거래 비용의 절감, 생산 관련 기술개발의 효율화에 기여함에도 불구하고 생산 자체를 대신할 수는 없다. 블록체인은 제품 제조 공장처럼 실제 생산을 담당하는 조직 단위가 아니다. 다만 블록체인을 통해 과거 기업이 수행했던 금융 중개 활동, 도매 활동 등 일부 중개 관련 활동이 블록체인 내 직거래로 대체되며, 그만큼 경제시스템에서 시장의 역할이 늘어나고 기업의 역할이 줄어들 수는 있다.

블록체인은 대중을 대상으로 하는 것이며, 특히 그 적용 범위가 특정 분야나 지역을 넘어선다. 인터넷처럼 공공 인프라이다. 따라서 이를 정부나 공공기관이 처음부터 지원, 관리할 필요가 있다고 생각된다. 개별 거래가 원활하게 이루어질 수 있는 하드웨어적 인프라 구축 등을 정부가 지원할 수 있고 불법 행위에 대한 관리도 정부가 맡아야 할 것이다. 또한 블록체인이 보다 유용하기 위해서는 광범위한 참여가 필요하므로 출발부터 국가 또는 세계시장을 타겟으로 하게 되는바, 관련 인프라 구축을 위해 각국 정부가 노력하는 한편 국가 간에 서로 협력할 필요도 있다.

5. 인구 대책과 남북통일 노력 강화

가. 인구 오너스 완화

고령화·저출산에 따른 인구 정체와 노동가능 인구 감소를 완화, 극복하려는 노력은 경제시스템의 진화 잠재력 향상을 위해 무엇보다 중요하다. 출산 장려 정책, 외국인 노동자, 특히 고급 전문인력 유입 증대 정책, 여성의 경제활동 참여 확대 정책 등을 꾸준히 실시하여 노동가능 인구 감소를 완화하는 데 힘써야 한다. 이 중에서도 단기적으로 가장 효과적인 정책이 여성의 경제활동 참여 확대 정책이다. 우리나라 여성은 남성과 동등한 수준의 전문교육을 받은 우수한 인력인데도 불구하고 다른 OECD 국가들에 비해 경제활동 참여가 크게 낮은 편이다. 여성들이 자유롭게 경제활동할 수 있는 여건을 만들기 위해서 다각도로 노력해야 한다.

우선 기업의 노동 관행을 지금의 기업 중심에서 기업과 가정의 양립 또는 일과 삶의 균형(work-life balance)을 추구하는 방향으로 획기적으로 바꾸어야 한다. 노동시간 단축, 기업 지배구조의 분권화와 자율화 등이 매우 중요하다. 탄력적 근무시간제, 근무 시간별 직종 다양화도 도움이 된다. 또한 출산 관련 휴가·휴직 제도의 개선을 통해 육아 등의 가사를 남녀가 분담할 수 있도록 하여 직장여성의 가사 부담을 크게 낮추어야 할 것이다. 공적 영유아 보육 및 고령자 돌봄 시스템 확충 등을 통해 가족 부양 부담을 적극적으로 사회화할 필요가 있다. 아울러 육아로 경력이 단절된 여성의 경제활동 복귀 등이 원활하게 이루어질 수 있는 제도도 하루빨리 정착시켜야 한다.

분권적 기업 지배구조, 자율성과 창의성을 높이는 운영 방식의 확립을 통해 기업 구성원의 참여와 지식 창출 역량을 증진하여 노동의 효율성을 높이는 것도 중요하다. 지금도 이러한 논의는 무성한 반면 실천은 더딘데 이는 기업들이 이기적인 입장에서 벗어나지 않으려 하는 데 근본 원인이 있다. 따라서 현재의 기업 위주 노동 관행을 바꾸도록 정부가 적극 유도하여야 한다.

한편 인구의 정체와 고령화는 보다 많은 인구수에서 나오는 다양한 아이디어 창출 역량의 정체, 개인의 신지식 습득 능력 저하 등을 초래하여 경제시스템의 혁신 및 신제품 생산 능력을 약화시킬 가능성이 높다. 반면 우리 경제의 지식화, 세계적 경쟁 심화 등으로 노동 수요는 이러한 노동 공급 추세와는 반대로 가고 있는바, 세계 최고·최초의 기술과 제품을 생산할 수 있는 고급 인력 수요가 증가하고 있다. 이에 대응해 세계적으로 우수한 인재를 양성할 수 있는 최고의 교육 그리고 전 국민에 대한 평생교육을 제공할 수 있는 국가 교육 훈련 시스템이 시급히 마련되어야 한다. 노동력 수요와 공급 간 불일치를 최소화할 수 있도록 대학 및 전문 교육 체제를 수요에 맞추어 전면 재정비할 필요도 있다. 입시 경쟁 중심의 고교 이하 교육을 다양성, 협력과 창조 역량 향상 중심으로 전환할 필요도 크다. 마지막으로 우리 사회의 개방성 강화 등을 통해 국내에서 부족한 인재를 외국으로부터 유치하는 데에도 힘써야 한다.

참고로 고령화의 거시경제적 영향과 대책을 살펴본다. 고령화에 따른 노동가능 인구의 감소 내지 총인구의 정체는 국내의 생산과 소비 총량에 부정적인 영향을 미칠 것이다. 노동가능 인구가 감소하면 노동 공급이 줄어든다. 또한 고령 노동자가 많아지면 신기술 습득 부진, 노동 강도의 약화 등으로 노동생산성 향상이 둔화되어 생산에 부정적 영향을 미칠 수 있다.

소비는 더 큰 부정적 영향을 받는다. 노동가능 인구는 소득이 높고 따라서 소

제 III 부

한국경제시스템의 새로운 미래를 꿈꾸며

비 활동도 왕성하다. 반면 고령 인구는 소득 부족으로 소비 수준이 제한된다. 한편 고령화에 따른 사망자의 증가와 이에 따른 인구 감소 역시 소비에 매우 큰 악영향을 미친다. 다수의 상품들은 1인당 소비 총량이 한정되어 있다. 식료품, 자동차, 주택, 전기제품 등이 그 예다. 물론 상품의 질이 높아지고 값이 비싸지면서 소비 금액이 늘겠으나 이는 사람 수의 증가에 따른 소비량 및 금액의 증가에는 크게 못 미친다. 고령화가 진전되는 기간 중에도 소비는 상당한 부정적 영향을 받는다. 고령화로 은퇴 기간이 길어질 것으로 예상되면 소비자들은 이에 대비해 저축을 늘리고 소비는 줄이는 것이 일반적이다. 우리나라와 같이 사회안전망이 부실한 경우 중장년층부터 노후 대비 저축에 힘쓴다. 최근 우리 경제에서 소비 증가가 부진한 가장 큰 원인 중 하나가 바로 이것이다.

인구 증가 정체와 고령화 속에서 소비 수요를 순조롭게 증가시켜나가기 위해서는 우선 고령 부유층의 재산을 젊은 세대에게 가급적 이른 시기에 이전하도록 유도할 필요가 있다. 고령자의 재산을 조기에 자식 세대에게 상속하게 함으로써 젊은 층의 소득을 보전하고 소비를 늘릴 수 있다. 또한 퇴직자 증가에 비례하여 신규 채용을 늘리고 연공급제를 폐지하여 젊은 세대에 대한 처우를 개선하는 등의 방법으로 청장년층의 급여를 인상하는 것이 바람직하다. 이를 사회운동화하여 모든 기업들이 함께 시행토록 함으로써 총 소비 여력이 고령화로 인해 감소하지 않게 할 수 있다.

다음으로, 고령자들의 소비를 늘리는 데 더욱 힘써야 한다. 부유한 고령자들을 대상으로 한 취미, 오락, 의료 산업을 활성화하여 고령자들이 여유 저축과 소득을 소비하도록 할 필요가 있다. 의료 서비스 시장이나 취미 시장, 오락 시장을 다양화하고 차별화하여 노인들이 각자의 소득 수준에 맞게, 특히 부유한 노인들이 보다 소비를 많이 하도록 유도해야 한다.

세 번째로, 사회안전망을 확충하는 것이 중요하다. 우리나라의 노인빈곤율이 OECD 국가들 중 가장 높다. 가난한 노인들에게 최저소득을 보장해준다면 빈곤층의 소비가 늘 뿐 아니라 중하위 계층 노인들의 미래에 대한 불안이 줄어 이들의 소비도 늘어날 것이다. 나아가 노후 대비에 개별적으로 골몰하고 있는 청장년층들의 은퇴 이후 불안을 줄이고 소비를 늘리는 데에도 기여할 것이다. 개인적 안전망 대신 사회적 안전망을 강화하는 것이 훨씬 효율적인 대책일 수 있다. 한편 현재의 세대별 연금 제도는 인구 감소 시대에는 사실상 유지 가능하지 않다. 이를 동일한 연령자끼리 서로 보호하는 방식, 즉 출생 연도별 공제 방식으로 바꾸어, 노인들은 노인들로부터 징수한 돈으로 보살펴야 한다.

마지막으로, 외국인의 국내 소비를 늘리는 것이 효과적이다. 외국인 관광객 수를 늘리고 그들이 가능한 한 오래 머물게 하고 또 돈을 더 많이 쓰게 만드는 것은 가장 효율적이며 부작용 없는 소비 확대 방안이다. 최근 폭발적으로 늘어나고 있는 중국 관광객은 물론이고 일본, 동남아 그리고 유럽의 관광객들을 적극 유치해야 한다. 한류 등 문화적 관광 자원을 확충하는 것이 이에 효과적일 것으로 보인다. 또한 발달된 ICT 인프라와 한류 등을 이용해 외국인의 한국 상품에 대한 관심과 온라인 직구입을 늘려야 한다.

나. 남북통일 촉진

남북통일은 우리 민족에게 엄청난 긍정적 효과를 가져다줄 수 있다. 우선 남북한이 치르고 있는 막대한 분단 비용을 줄일 수 있다. 분단에 따른 과도한 국방비지출, 병역 의무 이행에 따른 우수한 청년 노동력의 낭비와 인적 자본 축적 손실, 남북한 대립과 관련된 외교력의 낭비 등 가시적인 분단 비용도 크지만, 냉전적 체제와 가치관의 잔존에 따른 사회 각 계층별 조직화 미흡과 사회적 다양성·관용의 부족, 진보·보수세력 간 소모적 이념 대립과 갈등, 사회 구성원의 자기표현적·향상 지향적 가치관의 확산 미흡 등 다방면의 비가시적 분단 비용이 더 크다. 분단 비용은 가히 천문학적 수준인 것이다. 최근에는 G2의 갈등이 노골화되면서 미·중이 남북한을 자국의 이익에 맞게 조종하고자 함에 따라 분단의 비용이 더욱 커지고 있다. 통일에 따른 비용이 다소 들겠지만 그 비용은 분단 비용에 비하면 매우 작은 수준이다. 또한 통일은 매우 큰 효익이 있다. 총인구가 늘어나고 이에 따라 아이디어의 원천도 늘어나면서 경제의 자생적 진화가 촉진될 수 있다. 시장 규모가 커지면서 한국경제의 전문화 잠재력 및 규모의 경제 효과도 커진다. 통일로 이데올로기적 불구 상태가 해소되어 개개인의 정신적 자유와 다양성이 높아지고 이에 따라 새로운 아이디어의 창출과 경제적 생산성 향상이 빨라질 수 있다. 천연자원이 늘어나고 대륙 접근성과 국제적 인식이 좋아지며 국가신용도가 향상되는 등 여타의 정치경제 효과도 크다. 또 하나 기억할 것은 통일 비용은 일회적이지만 분단 비용은 거의 영구적으로 발생하는 것이라는 점이다. 비록 통일을 위한 비용이 크고 일시적 혼란이 있겠으나 통일은 빠를수록 좋다.

남북통일은 남북한의 사회 전반에 걸쳐 매우 큰 영향을 미치는 사건이고 완전히 새로운 나라를 만들어내는 계기일 수 있다. 그러나 통일 후 사회와 경제시스템이 어떤 것이 되어야 하는지에 대해 남북 간의 기본적인 이익과 관점의 차이 때문에 명확하지 않다. 자본주의와 공산주의의 만남, 인구의 급증, 남북 간 정치·경제·문화적 차이로 인해 통일 후 정치경제 문화 체제, 세계 및 지역 내 우리나라의 위상 확립 방향과 국가 발전 방향을 둘러싼 국내외적 논란이 클 것이다. 통일의 기본 방향과 관련해 우리가 생각해야 할 것은 남북한 사이의 조화와 발전적 융합 방안을 적극 모색해야 한다는 점이다. 예를 들어 기본 체제로서 민주주의와 자본주의를 채택한다 하더라도 사회주의적 요소가 대폭 가미된 체제를 구성해야 할 것이다. 각 사회 구성원의 자유를 존중하되 사회 차원의 평등과 연대도 아울러 존중하여야 할 것이다. 이와 관련해 경쟁/협력의 증진과 시너지 창출을 최대화하는 시스템 관점과 이에 바탕한 공동체 창출이 바람직한 대안일 수 있다. 주변국의 거리낌에도 불구하고 내부적 통합력을 바탕으로 신속한 통일에 성공한 독일의 사례를 참조할 필요도 있다. 이를테면, 서독의 사회적 자본주의의 특성이 동독의 흡수 통일에 기여한 것으로 생각되므로 통일 후 우리 제도를 이러한 방향으로 개혁하는 것도 검토할 수 있다.

나아가 남북통일을 계기로 한반도를 G2의 화해와 공존의 공간으로 발전시켜 나갈 수도 있다. 만약 이것이 실현된다면, 우리나라는 일본에 버금가는 정치경제 강국이자 문화 대국으로서 독자적인 영향력과 진화 잠재력을 갖는 국가가 될 수 있을 것이다.

위에서 제시한 과제들이 원만하게 추진되어 한국경제시스템이 지식공동체로 진화하였을 때 그 진화가 최대한으로 이루어질 수 있는바, 이를 시스템의 진화 적합성 측면에서 정리하면 다음 표와 같다.

	기반조성기	발전연대	이행기	지식화기
① 대내적 포용성				
- 다수 이익 지향성	중간 • 생존 욕구 지향 및 관계 욕구 배제 • 정부 우위 사회구조	중간 • 생존 욕구 지향 및 관계 욕구 배제 • 정부 우위 사회구조	낮음 • 관계 욕구 지향 및 배제 • 지도 계층 우위의 사회구조	높음 • 관계 욕구 및 성장 욕구 지향 • 다원적 사회구조
- 파괴적 혁신 수용성	1회적	1회적	낮은 수용성	높은 수용성
② 대외적 개방성				
- 외부 에너지 유인 정도	낮은 개방성 낮은 참여도	낮은 개방성 높은 참여도	높은 개방성 높은 참여도	높은 개방성 높은 참여도
- 글로벌 기준과의 정합성	낮음 (전통적 기준)	낮음 (후발국 기준과 정합)	미흡 (정합성 제고 미흡)	높음
③ PT·BD의 진화 적합성				
- PT·BD의 발전 잠재력	낮음	중간	높음	매우 높음
- 중심 진화 과정	복제 중심	복제 중심	차별화로의 진화 미흡	차별화 중심
④ 경제주체 진화 잠재력				
- 경쟁 역량 향상	낮음 • 전문성·성취 동기 부족 • 다양성 부족	중간 • 전문성·성취 동기 향상 • 다양성 부족	낮음 • 전문성·성취 동기 및 다양성 향상 부진	높음 • 전문성·성취 동기 및 다양성 향상
- 협력 역량 향상	낮음 • 시민성 향상 미미 • 상호주의적 규칙 ·비인격적 신뢰 부족	중간 • 시민성 향상 미흡 • 상호주의적 규칙 ·비인격적 신뢰 향상	낮음 • 시민성 약화 • 상호주의적 규칙 ·비인격적 신뢰 정체 (파벌 심화)	높음 • 시민성 향상 • 상호주의적 규칙 ·비인격적 신뢰 향상
⑤ 상호작용 증진				
- 시장화(경쟁 정도)	낮음	활발(정부 주도)	약화(독과점화)	활발(민·관 주도)
(민간 주도)	낮음	낮음	중간	높음

	부진	활발(정부 주도)	약화(민간 주도)	활발(민간 주도)
– 조직화(기업 설립) (지배구조 적합성)	낮음(수직적, 신뢰· 다양성 부족)	낮음(수직적, 신뢰· 다양성 미흡)	낮음(수직적, 신뢰· 다양성 미흡)	높음(수평적, 신뢰· 다양성 향상)
⑥ 진화 인자 정합성				
– PT–ST	높음 • 복제 중심 PT –수직적 ST	높음 • 복제 중심 PT –수직적 ST	낮음 • 차별화 중심 PT –수직적 ST	높음 • 차별화 중심 PT –수평적 ST
– ST 하위 부문 간 (정치·경제·문화)	중간 • 독재–시장 미흡 –수직	높음 • 독재–계획 –수직	낮음 • 민주–독과점 –수직	높음 • 민주–시장 –수평
– BD의 미래 가측 성 및 추진 전략 간	높음 복제–공정 중심 간 정합	높음 대기업–공정–복 제 중심간 정합	낮음 대기업–공정–복제 중심 간 부정합 (벤처기업–제품–차별 화 중심 간 정합)	낮음 벤처기업–제품 –차별화 중심 간 정합 [대기업–제품–차별화 중심 간 (부)정합]

이 책에서는 진화론과 시스템론을 결합해 경제시스템의 진화를 분석하는 이론적 틀을 구성하고 이를 바탕으로 한국경제시스템의 역사적 발전 과정을 재해석하고 향후 진화 방향을 모색하였다. 국내외에서 복잡 적응계 접근법에 기초한 경제 연구가 활발히 진행되고 있으나 아직 거시 사회 및 경제시스템을 대상으로 하는 연구는 많지 않다. 따라서 분석 틀의 구성은 시스템 원리와 진화 원리에 기반한 연역적 추론에 주로 의존할 수밖에 없었다.

진화 관점에서 보았을 때 경제시스템의 진화와 관련한 보편타당한 이론을 찾아내기는 매우 어렵다. 예측 불가능한 환경의 변화, 각 경제시스템 고유의 특성과 역사, 진화의 경로 의존성, 인간의 능력과 자원의 제한 등이 상존하는 한 모든 경제시스템에 보편적으로 적용될 수 있는 최선의 진화 방법은 없을 것이다. 그저 각 경제시스템이 처한 환경과 과거 진화의 누적인 현재의 경제시스템이라는 제약하에서 상대적으로 나은 방법을 찾아나갈 뿐이다. 그런데 이러한 적응적 전략이야말로 진화가 우리에게 알려주는 가장 중요한 교훈이기도 하다. 한편 환경의 불확실한 변화에 대응해 차별화−선택−복제의 단순한 진화알고리즘을 통해 적응해나가는 진화 메커니즘과 미래에 대한 낙관에 기초해 시행착오 기법을 통해 실사구시적 해법을 탐구하는 미국적 실용주의 간의 친화성에 유의할 필요가 있다. 미국 경제가 여타 선진국 경제와 달리 일견 덜 조직화되어있는 것처럼 보이면서도 새로운 질서의 자생적 창출을 통해 지속적으로 성장, 진화하는 이유가 바로 실용주의적 태도에 크게 기인하고 있다고 생각된다.

모든 경제시스템의 목표는 같다. 그것은 지속가능한 성장과 진화이다. 지속가능한 성장과 진화는 두 가지 가치, 즉 효율성과 적합성을 통해 이룰 수 있다. 발전국가 패러다임은 발전연대의 국내외 경제 환경에 적합한 동시에 진화알고리즘 중 최종 단계인 복제 기반 진화에 치중하였기 때문에 매우 효율적이었고 따라서 높은 경제성장률과 우수한 진화 성과를 달성하였다. 그러나 경제 환경의 변화로 동 패러다임은 적합성을 거의 상실하였다. 무엇보다 국민의 욕구 고양에 따른 민주화와 민간 주도 시장경제체제 확립 요구와 상충되며, 신자유주의적 시장질서 확산 및 세계화 추세, 한국경제의 구조적 선진화와 국내외 경제의 지식화 추세 등에 따른 자생적 차별화·선택 기반 진화의 필요성과 상충되기 때문이다. 신자유주의 패러다임 또한 한국 산업의 독과점적 특성과 이에 따른 시장경쟁 메커니즘의 작동 부전, 독점이 초래하는 불공정 거래 확산과 소득 불평등 증가, 세계화에 따른 한국경제의 산업연관관계 및 자생적 성장 잠재력 약화, 경제와 금융의 불안정성 증가 등을 초래하였기 때문에 적절한 교정 방안이 필요한 것으로 나타났다.

　　지금 한국경제시스템은 자생적 진화 역량을 내재화할 수 있느냐의 기로에 서 있다. 발전연대 이후 한국경제시스템은 선진국의 모방과 복제, 즉 외생적 원천에 기반해 진화해왔다. 그러나 이행기 이후에는 독자적 차별화와 선택을 중심으로 하는 내생적 진화를 요구받고 있으며 이행기 중의 대응은 효과적이지 못하였다. 만약 앞으로도 현재의 상황이 이어진다면 한국경제시스템의 미래는 암울하다. 미국, 일본 등의 선진국을 따라잡지 못함은 물론 중국이나 인도 등의 후발 신흥국에도 뒤처지면서 세계적 입지가 매우 좁아질 것이기 때문이다. 민주화, 시장화, 지식화의 효과적 완성 및 진전으로 독자적 진화 역량을 갖춘 경제시스템을 정립해야 한다. '지식공동체 한국경제시스템'이 우리 경제의 미래이다.

　　지식공동체 확립을 위해서는 정부의 개혁 의지가 중요하다. 발전연대 중 정부가 '대약진'을 이끌어 산업혁명을 이루었듯이 지금도 정부가 선도해 지식공동체 구축을 위한 또 한 번의 대약진, 그리고 지식혁명을 이루어내야 한다. 이는 모든 국민에게 지금이 산업혁명에 버금가는 지식혁명의 시대로서 우리 경제의 지식화와 시장화, 세계화가 불가피하고 또 시급함을 알리는 것부터 시작해야 한다. 지식경제에 대처하여 새로운 거버넌스를 정립하고, 미래 성장산업 육성 계획을 세우고 민간 투자를 유도하며, 지식산업 관련 기업인과 전문가를 길러내고 보다 효과적인 지식 생산·활용 방법을 배우도록 유도하는 일까지 정부가 주도하여야 할 일이 많다. 한편 이러한 정부의 개입은 시장이 실패하고 있는 과제, 즉 지식산업과 지식시장을 형성하는 노력이라는 점에서 시장 확장적 개입일 수 있다. 시장 확장이라는 측면에서 필요한 개입에 정부가 주저할 필요는 없을 것이다.

발전연대에 우리의 부모와 선배들이 그랬듯이 용기와 낙관을 가지고 끈기 있게 미래를 향해 나아가야 한다. 물론 그 방법은 발전연대와 달리 다수 사회 구성원의 자발적 참여와 협력에 기반하는 것이어야 한다. 이러한 맥락에서 지식공동체 한국경제시스템의 정착을 위해 우리 사회 구성원에게 요구되는 기본 자세는 화이부동(和而不同)의 자세, 즉 스스로의 전문성과 자주성을 높이되 상호주의적 협력에 적극적이며, 동시에 수시처중(隨時處中)의 자세, 즉 경제환경의 빈번한 변화에 시의 적절히 대응하여 새로운 진화 인자를 끊임없이 창출하고 한국경제시스템의 진화 역량을 극대화하는 것이어야 한다. 또한 사회역학적으로 무엇보다 중요한 것은 지식 시대가 요구하는 변화에 대한 기득권층의 저항을 극복하고 양보를 이끌어내는 것이다. 우리나라에는 재벌 대기업을 비롯한 사회 주도 계층이 이미 형성되어 있으며 이들은 스스로에게 불리한 개혁을 받아들이지 않으려 한다. 지식공동체 구축을 위해 필수적인 지식산업 또는 관련 기술을 개발하는 데 적극적이지 않으며 포용적 ST를 도입하는 데 저항하고 있다. 다수의 정치인들과 부유층도 이에 동조하여 우리 경제의 지식화를 지연시키고 있다. 국민적 개혁 의지를 모아 '사회적 포부'[1]를 상승시키고 기득권층의 공공성 존중 내지 공화주의적 태도를 정착시킴으로써 이러한 상황을 타개하여야 하며, 그런 후에야 우리 사회와 경제시스템의 순소로운 진화가 가능하다.

복잡계경제학 등이 아직 발전 초기에 있고 나의 우리 경제, 특히 정치와 문화에 대한 지식 또한 부족하기 때문에 여러 가지 미흡한 점이 많다. 무엇보다 분석 틀의 타당성을 실증하고 정치화하는 작업이 남아 있다. 이처럼 여러 가지 부족함에도 불구하고 감히 이 제안을 내놓는 것은 이를 통해 나의 접근 방법을 관심 있는 사람들과 공유하고 더불어 한국경제를 걱정하고 있는 많은 사람들과 함께 좀 더 나은 발전 방안을 찾아가기 위함이다. 독자들의 질책과 개선 아이디어를 기대한다.

---

1) Malthus, T.(1955), 《Principles of Political Economy, in works & correspondences by D. Ricardo》, Cambridge.

/ 감 / 사 / 의 / 말 /

　나는 학업을 마치고 한국은행에 입행한 후 오랫동안 현장 가까이에서 한국경제를 분석하고 또 경제정책 수립을 위한 기초 자료를 만드는 데 종사해왔다. 1980~90년대에 한국경제가 빠르게 발전하면서 세계적 위상이 높아지는 것을 보면서 나름 자부심을 느끼기도 했다. 그러나 외환위기 이후 한국경제의 성장세가 점차 약화되고 양극화가 심해지는 모습을 보면서 많은 안타까움과 함께 경제정책 당국의 일원으로서 책임감을 느껴왔다. 이에 한국경제의 발전 동력을 다시 강화할 수 있는 방안을 찾게 되었는데, 그 결과물이 이 책이다.

　의욕은 넘쳤으나 능력이 미치지 못해 아쉬움이 많은 가운데 막상 책을 내놓게 되니 기대보다 걱정이 앞선다. 그저 한국경제의 역사와 미래를 보는 또 하나의 관점을 제시하고자 하였는바, 이 책이 한국경제의 발전 방안에 대한 우리 사회의 논의가 보다 다양해지는 데 작게나마 기여할 수 있기를 바랄 뿐이다. 덧붙여, 독자 제현들의 많은 조언을 기대한다. 그래서 보다 나은 한국경제 선진화 방안이 도출되었으면 좋겠다.

　이 글을 쓰면서 많은 사람들의 도움을 받았다. 김진용, 안희욱 행우는 전체 내용을 읽고 코멘트를 해주었다. 특히 김진용 행우는 책자 내용 전반을 꼼꼼히 교정하고 여러 가지 좋은 의견을 제시해주었다. 두 분께 진심으로 감사드린다. 김민우, 오정렬 행우에게도 깊은 감사를 표한다. 두 분은 바쁜 시간을 기꺼이 쪼개어 이 책의 통계 자료를 작성해주었다. 그 밖에도 일일이 거명할 수 없는 많은 동료 직원들의 도움을 받았다. 모든 분들께 심심한 고마움을 표한다. 책자를 쓰기 시작한 때부터 관심과 격려를 아끼지 않은 손민호, 김석호, 오진환 등 친구들에게도 감사드린다.

언제나 한결같이 내 생활을 떠받쳐준 아내 윤은희, 그리고 삶의 동력이 되어준 두 아들에게도 고마움을 표한다. 특히 아내는 일한다는 핑계로, 또한 최근에는 책 쓴다는 핑계로 집안 대소사에 무심했던 나를 늘 사랑과 관심으로 도와주고 격려해주었다. 그 덕분에 평생 직장생활을 충실히 할 수 있었고, 최근 몇 년간 이 책을 쓰는 데 몰두할 수 있었다.

무엇보다 한국은행과 동료 직원들에게 더할 나위 없이 감사하다. 한국은행은 부족한 내가 평생 하고 싶은 일을 자부심을 갖고 할 수 있게 해주었다. 좋은 인격과 출중한 실력을 갖춘 한국은행 직원들과 함께할 수 있어서 내 직장생활이 보람차고 행복했다. 이 책을 쓸 수 있는 지식도 한국은행에서 일하면서 또 동료들과 함께함으로써 얻은 것이고, 책을 써야 한다는 책임감도 한국은행과 국가가 제공한 것이다. 그저 나의 부족함으로 인해 한국은행과 한국경제의 발전에 받은 만큼 기여하지 못해 송구할 뿐이다.

책을 쓰면서 세상에 우리가 홀로 이룰 수 있는 것은 없음을 새삼 느꼈다. 책한 권을 쓰는 데 수백 권의 책과 글들에 의존했다. 또 가족과 동료들의 도움과 지원도 헤아릴 수 없이 많이 필요했다. 다른 모든 일도 마찬가지일 것이다. 따라서 이러한 사회 내지 우리 삶의 상호 의존성을 보다 깊이 인식하고 서로 경쟁/협력하면서 공생, 공진화하여야 한다는 인식이 우리 사회에서 좀 더 높아졌으면 좋겠다. 이 책의 핵심적 주장이 여기에 있다.

2019년 10월
배 재 수

| 국내 문헌 |

과학기술정보통신부, "기술무역통계 및 연구개발활동조사", 1976~90.

권남훈·윤충한·문주영(2001), "인터넷 포털 비즈니스의 진화과정 및 경쟁구도", 연구보고, 01-18, 정보통신정책연구원.

김도완·한진현·이은경(2017), "우리 경제의 잠재성장률 추정", ≪한국은행 조사통계월보≫, 2017(8), 한국은행.

김두얼(2017), ≪한국경제사의 재해석≫, 도서출판 해남.

김순양 외 지음(2017), ≪발전국가: 과거, 현재, 미래≫, 김윤태(편), 한울.

김우창 외(2017), ≪한국사회, 어디로?≫, 아시아.

김은환(2017), ≪기업 진화의 비밀－기업은 어디에서 와서 어디로 가고 있는가?≫, 삼성경제연구소.

김인철(2013), ≪경제발전론≫, 박영사.

김일영(1995), "박정희체제 18년: 발전과정에 대한 분석과 평가", ≪한국정치학회보≫, 29(2), 한국정치학회.

배기찬(2005), ≪코리아 다시 생존의 기로에 서다≫, 위즈덤하우스.

박길성·이택면(2007), ≪경제사회학 이론≫, 나남출판.

박승(2009), ≪경제발전론≫, 박영사.

박창근(1997), ≪시스템학≫, 범양사출판부.

박철순·이준만·하송(2007), "인터넷 포털산업의 재편: 네이버의 전략적 혁신", ≪Korea Business Review≫, 10(2), 한국경영학회.

서은국(2014), ≪행복의 기원≫, 21세기북스.

신관호·Eichengreen, Barry·Perkins, Dwight H.(2013), ≪기적에서 성숙으로: 한국경제의 성장≫, 서울셀렉션.

안현호(2013), ≪한·중·일 경제 삼국지－누가 이길까?≫, 나남.

오상조 외(2005), "인터넷 포털의 경쟁과 진화: 서비스 품질과 대인 상호작용 관점 에서", ≪한국콘텐츠학회논문지≫, 5(4), 한국콘텐츠학회.

윤석철(1991), ≪Principia Managementa≫, 경문사.

이규억(1977), ≪시장구조와 독과점규제≫, 한국개발연구원.

이규억(1990), "경제력집중: 기본시각과 정책방향", ≪한국개발연구≫ 12(1), 한국 개발연구원.

이규억·이재형·김주훈(1984), "우리나라 제조업의 시장구조", ≪한국개발연구≫, 6(1), 한국개발연구원.

이근·박태영 외(2014), ≪산업의 추격, 추월, 추락≫, 21세기북스.

이근 외(2014), ≪한국형 시장경제체제≫, 이영훈(편), 서울대학교출판부.

이재열 외(2015), ≪한국 사회의 질≫, 한울아카데미.

이재형(2007), "우리 산업의 경쟁구조와 산업집중 분석: 광공업 및 서비스산업을 대 상으로", 한국개발연구원 연구보고서 2007-07, 한국개발연구원.

이제민(2007), "한국의 외환위기 – 원인, 해결과정과 결과", ≪경제발전연구≫, 13(2), 한국경제발전학회.

이준기(2012), ≪오픈 콜라보레이션≫, 삼성경제연구소.

장대익(2010), ≪다윈의 식탁≫, 바다출판사.

장하준(2006), ≪국가의 역할≫, 이종태 외(역), 부키.

정규철(2017), "추격 관점에서 살펴본 한·중·일 수출경쟁력의 변화", ≪KDI 경제전 망≫, 2015(상반기), 한국개발연구원.

조윤제(2009), ≪한국의 권력구조와 경제징책≫, 한울아카데미.

좌승희(2008), ≪진화를 넘어 차별화로≫, 지평.

주원 등(2018), "한 – 중 수출 구조 변화와 시사점", 현대경제연구원.

최장집(2002), ≪민주화 이후의 민주주의≫, 후마니타스.

특허청, "지식재산권통계", 1976~90.

한국경제 60년사 편찬위원회(2010), ≪한국경제 60년사≫, 한국개발연구원(KDI).

한국산업은행, "1960년도 광업 및 제조업사업체조사 종합보고서".

허태균(2015), ≪어쩌다 한국인≫, 중앙 books.

| 해외 문헌 |

Arthur, Bryan W. and Krugman, Paul(1997), ≪복잡계경제학≫, 김웅철(역), 평범사.

Acemoglu, Daron and Robinson, James A.(2012), ≪국가는 왜 실패하는가≫, 최완규(역), 시공사.

Beinhocker, Eric(2007), ≪부의 기원≫, 안현실·정성철(역), 랜덤하우스코리아.

Drucker, Peter F.(2012), ≪기업의 개념≫, 정은지(역), 21세기북스.

Foray, Dominique(2016), ≪지식경제학≫, 서익진(역), 한울.

Foster, Richard(1986), ≪Innovation: the Attacker's Advantage≫, Summit Books.

Frank, Robert H.(2011), ≪경쟁의 종말≫, 안세민(역), 웅진지식하우스.

Fukuyama, Francis(2012), ≪정치 질서의 기원≫, 함규진(역), 웅진지식하우스.

Hannan, Michael. T. and Carroll, Glenn R.(1992), ≪Dynamics of organizational populations: Density, legitimation, and competition≫, Oxford University Press.

Hannan, Michael. T. and Freeman, John(1984), "Structural inertia and organizational change", *American Sociological Review*, 49(2), American Sociological Association.

Hannan, Michael. T. and and Freeman, John(1989), ≪Organization Ecology≫, Harvard University Press.

Held, David(2002), ≪전지구적 변환≫, 조효제(역), 창작과비평.

Higgins, Benjamin(1968), ≪Economic Development: Principles, Problems and Policies≫, W. W. Norton.

IMF, World Economic Outlook Database.

James, Harold(2002), ≪세계화의 종말: 대공황의 교훈≫, 이헌대·이명휘·최상오(역), 한울.

Kendrick, J. W.(1994), "Total Capital and Economic Growth, *Atlantic Economic Journal*, 22(1).

Malthus, T.(1955), ≪Principles of Political Economy, in works & correspondences by D. Ricardo≫, Cambridge.

Mayr, Ernst(2008), ≪진화란 무엇인가≫, 임지원(역), 사이언스북스.

Nelson, Richard R. and Winter, Sidney G.(2014), ≪진화경제이론≫, 이정동·박찬수·박상욱(역), ㈜지필미디어.

North, Douglass C.(2007), ≪경제변화과정에 관한 새로운 이해≫, 조석곤(역), 도서출판 해남.

Rawls, John(2003), ≪정의론≫, 황경식(역), 이학사.

Romer, Paul M.(1986), "Increasing Returns and Long-Run Growth", *Journal of Political Economy* vol, 94(5), The University of Chicago Press.

Romer, Paul M.(1990), "Endogenous Technological Change", *Journal of Political Economy*, 98(5), The University of Chicago Press.

Porter, Michael E.(2009), ≪국가경쟁우위≫, 문휘창(역), 21세기북스.

Rose, Todd(2018), ≪평균의 종말≫, 정미나(역), 21세기북스.

Sen, Amartya(2001), ≪자유로서의 발전≫, 박우희(역), 세종연구원.

Solow, Robert M.(1956), "A Contribution to the Theory of Economic Growth", *The Quarterly Journal of Economies*, 70(1), Harvard University Press.

Thurow, Lester C.(1997), ≪자본주의의 미래≫, 유재훈(역), 고려원.

United Nations, ≪World Urbanization Prospects: The 2014 Revision≫.

United Nations, ≪World Population Prospects: The 2017 Revision≫.

Weil, David N.(2013), ≪경제성장론≫, 백웅기 외(역), 시그마프레스.

鹽澤由典(1999), ≪왜 복잡계 경제학인가≫, 임채성(역), 푸른길.

저자 약력

서울대학교 경영학과와 동 대학원을 졸업했고, 한국은행 재직 중 미국 일리노이 대학교에서 2년간 경제학을 공부했다.

1982년에 한국은행에 입행하여 경제통계국, 조사국, 국제국 등에서 주로 근무하며 한국경제와 국제경제에 관련한 조사연구업무를 수행했다.

그동안 한국경제의 발전에 기여하는 것을 소명으로 삼아 일해왔으며, 최근에는 보다 근본적인 관점에서 개인과 사회의 이상적 만남 방법에 관해 고민하고 있다. 우리는 한 개인으로서 자유롭고 행복한 삶을 추구하며, 사회는 이러한 개인들 간 만남과 협력을 제공하여 개인의 삶을 지원한다. 그러나 사회는 대내외적 경쟁의 결과로 소수 강자의 자유와 지배, 다수 약자의 부자유와 불행을 가져올 수도 있다. 그러므로 대다수 개인의 자유와 행복 증진이 동시에 사회를 부유하고 경쟁력 있게 만들 수 있는 방법이 필요하다. 이를 위해 진화론 관점과 과학 지식이 유용하다고 보고 공부하고 있다.

이메일: jesubae@gmail.com

지식공동체 한국경제시스템을 꿈꾸며

초판 발행   2019년 10월 30일

지은이   배재수
펴낸이   안종만·안상준

편 집   강진홍
기획/마케팅   장규식
표지디자인   이미연
제 작   우인도·고철민

펴낸곳   (주)박영사
              서울특별시 종로구 새문안로3길 36, 1601
              등록 1959. 3. 11. 제300-1959-1호(倫)
전 화   02)733-6771
f a x   02)736-4818
e-mail   pys@pybook.co.kr
homepage   www.pybook.co.kr
ISBN   979-11-303-0833-3   93320

* 잘못된 책은 바꿔드립니다. 본서의 무단복제 행위를 금합니다.
* 지은이와 협의하여 인지첩부를 생략합니다.

정 가   25,000원